Eugen Drewermann

# Die Spirale der Angst

HERDER / SPEKTRUM

Band 4003

Das Buch

Die Spirale der Angst ist der Motor menschlicher Aggressivität und Allmachtsphantasien. Eugen Drewermann wendet hier sein Grundthema auf eine der Überlebensfragen der Menschheit heute: auf die Problematik von Krieg und Frieden in Politik, Religion und Gesellschaft an. Seine Betrachtung der Geschichte zeigt, daß Menschen unter allen möglichen sozialen, ökonomischen und politischen Umständen Kriege geführt haben. Nicht die historischen Umstände – der Mensch selbst ist kriegerisch. Zur Befriedung des Menschen wurde vor allem die Ethik bemüht. Aber es zeigt sich, daß die Ethik weder den Ausbruch des Krieges verhindern noch die Verbreitung des Krieges eindämmen kann; ihre Lehren scheitern an der Not menschlicher Angst, die durch keinerlei Anstrengung des sogenannten guten Willens und gesunden Menschenverstandes zu beheben ist. Allein die Religion scheint imstande, den Menschen einen Frieden zu schenken, den die Welt nicht geben kann. Aber ist die heute bestehende Religiosität des Christentums dazu fähig? Ein Buch für eine neue Kultur und Qualität menschlicher Beziehungen privat wie öffentlich, individuell wie kollektiv, persönlich wie politisch.

Der Autor

Eugen Drewermann, geb. 1940 in Bergkamen, Studium der Philosophie, Theologie und Psychoanalyse, über 20 Buchpublikationen. Bei Herder u. a. „Das Eigentliche ist unsichtbar. Der kleine Prinz tiefenpsychologisch gedeutet“ (11. Auflage), „Voller Erbarmen rettet er uns. Die Tobit-Legende tiefenpsychologisch gedeutet“ (4. Auflage), „Worte für ein unentdecktes Land“. In Herder/Spektrum: „Der tödliche Fortschritt. Von der Zerstörung der Erde und des Menschen im Erbe des Christentums“ (Band 4032); Das Eigentliche ist unsichtbar. Der kleine Prinz tiefenpsychologisch gedeutet (Band 4068).

Eugen Drewermann

# Die Spirale der Angst

## Der Krieg und das Christentum

Mit vier Reden
gegen den Krieg am Golf

Herder
Freiburg · Basel · Wien

5. Auflage


Verlag Herder Freiburg im Breisgau 1991
Lizenzausgabe mit Genehmigung des Verlags Friedrich Pustet, Regensburg

Titel der Originalausgabe: Der Krieg und das Christentum. Von der Ohnmacht und Notwendigkeit des Religiösen
Herstellung: Freiburger Graphische Betriebe 1993
Umschlaggestaltung: Joseph Pölzelbauer
Umschlagmotiv: Francisco de Goya, Streit mit Keulen aus „Die schwarzen Bilder“ Museo de Prado
ISBN 3-451-04003-4

*»Denn wer viel hat,*
*hat auch die Macht,*
*und wer die Macht hat,*
*hat das Recht,*
*und wer das Recht hat*
*beugt es auch,*
*denn über allem herrscht Gewalt!«*

Carl Orff: Die Kluge.

*». . . das Individuum wird erlöst,*
*nicht das Volk oder der Staat.«*

A. von Harnack: Das Wesen des
Christentums (1900), 4. Vorlesung.

# Inhaltsverzeichnis

# Vorwort zur Taschenbuchausgabe

Wer vom Krieg spricht, muß die Bilder seiner Spuren vor sich sehen: ein weinendes vietnamesisches Kind auf der von amerikanischen B-52 Bombern mit Napalm verbrannten Straße nach Pleiku, eine libanesische Frau, die vor ihrer zerbombten Wohnung die Arme klagend zum Himmel erhebt, aus dem wieder einmal ein israelischer „Vergeltungsschlag“ gegen palästinensische Terroristen geführt wurde, ein kurdischer Vater, der im Sterben noch seine Tochter vor dem Einatmen des tödlichen Giftgases der irakischen Armee zu schützen sucht – die Bilder gingen um die Welt, und immer noch malt sich, Tag für Tag, was wir Weltgeschichte nennen, in den Greuelgemälden solcher Szenen. Am Tage, da ich diese Zeilen schreibe, am 1. Dezember 1990, hat der Sicherheitsrat der Vereinten Nationen in seiner 12. Resolution soeben dem Drängen der USA stattgegeben, die mit Erfolg auf ihrer „Option“ für einen militärischen Schlag gegen den Irak bestehen zu müssen glauben. Ein Krieg gegen Saddam Hussein, wenn er denn nötig sei, erklärte soeben US-Präsident George Bush den Amerikanern, werde kein neues Vietnam sein, es werde ein kurzer Krieg sein, und es hätten die USA und die mit ihnen verbündeten 26 Staaten am Golf die Macht, ihn zu gewinnen. *Ein kurzer Krieg* – das heißt: die volle Ausnutzung der amerikanischen Luftüberlegenheit, das heißt: die rasche Zerstörung aller industriell und wirtschaftlich wichtigen Zentren des Irak, das bedeutet vor allem: den Tod vieler Tausender von Menschen, darunter unzähliger Frauen und Kinder, es bedeutet auch die ca. vierfache Zahl von Verwundeten und Verletzten. *Die Macht, den Krieg zu gewinnen* – das heißt offensichtlich, unter den Augen der Weltöffentlichkeit sich einen Krieg leisten zu können, und wie immer die Sache ausgehen wird: ob mit der Rückverwandlung des Irak in einen militärisch auf Jahre hin gelähmten Agrarstaat oder mit einem Rückzug des international verurteilten Aggressors aus Kuwait oder, wer kann das wissen, mit dem politischen Zusammenbruch der Scheich- und Königtümer im Nahen Osten – was die Golfkrise, unabhängig von ihrer weiteren Entwicklung, in eine Art Fieberthermometer unserer Art zu denken und zu handeln verwandelt, ist die einzig sichere Tatsache, die bereits jetzt feststeht und die zutiefst erschrecken muß: Der gesamten Weltöffentlichkeit erscheint auch heute noch, im Jahre 1990, der Krieg als eine durchaus plausible Fortsetzung der Politik mit anderen Mitteln; der Krieg erscheint nach wie vor als gerechtfertigt, wenn wir ihn uns leisten können; er ist keinesfalls und immer noch nicht die schrecklichste Barbarei, die Menschen einander zufügen können und die es daher mit buchstäblich allen Mitteln zu vermeiden gilt.

Wie oft haben wir in den letzten Jahrzehnten gehört, daß ein Krieg kein Problem lösen, sondern nur alle Probleme heillos verschlimmern könne. Offenbar gilt das nicht, sobald es um westliches Geld und Öl geht, um unser „Recht" und um unseren Einfluß –, und darum, daß die USA nach dem Zusammenbruch der sozialistischen Wirtschaftsordnung des Ostblocks sich als die unangefochtene Ordnungsmacht der Welt am Ende dieses Jahrhunderts vorstellen können. Am Ende erscheint es womöglich als richtig, in den Kriegsdrohungen standhaft geblieben zu sein. Es wäre nach allem die schlimmste Lektion. „Warum", fragte vor 50 Jahren Adolf Hitler, „sollen die Menschen nicht ebenso grausam sein dürfen wie die Natur?" – Was eigentlich unterscheidet uns von diesem Denken, wenn uns selbst am Ende des 20. Jahrhunderts zur Demonstration der Überlegenheit der westlichen Rüstungsindustrie die Vernichtung unzähliger unschuldiger Menschen immer noch als ein durchaus akzeptabler Preis einer „freiheitlichen" Politik vorkommt?

Seitdem dieses Buch zum ersten Mal erschienen ist, hat in Fragen von Krieg und Frieden zwischen West und Ost sich politisch vieles, in manchem Entscheidendes geändert. Fast zeitgleich mit dem Ultimatum des Weltsicherheitsrates der UNO konnte im November 1990 das erste wirkliche Abrüstungsabkommen zwischen den Großmächten seit dem Ende des 2. Weltkrieges unterzeichnet werden; endlich scheint die Zeit des „kalten Krieges" einer Zeit der internationalen Solidarität und Zusammenarbeit zu weichen. Aber sind wir wirklich „friedfertiger" geworden? In aller berechtigten Freude über die Wiedervereinigung Deutschlands verbirgt sich die Gefahr einer falschen Schlußfolgerung: Ist nicht im Grunde die alte Rechnung der Adenauer-Ära aufgegangen –: Aufrüstung der Bundeswehr, Allianz mit dem Westen und Niederringung des sozialistischen Wirtschaftssystems durch die durchsetzungsfähigeren Mechanismen der „freien" Marktwirtschaft? In gewissem Sinne *haben* wir gesiegt; Härte und Unbeirrbarkeit, Treue und Entschlossenheit, das notfalls auch militärische Einstehen für die Freiheit und das Recht auf Selbstbestimmung des eigenen Volkes haben scheinbar ihre Früchte getragen. „Der Sozialismus geht – wir kommen" verkündeten denn auch frohgemut die Wahlplakate derer, die immer schon gewußt haben, daß der Pazifismus Auschwitz erst möglich machte und daß die freiheitliche Ordnung Opfer fordern darf und muß. Nur ein wehrhaftes Recht setzt sich durch in dieser Welt; Wehrwille und Wehrbereitschaft sind auch und gerade in einer freiheitlichen Rechtsordnung unverzichtbar. *Das,* offenbar, sind die Lehren, die wir im Moment bestätigt und bestärkt finden. Doch es sind erkennbar falsche Lehren.

Denn was wir offenbar immer noch nicht sehen wollen, ist die Schrift an der Wand, die uns sagt, daß es so wie bisher nicht weitergeht. Weit über 30 Mrd. DM, etwa ein Drittel ihres Gesamthaushaltes, hat Jahr um Jahr jahrzehntelang allein die BRD für Rüstungszwecke ausgegeben. In dieser Zeit ist das Elend der Dritten Welt so weit angestiegen, daß heute mit 50 Millionen Menschen in einem Jahr weltweit mehr Opfer an Hunger und Unterernährung zu beklagen sind, als der ganze 2. Weltkrieg unter Einsatz der geballten Vernichtungskraft aller beteiligten Industrieländer in Europa und Ostasien damals in sechs Jahren an Menschenleben gekostet hat. Es ist jetzt 35 Jahre her, daß ein polnischer Außenminister, um die Aufrüstung der Bundeswehr zu verhindern, den Plan einer militärisch neutralen Zone von den Grenzen Polens bis zu den Grenzen Frankreichs entwickelte; damals verhinderte, wie immer, die Angst und, dadurch bedingt, das Blockdenken die Annahme dieses wichtigen und weitsichtigen Vorschlags, – er wurde unter der Regierung Adenauer niemals ernsthaft diskutiert. Heute ist in Mitteleuropa eine Situation entstanden, in der wir speziell in Deutschland uns eine völlige Abrüstung ohne Schwierigkeiten leisten könnten; es gibt weit und breit keinen Gegner, den wir fürchten müßten. Ja, in gewissem Sinne tragen wir Deutsche eine Wiedergutmachungspflicht gegenüber der Geschichte. „Wir sind es gewesen", müßten wir sagen, „von deren Boden der schlimmste Krieg ausgegangen ist, der in der Geschichte der Menschheit je geführt wurde. Wir haben systematisch und absichtlich Greuel verübt, an denen gemessen selbst die Scheußlichkeiten verblassen, deren sich die japanischen Truppen 1938 bei der Besetzung Chinas in Nanking schuldig machten, als sie über 200 000 wehrlose Menschen: Frauen und Kinder, schändeten und ermordeten, nur um sich als kaiserliches Herrenvolk in der Pose des unbesiegbaren Siegers vorzustellen. Wir Deutsche begreifen es daher heute, da uns die Geschichte die Hypothek des Faschismus von den Schultern zu nehmen beginnt, als unsere Ehre und Aufgabe, uns freiwillig aller militärischen Macht zu begeben und all unsere Kraft, ein Drittel unseres Bruttosozialproduktes, im Kampf gegen Hunger und Elend einzusetzen." Es wäre das erste Mal in der Geschichte, daß eine Generation von Jugendlichen heranwüchse, die der steinzeitlichen Logik von Gewalt und Gegengewalt, von Rüstung und Krieg entrinnen könnte. Es bedeutete moralisch weltweit einen riesigen Schritt nach vorn. Ende 1990, soeben wiedervereinigt, halten wir uns noch immer die „Option“ für den Bau des „Jägers 90“ offen – 100 Mrd. DM allein für dieses Projekt, es scheint uns keinesfalls zu viel. Gleichzeitig diskutieren wir über den möglichen Einsatz deutscher Truppen am Golf und stellen im Handumdrehen den Amerikanern für die Logistik ihres militärischen Aufmarsches in Stärke von rund einer halben Milionen Soldaten Milliardenbeträge zur Verfügung, während wir über mehr als drei Jahrzehnte hin unfähig waren, auch nur einen Promillebetrag davon der UNRWA in den palästinensischen Flüchtlingslagern zur Verfügung zu stellen. Wir sind großzügig einzig in Selbstreferenz zu der Größe des eigenen Egoismus, und wir sind nach wie vor weit davon entfernt, ein Problem darin zu sehen.

Manchmal möche man denken wie Arthur Koestler und Heinz Haber, der Mensch sei ein Irrläufer der Evolution; in seinem Gehirn seien die Programme des Zwischenhirns aus der Säugetierzeit und die Fähigkeiten des Großhirns schlecht miteinander verdrahtet, und er verdiene nicht den Namen eines *homo sapiens,* sondern eher den Titel *homo bellicosus,* kriegführender Mensch. In der Tat: solange wir immer noch ernsthaft darüber debattieren müssen, ob wir Atomwaffen, Giftgas, Napalm und bakteriologische Massenvernichtungsmittel wirklich brauchen und gegebenenfalls auch wirklich „zum Einsatz bringen“, „bis zum endgültigen Sieg“, wie der amerikanische Verteidigungsminister Ende 1990 erklärte, sekundiert von den irakischen Drohungen eines „Erstschlags“ auf Israel, demonstrieren wir nichts anderes als den Wahnsinnszustand der menschlichen Geschichte und erweisen uns als gräßlicher und schrecklicher als jedes Raubtier, das die Evolution je hervorgebracht hat. Vielleicht bleibt uns wirklich nur die „Hoffnung“, die Natur stellte sehr bald schon das mißlungene Experiment der Domestikation und Humanisation einer offenbar überforderten Raubaffenspezies ein und entschlösse sich in 20 oder 200 Millionen Jahren noch einmal zu einem Neuanfang der Evolution höherer Intelligenz, am besten auf der Basis kooperationsfähiger Pflanzenfresser. Doch da 20 oder 200 Millionen Jahre nicht gerade die Zeitmaße sind, in denen wir Menschen von heute denken können, bleibt uns einstweilen nichts anderes übrig, als die nächsten 20 und 200 Jahre, so gut es geht, für mögliches Leben offen zu halten, und hier zeigt sich, daß der Krieg, den wir als Menschen gegen Menschen führen, womöglich noch das geringere Übel darstellt gegenüber dem Krieg, den wir derzeit als Gattung gegen die gesamte Natur führen – in dem Buch *Der tödliche Fortschritt. Von der Zerstörung der Welt und des Menschen im Erbe des Christentums* (6. erw. Aufl. Regensburg 1990) habe ich diese Problematik ausführlich dargelegt. Selbst die Verwüstungen des 2. Weltkrieges haben der Natur weit weniger Schaden zugefügt als die danach ausbrechende Zeit des „Friedens". Ich selber entsinne mich noch, wie 1946 an den Sommerabenden aus jedem Bombentrichter unseres Gartens die Frösche quakten – sie konnten damals noch zu einer ägyptischen Plage werden, ebenso wie Mücken und Fliegen in Wohnungen, deren Fenster nicht mit „Fliegendraht" abgeschirmt waren. Heute kann man Hunderte von Kilometern weit fahren, und man wird nicht einen Teich finden, in dem ein Frosch sich blicken läßt; man kann selbst in warmen Sommernächten getrost die Balkontür offenlassen – es wird kaum noch Insekten an die Schreibtischlampe locken. Einzig in denjenigen Zonen, die als militärisches Sperrgebiet für Menschen tödlich sind: an Truppenübungsplätzen, Demarkationslinien und entlang den Todesstreifen der ehemaligen DDR-Grenze vermögen Pflanzen und Tiere noch relativ ungehindert zu leben. Doch was ist die erste Maßnahme der „siegreichen" BRD-Regierung? Nicht der absolute Schutz dieser Oasen der Natur, sondern die Erlaubnis für das „private" Unternehmertum, in eigener Regie Autobahnen auf dem Boden der alten DDR zu bauen. Wie sagte doch Kanzler Helmut Kohl in seiner unnachahmlichen Diktion: „Das mit der Umwelt werden wir schon schaffen." Vom Wattenmeer bis zu den Hochalpen gibt es heute keine „Natur" mehr, und die Gebiete in der

DDR, die noch etwa so aussehen, wie manche Gebiete der BRD um 1960, werden gewiß bald schon vordringliche „Entwicklungsgebiete“ für unseren eigenen Expansionsdrang sein. Wir stehen bereits dicht davor, „das mit der Umwelt“ „geschafft“ zu haben.

Ist es in dieser Lage nicht wirklich utopisch, eine Lösung der Krise von Krieg und Zerstörung ausgerechnet von so etwas Irrationalem wie der Religion erwarten zu wollen? Nun, da der Krieg zutiefst archaisch und irrational ist, kann er nur mit etwas Archaischem und Irrationalem bekämpft werden. Es hat Rezensenten dieses Buchs gegeben, die einzig und entscheidend daran bemängelten, daß hier stets von „der“ Religion gesprochen werde, ohne Stelle für Stelle die Sonderstellung des Christentums gebührend hervorzuheben; andere fanden es „geschmacklos“, daß hier das christliche Abendmahl abgeleitet werden sollte von dem Kannibalismus und den Totemmahlzeiten eiszeitlicher Jäger bzw. von den Riten des Gottessens der frühen Pflanzer. Diesen Kritikern ist offensichtlich immer noch nicht deutlich, daß ein Typ von Theologie heute endgültig zu Ende geht, der wesentlich darin bestand, die besten Kräfte der Intelligenz für den „Beweis“ zu verbrauchen, wie gütig Gott doch handelte, indem er uns schon als Kinder in dem Elternhaus just der einzig wahren und einzigartig geoffenbarten Religionsform zur Welt kommen ließ. Es wird und darf fortan keinen „Glauben“ mehr geben, der dazu zwingt, den Glauben eines anderen Menschen herabzuwürdigen, und es wird und darf keine „Theologie“ mehr geben, die, wenn auch noch so salbungsvoll, im Grunde immer noch Entscheidungsernst und existentielle Erfahrung mit machtbesessener Rechthaberei und fanatischer Ketzermacherei verwechselt. Insofern war und ist es selbstredend nicht die These dieses Buches, es sei spezifisch *die Eucharistiefeier der katholischen Kirche,* an welcher sich das Heil der Welt entscheide; das beamtete Priestertum des Katholizismus ist, tiefenpsychologisch gesehen, mit seinen klerikalen Opfervorstellungen ganz im Gegenteil immer wieder in der Geschichte des Abendlandes ein unerschöpflicher Quell sadistischer Selbstunterdrückung gewesen, und die Entpersönlichung des Menschen, seine Aufhebung in die Despotie einer autoritären Über-Ich-Religion ist diesem System hierarchischer Außenlenkung selbst nicht äußerlich – es besteht darin (vgl. E. DREWERMANN: *Kleriker.* Psychogramm eines Ideals, 8. Aufl. Olten 1990). Wahr aber bleibt, daß einzig die Zurücknahme der Projektionen aller religiösen Inhalte in die Außenseite verwalteter Macht es erlaubt, im Rahmen der symbolischen Sinnvorgaben der Religion die Kräfte im Menschen freizusetzen, die uns helfen können, dem Frieden näherzukommen. Als Symbol gelesen, kann die christliche Abendmahlfeier uns das Bild einer Gemeinschaft von Menschen vorstellen, die nicht länger zusammenkommt im Feld des Mangels, der Angst und der verinnerten Gewalt, sondern in der Erfahrung des Geschenks des Daseins, im Gefühl eines geschwisterlichen Vertrauens und in der Bereitschaft einer weltumspannenden Gerechtigkeit des Teilens. Noch gründet die innere Struktur aller Staatengebilde der Erde auf der Wahrung der Interessen des eigenen Volkes, nicht anders als in den Tagen der frühen Stadtkulturen von Sumer und Akkad oder der Jägerhorden des Magdaleniens vor ca. 20000 Jahren: es gilt, den Grundbedürfnissen des Menschen – zu essen, zu lieben und zu schlafen – in den Organisationsformen des eigenen Nationalinteresses durch entsprechende „Maßnahmen" im Bereich von Wirtschaft, Familie und Militär (bzw. Polizei) so wirksam wie möglich entgegenzukommen. Wer, wenn nicht die Religion, könnte und sollte daran erinnern, daß wir als Menschheit inmitten einer einzigen Welt zusamengehören, als eine einzige „Horde" gewissermaßen, innerhalb deren alle Sonderinteressen gerade im Umgang mit Geld und Eigentum, mit Fortpflanzung und Geburtenvermehrung sowie in den Fragen von Sicherheit und Schutz vor Gewalt und Terror fortan zurücktreten müssen vor der noch weit wichtigeren Frage: des Überlebens der Menschheit als ganzer an der Seite einer Natur, die ihre eigenen Rechte besitzt und die beschützt werden will und muß vor zu vielen Menschen. Die „Eucharistie der Welt“ – es wäre die Selbstaufhebung des „Jägertums“, es wäre das Ende der Steinzeit, es wäre die entscheidende Transformation all dessen, was heute noch Staat, Politik und Geschichte heißt. Es wäre vor allem das endgültige Ende des Krieges. Worauf, wenn nicht darauf, sollten wir hoffen? Wofür, wenn nicht dafür, sollten wir arbeiten? Auch alles, was heute noch Religion heißt, wird sich dabei strukturell verändern müssen. Indessen wird uns diese Veränderung, wie aller humaner Fortschritt, nicht weniger, sondern tiefer religiös sein lassen. Wovor sollten wir Angst haben außer vor der verheerenden Dynamik der eigenen Angst?

„Das fehlende Glied zwischen Affe und Mensch sind wir selbst“, sagte KONRAD LORENZ einmal in einer seiner Wiener Vorlesungen. Er meinte damit, daß wir gerade erst dabei sind, zu ahnen, was oder wer wir als Menschen sein könnten. Er meinte auch, wir Menschen seien gar nicht so schlecht – solange wir es nur mit Horden oder Sippen von 10–12 Menschen zu tun hätten. Die Zeit ist gekommen, Güte zu lernen über den Rand einer rein gruppenbezogenen Verantwortungsethik hinaus. Nur: wir haben dafür nicht mehr viel Zeit, und es scheint immer noch, als ob wir jeden Fortschritt an Menschlichkeit und Sittlichkeit nur an uns heranließen, wenn es gar nicht anders mehr geht. Bisher hatte SIGMUND FREUD mit seiner These so unrecht nicht, daß das, was wir Moral nennen, nichts weiter sei als der verinnerlichte Zwang der Umstände. Aber auch diese „Logik“ bisheriger Geschichte gehört der Vergangenheit an: wir dürfen uns endgültig keine neuen „Zwänge“ mehr schaffen, die uns am Ende ein Stückchen Vernunft aufnötigen, wir stehen heute am Ende unserer alten Handlungsgewohnheiten, und es bleibt nichts mehr übrig, als den endgültigen Zwang zu begreifen, der darin liegt, daß wir das Vernünftige *heute* werden tun *wollen müssen*, solange es noch geht. Danach oder daneben gibt es keine Alternative mehr.

Insofern scheint es kein Wunder, daß wir im abendländischen Kulturraum die wichtigsten Impulse zur Humanisierung des Menschen seit ca. 150 Jahren nicht den verstaubten Traditionen und wohlgehüteten Lehrsätzen der christlichen Religion in den Händen ihrer Schriftgelehrten, Hoftheologen und Kleriker verdanken, sondern den neugierig suchenden Anregungen der Naturwissenschaften. Naturwissenschaftler waren es, die uns zeigten, daß Menschen und Tiere in einer großen Lebenseinheit zusammengehören; die Psychoanalyse war es, die uns zeigte, daß auch die Seele des Menschen tief hinabreicht ins Tierreich, und heute sind es Systemtheorie und Chaosforschung, die uns lehren, die Gesetzmäßigkeiten von selbstorganisierenden Systemen nicht nur in der Entwicklung des Lebens, sondern auch in der Beschreibung von Wirtschaftsabläufen, Gesellschaftsformationen oder Umweltfragen deutlicher zu beachten. Die Vernetzung und Rückkoppelung aller Erscheinungen des Lebens auf diesem Planeten wird zur unumkehrbaren Erfahrung einer Welt von morgen. Der Glaube, das Vertrauen und das Ethos dieser Welt von morgen wird unausweichlich eine integrale und integrative Form von Religion und Religiosität sein; diese Welt vorzubereiten sollte das vornehmste Ziel all unseres Betens, Denkens und Handelns sein.

Es gibt etwas, das mich hoffen läßt. Als ich vor 35 Jahren, zur Zeit des Rapacki-Planes, entschlossen war, den Wehrdienst zu verweigern, gab es auf 10 000 wehrpflichtige junge Männer nicht eine Handvoll, die von dem mühsam erkämpften Recht auf Wehrdienstverweigerung aus Gewissensgründen Gebrauch machten. Heute ist der Pazifismus eine Massenbewegung geworden und wird, jedenfalls in der BRD, inzwischen als eine legitime Alternative der Ableistung des Wehrdienstes empfunden. Es ist meine beinahe sichere Hoffnung: bereits die Generation, die nach uns heranwächst, wird beim Betrachten von Filmen wie „Im Westen nichts Neues", „Apocalypse now" oder „Platoon", ganz gewiß aber beim Betrachten von Filmdokumenten von Verdun, Stalingrad oder vom Schatt al-Arab ein Gefühl von Ekel empfinden, wie wir es heute verspüren, wenn man uns ethnologische Filmberichte aus Papua-Neuguinea oder über die Tupinamba-Indianer des Amazonas-Urwaldes zeigt, die Kopfjagd und Kannibalismus zu den zentralen Äußerungen ihrer Kultur zählen. Die Zeit wird kommen, wo wir zum Kriegführen moralisch außerstande sind. Es wird wohl noch etwas länger dauern, bis wir auch zum Töten und Essen von Tieren außerstande sind. Doch schon lernen wir allmählich, uns immerhin an den richtigen Stellen zu ekeln. Das ist ein starkes Argument der Hoffnung. Die Frage bleibt nur: lernen wir schnell genug?

# Vorwort

Dieses Buch behandelt ein politisches Thema, aber es ist in sich unpolitisch, zum Teil aus Überzeugung, zum Teil aus mangelndem Instinkt für die Grundlage aller Politik: die Macht.

Ein Theologe gibt sich selber auf, wenn er die Frage: »Was ist Wahrheit?« dahin verfälscht zu fragen, wie die Wahrheit wirkt. Einen Politiker hat zu interessieren, wie etwas bei der Menge ankommt, ein Theologe möchte oder müßte glauben dürfen, daß die Wahrheit durch sich selber wirkt. Für den Politiker ist Macht ein Spiel aus Anteilnahme und Berufung, für einen Theologen ist sie eine Abweichung, eine Versuchung. Es ist die Pflicht eines Politikers, nie das pragmatisch Unerreichbare zu wollen; er muß sich täglich fragen, nicht was Menschen sind, sondern was man mit ihnen machen kann, zu welchem Zweck sie nützlich, welchen Vorhaben sie schädlich sind, wie man die Meinung wechselt, wenn es opportun ist, und wie man sie zum ehernen Prinzip erhebt, wenn es die Gunst des Augenblicks erfordert. Politisch ist es, sich Voltaires Bonmot zu fügen: Entre nous, Socrate a raison, mais il a tort d'avoir raison si publiquement – unter uns, Sokrates hat recht, aber er hat unrecht, so öffentlich recht zu haben. Wenn man in dieser *Überzeugung* Sokrates den Schirlingsbecher reicht, hat man das Zeug, Politiker zu sein. »Was ist Wahrheit?« ist eine politische Frage, wenn man sie nur stellt, um ihre Sinnlosigkeit zu demonstrieren. Ein Theologe sollte sich die Frage, was ist Wahrheit, nur stellen mit dem Einsatz seiner eigenen, nicht fremder Leute Existenz. Bezüglich anderer sollte er niemals fragen, wem oder wozu sie nützen könnten, sondern allein, wem sie sich selber innerlich verpflichtet fühlen; *das* zu entdecken und nach Möglichkeit zu fördern, sollte sein Bestreben sein.

Deshalb weist die Theologie eine wesenhafte Verwandtschaft nicht zur Politik, wohl aber zur Tiefenpsychologie auf: beide wissen, daß nur die Angst den Menschen daran hindert, zu leben, was er ist; beide bemühen sich, die angstvollen Entstellungen des Daseins rückgängig zu machen; beide glauben sie daran, daß nur Verständnis, Annahme, Bewußtmachung, Wahrhaftigkeit in allen Herzensdingen und eine nie erlahmende Geduld des Nicht-Einschreitens die menschlichen Tragödien entwirren können. Politisch ist es unverantwortlich, ein eigenes Gefühl auch öffentlich zu leben; die Religion und Psychotherapie wollen nichts anderes als diesen Mut zur gottgewollten Subjektivität. Wer Macht will und verwaltet, muß stets fragen, was man machen soll; seine Domäne ist im besten Fall das Ethische. Die Religion und Psychotherapie fragen allein danach, wer ich sein darf – sie zwingen nie, wenn sie sich selber recht verstehn.

Insofern muß man wohl, wie es der buddhistischen Legende nach der greise Asita über dem neugeborenen Siddharta Gautama weissagte, prinzipiell wählen zwischen dem nüchternen Tatwillen des Politischen und der träumenden Duldsamkeit des Religiösen, zwischen der unerbittlichen Kälte der Macht und der möglichen Wärme der Ohnmacht, zwischen der planvollen Einsamkeit der Gewalt und der unmittelbaren Verbindlichkeit der Sanftmut, kurz, zwischen Ruhelosigkeit und Frieden.

In der Meinung, daß der Krieg nicht erst aus einer falschen Politik, sondern aus dem Wesen des Politischen selbst hervorgeht, ist dieses Buch, obwohl es ein politisches Thema zu behandeln versucht, zwar theologisch und tiefenpsychologisch engagiert, aber dabei durch und durch unpolitisch. Darin liegt sein offen eingestandener Mangel, doch vielleicht auch ein gewisser Vorteil.

Paderborn, 6. Januar 1982

*»Es ist ein eigenartiger Kommentar auf den Westen,*
*daß es dort,*
*obwohl es sich zum Christentum bekennt,*
*kein Christentum und keinen Christus gibt –*
*sonst hätte es dort keinen Krieg gegeben.«*

*Mahatma Gandhi: Freiheit ohne Gewalt, 122*

# Einleitung

Die lange Spur von Greuel und Grauen, die der Krieg in der Geschichte der Menschheit hinterlassen hat, ist so ungeheuerlich, die Not und das Elend, das er verursacht, so entsetzlich, seine Formen bis hin zu dem durchaus möglichen Ruin der Menschheit so zerstörerisch, die Energie, ihn zu führen, derart verschwenderisch, daß es nicht übertrieben scheint, im Krieg die Verkörperung des Bösen an sich zu erblicken. Was immer an Gemeinheit, Grausamkeit, Hinterlist, Lüge und Bosheit Menschen einander zufügen können, – im Krieg wird es geplant, organisiert, perfektioniert, verherrlicht, ja belohnt. Alles, was in Friedenszeiten nur Abscheu und Ekel erregen könnte, muß monatelang trainiert werden, ehe Menschen als Soldaten zum Kriegseinsatz fähig werden. Das einfachste Prinzip aller Humanität, die Person eines Menschen stets als Zweck, niemals als Mittel zu betrachten, wird in der blutigen Mathematik des Krieges systematisch mit Füßen getreten. Nirgendwo wird der Mensch so sehr zum Material erniedrigt, in seinen menschlichen Gefühlen verletzt, in seiner Arbeitskraft ausgebeutet, in seiner Existenz geschädigt und in seiner Würde geschändet, wie im Krieg. Wenn es irgend etwas auf dieser Welt zu hassen und zu bekämpfen gibt, so ist es der Krieg.

Aber wie kann man den Krieg *wirkungsvoll* hassen und bekämpfen?
Man kann den Krieg ethisch verurteilen, man kann ihn ein Verbrechen nennen, man kann gegen ihn protestieren und demonstrieren, – man kann ihn beschimpfen, verhöhnen, anklagen oder lächerlich machen, – es ist, als ob es gegen ihn kein Mittel gäbe. Man kann gegen den Krieg Gesetze erlassen, um die Politik auf den Frieden festzulegen, man kann die Kriegstreiber als Verbrecher aburteilen und hinrichten, man kann wie ein Augustus oder Marc Aurel selber Kriege führen gegen die kriegerischen Barbaren, – der Krieg hat aus all diesen Bemühungen wie ein Vampir nur immer neues Blut gesaugt, um sich, den oft schon Totgeglaubten, stets in noch furchtbarerer Gestalt von neuem wiederzubeleben.

Nach allen Anstrengungen, Proklamationen, Gesetzen und Erlassen scheint daher nur ein einziges Mittel übrig zu bleiben, um den Krieg zu verbannen: man muß in aller Stille und so sorgfältig und genau wie möglich versuchen, das Ungeheuerliche zu verstehen und die Gründe zu begreifen, aus denen heraus Menschen immer wieder Kriege führen. Ist schon der Krieg die Zusammenfassung aller nur möglichen Scheußlichkeiten und Verbrechen, so wird man ihn in der Tat nur auf die gleiche Weise überwinden können, wie man auch sonst einen Verbrecher zu heilen und in die menschliche Gemeinschaft wieder einzugliedern versuchen würde: indem man die Gründe zu verstehen sucht, die ihn zum Verbrecher werden ließen, indem man, jenseits der Verurteilungen und Verdammungen, die Menschlichkeit seiner so unmenschlich scheinenden Regungen wiederentdeckt und indem man herausfindet, welche Ziele und Werte für ihn als so kostbar gelten konnten, daß ihm dafür eine Zeitlang selbst der blutigste Preis noch nicht zu hoch bemessen schien. Verständnis, Güte und Geduld scheinen die einzigen Mittel, um der Blutmühle des Krieges zu entrinnen. Die ethischen Verurteilungen hingegen schaffen nur neue Illusionen, Enttäuschungen und Bitterkeiten. Um sich vor Erdbeben zu schützen, muß man die Gesetze des Vulkanismus kennen, und nur wer tief genug in den Feuerofen der menschlichen Psyche hineinblickt, wird sich vor ihrem eruptiven Magma retten können.

Von alters her hat man die großen Erlösungsreligionen der Menschheit befragt, wie der Krieg zu überwinden sei. Aber ihre Antworten sind immer paradox, selten pragmatisch, manchmal geradezu widersinnig ausgefallen. Nicht nur, daß die Religionen selber in der Geschichte oft genug zum Krieg angetrieben haben, es scheint, als müsse man die Erfahrung des Religiösen selber erst im eigenen Leben verstanden haben, ehe man mit Hilfe der Religion die Gründe des Krieges verstehen und überwinden könnte. Aber gerade deswegen bedarf es unbedingt der Religion, um durch die eigene Selbsterkenntnis den Menschen tief genug sehen zu lernen und das Problem des Krieges in seiner Wurzel zu verstehen.

Solange man den Krieg als ein zufälliges Phänomen der Geschichte oder als das Sonderphänomen bestimmter Gesellschaftsordnungen betrachtet, scheint der Krieg an sich leicht vermeidbar zu sein: man müßte nur jene Gesellschaftsformen ändern. Solange man glaubt, der Krieg entstehe aus einem Mangel an moralischem Willen, brauchte man eigentlich den Krieg nur streng genug zu verbieten. So oder so wäre eine wirklich religiöse Antwort auf das Problem des Krieges überflüssig. Wenn sich aber bei einer Betrachtung der menschlichen Geschichte zeigen sollte, daß es Kriege gibt, solange es Menschen gibt, wenn sich ferner bei einer Betrachtung der menschlichen Psychologie ergeben sollte, daß der Krieg unter gewissen Umständen und aufgrund bestimmter Motive zum Menschen selbst gehört, dann allerdings stehen Ethik, Psychologie und Soziologie angesichts des Krieges vor einem Problem, das sie prinzipiell nicht lösen können; dann ist die Religion allein, was sie zu sein behauptet: die mögliche Stätte eines Friedens, den die Welt nicht geben kann (Joh 14,27).

Um dies zu zeigen, werden wir auf das Problem des Krieges am besten auf vier Ebenen eingehen: wir werden

- historisch nach den Anlässen des Krieges fragen,
- psychologisch die Gründe des Krieges im Menschen untersuchen,
- religiös und ethisch nach den Möglichkeiten der Kriegsvermeidung fragen und
- aus dem Scheitern der Ethik die eigentliche Stellung des Religiösen in seiner Ohnmacht wie in seiner Notwendigkeit am Beispiel des Christentums zu entwickeln versuchen.

# 1. Teil: Der Krieg als Vater aller Dinge – das historische Dilemma

Bei einer historischen Betrachtung des Krieges spielt das Faktum sicherlich die größte Rolle, daß es Kriege gegeben hat, solange die Menschheit besteht, ja es scheint, als hätten die Menschen der Frühzeit sich die Welt ohne Krieg gar nicht vorstellen können.

## *I. Der Mythos von Leben und Tod*

Die alten Völker und Religionen haben innerhalb der mythischen Weltsicht den Krieg nicht nur nicht verworfen, sondern sie haben ihn als Teil der Weltordnung zur ständigen Pflicht erhoben.[1] Tod und Leben waren für die frühen Religionen Gegensatzpaare, die im Gleichgewicht gehalten werden mußten, wenn die Welt Bestand haben sollte[2], und

[1] Vgl. z. B. die rituellen Kriege der Dani und Jalé in Neuguinea, die nach dem Tod eines Gefallenen sogleich eingestellt werden, zur Sühne des Toten aber alsbald wieder fortgesetzt werden müssen; K. F. KOCH: Die Jalé im Hochland Neuguineas, in: E. Evans-Pritchard (Hrsg.): Bild der Völker, 1. Bd.: Australien und Melanesien, 80–84; oder vgl. die »Blumenkriege« der Azteken; I. NICHOLSON: Mexikanische Mythologie, 12–13. – Zu der Vorstellung vom Krieg als ständiger Einrichtung zum Erhalt der Weltordnung vgl. A. E. JENSEN: Die getötete Gottheit 147; 149. – Weitere Beispiele bei I. EIBL-EIBESFELDT: Menschenforschung auf neuen Wegen, 198–205 über den Krieg der Eipos in West-Irian, die äußerst rücksichtslos in ständigen Vergeltungskriegen miteinander leben.

[2] Manches spricht dafür, daß schon in der eiszeitlichen Malerei ein Weltbild zum Ausdruck kommt, in dessen Mittelpunkt der Smybolismus des Speers und der Wunde stand, »aufgefaßt als Symbole der geschlechtlichen Vereinigung und des Todes« und eingefügt »in einen Zyklus des erneuerten Lebens, . . . dessen Akteure sich zu zwei parallelen und einander ergänzenden Reihen ordnen: Mann – Pferd – Speer und Frau – Bison – Wunde«. Der »Speer« entspricht dabei dem Penis des Mannes, die »Wunde« der Vulva der Frau; A. LEROI-GOURHAN: Prähistorische Kunst, 209. – Zum Zusammenhang von Speerwunde und Geburtsöffnung vgl. z. B. die au-

während es die Aufgabe der Frauen war, an der Fruchtbarkeit der Natur teilzuhaben und möglichst vielen Kindern das Leben zu schenken, erschien es als das Vorrecht und die Pflicht der Männer, Leben in tierischer, menschlicher oder pflanzlicher Gestalt mit Sichel, Axt oder Schwert niederzumähen.[3] War der Schoß der Frau wie der Acker der Erde, aus dem alles Leben sproß und in den alles Leben zurückkehrte, so galt umgekehrt der Mann als Werkzeug des Säens und Erntens. Der Krieg war nicht zu verbieten, weil er zur Weltordnung selbst gehörte, und erwachsen zu werden, der Schritt zur Erkenntnis im Ritus der Initiation, bedeutete wesentlich, sich dieser Widerspruchseinheit von Leben und Tod, von Sexualität und Destruktion, von Lebensweitergabe und Lebenszerstörung bewußt zu werden und sie in der unterschiedlichen Rollenverteilung der Geschlechter zu akzeptieren und nachzubilden.[4] Der Krieg, die Notwendigkeit zu töten, der Rausch von Blut und Kampf stellte ein ebensol-

stralische Mythe von Eingana, der Urschlange, in: A. Löffler (Hrsg.): Märchen aus Australien, 40–42. – Noch im Neolithikum ist der Totenkult (meist als Schädelkult) in Einheit mit dem Fruchtbarkeitskult zu sehen. M. Eliade: Geschichte der religiösen Ideen, I 52.

[3] Sehr betont stellen L. Tiger und R. Fox den Unterschied von Mann und Frau in der Frage des Krieges aufgrund uralter steinzeitlicher Rollenzuweisungen heraus: »Der Krieg ist keine menschliche, sondern eine männliche Aktivität, der Krieg ist kein menschliches, sondern ein männliches Problem. – Nur die Männer herrschten, nur die Männer jagten, und aus dieser einseitigen Geschlechtsorientierung ergab sich eine weitere: Nur die Männer zogen gemeinsam in den Kampf.« L. Tiger – R. Fox: Das Herrentier, 243. – Der Zusammenhang von Mann–Töten–Säen scheint im Neolithikum fundamental. Überall dort, wo auf Erden gesät und geerntet wird, war »in Urzeiten die Idee des Säens mit der eines Blutopfers, anfänglich eines Menschenopfers, verknüpft . . . Es scheint, daß in der frühen neolithischen Welt ein Mensch geopfert wurde, sooft die Zeit des Säens kam. Und man opferte keineswegs ein niedriges oder ausgestoßenes Wesen; das Opfer war gewöhnlich ein ausgewählter Jüngling, manchmal auch ein Mädchen, und man nahte ihm bis zum Augenblick der Hinschlachtung mit tiefer Ehrfurcht, ja sogar Anbetung. Er war eine Art geopferter Gott-König; alle Einzelheiten seiner Tötung wurden zu einem Ritual, das die alten wissenden Männer leiteten.« H. G. Wells: Die Geschichte unserer Welt, 44.

[4] E. Drewermann: Strukturen des Bösen, II 600.

ches Mysterium, eine ebensolche Urtatsache dar wie der Rausch der Sexualität. In beiden Erlebnissen, im Zeugen wie im Töten, löste sich das Ich auf und verschmolz mit dem Leben der Art, mit den unbewußten Gesetzen der Natur. Der Krieg – ein heiliges Mysterium.

Das hindert nicht, daß gerade die frühen Jäger- und Pflanzerkulturen, in deren Religionen und Riten Anschauungen dieser Art noch heute fortleben, die Notwendigkeit des Todes als schmerzhaft beklagten und oft genug auf eine Urschuld, auf eine Sünde im Wesensursprung der Welt zurückführten (s. u. S. 304). Die Ambivalenz des Daseins in Werden und Vergehen, Zeugen und Töten wurde vielfach als Folge eines Mißverständnisses oder eines Verbrechens am Anfang der Welt betrachtet; gewisse Skrupel und Schuldgefühle gegenüber dem Töten blieben stets erhalten und wurden sogar außerordentlich tief und universell empfunden.[5] Nicht allein das Töten von Menschen galt als Schuld, bereits die Jagd auf die z. T. als göttlich verehrten Tiere erfüllte die frühen Jägerkulturen, wo nicht mit Abscheu, so doch mit Scheu und Schauder[6], und nicht weniger galt das Ausreißen, Zerstückeln und Zermahlen der Feldfrüchte als das höchst widersprüchliche Töten eines Gottes, der trotz aller menschlichen Schuld in das Vergehen einwilligte und sich den Menschen in seinem Tod zur Speise gab.[7] Man mußte unablässig

[5] E. Drewermann: Strukturen des Bösen, II 602; A. E. Jensen: Die getötete Gottheit, 125.

[6] Bei den meisten Jägervölkern läßt sich ein ausgesprochener »Tiertöterskrupulantismus« beobachten; R. Bilz: Über die menschliche Schuld-Angst, in: Paläoanthropologie, I 360–361. – »Die größte Gefahr des Lebens«, sagte ein Igluik-Eskimo, »liegt darin, daß die Nahrung der Menschen gänzlich aus Seelen besteht. Alle Tiere, die wir töten und essen, haben Seelen, die nicht mit dem Körper vergehen und die versöhnt werden müssen, damit sie sich nicht rächen, weil wir ihre Körper genommen haben.« R. L. Schreiber (Hrsg.): Rettet die Wildtiere, 13.

[7] Vgl. zur Einheit von Leben und Tod, von Grab und Brautgemach, von Sexualität und Destruktion in der Gestalt der göttlichen Feldfrucht den Mythos der Kore Persephone; C. G. Jung – K. Kerényi: Das göttliche Mädchen, 50.

töten, um zu leben, und diese Notwendigkeit des Tötenmüssens, auf die wir später noch ausführlich zu sprechen kommen werden (304), war sowohl Fluch wie Segen, Verbrechen wie Sakrament, Urschuld und Ursühne.

Zudem zeigte das archaische Denken sich überzeugt, daß im Grunde jedes Sterben irgendeiner geistigen Absicht, einer magischen Verzauberung oder einer dämonischen Einwirkung zuzuschreiben sei. Es gab keinen »natürlichen« Tod, und insofern kam jedes Sterben einem Mord gleich, so wie umgekehrt die Geister der Getöteten sich jederzeit in weit gefährlichere Gegner, als die Lebenden es waren, verwandeln konnten. Ohne Angst und Schuldgefühle und ohne die entsprechenden Reinigungs- und Vorbereitungszeremonien war dem archaischen Denken der Krieg nicht vorstellbar.[8] Er war notwendige, ja heilige Pflicht, aber nichtsdestoweniger Schuld. Insofern war und ist das Denken der »Primitiven« in der Frage des Krieges für gewöhnlich sensibler und vornehmer als das Denken der antiken Hochkulturen und ihrer geistigen und politischen Nachfahren.

## *II. Historische Wandlungen*

Es ist klar, daß die Landschaft, die Kultur und die geschichtliche Situation eines Volkes seine Einstellung zum Krieg auch religiös wesentlich modifizieren.

[8] Noch im Alten Testament müssen die Krieger, die in den Heiligen Krieg (cherem) ziehen, »im Zustand ritueller Reinheit, ›geheiligt‹ sein, Jos 3,5; vgl. Jer 6,4; 22,7; Joël 4,9. Sie sind zu Enthaltsamkeit genötigt, 1 Sam 21,6; 2 Sam 11,11, und diese Verpflichtung zur Reinheit erstreckt sich auch auf das Lager, das ›heilig‹ bleiben muß, auf daß Jahwe hier mit seinen Truppen lagerte, Dtn 23,10–15.« R. de Vaux: Das Alte Testament und seine Lebensordnungen, II 70. Der Sinn der Enthaltsamkeitsregel liegt darin, die Wachsamkeit zu stimulieren; die Praxis selbst entstammt wohl der Erfahrung schon der eiszeitlichen Jäger, »daß das Tier am leichtesten zur Zeit der Brunst zu erlegen war, wenn es vollauf vom Sexus in Anspruch genommen wird«. C. S. Coon: Die Geschichte des Menschen, 183.

Ein Jägervolk wird nur selten einen anderen als kultisch-religiösen Grund zum Krieg gegen ein anderes Volk haben, wofern die Jagdreviere offen und die Bevölkerungsdichte nicht zu hoch liegt. Es kommt indessen immer wieder vor, daß mißliebig oder überzählig gewordene Minderheiten mit Gewalt in besonders unwirtliche Refugialgebiete abgedrängt werden, und auch ein solcher aggressiver Akt, der oft genug tödlich endet, trägt zweifellos kriegsähnliche Züge.[9] Auch wird der Zusammenstoß einander fremder Jägervölker in einem für beide wichtigen Terrain erst nach Kampf und Auseinandersetzung zu einer gültigen Festsetzung der jeweiligen Reviergrenzen geführt haben. Grundsätzlich aber gehört die Erde in der Anschauung der meisten Jägervölker allen Menschen;[10] die Tierherden wandern, und ihnen nach wandern die Menschen; die Grenzen sind hier relativ offen.

[9] So mußte J. Goodall zwischen 1970–1972 am Gombe-Fluß beobachten, wie sich die von ihr in den 60er Jahren beschriebene Schimpansengruppe (J. van Lawick-Goodall: Wilde Schimpansen, 1971) in zwei Horden teilte, die anfangs auch an den Reviergrenzen bis auf bestimmte Drohgebärden friedlich miteinander umgingen. Anfang 1974 aber fing die nördlich lebende Gruppe ein Männchen der südlichen Gruppe, biß und schlug es 20 Minuten lang und ließ es blutig zurück; das Tier wurde später nicht mehr aufgefunden. Einen Monat danach wurde ein anderes ranghöheres Männchen der Süd-Gruppe ebenso mißhandelt, und bald darauf das frühere Alpha-Tier und ein altes Weibchen. Nach zwei folgenden, »friedlichen« Jahren wurde 1977 ein weiteres Männchen der Südgruppe mit Wunden bedeckt tot aufgefunden. Auch das letzte Männchen der Südgruppe wurde Ende 1977 von der Nordgruppe tödlich zusammengeschlagen. Dieses bei Tieren sehr seltene Phänomen der Vernichtung einer Gruppe durch eine andere ist in seinen Gründen unklar; es dient offenbar nicht der Rückeroberung eines abgetretenen Reviers, sondern entspringt wohl dem Wunsch, die Angehörigen der anderen Gruppe ein für allemal zu vertreiben. J. van Lawick-Goodall, in: Nationalgeographic Magazine, May 1979, 594; B. Flad-Schnorrenberg: Krieg und Kannibalismus unter Schimpansen, in: FAZ 30. 5. 79.

[10] Vgl. die Charakterisierung des prähistorischen Nomadentums bei E. E. Vardiman: Nomaden, 42–43. – Wie z. B. die Ojibwa-Indianer im Gebiet der Großen Seen über die Erde dachten, formulierte B. Johnston folgendermaßen: »Eine Mutter gebärt ein Kind. Sie nährt es, hält es in den

Gerade darin liegt jedoch später der Grund für eine endlose Kette historischer Mißverständnisse und erbittert geführter Kriege zwischen den Jäger- und Nomadenkulturen einerseits und den seßhaften Bauern andererseits.

Als nach dem Rückgang der letzten Vereisung um 10000 v. Chr. das Großwild der Eiszeit ausstirbt, wird die Sammlertätigkeit der Frau als Nahrungsquelle immer bedeutsamer und führt in der neolithischen Revolution zur Gründung erster Dorfgemeinschaften, die sich von primitiver Landwirtschaft und der Zucht von Schafen und Ziegen ernähren[11]; Stämme und Völker, die dem Schritt zur Seßhaftigkeit nicht Folge leisten oder aus den dörflichen Gemeinschaften ausgewiesen werden, bleiben indessen Nomaden und entwickeln, gestützt auf die Tierhaltung in den frühen Dorfgemeinschaften, die Kleinviehzucht in den weniger fruchtbaren Steppen-

Armen. Sie gibt ihm einen Platz auf ihrer Decke nahe an ihrer Brust ... Alle haben ein Anrecht auf einen Platz nahe bei ihrer Brust in ihrer Hütte. – So freigebig ist auch die Erde. Ihr Mantel ist weit, ihre Schüsseln sind immer voll und werden ständig gefüllt. Auf der Decke von Mutter Erde ist Platz zum Jagen, Fischen, Schlafen und Leben. Alle, Junge und Alte, Starke und Schwache, Gesunde und Kranke sollen sich in die Großmut und Freigebigkeit von Mutter Erde teilen. Der Grundsatz des gleichen Anrechts aller schließt privaten Besitz aus. Kein Mensch kann seine Mutter besitzen. Dieser Grundsatz erstreckt sich auch auf die Zukunft. Die Ungeborenen haben nicht weniger Anspruch auf den Reichtum der Erde als die Lebenden ... Beim Tode lassen die Sterbenden ihren Umhang zurück und nehmen nichts mit sich als die Erinnerung und einen Platz für andere, die noch kommen werden. Das ist das Erbe des Menschen: zu kommen, zu leben und zu gehen, zu empfangen, um weiterzugeben. Kein Mensch kann seine Mutter besitzen; kein Mensch kann die Erde zum Eigentum haben.« B. Johnston: Und Manitu erschuf die Welt, 30–31. – So denken und dachten die Jägervölker.

[11] Über den Ursprung des Ackerbaus und der Viehzucht vgl. R. J. Braidwood: The Earliest Village Communities, in: Journal of world-history, Vol. 1, p. 278–310, Paris 1953; J. N. Leonard: Die ersten Ackerbauern, 9–25; entsprechend der »Hügelflankentheorie« Braidwoods wird man die Entstehung des Ackerbaus nicht zunächst in den großen Flußoasen Ägyptens oder Mesopotamiens, sondern in den Westausläufern der iranischen Hochebene und im Süden Anatoliens lokalisieren müssen. Vgl. zu den Ausgrabungen in Anatolien J. Mellaart: Çatal Hüyük, 21–33; N. Kramer: Mesopotamien, 11–29.

gebieten. Die Vorstellungen der seßhaften und der nomadisierenden Völker von Recht und Besitz divergieren jedoch sehr, und so führen beide, trotz wechselseitigen Tauschhandels und weitgehend vorteilhafter Beziehungen zueinander, jahrtausendelang Krieg gegeneinander, beide in der Meinung, moralisch dazu mindestens berechtigt, wo nicht verpflichtet zu sein. Für den Bauern war es unerläßlich, seinen Besitz an Grund und Boden als rechtmäßiges Eigentum kenntlich zu machen: ein Stück freier Natur ging durch die Tatsache der erstmaligen Nutzung und Bearbeitung in seinen Besitz über. Für den Nomaden hingegen stellte dieser Akt der Landnahme eine widerrechtliche Aneignung, einen Diebstahl dar; nach seiner Vorstellung durfte es keine Grenzen und Zäune geben; all seine Habe war beweglich und in Gestalt der Viehherden nur mittelbar an bestimmte Weidegebiete gebunden; zudem mußte es ihm so scheinen, als wenn der Bauer ihm gerade die fruchtbaren Ländereien streitig machte, und so kam es ihm nur als recht und billig vor, durch ständige Überfälle den seßhaften Bauern der frühen Dorf- und Stadtkulturen ihr wohlerworbenes Eigentum als leichte Beute wieder abzujagen. Umgekehrt mochten die Nomaden den Stadtbewohnern als streunende Nichtstuer und raubgierige Gewaltmenschen gelten, vor denen man sich in acht nehmen mußte wie vor wilden Tieren. [12]

[12] Zu Recht meint R. E. Leakey von der Umstellung zum Ackerbau: »Dies ist . . . die wohl wichtigste Konsequenz . . ., die in der Umstellung vom nomadischen Nahrungssammeln zur landwirtschaftlichen Nahrungserzeugung vorgezeichnet ist: Sobald sich Menschen der Landwirtschaft verschreiben, verpflichten sie sich auch zur Verteidigung des Landes, das sie bestellen. Angesichts von Feinden davonzulaufen, bedeutet sicheren Verlust: Eines Jahres Mühe und Plage steckt in den Äckern und Feldern.« R. E. Leakey: Die Suche nach dem Menschen, 229. Durch die Stadtkultur wird der Krieg ohne Zweifel erbitterter. (S. u. Anm. 15, S. 27) – A. J. Toynbee: Der Gang der Weltgeschichte, I 1, S. 238–239 beschreibt den Unterschied von Nomaden und Ackerbauern so, daß der Nomade ein Virtuose in der Anpassung an die Natur, aber auch ein Gefangener des Klima- und Vegetationszyklus ist, während die seßhaften Kulturen eine gewisse Unabhängigkeit von den natürlichen Bedingungen durch Umgestaltung der Natur erwarben. Die Einbrüche der Nomaden ins Kulturland

Aber nicht nur gegeneinander, sondern vor allem miteinander führten Nomaden und Stadtbewohner Krieg. Während durch mündliche oder geschriebene Gesetze die aggressiven Auseinandersetzungen innerhalb des eigenen Stammes, der eigenen Lebensgemeinschaft, unter Strafe verboten wurden[13], organisierte man in immer größeren Einheiten wehrfähige Verbände, die gegen den Nachbarstamm oder die Nachbarstadt Krieg führen konnten. Die kriegerischen Auseinandersetzungen der Nomadenvölker, so erbittert sie auch um Brunnen, Weideland und Viehherden untereinander kämpfen mochten, blieben indessen ohne politische Konsequenz, sie galten nach wie vor »nur« der Klärung der Frage, welcher Stamm in welcher Oase oder in welchem Weidegebiet sich aufhalten darf. Die Kriege der Stadtstaaten etwa des Zweistromlandes hingegen zielten bald schon auf die Begründung von Imperien durch langfristige Unterwerfung anderer Stadt-

entspringen klimatischen Katastrophen oder den Verlockungen des reichen Agrarlandes; beides sind »Ursachen, die gänzlich außerhalb des eigenen Erfahrungsbereiches des Nomaden liegen«. »Trotz dieser gelegentlichen Einbrüche in das Feld geschichtlicher Ereignisse ist das Nomadentum ... wesentlich ein Gesellschaftskörper ohne Geschichte.« Toynbee, a.a.O., 239. – Die Hirtenstämme, gleich ob die indogermanischen Kassiten in Mesopotamien, die Achaier im minoischen Kreta oder die Hyksos in Ägypten waren insgesamt raubgierig und kriegslüstern. Vgl. E. Borneman: Das Patriarchat, 108–109. – Zu dem Wechselverhältnis von Nomaden und Bauern am Beispiel der kanaanäisch-syrischen Kulturen vgl. H. Gaube: Nomaden und Bauern, in: Land des Baal, 293–297.

[13] Die erste schriftlich formulierte Regelung der menschlichen Aggression innerhalb der eigenen Gruppe verbindet sich mit dem Gesetzwerk Hammurabis (1792–1750 v. Chr.), der zwar bereits auf die legislativen Maßnahmen Urnammus, des Begründers der 3. Dynastie von Ur (2111–2094), zurückgreifen konnte (E. Cassin, J. Bottéro, J. Vercoutter: Die Altorientalischen Reiche, I 134), aber im wesentlichen semitische Rechtsauffassungen und damit erheblich schärfere Strafbestimmungen sowie das »Talionsprinzip« bei Körperverletzung oder fahrlässiger Tötung durchsetzen konnte. Die Todesstrafe wurde häufig verhängt und durch Erschlagen, Ertränken, Verbrennen, vom Turm Hinabstürzen u. a. vollzogen (E. Cassin, J. Bottéro, J. Vercoutter: a.a.O., I 201; vgl. H. Schmökel: Ur, Assur und Babylon, 83–85; H. W. F. Saggs: Mesopotamien, 295–316).

königtümer.[14] Es lag in der Logik dieser Entwicklung, in die Strategie der Eroberung später auch Länder und Völker miteinzubeziehen, die dem eigenen Staatsgebilde entlegen und fremd waren, – der Anspruch auf Macht und Größe ward rasch verselbständigt, und ein Ende dieser Entwicklung ließ sich nicht absehen.[15]

[14] Den ersten Versuch, ein eigentliches Imperium zu begründen, unternahm um 2350 Lugalzagesi von Umma, der als Sohn eines semitischen Priesters den König stürzte, das benachbarte Lagasch zerstörte und schließlich das mächtige Uruk annektierte. Er »schmückte sich mit allen Königstiteln des Landes und fühlte sich als erster Herr von ganz Sumer. Sein Weg war Ausdruck einer Hybris des Willens. Hinter sich ließ er Trümmer, Leid und Tränen zurück. Doch sein Glaube an die eigene Größe war unerschütterlich«. Die einzige Inschrift, die Lugalzagesi hinterlassen hat, beschreibt ihn als Herrscher des Orients. »Als Enlil, der König der Länder, an Lugalzagesi das Königtum des Landes verliehen hatte, als er vor dem Lande ihn zurechtgeführt, die Länder unter seine Füße niedergeworfen hatte und als er sie vom Aufgang bis zum Untergang der Sonne ihm unterworfen hatte, damals hat er ihm die Wege vom Unteren Meer über Tigris und Euphrat bis zum Oberen Meer geebnet.« Ein Chronist, der die Vernichtung von Lagasch festgehalten hat, urteilte demgegenüber weniger triumphal: »Die Leute von Umma haben unser Lagasch in Brand gesteckt. Sie raubten Silber und Edelsteine. Sie haben Blut vergossen im Palast und in den Heiligtümern Enlils und Babas sowie in vielen anderen Tempeln. Von den bebauten Feldern Ningirsus haben sie das Korn genommen. Die Krieger von Umma haben mit dieser Vernichtung Lagaschs eine schwere Sünde gegen Ningirsu begangen. Die Macht, die ihnen zuteil geworden ist, soll ihnen genommen werden.« H. Uhlig: Die Sumerer, 234–235; vgl. H. Schmökel: Ur, Assur und Babylon, 30–32. Am Ende seines Lebens flehte Lugalzagesi die Götter um Frieden an: »Enlil ... lasse die Länder in Sicherheit wohnen ... Die ›Zitzen des Himmels‹ möge er fließen lassen ... Das gute Schicksal, das die Götter mir bestimmt haben, – mögen sie es nicht verändern! Der Hirte, der an der Spitze steht, möge ich stets bleiben.« H. Schmökel: Ur, Assur und Babylon, 35. Das Gebet um Frieden wurde dem siegreichen Krieger als einziges nicht erfüllt: der Semit Sargon stürzte ihn.

[15] Lugalzagesi wurde verdrängt von dem Begründer des ersten semitischen Großreiches, Sargon von Akkad (2340–2284), der das Reich und die Dynastie von Akkade (2340–2198) begründete, indem er in drei Kriegen und 34 Schlachten den sumerischen Süden eroberte und dann in zwei Feldzügen bis ans Mittelmeer vorstieß. Bereits sein Nachfolger Rimusch (2284–2275) aber stand einer Kette von Aufständen im Lande Sumer gegenüber; in einem erbarmungslosen Krieg wurden »Ströme von Blut vergossen, Städte geschleift und dem Erdboden gleichgemacht«. (E. Cassin, J. Bottéro, J. Vercoutter: Die Altorientalischen Reiche, I 100–

Freilich lag gerade in der Überdehnung des Machtanspruches oft schon der Keim des Untergangs: von einem bestimmten Zeitpunkt an gingen zu viele Energien, die zur Kontrolle der besetzten Gebiete und der unterworfenen, stets aufruhr-

104). Das Motiv für Sargons Eroberungen ist unbekannt; vermutlich bestand es in dem Ehrgeiz, es Lugalzagesi gleichzutun und ihn zu übertreffen (E. CASSIN, J. BOTTÉRO, J. VERCOUTTER: a.a.O., I 102). Vgl. auch A. TOYNBEE: Menschheit und Mutter Erde, 66–71. – L. MUMFORD: Die Stadt. Geschichte und Ausblick I 104, beschreibt die Stadtkulturen des 4.–3. Jtsd.s. v. Chr. in Mesopotamien und Ägypten als Ausformungen von zwei Möglichkeiten, die während der ganzen Geschichte der Stadt sichtbar geblieben seien: der Möglichkeiten von »Dorf oder Stadt; oder, biologisch ausgedrückt: der symbiotische oder der räuberische Weg. Es waren keine unbedingten Alternativen, doch wiesen sie in verschiedene Richtungen. Der eine Weg war der Weg freiwilliger Zusammenarbeit, gegenseitiger Anpassung, weiteren Umgangs und Verstehens; das Ergebnis war ein organischer Zusammenschluß von komplexer Art und auf höherem Niveau, als er im dörflichen Gemeinwesen mit seinen benachbarten Ländereien möglich war. Der andere Weg war der Weg räuberischer Herrschaft, der zu erbarmungsloser Ausbeutung und schließlich schmarotzerischer Entkräftung führte; es war der Weg der Expansion mit seiner Gewalttätigkeit, seinen Konflikten und Ängsten, der die Stadt ... in ein Instrument zur Gewinnung und Ansammlung von Überfluß verwandelte. Diese zweite (sc. ›mesopotamische‹, d. V.) Form hat die Geschichte der Stadt bis in unsere Zeit weitgehend bestimmt und liefert in nicht geringem Maße die Erklärung für die Einengung und den Zusammenbruch einer Zivilisation nach der anderen«. – Die ökonomischen Faktoren (Arbeitsteilung und Spezialisierung, Nahrungsüberschuß und Kapitalbildung, zentralisierte Produktionsweisen und Großprojekte) ließen den Krieg jetzt als »sinnvolles« Mittel zur Machterhaltung und Machterweiterung erscheinen; aber es wäre sicher nicht richtig, in der »verbesserten« Organisation des Krieges und der Ausdehnung seiner Ziele in den Stadtkulturen des 4.–3. Jtsd.s die *Ursache* des Krieges zu erblicken. Vielmehr erlangte die menschliche Besitz- und Machtgier lediglich neue Möglichkeiten. S. Freud wird in diesem Punkte recht haben, wenn er schrieb: Die menschliche Aggression »ist nicht durch das Eigentum geschaffen worden, herrschte fast uneingeschränkt in Urzeiten, als das Eigentum noch armselig war, zeigt sich bereits in der Kinderstube, kaum daß das Eigentum seine anale Urform aufgegeben hat, bildet den Bodensatz aller zärtlichen und Liebesbeziehungen unter den Menschen ... Räumt man das persönliche Anrecht auf dingliche Güter weg, so bleibt noch das Vorrecht aus sexuellen Beziehungen« (S. FREUD: Das Unbehagen in der Kultur, XIV 473). – Der Krieg ist keine »Erfindung« der Stadtkultur, er wird im 4. Jtsd. nur zu einer Institution verfestigt, so wie aus dem primitiven Stammeshäuptling die Institution des Königtums erwächst.

gefährlichen Völker absorbiert wurden, für die kulturelle und ökonomische Entfaltung verloren.[16] Die inneren politischen Instabilitäten ließen sich wohl immer wieder eine Zeitlang durch erhöhten Einsatz innerer Gewalt überspielen: man konnte durch ein stehendes Heer sich zu ständiger militärischer Präsenz und Einsatzfähigkeit heranbilden[17], man konnte durch drastische Tributforderungen die mangelnde wirtschaftliche Eigenleistung kompensieren, man konnte dem Willen zu Erhebung und Widerstand durch Deportation und Zerstörung ganzer Völkerschaften zuvorkommen[18], – man

[16] Vgl. A. Toynbee: Der Gang der Weltgeschichte, II 2, 466; ders.: Krieg und Kultur, 76. »Militarismus«, meint Toynbee, »war . . . bei weitem die allgemeinste Ursache des Niederbruchs von Kulturen während der letzten vier oder fünf Jahrtausende . . . dadurch, daß er die Lokalstaaten, in die sich der Gesellschaftskörper gliedert, miteinander in zerstörerische Bruderkriege verwickelt.« A. Toynbee: Der Gang der Weltgeschichte, I 1, 265.

[17] Das erste stehende Heer organisierte Tiglatpileser III (745–727), »dessen Kern aus der Leibwache hervorgewachsen war und das bedeutende Kontingente fremder Söldner umfaßte«. Auf diese Weise wollte Tiglatpileser III »die Expansionsprobleme Assyriens auf die Dauer lösen«, wurde aber »zu einer Politik der Annektierung und Eroberung gezwungen, die seine Möglichkeiten zu überschreiten drohte«. E. Cassin, J. Bottéro, J. Vercoutter: Die Altorientalischen Reiche, III 56–57.

[18] Auch Kriegsgefangene wurden zunächst als Arbeitskräfte benötigt und verwendet. Systematische Deportationen »als Mittel, den nationalen Zusammenhalt aufzusprengen« wurden zum ersten Mal von Tiglatpileser III durchgeführt. Solche »Umsiedlungen mußten, wenn sie ihre Wirkung nicht einbüßen sollten, häufig und in großer Zahl vor sich gehen . . . So wurden zum Beispiel über 30000 Syrer aus der Gegend von Hama in den Zagros und ins mittlere Armenien verpflanzt. 150000 Aramäer aus Südbabylonien wurden in die nördlichen und nordöstlichen Grenzmarken, ja sogar nach Iran selbst gebracht, von wo man andererseits wieder auf einem einzigen Feldzug 65000 Gefangene wegschleppte«. E. Cassin, J. Bottéro, J. Vercoutter: Die Altorientalischen Reiche, III 57–58. Das zunächst so erfolgreich scheinende System des Militarismus und Despotismus ist auf die Dauer jedoch nicht nur mörderisch, sondern auch selbstmörderisch. Am Beispiel des assyrischen Militarismus zeigt sich besonders kraß, wie der Krieg der Grenzmark Assur gegen die Feinde aus dem Norden in die bürgerkriegsähnliche Gewalt gegen die Babylonier im Lande umschlägt; vgl. A. Toynbee: Der Gang der Weltgeschichte, I 2, 447–455. – Kriegerische Deportationen kannte aber auch die Neue Welt: »Eines der wichtigsten Machtmittel des Inka-Staates war . . ., daß ein

konnte mit all dem aber nicht verhindern, daß die permanente Kriegsbereitschaft, der Militarismus des Denkens, die kulturellen und wirtschaftlichen Kräfte zunehmend lähmte und die Spirale von Unterdrückung und Gewalt sich fortschreitend als ein unentrinnbarer Teufelskreis darstellte.

Wofern die frühen Großreiche jedoch nicht bereits an diesen inneren Widersprüchen zugrundegingen, konnten ihnen jederzeit »barbarische« Nomadenvölker der Steppe gefährlich werden.

Es ist nach wie vor unklar, warum bestimmte Völker sich »plötzlich« zu teilen beginnen und Wanderbewegungen einleiten, deren Richtung sie über riesige Zeiträume konsequent verfolgen.[19] So »teilt« sich z. B. in der Mitte des 2. Jtsd.s v. Chr. die »indogermanische« Urbevölkerung zwischen Aralsee und Hindukusch in sieben große Ströme, die nach Osten, Westen und Süden führen und, wohin sie auch kommen, die Geschichte neu zu schreiben beginnen. Es mag sein, daß bestimmte ökonomische und technische Faktoren hier mit im Spiel sind: Hungersnöte, Seuchen Naturkatastrophen, aber auch neue Erfindungen wie die Benutzung des Pferdes als Zugtier, später als Reittier[20], die Gewinnung von Eisen[21] oder die Technik des Streitwagenkampfes können besonders die indogermanischen Wanderungen mitveranlaßt, mitgefördert und vorangetrieben haben. Aber was hält über Jahrtausende hinweg bestimmte Völker, wenn sie erst einmal in Bewegung geraten sind, Generation für Generation in der einmal »gewählten« Wanderrichtung fest? Darüber wissen

Teil der Besiegten in alten Provinzen umgesiedelt wurde, während andere Bewohner ihrerseits in neue Provinzen geschickt wurden, um mit der Sprache auch die Kenntnis von Gesetz und Ordnung der Sonnensöhne zu verbreiten und zu festigen.« H. D. Disselhoff: das Imperium der Inka und die indianischen Frühkulturen, 219.

19 G. Bibby: Als Troja brannte und Babylon fiel, 62; 119.

20 F. Trippett: Die ersten Reitervölker, 44–53.

21 Bes. die hethitische Eroberung Anatoliens dürfte durch die Ausbeutung der kaukasischen Eisenerze bedingt gewesen sein; P. Knauth: Die Entdeckung des Metalls, 79.

wir nichts. Nur das Ergebnis ist fast immer dasselbe: die versuchte oder gelungene Invasion der Fremdvölker führt zu einer allmählichen oder durch Entscheidungsschlachten erzwungenen Auflösung der ursprünglichen Staatsgebilde; in der Folgezeit hingegen verschmilzt das Eroberervolk mit der einheimischen Bevölkerung, übernimmt weitgehend dessen Kultur und formt daraus etwas Eigenes, Neues. So übernehmen die ostsemitischen Akkader die Kultur der Sumerer, die Indoarier verschmelzen mit der Dravida-Bevölkerung und -kultur von Moenjodaro und Harappa[22] etc.

## 2. *Der Fortschritt der Kultur und der Fortschritt des Krieges*

Prinzipiell scheint es dabei immer wieder zu einer merkwürdigen Wehrlosigkeit gerade der Kulturvölker zu kommen, wenn diese nicht in die Sackgasse des Militarismus nach assyrischem, spartanischem[23] oder aztekischem Vorbild[24] hineinsteuern. Offenbar wirkt ein bestimmter Grad an kultureller Verfeinerung sowie der urbane Lebensstil mit seinen hohen moralischen Anforderungen durch sich selbst kriegshemmend: die Fähigkeit und Bereitschaft zum Töten im Kampf Mann gegen Mann schwindet, die Angst vor dem Verlust des mühsam erworbenen Wohlstandes tut ein übriges, kurz, es ist immer wieder eine Lähmung der unmittelbaren Wehrbereitschaft gerade der zivilisierten Völker in der

[22] Zur alten Indus-Kultur vgl. M. Wheeler: Alt-Indien und Pakistan, 81–102; A. T. Embree – F. Wilhelm: Indien, 16–25; zum Einfluß der arischen Kultur, vgl. R. Thapar – P. Spear: Indien, 26–58.

[23] Den Wendepunkt in der Geschichte Spartas sah A. J. Toynbee im 2. Messenischen Krieg (ca. 736–720). »Es war einer jener Kriege, in denen das Eisen bis in die Seele der Überlebenden dringt. Und er war eine so schreckliche Erfahrung, daß er das Leben der Spartaner für immer an Elend und Eisen band und ihr Gemeinwesen in eine Sackgasse der Entwicklung führte.« A. J. Toynbee: Krieg und Kultur, 35.

[24] In welch einem Umfang die Azteken die von ihnen unterworfenen Städte und Stämme ausbeuteten, zeigen die Tributslisten des Codex Mendoza; K. Ross: Codex Mendoza, 36–65.

Geschichte zu beobachten. Das bedeutet freilich nicht, daß diese Kulturen *politisch* weniger kriegerisch wären. Im Gegenteil. Gerade weil die eigene Bevölkerung sich weniger imstande zeigt, nach Art »barbarischer« Völker bedenkenlos niederzumetzeln, was sich ihr in der Gestalt des »Gegners« in den Weg stellt, nötigen die zivilisationsbedingten moralischen Skrupel dazu, die Waffentechnik so zu verbessern, daß sie für den Feind abschreckender und furchtbarer, für die eigene Mannschaft aber schonender und »humaner« in der Bedienung wirkt. Die Reichweite der Geschosse muß soweit verbessert werden, daß die psychischen Tötungshemmungen beim Anblick des Gegners und der ihm zugefügten Verletzungen, des Schmerzens und des Grauens dahinschwinden[25]; das mechanisierbare Element des Kampfes, die Maschinerie des Krieges wird paradoxerweise z. T. aus solchen moralischen Gründen verbessert.

Natürlich verstärkt sich dieser Faktor noch beim Übergang zu einem Heer von Berufssoldaten, deren Schlagkraft nicht auf der zahlenmäßigen Mannschaftsstärke, sondern auf ihrer Geübtheit im Umgang mit hochqualifizierten Waffen, einer gutausgebildeten Logistik und einer überlegenen strategischen und taktischen Kriegstechnik beruht: von solchen Soldaten verdient jeder einzelne besonderen Schutz, und jedes Berufsheer verlangt daher ipso facto eine ausgeklügelte Waffen- und Kriegsmaschinerie, – eine Regel, die von den Assyrern und Römern bis zu den Formen der Kriegsführung der US-Armee im 20. Jh. Gültigkeit behalten hat.[26] Zudem lassen

[25] Auf den Wegfall der Tötungshemmung beim Gebrauch von Waffen, bes. fernwirkenden Waffen, wies zuerst K. Lorenz hin: »Unsere tieferen, gefühlsmäßigen Schichten nehmen ganz einfach nicht zur Kenntnis, daß das Abkrümmen eines Zeigefingers, das den Schuß löst, einem anderen Menschen die Eingeweide zerreißt. Kein Mensch würde auch nur auf die Hasenjagd gehen, müßte er das Wild mit Zähnen und Fingernägeln töten.« (K. Lorenz: Das sogenannte Böse, 339).

[26] Als z. B. Anfang Juli 1944 die Amerikaner die deutsche Front bei St. Malo durchbrachen, warfen sie vor dem Angriff mit Tausenden von Bombern an der Durchbruchstelle einen Bombenteppich ab, der die deutsche Front völlig auseinandersprengte und von einer Vernichtungsgewalt war, wie sie

sich die Berufssoldaten eine Zeitlang gerade aus den Kriegsgefangenen, Überläufern und Söldnern der »barbarischen« Randvölker rekrutieren; aber regelmäßig kommt es dann zu der Hegelschen Dialektik vom Herrn und Knecht[27]: die gedungenen Heerführer, in der Kampfesart ihrer Zwingherrn bestens unterwiesen, kehren eines Tages an der Spitze »barbarischer« Truppen zurück und schlagen das bisherige Herrenvolk mit seinen eigenen Mitteln.

Insgesamt bewirkten auf diese Weise der zivilisatorische Fortschritt und in gewissem Sinne auch die Verfeinerung des moralischen Empfindens in der Geschichte niemals, was sie an sich bewirken müßten: sie führten nicht dazu, den Krieg unmöglich zu machen, sondern sie förderten die mechanisierte, abstrakte Grausamkeit der Kriegsmethoden und spielten sie schließlich anderen in die Hände, welche zur technischen Überlegenheit auch noch die größere moralische Unbedenklichkeit ins Treffen führen konnten.

Die hochzivilisierten und in einem gewissen Umfang nur an Ruhe und Ordung interessierten, pazifizierten politischen Gebilde gehen dabei jeweils an einem Widerspruch zugrunde, den bereits Clausewitz treffend beschrieben hat[28]: es ist

»selbst dieser Materialkrieg noch nicht gesehen« hatte. K. Zentner: Illustrierte Geschichte des zweiten Weltkrieges, 421.

[27] Die Dialektik von Herr und Knecht beschreibt G. W. F. Hegel: Phänomenologie des Geistes, 146–150; vgl. dazu die existentialistische Interpretation bei J. P. Sartre: Das Sein und das Nichts, 468–488; die Struktur der Kain- und Abel-Beziehung als eines hermeneutischen Leitfadens zu einer Theologie der Geschichte ist dargestellt bei E. Drewermann: Strukturen des Bösen, III 263–278.

[28] C. v. Clausewitz: Vom Kriege, 360: »Da . . . eine absolute Verteidigung dem Begriff des Krieges (sc. als eines Aktes der Gewalt, um den Gegner zur Erfüllung des eigenen Willens zu zwingen, S. 17, d. V.) völlig widerspricht, weil bei ihr nur der eine Krieg führen würde, so kann auch im Kriege die Verteidigung nur relativ sein . . . Da man . . ., um wirklich auch seinerseits Krieg zu führen, dem Feinde seine Stöße zurückgeben muß, so geschieht dieser Aktus des Angriffs im Verteidigungskrieg gewissermaßen unter dem Haupttitel der Verteidigung.« M. a. W.: die Verteidigung ist nur eine strategische oder taktische Manier zur Vernichtung des Gegners, ebenso wie der direkte Angriff auch, nur daß die Verteidigung »eine stärkere Kriegsform . . . als der Angriff« ist (S. 371).

nicht möglich, nur *defensiv* Krieg zu führen; jeder Krieg zielt, wenn er nicht durch besondere Umstände in seiner logischen Entfaltung gehindert wird, auf die Niederwerfung des Gegners; die chinesische Mauer[29] oder der römische Limes bieten auf die Dauer keinen Schutz, da sie die bleibende Gefahr des Gegners niemals wirklich abwenden. Siegreich bleibt stets der stärkere *Angreifer*, und so dient die menschliche Vernunft und Moralität jedesmal nur der besseren, rationalisierteren Form der Kriegsführung, niemals aber der Abschaffung des Krieges. Ja, die Moral selber kommt im Kriegsfall der inneren Aufrüstung zugute: bestimmte kulturelle Unterschiede in Lebensart und Lebensweise zwischen den Völkern lassen sich propagandistisch zur Mobilisierung von Angst und Haß ausnutzen, und das Bild der eigenen moralischen Überlegenheit über die Unarten des Feindes läßt es regelmäßig geradezu als Pflicht erscheinen, zur Rettung des Guten auf Erden den Gegner möglichst vernichtend zu schlagen. Ohne solche, aus subjektiver Sicht, »idealen« Zielsetzungen ist ein Krieg niemals mit der Unerbittlichkeit und dem Fanatismus zu führen, mit dem wir regelmäßig die Völker »in den Krieg ziehen« sehen »wie in einen Gottesdienst.«[30]

Diese Umwertung der moralischen Kräfte von potentiell kriegshemmenden in faktisch kriegsbegünstigende Faktoren stellt einen der wichtigsten Motoren in der Geschichte des Krieges dar und läßt im Grunde nur einen einzigen Ausgang zu: die Vorstellung von der humanen Befriedung der (jeweils

[29] Die chinesische Mauer wurde in der Qin-Dynastie (221–206) unter dem »Ersten Kaiser Chinas«, unter Qin Shihuang Di (259–210), gebaut und verband die bereits existierenden Schutzwälle im Norden des Reiches auf einer Länge von 2400 km. H. Brinker – R. Goepper: Kunstschätze aus China, 105. Die Mauer diente der Abwehr der Nomaden aus den Trokkengebieten im Norden und sollte die kaiserlichen Streitkräfte gegenüber möglichen Aufständen im Inneren verfügbar machen. A. Cotterell: Der Erste Kaiser von China, 158–159.

[30] So J. Goebbels in der berühmten Rede am 18. 2. 43 im Sportpalast, in der er den totalen Krieg propagierte.

bekannten) Welt durch die Herrschaft eines Volkes und der Durchsetzung seiner Lebensform, seiner Religion und seiner politischen und wirtschaftlichen Interessen über alle anderen Völker. Der Krieg wird jetzt ein Instrument zur Durchsetzung von Recht und Ordnung – so bei dem Perserkönig Dareius[31], der in Persepolis zum ersten Mal so etwas wie allgemeine Menschenrechte erläßt, so bei dem indischen Herrscher Ashoka, der ein Weltreich erobert und dann, nach seiner Bekehrung zum Buddhismus, das berühmte Toleranzedikt erläßt[32], so in der Konzeption der Pax Romana der

[31] Dareiros I (522–486) war nicht nur ein großer Eroberer, sondern ebenso um das Rechtswesen bemüht, wobei er ohne Zweifel durch die Traditionen Babylons beeinflußt war. In einer Inschrift ermahnte er seine ›persischen‹ Anhänger, »für wahr zu halten, was er geschrieben hatte, und nicht die Gesetze zu mißachten, während er an noch einer anderen Stelle ... von dem Werk der Gerechtigkeit spricht, damit der Starke des Königs Gesetz fürchte und dem Schwachen nicht schade«. R. FRYE: Persien, 211; vgl. J. HICKS: Die Perser, 45; 47.

[32] Der indische König Ashoka (ca. 268–232) gelangte durch gnadenlose Machtkämpfe auf den Thron und verübte scheußliche Grausamkeiten; aber im 9. Jahr nach seiner Krönung änderte er seine Gesinnung, nachdem er das Kalinga-Reich (Orissa) erobert hatte. In dem 13. großen Felsenedikt erklärte er von diesem letzten Feldzug: »Einhundertfünfzigtausend Menschen wurden deportiert, hunderttausend wurden getötet und viele Male mehr starben ... Wegen der Eroberung von Kalinga fühlt der Göttergeliebte Reue, denn wenn ein noch nicht erobertes Land erobert wird, ist das Morden, der Tod und die Deportation der Menschen außerordentlich betrüblich für den Göttergeliebten und lastet schwer auf seiner Seele.« »Das Edikt von Kalinga«, meinen A. T. Embree und F. Wilhelm, »gehört zu den eindrucksvollsten und menschlichsten der Weltgeschichte.« Aber zugleich mußte Ashoka gegen Ende des Ediktes bereits die notorisch aufsässigen Bergstämme vor Repressalien warnen. A. T. EMBREE – F. WILHELM: Indien, 86. – Im Kalinga-Land finden sich die zwei berühmten Separatedikte Ashokas an seine Beamten, in denen es heißt: »Alle Menschen sind für mich (wie meine) Kinder. Wie ich für (meine) Kinder wünsche, daß sie allen Heils und Glücks im Diesseits und im Jenseits teilhaftig werden, ebenso ist mein Wunsch für alle Menschen. Die nicht unterworfenen Grenznachbarn fragen sich vielleicht: ›Welche Absichten hat der König gegen uns?‹ Nur dies ist mein Wunsch hinsichtlich der Grenznachbarn: sie sollen die Überzeugung gewinnen: ›So wünscht der König: Sie sollen keine Angst vor mir haben und sollen mir vertrauen; und nur Glück sollen sie von mir erlangen, nicht Leid‹.« – Besonders das *Mitleid* gegenüber *allen* Geschöpfen, die Forderung des Nichtverletzens, der ahimsa, suchte Ashoka einzuschärfen. So verbat er

Caesaren von Kaiser Augustus an. Die *ideelle* Grundlage der Kriegsführung bestimmt noch heute den Konflikt zwischen West und Ost wesentlich mit.

In Wahrheit wurde auf diesem Wege natürlich niemals die Welt dem ersehnten Frieden zugeführt, es wurden lediglich die Felder ständig erweitert, aus deren Innerem der Krieg entfernt und nach außen verschoben werden mußte. Die Friedfertigkeit und Friedensliebe im privaten und zivilen Bereich wuchs auf diese Weise gleichzeitig mit der organisierten Bereitstellung von immer mehr Menschen zu immer furchtbareren Kriegen. Eben dieses Verfahren im Umgang mit der menschlichen Aggression: den Krieg stets von innen nach außen, von der eigenen Gruppe weg gegen die Nachbargruppe gewissermaßen vor sich her zu schieben und damit die Grenzen des Friedens ebenso wie die Zusammenballung des kriegerischen Potentials ständig auszuweiten, ist erst in unseren Tagen endgültig an ein Ende gelangt; erst heute ist dieser einzige Weg in der menschlichen Geschichte, die innerartli-

in dem ersten seiner großen Felsenedikte das Tieropfer; ferner erklärte er den Vegetarismus zur Pflicht: »Früher«, sagte er, »wurden in der Küche des göttergeliebten Königs ... täglich viele Hunderttausende von Lebewesen zum Curry geschlachtet; jetzt, nach Erlaß dieses Religionsediktes, werden nur mehr drei Lebewesen getötet, zwei Pfauen und eine Gazelle, aber auch diese drei Lebewesen werden später nicht mehr getötet werden.« A. T. Embree – F. Wilhelm: Indien, 87. – Nicht zuletzt forderte Ashoka bereits im 3. Jh. vor Chr. Toleranz gegenüber *allen* Religionen, und zwar in Worten, die bis heute in ihrer Größe und Weitherzigkeit das christliche Abendland beschämen müssen: »Der König, von den Göttern geliebt, achtet jede Form des Glaubens, doch er beachtet kein Geschenk und keine Ehrung so sehr wie das Wachstum der Substanz der Religion. Denn dies ist die Wurzel davon: dem eigenen Glauben dienen und niemals den der anderen herabsetzen. Wer anders handelt, beleidigt seine eigene Religion, indem er eine andere schmäht.« – »Unter meinem Schutz soll den Texten aller Religionsformen Folge geleistet werden können.« *S. Radhakrishnan:* Weltanschauung der Hindu, 58–59. – Aber nicht einmal solch hehre Deklarationen der Macht des Mächtigsten haben auf Dauer die Welt befriedet. Der Glaube an die Befriedung der Menschheit durch Welteroberung hingegen lebt fort bis in unsere Tage: die marxistische Theorie etwa sieht den Frieden geradezu identisch mit der Weltrevolution. Dazu vgl. C. F. v. Weizsäcker: Militärische Tatsachen und Möglichkeiten, in: G. Howe (Hrsg.): Atomzeitalter, Krieg und Frieden, 38.

che Aggressivität zu kanalisieren, endgültig nicht mehr gangbar. Daraus wird umgekehrt deutlich, wie groß die Aufgabe ist, die sich in der Gegenwart stellt: nur eine vollständige Änderung dessen, was bisher Geschichte hieß, kann eine wirkliche Lösung des Kriegsproblems bewirken.[33]

### *III. Nicht ein »System« – der Mensch ist kriegerisch*

Diese Auffassung vor der historischen Allgemeinheit des Krieges ist so total, daß sie sich von anderen partiellen Theorien über die möglichen Ursachen des Krieges prinzipiell unterscheidet. Es ist wichtig festzustellen, daß es keine Zeit oder keine Gesellschaftsform in der menschlichen Geschichte gegeben hat, die den Krieg nicht mindestens als Möglichkeit kannte. Menschen haben Kriege geführt, solange es Menschen in der Geschichte gibt. Es ist folglich unrichtig und im Grunde eine haltlose Illusion, den Krieg einem bestimmten Wirtschaftssystem (z. B. dem Kapitalismus) oder einem bestimmten Sozialsystem (z. B. dem Patriarchalismus) *ursächlich* zur Last zu legen.

Eine einfache Überprüfung der historischen Tatsachen kann das zeigen. Niemand wird leugnen, daß es Kriege gibt, die aus vorwiegend wirtschaftlichen Gründen geführt wer-

[33] Bes. C. F. v. Weizsäcker hat immer wieder darauf hingewiesen, daß »heute nicht mehr nur die Humanisierung des Krieges, sondern seine Überwindung gefordert« ist; C. F. v. Weizsäcker: Einleitung zu: F. Demming, D. M. Harmsen, K.-F. Saur: Kernexplosionen und ihre Wirkungen, 16. – Um mit der totalen Vernichtungsdrohung der modernen Kriegsmittel zu leben, müßte sich die menschliche Geschichte im Umgang mit der Aggressivität des Menschen qualitativ ändern. Aber wie? Bislang ist ohne den Druck äußerer Not wohl noch nie ein moralischer »Fortschritt« erreicht worden, und welche »Hoffnung« sollte darin liegen, daß etwa nach einem 3. Weltkrieg eine globale Weltdiktatur den »Frieden« erzwingen würde? »Die geistige und politische Leistung, die von denen erfordert ist, denen die staatsbürgerliche Freiheit am Herzen liegt, ist daher der Nachweis, daß Frieden und Freiheit vereinbar sind.« – C. F. v. Weizsäcker: Militärische Tatsachen und Möglichkeiten, in: G. Howe (Hrsg.): Atomzeitalter, Krieg und Frieden, 38.

den. Das beste Beispiel dazu liefert freilich nicht der »Kapitalismus«, dessen imperialistische Natur sich in der Leninschen Doktrin aus seinem Bedürfnis nach immer neuen Rohstoffquellen und Absatzmärkten herleitet[34], sondern das Exempel der Phöniker, die jahrhundertelang erst mit den Griechen, dann mit den Römern im Krieg um Handelsplätze und Absatzmärkte für ihre Keramikwaren lagen.[35] Die kriegeri-

[34] W. I. Lenin: Der Imperialismus als höchstes Stadium des Kapitalismus, 132–134 betrachtete den Imperialismus in seinem ökonomischen Wesen als Monopolkapitalismus, indem das Monopol aus der Konzentration der Produktion auf sehr hoher Stufe, aus den Banken (der Finanzoligarchie) und der Kolonialpolitik erwachsen sei und zur Besitzergreifung der wichtigsten Rohstoffquellen geführt habe. Gegen Karl Kautskys Definition des Imperialismus als eines Drangs nach Annexion agrarischer Gebiete wandte Lenin ein, daß der Imperialismus überhaupt ein Drang nach Gewalt sei und man ihn nicht von seiner Ökonomik trennen dürfe, »als ob die Monopole in der Wirtschaft vereinbar wären mit einem nicht monopolistischen, nicht gewalttätigen, nicht annexionistischen Vorgehen in der Politik. Als ob die territoriale Aufteilung der Welt, die gerade in der Epoche des Finanzkapitals beendet wurde . . ., vereinbar wäre mit einer nicht imperialistischen Politik«. W. I. Lenin: a.a.O., 97–100.

[35] Die Ausbreitung der Phöniker wurde durch das Machtvakuum nach dem Zusammenbruch des mykenischen Griechenland ermöglicht. Ca. 1100–1000 v. Chr. wandten sich die Phöniker als Händler nach Westen und begründeten im 9. Jh. die ersten Seefahrts- und Handelszentren. Um den assyrischen Invasionen auszuweichen und um die Metallvorkommen in Spanien auszubeuten, wurde von Tyros aus 814 v. Chr. Karthago gegründet – ein Ereignis, das in der Sage von König Pygmalion und seiner Schwester Elissa weiterlebt. Um 700 besetzten die Phöniker Motye auf Sizilien als Brückenkopf gegen die Griechen. In der Konkurrenz mit den Griechen gaben die Karthager die Beschränkung auf den Handel schließlich auf, legten eine Kriegsflotte und Söldnerarmee an und verteidigten sich erbittert zunächst gegen die Griechen, später in drei Kriegen bis zur Vernichtung gegen die Römer. M. A. Edey: Anfänge des Seehandels, 72; 129. Das Bild, das die Griechen des 7. Jh. v. Chr. von den Phönikern hatten, gibt Homers »Odyssee« (XIV 288 ff; XV 415 ff.) wieder: man sah sie als »Betrüger« und »Gauner« und als durchtriebene Sklavenhändler, die viel Böses verüben. In Vergils »Aeneis« verschmilzt das Bild der Elissa mit der karthagischen Dido, deren gekränkte Liebe sich in Fluch und Haß auf die Römer verwandelt (Vergil: Aeneis, V 584–629). – Zu dem Aufbau des karthagischen Imperiums gegen die Griechen vgl. S. Moscati: Die Phöniker, 222–230. – Zum Krieg zwischen Karthagern und Römern vgl. A. Toynbee: Menschheit und Mutter Erde, 217–218; 226–228; 238–239.

schen Phöniker lebten vom Handel, nicht anders als die allem Anschein nach vollkommen unkriegerische minoische Kultur Kretas[36]; aber sie besaßen, anders als diese, kein Hinterland, um Ackerbau zu betreiben; sie brauchten den Handelsertrag, um sich die notwendigen Nahrungsgüter einkaufen zu können, und da ihre Keramik die Qualität der griechischen Vasen und Krüge nicht erreichte, konnten sie sich auch nicht auf den »freien Markt« verlassen, sondern mußten in ständiger Konkurrenz mit ihren Todfeinden, den Griechen und – später – den Römern ihre Absatzmärkte militärisch sichern. Ihr Krieg war an der Oberfläche ein Handels- und Wirtschaftskrieg, der ausgeprägteste sogar, der jemals in der Geschichte so konsequent und über so lange Zeit hin geführt wurde, aber er war in Wahrheit ein Krieg um das bloße Überleben; die Wirtschaftsform lieferte, wie stets, nur das zusätzliche Thema im Kampf der Völker um ihre bloße Existenz.

Wie wenig die Wirtschaftsform allein über Krieg und Frieden entscheidet, zeigen im Unterschied zu den Phönikern etwa die gleichfalls handeltreibenden frühen Sumerer: ihr Land war gänzlich rohstoffarm, »weltweiter« Handel, wahrscheinlich sogar vom Indus bis Ägypten, war ihnen eine Notwendigkeit, aber gerade deshalb konnte ihnen an Kriegen nach außen auf Dauer nicht gelegen sein; ihre Gesellschaftsform war nicht »kapitalistisch«, sondern basierte auf einem theokratischen Sozialismus; die Folge waren jedoch innere Zwistigkeiten zwischen Bürgertum und Tempel, die sich in

[36] Die »Macht« Kretas scheint in prähistorischer Zeit aus dem Handel mit Obsidian erwachsen und sich dann auf den Tauschhandel mit Oliven, Wein und Metallen ausgedehnt zu haben. Die Produkte scheinen in minoischer Zeit vom Palast zentral kontrolliert und wiederverteilt worden zu sein. Neben der Friedfertigkeit der kretischen Kultur fällt besonders die hervorragende Stellung der Frau auf. Vgl. M. A. Edey: Die verlorene Welt der Ägäis, 31–33; 79. – Zu den Einflüssen der vorderasiatischen, nordafrikanischen und anatolischen Kulturen des frühen Neolithikums auf Kreta vgl. F. Schachermeyer: Die minoische Kultur des alten Kreta, 47–63. – Zur »pax minoica« der kretischen Kultur vor der Ankunft der Achäer vgl. S. Marinatos – M. Hirmer: Kreta, Thera und das mykenische Hellas, 13.

Bürgerkriegen und Revolten niederschlugen, sowie vor allem ständige Kriege der konkurrierenden Stadtstaaten untereinander um die Vorherrschaft.[37] Die politische und historische Situation sowie die geographische Lage ist ungleich wichtiger als das Wirtschaftssystem.

Desgleichen dürfte die vielfach vertretene Theorie von der matriarchalischen Urhorde, die noch keine Kriege kannte, nur begrenzt richtig sein (s. u. S. 242).[38] Die Stellung der

[37] Das sumerische Gemeinwesen kreiste religiös, geistig, wirtschaftlich und sozial um den »Ensi«, den Priesterkönig, der zugleich Stadt- und Heerführer war. H. Schmökel: Das Land Sumer, 84–87. Der Handel war im Tempel monopolisiert, brachte aber einen eigenen Kaufmannsstand hervor. Importe waren vor allem nötig für Hölzer, Steine und Metalle aller Art, die in Sumer verarbeitet und wieder exportiert wurden. Die Handwerker übten sehr spezialisierte Tätigkeiten aus. Außerhalb der Städte lebten die Bauern und Jäger, die nur ein geringes Ansehen genossen. Die unterste Schicht bildeten die Sklaven, die vor allem aus Kriegsgefangenen rekrutiert wurden oder von den »Barbaren« gekauft bzw. geraubt wurden. H. Schmökel: a.a.O., 87–94; E. Cassin, J. Bottéro, J. Vercoutter: Die Altorientalischen Reiche, I 77–82. Die Klassenunterschiede und die wirtschaftliche Ausbeutung sowie der skrupellose Machtmißbrauch der Priester zugunsten eigener Einkünfte führten in Lagasch bereits unter Entemena (ca. 2430) zu solchen Gegensätzen, daß Urukagina (ca. 2355), der von antipriesterlichen Kreisen an die Macht gebracht wurde, die erste Sozialreform der Geschichte durchführte. Eine Inschrift berichtet von seinem Reformwerk: »Er sprach und befreite so die Leute von Lagasch von Dürre, Diebstahl und Mord . . . er setzte die Freiheit ein; der Waise und der Witwe durfte der Mächtige kein Unrecht mehr tun«. Aber die Sozialreform Urukaginas gegen die Priesterschaft währte nicht lange; vielleicht war es die Rache der Priesterpartei, Lugalzagesi von Umma nach Lagasch zu rufen (s. o. Anm. 14). H. Schmökel: Ur, Assur und Babylon, 34.

[38] Das Überwiegen männlicher Komponenten in einer Gesellschaft scheint in der Tat besonders kriegsgefährlich zu sein. So folgert E. Fromm wohl zu Recht, daß die Hypothese von der relativen Friedfertigkeit der frühen neolithischen Gesellschaft zumindest in Anatolien »noch um vieles wahrscheinlicher« werde durch die matriarchalische Struktur der Gesellschaft. (E. Fromm: Anatomie der menschlichen Destruktivität, 180) Im Sinne J. J. Bachofens, des »Entdeckers« des Mutterrechts, ist die matriarchalische Gesellschaft durch das »Prinzip allgemeiner Freiheit und Gleichheit«, durch »Abwesenheit innerer Zwietracht, Abneigung gegen Unfrieden« und durch »die Unterordnung seines ganzen Daseins unter das Gesetz der Mütterlichkeit« gekennzeichnet. (J. J. Bachofen: Das Mutterrecht, I 21–22). – E. Borneman, der das Patriarchat demgemäß als das

Großen Mutter mag in der Eiszeit und besonders am Anfang der neolithischen Revolution eine große Rolle gespielt haben, aber daß dies ipso facto eine Zeit des Friedens gewesen wäre, dagegen sprechen nicht nur zahlreiche Funde der Prähistorie,

Grundübel unserer Gesellschaft betrachtet, sah in jener Zeit des Mutterrechts der Mythen ein Paradies der Genügsamkeit: »zeitlos, beständig, gleichmütig, bedürfnislos, anspruchslos und bescheiden, aber auch rücksichtsvoll und würdig; eine Welt ohne Eigenart, aber auch ohne Eigenwilligkeit; ohne Individualität, aber auch ohne Einzelgängerei; eine Existenz frei von Eigentum, aber auch von Habgier und Diebstahl«. (E. BORNEMAN: Das Patriarchat, 23–24) Aber schon die Gleichsetzung von Patriarchalismus mit Besitzstreben (zumeist im Sinne der marxistischen Lehre vom Urkommunismus, der in matriarchalischer Zeit geherrscht habe) scheint nicht allgemein möglich zu sein. Streng patriarchalisch z. B. lebten die recht kriegerischen Dakota-Sioux; aber gerade die Männer verpflichteten sich beim Sonnentanz dazu, *alles* wegzugeben, um in den großen Kreislauf des Alls einzutreten. Vgl. R. B. HILL: Hanta Yo, 421–423; der Krieg wurde wesentlich geführt, um sich einen Mannesnamen zu erwerben (Hill: a.a.O., 365), nicht um Beute zu machen. Und umgekehrt können auch Gesellschaften, die als mutterrechtlich und frei von jedem Profitstreben vorgestellt werden, wie die peruanischen Campa-Indianer (ARD v. 5. 6. 81), in Wahrheit recht kriegerische Männer hervorbringen. Vgl. J. ELICK: Die Campa des Gran Pajonal, in: E. Evans-Pritchard (Hrsg.): Bild der Völker, V 174–183. Kriege werden offenbar geführt, ohne daß man das patriarchalische oder matriarchalische System in sich selbst *ursächlich* dafür verantwortlich machen könnte. – Gleichgültig, wie die Stämme im einzelnen organisiert sind, schreibt z. B. K. A. Nowotny über die Eingeborenen der tropischen Waldgebiete Südamerikas: »Es gibt . . . Erbfehden zwischen einzelnen Stämmen verschiedener Sprache, die mit großer Erbitterung durch Jahrzehnte ausgetragen werden. Viele Feindschaften mit daraus resultierenden Kriegen bestehen jedoch auch zwischen Abteilungen gleicher Sprache. – Die Motive für die Kriege sind Raub, früher auch Menschenraub für den Sklavenhandel der Europäer, die Erlangung von Kriegsruhm und Trophäen, Kannibalismus. Häufig löst der Vorwurf von Schadenzauber Kämpfe aus. Gegen feindliche Dörfer wird mit Brandpfeilen vorgegangen. Die Angegriffenen schützen die Zugänge mit vergifteten Fußangeln, Schüsse auslösenden Fallen oder Verbrennen von rotem Pfeffer. Die Kinder der gefangenen Frauen werden in den Stamm aufgenommen. Bei den Tupinamba, ebenso in manchen Gebieten der Guayanas, werden die Gefangenen zwar nicht schlecht behandelt, aber früher oder später gemästet und schließlich bei Festen aufgefressen.« K. A. NOWOTNY: Amerika, in: H. A. Bernatzik (Hrsg.): Neue Grosse Völkerkunde, 856–857. – Von diesen Motiven zum Krieg dürfte allein die spezifische Form der Ruhmsucht durch Tapferkeit und Stärke ausgesprochen männlich und daher im Patriarchalismus dominant sein, alle anderen Gründe, wie das Besitzstreben oder rituelle und religiösondern vor allem auch das Weltbild der Mythen, das den Krieg, wenngleich in den skizzierten Grenzen, geradezu forderte und jedenfalls nicht einem Denken entstammte, das psychologisch oder moralisch den Krieg ausgeschlossen hätte; die Gestalt der Großen Göttin ist selber kriegerisch![39]

se Gründe, sind ubiquitärer Natur und an keine besondere Gesellschaftsform gebunden. – Als Kriegsanlässe im Hochland von Neuguinea nennt TH. SCHULTZE-WESTRUM: Biologie des Friedens, 180f.: Eigentumsdelikte, Giftmischerei, Rache; besonders eindrucksvoll ist dabei der mögliche Übergang von bloßen Scheinkämpfen aus Erlebnishunger und Freude am Streit in wirklichen Krieg. Aber schon die Tötung eines Schweines kann Anlaß eines Krieges sein; vgl. P. BOGNER: In der Steinzeit geboren, 72–79. – Von den Königreichen *Westafrikas* im 17. 18. Jh. z. B. sagen E. BEUCHELT – W. ZIEHR: Schwarze Königreiche, 115: »Die wichtigste Aufgabe des Staates war der Krieg, um Beute zu machen und regelmäßige Tribute zu erpressen. Selten wurden mit den Waffen politische Ziele im modernen Sinne verfolgt. Das Wachsen der Reiche weist deshalb etwas Zufälliges auf.« – Als ein besonders grausamer und tüchtiger Eroberer verdient der Begründer des Reiches Songhai Erwähnung, der im 15. Jh. Timbuktu eroberte: *Sonni Ali,* der die Kunst »der Menschenjagd, des Tötens und Vernichtens« wie kein anderer beherrschte. A.a.O. 68f.

39 Man mag es für eine semitisch geprägte, vom Patriarchalismus der frühen Herdentierzüchter beeinflußte Vorstellung halten, daß die Große Göttin in Gestalt der *babylonisch-assyrischen Ischtar* als Kriegsgöttin verehrt wurde (J. GRAY: Mythologie des Nahen Ostens, 23); aber schon die sumerische Inanna kämpfte – wohl in Anlehnung an den Sieg Utuchengals von Uruk über die Gutäer (2060) – in kriegerischer Gestalt gegen das Gebirge Ebech und den Asakku-Dämon. Inanna konnte vor allem aus enttäuschter Liebe furchtbare Rache üben, indem sie verheerende Stürme sandte oder – in weiblicher Analogie? – Brunnenwasser mit Blut füllte. D. O. EDZARD: Die Mythologie der Sumerer und Akkader, in: H. W. Haussig (Hrsg.): Wörterbuch der Mythologie, I 89. – In Wahrheit trägt die Große Göttin als Herrin über Leben und Tod von vornherein ambivalente Züge. Die *ägyptische Hathor* richtete zufolge einer Mythe des Neuen Reiches unter den Menschen, die sich dem alternden Re widersetzten, ein furchtbares Blutbad an; B. VAN DE WALLE: Die Mythologie der Ägypter, in: P. Grimal (Hrsg.): Mythen, I 59–61; ähnlich war *die ägyptische Neith,* die älteste der Götter, eine kahlköpfige Kriegsgöttin; W. VYCICHL: Die Mythologie der Berber, in: H. W. Haussig (Hrsg.): Wörterbuch der Mythologie, II 655; vgl. E. DREWERMANN: Strukturen des Bösen, II, Abb. 6. – *Die indische Göttin Parvati,* die Gemahlin des Shiva, ist nicht nur eine Göttin der Schönheit und der Liebe, sondern, ebenso zwiespältig wie ihr Gatte, verlangt sie als Durga-Kali blutige Opfer. »Schöngesichtig, mit langgezogenen Lotosaugen, mit schmaler Taille, doch ausladenden Hüften und vollkommen runden Brüsten, die

Schließlich mag man an Völker erinnern, die, wie das minoische Kreta, durch eine günstige geographische Lage und eine ebenso günstige geschichtliche Epoche offenbar der Notwendigkeit enthoben waren, Kriege zu führen. Friedliche Völker hat es in der Geschichte gewiß gegeben, aber sie beweisen für den Gang der Weltgeschichte, wie sie bisher verlaufen ist, gerade nicht die Möglichkeit, sondern die Unmöglichkeit des Friedens: der erstbeste Angreifer macht ihnen den Garaus. Was auch immer die ersten Anlässe zum Untergang der minoischen Kultur z. B. gewesen sein mögen, – die Achäer, die sich auf Kreta festsetzten und auf dem Festland die Palastkultur von Mykene begründeten, machten jäh und plötzlich dem Frieden nicht nur auf Kreta, sondern gleich im gesamten Mittelmeerraum ein Ende und begannen eine jahrhundertelange Piratenherrschaft, von der die be-

sich gegeneinander drängten (›wie ein schwerbeladener Fruchtbaum war sie vom Gewicht der Zwillingssphären ihrer Brüste niedergebeugt‹)« – das war der eine Aspekt Parvatis, »dieses Verführerische, nie seinen Charme verlierende Ewig-Weibliche«; aber der andere Aspekt ist der »der Göttin Kali, der Schwarzen, wie sie geschmückt mit den bluttriefenden Händen und Köpfen ihrer Opfer auf dem hingestreckten leichenähnlichen Leib ihres Herrn und Gemahl einherschreitet«; H. ZIMMER: Indische Mythen und Symbole, 196; 238; 239. – Unabhängig von der Symbolik des alten Orients und der Inder haben *die mittelamerikanischen Azteken* den ambivalenten *Archetyp* der Großen Göttin in dem Bild der (huaxtekischen) Göttin Tlazoltéotl ausgedrückt: sie trägt auf der S. 13 des Codex Borbonicus einen rot-schwarzen Rock, der die helle und die dunkle Mondseite widerspiegelt; über ihren Körper hat sie eine Menschenhaut gezogen, die von Würmern zerfressen ist; ineins ist sie Tod und Leben, Hell und Dunkel, Geburt und Verwesung, die Herrin der Syphilis und die Göttin, die die Maispflanze in sich aufnimmt und aus sich gebiert; K. A. NOWOTNY (Komm.): Codex Borbonicus, 17. – Insofern dürften die wesentlich ambivalenten Züge der Großen Göttin sich wohl nicht erst aus einer Projektion der späteren Männerherrschaft entwickelt haben, wie L. MUMFORD: Die Stadt, I 28–29 zu glauben scheint. – Zur Ambivalenz des Weiblichen vgl. E. NEUMANN: Die Große Mutter, 68f.; 278; G. ZACHARIAS: Satanskult und Schwarze Messe, 86. – Zur Gestalt der *kanaanäischen Anat* und ihrer Kriege vgl. H. GESE: Die Religionen Altsyriens, in: H. GESE, M. HÖFNER, K. RUDOLPH: Die Religionen Altsyriens, Altarabiens und der Mandäer, 78–79; 156–160.

rühmte Schlacht um Troja wohl nur ein Beispiel ist.[40] In der Geschichte hat es oft genug den Konflikt zwischen Kain und Abel gegeben, aber geschichtswirksam überlebt hat stets der Brudermörder; und gerade ihm gilt der Ruhm und das Gedächtnis der Geschichte. Die Helden von Troja kennt ein jeder, – von den friedlichen minoischen Königen kennen wir nicht einen einzigen mit Namen.[41]

[40] Der Untergang Trojas ist wohl eine Folge der Zerstörung des Hethiterreichs durch die »Seevölker« sowie einer Schwächung der Ägypter; beides leitete eine Zeit der Piraterie im Mittelmeer ein und gab vor allem die östliche Ägäis den achäischen Griechen zur Seeräuberei frei. »In der Geschichte von der Belagerung Trojas kann man ein Symptom für ... einen organisierten Raubzug neben anderen« sehen – »in diesem Fall einen rein griechischen Raubzug. Die Griechen operierten ohnehin bereits an der ionischen Küste, versetzten dem zerfallenen Hethiterreich kleine Stiche, verbündeten sich mit Emporkömmlingen an der Küste ... Konnte es eine bessere Möglichkeit zum Reichwerden geben, als einen Angriff auf das weiter nördlich gelagerte Troja?« M. A. EDEY: Die verlorene Welt der Ägäis, 143; G. BIBBY: Als Troja brannte und Babylon fiel, 252–270. – Zu den Raubkriegen der Achäer vgl. auch E. BORNEMAN: Das Patriarchat, 109–110. – Wie grausam und maßlos im Haß die Griechen der *Ilias* sind, beschreibt J. KOTT: Gott-Essen, 55–57. Die Kunst des einfachsten Tötens wird immer wieder fachgerecht beschrieben, z. B. Ilias, XIII 567ff.: »Doch Meriones folgte ihm nach und traf mit dem Speere/Ihn zwischen Nabel und Scham in die Mitte, dort wo am meisten/Ares schmerzhaft wird für die unglückseligen Menschen« (vgl. ähnlich Ilias, V 305–310; XIII 319–327).

[41] Eben deshalb verlangte z. B. St. Zweig zu Recht, Geschichte endlich nicht mehr so zu schreiben, als ob »das Wichtigste unserer Welt ... der Krieg und die wesentlichste Leistung eines Menschen, eines Volkes, der Sieg« sei. »Denn«, fragte er, »was zeigt im letzten diese ewige Geschichte der Kriege und Siege? Eine völlige Sinnlosigkeit, eine langweilige Wiederholung ... Daß seit viertausend Jahren ein Volk das andere beraubt, bekriegt, bestiehlt, unterjocht, daß die Menschheit eigentlich gar nicht vorwärts gekommen ist, sondern immer noch im Kreise in dem alten Blutsumpf herumstapft. Oder sollten wir darin den Fortschritt der Menschen erkennen von den Schlachten des Xerxes bis zu denen Ludendorffs, daß nicht mehr mit der Streitaxt getötet wird Mann gegen Mann, sondern mit dem Maschinengewehr ganze Reihen umgelegt? Daß man nicht mehr siedendes Öl von den Zinnen einer belagerten Burg schüttet, sondern mit dem wunderbar konstruierten Flammenwerfer die brennenden Massen schleudert? Daß wir genau nach den alten Instinkten handeln, daß nur wir uns besserer Instrumente bedienen, und daß nicht mehr kleine kannibalische Horden miteinander kämpfen, sondern Millionenheere?«

Aus diesem kurzen Überblick über die Anlässe und Formen, in denen historisch Kriege geführt wurden, läßt sich eine grundsätzliche Feststellung ableiten: Der Krieg ist ein Problem, das nicht einer bestimmten Zeit, einem bestimmten Volk, einer bestimmten Kultur, einer bestimmten Gesellschafts- oder Wirtschaftsform angehört, er ist im wahrsten Sinne des Wortes ein menschheitliches Problem. *Der* Mensch ist kriegerisch; – *das* ist das Problem des Krieges und der menschlichen Geschichte. Wer den Krieg vermeiden will, darf daher nicht bei dem Studium bestimmter historischer und sozialer Verhältnisse stehenbleiben, er muß den Menschen studieren. Am Ende der Sackgasse angelangt, verwandelt sich die geschichtliche Tatsache permanenter Kriege mithin in ein psychologisches bzw. anthropologisches Problem: mit was für einem Menschen haben wir es zu tun, wenn er das einzige Lebewesen ist, das in der Natur immer wieder innerhalb seiner eigenen Art um bestimmter Grenzziehungen willen Krieg führt mit dem Ziel der Ausschaltung, ja der Vernichtung des jeweiligen Gegners? Um die menschliche Geschichte mit ihren Kriegen zu verstehen, muß man die psychischen Gründe verstehen, die den Menschen zum Krieg bestimmen. Dann erst läßt sich überlegen, ob und wie der Krieg vermeidbar ist.

St. Zweig: Zeit und Welt, 153. Aber eine Geschichtsschreibung der Dankbarkeit, die zeigen würde, was ein Volk dem anderen verdankt, nicht was eine Nation an der anderen verschuldete (S. 160), würde den Frieden schon voraussetzen, den sie vorbereiten sollte. Zudem ist die Tugend stets langweiliger als das Laster; – die menschliche Aufmerksamkeit wählt aus Gründen des Überlebens und wie zum Selbstschutz gegen allzuviele Außenreize von allen Eindrücken stets das besonders Gefährliche aus. Schon von daher wird der Krieg stets seine unheimliche Faszinationskraft auf die Geschichtsschreibung ausüben. Nur unbedrohte Gemüter können sich eine ruhige Geschichtsauffassung leisten.

# 2. Teil: Der alte und der neue Mensch – das psychologische Dilemma

Es gibt in der Tat eine Reihe von Merkmalen, die zur menschlichen Psyche zu gehören scheinen und immer wieder Kriege heraufbeschwören. Diese Merkmale scheinen weit in die Vorgeschichte der Menschheit zurückzureichen und zutiefst mit der evolutiven Herkunft des Menschen aus der Tierreihe zusammenzuhängen. Vieles davon läßt sich nur hypothetisch rekonstruieren, ist aber doch durch Vorgeschichte und Verhaltensforschung hinreichend belegbar.

Auf eine erste Tatsache lenkt die historische Betrachtung wie von selbst hin: war die *Historie* des Menschen von immer neuen Kriegen geprägt, so ist anzunehmen, daß die *Prähistorie* im großen und ganzen nicht viel anders ausgesehen hat.

## *I. Prähistorische Hinweise*

Es scheint paläoanthropologisch, daß die Evolution des Menschen in gewissem Sinne mit der Entwicklung einer wachsenden Aggressivität Hand in Hand geht.

### *1. Der Zusammenhang von Jagd und Krieg*

Die Anfänge der hominiden Entwicklung beginnen mit dem Ramapithecus, der sich vor etwa 6 Mio. Jahren in die verschiedenen Familien der Hominiden aufspaltete: den homo habilis, den Australopithecus africanus und, als dessen Seitenzweig oder Parallelform, den Australopithecus boisei. Alle drei Formen lebten noch vor 2 Mio. Jahren am Ostufer des Rudolfsees zusammen.[1] Interessant aber ist die allmähli-

[1] R. E. Leakey – R. Lewin: Wie der Mensch zum Menschen wurde, 81–82. Der erste Fund des Ramapithecus wurde 1932 von G. E. Lewis in Siwalik

che Verschiebung der Ernährung von Pflanzen in Richtung einer wachsenden Anreicherung mit Fleischnahrung. Ramapithecus, dessen Alter auf 12 Mio. Jahre zurückgeht und der in Europa, Afrika und Asien zu Hause war, scheint sich, wie der Australopithecus boisei (»robustus«), als Vegetarier ernährt zu haben, und seine Lebensweise wird man sich ähnlich den äthiopischen Blutbrustaffen, den Dscheladas, vorstellen müssen.[2] Der Australopithecus africanus (»gracilis«) hingegen scheint in seinen Speisezettel offensichtlich schon mehr Fleischnahrung aufgenommen zu haben. Erst recht gilt das vom homo habilis, aus dem vor etwa 1½ Mio. Jahren der homo erectus und vor 500000 Jahren der homo sapiens (mit dem eiszeitlichen Seitenzweig des Neandertalers) entstand. Manches spricht dafür, daß die Australopithecinen »als Nur-Vegetarier in einer ökologischen Sackgasse« steckengeblieben sind. Überlebt hat demgegenüber die Linie des homo habilis, dem es vor ca. 2 Mio. Jahren gelang, sich gelegentlich in Gruppen zusammenzutun und auf Jagd zu gehen.[3]

Man wird aus dem Faktum der Jagd gewiß nicht ohne weiteres auf ein Anwachsen von Aggression schließen dürfen.[4] Im Gegenteil liegt die große evolutive Bedeutung der

gemacht und zeigt »einen geringeren Grad von Prognathie mit parabolischer Form des oberen Zahnbogens . . . er paßt so sehr in diese prähominide Entwicklung«. J. S. WEINER: Entstehungsgeschichte des Menschen, 49. Vgl. R. LEAKEY–R. LEWIN: Die Menschen vom See, 48–64.

2 Die Dscheladas, deren Äußeres dem Pavian ähnelt, graben mit ihren Fingernägeln den Boden nach Wurzeln und Zwiebeln auf. »Sie essen außerdem viel Gras und anderes Grünzeug, wühlen aber gelegentlich auch Kleintiere aus. Ihre Schlafplätze befinden sich an den Felshängen über den tief eingeschnittenen Tälern. Dort sonnen sie sich ausgiebig, ehe sie zur Nahrungssuche losziehen.« W. FIEDLER: Die Meerkatzen und ihre Verwandten, in: B. Grzimek (Hrsg.): Grzimeks Tierleben, Bd. 10, 425. Eine größere Herde von Dscheladas beherbergt der kleine, aber sehenswerte Zoo von Rheine. – Obwohl die Drohgebärden der Dscheladas sehr eindrucksvoll sind, verhalten Dscheladas sich weit friedfertiger als Paviane; »meist flüchtet die ganze Herde schon bei der geringsten Annäherung eines Feindes«. W. FIEDLER: a.a.O., 425.

3 R. E. LEAKEY – R. LEWIN: Wie der Mensch zum Menschen wurde, 148.

4 Der Mensch ist nicht, wie R. DART (The Predatory Transition from Ape to Man, 1953) glaubte, ein *Raubtier,* als gäbe es im Menschen einen Instinkt,

Jagd wohl vor allem darin, daß der Druck zunahm, sich miteinander kooperativ zu einem bestimmten Zweck zusammenzuschließen, die erlegte Beute nach bestimmten Regeln untereinander zu teilen und auf diese Weise durch eine verbesserte soziale Organisation ebenso wie durch eine erhebliche Verbreitung des Nahrungsreservoirs im Kampf ums Überleben besser gerüstet zu sein.[5] Während eine Herde von Pflanzenfressern ziemlich gleichgültig nebeneinanderherlebt, setzt die gemeinschaftliche Jagd sehr intensive soziale Interaktionen voraus; die Jagd fördert Koordination, Geschicklichkeit, Wissen, Selbstbeherrschung, Mut, – aber eben auch

»andere Lebewesen, einschließlich anderer Menschen anzugreifen« (so richtig E. Fromm: Anatomie der menschlichen Destruktivität, 148; vgl. R. E. Leakey: Die Suche nach dem Menschen, 221–225). Aber gerade deshalb ist der Mensch paradoxerweise ungleich gefährlicher als jedes Raubtier. Der Grund dafür ist dieser: wenn *Paviane* jagen, so sind sie mit ihren Reißzähnen imstande, anzugreifen und zu töten; Pflanzenfressern hingegen wie den Dscheladas oder dem Ramapithecus fehlen die großen Reißzähne – sie können dafür ihre Nahrung besser zermahlen (R. E. Leakey – R. Lewin: Wie der Mensch zum Menschen wurde, 68–71); die fehlenden natürlichen Reißwerkzeuge indessen mußte der Mensch der Vorzeit durch künstliche Werkzeuge ersetzen. Von Anfang an war die Jagd des Menschen mithin an den Werkzeuggebrauch gebunden, und man darf annehmen, daß dieses Faktum sehr dazu beigetragen hat, die instinktiven Tötungshemmungen auszuschalten (vgl. K. Lorenz: Das sogenannte Böse, 338–340). Zudem sind alle steppenbewohnenden Bodenaffen (die Paviane und viele Makaken) wesentlich aggressiver als die Baumaffen und müssen es sein, da sie allen Gefahren ungesicherter gegenüberstehen. »Auch beim Menschen als ›Steppen-Herrentier‹ entwickelte sich ein sehr ausgeprägter Aggressionstrieb . . ., die Veranlagung zu einer straffen Rangordnung und die Neigung zur Bildung immer größerer Gesellschaftsgruppen.« W. Fiedler: Die Meerkatzen und ihre Verwandten, in: B. Grzimek (Hrsg): Grzimeks Tierleben, Bd. 10, 426. Beim Menschen kommt sogar verstärkt noch die natürliche Wehrlosigkeit hinzu, die durch den Gebrauch von Waffen und Werkzeugen kompensiert werden mußte. Die Entwicklung der menschlichen Intelligenz ging mit der Entfaltung der menschlichen Aggressivität Hand in Hand, und das Nicht-Raubtier Mensch ist von daher mörderischer, als es das furchtbarste Raubtier jemals sein könnte. Vgl. P. Overhage: Der Affe in dir, 117.

5 R. E. Leakey – R. Lewin: Wie der Mensch zum Menschen wurde, 148–149; zur Jagdtechnik des Homo erectus vor 400 000 Jahren vgl. E. White – D. Brown: Die ersten Menschen, 77–97.

die Aggression.[6] An diesem Schluß kommt man wohl nicht vorbei. So sehr die Jagd den Aufstieg der Menschheit ermöglicht und begleitet hat, so sehr hat sie auch die Grundlagen des Krieges in die sich entfaltende menschliche Intelligenz hineingelegt; und wir werden gleich noch sehen, wie sich die Gesetze des Gruppenzusammenschlusses zu einem bestimmten aggressiven Zweck ohne weiteres innerartlich kriegsbegünstigend, ja unter Umständen kriegsverursachend auswirken müssen.

## 2. *Totemismus und Kannibalismus*

Es ist natürlich nicht möglich, sich über die Psychologie der frühen Hominiden gesicherte Vorstellungen zu machen. Aber gewiß wird man annehmen dürfen, daß die gefühlsmäßigen Ambivalenzen, die den späteren Jägervölkern beim

[6] Dieser Schluß wird nicht verändert, sondern bestätigt, wenn man mit D. Morris: Der Menschen-Zoo, 179–181 hervorhebt, daß der Krieg wesentlich dem Motiv entstammt, einander beizustehen. »Biologisch gesehen«, sagt D. Morris, »hat der Mensch angeborenermaßen die Aufgabe, drei Dinge zu verteidigen: sich selbst, seine Familie und seinen Stamm. Als ein paarbildender, in Gruppen lebender Angehöriger der Primatensippe mit Revierbesitz wird er von seinen Anlagen angetrieben.« Das Motiv der Verteidigung ist nur eine Seite des Krieges, und die Furchtbarkeit des Krieges wäre nie zustandegekommen, hätten die Menschen sich nur gegen ihre natürlichen Feinde zur Wehr setzen müssen. Das Problem des Krieges besteht in der Jagd, die Menschen *auf Menschen* machen, bis hin zur Züchtung ausgesprochener Tötungsspezialisten in Gestalt der Männer und deren sozialer Perfektion in Form des Berufssoldatentums. – Wie aus dem Jäger vor allem durch die beginnende Ackerbaukultur der Krieger wurde, beschreibt M. Eliade: Geschichte der religiösen Ideen, I 43: »Die Jagd als Mittel zum Lebensunterhalt besteht auch noch in den Ackerbaugesellschaften. Möglicherweise wurde eine Anzahl von Jägern, die nicht bereit waren, sich aktiv an der Wirtschaftsform des Ackerbaus zu beteiligen, zur Verteidigung der Dörfer eingesetzt; zunächst gegen die wilden Tiere, die die Siedler belästigten und die bebauten Felder verwüsteten, später dann gegen die Plünderer. Es ist gleichfalls wahrscheinlich, daß sich die ersten militärischen Organisationen ausgehend von diesen Jäger-Verteidigungs-Gruppen der Dörfer gebildet haben. Wie wir noch sehen werden, setzen die Krieger, Eroberer und Militäraristokratien den Symbolismus und die Ideologie der Jägervorbilder fort.«

Töten von Tieren eigentümlich sind, bereits von Anfang an dunkel in den Menschen der Urzeit angelegt waren. Im Prinzip bestand zwischen Mensch und Tier kein wesentlicher Unterschied, allenfalls daß manche Tiere wegen ihrer Kraft, Geschicklichkeit und Nützlichkeit noch höher geachtet waren als der Mensch: die späteren Totemgemeinschaften basierten geradezu auf der Ehre, ein bestimmtes Tier als seinen Ahnherrn zu verehren.[7] Infolgedessen wird man von vornherein sagen können, daß mit der Tötung und dem Verzehr von Tieren auch die Jagd auf Menschen und der Kannibalismus Hand in Hand ging.[8] Neuere Beobachtungen haben

[7] Schon der Neandertaler brachte bestimmte Opfer dar, vor allem das Opfer des ersten erlegten Bären, wie die Funde von Wildkirchli, Wildemannlisloch und Drachenloch bei St. Gallen zeigen, die 1903–1922 ausgegraben wurden. H. Kühn: Das Erwachen der Menschheit, 166–167. Das Tier bleibt dem Menschen dabei stets ambivalent: »teils blieb es Nahrung, teils Daseiendes in seinem Selbstwert, so ... daß der Jagdkult neben der Jagdpraxis einhergeht.« A. Gehlen: Urmensch und Spätkultur, 185. Der Totemismus, meinte A. Gehlen, sei aus einem imitatorischen Tier-Ritual hervorgegangen und im Grunde selbst ein sozialer Tierkult (a.a.O., 201). – Zu Kannibalismus und Menschenopfern des Neandertalers vgl. G. Constable: Die Neandertaler, 110–115; zum Bärenkult des Neandertalers a.a.O., 115–120.

[8] Außer den Löwen sind Menschen die einzigen Säugetiere, die sich gegenseitig auffressen. Aber der Unterschied zwischen Menschen und Löwen ist groß. »Wenn Löwenmännchen einen Harem übernehmen und darin Babys vorfinden, so bringen sie diese um (ohne sie aufzufressen – also nicht etwa aus Hunger)! ... gegen ihre eigenen Jungen sind sie durchaus freundlich. Auch Junge aus einem Nachbarrudel sind vor ihnen sicher ... Sie wenden sich aber gegen solche Babys, die eigenem Nachwuchs im Wege stehen.« W. Wickler – U. Seibt: Das Prinzip Eigennutz, 90. Der Sinn des »Kannibalismus« bei Löwen liegt nicht im »Fressen« der Jungen, sondern darin, den Ausbreitungserfolg der eigenen Gene zu sichern. Beim Menschen hingegen ist das Ziel des Kannibalismus an Mitgliedern eines anderen Stammes (Exokannibalismus) oder des eigenen Stammes (Endokannibalismus) ausschließlich das Essen, die orale Aneignung des Getöteten. Der Endokannibalismus dient zumeist dem Zweck, sich die »Kraft«, die Seele, die Persönlichkeit eines Verstorbenen anzueignen und ihn im Leib seiner Nachkommen zu »bestatten«; der Exokannibalismus geht demgegenüber oft mit Zeichen der Verachtung für den getöteten Feind einher. Dabei scheint es, daß der Exokannibalismus eher an ackerbauende Stämme gebunden und jedenfalls bei den Sammlern und Jägern seltener ist (R. E. Leakey – R. Lewin: Wie der Mensch zum Menschen wurde, 220).

ergeben, daß auch bei freilebenden Schimpansen Fälle von Kannibalismus vorkommen[9]; aber solche Fälle scheinen äußerst selten zu sein, und sie unterscheiden sich sehr von der Allgemeinheit, mit welcher der Kannibalismus fast einhellig in den sog. Primitivkulturen angesiedelt war und in bestimmten religiösen und rituellen Anschauungen und Praktiken – ebenso wie der Krieg – begründet wurde. Ganz sicher war bereits vor 300000 Jahren der Pithecantropus pekinensis ein Kannibale.[10] Dieser grausige Befund wird auch nicht dadurch

[9] Bereits 1973 hatte J. Goodall beobachtet, daß Schimpansen Tiere und dabei auch die Jungen von Pavianen fangen und fressen, wobei das Beutetier ganz aufgeteilt und gefressen wird, einschließlich Haut und Haaren, Knochen, Knochenmark und Augäpfeln; nur das Gehirn, als offensichtlich beliebtestes Beutestück, wird niemals geteilt, sondern durch das Hinterhauptloch oder durch künstlich gebohrte Öffnungen ausgesaugt; lediglich Hirnreste, die mit Blättern aus dem schon geleerten Schädel des Beutetieres geholt werden, können manchmal verteilt werden. Bei dem gemeinsamen Mahl wirken die Schimpansen aggressionslos und entspannt; da selbst kleine Beutetiere geteilt werden, scheint das Mahl des getöteten Tieres in sich so etwas wie eine gemeinschaftsstiftende Funktion zu haben. (So der Assistent J. Goodall's, der Anthropologe G. TELEKI: Scientific American, Jan. 1973; B. FLAD-SCHNORRENBERG: Schimpansen auf der Fleischjagd, FAZ, 31. 1. 73) – 1975 hingegen konnte J. Goodall beobachten, daß die Schimpansin »Passion« eine kannibalistische Vorliebe für das Fleisch der Kinder anderer Schimpansinnen entwickelte und diese Neigung auch an ihre Tochter Pom und den Sohn Prof weitergab: mindestens drei Babys anderer Schimpansinnen wurden von »Passion« und ihren Kindern getötet und gefressen; da andere Neugeborene spurlos verschwanden und man nicht weiß, wann der Kannibalismus begann, dürfte die Zahl der Opfer noch größer sein. Alle Fälle von Kindesmord geschahen, als die Mütter allein waren; die Männchen scheinen sonst die Jungen zu verteidigen. J. VAN LAWICK-GOODALL, in: National Geographic Magazine, May 1979, p. 594; B. FLAD-SCHNORRENBERG: Krieg und Kannibalismus unter Schimpansen, FAZ, 30. 5. 79.

[10] Der Nahrungskannibalismus geht sicherlich schon auf die Australopithecus-Gruppe zurück, ja es ist der Nachweis von Kannibalismus sogar mitentscheidend, um aufgrund des Wegfalls instinktiver Hemmungen einen menschlichen Status bei den Australopithecinen anzunehmen. »Viel später, beim Peking-Menschen, vor mindestens 300000 Jahren, besteht wieder kein Zweifel: alle Schädel waren in der Umgebung des Hinterhauptloches zerschlagen, um das Gehirn herauszuholen ... Dasselbe auf Java: alle Schädel des Solo-Menschen (Neandertaltypus), mit Ausnahme von zweien, sind in derselben Weise beschädigt worden. In Krapina (Jugoslawien) erhob man die angebrannten und zerschlagenen Reste von

harmloser, daß gerade die *rituelle* Seite des Kannibalismus einer ungehemmten Aggressivität im Wege steht.[11] Gewiß,

etwa 40 Neandertalern. Die Funde in der Ofnethöhle (Magdalénien), nämlich zwei Nester mit 27 und 6 Schädeln, davon 19 Kinderschädeln und 10 Frauenschädeln, kann man wohl auch nur auf Kannibalen beziehen. In Küchenabfällen der Mittelsteinzeit hat man Schädelbruchstücke gefunden, aus derselben Zeit datieren die Ertebölle-Fundstätten in Jütland: große Mengen von Menschenknochen mit Schnittspuren. Es liegt wenig Grund vor, den Profan-Kannibalismus ... in jedem Falle als eine degenerierte Spätform des kultischen zu erklären.« (A. GEHLEN: Urmensch und Spätkultur, 204–205) E. FROMM, der im Gefolge von E. VOLHARD: Kannibalismus, Stuttgart 1939, den Kannibalismus als rituelles, *also* nicht sadistisches Geschehen interpretieren möchte (Anatomie der menschlichen Aggressivität, 204–205), übersieht, daß die »Theologie« des rituellen Mahles nur eine Rationalisierung, nicht aber eine »Erklärung« dafür liefern kann, warum der Mensch die natürlichen Tötungshemmungen in einem solchen Umfang aufheben konnte, wie es zum Kannibalismus unerläßlich ist. Vor allem aber wird bei solchen »Erklärungen« die Tatsache nicht berücksichtigt, daß auch der Krieg sich aus einer Unzahl ritualisierter Einzelszenen zusammensetzt: die wenigsten Soldaten reagieren im Kampf ihre persönlichen Aggressionen oder Sadismen ab; aber sie gehorchen aufgrund einer ritualisierten und institutionalisierten Befehlspyramide Befehlen, die sie zu Taten antreiben, deren sie im Umkreis einer rein persönlichen Motivation niemals fähig wären. Die ritualisierte Aggression ist zwar zur Aggressionslenkung geeignet, aber sie kann auch ungleich furchtbarer sein als die unmittelbare Aggressivität individueller Triebregungen. – Zu den Anlässen des rituellen Kannibalismus vgl. CH. SPIEL: Menschen essen Menschen, 166–168.

[11] Gewiß wird der Kannibalismus zumeist als *Ritual* praktiziert. Aber kann man sagen, der Kannibalismus sei »fast nie der Ausdruck roher, zügelloser Aggression« oder er sei womöglich erst durch die Ackerbaukultur zu einem eigentlich aggressiven Akt geworden? (So R. E. LEAKEY – R. LEWIN: Wie der Mensch zum Menschen wurde, 220–221) Es ist wahr, daß es Rituale gibt, die grausam sind, ohne Grausamkeit zu meinen oder auszudrücken: ein Schamane, der ein Huhn stundenlang an den Füßen aufhängt, um in den Zuckungen des Tieres den Zustand eines Kranken zu versinnbilden und seine Seele zurückzurufen, will nicht seine Aggressionen an dem Tier »abreagieren«, sondern er selbst ist ein durchaus friedfertiger und wohlmeinender Arzt. Aber die Riten, mit denen die Kopfjagd und der Kannibalismus vorbereitet werden, dienen offenkundig dem Zweck, die Aggressionen des Stammes von den eigenen Genossen gegen den Nachbarstamm zu richten, und wenn die erlegten Opfer, wie nach geglückter Jagd, in einem gemeinsamen Mahl unter die Stammesangehörigen »verteilt« werden, so geschieht dies erneut zu dem Zweck, den eigenen Stamm durch Verschiebung der Aggression nach außen zusammenzuhalten. Die »Ehrfurcht«, der Respekt vor der Tapferkeit und

das Ritual bändigt und kanalisiert die Roheit der Antriebe, doch diese verändern dadurch allein noch nicht ihre Natur; durch das Ritual werden sie wohl ihrer gemeinschaftszerstörerischen Kraft beraubt und in sozial bindende Energien umgeformt, aber gerade so gewinnen sie durch ihre soziale Organisation nach außen hin eine Wirkkraft und Stärke, die sie in »wildem« Zustand nie besessen hätten: der Krieg, der Kannibalismus als ritualisierte Aggression ist weit schlimmer und gefährlicher als die Aggression eines Raubtieres. Selbst wenn man daran erinnert, daß der Kannibalismus auch und vielleicht sogar wesentlich zunächst aus einer gewissen Hochachtung heraus geübt wird, um den Geist bzw. das Leben eines Verstorbenen in sich aufzunehmen, also womöglich nicht dem Haß, sondern der Liebe entspringt, so ändert das

Stärke des Gegners, sei dieser ein (göttliches) Tier oder ein Mensch, erzeugt zudem vor jeder Jagd, vor jedem Angriff eine Angst, die gleichfalls gesellschaftszerstörerisch sein kann, – auch sie muß rituell gebunden werden. Das Ritual »sozialisiert« in solchen Fällen zwar die Aggression, aber es ist und bleibt eben doch ein aggressives Ritual, – selbst Gilgamesch, der Herrscher von Uruk, muß sich noch in drei Träumen auf seinen Kampf gegen den Walddämon Chumbaba vorbereiten (Gilgamesch-Epos, 5. Tafel, II 20.24; III 33–43; IV 8–22). Zudem ist das Weltbild, das den Ritualmord und den Kannibalismus verlangt, zumeist in sich selbst auf ein Gleichmaß von Aggression und Sexualität, von Tod und Leben berechnet, und selbst wenn es den Zweck verfolgt, aus Tod Leben zu schaffen, so überführt es doch zunächst Leben in Tod; das »grausame« Ritual, das den Kannibalismus fordert, entstammt einer Mythologie, die so grausam ist wie die Phantasie der Menschen, die sie ersonnen haben. »Wenn ich einen Feind erschlagen habe«, erklärte ein Häuptling der Marinha, »ist es wohl besser, ihn zu essen als verderben zu lassen. Das Schlimmste ist nicht das Gefressenwerden, sondern der Tod.« (Zit. bei Ch. Spiel: Menschen essen Menschen, 203.) – Schließlich bleibt als Motiv des Kannibalismus das Faktum, daß Menschenfleisch als wohlschmeckende Speise gilt, und die »religiösen« Interpretationen des kannibalistischen Mahles sind sicher wesentlich später als die Praxis selbst; s. o. Anm. 9. So schrieb z. B. A. de Herrera über einen Vorfall nach der Schlacht mit den Einwohnern von Teplaca während der Eroberung Mexikos durch Hernán Cortés: »Zu jener Nacht halten die indianischen Verbündeten ein Gastmahl von Armen und Beinen, denn außer einer unglaublichen Anzahl von Braten an hölzernen Spießen gab es fünfzigtausend Töpfe voll geschmorten Menschenfleisches.« H. Homann (Hrsg.): H. Cortes: Die Eroberung Mexikos, 131.

nicht viel an dem grundsätzlichen Erleben: auch die aneignende Liebe, die jemanden »zum Fressen gern« hat, muß zunächst zerstören, und sowenig die Hochachtung, ja die göttliche Verehrung etwa des Bären die frühen Jäger daran gehindert hat, den Bären zu töten und zu essen, so wenig dürfte gegenüber den Menschen das Motiv der Hochachtung irgendeine Tötungsabsicht unterdrückt oder ausgeschlossen haben.[12] Im Gegenteil, es wird für besonders ehrenvoll und erstrebenswert gegolten haben, denjenigen am ehesten zu töten, den man am meisten schätzte: erst indem man sein Fleisch aß und sein Blut trank, konnte man werden, wie er war, – eine rituelle Idee, die, wie wir noch sehen werden, vielleicht als einzige die religiöse Kraft besitzt, das Problem des Krieges von seiner Wurzel her zu überwinden (s. u. 290).

Auch die frühen Pflanzerkulturen haben das Phänomen des Kannibalismus zunächst offenbar durchaus nicht beseitigt, sondern sogar vermehrt, so wie die Gründe zu Kriegen und kriegsähnlichen Handlungen durch die Ackerbaukultur insgesamt, wie wir soeben gesehen haben, sehr rasch an Zahl und Stärke zugenommen haben.[13] Was eigentlich dazu ge-

[12] Sehr makaber und salopp, aber der Sache nach richtig schreibt (unter recht zynischem Pseudonym) D. di Centigloria in seinem Kolportageroman: »Ich fraß die weiße Chinesin« (S. 76–77): »Der eigentliche Kannibale sieht zwar im Grunde keinen Unterschied zwischen Tier und Mensch, zwischen Jagdwild, Feind, Beute und Opfertier; alles ist ihm Fleisch, das man essen kann; dennoch gilt ihm der Mensch als edler – nicht nur weil sein Braten delikater schmeckt, sondern weil er stets eine heilige Festspeise bedeutet.« – Die Jagd ist in dieser Sicht »nur eine mindere Form des Mordens und man muß den Kannibalen recht geben, die da meinen, es sei unter der Würde des Menschen, Tiere zu jagen und zu verspeisen, und nur das Töten und Essen von seinesgleichen sei eines Menschen würdig« (a.a.O., 105). – Erst auf dem Hintergrund einer solchen Einstellung versteht man, warum der Aztekenkönig Motecuhzoma neben Hühnern, Eiern und Maisfladen den Spaniern auch Gefangene entgegenschickte, »wenn sie (als Götter, d. V.) vielleicht deren Blut trinken wollten«. E. Seler (Übers.): Einige Kapitel aus dem Geschichtswerk des Fray Bernardino de Sahagun, 471; M. León-Portilla – R. Heuer (Hrsg.): Rückkehr der Götter, 33.

[13] So meinte A. E. Jensen: Die getötete Gottheit, 148–149 aufgrund seiner Forschungen auf der Molukkeninsel Ceram, daß vor allem die Beschäfti-

führt hat, den Kannibalismus später schlechthin zu verbieten, ihn mit den heftigsten Ekelgefühlen zu belegen und ihn nur noch, wie das Christentum, in einem symbolischen Ritual abzubilden, ist nicht bekannt. Eine nicht sehr menschenfreundliche Überlegung müßte wohl in Rechnung stellen, daß gerade das Ausufern des Tötens im Krieg den Kannibalismus verdrängt haben kann: man darf einen Feind weder hochschätzen noch verzehren wollen, wenn man ihn *massenweise* abschlachten will. Die Ehre, die der Kannibalismus dem Getöteten erweist, wird überflüssig durch den Ruhm, den der Eroberer und Kämpfer gewinnt, indem er *möglichst viele* Feinde zur Strecke bringt; seine Größe ergibt sich jetzt aus der Verachtung und Erniedrigung des Gegners.[14] *Insofern*

gung mit der Pflanze die Erkenntnis mit sich gebracht habe, daß die Knollenfrüchte zwar beim Ernten getötet werden müßten, ihr Tod aber rasch durch das neue Leben überholt werde; das Geheimnis der Pflanze wurde zum »Modell«, um auch das Schicksal des Menschen zu verstehen, das der Mensch mit dem Tier, der Pflanze und dem Monde teilte. Von daher mußte man töten, um dem Leben zu dienen, – Menschenopfer und Kopfjagd waren die Folgen dieses Weltbildes, dessen Quellen jedoch schon in der Ambivalenz der Tiertötung liegen. – TH. SCHULTZE-WESTRUM: Biologie des Friedens, 168–169 zählt als Motiv des Kannibalismus (neben der Aneignung der Kraft des Getöteten und dem Mangel an animalischer Kost) auch den Nachvollzug eines mythischen Schöpfungsaktes auf und fügt makaber hinzu, daß die Volksgruppen im Golfgebiet von West-Neuguinea trotz ihrer häufigen Kriege sicher nicht durch Kopfjagd und Kannibalismus, sondern durch deren Verbot, durch die Zerstörung ihrer Kultur zugrunde gegangen seien.

14 Eine erste Eindämmung hat der Kannibalismus durch die Tötungsverbote des Totemismus erfahren: es war untersagt, das Totemtier oder die Mitglieder desselben Clans zu essen. A. GEHLEN: Urmensch und Spätkultur, 205. Den Umschlag von Aggression nach außen in Schuldgefühl (in Aggression nach innen) suchte S. Freud durch den Akt des Essens selbst und die damit verbundene Identifikation zu erklären. S. FREUD: Totem und Tabu, IX 171–173; DERS.: Das Unbehagen in der Kultur, XIV 487. Aber der Totemismus erklärt nur die *Eingrenzung* des Kannibalismus, nicht dessen Aufhebung. Wenn hingegen die Prämie des Sieges nicht im Verzehr des Getöteten, sondern in der Aneignung seines Besitzes, einschließlich seiner Frauen, gesehen wird, so wird der Krieg noch »lohnender«: statt das »Mana« des getöteten Feindes in sich aufzunehmen, vergrößert sich die Person des Siegers jetzt durch die Größe der »Jagdstrecke« aufgehäufter Leichen. – Besonders die Stelen der *Assyrer* werden nicht müde, die Grausamkeit und den Sadismus der siegreichen

kann man sogar sagen, daß der Kannibalismus vermutlich weit weniger abscheulich und aggressiv war und ist als die Kriege, die Menschen gegeneinander führen, ohne ein (rituelles) Nahrungsinteresse dadurch zu befriedigen.

### *II. Psychologische Kriegsgründe*

Ein psychologischer Hauptgrund zur Kriegsführung, der aus dem evolutiven Erbe der menschlichen Herkunft aus der Tierreihe stammt, ist ohne Zweifel der *Territorialismus.*

Tyrannen anhand der Größe ihrer Leichenberge zu besingen. So heißt es z. B. in einem Preislied des mittelassyrischen Reiches auf Tiglatpileser I (1116–1078): »Einen Weg von drei Tagen marschierte er vor. /Vor Aufgang der Sonne war Glut ihre Erde, / Zerfetzte er der Schwangeren Bäuche, / Durchbohrte er der Schwachen Leib. / Den Mächtigen schnitt er die Hälse ab, / Im Rauch ihres Landes starben die Mannen – / Ein Trümmerhaufen wer sündigt an Aschschur! / Laßt mich singen von Aschschurs Sieg, / Des Mächtigen, der da zieht zum Kampf, / In aller Welt den Sieg erringt . . .« H. Schmökel: Ur, Assur und Babylon, 114. – Selbst in dem wesentlich friedfertigeren Ägypten finden sich bereits im Alten Reich Siegeslieder wie das des Richters Une, den Pharao Piops I. aussandte, um die semitischen Nomaden im Nordosten Ägyptens von ihren räuberischen Einfällen ins Delta abzuschrecken: »Dieses Heer kehrte glücklich heim, es hatte das Land der Sandbewohner zerhackt, . . . zerstört, . . . es hatte seine Festungen geschleift . . . es hatte seine Feigen und seine Weinstöcke abgeschnitten . . . es hatte in alle seine Truppen Feuer geworfen . . . es hatte dort Truppen zu vielen Zehntausenden geschlachtet . . . es hatte sehr viele Truppen von dort als Gefangene zurückgebracht.« A. Erman: Ägypten und ägyptisches Leben im Altertum, 623–624. Bei einem solchen Denken ist der »Kannibalismus« eine bereits hinderliche Form der »Aneignung« des Gegners in seiner physischen und geistigen Existenz. Nicht durch (totemistische) Absage, sondern vermutlich durch eine qualitative Steigerung des Kannibalismus zu der neuen Erscheinungsform reiner Vernichtungs- und Eroberungskriege, in denen das Töten ein neues Ziel bekommt, dürfte die Menschenfresserei der »Primitiven« überwunden worden sein. *Ehrgeiz* und *Ruhmsucht* werden jetzt zu den Hauptmotiven der Kriegsführung.

Noch heute wird ein Krieg wesentlich mit dem Schutz von Frauen und Kindern in gesicherten und unantastbaren Grenzen motiviert[15], und regelmäßig bezieht die Kriegspropaganda aus diesem Motiv ihr wichtigstes Kapital. Tatsächlich dürfte psychologisch auch gerade in dieser Zielsetzung das tiefste und ursprünglichste Motiv zum Krieg gelegen sein. Wie Tiere ein bestimmtes Revier für sich und ihre Nachkommenschaft zur Jagd und Kinderaufzucht verteidigen, so scheinen auch die »Kriege« der Urzeit wesentlich aus diesem Grunde geführt worden zu sein.[16]

Aber wichtiger und häufiger noch als der Kampf gegen von außen eindringende und konkurrierende Artgenossen stellt sich die Notwendigkeit, jüngere oder schwächere Gruppen-

[15] Zum Zusammenhang von Gruppenterritorialismus, Revierverteidigung, Angst und Krieg vgl. N. Tinbergen: Von Krieg und Frieden bei Tier und Mensch, in: G. Altner (Hrsg.): Kreatur Mensch, 332–342; D. Morris: Der Menschen-Zoo, 180–181. – R. Ardrey: Adam und sein Revier, 232 spricht von der biologischen Moral des territorialen Imperativs, die den gesamten Weg der Evolution durchziehe und einem jeden Verteidiger im Kriegsfalle ungeahnte Kräfte verleihe. »Daß die angreifende Macht die Kraftreserven des territorialen Verteidigers unterschätzt, ist eine der wesentlichsten Ursachen des modernen Krieges.« (A.a.O., S. 232)

[16] Sehr lesenswert sind die Gedanken, die sich T. H. White zu dem Zusammenhang des Krieges mit den Phänomenen des Territorialismus und des Kollektivismus gemacht hat: T. H. White: Das Buch Merlin, 135–152; ders.: Der König auf Camelot. 4. Buch: Die Kerze im Wind, 323–335. – Vgl. auch I. Eibl-Eibesfeldt: Der vorprogrammierte Mensch, 90–91, der darauf hinweist, daß schon Kleinkinder den Platz an der Brust der Mutter oder den Platz, an dem sie spielen, verteidigen. Der Zusammenhang von Territorialismus und Krieg ist besonders wichtig, weil er sich auch bei den Jägern und Sammlern, wie den Eskimos, Pygmäen, Hazdas und Buschleuten zeigt, die nur in einer bestimmten, recht tendenziösen Literatur als nicht-kriegerisch vorgestellt werden. Bei den Eskimos z. B. haben Kriege manche Stämme, z. B. die Ukusiksillik bis auf 16 Familien, dezimiert; die Blutrache wird oft geübt. Vgl. dazu I. Eibl-Eibesfeldt: Krieg und Frieden, 153–179. – Es verdient übrigens Erwähnung, mit welch einer Selbstverständlichkeit Platon: Politeia, 2. Buch, 14; 373d–374d den Krieg und den Aufbau eines stehenden Heeres mit Gründen des Territorialismus (zu wenig Platz für zu viele Bewohner) als unvermeidlich hinstellte.

mitglieder zu verjagen, wenn das betreffende Revier zahlenmäßig übervölkert zu werden droht.[17] Die innerartliche Aggression führt in diesem Falle bei Mensch und Tier zwar zunächst nur zur Ausbreitung der eigenen Art, sie wirkt nicht ohne weiteres tödlich; aber immer dann, wenn der Widerstand gegen die Ausbreitung ein bestimmtes Maß überschreitet – z. B. wegen der Unwirtlichkeit oder Lebensfeindlichkeit des umliegenden Gebietes –, ist der Krieg unvermeidlich. Die Tatsache, daß heute selbst Gebiete wie die Arktis, die Kalahari oder der Urwald von Eskimos, Buschmännern und Pygmäen bewohnt sind, geht gewiß nicht allein auf die Kraft der menschlichen Entdeckungslust und Neugier, sondern auf den Faktor der Gewalt, des Krieges, zurück.[18]

Biologisch wird man diesen Mechanismus, der psychologisch so problematisch erscheint, natürlich für sehr sinnvoll und äußerst nützlich halten müssen. Neben der notwendigen Artendiffusion führt der gleiche Mechanismus zur Bereicherung und Vielfalt durch die Entstehung neuer Rassen, indem die relativ kleinen Populationen, wenn sie in relativ isolierten Biotopen auf lange Zeit unter konstanten Auslesebedingungen leben müssen, nach und nach bestimmte Merkmale herausbilden, die der Adaption besonders an die klimatischen und landschaftlichen Bedingungen des jeweiligen Lebensraumes dienlich sind.[19] Zusätzlich zu den rassischen Ausprägun-

[17] Zusätzlich zu dem Faktor relativer Überbevölkerung können Klimaschwankungen, Naturkatastrophen, Hungersnöte u. ä. ganze Völker über Jahrhunderte hin zur Wanderschaft bestimmen. Eine kurze Übersicht über die prähistorischen Wanderungen der Bantu, Polynesier, Indonesier, Indogermanen, Hamiten, Mongolide und Australide gibt E. Richards: Prähistorische Völkerwanderungen, in: E. Evans-Pritchard (Hrsg.): Bild der Völker, Bd. 10, 162–166.

[18] Die sog. »Refugialräume« der Pygmäen, Buschmänner, Amazonas-Indianer u. a. sind an sich extrem lebensfeindliche Gebiete, in denen heimisch zu werden eine außerordentlich lange biologische und kulturelle Adaption und Spezialisierung voraussetzt.

[19] Mit »Rasse« wird biologisch die Fortpflanzungsgemeinschaft einer Art bezeichnet, die sich durch unterschiedliche Genfrequenzen und bestimmte erbliche Merkmalshäufungen von anderen Populationen unterscheidet. Die »Rassen« sind nicht starre Gebilde, sondern dynamische Prozesse,

gen werden sich gewisse kulturelle Besonderheiten entwickeln, die dem Überleben unter den speziellen geographischen und geschichtlichen Anforderungen günstig sind. Aber gerade dieser *biologisch* gesehen überaus zweckmäßige und kulturell sehr bereichernde Vorgang bringt *psychologisch* zugleich die Gefahr der gegenseitigen Abstoßung, des Krieges mit sich, wenn nach Jahrtausenden der Trennung und der

gewissermaßen die kleinsten systematischen Einheiten der Evolution. Ein bedeutender Faktor der Rassengenese ist die geographische Isolation durch Meere, Wüsten, Urwaldzonen u. ä. – Von den drei heutigen Großrassen dürften die Europiden als älteste direkt aus dem frühen Homo sapiens (40000 Jahre) unter den Klimaverhältnissen des südöstlichen Rußland entstanden sein; als besondere Anpassungsform an extrem kalte Klimaverhältnisse in den Kältesteppen Innerasiens entwickelten sich zwischen 30000–15000 die *Mongoliden*; die Entwicklung der *Negriden* begann erst zwischen 20000–15000 als Anpassung an die trocken-heißen Klimabedingungen im offenen Grasland in den südlichen Gebieten der heutigen Sahara. J. Szilvássy: Anthropologie, 101–108; J. S. Weiner: Entstehungsgeschichte des Menschen, 266–338; G. Kurth: Rassengeschichte, in: G. Heberer – G. Kurth – I. Schwidetzky-Roesing (Hrsg.): Anthropologie, 184–279. – Zum Einfluß klimatischer Faktoren auf die Differenzierung der Art (Spezies) des homo erectus vgl. J. S. Weiner: a.a.O., 106–108. – *Die Wirkungen des Klimas* auf die Rassengenese beschreiben die vier klassischen Regeln: a) *Die Bergmannsche Klimaregel,* wonach die Körpergröße einer Art vom wärmeren zum kälteren Klima hin zunimmt: da die Wärmeerzeugung proportional der Körpermasse, die Wärmeabstrahlung aber proportional zur Körperoberfläche ist, und bei zunehmender Körpergröße die Oberfläche im Quadrat, das Körpervolumen aber im Kubik zunimmt, bedeutet eine Vermehrung der Körpergröße einen selektiven Vorteil zum Überleben in Kältegebieten. b) *Die Allensche Klimaregel,* wonach in kälteren Gebieten der Anteil der abstehenden Körperteile an der Gesamtoberfläche kleiner ist als in Wärmegebieten: Menschen in Kältegebieten z. B. sind untersetzter, in wärmeren Regionen schlanker, wie an der unterschiedlichen Beinlänge gut ersichtlich ist. c) *Die Glogersche Klimaregel,* wonach die Pigmentierung in feucht-warmen Gebieten gegenüber den kalt-trockenen Gebieten zunimmt, da eine starke Pigmentierung vor der UV-Strahlung schützt, während die helle Haut, etwa der Europiden, die relativ geringe UV-Strahlung besser zum Aufbau von Vitamin D durchläßt. d) *Die Thomson-Buxtonsche Klimaregel,* wonach der Nasenindex (Nasenbreite × 100: Nasenhöhe) von kühl-trockenen zu feucht-wärmeren Zonen zunimmt, da die Nasenschleimhaut bei höherem Nasenindex, d. h. bei breiterer Nase, eine größere Oberfläche besitzt und für die Befeuchtung der Luft wichtiger ist als für die Erwärmung. J. Szilvássy: Anthropologie, 117–119; G. Kurth: Rassengenese, in: Anthropologie, 167–184.

spezialisierten Sonderentwicklung nunmehr erneut durch Wanderung, Handel und Eroberung einander weitgehend fremd gewordene Menschengruppen wieder aufeinander stoßen. Das Fremde, Unverständliche, jedenfalls Unterschiedliche wird dann als gegensätzlich, gefährlich und feindlich empfunden, und es weckt somit als erstes die Neigung zur Ausrottung und Zerstörung, mindestens aber zur Unterdrückung des Fremdartigen.[20] Der Mensch erscheint jetzt dem Menschen wie etwas Artfremdes, auf das er Jagd macht wie auf Tiere. Der Kampf gegen artfremde Lebewesen, der die frühen Jagdgenossenschaften zusammenhielt, wird jetzt zum Krieg.

## 2. *Vier Gesetze der Gruppendynamik*

An dieser Stelle werden gleichzeitig vier Gesetze wirksam, die psychologisch bei der Bildung und dem Zusammenhalt von Gruppen eine große Rolle spielen und die vielleicht tatsächlich evolutiv durch die Bildung erster Jägergemeinschaften vor 2 Mio. Jahren entstanden sind.

[20] Zum Feindschema: fremd = Feind, bekannt = Freund als auslösender Reizsituation für aggressives Verhalten vgl. I. Eibl-Eibesfeldt: Der vorprogrammierte Mensch, 93; 115–122. Er meint: »Wir können ... vermuten, daß jeder Artgenosse Reize aussendet, die intolerantes Verhalten aktivieren. Bekanntheit setzt dabei eine Aggressionshemmung.« »Versäumen wir es etwa zu grüßen, dann werden wir leicht zur Zielscheibe für Aggressionen.« (A.a.O., 93–94) – Schon der *Geruch* bestimmter Eingeborenengruppen z. B. wirkt auf den Europäer störend, so wie diese umgekehrt den Körpergeruch eines Europäers unerträglich finden; die kulturellen Schönheitsideale weichen stark voneinander ab; ebenso oft die Ausdrucksbewegungen, die Stimme usw. Vgl. G. Kurth: Rassengenese, in: G. Heberer – G. Kurth – I. Schwidetzky-Roesing (Hrsg.): Anthropologie, 176–177. – Zur Wirkung der Rassenschranken in der Geschichte vgl. auch C. S. Coon: Die Geschichte des Menschen, 187–190, der vor allem darauf hinweist, daß schon der bloße Kontakt verschiedener Rassen auch ohne kriegerische Absicht durch Übertragung von Krankheiten und Epidemien sowie durch die unterschiedlichen kulturellen Lebensformen zerstörerisch sein kann.

Das erste ist das Gesetz der Konvergenz der Meinungen und Verhaltensweisen.[21] Jede menschliche Gruppe tendiert dahin, abweichende Meinungen und Haltungen auf ein Mittelmaß zusammenzudrücken. Das völlig Abweichende wird zunächst, etwa in Diskussionen, eine Weile lang besonders beachtet, um herauszufinden, wie man es vielleicht doch anpassen und integrieren könnte; gelingt das aber nicht, so wird bald schon die Schar der Abweichler aus dem sozialen Zusammenleben herausgedrückt werden. Dieser Mechanismus, der für den Zusammenhalt von Gruppen wesentlich ist, führt dazu, prinzipiell alles Fremdartige vom Leben der eigenen Gruppe auszuschließen bzw. von vornherein abzuwehren.

Das zweite Gesetz der Gruppendynamik, das in diesem Zusammenhang von Belang ist, knüpft gerade hier an: jede Gruppenbildung basiert auf der Bindung der intraspezifischen Aggression durch die Aufstellung einer eindeutigen Rang- und Hackordnung.[22] Die Führer, die Alpha-Leute der Gruppe, müssen definieren, welche Leute in der Gruppe

[21] P. R. Hofstätter: Gruppendynamik, 73–75; R. Battegay: Der Mensch in der Gruppe, I 46–48. Mit der Gruppenkonvergenz hängt die Aggressivität gegenüber Außenseitern zusammen, die angeboren zu sein scheint und sich gegen alles Abweichende, Krankhafte, Behinderte richtet: I. Eibl-Eibesfeldt: Der vorprogrammierte Mensch, 104–105.

[22] Vgl. I. Eibl-Eibesfeldt: Krieg und Frieden, 113–115; ders.: Liebe und Haß, 101–106; ders.: Der vorprogrammierte Mensch, 100–103; zur therapeutischen Nutzung der Rangordnung in Gruppen vgl. H. Harlfinger: Analytisch orientierte Gruppenarbeit mit Ärzten, in: H. G. Preuss (Hrsg.): Analytische Gruppenpsychotherapie, 235–236. Zur Aufstellung der *»Hackordnung«* (Th. Schjelderup-Ebbe: Zur Soziologie der Vögel. Z. Psychol. 95, 1924) und der damit verbundenen Dynamik von Rang und Rolle in Gruppen vgl. A. Heigl-Evers: Die Gruppe unter soziodynamischem und antriebspsychologischem Aspekt, in: H. G. Preuss (Hrsg.): Analytische Gruppenpsychotherapie, 45–46.– Die Regeln und Notwendigkeiten des *Führers,* des »Alpha« einer Gruppe, sind klassisch formuliert bei G. C. Homans: Theorie der sozialen Gruppe, 393–407; sie laufen darauf hinaus, daß der Führer die faktischen Normen der Gruppe verkörpern, stabilisieren und kontrollieren muß und daß er deswegen zuhören können muß und keine Befehle geben darf, die nicht auch ausgeführt werden.

zuunterst stehen und die Omega-Position einzunehmen haben. Je primitiver Gesellschaften organisiert sind, desto klarer (und grausamer) wird man diesen Mechanismus beobachten können, aber selbst noch die in humanem Sinne wohl am weitesten fortgeschrittenen Gruppen, die psychoanalytischen Therapiegruppen, können auf die Benutzung dieses Gesetzes nicht verzichten; sie unterscheiden sich von der Dynamik »normaler« Gruppen nur dadurch, daß die Aggressionsverteilung bewußt reflektiert wird und es daher nicht immer dieselben Personen sein müssen, welche die Rolle des Omega zu spielen haben. Gesetzt also, man räumt gewissen Fremdvölkern (z. B. Kriegsgefangenen, Zigeunern, der besiegten Urbevölkerung des Landes) überhaupt ein gewisses Überlebensrecht im eigenen Stamm oder Volk ein, so werden diese Fremden und Ohnmächtigen gewiß auch sozial die untersten Dienste zu verrichten haben; sie werden leben wie die Kinder Israels in Ägypten oder wie die Heloten in Sparta: als Sklaven, Hilfsvölker oder als Zielscheiben herrschaftlicher Willkür.[23]

Das dritte an dieser Stelle wichtige Gesetz der Gruppendynamik steht damit in engem Zusammenhang: jede Gruppe definiert sich durch einen gemeinsamen Gegner, gegen den sie zu kämpfen sucht und gegen den sie gemeinsam zusammensteht.[24] Dieser »Gegner« kann in der Herausforderung

[23] Die Verfassung Spartas, die auf Lykurg zurückgeführt wird, »entstand aus der Zwangslage der Messenischen Kriege (736–720 und 650–620, d. V.) und der nachfolgenden Notwendigkeit, die Überzahl der Dienenden im Zaum zu halten«. »Die Zahl der Heloten (d. h. der hörigen Bauern, der unterworfenen Bevölkerung, d. V.) übertraf die der Kriegerspartiaten um das 7–10fache . . . Der Kriegszustand gegen sie wurde verewigt . . . Jagd auf Heloten gehörte zu den Übungen des spartanischen Jünglings . . . Rassenhaß, skrupellose Verachtung eines Menschen um seiner völkischen Zugehörigkeit willen« – so glich Sparta in etwa dem heutigen Südafrika. V. Engelhardt: Die geistige Kultur der Antike, 44; 46–47.

[24] R. Battegay: Der Mensch in der Gruppe, I 69–72; A. Heigl-Evers: Die Gruppe unter soziodynamischem und antriebspsychologischem Aspekt, in H. G. Preuss (Hrsg.): Analytische Gruppenpsychotherapie, 45–46 meint: »›Jedwede Gruppe bildet sich gegenüber einem Gegner.‹ Der Gegner ist Anlaß der Gruppenbildung, seine Bekämpfung ist Ziel der

der äußeren Natur bestehen; aber je nach der historischen und geographischen Situation können natürlich auch Menschen bzw. andere Gruppen als Feinde markiert werden. Innerhalb der eigenen Gruppe werden dann besonders die Omegas als Vertreter des Gegners empfunden, z. T. weil sie tatsächlich ein ausgesprochenes Interesse an dem Umsturz der herrschenden Verhältnisse tragen und daher wirklich als fünfte Kolonne der feindlichen Absichten des Gegners wirken können; z. T. aber auch deshalb, weil sie die Rolle des kollektiven Sündenbocks zur Ausagierung all derjenigen Aggressionen übernehmen müssen, die man (noch) zu schwach ist, bereits auf den Gegner selbst zu lenken. Die Unterdrükkung der Omegas, (besonders furchtbar z. B. der Juden im 3. Reich), dient dann einer Art inneren Ersatzkrieges für die Zerstörung, die man eigentlich dem Gegner (z. B. dem sowjetischen Rußland) zugedacht hat; – die absurde Verbindung von internationalem Judentum und Bolschewismus in der Nazipropaganda z. B. hatte mit dieser Verbindung der Omega-Position mit dem Feindbild zu tun.

Zu diesen drei Gesetzen der Aggressionslenkung in Gruppen tritt als ein allgemein verstärkendes Prinzip noch die Erkenntnis hinzu, daß ihre innere Psychodynamik um so krasser und ungehemmter wirken muß, je stärker die Gruppe sich von innen oder außen bedroht fühlt, je größer also *der Faktor der Angst* ist. Unter dem Druck der Angst wird die Gruppe den Kampf gegen die gemeinsame Gefahr, gegen den Gegner, in den Mittelpunkt ihres Interesses rücken; um so mehr wird sie sich daher um einen starken Führer scharen, um so unerbittlicher wird sie gegen die zersetzende Energie der Abweichler vorgehen und die Omegas unterdrücken, und um so energischer wird sie auf die Vernichtung des Gegners drängen.

Gruppenaktion ... Ihm gegenüber steht Alpha ... Bei physischer Abwesenheit des Gegners wendet sich Alpha aggressiv aufrüttelnd an die Gruppe, aber niemand verübelt es ihm; denn Alpha repräsentiert nicht nur das Identitätsgefühl, sondern auch das Imponiergehabe der Gruppe.«

Von daher versteht man leicht den oft festgestellten Zusammenhang von Diktatur und Krieg. Es stimmt nur begrenzt, wenn man immer wieder auf den aggressiven Charakter von diktatorisch geführten Staatsgebilden hinweist, so als sei die Diktatur selbst die Ursache des Krieges. Wohl mag manch ein Diktator einen Krieg nach außen provozieren, um vor Bürgerkrieg im Inneren verschont zu bleiben und durch die gemeinsame Gefahr die auseinanderstrebenden Tendenzen seiner Untertanen zusammenzuhalten; aber wenn ein Volk einen Diktator hervorbringt oder akzeptiert, so meist nur deshalb, weil es sich bereits im Zustand der Angst befindet. Durch Angst kommen Diktatoren an die Macht, und durch Angst bleiben sie auch an der Macht; man würde die Ursache mit der Wirkung verwechseln, wenn man die politische Staatsform der Diktatur wegen der Angst, die sie verbreitet, für a *priori* in sich kriegerisch halten würde; die Diktatur *entsteht* vielmehr durch eine Verschärfung der gruppendynamischen Spielregeln durch den Faktor der Angst; die Angst mobilisiert selbst die aggressiven Kräfte zur Abwehr einer möglichen Gefahr, – die Diktatur ist nur ihr Werkzeug.

Unterstellt man nun, daß das Leben der Urzeit oft genug ein bedingungsloser Kampf ums Überleben war –, obwohl gerade die Primitivkulturen die äußere Natur, anders als die Hochkulturen, nicht als Feindin, sondern als »Mutter« empfanden[25]–, so wird man den Faktor der Angst nicht hoch genug veranschlagen können. Gerade in der Frühzeit des Menschen wird man daher mit relativ straff geführten, zum Krieg stets geneigten Gruppen zu rechnen haben. Wenn diese nun auf Menschenrassen und -kulturen trafen, die sich von der eigenen Art weitgehend unterschieden, so war wohl immer Krieg und Ausmerzung mindestens versuchsweise das unausweichliche Ergebnis.

[25] Zur Einheit der Naturvölker mit der umgebenden Natur sowie zu dem Naturhaß der westlichen Zivilisation vgl. E. Drewermann: Der tödliche Fortschritt, 104–110.

Dabei spielt vor allem die Absolutsetzung der eigenen Art und Lebensweise die größte Rolle. So gut wie alle einfachen Gesellschaften haben nur einen einzigen Namen für »Menschen« – denjenigen, mit dem sie den eigenen Stamm bezeichnen[26]; alle stammesfremden Menschen hingegen sind von Hause aus Nicht-Menschen, Barbaren. Noch in der griechisch-römischen Antike, zu einer Zeit also, da die philosophische Definition des Menschen bereits imstande hätte sein können, eine universelle, alle Menschen umfassende Ethik zu begründen, blieb es doch bei der scharfen Trennung von Griechen und Nicht-Griechen, Römern und Nicht-Römern. Auch hier macht sich ein Gesetz geltend, das gruppendynamisch das Zusammenleben jeder Gemeinschaft regelt und ungeschmälert auch völkerpsychologisch wirksam ist: alle menschlichen Gemeinschaften besitzen die Neigung, *Auto- und Heterostereotype*[27], also Vorurteile von sich und anderen auszubilden, nach denen ihre eigene Lebensart die beste und richtigste von allen ist. Je stärker die Angst und die innere

[26] So meint W. WICKLER: Die Biologie der Zehn Gebote, 114–115 sehr richtig, daß das Gebot »Du sollst nicht töten« oft genug nur auf die eigene Gruppe eingeengt ist und der Begriff »Mensch« nur für die eigenen Stammesangehörigen gilt. Die Selbstbezeichnung vieler Stämme wie »Bantu«, »Kikuyu«, »Dakota« u. a. bedeutet einfach »Mensch«, alle Fremden sind demgegenüber zunächst einmal »Un-Menschen«; s. o. S. 60, Anm. 20.

[27] Zur Bildung und Notwendigkeit von Stereotypen vgl. P. R. HOFSTÄTTER: Gruppendynamik, 98–111; zur wechselseitigen Verurteilung aufgrund unterschiedlicher Stereotype zwischen verschiedenen Stämmen vgl. W. WICKLER: Die Biologie der Zehn Gebote, 115–117. – Das ausgeprägteste Beispiel für die Egozentrik und Absolutsetzung eines bestimmten Autostereotyps stellt in der Geschichte der Menschheit wohl der biblische Glaube Israels dar, das von Gott auserwählte Volk zu sein; vgl. z. B. Dtn 7,1–11, wo die Auserwähltheit Israels mit dem Befehl zur Ausrottung aller anderen Völker verbunden wird. – Andere Beispiele der Stereotypenbildung eines bereits zivilisierten Volkes erbrachten die alten Chinesen, deren Volksstamm, die Hua, im 6. Jh. v. Chr. alle anderen Völker als »Hundemenschen« oder Untermenschen betrachteten und sie zu den wilden Tieren rechneten. E. H. SCHAFER: China, 13–14.

Isolation wirkt, desto überzeugter sogar zeigt man sich von dem Wert und der Vortrefflichkeit des eigenen Volkes, indem die Regel von der Konvergenz der Meinungen aus Angst fast zu einem inneren Zwang wird. – Auch hierfür bietet die Nazipropaganda mit dem Slogan: »Am deutschen Wesen soll die Welt genesen«, das krasseste Beispiel. Es kommt aber darauf an, die moralische Ungeheuerlichkeit und Inhumanität etwa des Nazi-Regimes psychologisch als leider nur allzu menschlich zu verstehen: sie ergab sich »nur« daraus, daß, wie in jeder Neurose, das Denken und Fühlen des deutschen Volkes zwischen 1918 und 1945 unter dem Druck der Angst auf einen archaischen Zustand regredierte, der kulturell und psychologisch eigentlich für längst überwunden gelten mochte.[28] In der Versuchung, sich als Mittelpunkt der Welt zu sehen, steht in gewissem Sinne jedes Volk – noch heute wähnen die Chinesen sich im Reich der Mitte, und alle alten Kulturen glaubten sich am Nabel der Welt.[29] Tritt zu dieser Neigung noch das Gefühl von Angst und Bedrohung hinzu, so kann daraus ein echter Mittelpunktswahn, eine absolute Selbstüberheblichkeit und Selbstüberschätzung werden: alle Angst ist egozentrisch, und jedes Volk, das Angst hat, kreist, wie ein Neurotiker, nur um sich selbst.

Kehrt man von daher zur Betrachtung des menschlichen Zusammenlebens in der Frühzeit zurück, so ist es vor diesem Hintergrund nur zu verständlich, daß der Zusammenstoß von einander fremden Völkern und Kulturen in der Vergangenheit immer wieder dazu geführt hat, sich gegenseitig das Existenzrecht streitig zu machen. Offenbar ist es psycholo-

[28] Zum Faktor der Angst im Dritten Reich vgl. J. Fest: Hitler, 138; 148–149; 1041. – Zu dem Selbstgefühl des Kleinbürgers im Nationalsozialismus und zu seiner angstvollen Identifikationsbereitschaft mit dem Führer vgl. W. Reich: Die Massenpsychologie des Faschismus, 75–78.

[29] Viele Berge z. B. galten ursprünglich als Weltennabel; so hieß in der Bibel der Garizim »Nabel der Welt« (Ri 9,37), und auch der »Tabor« könnte »Nabel« bedeuten; M. Eliade: Schamanismus und archaische Ekstasetechnik, 257; andere Beispiele bei E. Drewermann: Strukturen des Bösen, II 52.

gisch außerordentlich schwer, die eigenen Normen und Vorstellungen über das menschliche Zusammenleben als verbindlich anzuerkennen und zugleich so weit zu relativieren, daß daneben auch noch weit abweichende Vorstellungen als legitime Möglichkeiten geduldet werden. Vor allem, wenn das Fremde zusätzlich noch als verführerisch erlebt wird, wie etwa die israelitischen Stämme die Sitten und Riten der kanaanäischen Urbevölkerung empfanden, so drängt gerade die eigene Moralität (bzw. das Ensemble der eigenen Vorurteile) auf die völlige Zerstörung des Fremden, wobei die Normabweichler, die Minderheiten im eigenen Volk, in der beschriebenen Weise wiederum mit dem Feindbild des Gegners verschmelzen.

a) für die Religionskriege

In den Umkreis dieser Psychologie gehören ohne Zweifel auch die *Religionskriege*, wofern diese nicht lediglich zur Verschleierung politischer oder wirtschaftlicher Interessen geführt werden. Die Frage ist schwer zu beantworten, was z. B. einen Volksstamm wie die Qoreischiten unter Mohammed in einen Krieg hineintreibt, der nicht allein der Eroberung, sondern vor allem der Missionierung fremder Völker dienen soll.[30] Man versteht, daß gewisse *Sekten* ein fanatisches

[30] Als Mohammed im Sept. 622 Mekka verließ und in Jasrib (dem späteren Medina) die erste Moslem-Gemeinde gründete, kam es bald schon zu dem ersten Krieg mit den Qoreischiten in Mekka; D. STEWART: Islam, 29; 31–33. In der berühmten Schlacht bei Bedr verfügte Mohammed nur über 300 Mann, die 1000 Mekkanern gegenüberstanden; sein Sieg, den er betend errang, galt als ein Wunder Gottes. – Die Institution des Dschihad, des Heiligen Krieges, wäre beinahe zur sechsten Säule des Islam geworden. Die einzige Einschränkung im Hl. Krieg bestand (und besteht!) darin, daß der Feind, ehe er angegriffen wird, noch Gelegenheit erhalten muß, sich zu bekehren; a.a.O., 60. – Sehr zutreffend hat W. C. SMITH: Der Islam in der Gegenwart, 38 die Religion Mohammeds als »Religion des Triumphes im Erfolg, der Rettung durch Sieg« bezeichnet und sie damit der Religion des Christentums als einer Religion des Kreuzes gegenübergestellt. – Zur Schlacht bei Bedr vgl. L. ULLMANN (Übers.): Der Koran, VIII 18–19; S. 144.

Bewußtsein entwickeln können, aber es ist nicht klar, wie eine bestimmte religiöse Idee unter dem Wirken eines einzelnen Charismatikers ein ganzes Volk ergreifen und fanatisieren kann. Nur eine Bedingung läßt sich in etwa angeben: psychologisch ergibt sich das Phänomen des Fanatismus dann, wenn jemand nicht aus seinem Ich, also aus seiner eigenen Fähigkeit zum Denken und Urteilen lebt, sondern seine ganze Anerkennung und Selbstachtung darauf gründet, sich einem äußerst rigiden Überich zu unterwerfen; die ursprüngliche Selbstverachtung wird dann auf den Gegner, den Ungläubigen, übertragen, und man steht um so günstiger im Lichte seines grausamen Gottes, je intransigenter man gegen die Giauren ins Feld zieht.[31] Der Ursprung fanatischer Glaubenskriege muß »irgendwie« darin liegen, daß es ein religiöser Führer fertigbringt, das Denken seines Volkes auszu-

[31] Th. Reik: Dogma und Zwangsidee, 121 sah im Dogma vor allem ein zwangsneurotisches Denktabu, eine Gegenbesetzung zum Zweifel: »In der Präzision der dogmatischen Formel ... wird sich die Sublimierung analerotischer Komponenten sowie die der zwangsneurotischen analoge Gewissenhaftigkeit äußern. Im starren, eigensinnigen Festhalten an ihnen wird der anale Trotz, in der harmlosen Gewohnheit, anders Denkende zu verbrennen und zu enthaupten, die primitive Grausamkeit ihre Befriedigung finden.« – E. H. Erikson: Der junge Mann Luther, 271–272, hat an der Charakterentwicklung Martin Luthers die wohl konzentrierteste Analyse über den Zusammenhang von analer Selbstverachtung und aggressivem Fanatismus gegeben: Luther selbst kam sich in seinen Depressionen wortwörtlich als eine Fäkalie vor, die bald aus dem Welt-Rectum ausgestoßen werden müsse; aber um der totalen Selbstverachtung zu entgehen, richtete Luther seine »auf dem Mist gewachsenen Angriffe auf den Papst«, den er als Hure darstellen ließ, die rektal eine Teufelsgeburt zur Welt bringt. »Aus dem päpstlichen Familiennamen Farnese macht er ›Furzesel‹. In ihrer Maßlosigkeit drückten Luthers Obszönitäten die Not einer manisch-depressiven Natur aus, die einen Zustand unerbittlicher paranoider Bekämpfung eines fest bestimmten äußeren Feindes aufrechterhalten muß, um zu verhindern, daß sie sich selbst preisgibt und sozusagen ausscheidet.« Der fanatische Haß auf den Andersdenkenden leitet den Sadismus des eigenen Überichs ab und ermöglicht somit eine Wiederherstellung der arg geschädigten Selbstachtung des Ich. – Zur Psychologie der Vaterangst Luthers vgl. F. Heer: Die Dritte Kraft, 180–212, der sogar von der Verdrängung der Liebe und Verherrlichung des Krieges bei Luther spricht (a.a.O., 212).

schalten und sich selber bzw. seinen Gott an die Stelle des Überichs zu rücken; wie aber dieses Vorhaben gelingen kann, ist mit Begriffen wie Demagogie und Massenhypnose sicher nicht zureichend begreifbar zu machen. Vielmehr muß wirklich ein Stück Wahrheit in einer solchen Religion leben, mächtig genug, um als Identifikationspunkt einer großen Menschenschar zu dienen. Hinzukommen muß in jedem Fall zusätzlich noch eine gewisse kriegerische Neigung in dem betreffenden Volk selbst, die von einer Religion wie etwa dem Islam oder dem Christentum wohl benutzt, aber nur schwerlich selbst entzündet werden kann. Die Glaubensvorstellungen selbst freilich können, wenn sie erst einmal Fuß gefaßt haben, auch von sich her eine so autoritäre und rigorose Form annehmen, daß sie einen gewalttätigen Fanatismus geradezu herausfordern (s. u. S. 222) oder sogar, wie im Islam, zur Bedingung der höchsten Seligkeit erheben.[32]

### b) für die Rassenkämpfe

Besonders heftig müssen die kriegerischen Konflikte naturgemäß dann ausfallen, wenn zu den kulturellen auch noch die *rassischen Gegensätze* hinzutreten. Vom humanen Standpunkt aus muß man es gewiß zutiefst bedauern, daß die erste Berührung von Menschen, die über Jahrtausende durch Urwälder, Wüsten, Meere und Gebirgsketten voneinander getrennt waren[33], immer wieder und regelmäßig nur zu dem

[32] Wie der Hl. Krieg im Islam zu verstehen ist, wurde Mohammed in der 8. und 9. Sure des Koran geoffenbart: »Rege, o Prophet, die Gläubigen zum Kampf an; denn zwanzig standhaft Ausharrende von euch werden zweihundert besiegen . . . Es wurde noch keinem Propheten erlaubt, Gefangene zu machen (statt sie zu töten) . . . Ihr sucht nur die irdischen Güter, aber Allah setzt das zukünftige Leben als Endzweck, und Allah ist allmächtig und allweise.« Koran VIII 66.68. »So ihr nicht auszieht zum Kampf, wird euch Allah mit schwerer Strafe belegen, und ein anderes Volk an eure Stelle setzen. Ihm werdet ihr nicht schaden können; denn Allah ist aller Dinge mächtig.« Koran, IX 39.

[33] Zum Faktor der geographischen Isolation und der Ausstoßreaktion gegenüber allem Fremden s. o. S. 58–60, Anm. 19; 20.

Versuch führte, sich gegenseitig auszurotten, und doch liefert die Geschichte immer wieder gerade dieses Bild. Man muß sich nur vor Augen halten, daß es noch keine 150 Jahre her ist, als die systematische Ausrottung der 1,5 Millionen nordamerikanischen Indianer eine beschlossene Sache wurde.[34] Das Problem besteht sogar in der Gegenwart uneingeschränkt weiter: von den Indios des Amazonasbeckens gibt es heute nur noch 200000, deren Überlebensrechte gerade in unseren Tagen schamlos mißachtet werden und die trotz aller Beteuerungen nicht die geringste Chance mehr haben, ihre Identität zu bewahren[35]; das gleiche gilt von den 200000 Ureinwohnern Australiens, die allem Anschein nach nichts davor bewahren wird, schon in wenigen Jahren endgültig in Alkoholismus und Verelendung zu verkommen.[36] Auch die

[34] Vgl. H. J. STAMMEL: Die Indianer, 86ff. Der »Krieg« gegen die Indianer Nordamerikas wurde bewußt auch mit »bakteriologischen Waffen« geführt: 1752 schon hatte General Sir J. Amherst seinen Untergebenen befohlen, »die Indianer mit Tüchern zu infizieren, auf denen Blattern-Patienten gelegen haben, oder mit anderen Mitteln, die geeignet sind, diese verfluchte Rasse auszurotten. Ich würde«, erklärte er, »sehr zufrieden sein, wenn sich der Plan, sie mit Bluthunden niederzurennen, als praktikabel erweisen würde.« STAMMEL: a.a.O., 118. Nachweislich wurden während des englisch-französischen Krieges die *Ottawas* und die *Chippewas* mit Blattern infiziert, so daß ganze Landstriche an der Küste entvölkert wurden.

[35] K. MÜLLER – I. THÖRNER: Mit der Straße kommt der Tod, in: M. Münzel (Hrsg.): Die indianische Verweigerung, 46–71.

[36] D. MC KNIGHT: Die Ureinwohner im Norden Australiens, in: E. Evans-Pritchard: Bild der Völker, 1. Bd., 40–47; *R. A. Gould:* Die Eingeborenen der Gibson-Wüste, in: E. Evans-Pritchard (Hrsg.): Bild der Völker, 1. Bd., 48–54. Es scheint noch milde ausgedrückt, wenn D. Mc Knight urteilt: »Es ist eine bedauernswerte Tatsache, daß die Weißen im Busch viel zu wenig um die Erhaltung der Eingeborenen-Kulturen bemüht sind. Selten wird der Versuch gemacht, die Eingeborenen zu verstehen; doch ohne umfassende Kenntnis ihrer Kultur und Lebensformen können diese Menschen nicht in die moderne Welt eingegliedert werden.« »Der Vernichtungsprozeß der Wert- und Gesellschaftsordnung der Urbevölkerung geht unaufhaltsam weiter. Viele weiße Australier stehen sogar der Integrationspolitik der Regierung ablehnend gegenüber. Die wenigen Missionare und Völkerkundler können kaum das Gleichgewicht wiederherstellen.« (A.a.O., 46; 47) De facto sind selbst die Begriffe »Eingliederung« und »Integration« nur andere Begriffe für die kulturelle Entfrem-

Vorstellung vom Krieg der Rassen war also keineswegs eine bloße Wahnidee der Nationalsozialisten; sie ist eine der furchtbarsten Hypotheken der Menschheitsgeschichte. Was ein besiegtes fremdes Volk oder die Angehörigen einer militärisch unterlegenen Population in der Vergangenheit vor der biologischen Vernichtung bewahrte, war offenbar höchstens seine zahlenmäßige Überlegenheit oder aber eventuell seine Tauglichkeit als Hilfsvolk; in letzterem Falle lebte es als ein Sklavenvolk weiter, auf welches die für »Menschen«, also für das eigene Volk gültigen Gesetze keine Anwendung fanden: kriegsgefangene Sklaven waren für die Griechen z. B. keine Menschen, sondern »Menschenfüßlein«, Fußschemel der Herrscher.[37]

Auch hier zeigt sich erneut, daß die psychologischen Gründe des Krieges wichtiger sind als seine ökonomischen Anlässe oder Nutzanwendungen. Es gab Kriege, deren Ziel es war, auf Menschen Jagd zu machen und sie als Arbeitstiere einzufangen; aber die psychologische Voraussetzung dafür basierte auf dem Gefühl, daß alles ethnisch oder kulturell

dung und Zerstörung eines Volkes, das über 20000 Jahre lang gezeigt hat, wie man einen Kontinent besiedelt, ohne ihn in 100 Jahren zu verwüsten. – Vor allem zeigt das historische Beispiel vom Untergang der *Tasmanier*, wie selbst gutgemeinte »Maßnahmen« ein Volk vernichten können: als zwischen 1831–1836 der Missionar George Robinson die letzten überlebenden Tasmanier, um einer militärischen »Lösung« zuvorzukommen, zur »Seßhaftigkeit« überredete und auf der Flinders-Insel ansiedeln ließ, wurden sie in Häuser untergebracht, sie wurden mit Nahrung versorgt, sie wurden gezwungen, Kleider zu tragen, und man lehrte sie die christliche Religion. Aber ihrer eigentlichen Lebensform beraubt, siechten sie dahin: schon 1847 waren von den 2000 Tasmaniern nur noch 47 übrig, die auf das Festland gebracht wurden und im Kontakt mit der weißen Zivilisation rasch dahinstarben; 1856 starb der letzte männliche Tasmanier; Truganini, die letzte Frau, starb 1876. A. G. L. Shaw: Die ausgestorbenen Ureinwohner Australiens, in: E. Evans-Pritchard (Hrsg.): Bild der Völker, 1. Bd., 54–57.

37 So wurden auf den ägyptischen Fußschemeln die unterworfenen Feinde abgebildet, gemäß der biblischen Redewendung: »bis daß ich hinlege deine Feinde als Schemel deiner Füße.« (Ps 18,37–40; 110,1) Vgl. O. Keel: Die Welt der altorientalischen Bildsymbolik und das Alte Testament, S. 233; 276. Die Griechen nannten einen Sklaven einfachhin »andrapodon« – das Menschenfüßlein.

Andersartige eben von vornherein nicht »menschlich« sei. Man würde das Verhältnis von Ursache und modifizierender Bedingung geradewegs auf den Kopf stellen, wollte man den Krieg und das Sklavenhaltertum von den jeweiligen ökonomischen Verhältnissen her *begründen.* Gewiß, die gesamte antike Kultur, die von den Städten getragen wurde, beruhte auf der Sklaverei, und sie brach zusammen, als die Sklaven auf dem Lande zur Unabhängigkeit gelangten[38]; aber die Notwendigkeit des Sklavenhaltertums in der antiken Gesellschaft bedingte nur, daß man Kriegsgefangene, statt sie zu töten, als Sklaven leben und sich in der Sklaverei fortpflanzen ließ, sie bedingte nicht die Feindseligkeit und die Verachtung selbst, aus der heraus man Sklavenkriege führen konnte und mußte. Daß Rassen- und Kulturgegensätze durch das Mittel des Krieges sich zu Klassengegensätzen wandeln konnten, war in gewissem Sinne sogar bereits ein humaner Fortschritt, den die ökonomische Notwendigkeit veranlaßte.

Der Krieg zur Ausrottung alles Fremden scheint sogar noch älter und tiefer verwurzelt zu sein als der Krieg zwi-

[38] Vgl. M. Weber: Die sozialen Gründe des Untergangs der antiken Kultur, in: J. Winckelmann (Hrsg.): Max Weber: Soziologie, Weltgeschichtliche Analysen, Politik, 10–18, wo M. Weber die These vertritt, daß die gesamte antike Kultur zugrunde gehen mußte, weil der Arbeits- und Güteraustausch der Städte mit dem umliegenden Land verfiel und die Städte selbst daran zugrunde gingen; die Ursache für diesen Verfall aber lag darin, daß die Gutsherren immer mehr arbeitsteilig für den Eigenbedarf produzieren mußten, und das wiederum kam dadurch, daß die Gutsherren sich den schwindenden Bestand an Sklaven sichern mußten, indem sie die Sklaven als Erbuntertanen in den Kreis der Einzelfamilie stellten; insofern die Sklaven somit Familie und Eigenbesitz erhielten und zu unfreien Fronbauern emporstiegen, fand eine Wandlung in den untersten Schichten der Gesellschaft statt, die der Ausbreitung des Christentums parallel ging und schließlich zum Untergang der antiken Sklavenhalterkultur führte. – P. Anderson: Von der Antike zum Feudalismus, 22–23 meint, daß z. B. im Athen zur Zeit des Perikles das Verhältnis von Sklaven zu freien Bürgern etwa 3 : 2 betragen habe; in Rom konnten um 225 v. Chr. noch 4400000 Freien in Italien ca. 600 000 Sklaven gegenübergestanden haben, um 43 v. Chr. durfte das Verhältnis etwa so gewesen sein, daß auf 4 500 000 freie 3 Mio. Sklaven kamen – ihre Zahl hatte sich verfünffacht (S. 71). In einem solchen Maße basierten die antiken Kulturen auf der Sklaverei.

schen den Angehörigen verschiedener *Rassen.* Es scheint, als wenn im Verlauf der Evolution bereits die einander ablösenden Menschen*arten* sich gegenseitig durch Krieg bekämpft hätten, bis schließlich die biologisch besser ausgestattete und psychologisch wendigere Art sich durchgesetzt hätte. Vor allem die Art des Cro-Magnon-Menschen, der die Grundlage aller heutigen Menschenrassen bildet[39], scheint vor 30000 Jahren auf den älteren Neandertaler, einen an die Kaltzeit angepaßten homo-sapiens, regelrecht Jagd gemacht zu haben.[40] Das Gehirn des Cro-Magnon-Menschen ist kein ande-

[39] Alle heutigen Großrassen stellen eine direkte Weiterentwicklung des frühen Homo sapiens (40000 Jahre) dar. J. SZILVÁSSY: Anthropologie, 167; zur Rassenentwicklung vgl. C. S. COON: Die Geschichte des Menschen, 85–90; zur Differenzierung und Wanderung des Cro-Magnon-Menschen vgl. T. PRIDEAUX: Der Cro-Magnon-Mensch, 36–48.

[40] Einen Hinweis darauf könnten die Funde von 500 Skelettresten von Neandertalern bei Krapina in Kroatien darstellen, die H. KLAATSCH als Reste einer Schlacht zwischen Neandertalern und Aurignac-Menschen deutete. »Mit Speeren, Steinbeilen, Keulen und Wurfgeschossen sind die Eroberer auf die Eingeborenen losgegangen, haben ihnen die Schädel eingeschlagen und hinterher alle Opfer der Schlacht, ob Freund oder Feind, Mann, Weib oder Kind, zum Siegesmahl gebraten und verzehrt.« H. WENDT: Ich suchte Adam, 453. Die Deutung der »Schlacht« von Krapina ist indes umstritten, – vermutlich handelt es sich eher um die Überreste eines kannibalistischen Massakers der Neandertaler. (G. CONSTABLE: Die Neandertaler, 106; 110) Aber auch dann wird der Gesamteindruck zutreffen: »Kämpfe zwischen Neandertalern und Angehörigen der eiszeitlichen Kulturrassen müssen sich, wenn die Aurignac- und Cro-Magnon-Menschen nicht Muster an Sanftmütigkeit gewesen sind, überall in Europa und Vorderasien während der letzten Eiszeit zugetragen haben. Ihnen ist die schwächere Partei, wie seit je in der Menschheitsgeschichte, nach und nach erlegen.« H. WENDT: Ich suchte Adam, 454. Im ganzen wird freilich der Untergang des Neandertalers nicht allein durch kriegerische Gründe, sondern vorwiegend durch klimatische Veränderungen, vor allem durch die nasse Kälte der Würmeiszeit bedingt gewesen sein. – Ein ähnliches Schicksal kriegerischer Ausrottung dürfte sogar schon dem Homo erectus von seiten des Homo sapiens beschieden gewesen sein, zu dem auch der Neandertaler zählt. »Gegen Ende des Späten Pleistozän (besser: Ende des Mittleren Pleistozän, 300000, d. V.) ging der Homo erectus unter. In einigen Gegenden entwickelte er sich zum Homo sapiens. In anderen mag er durch den vordringenden Homo sapiens, der ein tüchtigerer Jäger war, ausgerottet worden sein ... In einigen Weltteilen überlebte er länger als in anderen«, vor allem in den abgelegenen

res als das des heutigen Menschen; es enthält alle Möglichkeiten, von der Höhlenmalerei bis zur Wasserstoffbombe; darin enthalten sind aber auch die Verhaltensschemata, die immer wieder zu Kriegen und Greueltaten aller Art geführt haben.

### *4. Die Angst, die aus dem Geist entsteht*

Ja, man muß in dieser Richtung sogar noch einen Schritt weitergehen. Wenn man auf dem Hintergrund des Gesagten das evolutive Erbe der menschlichen Psyche betrachtet, kommt man an dem Schluß schwerlich vorbei, daß der Krieg untereinander, die intraspezifische Aggression, die Richtung der Selektion selbst mitbestimmt hat, und zwar so, daß die wachsende Aggressivität innerhalb der menschlichen Art einen Auslesevorteil darstellte. Auch diese Einsicht ist moralisch bedauerlich, aber man kann ihr anthropologisch nicht ausweichen: der Mensch ist das einzige Wesen, das aufgrund seiner Intelligenz lernen konnte, daß man einen Konflikt *endgültig* lösen kann, wenn man den Gegner tötet[41], und dem die Fähigkeit zu konsequentem und zukunftsgerichtetem Denken gewissermaßen den Zwang auferlegt hat, immer wieder nach gerade solchen endgültigen »Lösungen« bestehender Konflikte zu suchen.

Das menschliche Bewußtsein ist in dieser Hinsicht ein sehr zwiespältiges Geschenk der Götter: es ist imstande, auf alle möglichen Notlagen angemessen zu reagieren, aber indem es aus gegebenen Sachverhalten Folgerungen und Schlüsse ziehen kann, gelangt es auch dazu, die situativen Ängste, denen das Leben im Tierreich ausgesetzt ist, als grundlegende und letztlich unausweichliche Gefährdungen zu erkennen. Die Angst vor Hunger, Einsamkeit, Ausstoß aus der Gruppe,

Zufluchtsgebieten der südlichen Hemisphäre, wie auf Java der Solo-Mensch, der kultischen Kannibalismus trieb, oder in Broken Hill der Homo rhodesiensis. C. S. Coon: Die Geschichte des Menschen, 46–47.

[41] N. Tinbergen: Von Krieg und Frieden bei Tier und Mensch, in G. Altner (Hrsg.): Kreatur Mensch, 343.

Krankheit, Verfolgung und Tod[42], auf welche die Tiere von Moment zu Moment mit bestimmten Notfallreaktionen antworten[43], wird vom menschlichen Bewußtsein auf eine Weise reflektiert, die nach einer endgültigen Lösung gegenüber dem letztlich Unvermeidlichen drängt: der Mensch will die Gefahren, die ihn bedrohen, ein für allemal vermeiden, obwohl er doch weiß, daß es letztlich gegenüber dem Tod als Inbegriff aller Gefahren kein Entrinnen geben wird. Insofern hilft das Bewußtsein zwar, bestimmte Angstsituationen durch vorausschauendes Handeln zu überwinden, aber es steigert auch zugleich den Faktor der Angst ins Unendliche und mithin auch den Willen zu übersteigerten Abwehrreaktionen.[44] Vor allem im Umgang mit einem Gegner gibt es letztlich von Fall zu Fall immer wieder nur eine einzige endgültige Lösung: den Tod, und so sieht man die menschliche Intelligenz vom ersten Moment ihres Auftretens an damit beschäftigt, die Herstellung von Waffen, von Instrumenten zum Töten, zu verbessern, um eine Angst zu beruhigen, die in dieser Schärfe überhaupt erst durch das Bewußtsein entstanden ist. Einem Tier genügt es, einen konkurrierenden Artgenossen zu vertreiben, ein Mensch muß seinen Gegner töten, um ihn *für immer* loszuwerden.[45]

[42] Zu den fünf paläoanthropologischen Grundformen der Angst vgl. R. Bilz: Das Syndrom unserer Daseinsangst, in: Paläoanthropologie, I 427–464; E. Drewermann: Strukturen des Bösen, II 221–235.

[43] Zum Begriff der Notfallreaktion vgl. W. B. Cannon: The Wisdom of the Body, New York 1932.

[44] Vgl. E. Drewermann: Strukturen des Bösen, II 221–235; III S. XIV–XX; 228–263; 540–562, wo anhand der Existenzphilosophie vor allem J. P. Sartres gezeigt wird, wie das gesamte Dasein des Menschen sich durch das Bewußtsein in unendlicher Angst reflektiert und die Kernfrage der Existenz darauf hinausläuft, von woher diese Angst beruhigt werden kann: ob im Unendlichen durch die Religion oder im Endlichen durch menschliche Umgestaltung der endlichen Angstsituationen.

[45] Vgl. N. Tinbergen: Von Krieg und Frieden bei Tier und Mensch, in: G. Altner (Hrsg.): Kreatur Mensch, 343: Der Mensch steht »allein in seiner Fähigkeit, zu lernen, daß ein toter Gegner nicht mehr wiederkehrt. Wenn er diese Erfahrung auf Feindseligkeiten zwischen Völkergruppen bezog, kann er sehr früh entdeckt haben, daß Streitfälle doch durch einen Krieg ›erledigt‹ werden können«.

Von daher besteht der Eindruck wohl zu Recht, daß in der menschlichen Spezies im Verlauf von Jahrzehntausenden eine Selbstselektion in Richtung einer wachsenden innerartlichen Aggressivität und Kriegsbereitschaft stattgefunden hat, wie sie bei allen anderen Lebewesen weder in Quantität noch Qualität möglich war. Besonders das *männliche* Verhalten scheint zu Kampf und Krieg, zu körperlicher Auseinandersetzung disponiert zu sein.[46] Aber auch hier wäre der Schluß

[46] Am eindeutigsten formulieren in diesem Punkte L. TIGER – R. FOX: Das Herrentier, 247: »Der Grund, weshalb wir zuversichtlich behaupten können, daß weibliche Krieger für die Spezies insgesamt eine weit geringere Gefahr darstellen würden, liegt darin, daß Frauen keine ›kriegerischen‹ Bindungen eingehen ... Wenn mehrere Männer lange genug zusammen sind, fangen sie, sobald sie eine gewisse Hierarchie und Etikette festgelegt haben, sehr bald damit an, sich außerhalb ihres Kreises ein Objekt zu suchen, auf das sie ihr Interesse richten können – etwas, was es zu verändern, zu beherrschen, aufzubauen oder zu zerstören gilt.« – »Die Männer verhalten sich nicht deshalb so, weil sie böse sind (obwohl sie es durchaus werden können) oder weil sie unsicher sind (obwohl sie es sein können) oder weil sie habgierig und räuberisch sind (obwohl sie auch das sein können), sondern weil sie Steinzeitjäger sind. In ihnen allen steckt noch die Jagdleidenschaft des steinzeitlichen Jägers, aber in ihrer Umwelt kann sich diese Realität kaum noch ausdrücken. Deshalb erschaffen sie sich ihre eigenen Realitäten: Sie tun sich in Mannschaften zusammen; sie bilden Geheimbünde und zetteln Intrigen für oder gegen die Regierung an; sie stellen Regimenter auf; sie ergehen sich in Phantasien über Ehre und Würde; sie verwandeln ihre Feinde in ›Un-Menschen‹, in Beute. Sie bringen Formen automatisch wirksamer Loyalität und völliger Ergebenheit hervor, die den Zweck haben, die jesuitische Botschaft der streitbaren Kirche zu verbreiten oder Düsenjäger in fremde Länder zu entsenden. Ein Land braucht nur ein paar Dutzend Männer, die ihre Phantasien über ihre eigene Omnipotenz so ernst nehmen, daß sie für die Verheißungen der Größe, die sie zu vernehmen meinen, Geld ausgeben, Menschen umbringen und sogar, nach Abrahams trügerisch-anmaßendem Vorbild, ihre eigenen Söhne opfern.« Vgl. a.a.O., 121–123. – Zur Spezialisierung des Mannes an die Jagd mitsamt den Marschleistungen (ca. 40 km täglich), der Weitsichtigkeit (oft gerade im Alter!) sowie entsprechenden geistigen Fähigkeiten vgl. C. S. COON: Die Geschichte des Menschen, 122–123. – Noch O. SPENGLER: Der Untergang des Abendlandes, II 1006 meinte zum Gegensatz von Mann und Frau: »Das Weib ist Weltgeschichte. Es sorgt durch Empfängnis und Geburt für die Dauer des Blutes. Die

wiederum verfehlt, eben deswegen die Herrschaft der Frauen herbeizuwünschen und das Matriarchat als eine soziologische Organisationsform von vornherein für friedfertiger zu halten als die Männerherrschaft. Es mag wohl sein, daß der weiblichen Mentalität aus dem Erbe der Evolution das Bewahren und Behüten eher zukommt als das Angreifen und Erobern (s. u. S. 242)[47], aber wenn es einen psychologischen Unter-

Mutter, das Kind an der Brust, ist das große Sinnbild kosmischen Lebens ... Der Mann aber *macht* die Geschichte, die ein nie endender Kampf um die Erhaltung jenes anderen Lebens ist. Der Mann, die Waffe in der Hand, ist das andere große Sinnbild des Willens zur Dauer.«

[47] Wie sehr das Verhalten von Mann und Frau körperspezifisch unterschieden in Richtung auf Aggression und mütterliches Behüten hin divergiert, zeigt sich an zwei instinktiven Reaktionen im Fall einer Bedrohung. In Augenblicken angstgetönter Überraschung oder bei Kampfspielen läßt sich bei zahlreichen Naturvölkern beobachten, daß die Männer einander bedrohen, indem sie den Phallus durch Hüpfen auf der Stelle oder durch Kopulationsbewegungen besonders imponierend präsentieren. I. Eibl-Eibesfeldt: Der vorprogrammierte Mensch, 257; ders.: Menschenforschung auf neuen Wegen, 166–167. Dieses Verhalten hat sich allem Anschein nach aus dem Wachesitzen der Altweltaffen entwickelt, bei dem die Wächter die Hinterbeine so spreizen, daß Penis und Hodensack weithin sichtbar sind; die männliche Genitalpräsentation dient dabei keinem sexuellen Zweck, es handelt sich um eine rein aggressive Drohung, die der Rangdemonstration und der Reviermarkierung dient. W. Wickler: Stammesgeschichte und Ritualisierung, 250–251. Das weibliche Pendant dazu ist offensichtlich die Geste der Beschwichtigung durch das Vorzeigen der entblößten Brüste, wie es z. B. aus Australien beschrieben wurde: »Eine nordaustralische Eingeborenenfrau kochte soeben eine Schlange, als sie von einer weißen Patrouille überrascht wurde. In ihrem Entsetzen hob sie die Brüste und spritzte Milch. Später befragt, warum sie dies getan habe, erklärte sie, sie hätte zeigen wollen, daß sie Mutter sei, damit man ihr kein Leid zufüge.« I. Eibl-Eibesfeldt: Menschenforschung auf neuen Wegen, 167; vgl. a.a.O., Abb. S. 205. – Ähnlich handelten die Gallierinnen, als Caesars Legionen die Stadt Gergovia zu erstürmen drohten: »Die Familienmütter warfen Kleidung und Silber von der Mauer herab, beugten sich mit entblößter Brust über die Mauer und beschworen die Römer mit ausgebreiteten Armen, sie zu schonen und nicht, wie in Avaricum, sogar Frauen und Kinder umzubringen.« Caesar: Der gallische Krieg, VII 47, 5. (In Avaricum hatten die tapferen Truppen des göttlichen Caesars sogar des Plünderns nicht mehr gedacht, sondern in ihrer Erbitterung über die mühseligen Belagerungsarbeiten »nicht die schwachen Greise, nicht die Frauen, nicht die Kinder« geschont, vielmehr alle 40000 Einwohner ermordet – nur etwa 800

schied zwischen den Geschlechtern gibt, so hat dieser Unterschied sich nur in Korrespondenz der Merkmale zwischen beiden Geschlechtern entwickeln können, d. h. die Weibchen konnten nur in Ruhe sich der Aufzucht der Jungen widmen, wenn sie sich von den stärkeren Männchen beschützt fühlten. Die Friedfertigkeit des weiblichen Verhaltens steht also nicht im Widerspruch zur männlichen Aggressivität, sondern bedingt sie geradezu. Paläoanthropologisch wird jene Stelle der Bibel wohl die Wahrheit treffen, an der Lamech, der Nachfahre Kains, *vor seinen Frauen* als eine Art Liebeslied seine aggressive Stärke und seine Bereitschaft zu Rache und Vergeltung rühmt (Gen 4,23–24): es werden gerade die männliche Stärke und der männliche Kampfesmut gewesen sein, die sich den Frauen der Urzeit als Liebesbedingung für die Gattenwahl empfehlen konnten.

Insofern besteht auch wenig Aussicht, eine Lösung der menschlichen Aggressivität in einer Vermehrung sexueller,

konnten beim ersten Ansturm entfliehen. CAESAR: Der gallische Krieg, VII 28, 4.5) Das Vorzeigen der Brüste oder gar das Auspressen der Milch ist allem Anschein nach ein äußerster Appell um Schonung, eine Demonstration der Mütterlichkeit, deren Mißachtung das Leben selber in der Wurzel zerstören müßte. – Wenn D. Morris mit seiner allerdings recht abenteuerlichen Spekulation recht hat, daß die weiblichen Brüste sich als Kopie der Gesäßbacken entwickelt hätten (D. MORRIS: Der nackte Affe, 103–112), so könnte die Präsentation der Brüste in Korrespondenz zur männlichen Aufreitdrohung auch so etwas wie eine Weiterentwicklung der Demutsgeste der weiblichen Gesäßpräsentation darstellen; vgl. I. EIBL-EIBESFELDT: Der vorprogrammierte Mensch, 136–141. Jedenfalls ist die instinktive geschlechtsspezifische Rollenzuweisung zwischen Mann und Frau im Augenblick der Gefahr sehr beachtenswert: während die Männer mit aggressiven (phallischen) Drohgebärden antworten, reagieren die Frauen mit (oralen oder analen) Beschwichtigungs- und Unterwerfungsgebärden. Beides entspricht einander, indem die weibliche Demutsgebärde oft dazu dient, die männliche Aggression zum Schutz der Weibchen zu aktivieren: dieselben gallischen Frauen, die eben noch durch Darbietung ihrer Brüste die angreifenden Römer um Mitleid ersuchten, beschworen wenige Augenblicke später, voller Verzweiflung wegen der Erfolglosigkeit ihrer Bemühungen, die eigenen Männer, mit letzter Entschlossenheit zu kämpfen, und fingen an, »nach gallischem Brauche auf ihr aufgelöstes Haar zu zeigen und ihnen ihre Kinder hinzuhalten«. CAESAR: Der gallische Krieg, VII 48, 3.

die Paarbindung fördernder Aktivitäten zu suchen[48] oder umgekehrt sogar den Grund für die menschliche Reizbarkeit in einer kulturell bedingten Unterdrückung des Sexualtriebes zu erblicken (s. u. S. 232). Es trifft gewiß zu, daß jede Triebunterdrückung Abwehrkräfte mobilisiert, ja daß die Triebstärke selbst, wenn sie auf ein Hindernis stößt, beim Versuch, das Hindernis zu überwinden, als aggressiv in Erscheinung tritt. Aber Aggressivität und Sexualität schließen sich nicht aus, sondern werden als etwas Zusammengehöriges erlebt und bedingen sich gegenseitig: es ist für den Mann auch heute noch ein gewisses Maß an Aggressivität unerläßlich, um in der Brautwerbung erfolgreich zu sein, und als eigentliche Volkshelden gelten nach biblischem Vorbild zweifellos immer noch Männer von der Art Samsons (Ri 13–16), die ebenso groß sind in der Liebe wie erfolgreich in Kampf und Auseinandersetzung. Archaisch verankert ist in der menschlichen Psyche nicht, daß die Sexualität die Aggressivität überwindet oder überflüssig macht, sondern im Ge-

[48] So vor allem W. Reich: Die Massenpsychologie des Faschismus, 179: »Sadismus entstammt unbefriedigter orgiastischer Sehnsucht. Die Fassade heißt ›Kameradschaft‹, ›Ehre‹, ›freiwillige Disziplin‹«. Das eigentliche Verdienst W. Reichs besteht aber nicht in der Analyse der Konvertierbarkeit gehemmter sexueller Energien in sadistische Triebimpulse, sondern in der Feststellung, daß in der faschistischen Ideologie im Grunde die christliche Verleugnung des Sexuellen weiterlebte, indem die Ablehnung der »heidnischen« Götter, z. B. des orgiastischen Dionysoskultes, durch das Christentum jetzt gegen alles Fremdrassische, Nicht-Nordische gekehrt wurde (a.a.O., 95–102), und daß ferner gerade die sexuelle Unterdrückung »die Entwicklung sozialer Verantwortlichkeit hemme« (a.a.O., 187), was den horrenden Mißbrauch staatlicher Macht durch den Faschismus überhaupt erst ermöglicht habe. – Zur Analyse der Rollenverteilung von Mann und Frau im Nationalsozialismus aufgrund einer Betrachtung der Kunst im Nationalsozialismus vgl. B. Hinz: Die Malerei im deutschen Faschismus, 75–93, wo die Einheit von Sexualunterdrückung und Krieg besonders sinnenfällig wird: der »Werkmann« gilt in seiner reinsten Gestalt als »Soldat«, die Ikonographie der Frau aber »stellt sich dar als von Männern für Männer gemachte Visualisierung ihrer sanktionierten sexuellen Herrschaft.« (A.a.O., 86–87) – Die Thesen W. Reichs werden teils weiterentwickelt, teils vulgarisiert bei A. Plack: Die Gesellschaft und das Böse, München $^{2}$1968, wo alle Aggression als unterdrückte Sexualität betrachtet wird.

genteil: daß sie das aggressive Verhalten geradezu fördert und belohnt.

Die Beispiele dafür sind zahlreich und gehen bis in die Anfänge menschlicher Geschichtsüberlieferung zurück. Als z. B. Gilgamesch nach seinem Sieg über den Dämon Chumbaba zurückkehrt, jubeln die Frauen ihm zu (Gilgamesch-Epos, 6. Tafel, 180–188); und wer erinnerte sich nicht daran, daß in der Bibel David erst 200 Philister erschlägt und ihnen die Vorhäute von den Gliedern schneiden muß, ehe er Sauls Tochter Michal heiraten darf (1 Sam 18,27); auch als er nach dem Triumph über den Riesen Goliath zurückkehrt, besingen Frauen aus allen Städten Israels seinen Sieg (1 Sam 18,7; vgl. Ex 15,20–21; Ri 5,28–30). Mit anderen Worten: Die Anbetung des *siegreichen* Mannes liegt in der Entwicklung der menschlichen Sexualität, nicht aber die Züchtung friedlicher Männchen.

Insofern hat das alte mythische Weltbild so unrecht nicht, wenn es den Mann zum Krieg und die Frau zum Gebären bestimmte; es drückt vielmehr aus, was in der längsten Zeit, da Menschen existierten, Gültigkeit besaß. Die sexuelle Belohnung als Siegesprämie im Kampf gilt noch heute in allen Armeen der Welt als ungeschriebenes Recht des Siegers: als Absalom seinen Vater David aus Jerusalem vertreibt, muß er als erstes die zehn zurückgelassenen Kebsweiber Davids auf dem Dach des Palastes vor den Augen ganz Israels in Besitz nehmen (2 Sam 16,21.22), und entsprechend »gehörten« die Frauen einer besiegten Stadt wie selbstverständlich den einziehenden Truppen des Gegners.[49] Ja, der Krieg mit dem

[49] Die Beispiele für diese Praxis sind außerordentlich zahlreich und in den verschiedensten Kulturen vertreten. – Als z. B. Dschingis Khan 1198 die Tatar vernichtend schlug, wurden wie selbstverständlich »die ansehnlichen Frauen in die Zelte genommen. Dschingis Khan selbst machte die beiden feindlichen Fürstinnen Yesui und Yesugan zu seinen Gemahlinnen«. S. Neumann – G. Mandel: Dschingis Khan, 32; vgl. a.a.O., S. 24; 26. – Die Sitte des Frauenraubes bestand bei vielen Naturvölkern; vgl. zu dieser Praxis bei den Dakota-Sioux die sehr anschauliche Darstellung bei R. B. Hill: Hanta Yo, 290; 294; bes. die Episode zwischen

ausdrücklichen und erklärten Ziel des Brautraubes war nicht nur die Praxis der frühen Römer, als sie unter der Führung des göttlichen Romulus die Sabinerinnen raubten[50], sondern er war eine bei vielen Völkern verbreitete Sitte. Auch darin dürften die alten Mythen mithin recht haben, wenn sie berichten, wie die sumerische Große Göttin Inanna zum Krieg treibt[51], die kanaanäische Anat bis zu den Lenden in Blut watet[52] oder wie (die ursprüngliche Mondgöttin) Helena[53] den

Anpagli und dem Scout Tonweya: S. 753–773. – Sehr zu Recht verweist H. ZIMMER: Indische Mythen und Symbole, 197–198 auf den *symbolischen* Zusammenhang von militärischer Eroberung unterlegener Städte und Länder und der Aneignung der Frau durch den Mann: »Eroberte Städte und Länder werden geplündert, und der geschätzteste Beutegegenstand dabei sind ›Frauen und Gold‹. Ohne Besitz von den Repräsentantinnen des weiblichen Prinzips in dem eroberten Bereich zu nehmen – dem Prinzip, das die Mutter Erde, die Fruchtbarkeit des eroberten Bodens selbst verkörpert – würde der Sieger sich kaum als solcher fühlen. Er muß sakramental den Schoß des gewonnenen Bodens besamen; erst dieser Akt besiegelt im mythischen Denken die militärische Eroberung. So heiratete, als der letzte der Achämeniden besiegt und Persien von Alexander dem Großen unterworfen war, der junge Eroberer die Gemahlinnen und Töchter des besiegten Königs, während die Großen seines Gefolges und Heeres Töchter des Adels zu Frauen nahmen. Die irdische Noch-Einmal-Darstellung der mythischen Formel bekräftigte den Sieg.« Ähnlich heiratete Ödipus ohne weiteres die Königin Jokaste von Theben, nachdem er den untüchtigen Laios getötet und das Rätsel der Sphinx gelöst hatte. – L. MUMFORD: Die Stadt, I 13 verweist darauf, daß in der ägyptischen Schrift die Zeichen »Haus« oder »Stadt« auch für »Mutter« stehen können. »Demgemäß sind die primitiven Bauten – Häuser, Säle, Gräber – gewöhnlich rund wie die erste Schale, die der griechischen Sage zufolge nach Aphrodites Brust geformt wurde.« Die militärische und die sexuelle »Eroberung« besitzt tiefenpsychologisch offenbar einen gemeinsamen symbolischen Ursprung.

[50] LIVIUS: Römische Frühgeschichte, I 9; 10. – Als z. B. die Truppen von H. Cortes die aztekische Hauptstadt Tenochtitlan eroberten, schreibt Sahagun, durchwühlten sie nicht nur die Kleidung und die Leiber der Fliehenden nach Gold, sondern »sie ergriffen, wählten sich aus die sauberen (schönen) Weiber, die gelbes Fleisch hatten«. E. SELER (Übers.): Einige Kapitel aus dem Geschichtswerk des Fray Bernardino de Sahagun, 569. – In HOMERS »Ilias« wird die schönwangige Briseis, deren Gatten Mynes der göttliche Achill tötet, zum Beutezankapfel zwischen Agamemnon und Achill (Ilias, I 184; 320ff.; II 689ff.; XIX 246).

[51] S. o. 1. Kap., Anm. 39, S. 42.

[52] J. GRAY: Mythologie des Nahen Ostens, 22–23.

Männern zehn Jahre lang Gelegenheit bietet, ihre Heldenkraft im Kampf um Troja unter Beweis zu stellen.

### 6. *Kriege, die zur Selbstachtung notwendig scheinen*

Wichtiger noch als der Zusammenhang zwischen der Aggressivität des Mannes und der Anerkennung durch das weibliche Geschlecht reizt indessen der Umstand zum Krieg, daß auch die eigene Selbstachtung an ein gewisses Maß von Aggressivität gebunden scheint. Bereits die Rangverteilung in der Gruppe richtet sich, wie wir sahen, nach den Fähigkeiten zur Ichdurchsetzung; ist diese Fähigkeit gering, wird auch die Rolle, die jemand im Gruppenverband zu spielen hat, gering bemessen sein, und entsprechend niedrig dürfte auch seine Selbstachtung ausfallen. Es besteht ein direkter Zusammenhang zwischen dem Durchsetzungsvermögen, also der aggressiven Stärke der Ichtriebe, und der Achtung, die jemand vor sich selbst und – meistens – auch in den Augen der anderen genießt. Die umgekehrte Erfahrung läßt sich in der Psychotherapie von Depressionen machen: in der Depression richtet sich die Aggression, die nach außen abgegeben werden müßte, unter dem Diktat des Überichs gegen die eigene Person; an die Stelle von Fremdvorwürfen treten Selbstvorwürfe und Klagen über die eigene Unfähigkeit.[54] Um die Depression zu heilen, kommt es infolgedessen darauf an, die Situationen bewußt zu machen, in denen die ursprünglichen aggressiven Strebungen verdrängt wurden, und sie wieder vom Ich weg auf die eigentlichen Adressaten zu richten. Nun gelingt es in der Psychotherapie wohl weitgehend, dieses Nacharbeiten alter Aggressionen *symbolisch* durchzuführen; oft genug aber kann nicht einmal die Psychotherapie verhin-

[53] K. Kerényi: Mythologie der Griechen, I 86; II 188; *ders.:* Die Geburt der Helena, in: Humanistische Seelenforschung, 52–67.

[54] S. Freud: Trauer und Melancholie, X 434–435.

dern, daß die ausbrechenden Aggressionen sich eine Weile lang auch auf Leute richten, die mit den Szenen von damals nicht das geringste zu tun haben, und nicht selten müssen die damals unterdrückten, verdrängten Auseinandersetzungen mit den ehemaligen Kontaktpersonen auch in der Wirklichkeit nachgeholt werden. Der Patient führt daher eine Zeitlang eine Art von Privatkrieg gegen Unbekannt oder gegen jedermann, und dieser »Krieg« ist therapeutisch für ihn notwendig, damit er das Gefühl seiner Selbstachtung zurückgewinnen kann.

Nach gleichem Vorbild werden zahlreiche Kriege offenbar aus keinem anderen Grunde geführt als in der Absicht, das gekränkte Selbstwertgefühl des eigenen Volkes wiederherzustellen, und man kann diesem »Revanchismus« eine psychologische Notwendigkeit und Berechtigung nicht aberkennen. Als am 27. Juni 1876 die Armee von General Custer in der berühmten Schlacht am Little Big Horn von 3000 Arapahoes, Cheyennes und Dakota-Sioux überfallen und bis zum letzten Mann niedergemacht wurde, war den leitenden Häuptlingen um Sitting Bull natürlich klar, daß sie an dem sicheren Untergang der einstmals großen Indianernation nicht das geringste durch diese Schlacht ändern konnten: für jeden gefallenen Weißen würden 100 oder 1000 andere zurückkommen, und gleich nach dem Sieg galt es deshalb, über die kanadische Grenze nach Norden zu fliehen. Das Gemetzel sollte nur ein letztes Mal gezeigt haben, daß Indianer kein Freiwild sind und daß man sie nicht einfach abschießen kann, wie man zuvor die 30 Millionen Büffel auf den Plains abgeknallt hatte.[55] Als ähnliche Beispiele für Kriege, die nur

[55] Zur Schlacht am Little Big Horn vgl. die Erinnerungen von SCHWARZER HIRSCH: Ich rufe mein Volk, 93–105; H. J. STAMMEL: Die Sioux, 258–270; DERS.: Die Indianer, 234–240, wo der Ausspruch Crazy Horse's zitiert wird: »Es ist nur eine Frage, ob man wie ein Hund leben oder wie ein freier Mensch sterben möchte. Wir werden kämpfen und sterben.« (A.a.O., 239) – Ein anderes berühmtes Beispiel für einen Krieg, der schließlich nur noch geführt wurde, um einen Rest an Selbstachtung zu bewahren, bietet der verzweifelte Kampf der Juden im Jahre 73 n. Chr. in

geführt wurden, um symbolisch ein Stück Menschenwürde und Selbstachtung zurückzugewinnen, mögen die Aufstände der Juden im Warschauer Getto oder im Konzentrationslager von Treblinka gelten. Aber auch der Widerstand, den die Polen 1939 mit Kavallerieattacken gegen Hitlers Panzer leisteten, war nur ein solcher symbolischer Versuch, die eigene Würde vor sich selber zu behaupten.

Ein besonders bekanntes Beispiel der neueren Kriegsgeschichte für einen Krieg, der (in krassem Widerspruch zu der Theorie, die von Clausewitz entwickelt wurde) durchaus nicht geführt wurde, um den Gegner niederzuwerfen, sondern nur um jenes Maß an Selbstachtung zurückzugewinnen, das es überhaupt erst ermöglicht, in Friedensverhandlungen mit dem Gegner einzutreten, liefert der Jom-Kippur-Krieg. Als nach dem vernichtenden 6-Tage-Krieg von 1967 die

Masada, der Festung des Herodes. Vgl. Flavius Josephus: Der jüdische Krieg, VII 8, 5–7; Bd. II 254–263. In der letzten Rede, in der Eleazar die Verteidiger der Festung aufforderte, sich eher gegenseitig zu töten als sich lebendig den Römern auszuliefern, erklärte er: ». . . wie wir uns als erste gegen ihre (sc. der Römer, d. V.) Herrschaft zur Wehr gesetzt haben, so sind wir nun die letzten, gegen die sie noch zu kämpfen haben. In meinen Augen würdigt Gott uns einer besonderen Gnade, wenn er uns ruhmreich in Freiheit das Leben enden läßt, was andere nicht durften.« ». . . Gewiß werden sich die Römer ärgern, wenn sie darauf verzichten müssen, unser Leben in die Hände zu bekommen, und wenn ihnen auch noch die Beute entgeht. Einzig die Nahrung wollen wir ihnen noch lassen, die ihnen nach unserem Hinscheiden bezeugen soll, daß wir nicht dem Hunger zum Opfer fielen, sondern daß wir entschlossen von Anfang an den Tod der Knechtschaft vorzogen!« Flavius Josephus: Der jüdische Krieg, VII 8, 6; Bd. II 256; 257. Zur archäologischen Bestätigung der außerordentlichen Genauigkeit des Berichtes, den Josephus über den Untergang Masadas gibt, vgl. Y. Yandin: Masada, 193–201; 205–237. – Für das heutige Israel ist Masada zu einem Symbol seines nationalen Verteidigungswillens geworden: es ist der Ort der Rekrutenvereidigung, und Briefmarken und Münzen, die zur Erinnerung an die Ausgrabung von Masada herausgegeben wurden, tragen die Aufschrift: »schenit Masada lo tippol – ein zweites Mal fällt Masada nicht«. Y. Yandin: a.a.O., 202–203. – Ein ebenso großartiges wie tragisches Beispiel eines Verzweiflungskrieges aus Gründen der Selbstachtung war nicht zuletzt der Krieg, den 1675 »König« Philip in Neu-England führte; vgl. R. Cartier: In die neue Welt, 340–342; 364–372.

israelische Propaganda alles getan hatte, um die ägyptische Armee Nassers lächerlich zu machen, entstand für die Ägypter psychologisch geradezu die Notwendigkeit, in einem neuen Waffengang für sich selbst die eigene Schande wettzumachen und sich bei den Israelis soviel Respekt zu verschaffen, daß man sich mit ihnen gleichberechtigt an den Verhandlungstisch setzen konnte.[56] Es war für das spätere Friedensabkommen entscheidend, daß neben den beiden Kontrahenten vor allem die USA den Sinn des ägyptischen Angriffs früh genug begriffen: sie halfen den Israelis mit den notwendigen Luftbodenraketen, um die überlegene ägyptische Panzeroffensive zum Stehen zu bringen; als aber die Israelis selbst über

[56] So berichtet A. el Sadat: Unterwegs zur Gerechtigkeit, 172 bereits im Rückblick auf die Verstaatlichung des Suezkanals durch G. A. Nasser im Juli 1956 von dem »Gefühl ausgesprochenen Stolzes ... Ägypten, ein kleines Land, war endlich imstande, laut und klar die größte Macht der Welt (sc. die USA, d. V.) herauszufordern. Es war ein Wendepunkt in der Geschichte unserer Revolution und der gesamten Geschichte Ägyptens«. – In seiner Weisung an den Oberbefehlshaber der Streitkräfte vom 1. Okt. 73 erläutert Sadat die Strategie Israels als einen Versuch »psychologischer, politischer und militärischer Abschreckung« und setzt den ägyptischen Streitkräften das Ziel, eine militärische Aktion durchzuführen, »die den Möglichkeiten der Streitkräfte entspricht und darauf abzielt, dem Feind die schwersten Verluste zuzufügen«. »Auf kurze Sicht wird eine Erschütterung der israelischen Sicherheitstheorie zum Ergebnis haben, daß eine ehrenhafte Lösung der Nahostkrise erreichbar werden könnte. Auf lange Sicht kann die Zerstörung der israelischen Sicherheitstheorie Veränderungen herbeiführen, welche, eine auf den Fersen der anderen folgend, zu einer grundlegenden Änderung im Denken, der Moral und den aggressiven Tendenzen des Feindes führen kann.« A.a.O., 375. – Wie sehr der Jom-Kippur-Krieg dazu bestimmt war, die »Schande« der Niederlagen von 1956 und 1967 wettzumachen, vgl. S. 292; 298. – Die Aktionen der Israelis auf dem Westufer des Suez-Kanals unmittelbar vor dem Waffenstillstand schildert Sadat aus demselben Motiv – der Wahrung nationalen Stolzes – offensichtlich widersprüchlich: um nicht zu sagen, daß ein Sieg der Israelis greifbar nahe war, betont er deren Verluste (S. 308) und erklärt ihren Gegenangriff überhaupt nur als ein Manöver für die Fernsehkameras (S. 311); tatsächlich aber gibt er zu, daß er sich in der Nacht vom 19. zum 20. Okt. 1973, als er dem Waffenstillstand zustimmte, im Grunde der Einsicht beugte, daß die amerikanische Lieferung von elektronischen Lenkwaffen an Israel dem Krieg eine entscheidende Wende gab und den Israelis bereits die absolute Luftüberlegenheit zu verschaffen drohte (S. 306).

den Suezkanal setzten und die 4. ägyptische Armee bei Suez einzuschließen drohten, kam alles darauf an, den Ägyptern das Eingeständnis einer neuerlichen Niederlage zu ersparen: die Kriegshandlungen mußten zu genau dem Zeitpunkt eingefroren werden, da feststand, daß die Ägypter nicht mehr gewinnen konnten, die Israelis aber noch nicht Sieger waren. Die psychologische Raffinesse dieses rein psychologischen Kalküls kostete ca. 20000 Soldaten das Leben, aber sie war die unerläßliche Voraussetzung des israelisch-ägyptischen Friedensvertrages. Wer das Motiv der nationalen Ehre als Kriegsgrund akzeptiert, wird psychologisch die eigentliche Kriegsursache nicht immer auf seiten dessen sehen können, der den Krieg erklärt, sondern er wird den Kriegsgrund oft genug bereits in den Demütigungen erblicken müssen, mit denen die Sieger von einst den damals Unterlegenen zu erniedrigen suchten.

Das furchtbarste Exempel dieses Zusammenhangs stellt im 20. Jh. zweifellos der 2. Weltkrieg dar, der vor allem gegen Frankreich und Großbritannien ausdrücklich mit dem Ziel geführt wurde, die Schande von Versailles zu tilgen und dafür zu sorgen, daß es einen Nov. 1918 nie wieder geben werde.[57] Ist die politische Lage eines Volkes erst einmal durch Minderwertigkeitsgefühle und Angst so weit neurotisiert, daß sie sich nur noch durch schwere Formen psychischer Regression und explosiver Gewalt wieder normalisieren kann, so wird die Diktatur im Inneren und die Kriegsgefahr nach draußen fast unabwendbar. Es gibt keine internationale Psychotherapie zur Heilung nationaler Neurotizismen, und von daher gibt es auch keine symbolisch befriedigende Abreaktion der aufgestauten Aggressionen, die den Krieg vermeidbar machen könnte, es sei denn die Religion mit ihren Riten und Symbolen (s. u. S. 326); aber sie hat es offensichtlich schwer genug in dieser Welt, wie wir noch sehen werden.

[57] J. Fest: Hitler, 406.

Allerdings kann das Gefühl des Selbsthasses und der Selbstverachtung, statt durch äußere Niederlagen, auch durch innere Übersättigung, Langeweile und Dekadenz zustande kommen und ebenfalls nach einer gewalttätigen Entladung drängen. Die Meinung Schopenhauers, die Menschheit pendele überhaupt nur zwischen Krieg und Langeweile hin und her[57a], trifft als Diagnose vor allem der Endphase einer Kulturepoche wohl in der Regel vollkommen ins Schwarze. Der 1. Weltkrieg, der historisch betrachtet meist als ein Versagen der Politik oder als ein Zusammenprall des übersteigerten Patriotismus der Zeit oder als Folge des Kapitalismus gedeutet wird, dürfte seine psychologischen Wurzeln weit eher in dem Gefühl der Hohlheit und Verlogenheit aller öffentlich ausgegebenen Werte haben.[58] Die Generation, die 1914 sich in

[57a] A. SCHOPENHAUER: Nachträge zur Lehre vom Leiden der Welt, in: Parerga und Paralipomena, Bd. 2, Werke VI 313 meinte, daß das menschliche Leben aufgrund seiner tierischen Bedürfnisse, die durch die Steigerung der Reflexion nur erweitert seien, zwischen »Noth und Langeweile« hin und her pendele. In gewissem Sinne liegt auch in dem Moment der geschichtlichen *Trägheit* ein tragischer Ursprung von Gewalt und Krieg. Sehr tiefsinnig z. B. schilderte ST. ZWEIG: Maria Stuart, 99–102, wie in dem Konflikt zwischen Elisabeth und Maria Stuart nicht allein zwei vollendet entgegengesetzte Charaktere sich gegenüberstanden, sondern die Gegensätze der Zeit zwischen dem Alten und dem Neuen, zwischen Katholizismus und Protestantismus, zwischen dem dynamischen und dem nationalen Königtum, zwischen der Romantik der mittelalterlich-ritterlichen Welt und der neuzeitlichen Welt unversöhnlich aufeinander prallten. Beide Königinnen wären dem Kampf gern ausgewichen. »Aber die Konstellation der Stunde erlaubte kein Nebeneinandersein. Gleichgültig gegen den innersten Willen des einzelnen stößt oft der stärkere Wille der Geschichte Menschen und Mächte in ihr mörderisches Spiel.«

[58] Man lese z. B. E. JÜNGER: In Stahlgewittern, 7: »Wir hatten Hörsäle, Schulbänke und Werktische verlassen und waren in den kurzen Ausbildungswochen zu einem großen, begeisterten Körper zusammengeschmolzen. Aufgewachsen in einem Zeitalter der Sicherheit, fühlten wir alle die Sehnsucht nach dem Ungewöhnlichen, nach der großen Gefahr. Da hatte uns der Krieg gepackt wie ein Rausch. In einem Regen von Blumen waren wir hinausgezogen, in einer trunkenen Stimmung von Rosen und Blut. Der Krieg mußte es uns ja bringen, das Große, Starke,

Schlangen freiwillig zum Krieg meldete, trug F. Nietzsches »Zarathustra« wie ihr Manifest im Tornister; sie brauchte den Krieg, die Zerstörung, um endlich aus der erstickenden Scheinwelt des Bürgertums in die Realität zurückzufinden. Der Krieg fungierte hier als eine furchtbare Selbstheilung von dem Gefühl der Minderwertigkeit und des Ekels vor sich selbst, – daraus erst wurde die Flucht in den Aberwitz nationaler Allmachtsträume und die verzweifelte Suche nach einer Sinngebung durch eine eigene große Tat verständlich. Auch so kommt der Krieg der Ausagierung eines quasineurotischen Konfliktes gleich, der keine symbolische Auflösung mehr findet, sondern den Selbsthaß durch Verschiebung der Aggression auf ein Nachbarvolk zu überwinden sucht, – Th. Manns »Zauberberg« beschreibt diesen Zustand seelischer Auszehrung am Vorabend des 1. Weltkriegs meisterlich.

Feierliche. Er schien uns männliche Tat, ein fröhliches Schützengeflecht auf blumigen, blutbetauten Wiesen.« Zwar führen die ersten wirklichen Eindrücke des Krieges zu einer herben Enttäuschung, aber nur, um noch tiefer in den Mythos und Rausch einzutauchen. So schildert Jünger das Gefühl während eines Sturmangriffs: »Im Vorgehen erfaßte uns ein berserkerhafter Grimm. Der übermächtige Wunsch zu töten beflügelte meine Schritte. Die Wut entpreßte mir bittere Tränen. – Der ungeheuere Vernichtungswille, der über der Walstatt lastete, verdichtete sich in den Gehirnen und tauchte sie in rote Nebel ein. Wir riefen uns schluchzend und stammelnd abgerissene Sätze zu, und ein unbeteiligter Zuschauer hätte vielleicht glauben können, daß wir von einem Übermaß an Glück ergriffen seien.« (A.a.O., 261) »Die Große Schlacht bedeutete eine Wendemarke auch in meinem Inneren, und nicht nur deshalb, weil ich von nun an den Verlust des Krieges für möglich hielt. – Die ungeheuere Ballung der Kräfte in der Schicksalsstunde, in der um eine ferne Zukunft gerungen wurde, und die Entfesselung, die ihr so überraschend, so bestürzend folgte, hatten mich zum ersten Male in die Tiefe überpersönlicher Bereiche geführt. Das unterschied sich von allem bisher Erlebten; es war eine Einweihung, die nicht nur die glühenden Kammern des Schrekkens öffnete, sondern auch durch sie hindurchführte.« (A.a.O., 288) – Deutlicher kann man den mystischen Charakter des Krieges als Religionsersatz, als Substitut jedes sonstigen religiösen Gefühls kaum schildern. – Vgl. auch das Triptychon von O. Dix: Der Krieg (1929–1932), in: E. Keuerleber (Hrsg.): Dix, 40–41.

## 8. *Die Symbolsprache der kriegerischen Drohung und ihr Versagen*

Im Grunde begleitet die Frage des symbolischen Ausdrucks aber nicht nur das Kriegsmotiv, sondern auch die Kriegsvorbereitung, ja sie bildet die eigentliche psychologische Grundlage auch der modernen Theorie der Friedenssicherung durch Abschreckung. Während nämlich der Krieg psychologisch oft genug aus dem Unvermögen zu einer *symbolischen* Abreaktion aufgestauter – und zwar psychologisch zunächst einmal *berechtigter*– Aggressionen hervorgeht, so stellt sich der Kriegsausbruch umgekehrt nicht selten als das Unvermögen zu einem nicht-symbolischen Sprechen dar.[59] In gewissem Sinne dienen die Kriegsvorbereitungen zumeist nicht wirklich der Einleitung einer kriegerischen Handlung, sie sind vielmehr zunächst nur ein symbolisches Kräftemessen, ein wechselseitiger Austausch von Drohgebärden, dazu bestimmt, den Krieg, die aggressive Konfrontation gerade zu vermeiden. Der Mechanismus dieses Verhaltens ist evolutiv vorgebildet und biologisch äußerst sinnvoll, aber gerade hier unterscheidet der Mensch sich sehr unvorteilhaft von den Tieren. Allenthalben im Tierreich erweist sich die wechselseitige Präsentation der eigenen Größe, der Furchtbarkeit der

[59] L. TIGER – R. FOX: Das Herrentier, 248–249 wiesen darauf hin, daß der Krieg oft genug aus einem »Konflikt der Symbole« hervorgeht, die national, klassenbedingt, religiös, sprachlich oder sonstwie die Integration bestimmter Gruppen fördern, zugleich aber auch den Gegensatz zwischen diesen Gruppen steigern können. Zur Kriegsvermeidung bedürfte es neuer Ritualisierungen und Symbole, die sich von den Formen früherer Zeiten, in denen der Krieg zum »Apparat der bürokratisch organisierten Wirtschaft« gehörte, grundlegend unterscheiden müßten. – Zu den Turnierkämpfen und ihren »Spielregeln« unter Tieren vgl. I. EIBL-EIBESFELDT: Liebe und Haß, 79–84. – Charakteristischerweise wuchs z. B. die Leidenschaft für ritterliche Turniere im Mittelalter, als seit dem Ende des 11. Jh.s die Fürstentümer erstarkten und die Anlässe zum Krieg seltener wurden. Die Selbstbestätigung, die ehedem der Krieg verschaffte, suchte man jetzt in einem vollkommen ritualisierten Kriegsspiel, das oft mehr Tote kostete als der Krieg selbst. J. BAECHLER: Tod durch eigene Hand, 328–329.

Waffen (Zähne, Geweih), der Sprungkraft etc. als überaus nützlich zur Kriegs*vermeidung*, und selbst wenn das ganze Arsenal der Drohgebärden verbraucht ist, genügt meist ein einziger Scheinangriff, um einen schwächeren Gegner zu verjagen. Nur beim Menschen wird immer wieder aus den Drohgebärden bitterer Ernst.

Man hat dieses Fehlen einer wirklichen Zäsur zwischen Aufrüstung und Krieg, zwischen Drohung und Kampf von seiten der Verhaltensforschung meist als Schwächung der angeborenen Tötungshemmungen gedeutet, aber diese Auskunft allein ist wenig überzeugend, wo doch das Schema der Drohgebärde selbst sich noch so ausgeprägt erhalten hat. Wir haben jedoch soeben einige Argumente für die Annahme einer spezifischen Hypertrophie der innerartlichen Aggressivität beim Menschen geltend gemacht, und es scheint, als sei die Signalsprache der Drohgebärden in ihrer Wirkung dahinter zurückgeblieben. Daß sie jedenfalls immer wieder entgegen ihrer Bestimmung den Krieg nicht vermeidet, sondern geradezu heraufbeschwört, scheint wieder an dem menschlichen Vermögen zu vorausschauendem, konsequentem Handeln zu liegen. Ein Tier gehorcht beim Drohen einem momentanen Reflex, bis das Maßnehmen aneinander zu einem relativ eindeutigen Ergebnis führt, – »der Klügere (Schwächere) gibt nach«. Das wechselseitige Drohen durch Zurschaustellung und Verbesserung der eigenen Waffen hat auch beim Menschen eigentlich noch den Sinn, den Gegner durch die bloße Drohung, also ohne Kampf, gefügig zu machen. Aber während das Tier situativ ausweicht, kann ein Mensch voraussehen, daß er prinzipiell jeder Willkür preisgegeben wäre, wenn er sich nicht wehren könnte. Das Drohen mit den Waffen drückt beim Menschen daher aus, daß man auch zum Krieg entschlossen ist und sicher nicht nachgeben wird. Auch an dieser Stelle wird man Clausewitz zustimmen müssen: die Aufrüstung ist in sich selbst Kriegsvorbereitung, und es ist nur *ein* Fall denkbar, wo sie *nicht* in den Krieg einmündet: daß nämlich die Kräfte beider Gegner sich so weit im Gleichgewicht halten, daß für keinen ein Vorteil ersichtlich ist, und zugleich definitiv keine Aussicht besteht, das Kräftegleichgewicht zugunsten einer Partei entscheidend zu verbessern.[60] Ist dieser Fall nicht gegeben, so hat der Zustand des Noch-nicht-Krieges bei der Aufrüstung nur den Zweck, noch einen günstigeren Zeitpunkt zum Angriff abzuwarten oder aber den Gegner durch die Kriegsdrohung zum Rückzug zu zwingen.

Die kriegerischen Drohgebärden unter den Menschen dienen also gerade nicht mehr, wie im Tierreich, einer symbolischen Kriegsvermeidung; sie sind unter dem Einfluß des menschlichen Intellekts von einem Mittel symbolischen Ausdrucks in ein zweckgebundenes Handeln im Wartezustand umgewandelt worden. Eben weil das Wettrüsten in seiner rationalisierten Gestalt keinen symbolischen Wert mehr besitzt, gibt es zur Kriegsvermeidung im Grunde nur ein einziges Mittel: die Rüstung, die kein Symbol mehr trägt, durch echte verbale Symbole zu ersetzen, also zu verhandeln. Das aber setzt voraus, daß man die kriegerische Absicht selbst aufgegeben hat, und deshalb sind wirkliche Abrüstungs- und Friedensverhandlungen äußerst selten.

[60] C. von Clausewitz: Vom Kriege, 27: »Haben beide Teile sich zum Kampf gerüstet, so muß ein feindseliges Prinzip sie dazu vermocht haben; solange sie nun gerüstet bleiben, d. h. nicht Frieden schließen, muß dieses Prinzip vorhanden sein, und es kann bei jedem der Gegner nur unter einer einzigen Bedingung ruhen, nämlich: *einen günstigeren Zeitpunkt des Handelns abwarten zu wollen* ... Ein völliges Gleichgewicht der Kräfte kann einen Stillstand nicht hervorbringen, denn bei einem solchen müßte der, welcher den positiven Zweck hat (der Angreifende), der Vorschreitende bleiben. Wollte man sich aber das Gleichgewicht so denken, daß derjenige, welcher den positiven Zweck, also das stärkere Motiv hat, zugleich über die geringeren Kräfte gebietet, so daß die Gleichung aus dem Produkt von Motiv und Kräften entstände, so müßte man immer noch sagen: wenn für diesen Zustand des Gleichgewichts keine Veränderung vorher zu sehen, so müssen beide Teile Frieden machen; ist sie aber vorher zu sehen, so wird sie nur dem einen günstig sein und dadurch also der andere zum Handeln bewogen werden müssen.«

In der neueren Kriegsgeschichte wird gleichwohl ein großes Aufhebens von der *Abschreckung* gemacht und gerade betont, daß der Zweck der Aufrüstung nicht in der Kriegsvorbereitung, sondern in der Drohgebärde selber liege. Das entspräche einer Rückkehr zu dem ursprünglichen symbolischen Zweck der gegenseitigen Machtdemonstration, den Gegner auch ohne Krieg durch bloßes Drohen dem Diktat des eigenen Willens zu unterwerfen. Die psychologischen Voraussetzungen dazu liegen in der Annahme, daß die Vernichtungskraft der Waffen, die man drohend auf den Gegner richtet, zu einer wechselseitigen Zerstörung solchen Ausmaßes führt, daß aus Angst vor den sicheren Folgen eines Krieges niemand mehr wirklich wagen wird, Krieg zu führen. Indessen ist dieses Kalkül der Abschreckung, mit dem inzwischen die Frage des Überlebens der Menschheit sich immer enger verknüpft, psychologisch keineswegs so sicher, wie es auf den ersten Blick der Fall zu sein scheint. Zum einen ist der Stand der modernen Waffentechnik viel zu ausgeklügelt, als daß er das Vorstellungsvermögen noch berühren und also wirklich emotional Angst verbreiten könnte. Zu Recht hat K. Lorenz darauf hingewiesen, daß die fernwirkenden Waffen heutiger Kriegstechnik die sinnlichen Auslöser nicht mehr erreichen, durch welche die noch verbleibenden Tötungshemmungen des Menschen auf den Plan gerufen werden könnten[61]: von einem getauchten Polaris-U-Boot aus kann man 16 Raketen abschießen, die in 2–3000 km Entfernung eine Vernichtungskraft von 40 Hiroshima-Bomben besitzen, aber kein Mensch kann sich ein solches Grauen vorstellen, – nur deshalb ist er fähig, es anzurichten; aber was als Vorstellung nicht schrecklich genug ist, um zu verhindern, daß man

[61] K. Lorenz: Das sogenannte Böse, 339–340; N. Tinbergen: Von Krieg und Frieden bei Tier und Mensch, in: G. Altner (Hrsg.): Kreatur Mensch, 343.

es selber tut, wird auch nicht verhindern können, so zu handeln, daß es einem selber zugefügt wird.

Man sollte vielleicht denken, daß es im Sinne des bloßen Überlebenswillens einen großen Unterschied ausmache, ob man einen atomaren Angriff führt oder Gefahr läuft, zum Opfer eines solchen Angriffes zu werden, und es ist natürlich niemandem egal, ob er, seine Angehörigen und sein Vaterland oder die Bewohner des gegnerischen Staates sich in Todesgefahr befinden. Aber das ist etwas anderes als die Angst, die der Schrecklichkeit moderner Kampfmittel zugeschrieben wird. Es ist entsetzlich, die Opfer des Atombombenabwurfs auf Hiroshima zu sehen, solange man sich mit dem Leiden *einzelner* identifizieren kann. Aber gerade diese Identifikationsbereitschaft, auf der die Angst und das Grauen vor den modernen Massenvernichtungsmitteln beruhen könnten, wird durch die quantitative Ausdehnung ihrer Wirkungen ins Unvorstellbare zunichte gemacht.

Zum anderen ist die Rechnung mit dem Faktor der Einschüchterung gerade in den Kriegen des 20. Jh.s noch niemals aufgegangen, – sie verstößt viel zu sehr gegen das soeben erwähnte Gesetz der Gruppendynamik, daß die *gemeinsame* Angst und Gefahr eine Gruppe, ein Volk, gerade zusammenstehen läßt und bedingungslos kampfentschlossen macht.

Als z. B. die Engländer und Amerikaner ab 1942 ihre Terrorangriffe auf die Großstädte des Deutschen Reiches flogen[62], erreichten sie gerade nicht, daß die Wehrbereitschaft der deutschen Bevölkerung geschwächt wurde, im Gegenteil: wer bis dahin innerlich in einer gewissen Distanz zum Hitlerregime verblieben war, mußte es jetzt als seine Pflicht ansehen, das vermeintlich Schlimmste für sich und seine unmittelbare Umgebung zu verhindern; vor allem erschienen die

[62] Vgl. z. B. H. Brunswig: Feuersturm über Hamburg, 274–286 zu den Folgen der schweren Angriffe vom 28. 7., 30. 8. und 3. 9. 43 auf Hamburg; allein in dem 56 ha großen Brandgebiet Hammerbrook, in dem 27 440 Menschen gewohnt hatten, lebten nach dem Feuersturm nur noch 66 Menschen (S. 273).

Alliierten jetzt wirklich als so feige und gemein, wie die Nazi-Propaganda sie hingestellt hatte: – das Gesetz von der Verstärkung der Stereotype im Bannkreis der Angst. Das gleiche konnten die Amerikaner in Vietnam erleben, als sie ihre furchtbaren Napalmeinsätze gegen Stellungen des Vietcong entlang des Ho-Tschi-Minh-Pfades flogen[63]: nicht die Zersetzung der gegnerischen Wehrkraft, sondern deren fanatische Stabilisierung gelang ihnen auf diese Weise. Trotzdem stehen Abschreckungs- und Vergeltungsmaßnahmen entgegen aller psychologischen Einsicht bei den Strategen der Luftwaffe immer noch hoch im Kurs, – aus verständlichen Gründen: man vermeidet durch Bombardements aus großer Höhe eigene Opfer und kann die Statistik beim body-counting getöteter Feinde gewaltig aufbessern; nur mit Abschreckung hat das nichts zu tun.

Tatsächlich sind Waffen, oder Waffensysteme, erst dann wirklich abschreckend, wenn ihre Überlegenheit derart groß und ihr Einsatz so verblüffend ist, daß sie keine Gegenwehr zulassen. Die ersten Reiterkrieger z. B. müssen eine derartige Wirkung ausgeübt haben, daß sie noch heute in der Sage von den Kentauren fortleben[64]; die ersten Kriegswagen, denen die

[63] Ch. Zentner: Die Kriege der Nachkriegszeit, 516–522, zu den Luftangriffen, Entlaubungsaktionen, Hubschraubereinsätzen und elektronischen Bomben; zu der Bombardierung ziviler Objekte in Nordvietnam (Deichsysteme, Krankenhäuser, Schulen) mit Napalm, Natrium- und Magnesiumbomben, Phosphor und Explosivkugelbomben vgl. A. Béhar: Zusammenfassender Bericht über die Bombardierung ziviler Objekte in Nordvietnam, in: B. Russel – J. P. Sartre (Hrsg.): Das Vietnam-Tribunal, 75–93. Besonders die Explosivkugelbomben (Guaves), die gegen feste Bauwerke unwirksam waren, verstreuten je 260 Stahlkugeln von 5–6 mm Durchmesser, die dem menschlichen Organismus schwere und äußerst komplizierte Schäden zufügten; zum ersten Mal am 18. April 1966 über Moc Chan in Nordvietnam eingesetzt, machten diese echten Terrorbomben den Gebrauch von Gräben und unbedeckten Unterständen unwirksam: J.-P. Vigier: Technischer Bericht über die Art und Anwendung der Explosivkugelbombe, in: B. Russel – J. P. Sartre (Hrsg.): Das Vietnam-Tribunal, 93–97.

[64] F. Trippett: Die ersten Reitervölker, 52; 59. Noch in der Bibel dient das Bild der Reiter als ein Symbol apokalyptischen Grauens: Apk 6,1–7; 9,7–20. – R. von Ranke-Graves: Griechische Mythologie, I 188 (Nr. 63, 3)

Kinder Israels in Kanaan begegneten, erreichten ihren Zweck bereits durch ihre bloße Existenz[65]; die Elefanten, die Hannibal über die Alpen führte, die englischen Tanks, die im Ersten Weltkrieg erstmals zum Einsatz kamen – sie alle waren in gewisser Weise echte Abschreckungswaffen. Die modernen Waffensysteme aber übersteigen in ihrer Wirkung jedes menschliche Vorstellungsvermögen so sehr, daß sie längst jenseits dessen angesiedelt sind, was sich noch als schrecklich *fühlen* läßt. Sie sind Erzeugnisse technischer Logik und sie provozieren daher Abwehrmaßnahmen technischer Logik; aber ein spürbarer Appell an das Gefühl geht von ihnen nicht aus.

In gewisser Weise beruht die Theorie der Abschreckung vor allem aber auf einem psychologischen Widerspruch, der im Grunde auch zugegeben wird. Wenn die Scheußlichkeit der atomaren, bakteriologischen und chemischen Waffen

verweist indessen darauf, daß Pferde dem Mond geweiht waren und Tänzer in Pferdemasken den Regen beschworen. »Hier«, meint er, »liegt anscheinend der Ursprung der Vorstellung von den Kentauren als einer Mischgestalt aus Mensch und Pferd.« – Vgl. den furchtbaren Eindruck, den die Spanier mit ihren Pferden bei den Azteken hinterließen. M. León-Portilla – R. Heuer: Rückkehr der Götter, 33: »Sie (sc. die Spanier, d. V.) werden von Hirschen (sc. Pferden, d. V.) auf dem Rücken getragen, wohin sie wollen. Herr, auf diesen Hirschen sind sie so hoch wie Dächer«, meldeten die indianischen Kundschafter ihrem König. »Als Motecuhzoma diesen Bericht gehört hatte, griff die Furcht ihn an. Sie schwächte sein Herz bis zur Ohnmacht, es schrumpfte zusammen. Und die Verzweiflung eroberte ihn.«

65 R. de Vaux: Das Alte Testament und seine Lebensordnungen, II 24–28. Der Schrecken der Israeliten vor den Streitwagen der Kanaanäer und Philister spiegelt sich wider in Jos 17,16–18; Ri 1,19; 4,13; 1 Sam 13,5. – Zu der psychologischen Wirkung, die im Ersten Weltkrieg die ersten englischen und und französischen Tanks an der Westfront hinterließen vgl. die photographischen Abbildungen bei *E. Baschet:* 1918. Vom Krieg zum Frieden, 126–127. – E. M. Remarque: Im Westen nichts Neues, 196 schrieb: »Die Tanks sind vom Gespött zu einer schweren Waffe geworden. Sie kommen, gepanzert, in langer Reihe gerollt und verkörpern uns mehr als anderes das Grauen des Krieges«. – Besonders der Angriff, den die Engländer am 20. Nov. 1917 mit 378 Kampfpanzern bei Cambrai führten, hätte durch seine bloße Überraschung schlachtentscheidend werden können. Ch. Zentner: Illustrierte Geschichte des Ersten Weltkriegs, 249.

wirklich so bewußt und emotional intensiv erfaßt würde, wie es zur Abschreckung vor einem Krieg mit solchen Waffen nötig wäre, so würde man augenblicklich Gefahr laufen, daß sich das menschliche Gefühl gegen diese Waffen richten und ihren Einsatz verhindern würde. Man muß daher die Abschreckungswaffen geheimhalten, aber damit bringt man sie um ihren eigentlichen Effekt: geheimgehaltene Waffen können niemanden erschrecken.

Das beste Beispiel für diesen Zwiespalt sind die bakteriologischen Waffen. Die Vorstellung, mit einem Fingerhut voll Botulinus-Bakterien die gesamte Wasserversorgung einer Stadt wie New York zu verseuchen und ihre Einwohner in kürzester Zeit dem sicheren Tod zu überantworten, ist gewiß horrende genug zur »Abschreckung«; dementsprechend lagern auch in den Beständen der Nato und des Warschauer-Paktes genügend Viren- und Bakterien-Bänke, um schnellwirkende, epidemische Krankheiten auf die Bevölkerung des Gegners zu übertragen. Im Interesse der Abschreckung müßten all diese Möglichkeiten nun natürlich en detail der Öffentlichkeit bekanntgemacht werden. Aber bemerkenswerterweise geschieht gerade das Gegenteil. Die bakteriologischen (und chemischen) »Waffen« zählen zu den strengstens gehüteten Geheimnissen der Wehrmachtsbestände. Man weiß offiziell nicht einmal, ob die Amerikaner nun im Hunsrück überhaupt bakteriologische »Waffen« gelagert haben oder nicht. Der Grund dieser widersprüchlichen Geheimnistuerei ist offenkundig. Das Grauen, das diese »Waffen« hervorrufen, schreckt nicht nur den möglichen Feind, sondern verletzt zutiefst das menschliche Empfinden. Man müßte bei einer allgemeinen Aufklärung über das Arsenal der eigenen Abschreckungsmittel und ihrer Wirkungsweise den Protest der Bevölkerung befürchten, die nicht verstandesmäßig, sondern »emotional«, d. h. verstört, verschreckt und mit moralischer Entrüstung auf solche »Waffen« reagieren würde. Die innere Widersprüchlichkeit der »Abschreckung« ist hier dieselbe wie bei der Todesstrafe: auch sie wird, etwa in den USA, vor allem ihrer abschreckenden Wirkung wegen beibehalten; aber statt sie konsequenterweise dann als öffentliche Hinrichtung, möglichst unter Beteiligung von Presse und Fernsehen, durchzuführen, wie es in Bagdad, Kuala Lumpur oder Teheran z. Z. vorkommen mag, vollstreckt man sie bei Morgengrauen an abgelegener Stelle unter Ausschluß der Öffentlichkeit, wohl wissend, daß die Wirkung nur auf Menschen mit humanen, moralischen Gefühlen abschreckend wäre, den sadistischen Teil der Bevölkerung aber eher faszinieren und delektieren würde.[66]

[66] So verlangte z. B. A. Camus, man solle mit der heuchlerischen Begründung, die Todesstrafe diene der Abschreckung, endlich Schluß machen; wenn die Gesellschaft, meinte Camus, wirklich an die Theorie der Abschreckung glaube, »würde sie die Köpfe (der enthaupteten Delinquenten, d. V.) zur Schau stellen. Dann ließe sie den Hinrichtungen den gleichen Aufwand an Reklame zuteil werden, mit dem für gewöhnlich Staatsanleihen oder ein neuer Apéritif lanciert werden. Bekanntlich finden die Hinrichtungen bei uns jedoch nicht mehr in der Öffentlichkeit statt, sondern werden in den Gefängnishöfen in Gegenwart einer beschränkten Zahl von Spezialisten vollzogen.« Der Grund: bei der letzten öffentlichen Hinrichtung, als im Jahre 1939 der Massenmörder Weidmann guillotiniert wurde, »drängte sich in Versailles eine gewaltige Menschenmenge«; die Zeitungen brachten ganzseitige Fotoreportagen des sehenswerten Ereignisses; jeder der biederen Bürger konnte »sich davon überzeugen, daß die handliche Präzisionsmaschine, die der Scharfrichter bedient, sich ebenso gründlich vom historischen Fallbeil unterschied wie etwa ein Düsenjäger von der Flugmaschine der Brüder Wright. Entgegen allen Erwartungen nahmen Behörden und Regierung diese vortreffliche Werbung äußerst krumm und verkündeten zornig, die Presse habe den sadistischen Instinkten ihrer Leser entgegenkommen wollen. Es wurde deshalb beschlossen, die Hinrichtungen nicht mehr öffentlich vorzunehmen, und die Anordnung erleichterte bald darauf die Arbeit der Besatzungsmacht«. A. Camus: Die Guillotine, in: Fragen der Zeit, 119–120. – Eine ähnliche Lehre kann man aus dem Verhalten ziehen, mit dem regelmäßig eine begeistert brüllende Menschenmasse den zögernden Versuchen eines Selbstmörders beizuwohnen pflegt, der sich aus dem Fenster eines Wolkenkratzers oder von einem Brückengeländer zu stürzen droht. So meldete AFP vom 4. Sept. 81, daß im amerikanischen Bundesstaat Tennessee ein Mann zu 50 Dollar Geldstrafe und 30 Tagen Haft verurteilt wurde, weil er aus einer schaulustigen Menge heraus einem Selbstmörder auf einer Brücke »Spring doch« zugerufen hatte. »Der Mann war als einziger in der johlenden Menge identifiziert worden. Die Schaulustigen hatten einem zwanzig Jahre alten Arbeitslosen zum Sprung in den Tenes-

Die moderne Abschreckung basiert demnach auf Waffen, die sich dem Gefühl, – der Angst wie dem Mitleid – entziehen *müssen*, um überhaupt hervorgebracht und eingesetzt werden zu können. Gerade so aber verlieren sie ihre abschreckende Wirkung, die an die Angst und das Grauen gebunden sind. Die modernen Waffen sind Schachfiguren eines rationalen Kalküls, das ohne jede Nervenkrise die wahrscheinlichen Opfer eines ersten Atomschlages nach Megatoden durchzurechnen imstande ist. Es handelt sich dabei um eine Logik, die sich in ihrer mathematisierten Gestalt völlig verselbständigt hat, und es ist sehr die Frage, ob sich mit dieser blutigen Mathematik die Antriebe und Reaktionsweisen des Menschen, die bisher immer wieder in den Krieg geführt haben, kontrollieren lassen.

## *III. Gibt es eine Selbstaufhebung des Krieges durch praktische Vernunft?*

Nur so viel ist klar, daß die Bedingungen, unter denen heute Kriege geführt werden, die psychologischen Antriebe zum Kriegführen ins Aberwitzige verkehrt haben; aber werden deshalb die Menschen aufhören, Kriege zu führen? Das allein ist die Frage, und sie ist jenseits aller Logik. Gewiß: die ursprüngliche Angst vor feindlichem Überfall, vor Plünderung, Vergewaltigung, Versklavung und Tod verlangt in der modernen Kriegsgeschichte nach Abwehr- und Schutzmaßnahmen, deren Rationalität die ursprünglichen Motive zum Kriegführen selbst absurd werden läßt. Man zieht z. B. in den Krieg, um Frauen und Kinder zu schützen; aber die ersten Opfer eines modernen Krieges werden gerade Frauen und Kinder sein, während die Soldaten in den Feuerleitstellen, Flugzeugen und U-Booten am besten geschützt sind. Man

see bei Chattanooga ›ermuntern‹ wollen. Nach einem dreistündigen Gespräch gelang es jedoch der Polizei, den jungen Mann von seinem Vorhaben abzubringen.« FAZ, 5. Sept. 81.

führt Krieg, um bestimmte moralische Werte zu schützen, aber diese Werte müssen bereits geopfert worden sein, um die Waffen herstellen zu können, mit denen man ihre Verteidigung betreiben will. Der Krieg richtet sich gegen alles, was man mit seiner Hilfe zu schützen oder zu gewinnen hofft. Er ist schlechterdings unvernünftig und unlogisch geworden. Insofern könnte sich die Hoffnung vielleicht darauf richten, daß dieselbe Vernunft, die die modernen Kriegswaffen ersinnt, den Krieg selbst bis zu einer Vernünftigkeit steigert, durch die er überflüssig wird.

Es war bereits die optimistische Ansicht Hegels, daß die Furchtbarkeit der Kriege in der Neuzeit im Grunde einen Fortschritt des Geistes darstelle[67]: nicht der bloße Affekt, die rohe Körperkraft und bloße Masse, meinte Hegel, werde künftig auf dem Schlachtfeld siegreich sein, sondern fortan werde das technische Gerät, die wirtschaftlichen und politischen Möglichkeiten, die taktische Führung und Disziplin der Truppe, mithin die Weitsicht der praktischen Vernunft, den Ausgang der Kriege bestimmen. Theoretisch steht die heutige Waffenrüstung an einem Punkt, wo sie sich tatsächlich im Grunde hegelianisch aufheben könnte. Immer mehr wird der moderne Krieg zunächst nicht ein Kampf unter Menschen, sondern ferngesteuerter Kriegsgeräte gegeneinander sein. Noch einen Schritt weiter, und man könnte sich vorstellen, daß die logische Struktur des Krieges das Kriegführen ebenso wie das Rüsten überflüssig machen würde. Zur Zeit der preußischen Armee, als Clausewitz über den Krieg nachdachte, war es gewiß noch richtig, das Kriegsglück in hohem Maße von dem Walten des Zufalls und dem Mut des großen leitenden Individuums, von dem Charakter des Feld-

[67] G. W. F. Hegel: Vorlesungen über die Philosophie der Geschichte, 542 rühmte die Erfindung des Schießpulvers vor allem deshalb, weil nunmehr der Krieg aus dem Stadium roher Muskelkraft und Masse herausgeführt und zu einer Angelegenheit planender wirtschaftlicher und militärischer Vernunft erhoben werde; außerdem seien die Unterschiede der Stände dadurch beseitigt worden.

herrn, abhängig zu machen.[68] Der moderne Krieg aber ist in seinem Wesen technisch, also unpersönlich und berechenbar. Im Grunde gehen alle Anstrengungen der Kriegsvorbereitung und der Kriegsführung denn auch dahin, den Zufall aus dem Kriegsgeschehen zu verbannen und den gesamten Ablauf des Krieges aus einem zentralen Plan, aus einer ordnenden Vernunft zu entwickeln. Zweifellos klafft hier zwischen Bemühen und Wirklichkeit noch ein tiefer Graben; aber theoretisch läßt sich bereits ein Krieg vorstellen, in dem nicht mehr Menschen, sondern Kriegsmaschinen gegeneinander kämpfen oder in dem Computer bereits das Ergebnis eines solchen Kampfes der Kriegsmaschinen simulieren könnten. Erst als mathematisches Exempel wäre der Krieg wirklich in der Konsequenz seiner eigenen Grundlagen auf der Basis der Logik zu überwinden: man brauchte keinen Krieg mehr zu führen, wenn die möglichen Kampfmittel und Kampfhandlungen, in optimaler Formation, also in höchster quantitativer und qualitativer Vollendung einander gegenübergestellt, nur ein einziges *gewisses*, vorausberechenbares Ergebnis zeitigen könnten; wäre dieses mathematisch simulierte Ergebnis einer möglichen Kriegsrüstung und Kriegsführung so sicher und real wie der Krieg selbst, so wäre der Krieg in der Tat logisch überflüssig. Oder, von der anderen Seite her gesagt: man kann Kriege *vernünftigerweise* – unter Ausschluß anderer emotionaler Beweggründe – nur führen, wenn ihr Ergebnis vor der Vernunft eben *nicht* feststeht; nur dieser Faktor

[68] C. von Clausewitz: Vom Kriege, 52–72 schildert den kriegerischen Genius als Mann des Mutes, der Entschlossenheit, der Geistesgegenwart, der Gemüts- und Charakterstärke (bes. auch bei dem herzzerreißenden Anblick der blutigen Opfer der Schlacht, S. 59), der Festigkeit und Energie, der Selbstbeherrschung und Konstanz, der Unbeugsamkeit des Willens (im Unterschied zum Eigensinn als einem Fehler des Gemütes, nicht des Verstandes), der Phantasie und der räumlichen Vorstellung, vor allem aber einer kraftvollen Legierung von Gemüt und Verstand, denn: den »stärksten Anlaß zum Handeln bekommt der Mensch immer durch Gefühle« (S. 71). Der Krieg als »eine wunderliche Dreifaltigkeit« aus Haß (Naturtrieb), Zufall und Politik verlange ebensoviel Leidenschaft wie Mut wie Verstand (S. 36); eben dies seien denn auch die Eigenschaften eines großen Feldherrn.

der Ungewißheit des Ausgangs macht es notwendig, tatsächlich zu den Waffen zu rufen. Die vollkommene Technisierung der Kriegsmittel müßte folglich den Krieg als Geschehen eliminieren. – Dasselbe ist von dem Versuch zu halten, den Gegner »totzurüsten«: bei einer hinreichenden Durchschaubarkeit der Wirtschaftskapazität zweier verfeindeter Länder würde (unter der Voraussetzung einer gleichstarken Kriegsbereitschaft) der Sieger des Rüstungswettlaufs auch ohne Rüstung im vorhinein zu ermitteln sein; der gesamte Rüstungsaufwand fiele dahin.

Aber gerade in dieser Aussicht des Triumphes der kriegerischen Vernunft über sich selbst liegt nun durchaus nicht die geringste Hoffnung. Denn was wäre die Folge einer solchen mathematisch exakten Kalkulierbarkeit von Krieg und Kriegsrüstung? Die Folge wäre, wie es gegenwärtig steht, nicht der Friede, sondern im Gegenteil die »vernünftige« Unterwerfung unter das Diktat derjenigen politischen Mächte, deren wirtschaftliche und personelle Stärke laut Kalkül im Falle einer kriegerischen Auseinandersetzung den Sieg davontragen müßte. Der Widerspruch zwischen Gefühl und Verstand, zwischen Rechtsempfinden und rational organisierter Gewalt, würde in diesem Falle absolut, und es spricht alles dafür, daß die »unvernünftigen« Kriegsmotive: der Wille zur Selbstbehauptung, zum Selbstschutz, zur eigenen Würde, zum Schutz der eigenen Landesgrenze etc. sich gegen die Mathematik der Unterwerfung bis zum Äußersten wehren würden; man würde in einem solchen Falle kämpfen wie die Abessinier im Oktober 1935 gegen die überlegenen italienischen Panzerarmeen kämpften – barfuß und mit Pfeil und Bogen bis zum letzten Atemzug, nur daß die eingesetzten Waffen heute alle Parteien tödlich treffen würden. Mit anderen Worten: es ist unter den gegenwärtigen psychologischen Voraussetzungen nicht nur keine Hoffnung, sondern sogar die größte Gefahr mit der Vorstellung verbunden, der Krieg könnte vielleicht bald schon in Planung und Verlauf rational berechenbar werden.

Von daher gäbe es nur einen Weg, auf dem die Rationalisierung des Krieges durch technische Vernunft den Krieg selbst ebenso wie die Kriegsrüstung beenden könnte: die technische Vernunft müßte von einer ebenso großen moralischen Vernunft begleitet sein, kraft deren gewaltsame Eroberungen ebenso inakzeptabel wären wie der internationale Terror permanenter Kriegsdrohungen. Aber von einer solchen Aussicht trennen uns Welten. Jeder einseitige Verzicht auf die Möglichkeit, den Gegner mit allen nur erdenkbaren Mitteln im Ernstfall ausrotten zu können, gerät heute in die Gefahr, als Zeichen der Schwäche mißverstanden zu werden und einem eventuellen Gegner den entscheidenden Angriffsvorteil zu verschaffen. Die Spirale uralter Angst voreinander treibt die Anstrengungen der technischen Vernunft ins völlig Wahnwitzige, und statt daß umgekehrt diese die Voraussetzungen der Angst beruhigen könnte, bieten ihre Produkte im Gegenteil immer wieder den Boden für neue Ängste. Inzwischen fehlen bereits die psychischen und moralischen Voraussetzungen, um in etwaigen Verhandlungen einem Gegner ernsthaft eine gewisse Bereitschaft zum Frieden zuzutrauen: das Ausmaß seiner Kriegsmaschinerie selbst beweist seine kriegerischen Absichten, und wie will man jemandem, der immer wieder mit dem Ausrottungskrieg droht, auch nur irgendeinen menschlichen Respekt vor geschriebenen Verträgen, vor Recht und Wahrheit zutrauen? Ein *bellum excidium*, ein Ausrottungskrieg, meinte I. Kant schon vor 200 Jahren, zerstört nicht nur die Völker, sondern auch die Grundlage, auf der man Verhandlungen führen könnte[69]; ein solcher

[69] I. Kant: Die Metaphysik der Sitten, § 57, VIII 470–471 meinte: »Kein Krieg unabhängiger Staaten gegen einander kann ein Strafkrieg (bellum punitivum) sein, denn Strafe findet nur im Verhältnisse eines Obern (imperantis) gegen den Unterworfenen (subditum) statt, welches Verhältnis nicht das der Staaten gegen einander ist, – aber auch weder ein Ausrottungs- (bellum internecinum) noch Unterjochungskrieg (bellum subiugatorium), der eine moralische Vertilgung eines Staats ... sein würde.« Denn die Idee des Völkerrechts enthalte nur »den Begriff eines Antagonismus nach Prinzipien der äußeren Freiheit ..., um sich bei dem

Krieg zerstört die Voraussetzungen zum Frieden; in seiner Totalität verewigt er sich – *das* ist unser Zustand. Einem Gegner, der den Krieg mit *allen* Mitteln zu führen droht, ist buchstäblich *alles* zuzutrauen; und so gibt es konsequenterweise statt möglicher Verhandlungen nur die Ersatzsprache der waffentechnischen Drohgebärden, der »Verhandlungen« aus der Position der Stärke und der gegenseitigen Einschüchterung, der Symbole einer Metagrammatik jenseits der Gefühle, aber angetrieben von uralten Ängsten und instinktiven Mechanismen.

## *IV. Der Krieg – ein kollektiver Wahnsinn*

Im ganzen sieht man sich mit einer quasi pathologischen Tatsache konfrontiert. Im Verlaufe der Jahrtausende hat das Gefühl der Angst die menschliche Vernunft als ein Organ der Vermeidung von Angstsituationen hervorgebracht und eingesetzt; aber umgekehrt hat die menschliche Vernunft die einzelnen Angstsituationen ins Unendliche zu reflektieren

Seinen zu erhalten, aber nicht ... zu erwerben«. Insbesondere verlangte Kant eine Begrenzung der Kriegsmittel auf solche, die den Möglichkeiten eines späteren Friedensvertrages nicht im Wege stünden: »Verteidigungsmittel aller Art sind dem bekriegten Staat erlaubt, nur nicht solche, deren Gebrauch die Untertanen desselben, Staatsbürger zu sein, unfähig machen würde; denn alsdann machte er sich selbst zugleich unfähig, im Staatenverhältnisse nach dem Völkerrecht für eine Person zu gelten (die gleicher Rechte mit anderen teilhaftig wäre). Darunter gehört: seine eigenen Untertanen zu Spionen, diese, ja auch Auswärtige zu Meuchelmördern, Giftmischern (in welche Klasse auch wohl die so genannten Scharfschützen, welche einzelnen im Hinterhalte auflauern, gehören möchten), oder auch nur zur Verbreitung falscher Nachrichten, zu gebrauchen; mit einem Wort, sich solcher heimtückischen Mittel zu bedienen, die das Vertrauen, welches zur künftigen Gründung eines dauerhaften Friedens erforderlich ist, vernichten würden.« Für eine unerläßliche Bedingung des Friedens erachtete Kant den Grundsatz: »Es soll kein Friedensschluß für einen solchen gelten, der mit dem geheimen Vorbehalt des Stoffs zu einem künftigen Kriege gemacht worden.« I. Kant: Zum ewigen Frieden. Ein philosophischer Entwurf, XI 196; 200.

vermocht und zugleich Abwehrmaßnahmen getroffen, die selber wieder bis ins Unendliche Angst verbreiten. In dieser Dialektik hat die rationale, praktische Vernunft des Menschen sich immer höher entwickelt, aber in ihrer angstgetriebenen Form hat sie die Gründe der Angst nur immer weiter vermehrt. Es handelt sich um eine Vernunft, die unter dem Diktat von Ängsten steht, die sie selber unter dem Anschein ihrer Beseitigung seit Jahrtausenden ständig vergrößert; eine solche Vernunft wird man ohne weiteres als ein krankhaftes, als ein *pathologisches* Phänomen beschreiben müssen: man hat es wortwörtlich mit einer Vernunft zu tun, die ständig neues Leiden schafft und die den Menschen zwingt, immer schwerer unter sich selbst und den Folgen seines Tuns zu leiden.
Psychologisch betrachtet ist der Krieg mithin gerade in seiner hochtechnisierten und ausgeklügelten Form ein Symptom für die Pathologie der menschlichen Vernunft, und seine immanente Rationalität erweist sich durch und durch als das Denken eines Wahnsinnigen, eine Logik der puren Angst bzw. als ein Verhalten, das objektiv gerade diejenigen Bedrohungen schafft, vor denen man subjektiv aus Angst stets auf der Flucht war. Solange es eine menschliche Geschichte gibt, wurden immer wieder immer grausamere, vernichtendere Kriege geführt. Welcher Indizien bedürfte es noch, um zu sagen, daß im Verlaufe der menschlichen Geschichte die Vernunft nur immer wahnsinniger geworden und der Mensch immer furchtbarer an sich selbst erkrankt ist? Nichts entlarvt den Menschen so sehr als ein krankes Tier wie die Tatsache einer völlig ausufernden Hypertrophie der Angst und der Gewalt.

Man kann, wenn man will, diese Diagnose des Wahnsinns der menschlichen Psyche auch hirnphysiologisch formulieren: der Mensch verfügt über ein Stammhirn, dessen Programme sich unverändert seit der Steinzeit erhalten haben; aber diese Programme werden von einem Großhirn reflektiert und operationalisiert, das von sich aus Bedingungen schafft, unter denen diese Programme aberwitzig werden, ohne imstande zu sein, sich selber eine vernünftigere Programmierung zu geben.[70] Ja, selbst die Vorstellung solcher vernünftigeren, vom Menschen selbst gegebenen Programme mutet abenteuerlich an, und das Bild einer Menschheit, die von den Engrammen des Stammhirns unabhängig wäre und nur noch dem reinen Denken folgen würde, erinnert viel zu sehr an G. Orwells »1984«, als daß man darauf seine Hoffnung setzen könnte. Tatsächlich sind die jahrhunderttausendealten Programme der Evolution, unverstört durch die Angst, im Grunde nach wie vor unendlich viel weiser als das bewußte Denken und Handeln des Menschen mit dem geringen Ausschnitt seiner Natur- und Selbsterkenntnis, und es kann also nicht darauf ankommen, den »alten Menschen« schlechtweg abzuschaffen, sondern es müßte darum gehen, die Angst abzubauen, die durch seine Vernunft entsteht, die seine ursprünglichen Programme ins Aberwitzige verzerrt und die ihn schließlich in ein krankes Tier verwandelt. Wie der Mensch seine Vernunft so gebrauchen könnte, daß sie nicht nur als Handlanger archaischer Ängste angstvergrößernd wirkt, sondern sich selber in ein wirkliches Organ der Angstberuhigung verwandelt – *das* ist die eigentliche Frage, auf die es eine Antwort geben muß, wenn man die Symptome des menschlichen Wahnsinns in Gestalt des Krieges beseitigen will. Wie ein Mensch, der die natürlichen Gegebenheiten des Daseins mit Bewußtsein erlebt und reflektiert, es vermeiden kann, an der Unendlichkeit seiner Angst um den Verstand gebracht zu werden, das ist die eigentliche Frage nach der Möglichkeit des Friedens, nach der Möglichkeit mensch-

[70] N. Tinbergen: Von Krieg und Frieden bei Tier und Mensch, in: G. Altner (Hrsg.): Kreatur Mensch, 345: »Man könnte sagen, daß unsere Großhirnrinde und unser Hirnstamm (unsere *Vernunft* und unsere *Instinkte*) sich in den Haaren liegen. Sie haben gemeinsam eine neue soziale Umwelt geschaffen, worin sie nicht mehr unserer Erhaltung dienen, sondern sich anschicken, das Gegenteil zu bewirken. Das Gehirn sieht sich ernstlich bedroht von einem Feind, den es selbst geschaffen hat. Es ist sein eigener Feind geworden.«

lichen Überlebens und nach der Möglichkeit der Existenz menschlicher Menschen. Das psychologische Problem des Menschen verwandelt sich damit in eine ethische und religiöse Aufgabe.

# 3. Teil: Kein Krieg darf sein, aber wenn er sein muß? – die Utopie des Religiösen und das ethische Dilemma

Das ethische und religiöse Bemühen um die Lösung der Problematik des Krieges wird man sicherlich für ebenso alt halten dürfen wie den Krieg selbst. Wir sahen bereits, daß besonders in den alten Religionen und in den *Mythen,* die den Krieg im Namen der Weltordnung und bestimmter Götter geradewegs zur Pflicht erhoben, gleichwohl gewisse Skrupel und Schuldgefühle bestanden, die das Töten auf ein als notwendig erscheinendes Maß begrenzten. Auch in den späteren *Religionen* blieb zumeist die Einsicht bestehen, daß die Notwendigkeit des Tötens auf einen Urabfall, eine Urtrennung zurückgeht, die man nur durch eine Rückkehr zum Ursprung überwinden kann. Daneben, oder in Abhängigkeit davon, sind die Versuche getreten, das Problem des Krieges *moralisch* zu lösen. Die Philosophie und mit ihr die Ethik hat sich erst in relativ junger Zeit aus den grundlegenden Gedanken und Intuitionen der Religion mit ihren Mythen entwickelt, indem sie diese in eine rationalere – und verdünntere – Form zu kleiden suchte[1], aber die Grunderfahrungen sind auch in der Ethik im wesentlichen die gleichen geblieben wie in der Religion. Vor allem die Paradoxie der alten Mythen ist der ethischen Reflexion bis heute vollkommen erhalten: es ist eigentlich verboten, Krieg zu führen und Menschen zu töten, und doch wiederum unter Umständen unvermeidlich. Zwi-

[1] Vor allem Platon hat immer wieder in seinen philosophischen Dialogen den Bezug zu der älteren Mythologie herzustellen versucht, um gegen die »Aufklärung« der Sophistik die Philosophie als eine rationale Interpretin des Mythos hinzustellen; vgl. z. B. PLATON: Symposion, 178a–179b; II 211–212: über die Größe des Gottes Eros. – Freilich sind die Bilder und Symbole, aus denen die Mythen schöpfen, Jahrmillionen älter als der »Neuerwerb« der menschlichen Sprache – niemand weiß, ob der Neandertaler »sprechen« konnte –, und so hinterläßt jede Ersetzung des »Mythos« durch den Logos einen unersetzlichen Verlust.

schen beiden Polen, der absoluten Ächtung des Krieges und seiner moralischen Legitimierung unter bestimmten Bedingungen, ist die Ethik ebenso wie die offizielle Theologie immer wieder hin und her gependelt.

## *I. Religiöse Wege zum Frieden im asiatischen Denken*

Betrachtet man das Bemühen der großen religiösen und ethischen Lehrer der Menschheit, des Krieges Herr zu werden, so bekommt man einen zutiefst deprimierenden Eindruck: alles, was irgend vernünftig und menschlich richtig wäre, ist zum Problem des Krieges wer weiß wie oft gesagt worden – genützt hat es so gut wie nie. Die wichtigsten Gedanken, die zu dieser Frage vorgetragen wurden, sind bemerkenswerterweise vor allem außerhalb des von Bibel und Griechentum geprägten Abendlandes entstanden, und sie verdienen, vorweg etwas ausführlicher behandelt zu werden, gerade weil sie in der christlichen Ethik und Theologie fast gänzlich unberücksichtigt geblieben sind.

### *1. Indische Beispiele*

Wie weit gegenüber dem Abendland der Vorsprung des asiatischen Denkens in der Frage nach der Befriedung des Menschen sogar historisch gewesen ist, läßt sich mit Händen greifen. Während die Griechen noch über die gewonnenen Perserkriege nachdachten, war es in Indien bereits über 100 Jahre her, daß der Buddha im Hirschpark von Sarnath das Rad der Lehre von dem universellen Mitleid mit allen Geschöpfen und der Einheit mit dem Urgrund aller Dinge in Bewegung gesetzt hatte.[2] Die Gedanken des Buddha haben in

[2] H. Oldenberg: Buddha, 120–126. Am Ende seiner Rede forderte der Buddha seine fünf Schüler zur Nachfolge auf: »Kommt herzu, ihr Mönche; wohl verkündigt ist die Lehre; wandelt in Heiligkeit, allem Leiden ein Ende zu machen.« – Wie die Forderung universeller Güte gemeint war,

der Geschichte der Menschheit wohl am meisten zugunsten des Friedens gewirkt; nur auf das Abendland, dessen Fortschrittsglaube gerade in unseren Tagen die Welt an den Rand des Abgrunds zu führen droht, haben sie wenig Eindruck gemacht.

Beispielhaft für einen kulturellen Vergleich zwischen Orient und Occident ist vielleicht die berühmte Szene, als Alexander »der Große« mit seinen Truppen zum Indus kam[3]; da soll der indische Fürst Mophis (Taxiles) ihn gefragt haben: »Wozu sollen wir, Alexander, miteinander Krieg führen und streiten, da du nicht gekommen bist, um uns das Wasser und die nötigen Lebensbedürfnisse zu nehmen, wofür verständige Menschen allein kämpfen?« Und der indische Jaina-Philosoph Kalanos (Sphines) soll in einer Gleichnishandlung Alexander »dem Großen« die Absurdität seiner Eroberungszüge auf diese Weise zu verdeutlichen gesucht haben: er forderte ihn auf, eine ausgedorrte Haut mit den Füßen gleichmäßig niederzutreten – es gelang natürlich nicht; denn wenn der Beherrscher der Welt auf die eine Seite der Ochsenhaut trat, so erhob sich die andere, – und nicht anders, wollte Kalanos sagen, werde es dem Reich des jugendlichen Eroberers ergehen. Während das indische Denken um 300 v. Chr. erhebliche Anstrengungen machte, den Frieden als Wahrheit des Menschen, als Ruhe der Seele zu begreifen, schickte sich das so erfolgreiche Griechentum gerade an, die Grundlagen des Hellenismus, der Wiege des Abendlandes, zu legen.

suchen tausende von Sätzen des Buddha zu erläutern; niemals sind diese Sätze moralisierend, sondern sie ergeben sich aus der Übung der »Andacht«, der meditativen Versenkung. So sagte der Buddha z. B. zu Rahula: »Selbstlose Liebe entfalte in deiner Andacht! Dann wirst du niemandem etwas Böses wünschen. Erbarmen entfalte in deiner Andacht! Dann wirst du niemanden verletzen wollen. Mitfreude entfalte in deiner Andacht! Dann wirst du niemanden beneiden. Gleichmut entfalte in deiner Andacht! Dann wirst du den Ärger überwinden. Unschönes betrachte in deiner Andacht! Dann wirst du frei von leidenschaftlichem Begehren. Die Unbeständigkeit betrachte in deiner Andacht! Dann wirst du den Ichdünkel überwinden.« K. Schmidt (Hrsg.): Buddhas Reden, 191.

3 Plutarch: Alexander, 65, in: Lebensbeschreibungen, IV 333–334; vgl. E. Drewermann: Strukturen des Bösen, II 493.

## 2. *Taoistische Gewaltlosigkeit im alten China*

Aber nicht nur in Indien, vor allem in *China* hatten die Lehren der Jainas[4] und Buddhisten, was den Geist der Sanftmut anging, ihre würdigen und geistesverwandten Parallelen, und zwar besonders in der religiösen Wahrheit der *Taoisten* und in den ethischen Weisungen der *Mohisten*, deren Lehren noch überraschender und eindringlicher ausfielen als die indischen Überlieferungen.

### a) Der unparteiische Weg des Himmels

Bei *Laotse*, dem Begründer des Taoismus, etwa findet man bereits um 500 v. Chr. Texte wie diese:

»Unter allen Dingen sind Soldaten Werkzeuge des Bösen,
Den Menschen verhaßt.
Darum meidet sie der religiöse (Taobesessene) Mensch ...
Soldaten sind Waffen des Bösen,
Sie sind nicht die Waffen des Edlen.
Wenn man nicht anders kann, als Soldaten zu verwenden,
Ist die beste Politik ruhige Zurückhaltung.
Sogar im Sieg liegt keine Schönheit,
Und wer ihn schön nennt, ist einer,
Der sich an der Schlächterei freut;
Und wer sich an der Schlächterei freut,
Wird in seinem Ehrgeiz, die Welt zu beherrschen, keinen Erfolg haben ...
Die Hinschlachtung von Scharen müßte voll Kummer betrauert werden,
Ein Sieg müßte mit dem Bestattungsritus gefeiert werden.«[5]

Oder:

[4] H. von Glasenapp: Der Jainismus, eine indische Erlösungslehre, Berlin 1925, S. 2 verweist besonders auf die für den Abendländer überraschende Lehre von dem universellen Gebot des Nicht-Verletzens (der ahimsa) bzgl. *aller* Lebewesen.

[5] Lin Yutang (Hrsg.): Laotse, S. 116 (Tao te king, Nr. 31).

»Wer sich durch das Tao vornimmt, dem Herrscher über Menschen zu helfen,
Wird sich jeglicher Eroberung durch Waffengewalt entgegenstellen.
Denn eine solche muß notwendig zurückprallen.
Wo Heere sind, wachsen Dornen und Gestrüpp.
Die Aushebung einer großen Streitmacht
Hat ein Jahr der Dürre im Gefolge.«[6]

Nach Ansicht der Taoisten ist Gewaltanwendung letztlich selbstschädigend, ein Mittel, das dem gewünschten Erfolg der Eroberung und der Herrschaft über Menschen gerade im Wege steht. Die Argumentation der Taoisten verstand sich als ein innerer Pragmatismus, der die Fehler eines äußeren und vordergründigen Denken's hinter sich gelassen hat und an die Überwindung des Harten durch das Weiche, des Steins durch das Wasser[7] glaubte. »Ich habe drei Schätze«, erläuterte Laotse seine »Narrheit«:

»Der erste ist die Liebe.
Der zweite heißt: nie zu viel.
Der dritte ist: nie der Erste sein.
Durch Liebe hat man keine Angst,
Durch nie zu viel tun hat man Weite (der Kraftreserven),
Durch das sich nicht unterfangen, der Erste zu sein,
Kann man seine Anlagen entwickeln und reifen lassen.
Wenn jemand Liebe und Furchtlosigkeit preisgibt,
Beschränkung und Kraftreserven preisgibt,
Das Hintenbleiben preisgibt und vorausstürmt,
Ist er dem Untergang geweiht.
Denn die Liebe ist siegreich im Angriff,
Und unverwundbar in der Verteidigung.
Der Himmel bewaffnet mit Liebe
Die, welche er nicht zerstört sehen will.«[8]

[6] LIN YUTANG (Hrsg.): Laotse, S. 115 (Tao te king, Nr. 30).
[7] A.a.O., S. 198 (Nr. 78).
[8] A.a.O., S. 191 (Nr. 67).

Im Grunde ist diese friedenliebende Lehre Laotses ganz und gar religiös geprägt; sie ist in Wahrheit jenseits aller Ethik im abendländischen und konfuzianischen Sinne[9], indem sie gerade der moralischen Tugendlehre mit ihren allzu praktischen Einteilungen in Gut und Böse als einem Übel, als einer Form der Unmenschlichkeit widerspricht. Wer sein Handeln im Sinne der Moral nach Gut und Böse bemißt, muß nach Meinung Laotses ständig gegen sich selbst ankämpfen; er erzieht sich damit nur zur Unwahrheit und zur Abspaltung ganzer Teile seiner selbst, und so wird er gerade infolge seines guten Willens viel Böses wirken. Statt dessen geht es darum, sich in sich selber zu versenken und das innere Gesetz, das Tao, den Willen Gottes im eigenen Herzen zu befolgen. Daher sagt Laotse:

»Beim Verdrängen großen Hasses
Wird gewiß einiger Haß zurückbleiben.
Wie kann das für befriedigend angesehen werden?
Darum hält der Weise das linke Kerbholz
Und schreibt der Gegenpartei nicht die Schuld zu.
Der Tugendhafte ist für das Verdrängen,
Der Lasterhafte für das Festnageln der Schuld.
Aber ›der Weg des Himmels‹ ist unparteiisch;
Er steht immer auf seiten des Guten.«[10]

Man könnte im Sinne dieser Lehre des Bösen nur dann Herr werden, ja, es ließe sich ein Reich des Friedens überhaupt nur denken, wenn die Menschen zu einem einfachen und ursprünglichen Leben zurückfinden würden, wo man weder Wagen noch Schiffe, Panzer noch Waffen, also weder Handel noch Krieg brauchte und die Menschen sich der Speisen erfreuten, ihre Kleider verschönerten, in ihrem Heim zufrie-

[9] Vgl. Lin Yutang (Hrsg.): Konfuzius, 96–100. Konfuzius versuchte vor allem im 42. Kap. des *Liki* (im *Tahsueh*) die öffentliche, politische Ordnung sittlich zu begründen und zu erneuern– in scharfem Gegensatz zu den Taoisten, die gerade die moralisierende Unterteilung des Menschen in Gut und Böse für den Anfang allen Übels hielten.

[10] Lin Yutang (Hrsg.): Laotse, S. 198–199 (Tao te king, Nr. 79).

den und in ihrem Brauchtum glücklich wären.[11] Aber wie kann man so leben, und wie lassen sich solche paradoxen Lehren in die »Realpolitik« des Alltags übersetzen?

### b) Die drei Weisen des Nicht-Handelns für den Frieden

Laotses großer Schüler Tschuangtse hat dazu drei historische Beispiele überliefert, die sich auf die Möglichkeit von Abrüstung, Friedensverträgen und auf die unmittelbare Kriegsvermeidung beziehen, und seine Ausführungen bezeugen klassisch das religiöse, nicht vordergründig ethische Anliegen der taoistischen Lehrmeister.

Von der *Rüstung* urteilte Tschuangtse: »Der Weise verläßt sich nie auf etwas, auf das sich andere verlassen. Daher verläßt er sich nicht auf ein Heer. Die gemeinen Leute verlassen sich auf Dinge, auf die man sich nicht verlassen kann; also auf ein großes Heer. Wo ein Heer vorhanden ist, wäre es wider die menschliche Natur, nicht zu versuchen, zu erhalten, was man haben will. Und wenn man sich auf das Heer verläßt, geht man unter.«[12] Der Sinn dieses sehr gerafften Gedankenganges ist wohl der: jeder sucht für sich nach einem Mittel, das ihm Schutz bietet und vor den Angriffen anderer gewappnet macht. Aber gegen jedes Mittel gibt es ein Gegenmittel; darum schützen nur diejenigen Mittel, auf die andere nicht kommen. Nun verlassen sich die oberflächlichen Köpfe, die Unweisen, allemal auf das, woran jeder denkt: gegen einen fremden Angriff muß man sich mit Waffen rüsten; – schon das ist eine fragliche Methode, denn der andere kann vielleicht ein noch größeres Heer mit einer noch besseren Bewaffnung aufstellen. Aber vor allem begibt man sich mit einem solchen Denken in den Bahnen von Gewalt und Gegengewalt selber in einen Kreislauf, der gewalttätig macht. Ist man womöglich eines Tages selber im Besitz eines entscheidenden Machtvorteils, so liegt es in der Natur der Sache,

[11] A.a.O., S. 199 (Nr. 80).
[12] A.a.O., S. 116–117.

diesen Vorteil auch zu nutzen. Nur – je mehr Gewalt man ausübt, desto mehr Gegengewalt wird man erzeugen, und nach derselben Logik, mit der man soeben der Sieger war, wird man bald schon der Besiegte sein. »Wer zum Schwerte greift, wird durch das Schwert umkommen«, heißt es in der Bibel (Mt 26,52).

Wäre also die Konsequenz die Forderung nach augenblicklicher Abrüstung?

Mitnichten.

So wie es dem Taoismus auch sonst nicht um Gut und Böse im Sinne der traditionellen Ethik geht, sondern um einen Standpunkt innerer Wahrheit, in dem der moralische Gegensatz von Gut und Böse aufgehoben ist, so auch in der Frage von Rüstung und Krieg. Es ist sinnlos und zweckwidrig, zu rüsten, aber es ist auch schädlich, mit moralischen Argumenten die Abrüstung zu betreiben, und zwar nicht der daraus entstehenden politischen Gefahren wegen, sondern weil es überhaupt Schaden anrichten muß, das Gute zu *wollen* und es sich moralisch vorzunehmen, ein guter Mensch zu sein. Als der Fürst Wu von Wei zu Hsu Wukuei sprach: »Ich liebe mein Volk und tue recht. Ich denke an Abrüstung«, antwortete dieser: »Wenn man das Volk liebt, beginnt man schon, ihm wehzutun. Wenn man in einer gerechten Sache abrüstet, ist das der Anfang der Wiederaufrüstung . . . Obwohl Euere Durchlaucht der Humanitäts- und Gerechtigkeitslehre zu folgen wünschen, fürchte ich, daß Ihr in der Heuchelei enden werdet. Das Materielle führt zu Materiellem; mit der Leistung stellt sich der Hochmut ein; und der Krieg kommt, wenn die Umstände sich ändern . . . Ihr sollt Euch . . . in Euch selbst versenken und die Dinge ohne Euer Eingreifen ihrer Natur gemäß gehen lassen. Dann werden die Leute dem Tod bereits entronnen sein. Wozu braucht man da noch die Abrüstung?«[13] Tschuangtse meint offenbar, daß bereits der Wille, ein moralisch einwandfreier, gerechter, edelmütiger

[13] A.a.O., S. 117.

Herrscher zu sein, das Gegenteil hervorbringt – an Beispielen weltbeglückender Regenten, denen die Ideale der Menschenliebe wichtiger waren als die Menschen, mangelt es in der Geschichte ebensowenig, wie an den Zeugnissen des Schadens, den sie hinterlassen haben. Vor allem richtet sich diese von oben verordnete oder sich selber anbefohlene Art der moralischen Erziehung des Menschengeschlechts doch immer nach außen: man rüstet selber ab, also sollte auch der andere dem guten Beispiel folgen; tut er es nicht, ist man moralisch entrüstet und fängt wieder an aufzurüsten – die amerikanische Politik des Moralisten Jimmy Carter könnte nicht treffender beschrieben werden. Was bleibt, ist das gekränkte und enttäuschte Gefühl, wenigstens selber ein untadeliger Mensch zu sein. Nur: wem nützt dieses Gefühl? Es ist das pure Pharisäertum. Also geht es um einen dritten Standpunkt jenseits von Auf- und Abrüstung, und dieser Standpunkt liegt ebenso sehr außerhalb der Ethik wie des politischen Handelns insgesamt; er ist rein religiöser Natur – »in sich Versenken«, sagte Tschuangtse, und er meinte damit offenbar, daß derjenige, der in sich selbst gefestigt genug ist, um mit sich und dem Tao in Einklang zu leben, wie von selber die Angst verliert, die nach Rüstung und Waffen verlangt.

Dasselbe gilt von dem Abschluß von *Friedensverträgen*. Nach Tschuangtses Meinung sind sie nutzlos. Denn wenn es erst einmal nötig ist, Verträge zu schließen, die den »Frieden« regeln oder die »Abrüstung« festschreiben, liegt dem gesamten Tun und Denken die Friedlosigkeit, Treulosigkeit und Angst bereits zugrunde, und diesen Zustand überwindet man nicht durch fiktive Übereinkünfte ohne innere Substanz. Darum gilt: »Mit Treulosen Treueverpflichtungen eingehen, ergibt bloß treulose Verpflichtungen.«[14] Es ist dieselbe Einsicht, die Jahrhunderte später die Bergpredigt in dem Gebot ausdrücken wird, man solle das *Schwören* und das eidesstattliche Erklären insgesamt drangeben und sich stattdessen um

[14] A.a.O., S. 199.

die innere Wahrhaftigkeit und das Vertrauen zu Gott und den Menschen bemühen (Mt 5,33–37).

c) Politische Konsequenzen

In all diesen zutiefst religiösen Antworten auf die Frage von Krieg und gegenseitiger Bedrohung bleibt jedoch ein entscheidendes Problem ungelöst: wie läßt sich eine solche religiöse Erfahrung und Weisheit in verantwortbares politisches Handeln übersetzen? Vermutlich wird man gemeinhin konzedieren, daß sich die Hauptursachen des Krieges: Angst, Mißtrauen, Feindschaft und Herrschsucht, nur durch eine tiefere Verankerung in dem Grund und der Einheit aller Dinge überwinden lassen; möglicherweise wird man auch anerkennen, daß auf Erden sogleich Frieden herrschen würde, wenn wirklich alle Menschen tief genug in ihrem eigenen Wesen verankert wären; man mag dieser Einsicht sogar den dringenden Wunsch bzw. das Gebet hinzufügen, man möge selbst zugleich mit möglichst vielen anderen zu einer solchen Einheit mit sich selbst und einem entsprechenden Tun und Denken befähigt werden. Wie aber steht es mit der Verantwortung von Herrschern, die ihr Volk einem ungerechten Angriff preisgegeben sehen und die Pflicht haben, es zu schützen? Mögen sie selber weise sein und ein weises Volk regieren; aber was ist zu tun angesichts der Torheit anderer?

Sogar der Taoismus war davon überzeugt, daß der Weise in seiner Zeit und unter seinen Zeitgenossen als Ausnahme verspottet und mißachtet werde; doch Laotse glaubte auch, übrigens in einer auffallenden Entsprechung zu den Gottesknechtsliedern des Jesaja, daß der beste Dienst, den der Weise für das Wohl des Staates leisten könne, gerade darin liege, sich verhöhnen und demütigen zu lassen, – seine innere Macht über die Menschen, sein Königtum, das, biblisch gesprochen, »nicht von dieser Welt« ist (Joh 18,36), werde dadurch nur um so sichtbarer.

»Darum sagt der Weise«, erklärte Laotse:

»›Wer die Verleumdung der Welt auf sich nimmt,
Ist der Bewahrer des Staates.
Wer selbst die Sünden der Welt trägt,
Ist der König der Welt.‹
Gerade Worte scheinen krumm.«[15]

Auf *lange Sicht* hin ist nach taoistischer Überzeugung demnach nur die Wahrheit erfolgreich, nur die Sanftmut mächtig, alle Gewalt aber selbstzerstörerisch. Doch auch wenn man dieser Überzeugung zustimmt, – kann ein Herrscher, der die Gestaltung der Gegenwart zu verantworten hat, gelassen darauf warten, daß die Eroberungen eines Sargon von Akkad oder Nebukadnezar, eines Tamerlan oder Dschinghis Khan eines Tages von selbst sich verflüchtigen wie Nebeldunst im Morgengrauen? Die heute lebenden Menschen wollen heute leben, ihnen nutzt nicht ein Sieg der Wahrheit mehrere Generationen später, und man kann das Volk nicht zum Martyrium im Namen einer Weisheit oder Heiligkeit verpflichten, zu der es von sich aus nicht bereit ist. Selbst wenn man den Taoisten zugeben wollte, daß durch Entgegenhandeln und Kampf, durch »Widerstand gegen das Böse«, wie ihn auch die Bergpredigt später verbietet (Mt 5,39), im Grunde das Problem des Krieges nicht gelöst, sondern nur vermehrt wird – so bleibt die Frage doch ungelöst erhalten, wie man hier und jetzt *als Politiker*, als Verwalter des bescheidenen äußeren Glücks der Gegenwart, verantwortlich handeln kann.

Darauf hat Tschuangtse – wie die Taoisten insgesamt – nur zwei Möglichkeiten gesehen: entweder man »besiegt« den Angreifer ohne Waffen, indem man ihm den Unsinn von Krieg und Eroberung begreifbar macht, oder man überläßt ihm das Feld kampflos.

Zu der ersten Möglichkeit, so erzählt Tschuangtse, kam es, als die Staaten Han und Wei um einen Gebietsstreifen kämpften. Da ging Tsehuatse zu dem Fürsten Tschao Hsi und sagte

[15] A.a.O., S. 198 (Nr. 78).

zu ihm: »Nehmt einmal an, Ihr hättet eine Schrifttafel vor Euch, welche lautet: Wenn Ihr sie mit der Linken ergreift, wird Eure Rechte gelähmt. Wenn Ihr sie mit der Rechten ergreift, wird Eure Linke gelähmt. Wenn Ihr in diesem Fall durch einen Griff die ganze Welt gewinnen könntet, würdet Ihr sie nehmen?« Natürlich verneinte Tschao Hsi die Frage, und Tsehuatse folgerte daraus: »das zeigt wohl, daß Eure beiden Arme wichtiger sind als die Welt. Nun ist Euer ganzer Leib gewiß wichtiger als Eure beiden Arme, und andererseits ist der Han-Staat bedeutend kleiner als die Welt. Das Gebiet, um das Ihr kämpft, ist noch bedeutend kleiner als der Han-Staat. Und doch kränkt und sorgt Ihr Euch, weil Ihr nicht imstande seid, dieses Gebiet zu erobern.«[16] Die Argumentation ist ähnlich dem Wort des Neuen Testamentes: »Was nutzt es dem Menschen, wenn er die ganze Welt gewinnt, aber an seinem Leben Schaden leidet« (Mk 8,36), nur daß Tschuangtse, stärker noch als das Bibelwort, andeutet, daß die Eroberung selber keinesfalls die versprochene Freiheit und Souveränität, sondern im Gegenteil nur Lähmung und Unfreiheit im Gefolge hat; – sie lohnt sich nicht, sie ist ein Selbstbetrug. Gelingt es, einen Gegner wie Tschao Hsi von innen her mit solchen Argumenten von der Unsinnigkeit seiner Kriegsabsichten zu überzeugen, so ist die Gefahr des Krieges zweifellos gebannt, auch ohne Waffen.

Die zweite Möglichkeit, den kampflosen Rückzug, mußte König Tan Fu, der Ahnherr des Begründers der Tschan-Dynastie, ergreifen, als sein Land Tin den ständigen Angriffen der Ti (der Barbaren) ausgesetzt war. Eine Zeitlang versuchte er, dem Feind freiwillig Häute und Seiden, Hunde und Pferde, Edelsteine und Jade anzubieten, aber der Eroberer weigerte sich, die Geschenke anzunehmen, – er wollte das Land. Da sprach König Tan Fu zum Volke von Pin: »Mit einem älteren Bruder zusammenleben und zulassen, daß sein jüngerer Bruder getötet werde, oder mit einem Vater zusam-

[16] A.a.O., S. 193.

menleben und zulassen, daß seine Söhne getötet werden, das kann ich nicht tun. Ihr solltet alle trachten hier zu bleiben. Was ist schließlich für ein Unterschied, ob ihr meine Untertanen oder die von Ti seid? Übrigens habe ich sagen hören, man dürfe den Menschen, die am Leben erhalten werden sollen, nicht wegen der Mittel zu ihrer Erhaltung (d. h. wegen des Staatsgebietes) Schaden zufügen.« Hierauf verließ Tan Fu das Land, und das Volk folgte ihm nach, um ein neues Reich am Fuße des Tschi-Berges zu gründen. »Von einem Mann wie König Tan Fu«, meinte Tschuangtse, »kann ... gesagt werden, daß er das Leben der Menschen wert hielt.«[17] Unterwerfung oder Emigration – notfalls sind dies die letzten Maßnahmen, inmitten der Unbelehrbarkeit und Grausamkeit der Welt seinem Volk das Leben zu erhalten, indem man dem Bösen nicht widersteht. Es handelt sich dabei nicht um feige Selbstpreisgabe,es ist vielmehr ein Versuch, die eigene Integrität zu bewahren, zuerst durch Entgegenkommen, schließlich durch Rückzug. »Einem jeden, der Euch bittet, dem gebt, und wer Euch den Mantel nehmen will, dem gebt auch noch das Hemd« (Mt 5,40), – mit dieser Weisung der Bergpredigt kann man die Handlungsweise Tan Fu's am ehesten verstehen: man soll den Habgierigen nicht durch Verbot, sondern durch Gewähren besiegen – erst dann wird er merken, daß er auf seine Weise gerade nicht sein Glück betreibt.

Die Quintessenz aller Kriegsvermeidung formuliert die taoistische Lehre in der Erzählung von der Schnecke, in der Parabel von der Relativität aller Konflikte in den Bahnen eines universellen Bewußtseins. Anläßlich eines schmählichen Vertragsbruchs rät ein General dem König Wei von Thschi eine Strafexpedition in das abgefallene Land zu entsenden und den Vertragsbruch blutig zu rächen; ein anderer Ratgeber hingegen empfiehlt, Frieden zu wahren, da im Krieg nur menschliche Arbeitskraft sinnlos vertan werde; Huaitse aber, ein Freund Tschuangtses, nennt den einen wie

[17] A.a.O., S. 192–193.

den anderen Ratschlag unüberlegt, denn erneut geht es nach taoistischem Denken weder um Krieg noch Nichtkrieg, sondern um einen dritten Standpunkt jenseits der Gegensätze. Und so erzählt Huaitse von einer Schnecke, auf deren beiden Fühlern zwei verschiedene Königreiche, die Thschu und die Man, angesiedelt waren, die ständig auf furchtbare Weise miteinander im Krieg lagen. – Der König hält diese Geschichte für ein Lügenmärchen, aber Huaitse fordert den König auf, daran zu denken, daß der Raum des Weltalls unbegrenzt ist; – ließe er seinen Geist im Unendlichen schweifen, so würde er im Lande des Verstehens anlangen und merken, daß im Unendlichen sein Reich sowohl zu bestehen als auch nicht zu bestehen scheint: vor dem Unendlichen gibt es eigentlich gar keinen Unterschied zwischen den verfeindeten Reichen, – sie sind so winzig und relativ und zugleich so sehr zusammengehörig wie die zwei Hörner einer Schnecke; alle Königreiche sind Zwergengebilde in ein und derselben kleinen Welt inmitten des unendlichen Universums: – Huaitse überläßt es dem König selber, welche Folgerung daraus zu ziehen ist.[18] Es ist eine Beruhigung des Kriegswillens ebenso wie der Kriegsvermeidung durch die einfache Evidenz des Augenscheins, daß »Gott seine Sonne aufgehen läßt über Gute und Böse«, wie die Bergpredigt sagt (Mt 5,45).[19]

[18] A.a.O., S. 118; vgl. Dschuang Dsi: Südliches Blütenland, XXV 4; S. 266–268.

[19] Vgl. Lin Yutang (Hrsg.): Laotse, S. 195 (Tao te king, Nr. 73):
»Wer tapfer ist, (dich) herauszufordern, den töte,
Wer tapfer ist, (dich) nicht herauszufordern,
Den lasse leben.
In diesen beiden
Liegt mancher Vorteil und mancher Nachteil.
(Selbst wenn) der Himmel gewisse Menschen ungern hat,
Wer könnte wissen (wer fallen soll und) warum?
Darum betrachtet sogar der Weise das als eine schwierige Frage.
Des Himmels Weg (das Tao) taugt zur Eroberung ohne Streit,
Belohnt (Laster und Tugend) ohne Worte,
Tritt in Erscheinung ohne Ruf,
Erzielt Ergebnisse ohne offenkundigen Plan.
Des Himmels Netz ist breit und weit.
Mit weiten Maschen, doch läßt es nichts durchschlüpfen.«

### d) Jenseits der Moral beruhigt sich die Angst

Was bei diesen Lehren der Taoisten so sehr beeindruckt, ist die Strenge, mit der sie sich weigern, aus der Tiefe ihrer religiösen Weisheit ein ethisches Postulat zu machen. Sie wissen, daß man weder den Krieg noch das Böse überhaupt durch moralische Selbstunterdrückung überwinden kann. Darum geht es ihnen darum, den Willen so zu klären, daß er wirklich anstrebt, was er will, und deshalb versuchen sie, in sokratischem Sinne die Menschen darüber aufzuklären, daß sie die falschen Mittel für ein richtiges Ziel wählen oder sogar etwas anstreben, daß sie bei näherer Betrachtung gar nicht wollen können. Nicht Gut und Böse, Frieden und Krieg ist, so besehen, das eigentliche Problem, sondern daß die ursprüngliche Wahrheit und Einfachheit zerstört ist, von der aus sich die angeblich so wichtigen Dinge von selber relativieren würden. Erst jemand, der sich innerlich stark, weise und reich genug fühlt, kann das Richtige tun. Denn: »Wo die Kraft nicht ausreicht, da muß man betrügen; wo das Wissen nicht ausreicht, da muß man lügen; wo der Besitz nicht ausreicht, da muß man rauben.«[20] In die Sprache der modernen Psychologie übersetzt, müßte man sagen: erst das Gefühl der Angst zwingt zur Unwahrhaftigkeit, zum Selbstbetrug und zur Verfälschung des Daseins; der Mangel an Selbsterkenntnis, die Unbewußtheit, die daraus entsteht, muß zu einem ständigen Doppelspiel, zu einer inneren Aufspaltung führen; und aus dem Gefühl der Ohnmacht und Minderwertigkeit, das sich daraus herleitet, ergibt sich die Gewaltsamkeit und Gewalttätigkeit gegen sich selbst und andere sowie der Wunsch, den Mangel an Sein durch äußeren Besitz, durch Staffagen und Augenblendereien nach außen hin zu ersetzen. Letztlich ist es der Verlust des Tao, nicht das Problem des Krieges, das es zu lösen gilt. Die Einheit mit dem Tao aber läßt sich nicht »machen« oder organisieren, man kann nur durch Einkehr bei sich selbst sowie durch innere Ruhe und

[20] Dschuang Dsi: Südliches Blütenland, XXV 7; S. 270.

Wahrhaftigkeit die Voraussetzungen dafür bereitstellen, daß sie zustande kommen kann.

Wir haben die religiösen Vorstellungen der Taoisten so ausführlich wiedergegeben, weil sie in der Tat den einzigen Weg darstellen, auf dem sich die Spirale von Gewalt und Gegengewalt, von Angst und Angstverbreitung zur Angstsicherung, von Terror und Gegenterror, von Angriffskrieg und Verteidigungskrieg von innen her auflösen könnte. Wenn irgendeine religiöse Antwort zur Lösung der furchtbaren Menschheitsgeißel des Krieges möglich ist, dann wird sie ganz so ausfallen müssen, wie sie die Taoisten schon ein halbes Jahrtausend vor Christus, aber in einer auffallenden Parallelität zu den späteren Weisungen der Bergpredigt, gegeben haben. Vor allem daß die taoistische Lehre bewußt an die Wurzel des Krieges, an den Faktor der menschlichen *Angst* rührt, zeugt von einer unübertrefflichen Tiefe in der Erfassung der Kriegsproblematik ebenso wie in ihrer Lösung. Die Taoisten wußten, daß es sinnlos ist, gegen den Wahnsinn und die Unmenschlichkeit des Krieges mit moralischen Deklarationen ins Feld zu ziehen. Statt zum tausendsten Mal den Krieg moralisch zu ächten, argumentierten sie mit außerordentlichem psychologischem Scharfsinn, indem sie dem Kriegswilligen nachwiesen, daß er bereitsteht, etwas zu tun, das seinen wahren Zielsetzungen widerspricht, oder daß er zu einem richtigen Ziel die falschen Mittel einsetzt. Psychologisch richtiger und menschlich überzeugender läßt sich religiös gegen den Krieg nicht vorgehen, und mehr als die Taoisten zur Lösung des Kriegsproblems sagten, ist schlechterdings vom religiösen Standpunkt her in Form bloßer Lehre überhaupt nicht zu sagen.

Um so wichtiger ist es, sich vor Augen zu halten, wie politisch wirkungslos die taoistische Lehre geblieben ist und bleiben mußte. Der Gegensatz besteht prinzipiell, und man muß ihn ein für allemal als wesentlich begreifen lernen.

### *1. Wehe den Wehrlosen – die enttäuschende Wirklichkeit der Geschichte*

Die Religion beantwortet nicht die Frage, was zu tun ist und was man machen muß, sie will und kann allein auf die Wahrheit des eigenen Herzens verweisen. Würde dieser Hinweis befolgt, wären die Folgen politisch freilich ungeheuerlich. Das gesamte Wesen des Staates mit seinen Gesetzen und Paragraphen, mit seiner verinnerten Gewalt[21], mit seinen Institutionen und Herrschaftsabsicherungen, mit der geheiligten Hackordnung der Aggressionsverteilung, mit seinen Grenzen und Egoismen würde auf der Stelle ins Wanken geraten; die religiöse Antwort bestünde in einem völligen Umsturz der gesamten Handlungsgrundlage dessen, was bis-

[21] Bes. S. FREUD: Das Unbehagen in der Kultur, XIV 482 deutete die gesellschaftliche *Moral* als verinnerlichte Aggression, als introjizierte Gewalt. – Die »Terrorbrüderlichkeit« der Gruppe in Form der *Institution* als eines verinnerten Zwangs gegen die Serialitätsdrohung beschrieb J. P. SARTRE: Kritik der dialektischen Vernunft, 626ff. Vgl. E. DREWERMANN: Strukturen des Bösen, III 346–348; 389–396. – Solange es nicht möglich ist, eine Gemeinschaft zu bilden ohne das Fundament der Angst, solange wird es in menschlichen Gruppenbildungen keine wirkliche Freiheit noch Wahrheit geben, solange trägt sie schon in ihren Grundlagen den Keim des Untergangs in sich. Zu Recht hat L. MUMFORD: Die Stadt, I 58–63 gezeigt, wie die frühen Stadtkulturen ihren besonderen Vorteil darin besaßen, daß sie gegen die Angst vor äußeren Feinden zu schützen versprachen; aber in gleichem Maße, wie sie inmitten der Angst einen kollektiven Ausweg zu verheißen, schienen, basierten sie doch nur auf Gewalt und verbreiteten ihrerseits erneut und noch verstärkt Angst und Gewalt. Das Übel, der »Sündenfall« (L. MUMFORD: Die Stadt, 50) lag dabei nicht in der Stadtkultur an sich, sondern in dem Dilemma, daß Gruppenbildungen in Angst insgesamt nur zerstörerisch sein können.

her die geschichtliche Vernunft politischen und staatlichen Handelns bestimmt hat. Nur so wäre ein wirklicher Friede möglich. Aber eben deshalb kann die religiöse Lehre in das staatliche Handeln nicht Eingang finden. Der politischen Vernunft geht es gerade nicht um die Wahrheit des Seins, sondern um den unmittelbaren Erfolg, nicht um die innere Übereinstimmung mit dem Tao, sondern um die äußere Wirkung auf die Menge, nicht um Freiheit von den Mächten der Angst, sondern um Herrschaft mit den Mitteln der Angst. Man kann immer wieder wie die Taoisten, oder wie im Neuen Testament Christus angesichts der drohenden Vernichtung Jerusalems (Mt 23,37–39), darauf hinweisen, daß eine solche Politik in Angst und Angstverbreitung in sich selber die Apokalypse unausweichlich macht – es war in der Geschichte noch niemals möglich, den äußeren Verlauf des politischen Handelns von innen her zu ändern, und dieses Faktum rückt die religiöse Lehre von der Rückkehr in die verlorene Einheit des Ursprungs als Ziel und Aufgabe des menschlichen Daseins in den Bereich der Utopie. An jeder Stelle einer politischen Krise wird man sich nach wie vor ähnlich entscheiden, wie König Achaz es angesichts der Botschaft des Propheten Jesaja getan hat: wenn das Herz des Königs und das Herz seines Volkes beben wie die Bäume des Waldes im Wind (Jes 7,2), werden immer wieder Rosse und Streitwagen, Bündnisse und Schanzarbeiten die wirksamere, zuverlässigere Antwort auf die menschliche Angst darstellen, und kein Politiker wird glauben können, daß er sich verantwortlicherweise die utopische Lösung des religiösen Weges zu eigen machen dürfe.

Die Geschichte wird ihm dabei sogar immer wieder für den Augenblick recht geben, und es scheint fast unmöglich, diesem Druck des Faktischen zu entkommen. Um es möglichst zugespitzt zu sagen: wenn es in der Geschichte auch nur ein einziges Beispiel dafür gäbe, daß ein angriffslüsterner und machtgieriger Eroberer durch die Widerstandslosigkeit, die Güte und die Weisheit eines bedrohten Volkes und seines

Herrschers von seinem mörderischen und gewalttätigen Treiben auf Dauer und durch Überzeugung innerlich Abstand genommen hätte, so möchte die religiöse Antwort auf das Problem des Krieges vielleicht als nicht-utopische, als praktikable Lösung im politischen Sinne gelten. Aber ein solches Beispiel findet sich nicht, und selbst wenn sich vielleicht in irgendeinem Winkel der Weltgeschichte ein solches Wunder wirklich einmal zugetragen haben sollte, so bliebe es doch eben ein bloßes Wunder, eine pure Ausnahme. In der menschlichen Geschichte wird man eben nicht handeln können wie König Tan Fu und vor der brutalen Gewalt eines Eroberers einfach kampflos das Staatsgebiet räumen; denn selbst wenn man es könnte und dürfte – wohin sollte man sein Volk führen, ohne wie Israel beim Auszug aus Ägypten neuerlich Kriege zu provozieren? Und vor allem: wann schon in der Geschichte wäre es einem Heiligen oder Propheten vergönnt gewesen, einen gegnerischen König zu überzeugen?

### a) Das Beispiel des heiligen Franziskus

Vom hl. Franziskus überliefert die Legende, daß er selbst den wilden Wolf von Gubbio durch die Güte seines Herzens zu zähmen wußte[22], und einem Raubritter, der schwerbewaffnet die Gegend unsicher machte, soll er entgegengegangen und ihn gefragt haben: »Wovor hast du solche Angst?« Aber als Franziskus 1219 das Kreuzfahrerheer nach Ägypten begleitete, um durch die Bekehrung des Sultans den ganzen Kreuzzug überflüssig zu machen, wurde er im Lager der Sarazenen nach anfänglicher Feindseligkeit vor Melek al Kamil geführt, der gewiß kein Kriegsmensch war, sondern eher ein Dichter und Gelehrter – wenige Jahre danach tauschte er mit Kaiser Friedrich II. in einem freundschaftlichen Briefverkehr mathematische Aufgaben aus; Al Kamil bot Franziskus sogar Geschenke an (die dieser ablehnte) und entließ ihn nach ein

[22] W. von den Steinen – M. Kirschstein (Übers.): Franz von Assisi: Die Werke, 93–95 (Fioretti XXI).

paar Tagen mit den Worten: »Bete für mich, daß Gott mir den Glauben enthülle, der ihm am gefälligsten ist.«[23] So viel Toleranz und Friedfertigkeit enthüllte sich bei einem »Heiden«; aber der dogmatische Absolutheitsanspruch der christlichen wie der islamischen Religion verlangte nach einer kriegerischen Entscheidung, und auch Franziskus konnte daran nichts ändern; er bewirkte bei den Sarazenen »nicht eine einzige Bekehrung«[24], und der einzige Ausweg, *gemeinsam* zu Gott um die rechte Erleuchtung der Herzen zu beten und den Wahrheitsanspruch der eigenen Religion zu *relativieren*, verbot sich Franziskus vollkommen. Der Besuch des hl. Franziskus bei Al Kamil war der wohl berühmteste Versuch in der abendländisch-christlichen Geschichte, einen Krieg allein mit geistigen Mitteln zu verhindern; die Voraussetzungen dazu waren so günstig, wie niemals vorher oder nachher: der Krieg wurde nicht von primitiven Wüstlingen

[23] A.a.O., S. 174; vgl. Fioretti XXIV, wie Franziskus den Sultan von Babylon bekehrte, a.a.O., 96–98. – Es wird wohl von Dschingis Khan berichtet, daß er nach dem taoistischen Weisen Tschangtschung schickte, um sich eine Medizin gegen den Tod geben zu lassen, und er lobte die Ehrlichkeit des alten Mannes, als dieser ihm sagte, ein solches Mittel gebe es nicht. Aber als der Weise lehrte, man müsse wirken wie das Tao, durch das Nicht-Handeln, war er fassungslos und verbot die Verbreitung dieser Lehre unter den Mongolenkriegern, obgleich er seine Söhne und Getreuen darin unterweisen ließ. Seinen Rückzug im Jahre 1223 veranlaßte indessen wohl nicht die taoistische Lehre, sondern ein beinahe tödlicher Sturz vom Pferd während einer gewaltigen Treibjagd zur würdigen Feier eines siegreichen Feldzuges. S. Neumann – G. Mandel: Dschingis Khan und seine Zeit, 54.

[24] I. Gobry: Franz von Assisi in Selbstzeugnissen und Bilddokumenten, 38. – Allerdings kommt man selbst bei der Gestalt des hl. Franziskus ehrlicherweise nicht umhin, sich psychologisch einzugestehen, daß die Person dieses großen Mannes, vielleicht sogar der vornehmsten und größten Gestalt des Abendlandes, wesentlich durch den verdrängten Haß auf den Vater und dessen ödipale Ersetzung durch den himmlischen Vater geprägt ist; die Einstellung des hl. Franziskus ist unmittelbar eine antithetische Idealbildung gegen die Gewalttätigkeit und Gewinnsucht seines Vaters. Eine »reine« Liebe, die auf so schweren Verdrängungen basiert, ist nicht weniger fragwürdig als die »reine« Gestalt des Fürsten Myschkin in F. M. Dostojewskis Roman »Der Idiot«; – vgl. dazu S. Freud: Dostojewski und die Vatertötung, XIV, 397–418.

oder fanatischen Eroberern, sondern von Männern geführt, deren menschlicher und sittlicher Charakter das gewöhnliche Maß weit überragte; derjenige, der den Versuch zu einem Frieden innerer Bekehrung wagte, gilt als die friedfertigste, überzeugendste und liebevollste Gestalt, die das Christentum je hervorgebracht hat; aber wenn selbst *er* dabei unterlag, auch nur einen einzigen, den Sultan von Ägypten, zu bekehren, wer denn sollte sich dann vermessen, einen Weg zu kennen, auf dem man den Aufruhr der Angst ganzer Völker, ja ganzer Epochen, ja der gesamten Menschheit auf friedlichem Wege besiegen könnte?

b) Die scheinbare Allmacht der Gewalt

Auf der Suche nach erfolgreichen Bemühungen um einen Frieden ohne Waffen wird man eventuell noch an Papst Leo I denken können, der 452, als Attila Oberitalien überflutete, von dem ohnmächtigen weströmischen Kaiser Valentinian III. gebeten wurde, mit dem Hunnenkönig zu verhandeln. Man sagt, daß Leo I zum Retter des Abendlandes geworden sei, indem er die Hunnen durch die Verhandlungen bei Mantua zum Rückzug bewog[25]; aber in Wahrheit war Attila nach der Niederlage auf den Katalaunischen Feldern gegen Aetius (451) ein schwacher Mann, der ein Jahr später starb und nach dessen Tod sich das Hunnenreich alsbald auflöste; man wird den wichtigen Erfolg des Papstes also nicht überbewerten dürfen. Und als 455 Papst Leo I. dem arianischen Vandalenkönig Geiserich erneut vor Rom entgegentreten mußte, konnte er zwar verhindern, daß die Stadt in Schutt und Asche gelegt und die Bevölkerung niedergemacht wurde, aber den ausgiebigen Plünderungen stand auch er hilflos gegenüber.[26] Bekanntlich hat die Geschichte der Päpste aus den Begebenheiten der Völkerwanderungszeit denn auch nicht gelernt, künftighin auf die Macht des Glaubens und der

[25] H. Kühner: Lexikon der Päpste, 27.
[26] A.a.O., 27.

Friedfertigkeit zu setzen, sondern im Gegenteil: vor allem die Auseinandersetzungen mit den Langobarden im 7.–8. Jh. nötigten dazu, unter Leo III. und Karl d. Gr. das entscheidende Bündnis zwischen Thron und Altar, Kaiser und Papst herbeizuführen, das die kriegerische Geschichte des Mittelalters zutiefst prägen sollte.

Man wird in gerechter Betrachtung der Geschichte des Abendlandes wie des Orients gerade den Gutwilligen keinen Vorwurf machen können, daß sie immer wieder *aus Verantwortung* nach Wegen gesucht haben, um dem Bösen in der Welt auch mit den Mitteln der Macht entgegenzutreten, obwohl sie um die Fragwürdigkeit dieser Mittel fast immer sehr wohl gewußt haben; sie wurden durch die Macht der Fakten und der Unglaublichkeit der Greuel, nach denen Menschen offenbar und immer wieder Verlangen tragen, nur zu bitter und schmerzlich von dem *utopischen* Charakter der religiösen Bemühungen um den Frieden belehrt. Ja, es ist, als wenn sich geradezu ein Gesetz aufstellen ließe, wonach vor allem das Kostbarste und Wertvollste unter den Menschen das am meisten Bedrohte und Schutzbedürftigste ist. Wie aber soll man das Wertvolle im und am Menschen vor Zerstörung schützen, ohne selber die Mittel der Zerstörung zu handhaben?

Wehrlos und schutzlos z. B. waren die buddhistischen Mönche im afghanischen Tal von Bhamian an den Westausläufern des Hindukusch. Von dort brachen die Karawanen auf dem gefahrvollen Weg der »Seidenstraße« ins Karakorum auf, nachdem sie zuvor den Himmel um seinen Beistand angefleht hatten; und dorthin stiegen sie hinab voll Dankbarkeit für die gewährte Führung, wenn sie das »Dach der Welt« glücklich passiert hatten. Bhamian war »ein Platz völliger Stille, ein Ort der Meditation, der dazu bestimmt war, unberührt die Zeiten zu überdauern«.[27] Aber nicht genug, daß der

[27] E. Bacon: Neues aus dem alten Afghanistan, in: E. Bacon (Hrsg.): Versunkene Kulturen, 277.

Islam bereits im 8. Jh. dieses von 8000 Mönchen bewohnte große buddhistische Zentrum mit Feuer und Schwert, wie es die Lehre des Propheten forderte, zerstörte, um sich dort selbst zu etablieren, – im 13. Jh. mußte Dschinghis Khan Stadt und Kloster verwüsten, die 53 Meter hohe Buddha-Statue schänden und den Ort verfluchen, den er den schlechten nannte. Freilich, jenseits der Bewegungen der Eroberer hat der Buddha von Bhamian sein Lächeln bewahrt, mit dem er auf das Getriebe der Menschen herabschaut; aber wem kann das ein Trost sein?[28]

Oder, um ein Beispiel der neueren Geschichte in Erinnerung zu rufen, wie verhielt es sich mit der Gutgläubigkeit der tibetanischen Lamaisten, die ihr friedliches theokratisches Priesterreich im Erbe der weisen Lehre des Buddha durch ein Leben in Abgeschiedenheit und Stille aus den Händeln der Weltpolitik herauszuhalten suchten? Der Dalai Lama, der die Tragödie seines Volkes ausführlich beschrieben hat[29], wollte selbst nach dem erbarmungslosen und machthungrigen Einfall der Rotchinesen 1950 nicht daran glauben, daß der große Vorsitzende Mao Tse-tung, den er so oft persönlich gesprochen hatte, den Befehl zur Invasion und zur systematischen und konsequenten Zerstörung der buddhistischen Religion und Kultur in Tibet gegeben haben könnte, – aber so war es. Da Tibet wohlweislich kein Mitglied der UNO geworden war, ging die barbarische Annexion Tibets die Vereinten Nationen auch nichts an, und bald schon einigte man sich politisch auf die Meinung der rotchinesischen Propaganda, daß Tibet ein altes chinesisches Kulturland sei und man es einer werdenden Großmacht bei dem großen »Sprung nach vorn« nicht verwehren könne, die Leerräume ihrer Interessengebiete zu besetzen. Noch neun Jahre später blieb das Bittgesuch des Dalai Lama an die UNO ungehört.[30] Im

[28] M. Brion: Die frühen Kulturen der Welt, 182.

[29] Dalai Lama: Mein Leben und mein Volk, 113–139; 169–183; zur Person von Mao Tse-tung vgl. a.a.O., 150–155.

[30] Dalai Lama: a.a.O., 352–355. Am 9. Sept. 1959 schrieb der Dalai Lama u. a. von Neu Delhi aus an den Generalsekretär der UNO: »Euer

nepalesischen Kathmandu, im indischen Benares und in der Schweiz kann heute der westliche Reisende die versprengten Flüchtlinge des letzten Großreiches ohne Waffen besichtigen, die aussterbenden Zeugen der immer wieder bewiesenen menschlichen Unfähigkeit, das menschlich Wertvolle und Kostbare, wo schon nicht nachzuahmen, so doch wenigstens zu respektieren und zu schonen.

Exzellenz! Wir beziehen uns höflich auf den Beschluß des Lenkungsausschusses der Vollversammlung der Vereinten Nationen vom Freitag, dem 24. November 1950, daß die Behandlung der Klage von El Salvador wegen ›Invasion Tibets durch ausländische Kräfte‹ zurückgestellt werden sollte, um den Parteien Gelegenheit zu einer friedlichen Regelung zu geben. Mit tiefstem Bedauern muß ich Sie davon in Kenntnis setzen, daß der Akt der Aggression wesentlich ausgeweitet worden ist mit dem Ergebnis, daß praktisch ganz Tibet durch chinesische Streitkräfte besetzt ist . . . Unter diesen Umständen und in Anbetracht der unmenschlichen Behandlung und der Verbrechen gegen die Menschlichkeit und die Religion, denen das tibetische Volk unterworfen ist, bitte ich um sofortige Intervention . . . Sie (sc. die Chinesen, d. V.) haben Tausenden von Tibetern ihre Habe weggenommen, haben sie des Lebensunterhaltes beraubt und sie so in Tod und Verzweiflung getrieben . . . Männer, Frauen und Kinder sind in Arbeitsgruppen gepreßt und gezwungen worden, ohne Bezahlung oder mit einer Bezahlung, die eine solche nur dem Namen nach ist, an militärischen Bauten zu arbeiten . . . Sie haben grausame und unmenschliche Maßnahmen ergriffen zu dem Zweck, Männer und Frauen zu sterilisieren in der Absicht, die tibetische Rasse vollkommen auszulöschen . . . Tausende unschuldiger Menschen in Tibet sind brutal umgebracht worden . . . Viele führende tibetische Bürger sind ohne Ursache und Rechtfertigung ermordet worden . . . Es ist jeder denkbare Versuch gemacht worden, unsere Religion und Kultur zu vernichten. Tausende von Klöstern sind dem Erdboden gleichgemacht, heilige Bilder und Kultgegenstände vollkommen zerstört worden. Leben und Eigentum sind nicht mehr sicher, und Lhasa, die Hauptstadt des Staates, ist eine tote Stadt. Die Leiden, die mein Volk erduldet, sind unbeschreiblich, und es ist dringend notwendig, daß diese absichtliche und rücksichtslose Ausrottung meines Volkes unverzüglich beendet wird.«– Nach zwei weiteren Schreiben dieser Art vom 2. Sept. und vom 29. Sept. 1960 zeigte sich die UNO-Vollversammlung in ihrer Resolution am 20. Dez. 1961 »ernsthaft beunruhigt«, »in tiefer Besorgnis«, sie war »der Ansicht«, bestätigt(e) »Prinzipien«, »wiederholt(e) feierlich« und gab »der Hoffnung Ausdruck« – kurz: sie häufte rhetorische Phrasen. A.a.O., S. 365–366.

### c) Harmlosigkeit ist tödlich – ein Beispiel der Bibel

Was ist in einer solchen Welt zu *tun?* Diese Frage stellt sich auf Schritt und Tritt so verzweifelt und bitter, so quälend und resignierend, daß man aus eben der gleichen humanen Evidenz, aus welcher der Pazifismus erwächst, es schließlich mit zusammengebissenen Zähnen doch nicht verwindet, *nicht* wie Petrus im Ölberggarten zum Schwerte zu greifen, gleichgültig, was daraus folgen wird (Joh 18,10). In dieser Welt, das ist der unausweichliche Eindruck, hat der Harmlose und Wehrlose keine Chance zu leben, und er geht in die Welt hinein buchstäblich wie ein Schaf unter Wölfen (Mt 10,16a).

Die Bibel selbst kennt einen wenig beachteten, aber typisch scheinenden Fall menschlicher Arglosigkeit, die auf der Stelle mit dem Tode bestraft wurde. Als die Babylonier 586 v. Chr. Jerusalem erobern und in Schutt und Asche legen, setzen sie als ihren Statthalter Gedalja, den Sohn Ahikams, über diejenigen Männer, Frauen und Kinder ein, die nicht in die Deportation abgeführt werden. Gedalja versucht, die verschreckte Bevölkerung zu beruhigen, und beschwört sie im Sinne des Propheten Jeremias, sich in die babylonische Zwangsherrschaft zu fügen, nur so werde noch schlimmeres Unheil verhütet; und tatsächlich gelingt es Gedalja, einen Rest von Juda in Mizpa zu versammeln. Aber der Ammoniter-König Baalis, der die Aufbaupläne Gedaljas hintertreiben und Juda den Gnadenstoß versetzen will, zieht den Prinzen Ismael auf seine Seite und überredet ihn zum Attentat auf Gedalja.[31] Der General Johanan warnt den König; um den Rest Judas zu retten, will er Ismael zuvorkommen und ihn heimlich erschlagen, doch Gedalja glaubt ihm nicht. Im siebenten Monat seiner Regierung aber, während eines Banketts, wird der gutwillige und gutmütige Gedalja ermordet, ein furchtbares Blutbad findet statt, und es gelingt Ismael, den Rest des Volkes aus Mizpa wegzuführen, ehe Johanan ihn am großen Wasser bei Gideon stellt und mitsamt seinem

[31] M. A. Beek: Geschichte Israels, 99.

Anhang niedermacht (Jer 40,7 – 41,18). Diese Lektion, die in der Geschichte unendliche Male erteilt wurde und wird, widerspricht wohl am härtesten dem Wunsch und dem Auftrag zu einer friedlichen und gewaltfreien Beilegung menschlicher Konflikte; die Lehre lautet, daß es u. U. richtiger ist, beizeiten zu morden, um nicht später zu noch viel größerem Unheil gezwungen zu sein. Es ist, wie wenn die menschliche Geschichte Zug um Zug ihr grauenhaftes Plädoyer immer von vorn wiederholen wollte, daß das Königreich Gottes auf dieser Welt keinen Platz hat und es besser ist, wenn *ein* Mensch für das Volk stirbt (Joh 18,14.36).

## 2. *Die Verschiebung des Religiösen ins Ethische: die Mohisten im alten China*

Es kann daher nicht wundernehmen, daß unter dem Eindruck solcher Erfahrungen gerade die Lehrer der Religion, die Theologen, immer wieder dahin gedrängt wurden, die absolute Lösung des Religiösen in Form ethischer Postulate für das praktische Verhalten zu übersetzen und damit zu relativieren. Wenn die Religion einmal zu der Universalität ihres Fühlens und Denkens erwacht ist, kann sie nicht anders, als den Frieden des Menschen mit sich selbst und mit allen anderen für eine selbstverständliche Folgerung aus der Evidenz ihrer eigenen Entdeckung zu halten. Wer versteht, wem er in Gott gegenübersteht, dem relativiert sich die irdische Angst mitsamt ihren Gründen, die den Krieg außerhalb des Glaubens unvermeidlich machen. Wenn aber die Evidenz der religiösen Erkenntnis nicht auf jedermann übertragbar ist, ja wenn es durchaus kein Mittel gibt, um die Erfahrung Gottes nach Art einer fertigen Lehre zu vermitteln, dann wächst wie von selbst der Zwang, aus der Religion eine Art Lehre des richtigen Verhaltens zu machen. Aus den religiösen Grundlagen werden dann immer mehr ethische und juristische Richtlinien für den Alltag. Vor allem wenn eine Religion aufhört, in bestimmten Randgruppen der Gesellschaft beheimatet zu sein und von der kritischen Distanz einer Sekte zur Volks- oder Staatsreligion aufsteigt, wie etwa das Christentum in der Zeit nach Konstantin, wird die Verantwortung zur Gestaltung *dieser* Welt den Anteil der religiösen Erfahrung immer weiter durch den wachsenden Anteil an Sittlich-Lehrhaftem zurückdrängen. Doch die Tendenz zu einer solchen Entwicklung liegt in dem furchtbaren Eindruck von der Utopie des Religiösen selbst, und dieser Eindruck wird jede Religion über kurz oder lang heimsuchen. Gerade die »vernünftig« und »pragmatisch« Denkenden werden dann die Religion in eine Form zu bringen suchen, die den praktischen Bedürfnissen des politischen Alltags Rechnung trägt.

Als Beispiel dafür läßt sich noch einmal die chinesische Religionsgeschichte heranziehen, in der die *Mohisten* bezüglich des Problems des Krieges den Wechsel von einem rein religiösen zu einem ethischen Standpunkt besonders deutlich markieren.

Als Gründer der Mohisten gilt Mao-tse oder Mo Ti, der, ebenso wie die Taoisten, sich gegen die Gesetzeslehren der Konfuzianer wandte und im Volke großen Anklang fand. Die Mohisten dachten sich den Himmel als ein persönliches Wesen, unter dessen Walten sie eine universale Liebe predigten, die keine Unterschiede nach Verwandtschaft oder nach Klassenzugehörigkeit anerkannte. Kampf und Krieg untereinander würden nach Meinung der Mohisten sogleich aufhören, wenn an die Stelle des Egoismus ein universelles Wohlwollen träte. Tatsächlich hat Mo Ti den Krieg ausdrücklich verboten, weil er dem Prinzip der universalen Liebe widerspricht und für das Volk nur Nachteile im Gefolge hat.[32] Man brauchte m. a. W. nur die Menschlichkeit grenzenlos zu denken, dann würden die Partikularinteressen von selbst verschwinden. Politik wäre dann nicht mehr die Verwaltung rein nationaler Egoismen, die immer wieder zu Kriegen

[32] E. Feifel: Geschichte der chinesischen Literatur, 39–40.

Anlaß gegeben haben, sondern die Organisation eines befriedeten Weltbürgertums.

Aber so erhaben und richtig diese Vorstellungen sind, was macht Mo Ti angesichts der Tatsache, daß das ethische Prinzip einer allgemeinen Menschenliebe nicht geübt wird und allenthalben Kriegsgefahren drohen? Als Ethiker muß Mo Ti konzedieren, daß es ein Recht auf Selbstverteidigung gibt. Als einer der größten Ethiker der Menschheit bekommt er es im 4. Jh. v. Chr. fertig, den Krieg als Verbrechen zu geißeln, weil in jedem Krieg zahllose Menschen verwundet und ermordet werden müssen; ja, er wagt es, die »Eroberer« und Kriegstreiber unter den Politikern Kriegsverbrecher zu nennen. Aber auch und gerade Mo Ti weiß *ethisch* kein anderes Mittel, als inmitten einer friedlosen Welt den Krieg unter Umständen zu rechtfertigen.[33] Dasselbe gilt von den Dialektikern Hui Shih und Kuag-sun Lung, die im 3. Jh. v. Chr. wie die Mohisten, eine universale Liebe und den Pazifismus lehrten.[34] Statt den Krieg religiös durch die Versöhnung des Menschen mit sich selbst und seinem Ursprung von innen heraus zu überwinden, wird aus dem Frieden, der ein innerer Zustand ist, jetzt eine Pflicht des sittlichen Handelns bzw. ein streitbares Arrangement mit dem Unfrieden; die Heilung der Krankheit des menschlichen Herzens, die die Religion versucht, verwandelt sich somit in ein Verfahren, die Symptome, die Äußerungsformen der Krankheit, vor allem den Krieg,

[33] A.a.O., 40.

[34] A.a.O., 40; 41; 42. – Wie pazifistisch die Mohisten dachten, bewiesen sie in der kategorischen Ablehnung der Kämpfe der Feudalfürsten: ». . . mit scharfen Waffen ausgerüstet, ziehen sie aus, um irgendeinen friedlichen Staat anzugreifen. Sobald sie dessen Gebiet betreten, fangen sie an, das Getreide abzumähen, Bäume zu fällen, . . . Ahnentempel anzuzünden, die Bewohner zu ermorden . . . Die Soldaten werden vorwärts in die Schlacht getrieben, indem man ihnen sagt: In der Erfüllung seiner Pflicht zu sterben, ist die höchste Ehre. Eine große Zahl von Feinden zu töten, ist die nächsthöchste und verwundet zu werden, die nächste. Was jedoch das Ausbrechen aus Reih' und Glied und Flucht betrifft – dafür ist die Strafe der Tod ohne Hoffnung auf Gnade!« Zit. bei A. Cotterell: Der Erste Kaiser von China, 127.

mit äußeren Mitteln zu unterdrücken. Dieses Unterfangen ist von vornherein aussichtslos, und doch erscheint es immer wieder als notwendig. Aus der Utopie des Religiösen wird jetzt vollkommen konsequent das Dilemma des Ethischen.

### 3. *Die klassische Notverordnung: die Lehre vom gerechten Krieg*

Die Probleme, die man sich durch eine solche Verschiebung des Religiösen ins Sittliche auflädt, sind außerordentlich zahlreich, und sie verkomplizieren sich ständig mit dem Fortschritt der Kriegsmittel und der Kriegsformen sowie mit der politischen Ausweitung der Kriegsziele. Um die Fragestellung an der aktuellen politischen Situation zu konkretisieren, genügt es, sich einmal die Widersprüchlichkeit der gegenwärtigen Diskussion um Krieg und Frieden anhand der klassischen Lehre vom »gerechten Krieg« vor Augen zu stellen.

#### a) Die Theorie

In der konventionellen Beurteilung des Krieges war im christlichen Abendland auf lange Zeit hin gerade die »Lehre vom gerechten Krieg« maßgebend. Theologischerseits blieb das Bewußtsein wohl erhalten, daß man es bei dieser Theorie im Grunde mit einer »Notverordnung« zu tun hatte[35], die, am

[35] Die Zahl derer, die in der katholischen Kirche den *tragischen* Charakter auch und gerade der Lehre vom »gerechten Krieg« erfaßten, ist zur Zeit der Wiederbewaffnung Deutschlands in den 50er Jahren allerdings erschreckend klein gewesen. Als einer der wenigen sei R. Schneider angeführt, der die Oberhirten der katholischen Kirche – vergeblich! – darum ersuchte, die Möglichkeit der Wehrdienstverweigerung angesichts des Schreckens der modernen Kriegsführung mindestens offenzulassen und in der Lehre vom »gerechten« Krieg nicht mehr zu sehen als einen tragischen Notbehelf. »Der Widerspruch« gegen den Krieg, schrieb R. Schneider, »ist der christlich-geschichtlichen Existenz wesenseigen, ist eben eine Erscheinungsform des Kreuzes auf Erden, und es ist nicht wohlgetan, das zu verschleiern und zu verlangen, daß mit dogmatischem Ja oder Nein diese schmerzlichste aller Freiheiten vernichtet werde. Ein Blick für diese Not, ein menschlich-mitfühlender, ein wissendes Wort der

Maßstab der Bergpredigt gemessen, eigentlich einer Rechtfertigung des Gottwidrigen, einer Entschuldigung der Sünde gleichkam; besonders die protestantische Theologie hat gerade darauf immer wieder hingewiesen. In der katholischen Kirche aber spielten zunehmend naturrechtliche Erwägungen

Seelenhirten wäre freilich zu wünschen.« R. SCHNEIDER: Der Friede der Welt, 85–86. Ein solches Wort blieb zu wünschen bis zum 2. Vaticanum, Pastoralkonstitution über »Die Kirche in der Welt von heute«; Kap. V 77–82, in: H. REUTER: Das II. Vatikanische Konzil, 277–282. – Zur Verdrängung des Tragischen durch das Christentum, u. a. auch am Beispiel der Lehre vom »gerechten« Krieg vgl. E. DREWERMANN: Das Tragische und das Christliche, 36–40; 57–62. – I. Kant, der in der »Metaphysik der Sitten«, § 53–58 (VIII 466–472) das Recht zum, im und nach dem Krieg in einer Weise formulierte, die der Lehre vom »gerechten« Krieg in etwa entspricht, hebt in dem Traktat »Zum ewigen Frieden« (1. Abschn., 6; XI 200) doch hervor, daß »der Krieg . . . nur das traurige Notmittel im Naturzustand ist (wo kein Gerichtshof vorhanden ist, der rechtskräftig urteilen könnte), durch Gewalt sein Recht zu behaupten; wo keiner von beiden Teilen für einen ungerechten Feind erklärt werden kann (weil das schon einen Richterspruch voraussetzt), sondern der Ausschlag desselben (gleich als vor einem so genannten Gottesgerichte) entscheidet, auf wessen Seite das Recht ist«. Stärker kann man der Lehre vom »gerechten« Krieg eigentlich nicht widersprechen; aber wenn es keinen übergeordneten Gerichtshof gibt, der *zwischen* den Völkern über Recht und Unrecht entscheidet, so liegt darin zugleich bereits die Hegelsche Idee enthalten, daß der Gang der Geschichte selbst als das Gericht über die Völker gewertet werden müsse, und aus dem »Notmittel« des Krieges wird dann sehr leicht ein »Beweismittel« der Geschichte. Bei G. W. F. HEGEL hört sich das in den »Grundlinien der Philosophie des Rechts« § 340 (S. 288) unmmittelbar im Zusammenhang mit der Kriegsrechtslehre so an, daß »der *allgemeine* Geist, der *Geist der Welt,* als unbeschränkt ebenso sich hervorbringt, als er es ist, der sein Recht, – und sein Recht ist das allerhöchste, – an ihnen (sc. den Volksgeistern in ihrer beschränkten Existenz in der Dialektik der Endlichkeit dieser Geister) in der *Weltgeschichte* ausübt«. Steht es so, dann ist die Dialektik des Historischen unvermeidlich, die der Marxismus politisch sich zunutze machte und die im Grunde einem völligen Nihilismus aller menschlichen Werte zugunsten der geschichtlichen Macht gleichkommt. Der »Imperialismus«, meinte A. Camus gegen Lenin, »selbst der der Gerechtigkeit, hat kein anderes Ende als die Niederlage oder die Weltherrschaft. Bis dahin hat er kein anderes Mittel als die Ungerechtigkeit . . . Zugunsten einer entfernten Gerechtigkeit legitimiert sie die Ungerechtigkeit während der ganzen Zeit der Geschichte«. »Sich für die Geschichte entscheiden und für sie allein, heißt den Nihilismus erwählen.« A. CAMUS: Der Mensch in der Revolte, 251; 264.

eine Rolle, wonach es das gottgewollte Recht eines jeden Menschen sei, sich gegen Gewalt und Unrecht zu schützen. Beide Konfessionen, die katholische und protestantische, könnten einander in diesem (und in vielen anderen Punkten) eigentlich nur verstehen, wenn sie das Erleben der *Angst* in den Mittelpunkt der Problematik rücken würden; erst dann wäre deutlich, daß die »natürlichen« Reaktionen des Menschen selber in Angriff und Verteidigung *in der Angst* jedes natürliche Maß verlieren und es daher *vom Glauben her* kein »gutes Recht« geben kann, Krieg zu führen; umgekehrt wäre dann zugleich deutlich, daß nicht die menschliche »Natur« mit ihren aggressiven Strebungen in sich selber verderbt und böse ist, sondern erst in »gefallenem Zustand«, inmitten der Angst nur Böses wirken kann. Aber wie auch immer; wenn man innerhalb der bestehenden Herrschaftsgebilde eine moralisch verantwortbare Ordnung festsetzen will, so kann und konnte man eigentlich nur auf eben die Bestimmungen verfallen, die in der »Lehre vom gerechten Krieg« entfaltet wurden.

Diese Lehre besagte, ein Krieg sei dann gerechtigfertigt, wenn er

1) von der staatlichen Gewalt (also nicht illegal) erklärt werde,
2) um einer gerechten Sache willen geführt werde (also nicht der Verteidigung eines bestehenden Unrechts diene),
3) gegen einen ungerechten Angriff gerichtet (also nicht präventiv) sei,
4) mit Mitteln geführt werde, die nicht selber Unrecht schüfen (z. B. Unschuldige in die Kampfhandlungen einbezögen), und die
5) eine gewisse Aussicht auf Erfolg hätten (also nicht sinnlos Menschen opferten).

Es müssen zufolge der Lehre vom gerechten Krieg mithin die Kriegsmacht, das Kriegsziel, der Kriegsgrund, das Kriegsmittel und die kalkulierbare Kriegsfolge moralisch legitimiert sein.[36] All diesen fünf Punkten wird man auf den ersten Blick

[36] Zur Lehre vom »gerechten« Krieg in der »klassischen« Form vgl. J. Maus-

zubilligen müssen, daß sie vernünftig und gerecht urteilen. Aber nun erweist sich augenscheinlich selbst diese so einfach dünkende Lehre für die Praxis als undurchführbar, und man darf wohl sagen, daß es noch nie einen Krieg gegeben hat, der

BACH: Katholische Moraltheologie, 3. Bd., 71–75; F. M. STRATMANN: Thesen zum gerechten und ungerechten Krieg, in: Atomare Kampfmittel und christliche Ethik, 34–39, der gerade in Anwendung der klassischen Lehre vom gerechten Krieg, gestützt auf A. OTTAVIANI: Institutiones Juris publici ecclesiastici, Rom [3]1947, einen absoluten Pazifismus fordert. – Protestantischerseits vgl. E. WILKENS: Theologisches Gespräch über die nuklearen Waffen, in: G. Howe (Hrsg.): Atomzeitalter – Krieg und Frieden, 103–156. – Die Diskussion zeigt, daß die Lehre vom gerechten Krieg als Versuch einer Begrenzung aggressiver Willkür durch die Fakten überholt ist; aber das Dilemma dieser Lehre war von Anfang an zu durchschauen. Vor allem ERASMUS VON ROTTERDAM sah im Krieg den »Schiffbruch aller guten Ding«. »›wenn die Tiere einander anfallen‹, klagt er, ›so verstehe ichs und verzeih es ihrer Unwissenheit, aber die Menschen müßten erkennen, daß der Krieg an sich schon notwendigerweise Ungerechtigkeit bedeute, denn er trifft gewöhnlich nicht diejenigen, die ihn anfachen und führen, sondern fast immer falle seine ganze Last auf die Unschuldigen ... ›Der meist Teil erreicht die, die der Krieg gar nichts angeht, und selbst wenn es im Kriege auf das allerbeste glückt, so ist doch die Glückseligkeit eines Teils der anderen Schad und Verderben‹ ... ›und dann‹ – so fragt er abermals –, ›wie könne überhaupt ein Krieg gerecht sein?‹ ... Warheit ist ... immer vieldeutig und vielfarbig und ebenso das Recht, deshalb solle ›an keinem Ort der Fürst bedächtiger sein, als sich zum Kriege zu bewegen, und nicht unbedingt auf sein Recht pochen, denn wer sieht nicht sein Sach als die gerecht an?‹ Alles Recht habe zwei Seiten, alle Dinge seien ›gefärbt, ausgestrichen und durch Parteien verderbt‹, und selbst wenn einer sich im Recht dünkte, so sei das Recht nicht durch Gewalt entschieden und auch niemals durch Gewalt beendet, denn ›ein Krieg wachse aus dem andern, aus einem zween‹.« ST. ZWEIG: Triumph und Tragik des Erasmus von Rotterdam, 96–98. Vgl. ERASMUS: Die Erziehung des christlichen Fürsten, 11. Kap., Schriften, Bd. 5, S. 339–357, wo Erasmus fragt, wem im Kriegsfall sein Anliegen nicht als gerecht erscheine (S. 343), und gegenüber der Lehre vom gerechten Krieg betont, die ganze Lehre Christi sei gegen den Krieg gerichtet. DERS.: Die Klage des Friedens, Schriften, Bd. 5., S. 361–451, wo Erasmus besonders auf die physischen und moralischen Schäden *jedes* Krieges hinweist (S. 433–439). Vgl. F. HEER: Die Dritte Kraft, 213–241, der eindrucksvoll das Eintreten des großen Humanisten Erasmus gegen die deutsche Angst und die daraus geborene Theologie Luthers schildert, um den Menschen in Schutz zu nehmen gegen die Verleumdung und Aburteilung durch eine Vorstellung von Gott, der nichts ist als »ein grausamer, perverser Tyrann.« A.a.O., 225.

nach Maßgabe selbst dieser Notverordnung als »gerecht« erscheinen könnte.

Eine einfache Durchsicht der fünf genannten Punkte macht das zur Genüge deutlich.

### b) Die praktische Undurchführbarkeit in allen Punkten

Als erstes: der Krieg, um legitim zu sein, soll von der staatlichen Gewalt legal erklärt werden. Aber gibt es irgendein Staatsgebilde, dessen Grenzen legal, also *nicht* durch Gewalt zustandegekommen wären? Ergeben sich die Rechtstitel des Staates nicht zumeist aus dem bloßen Alter und der Gewohnheit langdauernden Unrechts? Die Grenzen Polens von 1945 – was ist an ihnen rechtens, aber wer wollte sie heute noch einmal ändern? Sind nicht die Staaten der Erde allesamt aus Eroberung und Unterdrückung hervorgegangen, und hatte nicht Augustinus recht, der sie für Räuberbanden hielt[37], die dem kleinen Mann verbieten, wofür sie selbst sich straffrei halten?

[37] A. AUGUSTINUS: Gottesstaat, IV 4 (BKV Augustinus I 192–193) hielt die Staaten und die irdischen Herrschaftsgebilde insgesamt für »große Räuberbanden«, in denen »nicht ... die Habgier erloschen, sondern ... Straflosigkeit dafür eingetreten ist«. – Mit anderen Worten, aber völlig sinngemäß, schrieb S. Freud nach den Erschütterungen und moralischen Enttäuschungen des 1. Weltkrieges, daß nicht nur die Vorstellungen von der möglichen »Ritterlichkeit« der Kriegsführung endgültig zerronnen seien, sondern daß vor allem das Vertrauen in den Staat als eine Ordnungsmacht in dem Wirbel der Kriegszeit untergegangen sei. »Der einzelne Volksangehörige kann in diesem Kriege mit Schrecken feststellen, was sich ihm gelegentlich schon in Friedenszeiten aufdrängen wollte, daß der Staat dem Einzelnen den Gebrauch des Unrechts untersagt hat, nicht weil er es abschaffen, sondern weil er es monopolisieren will wie Salz und Tabak. Der kriegführende Staat gibt sich jedes Unrecht, jede Gewalttätigkeit frei, die den Einzelnen entehren würde. Er bedient sich nicht nur der erlaubten List, sondern auch der bewußten Lüge und des absichtlichen Betruges gegen den Feind, und dies zwar in einem Maße, welches das in früheren Kriegen Gebräuchliche zu übersteigen scheint. Der Staat fordert das Äußerste an Gehorsam und Aufopferung von seinen Bürgern, entmündigt sie aber dabei durch ein Übermaß von Verheimlichung und eine Zensur der Mitteilung und Meinungsäußerung, welche die Stimmung der so intellektuell Unterdrückten wehrlos macht gegen jede ungünstige

Und weiter: wenn die Regierung eines Staates, wie z. B. in Nicaragua 1979, große Teile der eigenen Bevölkerung oder der Bevölkerung eines anderen Landes unterdrückt und ausbeutet, womöglich aber völlig legal an die Macht gekommen ist und ihre Machtausübung sich in den Spielregeln des geschriebenen Rechtes hält, soll dann die Kriegserklärung der Regierenden rechtens, die der Unterdrückten aber unrecht sein? Nur ein völlig autoritäres und weltfremdes Denken könnte die legale Autorität auch schon für a priori legitim erachten. Aber wer es sich versagt, die Dinge für so eindeutig zu halten, muß wohl sehr bald zugeben, daß gerade die nichterklärten, die spontan sich erhebenden Unruhen, Aufstände, Bürgerkriege und Guerillakämpfe unter Umständen und sogar in der Regel ein größeres Recht auf ihrer Seite haben können als die legale Macht der Herrschenden, und

Situation und jedes wüste Gerücht. Er löst sich los von Zusicherungen und Verträgen, durch die er sich gegen andere Staaten gebunden hatte, bekennt sich ungescheut zu seiner Habgier und seinem Machtstreben, die dann der Einzelne aus Patriotismus gutheißen soll. – Man wende nicht ein, daß der Staat auf den Gebrauch des Unrechts nicht verzichten kann, weil er sich dadurch in Nachteil setzte. Auch für den Einzelnen ist die Befolgung der sittlichen Normen, der Verzicht auf brutale Machtbetätigung in der Regel sehr unvorteilhaft.« S. FREUD: Zeitgemäßes über Krieg und Tod, X 329–330. – Man muß schon zu den Kniffen Hegelscher Dialektik greifen, um die simple Verschiebung der Barbarei vom Individuellen ins Kollektive, auf welcher der »Fortschritt« der geschichtlichen Moral zu basieren scheint, mit dem Mantel der Vernunft zu umkleiden. Hegel, der im Staat geradewegs »die sittliche Substanz« erkannte, verwarf den Gegensatz von Moral und Politik als bloße »Seichtigkeit der Vorstellungen von Moralität, von der Natur des Staates und dessen Verhältnisse zum moralischen Gesichtspunkte«, weil, so meinte er, »das Wohl eines Staates eine ganz andere Berechtigung hat als das Wohl des Einzelnen ... und daß nur diese konkrete Existenz (sc. des Staates, d. V.), nicht einer der vielen für moralische Gebote gehaltenen allgemeinen Gedanken, Prinzip ihres Handelns und Benehmens sein kann«. G. W. F. HEGEL: Grundlinien der Philosophie des Rechts, § 337; S. 287. Damit wäre der Staat ein moralisches, autonomes Gebilde, das nur noch den Gang der Weltgeschichte als seine Rechtfertigung oder Verurteilung anzuerkennen hat. A. SCHOPENHAUER: Zur Rechtslehre und Politik, § 123, in: Parerga und Paralipomena, 2. Bd., Werke VI 258 bereits wandte dagegen ein, daß der Staat als eine bloße Schutzanstalt gegen äußere und innere Gewalt nur auf der anerkannten Ungerechtigkeit des Menschengeschlechtes beruhe.

wer will hier richten? Die Widerstandskämpfer der einen Seite sind die Terroristen in den Augen der anderen Seite. Kein Krieg z. B. kann erbitterter und gnadenloser geführt werden als der chinesische Bürgerkrieg zwischen den Truppen Mao Tse-tungs und Tschiang Kai-scheks. Aber wer von beiden verkörperte das Recht in China vor 1949?[38]

Vielleicht wird man, auf Punkt 2) verweisend, sagen: der Krieg muß für eine gerechte Sache geführt werden. Theoretisch ist an dieser Forderung nichts auszusetzen. Nur: wann jemals hätte jemand, der einen Krieg führt, seine Sache für unrecht gehalten? Selbst die Nationalsozialisten hatten eine Ideologie, nach der es eine heilige Pflicht war, vor 40 Jahren Rußland zu überfallen oder Millionen von Juden, Zigeunern, slawischen Untermenschen, Geisteskranken oder politischen Oppositionellen fabrikmäßig zu ermorden und die Leiber der Getöteten der industriellen Nutzung »zuzuleiten«, – um sich der Sprache jener Zeit zu bedienen. Es müßte also eine übergeordnete Instanz geben, die politisch wirksam ein objektives Urteil über Recht und Unrecht fällt und mithin imstande wäre, einen flagranten Verstoß gegen ihr Urteil durch Strafe zu ahnden. Aber eine solche Instanz gibt es nicht.

*Die Kirche* müßte und sollte wenigstens moralisch als

[38] Zum chinesischen Bürgerkrieg vgl. CH. ZENTNER: Die Kriege der Nachkriegszeit, 34–67; R. CARTIER: Nach dem Zweiten Weltkrieg, 82–104; 177–185; 263–266; 328–351. – M. SPERBER: Sieben Fragen zur Gewalt, 61 fragt vor allem am Beispiel der kubanischen Revolution, wie man die Logik des Kampfes vermeiden könne, daß sich die Gewalt regelmäßig bei der Siegerpartei von einem Mittel in den Selbstzweck verwandle. – Zur strategischen Logik des Guerillakrieges vgl. F. FANON: Die verdammten dieser Erde, 68–69, wo am Beispiel des algerischen Kolonialkrieges die Provokation von Repressalien seitens der Kolonialmacht durch einzelne Terrorakte beschrieben wird: »Die Ungleichheit, mit der die Kolonialmacht ihre eigenen Opfer bedauert und die fremden Opfer übergeht, offenbart ... der kolonisierten Öffentlichkeit die wahre Einstellung ihrer Unterdrücker: von diesem Augenblick an ist der Sieg der Guerilla nicht mehr aufzuhalten.« – Trotz allem hat *Papst Paul VI:* Über den Fortschritt der Völker, 24 den revolutionären Aufstand im Fall einer langdauernden Gewaltherrschaft ausdrücklich gebilligt.

Träger einer solchen Schiedsstelle in Frage kommen. Aber auf die Staaten, in denen keine Christen leben, hat sie ohnehin keinen Einfluß, und wenn wirklich ein Staat mit einer katholischen Bevölkerung, wie Nazideutschland 1939, einen Krieg erklärt, wird sie zum Schutze der ihr Anvertrauten schweigen.

Und *die UNO*? Als z. B. am 25. Juni 1950 die Truppen Nordkoreas den 38. Breitengrad überschritten, entschied der Sicherheitsrat der UNO zwei Tage später einstimmig, alle Mitgliedsstaaten der Vereinten Nationen seien zur Unterstützung Südkoreas verpflichtet – ein Urteil, wie es in dieser Klarheit nie wieder gefällt wurde und auch nur durch das versehentliche Fehlen der UdSSR zustande kam.[39] Aber ging es hier um Recht und Unrecht oder nicht vielmehr um die Verteilung der Machtsphären zwischen den Großmächten? Wenn es eindeutig wäre, auf wessen Seite das Recht stünde, brauchten die meisten Kriege, vor allem die leidenschaftlichsten und grausamsten aller Kriege: die Bürger- und Guerillakriege, wie zwischen 1935 und 1951 in Spanien, Griechenland und China, wohl gar nicht erst geführt zu werden; sie müssen gerade deshalb geführt werden, weil jede der kämpfenden Parteien an sich berechtigte, wenngleich einander widersprechende Anliegen ins Feld führt, die nur soweit aufgestaut sind, daß sie keinen Kompromiß mehr zulassen. Das »Recht« pflegt am Ende auf der Seite der besseren Taktiker und der stärkeren Bataillone zu stehen und ist jedesmal ein Unrecht den Besiegten gegenüber. Werden diese eines Tages stark genug, so ist die erlittene Niederlage denn auch bald schon die Ursache des nächsten Krieges.

Eben darum befriedigt auch die dritte Regel in der Lehre vom Gerechten Kriege nur auf dem Papier: der Krieg dürfe nur gegen einen ungerechten Aggressor geführt werden; selbst eine gerechte Sache dürfe nur im Verteidigungsfalle, nicht aber offensiv oder präventiv durch Krieg vertreten

[39] Ch. Zentner: Die Kriege der Nachkriegszeit, 69.

werden. Die Frage ist zumeist schon schwer zu beantworten, wie man den Zeitpunkt der »Aggression« geschichtlich bestimmen will. Die Angreifer von heute fühlen sich nicht selten als die Angegriffenen von gestern; sie eröffnen den Krieg in der Meinung, die Folgen einer ungerechten Aggression beseitigen zu müssen, und wo in dem Wechselspiel von Aktion, Reaktion und Gegenreaktion im Verlauf der Geschichte will man den Anfang der »Aggression« festmachen? – Ferner stellt es einen Widerspruch gegen die politische und strategische Logik des Krieges dar, die Kampfhandlungen auf reine Defensivmaßnahmen begrenzen zu wollen. Gesetzt, ein Krieg wird geführt, weil man sich über bestimmte Rechtstitel nicht einig werden kann und eine politische Krise also außer Kontrolle gerät, so wird nach dem Gesagten der Sieg der einen Partei, die meint, ihr Recht zu erstreiten, in den Augen der anderen Partei einem schweren Unrecht gleichkommen, und es läßt sich voraussehen, daß sie bei der nächsten sich bietenden Gelegenheit den Gegenschlag vorbereiten wird. Um die Früchte des Sieges zu genießen, muß man den Gegner daher so weit niederzwingen, daß man ihn militärisch entwaffnen und an einer Wiederaufrüstung hindern, politisch aber ihn von der Hilfe mächtiger Verbündeter abschneiden kann. Es wird mithin in jedem Falle darauf ankommen, das Territorium des Gegners zu besetzen, also *offensiv* Krieg zu führen. – Was den Präventivkrieg anbelangt, so ist er eigentlich mehr eine militärische Manier als eine moralische Frage, die Kriegsabsicht und die gegenseitige Bedrohung zweier Staaten vorausgesetzt. Als 1967 z. B. Israel seinen »Blitzkrieg« mit der vollständigen Zerschlagung der ägyptischen Luftwaffe begann, war dieser überraschende Präventivschlag das beste Mittel, um der gewaltigen Übermacht der von Moskau hochgerüsteten Nasser-Armee zu begegnen, die seit Wochen an den Grenzen Israels aufmarschiert war.[40] Besonders der militärisch Unterlegene ist geradezu gezwungen, den

[40] A.a.O., 425–430.

militärischen Vorteil des Präventivschlages, wann und wo immer er sich bietet, so konsequent wie nur irgend möglich zu nutzen, und wieso ist es moralisch verwerflich, militärisch unterlegen zu sein?

### c) Das Hauptproblem: die Wahl der Kampfmittel

Damit ist man bereits bei dem heute schwierigsten Punkt: der Wahl der Kriegsmittel, angelangt. Die moralische Berechtigung der Kampfmittel und -methoden sollte nach der Lehre vom gerechten Krieg mit der Bekämpfung des unmittelbaren Aggressors, also des kämpfenden Soldaten und seiner Bastionen enden. Mit dieser Regel der Kombattantentrennung wollte man streng zwischen den Kämpfenden und den Nichtkämpfenden (Frauen, Kinder, Invaliden etc.) unterscheiden, und moralisch gesehen würde es in der Tat eine außerordentliche Humanisierung des Krieges darstellen, wenn diese Regel sich durchführen ließe. Aber das ist sie nicht. Es wäre unsinnig, einen Feind zu bekämpfen, der sich bis an die Zähne bewaffnet hat, wenn man verhindern kann, daß Waffen hergestellt und an die Front geschafft werden, die dem Gegner erst seine Gefährlichkeit verleihen. Die militärische Vernunft gebietet von selbst, nach Möglichkeiten zu suchen, um die Rüstungsindustrie des Gegners ebenso wie sein logistisches System zu zerschlagen – also die Werkstätten, Fabriken, Depots und Verkehrswege so empfindlich wie möglich zu treffen. Bereits durch die Konstruktion von Artilleriegeschützen mit großer Reichweite im 1. Weltkrieg, aber vollends durch den Beginn des Luft- und Seekrieges sind die Angriffe auf das Hinterland des Gegners immer entscheidender geworden. Damit ist aber die ethische Auflage der Kombattantentrennung hinfällig: Fabriken und Werkgelände liegen inmitten dichtbesiedelter Städte, und es ist gar nicht durchführbar, daß bei entsprechenden Angriffen etwa nur die Werkanlagen, nicht aber die Frauen und Kinder getroffen werden. Vor allem im 2. Weltkrieg mußten die Luftangriffe der Alliierten 1943–44 zum Schutz gegen eine noch relativ dichte Jagd- und Flakabwehr in großen Höhen und mit massierten Bomberpulks geflogen werden, und das bedeutete allemal: konzentrierte Flächenbombardements auf ganze Großstadtgebiete unter Inkaufnahme von erheblichen Verlusten bei der Zivilbevölkerung.[41] Erst mit den elektronisch gesteuerten *smart bombs* seit der Zeit des Vietnam-Krieges wäre es wieder möglich, exakte Punktangriffe zu fliegen. Aber warum sollte man solche Angriffe fliegen? Je mehr Arbeitskräfte beim Gegner für den zivilen Sektor gebraucht werden, desto tiefer läßt sich seine militärische Rüstungskapazität herunterdrücken , und wenn schon die blanken Terrorangriffe, die Point-blank-Operations à la Luftadmiral Sir Arthur Harris im 2. Weltkrieg, wie wir gesehen haben, psychologisch nicht zweckmäßig waren[42], so haben sie doch diesen strategisch höchst wünschenswerten Nebeneffekt. Ganz selbstverständlich muß es darüber hinaus ein Hauptziel moderner Kriegsführung sein, die Zentren der Schlüsselindustrie des Gegners zu zerschlagen. Die Alliierten z. B. hätten im 2. Weltkrieg durch eine konsequente Zerstörung der Kugellagerfabriken in Schweinfurt mit einem Schlag die deutsche Panzerproduktion vollständig lahmlegen können; sie haben das versucht, aber merkwürdigerweise nicht energisch genug, sonst hätten sie ohne Rücksicht auf Verluste das Stadtgebiet von Schweinfurt ein für allemal in Staub und Asche verwandeln müssen.[43] Den gesamten Krieg hätten sie

[41] K. Zentner: Illustrierte Geschichte des Zweiten Weltkrieges, 323–381; P. Young: Der große Atlas zum II. Weltkrieg, 276–279. – Selbst G. W. F. Hegel, der den Krieg immerhin als »Zustand der Rechtlosigkeit« definierte (Grundlinien der Philosophie des Rechts, § 338; S. 287) und an I. Kants Vorstellungen von einem ewigen Frieden durch einen alle Streitigkeiten schlichtenden Staatenbund nicht glauben mochte (a.a.O., § 333; S. 285), hielt es gleichwohl für realistisch, zu fordern, der Krieg dürfte »nicht gegen die inneren Institutionen und das friedliche Familien- und Privatleben, nicht gegen Privatpersonen geführt« werden. (A.a.O., § 338; S. 287–288) Aber anders als an und gegen Privatpersonen ist noch nie ein Krieg geführt worden.

[42] S. o. S. 93, Anm. 62

[43] Vgl. A. Speer: Erinnerungen, 297.

damit wesentlich schneller beenden können als durch 100000de von Bombentoten später.

Man könnte es sich unter diesen Umständen immerhin zum Ziel setzen, daß wenigstens diejenigen Aktionen und Kriegsmittel untersagt blieben, die der bloßen Einschüchterung des Gegners und nicht einem militärisch notwendigen oder doch wenigstens sinnvollen Ziel dienen. Aber nicht einmal das ist möglich. Man mag urteilen, daß die Versenkung der »Wilhelm Gustloff« mit 12000 Flüchtlingen an Bord durch russische Torpedos[44] im April 1945 oder die Vernichtung der Kunststadt Dresden mit 100000den Flüchtlingen durch die Alliierten im Januar 1945[45] auch militärisch unnötig und folglich verbrecherisch war. Aber wer so urteilt, vergißt, daß jeder Krieg, je länger er dauert, dahin drängt, sich zu totalisieren und dem Gegner jeden nur möglichen Schaden zuzufügen. Es ist eine Illusion zu glauben, man könne einen Krieg ohne so wichtige, zu einer gründlichen Zerstörungsarbeit unerläßliche Gefühle wie Haß, Rache, Vergeltung und sadistische Genugtuung führen, und wer den Krieg als solchen bejaht, muß auch all diejenigen Gefühle mitbejahen, die es überhaupt erst möglich machen, ihn in seiner ganzen Scheußlichkeit zu führen. Vielleicht lassen sich in einer Position weit überlegener Stärke solche Gefühle nebst den sie befriedigenden Greueltaten vermeiden; aber je mehr das Gefühl der Unterlegenheit wächst, je spürbarer die Opfer und das Leid werden, die der Feind verursacht, je erbitterter der Kampf sich gestaltet, desto stärker wird das Bedürfnis nach »gerechter Vergeltung«, mithin nach Revanche und Rache um sich greifen, desto größer auch wird die Lust am Grauen des Gegners nach Taten zu ihrer Befriedigung rufen.

[44] R. Cartier: Der Zweite Weltkrieg, 986.
[45] A.a.O., 966–968.

## d) Der Guerilla-Krieg – die Grausamkeit der Unterlegenen

Bezeichnenderweise sind denn vor allem die Guerilla-Kriege in der Anfangsphase, also zum Zeitpunkt der totalen militärischen Unterlegenheit, reine Terrorkriege. Als 1952 in Kenia der Mau-Mau-Aufstand gegen die britische Kolonialregierung ausbrach, führten die Stammeskrieger der Kikuyu unter Dedan Kimathi nach einer z. T. steinzeitlichen Mentalität den grausamsten Partisanenkrieg, der je geführt wurde. In ihrem Eid mußten die Krieger geloben, sie wollten »töten, wenn der Befehl kommt zu töten, gleich wer das Opfer ist, selbst den eigenen Vater oder Bruder; beim Töten die Köpfe abtrennen, die Augäpfel herausnehmen und die Flüssigkeit in ihnen trinken«, und so massakrierten sie Frauen, Kinder, Männer, das Vieh auf den Weiden unter den entsetzlichsten Verstümmelungen.[46] Die Kühe auf den Feldern wurden nicht getötet, man band ihnen Handgranaten an die Euter, damit die weißen Siedler die gequälten Tiere selber schlachten mußten; Frauen wurden lebend die Brüste abgeschnitten, und was der Gräßlichkeiten mehr waren. Aber gerade mit Hilfe all dieser Grausamkeiten ging das taktische Konzept auf: obwohl 1956 der Krieg militärisch von der britischen Kolonialregierung fast ganz kontrolliert wurde, waren die 60000 Weißen durch die Eskalation der Gewalt auf beiden Seiten psychologisch von den 8 Mio. Afrikanern so weit isoliert, daß Kenia 1963 in die Freiheit entlassen werden mußte. Man wird sich keinen Partisanenkrieg ohne vergleichbare Scheußlichkeiten, ohne Geiselnahme und Geiselerschießungen, ohne die grausamsten Folterungen von gefangenen Geheimnisträgern des Gegners, ohne Sabotageakte gegen lebenswichtige Anlagen, ohne Überfälle gerade auf die Wehrlosen und Schwachen, kurz: ohne die systematische Verletzung aller menschlichen Gefühle vorstellen können.[47] Doch eben von

[46] Ch. Zentner: Die Kriege der Nachkriegszeit, 160.

[47] Dasselbe Gesetz zeigt sich in der wachsenden Grausamkeit, mit welcher regelmäßig die drohende Verliererpartei als erste zu den extrem »unfairen« Mitteln der Kriegsführung greift in der verzweifelten Hoffnung,

dieser Art ist die Kriegsführung der Unterlegenen, und nach allem, was wir psychologisch gesagt haben, muß man sogar zugeben, daß das Recht zumeist eher auf seiten solcher Kämpfer zu finden ist als auf seiten derer, die mächtig genug sind, sich eine moralischer scheinende Kriegsführung leisten zu können. Jedenfalls sind es paradoxerweise vor allem diese unmenschlichen, terroristischen Formen des Krieges, die unumgänglich scheinen, um einer entrechteten und unterdrückten Bevölkerung das Gefühl zu nehmen, daß sie bloß rechtlose Objekte, nicht aber Menschen seien. Die Furcht-

doch noch den entscheidenden Schlag führen zu können; auch der offen ausgetragene Krieg zwischen zwei Völkern, selbst wenn er anfangs noch innerhalb der Regeln der Genfer Konvention bzw. der Haager Landkriegsordnung geführt werden mag, gleitet in seiner Endphase auf seiten der Unterlegenen immer mehr zu den Terrormaßnahmen der Guerilla-Kriegsführung bzw. des Partisanenkrieges ab. (K. ZENTNER: Illustrierte Geschichte des Zweiten Weltkrieges, 512) Insofern wird auch die juristisch an sich sehr wichtige Trennung von Kriegsverbrechen und regulären Kriegshandlungen de facto immer künstlicher und heuchlerischer. Als die Wehrmacht z. B. am 6. Nov. 1943 Kiew aufgeben mußte, besetzten die Russen eine Stadt, in der systematisch mehr als 100000 Menschen von deutschen Militärs ermordet worden waren. Warschau, das am 17. Jan. 45 von den Russen besetzt wurde, nachdem diese tatenlos der Niederschlagung des polnischen Aufstandes zugesehen hatten, war von den Deutschen zu neun Zehnteln dem Erdboden gleichgemacht worden. – Aber nicht nur im Augenblick drohender Unterlegenheit, – selbst schon in Phasen bloßer Erfolglosigkeit am Anfang des Krieges beginnt die Form des Terrors die mangelnde Durchschlagskraft zu kompensieren. Die Belagerung Leningrads im 2. Weltkrieg ist dafür ein Beispiel: die Deutschen wollten die Stadt nicht stürmen, sondern aushungern; so starben allein im Nov. 1941 11000 Menschen an Hunger, die Leiden und Opfer der Bevölkerung der tapferen Stadt waren unbeschreiblich. P. YOUNG: Der große Atlas zum II. Weltkrieg, 89. – D. SCHOSTAKOWITSCH schuf während der Belagerung der Stadt die berühmte 7. »Leningrader Sinfonie«, die er »dem Gedächtnis der Opfer des Vaterländischen Krieges« weihte und die wohl am tiefsten die Gefühle der Eingeschlossenen widerspiegelt. H. RENNER: Reclams Konzertführer, 767. – Zur Anwendbarkeit der Haager Landkriegsordnung von 1899 und 1907 auf den modernen Krieg vgl. U. SCHEUNER: Krieg und Kriegswaffen im heutigen Völkerrecht, in: G. Howe (Hrsg.): Atomzeitalter, Krieg und Frieden, 81–98, der, da alle Mittel zum Aufbau einer internationalen Gerichtsbarkeit zur Vermeidung des kriegerischen Austrags politischer Konflikte versagt haben, auf eine Umgestaltung der Staatenordnung durch wachsende geistige Annäherung hofft.

barkeit eines solchen Krieges jenseits aller Rechtsvorstellungen ergibt sich sogar vornehmlich aus dem Gefühl eines ursprünglichen und unwiderlegbaren Rechtsempfindens. Radikalisierend wirkt zusätzlich die archaische Begrenzung des Bewußtseins auf die eigene Gruppe, das eigene Volk; – außerhalb dieser Gruppe existiert nach der vorhin besprochenen Psychologie primitiver Autostereotype überhaupt keine moralische Begrenzung; gegenüber dem Feind ist jedes Mittel recht. Im Sinne einer höheren Form des ethischen Bewußtseins verstießen Partisanenkrieger wie die Kikuyus gewiß gegen die primitivsten Grundregeln der Menschlichkeit, aber sie selbst teilten dieses Bewußtsein nicht, und es fällt schwer, sie dafür moralisch zu verurteilen.

### e) Der totale Krieg

Doch nicht allein die militärische Unterlegenheit zwingt, etwa in Gestalt des Guerillakampfes, zur Totalisierung der Kriegsmittel und -methoden, es ist, wie bereits Clausewitz vollkommen richtig gesehen hat, die innere Logik des Krieges selbst, bis zur absoluten Vernichtung voranzuschreiten, wenn nicht hemmende Faktoren von außen auf ihn einwirken.[48] Was den Gebrauch der Waffen angeht, so sind die

[48] C. von Clausewitz: Vom Kriege, S. 18–19, hatte mit seiner Mahnung völlig recht, wenn er bzgl. gewisser idealistischer Ideen gegenüber dem Krieg meinte: »Nun könnten menschenfreundliche Seelen sich leicht denken, es gebe ein künstliches Entwaffnen oder Niederwerfen des Gegners, ohne zu viel Wunden zu verursachen, und das sei die wahre Tendenz der Kriegskunst. Wie gut sich das auch ausnimmt, so muß man doch diesen Irrtum zerstören, denn in so gefährlichen Dingen, wie der Krieg eines ist, sind *die* Irrtümer, welche aus Gutmütigkeit entstehen, gerade die schlimmsten. Da der Gebrauch der physischen Gewalt in ihrem ganzen Umfange die Mitwirkung der Intelligenz auf keine Weise ausschließt, so muß der, welcher sich dieser Gewalt rücksichtslos, ohne Schonung des Blutes bedient, ein Übergewicht bekommen, wenn der Gegner es nicht tut. Dadurch gibt er dem anderen das Gesetz, und so steigern sich beide bis zum äußersten, ohne daß es andere Schranken gäbe als die der innewohnenden Gegengewichte.« »Der Kampf zwischen Menschen besteht eigentlich aus zwei verschiedenen Elementen, dem *feindseligen Gefühl* und *der feindseligen Absicht* . . . Man kann sich auch

letzten moralischen Skrupel bereits im 1. Weltkrieg mit dem Konzept der »Materialschlacht« und des »Abnutzungskrieges« endgültig eskamotiert worden. Als die deutschen Truppen auf Befehl Falkenhayns am 21. Febr. 1916 den Angriff auf Verdun eröffneten, geschah dies bewußt in der Absicht, den Gegner »ausbluten« zu lassen.[49] Im Grunde ging es dabei um die Lösung einer Frage, die jeder Bevölkerungsstatistiker in wenigen Minuten auch ohne eine Entscheidungsschlacht hätte beantworten können: welche Seite über eine größere Zahl von Reserven für den Fronteinsatz verfügte. Als am 11. Juli die Deutschen den Angriff einstellten, waren in der Hölle von Verdun 335 000 deutsche und 360 000 französische

die roheste, an Instinkt grenzende Leidenschaft des Hasses nicht ohne feindliche Absicht denken, dagegen gibt es viele feindselige Absichten, die von gar keiner oder wenigstens von keiner vorherrschenden Feindschaft der Gefühle begleitet sind. Bei rohen Völkern herrschen die dem Gemüt, bei Gebildeten die dem Verstande angehörenden Absichten vor; allein dieser Umstand liegt nicht in dem Wesen von Roheit und Bildung selbst, sondern in den sie begleitenden Umständen, Einrichtungen usw ... mit einem Wort: auch die gebildetsten Völker können gegeneinander leidenschaftlich entbrennen.« »Die Erfindung des Pulvers, die immer weitergehende Ausbildung des Feuergewehrs zeigen schon hinreichend, daß die in dem Begriff des Krieges liegende Tendenz zur Vernichtung des Gegners auch faktisch durch die zunehmende Bildung keineswegs gestört oder abgelenkt worden ist.«

[49] Zur Schlacht um Verdun vgl. Ch. Zentner: Illustrierte Geschichte des Ersten Weltkriegs, 163–172. – Bereits Weihnachten 1915 hatte General Erich von Falkenhayn gegenüber Kaiser Wilhelm erklärt: »Einfaches Abwarten in der Defensive, das an sich wohl denkbar wäre, entspricht dem Zweck auf die Dauer nicht. Den Gegnern strömen aus ihrer Überlegenheit an Menschen und Material erheblich mehr Kräfte zu als uns. Es müßte bei diesem Verfahren einmal der Augenblick eintreten, wo das rohe Stärkeverhältnis Deutschland nicht viel Hoffnung mehr ließe. Das Vermögen zum Durchhalten ist bei unseren Verbündeten begrenzt, das unsrige immerhin nicht unbeschränkt.« Zit. bei E. Köppen: Heeresbericht, 143. Die verzweifelte Entschlossenheit, eine Entscheidungsschlacht zu suchen, die dann doch nichts entschied, weil man sich die eigene Schwäche nicht einzugestehen wagte, verweist wiederum auf das Gesetz, daß der jeweils Unterlegene als erster die Kriegsmittel zu radikalisieren und zu totalisieren trachtet, ehe seine Praktiken nach einem vorübergehenden Überraschungsvorteil um so vernichtender auf ihn selbst zurückfallen. Nur der Überlegene kann sich den »ritterlichen« Krieg leisten; m. a. W.: es gibt ihn nicht.

Soldaten gefallen. Es war das erste Mal, daß der Krieg seinen Charakter als Abschlachten des Gegners mit allen Mitteln in voller Roheit enthüllte, und so groß auch das Entsetzen und die Empörung nach 1918 darüber sein mochten, Menschen wie Ungeziefer landstrichweise mit Giftgas ausgerottet oder wie schädliche Heuschreckenschwärme ins Sperrfeuer getrieben zu haben, – in Wahrheit ist das Prinzip des Krieges, das sich in Verdun enthüllte, niemals, weder vorher noch nachher, entscheidend in Frage gestellt worden. Um nur eine Vergleichszahl des 2. Weltkrieges zu nennen: als Hitler am 16. Dez. 1944 sein letztes Aufgebot von 250000 Soldaten in die Ardennenoffensive schickte, fielen innerhalb einer Woche 100000 Soldaten; als am 23. Dez. das aufklarende Wetter endlich den Einsatz der amerikanischen Jagdbomber erlaubte, soll General Patton die beginnende Treibjagd auf die deutschen Soldaten mit den Worten kommentiert haben: »Lovely weather for killing Germans.«[50] Die moralische Lehre, die man aus den Massakern des 1. Weltkrieges zog, bestand nicht darin, den Gebrauch bestimmter Waffen zu begrenzen, also im Grunde den Krieg ein für allemal zu verbieten, sondern Waffen zu ersinnen, die bei möglichster Schonung der eigenen Truppen dem Gegner möglichst hohe, am besten totale Verluste zufügten; und so drängte alles dahin, sich mit allen Mitteln in den Besitz einer solchen absoluten Zerstörungswaffe zu bringen.

[50] R. Cartier: Der Zweite Weltkrieg, 925. – Oder ein anderes Beispiel: allein an der Schlacht von Kursk, die am 5. Juli 1943 begann und das Kriegsglück noch einmal zugunsten der Wehrmacht wenden sollte, waren zwei Millionen Menschen mit 6000 Panzern und 4000 Flugzeugen beteiligt. Die Deutschen verloren bei dem Unternehmen »Zitadelle«, das schon am 10. Juli völlig zum Stehen kam, 20720 Mann, davon 3300 Tote, die sowjetischen Verluste beliefen sich auf 17000 Tote und 34000 Gefangene. P. Young: Der große Atlas zum II. Weltkrieg, 204–205. – Vor allem J. Keegan: Das Antlitz des Krieges, 374–388 hat die sehr berechtigte Frage aufgeworfen, »ob der Mensch von heute der Belastung der Schlacht« mit ihrer Entpersönlichung, ihrem Zwang und ihrer technisierten Grausamkeit »überhaupt noch gewachsen« sei (S. 388). Das Schlimme ist, daß der seelisch Primitivere die Unmenschlichkeit des Krieges stets besser verträgt als der »Zivilisiertere« (s. o. S. 33).

f) Die totale Waffe (die Atombombe) als Waffe gegen den Krieg?

Man verbindet den Schritt zur Realisierung dieses Plans bzw. dieser kriegstechnischen Notwendigkeit zu Recht mit der Konstruktion der Atomwaffen, und manch ein Moralist wirft noch heute den Vereinigten Staaten vor, daß sie als erste die Atombombe gegen Menschen eingesetzt haben. Aber ein solcher Vorwurf ist zu einfach und übersieht das dreifache ethische Dilemma, aus dem die Atomwaffen überhaupt geboren wurden.

Das erste war die Überlegung Albert Einsteins, die es möglich machte, daß ein überzeugter Pazifist[51] seine Einwilligung zum Bau des schlimmsten Vernichtungsgerätes in der Geschichte der Menschheit gab: es mußte verhindert werden, daß die Atombombe, die theoretisch jede Kulturnation mit einem ausreichenden wirtschaftlichen und technischen Vermögen hätte bauen können, zuerst von Nazi-Deutschland entwickelt wurde. Hitler im Alleinbesitz der Bombe, – dem galt es unter allen Umständen zuvorzukommen. Man weiß heute, daß die Deutschen bei ihren Versuchen mit schwerem Wasserstoff auf absehbare Zeit hin keine (Wasserstoff-)Bombe hätten bauen können und objektiv eine solche Gefahr gar nicht bestand; das ändert gleichwohl nichts an dem grundsätzlichen ethischen Problem. Wenn es schon mit ethischen

[51] Zum Bau der ersten Atombombe und der Beteiligung A. Einsteins dabei vgl. R. JUNGK: Heller als tausend Sonnen, 46–48; 97–99; 189–191; 352–356. – A. Einstein forderte immer wieder zu Abrüstung, Kriegsdienstverweigerung, zu einem aktiven Pazifismus seitens der religiösen Organisationen und der geistigen Elite der verschiedenen Nationen sowie zu einer Einschränkung des »sacro egoismo« im Wirtschaftsleben auf. In verzweifeltem Zynismus meinte er einmal, man solle in einem künftigen Krieg am besten die patriotischen Frauen an die Front schicken statt der Männer; denn »warum sollten solche heroischen Gefühle von seiten des schönen Geschlechtes nicht pittoresker verwendet werden als durch einen Angriff auf einen wehrlosen Zivilisten?« A. EINSTEIN: Mein Weltbild, 52. – Berühmt wurde A. Einsteins Brief an S. Freud (a.a.O., 50–52), auf den dieser mit der kleinen Schrift antwortete: »Warum Krieg?« (S. FREUD, Werke, XVI 11–27).

Argumenten nicht möglich ist, den Krieg zu vermeiden, wenn ferner die Ethik sich außerstande zeigt, die Produktion und den Einsatz von Kampfmitteln zu verhindern, die auf eine Totalisierung der Kriegsführung hinauslaufen, dann kann es zu einer ethischen Pflicht werden, die schlimmste Waffe wenigstens der »richtigen« Seite zuzuspielen.

Eine zweite Hoffnung schloß sich dem an. Wenn es möglich wäre, die Wirkung der Bombe vor einem internationalen Publikum zu demonstrieren, so würde vielleicht der *Schrekken* vor der Bombe jede Kriegsabsicht für alle Zeiten im Keim ersticken; mit anderen Worten: die Bombe würde nie eingesetzt zu werden brauchen.[52] Auch dieser Gedanke zeigt, wie die Ethik angesichts ihres eigenen Unvermögens zur Beseitigung des Krieges zu Konsequenzen getrieben wird, die sich immer mehr gegen ihre eigentlichen Ziele und Absichten richten. Die furchtbarste Waffe, die sich denken ließ, erblickte das Licht der Welt als Friedenswaffe. Wenn die Ethik den Krieg nicht bannen konnte, so schien es wiederum ein ethisches Postulat zu sein, den Krieg durch sich selbst zu überwinden, indem man ihn in seiner reinen, logischen Wesensgestalt der Menschheit vor Augen stellte. Die Rechnung Einsteins basierte auf dem Vertrauen, daß der simple Überlebenswille und das allgemeine Grauen die gesamte Menschheit *zwingen* würden, zum ersten Male eine Waffe *nicht* einzusetzen, die man technisch und militärisch bereitstellen konnte; mit einer solchen Entscheidung wäre der Krieg als wechsel-

52 Zu den Überlegungen und Bedenken der in Alamogordo beim Bau der ersten Atombombe tätigen Wissenschaftler sowie deren Fehlinformation vgl. R. Jungk: Heller als tausend Sonnen, 212–219, mit dem Resümee: »die Summe tausender Einzelhandlungen von höchster Gewissenhaftigkeit führte schließlich zu einem Akt kollektiver Gewissenlosigkeit von schauerlicher Größe«. – Die Ambivalenz der Physiker gegenüber »der« Bombe blieb auch nach 1954 noch erhalten, als nach der Zündung einer H-Bombe mit der Wirkung von 600 Hiroshima-Bomben auf dem Marshallarchipel der Fall R. Oppenheimers bekannt wurde. Vgl. R. Cartier: Nach dem zweiten Weltkrieg, 577–580. Vgl. H. Kipphardt: In der Sache Oppenheimer, 139–141, die Begründung Oppenheimers, warum er nicht weiter »die Arbeit des Teufels« tun wolle.

seitige Steigerung aller destruktiven Kräfte bis zum Äußersten zur Niederringung des Gegners *prinzipiell* beseitigt: das Äußerste selbst wäre jederzeit möglich und eine Steigerung bis zu diesem Punkt einfach sinnlos. Aber so vernünftig diese Überlegung schien, so wenig ging Einsteins Rechnung auf. Kriege werden nicht logisch überwunden, sondern nur dadurch, daß die Menschen bis in die Tiefenschichten ihrer Psyche hinein sich so weit ändern, daß sie des Krieges nicht mehr bedürfen. Das aber setzt voraus, daß sie auf diejenigen Absichten verzichten, die nur durch die Niederringung des Gegners zu erreichen sind, und solange das nicht geschieht, ist die logische Absurdität des Krieges (die Zerstörung all dessen, was man erobern oder verteidigen will, durch eben die Mittel, es zu verteidigen oder zu erobern) durchaus noch kein Grund, etwa nicht Krieg zu führen.[53]

Das dritte Dilemma, das die pazifistischen Erwartungen beim Bau der Atombombe denn auch sofort verfliegen ließ, war die Notwendigkeit, die Bombe, die eigentlich den Krieg als solchen beenden sollte, zunächst auf der Stelle zur Beendigung des zweiten Weltkriegs einzusetzen. Als am 6. und 9. August 1945 die beiden ersten Atombomben, eine Uraniumbombe auf Hiroshima und eine Plutoniumbombe auf Nagasaki, abgeworfen wurden und fast 200000 Menschen mit einem Schlag ums Leben kamen, wandte sich die moralische Kritik mit Abscheu gegen die Ungeheuerlichkeit dieser »Waffe«. Aber wieder muß man bedenken, daß es im Grunde *ethische* Argumente waren, die den Einsatz der Bombe diktierten, und es aus der Logik des Krieges, wenn er erst einmal als Notwendigkeit zugestanden wird, überhaupt kein Entrinnen gibt. 1945 stand der amerikanische Generalstab vor der Tatsache, daß es im Rahmen der konventionellen Kriegsführung kein Mittel gab, Japan ohne Invasion zur Kapitulation

[53] Der verzweifelte Widerstand der Juden in Masada (s. o. S. 83, Anm. 55) ist dafür ein Beispiel, aber auch der Kampf der Gallier unter Vercingetorix in dem eingeschlossenen Alesia: CAESAR: Der gallische Krieg, VII 83–89; S. 273–278.

zu zwingen. Am 9. März hatten die Amerikaner 2000 Brandbomben auf Tokio geworfen, 267000 Häuser wurden dabei zerstört, und 84000 Menschen fanden den Tod[54]; im Juli waren fünf große japanische Städte bis zu 70% zerstört worden; die Zahl der Opfer belief sich insgesamt auf fast 1 Million. Aber die japanische Führung ging davon aus, daß Japan 100 Millionen Einwohner zählte, die man unmöglich alle würde töten können.[55] Zudem belehrte die Rücksichtslosigkeit der japanischen Kriegsführung mit ihren Kamikazeeinsätzen und dem Verbot, sich als Kriegsgefangener zu ergeben, die Amerikaner Tag für Tag, daß sie es mit einem Gegner zu tun hatten, der durch kein noch so großes Opfer in die Knie zu zwingen wäre: allein bei dem Sturm auf Okinawa waren 100000 Japaner lieber in den Tod gegangen, als sich zu ergeben.[56] Das einzige Mittel, um Japan zu besiegen, war mithin die Invasion, und nach den überaus verlustreichen und blutigen Kämpfen beim »Inselspringen«, vor allem auf Iwo Jima und Okinawa, sowie bei dem zu erwartenden fanatischen Widerstand der ca. 1,8 Millionen japanischen Soldaten auf den Hauptinseln rechnete man mit eigenen Verlusten von etwa 500000 Toten, – weit mehr als das Doppelte der gesamten amerikanischen Verluste im Kampf gegen Nazi-Deutschland also.[57] *Deshalb* entschied man sich zum Einsatz der Atombombe.

[54] R. Cartier: Der Zweite Weltkrieg, 1036.

[55] A.a.O., 1050.

[56] K. Zentner: Illustrierte Geschichte des Zweiten Weltkrieges, 588.

[57] R. Cartier: Der Zweite Weltkrieg, 1042–1043. – Der Krieg der USA gegen Japan mag übrigens zugleich als ein Paradebeispiel dafür gelten, daß es keinesfalls nur oder vorwiegend wirtschaftliche Gründe sind, die den Krieg verursachen (s. o. S. 39). Der amerikanische Außenhandel mit Japan war 1941 weit größer als der mit China, – insofern hätte die Ausdehnung des japanischen Imperiums die USA eher noch mehr mit Japan verbinden müssen, statt einen Krieg heraufzubeschwören. Aber zu China bestanden gefühlsmäßig engere Verbindungen, und der Anti-Komintern-Pakt störte das amerikanische Weltbild. Als Roosevelt im Juli 1941 das totale Erdölembargo gegen Japan verhängte, wollte er zweifellos keinen Krieg; es war ihm wohl bekannt, daß Japan über Ölreserven nur für zwei Jahre verfügte und sich also dem amerikanischen Druck hätte

Man muß die gräßliche Unausweichlichkeit solcher Zahlen-»spiele« sich so klar wie möglich machen, um die Verstrickungen zu begreifen, in die gerade ein verantwortungsbewußtes *ethisches* Denken und Handeln innerhalb der un-

beugen müssen, aber er machte sich nicht hinreichend klar, daß das japanische Militär sich aus China gar nicht zurückziehen *konnte:* es wäre einem völligen Gesichtsverlust gleichgekommen, wenn man hätte erklären müssen, daß der unter so hohen Opfern bereits seit einem Jahr geführte Krieg nichts anderes war als ein sinnloses Abenteuer. Infolgedessen war es nach der Erklärung des Ölembargos nur eine Frage der Zeit, wann die Japaner den Krieg erklären würden. Aber nun kam es noch paradoxer: Hitler wollte durchaus keinen Krieg gegen die USA, er wünschte dringend, daß Japan die UdSSR angreife, um eine zweite Front im Osten aufzubauen; Japan wiederum fürchtete die UdSSR aufgrund seiner bitteren Erfahrungen in der Mandschurei, es sah sich nun aber mit dem weit mächtigeren Feind: mit den Amerikanern, konfrontiert, und *diese* Herausforderung mußte es akzeptieren. Dabei wollte Japan keinen Krieg mit den USA: noch im Sommer 1941 gab es Bestrebungen, dem drohenden Kriegsausbruch durch ein Gipfeltreffen zuvorzukommen; Prinz Konoye hoffte auf ein Gespräch mit Roosevelt, aber die amerikanische Regierung war von dem Einfluß des japanischen Militärs so überzeugt, daß sie Verhandlungen für sinnlos hielt. Weil das Gipfeltreffen nicht zustande kam, legte Prinz Konoye am 7. Okt. die Regierung nieder; die neue Regierung unter General Tojo setzte sich den 29. Nov. 41 als Ziel: entweder Verhandlungen oder Krieg, und als im November noch einmal japanische Vorschläge an der amerikanischen Unnachgiebigkeit scheiterten, griff man auf die Pläne des großen Admirals Isoroku Yamamoto zurück, der in den USA gelebt hatte und den Aussichten eines Krieges sehr skeptisch gegenüberstand; aber gerade von ihm stammten die Pläne für den Vernichtungsschlag gegen die amerikanische Pazifikflotte. – Ebenso widersprüchlich wie die Japaner gerieten ihrerseits auch die Amerikaner in den Krieg. Auch sie wollten die militärische Auseinandersetzung nicht. Die amerikanische Bevölkerung hatte mitangesehen, wie die Achsenmächte das demokratische Europa Land für Land, Gebiet um Gebiet zerstörten, und das allein war offensichtlich noch kein Kriegsgrund. Die USA versorgten England und die UdSSR mit wichtigen Kriegsgütern, sie führten bereits eine Art unerklärten Krieges gegen Nazideutschland; aber um selbst in den Krieg einzutreten, mußten sie erst selbst angegriffen werden. Daß dies geschah, lag weder im Plan noch überhaupt in der Vermutung der amerikanischen Regierung: man glaubte, daß Japan keinen Krieg wolle und sich durch das Embargo in die Knie zwingen ließ, und jedenfalls glaubte man nicht dulden zu können, daß Japan die ostasiatischen Kolonialgebiete derjenigen Länder okkupierte, die eben selbst von Nazideutschland erobert worden waren. Selbst die Tatsache der japanischen Angriffsvorbereitungen auf Pearl Harbour blieb den Amerikanern verborgen; die amerikanische Abwehr kannte zwar die entrinnbaren Logik des Krieges gedrängt wird; nur dann wird deutlich, daß Moral und Humanität, wenn sie den Krieg nicht von vornherein vermeiden können, augenblicklich zu Handlangern des Krieges umfunktioniert werden und von Stufe zu Stufe selbst zur Eskalation der Kriegsmittel beitragen.

Tatsächlich bestand denn auch die Lehre von Hiroshima und Nagasaki keinesfalls darin, etwa die Atombombe zu ächten. Im Gegenteil. Indem man zum ersten Mal über eine Waffe verfügte, die selbst den verbissensten Gegner zur Kapitulation zwingen mußte, konnte es gegen die Atombombe nur ein Mittel geben: den Bau einer eigenen Bombe; und da die Spaltbomben nur eine bestimmte Größe der kritischen Menge zuließen und ihr radioaktiver Fall-out auch die eigene Bevölkerung gefährden konnte, waren die Anstrengungen beider Supermächte schon wenige Jahre später auf den Bau der Wasserstoffbombe gerichtet, deren Zerstörungsgewalt bei relativ geringem radioaktivem Fall-out sich theoretisch ins Unbegrenzte steigern ließ und mittels deren man eine ständige absolute Drohung gegenüber jeder gegnerischen Drohung aufrecht erhalten konnte.

Für die ethische Beurteilung der »Wahl der Mittel« eines »gerechten Krieges« entsteht daraus eine nicht mehr zu überbietende und nicht mehr aufzulösende Verwirrung. Die ein-

japanischen Codes und hörte den gesamten Funkverkehr mit; trotzdem funktionierte die Tarnung der Japaner perfekt, und der Schlag auf Pearl Harbour traf die Amerikaner am 7. Dez. 41 völlig unvorbereitet. Man kann wohl sagen, daß die amerikanische Regierung den Krieg nicht wollte, aber sie wollte ihn nicht wirklich und um jeden Preis vermeiden, um die Öffentlichkeit zum Krieg in Europa bereit zu machen. – An einem einzigen solchen Beispiel wird deutlich, wie wenig gradlinig der Weg in den Krieg zu sein pflegt, geschweige denn, daß bestimmte monokausale Erklärungen seinen Ausbruch verständlich machen könnten; und in jedem Falle sind die Gefühle verletzten Stolzes, gekränkter Eitelkeit, maßloser Herrschsucht und männlicher Bestätigungssucht wichtiger und maßgeblicher als die so »vernünftig« erscheinenden Gründe wirtschaftlicher Ökonomie und politischer Logik.– Zum Krieg im Pazifik und dem Überfall auf Pearl Harbour vgl. K. Zentner: Illustrierte Geschichte des Zweiten Weltkrieges, 579; R. Cartier: Der Zweite Weltkrieg, 354–357; 364–373.

zige ethisch eindeutige Folgerung müßte schon längst gelautet haben, daß es keinen gerechten Krieg (mehr) gibt – denn der 5. Punkt dieser Lehre von der »Aussicht auf Erfolg« verlangt heute den Einsatz von Waffen, die einer Apokalypse aller Versuche gleichkommen, den Krieg ethisch zu kontrollieren und zu humanisieren. Manche haben denn auch diese Folgerung gezogen und *jeden* modernen Krieg seit Verdun, gleichgültig zu welchem Zweck, ob zum Angriff oder zur Verteidigung verworfen.

## 4. *Die Aporie des Ethischen zwischen Gesinnung und Verantwortung*

Greift man die Terminologie M. Webers auf[58], so wird eine *Gesinnungsethik* zweifellos beim heutigen Stand der Kriegsrüstung nur pazifistisch sein können; das absolute Verbot jedes Krieges ist unter den gegebenen Umständen eine unbedingte Forderung der sittlichen Vernunft. Die Radikalität dieses Postulates ist unteilbar und richtet sich gegen jede Art von Krieg, gleichgültig, ob atomar oder konventionell. Es mag *politisch* ein gewisser Fortschritt sein, etwa bei den START-Verhandlungen gewisse strategische Waffensyste-

[58] M. Weber: Der Beruf zur Politik, in: J. Winckelmann (Hrsg.): Max Weber: Soziologie, Weltgeschichtliche Analyse, Politik, 175–177, erklärte in diesem wichtigen Aufsatz die Aporie für absolut: »Es ist nicht möglich, Gesinnungsethik und Verantwortungsethik unter einen Hut zu bringen oder ethisch zu dekretieren: welcher Zweck *welches* Mittel heiligen solle, wenn man diesem Prinzip überhaupt irgendwelche Konzessionen macht.« Mit Recht wendet M. Weber sich gegen eine Simplifizierung der Problematik durch eine gradlinige Auslegung der Bergpredigt in Richtung einer eindeutig formulierbaren Ethik des Politischen und verficht demgegenüber die These von der ethischen Irrationalität der Welt: »Auch die alten Christen wußten sehr genau, daß die Welt von Dämonen regiert sei, – und daß, wer mit der Politik, das heißt: mit Macht und Gewaltsamkeit als Mitteln, sich einläßt, mit diabolischen Mächten einen Pakt schließt, und daß für sein Handeln es *nicht* wahr ist, daß aus Gutem nur Gutes, aus Bösem nur Böses kommen könne, sondern oft das Gegenteil. Wer das nicht sieht, ist in der Tat politisch ein Kind.« A.a.O., 178.

me, also vor allem gewisse Atomwaffen und deren Trägersysteme, zu begrenzen; aber *moralisch* ist es absurd, im Stil der Anti-Atomtod-Kampagne lediglich die A-Waffen ächten zu wollen, unterhalb der atomaren Apokalypse aber weiter konventionell den Krieg für möglich zu halten. Nachdem die Entwicklung des Krieges vor keiner einzigen moralischen Hemmschwelle halt gemacht hat, gibt es keinen Punkt mehr, an dem ein Gegner, der zu unterliegen droht und zur Herstellung der A-Waffen befähigt ist, nicht wie von selbst zu dem entscheidenden Schlag gedrängt wird. Wenn es etwas zu verurteilen gibt, ist es heute der Krieg an sich, keinesfalls nur seine atomare Austragungsform. Jedenfalls ist nicht einzusehen, wieso es moralisch »besser« sein soll, durch Napalm zu verbrennen oder durch Dum-Dum-Geschosse zerfetzt zu werden, als durch eine Neutronenbombe zerstrahlt zu werden. Außerdem müßte ein »konventioneller« Krieg zwischen den Großmächten bei den enormen wirtschaftlichen und technischen Möglichkeiten der Rüstungsindustrie auf schier unbegrenzte Zeit hin unentschieden bleiben, und er würde sowohl durch seine Dauer als auch durch seine Zerstörungskraft zweifellos ebenso viel Leid und Unheil anrichten können wie ein atomarer Schlagabtausch in wenigen Minuten. Selbst ein Agrarstaat wie Nordvietnam konnte nach dem kräfteverzehrenden Kampf gegen die französische Kolonialmacht den Amerikanern noch mit 20, 30 Jahren Krieg drohen; um wieviel verheerender ein »konventioneller« Krieg zwischen den Großmächten wäre, kann sich jeder denken.

Man mag sich also drehen und wenden, wie man will. Solange überhaupt irgendwelche ethischen Maßstäbe für die Methoden des modernen Krieges gelten sollen, kann man den Krieg nur total und bedingungslos ablehnen, und da der moderne Krieg nur eine konsequente Spätform dessen darstellt, was zu allen Zeiten Krieg geheißen hat, wird man die gesamte Lehre vom gerechten Krieg rückblickend wie vorausblickend nur als eine haltlose Illusion betrachten können.

Aber unglückseligerweise ist es nicht möglich, sich auf eine

Ethik der bloßen Gesinnung zu beschränken. Viele Pazifisten, die in den Ländern, die es erlauben, den Wehrdienst verweigern, mögen dem Glauben huldigen, durch ihre Entscheidung angesichts des Krieges sich einen Status der Unschuld bewahren zu können; doch auch sie entrinnen dem ethischen Dilemma des Krieges nicht. Es kann nicht für ethisch gelten, auf narzißtische Weise nur der Beruhigung seines Gewissens zu dienen. Zur Ethik gehört es, neben der Lauterkeit der eigenen Motive auch die absehbaren Folgen des eigenen Handelns zu verantworten. Verantwortungsethisch ist es aber nicht, hinzunehmen, daß der Verzicht auf eigene Wehrbereitschaft dem Zynismus der Gewalt und dem Großmachtstreben Tür und Tor öffnet. Man kann es nicht guten Gewissens verantworten, Pazifist zu sein, wenn der eigene Friedenswille von einem aggressiven Gegner als »nützliche Idiotie« bereits von vornherein in das Kalkül seiner Pläne eingesetzt wird.[59] Man kann in dieser Welt den Pazifismus, die moralische Verurteilung des Krieges, schlechterdings nicht verantworten, wenn dadurch einem Adolf Hitler die Eroberung Europas oder dem Militarismus der Japaner von 1940 die Eroberung ganz Ostasiens ermöglicht wird. Solange der entmilitarisierte Status eines Landes immer wieder nur als Machtvakuum und als Aufforderung zur Eroberung für das Nachbarland verstanden wird, kann niemand, der politische Verantwortung trägt, einem bedingungslosen

[59] Ein unvergeßliches Musterbeispiel solcher »nützlichen Idiotie« ist das Münchener Abkommen vom 29. Sept. 1938 zwischen Deutschland, Großbritannien, Frankreich und Italien, in: W. Hofer (Hrsg.): Der Nationalsozialismus. Dokumente 1933–1945, 205–206. Wie erpresserisch das Abkommen wirklich gemeint war, zeigt Hitlers Rede vom 26. 9. 38: »Wir wollen gar keine Tschechen!« A.a.O., 207–208. – Die »pazifistischen Illusionen« der »gelehrten Dummköpfe« und der »alten Weiber der II. Internationale« verurteilte W. I. Lenin im Mai 1920 in der Abhandlung »Der ›Radikalismus‹, die Kinderkrankheit im Kommunismus«, A. W. Bd. 10, 54–64, in: I. Fetscher (Hrsg.): W. I. Lenin: Theorie, Ökonomie, Politik, 356. – Zur Persönlichkeit und Radikalität Lenins vgl. M. Sperber: Sieben Fragen zur Gewalt, 71–94 (Der vielfache Tod des Wladimir Iljitsch).

Pazifismus zustimmen, d. h., es ist allenfalls eine Gunst der historischen und geographischen Umstände, wenn es einem Land erlaubt ist, sich aus den kriegerischen Händeln der Zeit herauszuhalten, aber es liegt nicht innerhalb der moralischen Entscheidung, diese Umstände zu schaffen. Man kann nicht erwarten, daß der Gang der Weltgeschichte sich nach dem Schlag der Schweizer Kuckucksuhr bemißt statt nach dem Kanonendonner von Austerlitz oder Stalingrad, und so wird die Ethik angesichts des Krieges, den sie nicht verhindern kann, in einen vollkommenen Widerspruch ihrer selbst zwischen Gesinnung und Verantwortung geführt.

### 5. *Die Konzeption vom Gleichgewicht des Schreckens zur Friedens-»sicherung« und ihre Widersprüche*

Der höchste denkbare Ausdruck dieser Widersprüchlichkeit besteht in der modernen Militärkonzeption vom Gleichgewicht des Schreckens.[60] Wenn weder der Krieg noch der

[60] Wie alt – und wie vergeblich als Mittel zur Friedenssicherung – die Theorie vom Gleichgewicht der Kräfte ist, zeigt R. WILHELM (Übers.): Frühling und Herbst des LÜ BU WE, XIV 5, S. 190, wo es in dieser ersten Enzyklopädie des alten China (Mitte des 3. Jh.'s v. Chr.) geradezu klassisch im Sinne der modernen Militärtheorien heißt: »Ob ein Staat in Ordnung ist oder Unordnung ist, ob er bestehen bleibt oder untergeht, ob er in Ruhe oder Gefahr kommt, ob er stark oder schwach ist: immer kommt es darauf an, daß er mit seinem Gegenteil zusammenstößt, dann stellen sich die Folgen ein. Wenn die beiden feindlichen Teile auf derselben Stufe stehen, so können sie einander nichts anhaben.« Es folgen dann drei historische Beispiele über den Vorteil des Überraschungsangriffs gewisser Herrscher. »Alle diese drei Fürsten erreichten ihre Erfolge (sc. in der militärischen Eroberung, d. V.) nicht mit durchaus lauteren Mitteln, aber von der Nachwelt werden sie wegen ihrer Verdienste gerühmt.« A.a.O., S. 194. – Ebenso warnend wie melancholisch meinte O. SPENGLER: Der Untergang des Abendlandes, II 1106–1107 vor allem von den Utopien eines innergeschichtlichen Weltfriedens: »Die Kriege im Zeitalter des Weltfriedens sind Privatkriege, furchtbarer als alle Staatenkriege, weil sie formlos sind. – Denn der Weltfriede – der oft schon dagewesen ist – enthält den privaten Verzicht der ungeheueren Mehrzahl auf den Krieg, damit aber auch die uneingestandene Bereitschaft, die Beute der anderen zu werden, die *nicht* verzichten. Erst mit dem Ende der großen Geschichte tritt das heilige, stille Wachsein wieder hervor.«

Verzicht auf Rüstung moralisch zu verantworten ist, so läßt sich der bestehende Gegensatz nur überbrücken, indem man die Zielsetzung der Rüstung ändert und alle Begriffe von Krieg und Frieden dialektisch umwertet. Der Sinn der Rüstung kann nicht länger darin liegen, wirklich Krieg zu führen; er muß darin gesucht werden, im Verteidigungsfalle mit dem Krieg auf eine so vernichtende Weise drohen zu können, daß kein möglicher Gegner sich irgendeinen Vorteil von einem Angriff versprechen kann, sondern im Gegenteil mit seiner völligen Vernichtung rechnen muß. Die Fähigkeit zur absoluten Drohung erscheint damit als das einzig verantwortbare Instrument der Friedenssicherung. Kriegsdienst wird jetzt zum Friedensdienst, die pazifistische Wehrdienstverweigerung aber gerät in den Verdacht der Kriegsbegünstigung; bestenfalls kann jetzt zur moralischen Augenwischerei beides »Friedensdienst« heißen: es gibt nunmehr per Deklaration einen Friedensdienst mit der Waffe und einen Friedensdienst ohne Waffe.

Es ist klar, daß eine solche Dialektik dem ethischen Dilemma nur einen zugespitzten Ausdruck, nicht aber eine Lösung verleiht. Im Gegenteil treten jetzt drei neue Probleme auf, die prinzipiell nicht zu lösen sind und die Verwirrung nur endgültig machen.

### a) Die militärische Drohung als moralischer und psychischer Ernstfall

Das erste ist die schon erwähnte Unmöglichkeit, moralisch zwischen Kriegsdrohung und Kriegsvorbereitung zu unterscheiden. Als man auf dem evangelischen Kirchentag 1981 Bundeskanzler H. Schmidt während einer öffentlichen Anhörung fragte, was er denn im »Ernstfall« mit den bereitgestellten und noch bereitzustellenden Vernichtungswaffen tun würde, antwortete er wie üblich: die Bereitstellung der Waffensysteme diene eben dem Zweck, ihren Einsatz für alle Zeit zu vermeiden, und er hoffe, daß der »Ernstfall« niemals eintreten werde. Aber wenn nun der »Ernstfall« doch eintritt? Darauf gab der Kanzler eine ebenso kennzeichnende wie falsche Antwort; er sagte, das Gewissen sei nie abstrakt, sondern nur konkret, darum könne er jetzt nicht sagen, was er im »Ernstfall«, den er gerade vermeiden wolle, tun werde und welche Entscheidung er dann treffen zu müssen glaube. Natürlich wurde diese Antwort von manchen Hörern mit Schulterzucken als Ausweichen vor der Wahrheit empfunden, und das mit Recht. Es sei einmal davon abgesehen, daß für den »Ernstfall«, also bei einem Angriff des Warschauer Paktes in Mitteleuropa, die Staffelung der Gegenmaßnahmen längst nach Art eines Räderwerkes programmfertig festliegt und nicht den geringsten Spielraum zu Interpretationen und neuen Entscheidungsprozessen zuläßt; es sei auch davon abgesehen, daß bei einem konventionell geführten Angriff, vermutlich mit massierten Panzerstreitkräften und einem dichten Luftschirm aus Bodenluftraketen und Jägern, eine »Warnzeit« zu Überlegungen irgendwelcher Art so wenig existieren wird, wie bei dem ägyptischen Angriff auf die Bar-Lev-Linie zu Beginn des Jom-Kippur-Krieges, dieses besten Schaustücks moderner sowjetischer Kriegsführung; es sei schließlich auch noch davon abgesehen, daß in einem solchen »Ernstfall« die Amerikaner, die allein über den Einsatz atomarer Waffen entscheiden, ohne weiteres ihre Militärmaschinerie druckknopfbereit in Gang setzen würden. Ethisch entscheidend ist allein, daß es ein moralisches Splitting zwischen konditionierter Kriegsdrohung und konditionierter Kriegsbereitschaft nicht gibt. Ein Gegner, der weiß, daß man sich die eigene Drohung im »Ernstfall« doch noch einmal überlegen wird, erhält eben jenen Spielraum der Unsicherheit, der die Versuchung zum Krieg ausmacht. Die absolute Drohung verlangt notwendig die absolute Ernsthaftigkeit des Kriegswillens im Notfall.

Zudem entsteht hier ein psychologisches Problem. Ein Zwanzigjähriger, der monatelang geschult wird, wie er einen Gegner am rationellsten und auf die eleganteste Weise

»kampfunfähig machen«, also am empfindlichsten und schnellsten verletzen und töten kann, vermag seine Künste unmöglich in Form der Hypothese zu erlernen, daß er all die Scheußlichkeiten seines Trainings niemals anwenden wird; im Gegenteil: die Attrappen hypothetischer »Gegner« dienen gerade dazu, wirkliche Personen und Kampfszenen insoweit zu simulieren, daß sie psychisch als echt empfunden werden; es gilt, seine eventuellen Ängste, Skrupel und Tötungshemmungen soweit herabzusetzen, daß er auf Befehl bereit ist, alles zu tun, was von ihm verlangt wird. Der Drill, die Methoden der Disziplinierung, der absoluten Gehorsamsverpflichtung, der Einschärfung des bedingungslosen Respektes vor Rangabzeichen, die den Status und das Gefälle der Befehlshierarchie sichtbar machen, die Delegation vor allem der eigenen Verantwortung, die Erzeugung der Gewißheit schließlich, aus der eigenen begrenzten Perspektive sicherlich nicht mehr zwischen Richtig und Falsch entscheiden zu können – all das bildet die unerläßliche Voraussetzung zur Ausbildung eines »richtigen« und brauchbaren Soldaten. Ein solcher hat im »Ernstfall« nicht zu überlegen, sondern zu gehorchen – kein General der Welt kann sich eine Truppe leisten, die auf einen Fall hin trainiert, über den sie, wenn er eintritt, erst noch einmal nachdenken wird. Der Wehrdienst selber ist *moralisch* der Ernstfall; man kann hoffen, gerade durch den moralischen Willen auch zum Schlimmsten realistischerweise das Schlimmste zu verhüten, aber das ändert nichts an der ethischen Konsequenz: man kann nur mit dem Schlimmsten drohen, wenn man sich moralisch fähig macht und willens ist, das Schlimmste auch im angedrohten Fall zu tun. Schließlich ist ein Krieg selbst in seinen einzelnen Handlungen von den unmittelbaren Akteuren überhaupt nur zu führen, weil alle menschlichen Regungen, einschließlich der moralischen Empfindungen, auf ein Mindestmaß reduziert sind: es ist undenkbar, Verdun, Ypern, Stalingrad oder Kursk »durchzustehen«, ohne die völlige Abstumpfung durch Hunger, Kälte, Übermüdung und die apathische Gewöhnung selbst an die ungeheuerlichsten Dinge. Erst wenn jeder eigene Gedanke, jedes eigene Gefühl als etwas Störendes ausgeschaltet und durch einen fast tierischen Instinkt bloßer Überlebensreflexe ersetzt worden ist, formt sich das, was man einen »kriegsverwendungsfähigen Soldaten« nennen kann. Ein solcher entscheidet über nichts mehr, er verhält sich nur noch so, wie es der Augenblick erfordert; ein solcher kämpft nicht mehr für höhere Werte, er weiß nur nicht, wie er aus der *merde* anders herauskommen soll außer durch das bloße Mit- und Weitermachen, gehalten durch den Zwang der Gruppensolidarität und verführt durch den Sog archaischer Gefühle von Gruppenallmacht und Gruppensicherheit. Selbst wenn er dabei ahnt, daß er auf diese Weise nur immer tiefer in das Verhängnis hineingezogen wird, vermag er nicht mehr anders, als dem Gesetz der Schwerkraft wie ein Stein im Wurf zu folgen. Wenn es schon nicht möglich war, sich in wohlgenährtem und ausgeruhtem Zustand, ohne Druck von außen und versehen mit allen nötigen Hilfsmitteln geistiger Anregungen zu einer eindeutigen Stellungnahme gegen den Krieg durchzuringen, – im sogenannten Ernstfall wird es in jedem Fall auch subjektiv dafür zu spät sein. Vermutlich ist die Möglichkeit des Krieges psychologisch gerade deshalb so schwer begreifbar, weil jeder Krieg Menschen voraussetzt, die in ihrem Wesen völlig alteriert sind: den aus dem Krieg Zurückgekehrten jedenfalls erscheint ihre »Frontzeit« regelmäßig wie eine traumhaft-unwirkliche, fremde Welt. Bellum dulce inexpertis – nur wer den Krieg nicht kennt, kann ihn für etwas Großes halten, sagte Erasmus von Rotterdam; aber das schließt nicht aus, daß am Ende bei den Betroffenen die Angst, die Opfer und das unsägliche Leid dem Krieg eine Gloriole verleihen, die er in Wahrheit nie besessen hat, und das Delirium des Krieges, eben erst vorüber, erzeugt sogleich den nächsten Suchtanfall: schon weil es so unendlich viel gekostet hat, muß der »Koloß«, wie ihn Francesco Goya malte, all seiner Opfer wert sein: der Krieg, der jeden menschlichen Wert tötet, erscheint schließlich als Wert an sich, als ein Mysterium jenseits des Spielraums eigener Entscheidung. Erst die moralische Preisgabe seiner selbst ermöglicht die psychische Existenz des Soldaten.

b) Die ständige »Verbesserung« der Waffen

Zum zweiten erhält gerade zur Zeit das Konzept der Kriegsvermeidung durch ein Gleichgewicht der Kriegsrüstung und der potentiellen Gegendrohung eine bizarre Zuspitzung. Spätestens seit der Zündung der ersten Wasserstoffbombe am 2. Nov. 1952 auf dem Bikini-Atoll ist die Drohung mit dem atomaren Gegenschlag nicht nur mörderisch für den Gegner, sondern selbstmörderisch; es stellt sich daher seit Beginn des atomaren Wettrüstens die Frage, inwieweit eine Drohung glaubwürdig sein kann, die alles mit in den Abgrund reißt, was zu schützen man vorgibt. Insbesondere in dem immer wieder angenommenen Fall eines konventionellen Angriffs der Warschauer-Pakt-Staaten scheint es unsinnig, mit einem Einsatz der strategischen A-Waffen zu drohen; die eigenen Opfer wären dabei unverhältnismäßig hoch, und die Gefahr eines atomaren Gegenschlags des Gegners ließe sich nicht mehr vermeiden. Wer aus ethischen Gründen die Konzeption vom Gleichgewicht der Kräfte und vom Erhalt des Friedens durch gegenseitige Drohung akzeptiert, muß daher notgedrungen auch die militärische Logik annehmen, wonach es gegen einen drohenden Atomschlag des Gegners als erstes darauf ankommt, die Produktion von Defensivwaffen, also vor allem das Anti-Raketen-Raketen-Programm und die Aufstellung von Panzerabwehr-Lenkwaffen, so intensiv wie möglich voranzutreiben.

Vielleicht mag jemand denken, daß gerade eine solche Begrenzung auf Defensivwaffen das ethische Gebot der Stunde sei. Aber die Einschränkung der militärischen Mittel auf die Defensivstrategie hat ziemlich enge Grenzen: jeder Jäger muß intelligenter sein als sein Opfer, und nur ein hoher elektronischer Vorsprung erlaubt es, die Gefahr eines atomaren Erst- oder Zweitschlages des Gegners durch eine geeignete Raketenabwehr auf ein erträgliches Niveau herabzusetzen. Das elektronische Know-how aber ist nicht endlos zu steigern; es ist außerdem ein Vorzugsobjekt der gegnerischen Spionage und insofern kein Garant für stabile Sicherheit; vor allem aber ist wiederum nicht einzusehen, wieso jemand moralisch besser sein soll, nur weil er über den technischen und wirtschaftlichen Vorsprung verfügt, um sich eine eher defensive Form der Kriegsführung leisten zu können.

Zum anderen wird es im militärischen Planspiel der Abschreckung darauf ankommen, daß man es vermeidet, im Grunde mit dem eigenen Selbstmord zu drohen; man muß also darauf hinwirken, daß der Einsatz der taktischen atomaren Waffen gegen einen konventionellen Angriff nicht die eigene Existenz gefährdet. Seit 1967 versucht das Nato-Konzept der *flexible response* sogar den Einsatz von Atomwaffen überhaupt möglichst lange zu vermeiden, um durch den Einsatz adäquater konventioneller Waffensysteme gegen einen konventionellen Angriff noch einen größtmöglichen Spielraum für Verhandlungen zu schaffen. Aber auch dieses heute fast unumstößliche Dogma der westlichen Militärtheoretiker mutet absurd an und enthält psychologisch einen offenbaren Denkfehler: wenn es bereits nicht möglich war, trotz der furchtbaren gegenseitigen Drohungen den Ausbruch eines Krieges zu vermeiden, wenn man ferner bei einem noch weit geringeren Grad der inneren Erbitterung und militärischen Entschlossenheit nicht fähig war, einem Kriegsausbruch zuvorzukommen, wie will man dann glauben, daß ausgerechnet unter den ungünstigsten Bedingungen: dem Druck der Zeit, dem verselbständigten Gang der Ereignisse und der rasch sich ausdehnenden Gefühle von Angst, Haß, Zorn und Rache sowie den sie begleitenden ideologischen Rechtfertigungen eine verbesserte Aussicht auf Verständigung bestehen sollte? Außerdem verlangt scheinbar gerade die Theorie der flexible response, daß die Kluft zwischen den konventionellen Waffen und den Atomwaffen durch gewisse Zwischenstufen überbrückt wird. Die amerikanischen Militärs haben daher als erste die *Neutronenbombe* entwickelt, über die seit 1978 viel diskutiert wird.[61] Bei der Neutronenwaffe handelt es sich um die Kombination einer Spaltbombe als Zündung mit einer Mini-Wasserstoffbombe, deren verstärkte Neutronenstrahlung bei hoher Punktgenauigkeit in einem begrenzten Umkreis durch die Ionisationswirkung im biologischen Gewebe alles Leben tötet, ohne durch Druck- und Hitzeentwicklung die materiellen Objekte zu zerstören oder durch eine zu hohe Reststrahlung das betroffene Gebiet für längere Zeit unzugänglich zu machen. In der sehr hitzig geführten Debatte um diese Waffe vergißt man meist die unabweisbare Logik, die in der militärischen Konzeption enthalten ist: um glaubwürdig drohen zu können, muß man Waffen haben, die nicht die eigene Existenz aufs Spiel setzen, wie z. B. die Wasserstoffbombe; wenn man einem massierten konventionellen Angriff nicht mit konventionellen Mitteln begegnen will, z. B. um auf der Seite des personellen Einsatzes zu sparen, so ist es nur konsequent, in der dritten Generation der Atomwaffen die Wasserstoffbombe zur Größe eines Artilleriegeschosses zu miniaturisieren. Die »Perversion des Denkens«, von der Egon Bahr gesprochen hat, beginnt durchaus nicht bei einer Waffe, die die Menschen tötet, aber das Material schont; sie beginnt beim

[61] Zur medizinischen Auswirkung der Neutronenbombe vgl. PH. SONNTAG: Wie der Mensch zum Strahlenopfer wurde, in: Bild der Wissenschaft, 4/1978, 52–64. Zur politischen und militärischen Problematik der Neutronenbombe vgl. F. M. KAPLAN: Kommt die Neutronenbombe, in: Bild der Wissenschaft, 4/1978, 65–71. Zu den technischen und physikalischen Grundlagen der Wirkungsweise der Neutronenbombe vgl. a.a.O.: Wie funktioniert die Neutronenbombe, S. 72–76. – Zur Wirkung und Auswirkung von Kernexplosionen überhaupt vgl. D.-M. HARMSEN: Physikalische Grundlagen. Der Mechanismus einer Kernexplosion, ihre Größe und relative Sauberkeit, in: F. Demmig, D.-M Harmsen, K.-F. Saur: Kernexplosionen und ihre Wirkungen, 21–43. Zur physikalischen, chemischen und biologischen Wirkung radioaktiver Strahlung im Gewebe vgl. H.-D. SCHARRING: Biologische Auswirkungen radioaktiver Strahlung, in: F. Demming, D.-M. Harmsen, K.-F. Saur: Kernexplosionen und ihre Wirkungen, 169–191.

Krieg selbst, der in nichts anderem besteht, als Menschen zu töten, um sich ihres Landes und ihres Eigentums bemächtigen zu können. In der militärischen Logik der Abschreckung soll die Neutronenwaffe demonstrieren, daß man jeden denkbaren konventionellen Angriff mit atomaren Mitteln ohne die Gefahr der Selbstzerstörung abwehren kann; es geht nicht darum, einen Krieg »gewinnbar«, sondern überhaupt führbar, also zu einem glaubwürdigen Drohmittel zu machen. Man kann zu Recht darauf hinweisen, daß der Warschauer Pakt, würden seine angreifenden Panzer durch die Neutronenwaffe in rollenden Schrott verwandelt, zu einem atomaren Sofortschlag provoziert wird, aber dagegen richtet sich die ohnehin vorhandene Drohung des atomaren Overkills beim Gegenschlag: niemand ist imstande, durch einen Erstschlag die Raketenbasen des Gegners in den U-Booten, Satelliten-Bomben und landgestützten Stellungen für einen Vergeltungsschlag auszuschalten. Innerhalb einer Politik der Friedenssicherung durch Abschreckung müssen die militärischen Mittel auf allen Stufen schrecklich genug sein, und man wird sich damit abfinden müssen, daß die Logik des Krieges, solange sie dauert, nur immer drohendere und furchtbarere Monstren von »Waffen« gebiert. Solange es nicht möglich ist, diese Logik selbst zu unterlaufen, wird man mit der moralischen Ächtung einzelner Waffensysteme nicht den geringsten Erfolg haben; die politischen Zweckmäßigkeitserwägungen hingegen, z. B. für oder gegen die Neutronenbombe, die Pershing II oder die Bereitstellung der Cruise Missiles mögen im Einzelfall zu wichtigen pragmatischen Schritten in Richtung auf weniger Rüstung führen, aber sie sind nur mittelbar von ethischem Interesse, und sie haben am Gesamtproblem des Krieges noch nie etwas geändert – von ihrer praktischen Erfolglosigkeit bisher einmal ganz abgesehen.

### c) Ökonomische Kriegsführung

Das dritte Dilemma ergibt sich eben hieraus: indem die moderne Rüstung zu einem ständigen militärischen Patt drängt oder aber sogleich in die Gefahrenzone eines möglichen Krieges zu geraten droht, wird aus dem militärischen Krieg ein ökonomischer. Der Kampf, der auf dem Schlachtfeld nicht mehr zu gewinnen ist, kann möglicherweise immer noch politisch durch die wirtschaftliche Übermacht und die damit verbundene Rüstungskapazität einer der beiden Seiten entschieden werden. Aber auch eine solche Strategie, den Gegner »totzurüsten«, verfängt nicht. Es ist nicht auszuschließen, daß ein Gegner am Rande des wirtschaftlichen Ruins, gerade wenn er kapitulieren müßte, zu einer alles vernichtenden Verzweiflungstat ausholt; die Gefahr besteht, daß gerade der Erfolg der einen Partei zum endgültigen Ende aller Parteien gerät und man also in jedem Falle nur seinem eigenen Verderben hinterherrüstet. Vor allem aber ist das Hauptargument der Abschreckungstheorie, durch das Rüstungsgleichgewicht wenigstens einen Zustand des Nichtkrieges ermöglicht zu haben, trügerisch. Die Verlagerung der militärischen in die wirtschaftliche Auseinandersetzung ist kein »Nichtkrieg«, sondern sie richtet wirtschaftlich wie ökologisch furchtbare kriegsähnliche Zerstörungen an. Die ungeheuerlichen Summen, die in die Rüstung fließen, fehlen in den Ländern der Dritten Welt, die, vom Beispiel der Industrienationen und deren Verkaufsinteressen verleitet, selber, an dem Massenelend ihrer Bevölkerung vorbei, sich den Luxus riesiger Waffeneinkäufe leisten.[62] An dem »Nicht-

[62] Vgl. U. Albrecht, D. Ernst, P. Lock, H. Wulf: Rüstung und Unterentwicklung, 126–127, am Beispiel Indiens. – Zum jetzigen Stand der Rüstungsausgaben vgl. M. Brzoska, P. Lock, H. Sellin: Rüstungsjahrbuch 80/81, SIPRI, 1980. – Zum Stand der gegenwärtigen *Kernwaffenrüstung* meint die *»UNO-Studie Kernwaffen«*, die Hauptgefahr liege heute darin, daß die Technologie zur Verbesserung der Zielgenauigkeit der Trägersysteme die Entwicklung mehr bestimme als die Politik (S. 199–200). »Es gibt heute mindestens 40 000 bis 50 000 Kernwaffen, deren Zerstörungskraft zusammengenommen mehr als einer Million Hiroshi-

krieg« des Wettrüstens verhungern jährlich 15 Millionen Kinder; zur Beschaffung der notwendigen Rohstoffe müssen riesige Industrien in die Natur hineingesprengt und gewaltige Naturvorräte ausgebeutet werden, kurz: der Aufwand, den großen Krieg zu vermeiden, verlangt Opfer an Mensch und Natur, die das Ausmaß vergangener Kriege weltweit bereits jetzt schon um ein Vielfaches übersteigen. Die Kriegsvorbereitung, die aus Verantwortung zur Kriegsvermeidung betrieben wird, ist selber ethisch unverantwortlich.

Man steht also wieder am Anfang des Teufelskreises: man ist aus Verantwortung zur Vorbereitung eines Krieges gezwungen, dessen Vorbereitung wie Durchführung den Tatbestand des Verbrecherischen, des in jedem Falle Unverantwortlichen erfüllt; man kann aber aus Verantwortung auch nicht darauf verzichten, einen Krieg vorzubereiten, der unverantwortbar ist.

## *III. Die Illusion einer ethischen Lösung des Krieges*

Durch die Aporie der Verantwortungsethik angesichts des Krieges könnte sich jetzt vielleicht ein Gesinnungsethiker um so mehr zu einem eindeutigen Pazifismus ermutigt sehen. Aber auch eine solche Entscheidung wirkt innerhalb der bestehenden Konstellationen gegen das eigene Anliegen: je mehr junge Leute im wehrfähigen Alter den Wehrdienst verweigern, desto mehr zwingen sie gegenwärtig die Militärs, den Ausfall an Mannschaftsstärke und Wehrbereitschaft durch eine »Verbesserung« der Waffensysteme zu kompensieren, und ihre Ablehnung bestimmter Waffen trägt in der Regel mit dazu bei, die Todesfabrik Krieg nur noch weiter zu

ma-Bomben entspricht, oder anders ausgedrückt, es gibt 13 Milliarden Tonnen TNT, was einer Menge von mehr als 3 Tonnen für jeden Mann, jede Frau und jedes Kind dieser Welt gleichkommt.« (S. 199). – Zum Arsenal der Raketen und Bomber in Ost und West vgl. P. Koch: *Wahnsinn Rüstung*, 17–61.

mechanisieren und zu rationalisieren. Es gibt keine einzige ethische Entscheidung, die in der Tretmühle des Krieges, in der Logik der Angst, in dem eskalierenden Wechselspiel von Gewalt und Gegengewalt sich nicht dialektisch selbst widerlegen würde. Man kann es daher nicht oft genug sagen: der Krieg ist die Widerlegung der Ethik selbst; er ist das Symptom einer Problematik, bei deren Lösung die Ethik notwendig zu spät kommt.

Es ist daher ein trügerischer Weg, dem Unheil des Krieges mit moralischen Notverordnungen beikommen zu wollen, und die Ethik, die aus dem Scheitern des Religiösen hervorging, kann durch ihr eigenes Scheitern nur immer wieder auf die Notwendigkeit einer religiösen Wandlung des Menschen zurückverweisen. Daß in der Vergangenheit eine solche Wandlung noch nie wirklich und umfassend gelungen ist, müßte vielleicht auf die Dauer doch kein Grund sein, an die Möglichkeit einer solchen Wandlung nicht zu glauben, jedenfalls war die bestehende Notlage noch nie so groß, der Krieg noch nie so alles vernichtend und die Überlebensfrage der Menschheit noch nie so total.

Freilich ist die äußere Not und die äußerst zugespitzte Aporie des Krieges, auf die immer wieder verwiesen wird, nur ein schwacher Grund, um auf eine wirkliche Wandlung der menschlichen Geschichte zu hoffen: wann je hätte der Wahnsinn menschlicher Angst vor irgendeiner realen Grenze haltgemacht? Und welch eine Erneuerung in der Tiefe könnte man sich von dem Zwang äußerer Verhältnisse erhoffen? Gewiß, dieselbe Technik, die dem menschlichen Aggressionsstreben die Mittel zu seiner eigenen Apokalypse in die Hand gibt, schafft auch die Voraussetzungen für ein globales Kommunikationssystem zwischen allen Kontinenten und Völkern. Erstmals in der Geschichte trifft die Menschheit, nachdem sie seit Jahrzehntausenden zur Besiedlung des Erdballs auseinandergestrebt ist, unausweichlich wieder aufeinander, und sie findet sich auf einem Planeten vor, auf dem sie entweder gemeinsam leben lernt oder bald schon gemeinsam zugrunde geht. Aber diese äußere Erkenntnis ändert als solche nicht den »alten Menschen« mit seinen primitiven Ängsten, Reaktionsbereitschaften und atavistischen Verhaltensweisen.[63] Vor allem muß man begreifen, daß der drohende Untergang der Menschheit vermutlich nicht schrecklich genug ist, als daß der Mensch sich um des bloßen Überlebens willen ändern sollte. Es war Karl Jaspers, der nach der Zündung der ersten Wasserstoffbombe meinte, die Nova-Explosionen im Weltall könnten u. U. auch die Restspuren ferner Intelligenzen sein, die, ähnlich den heutigen Menschen, ihren Verstand nur dazu hätten benutzen können, sich aus Verzweiflung selber zugrunde zu richten.[64] Denkmöglich ist eine solche Zukunft.

[63] J. Huxley: Entfaltung des Lebens, 143–144 sah die wesentliche Aufgabe der Gegenwart darin, daß auf eine Jahrhunderttausende lange Phase der kulturellen Divergenz und Differenzierung die Entwicklungsrichtung nunmehr in eine Konvergenz umgekehrt werde, ohne zu einer gewaltsamen Uniformität zu führen. »Die Weltgemeinschaft«, schrieb er, »die wir vor uns sehen und zustande zu bringen hoffen, ist eine Vielfalt in der Einheit. Der Prozeß des menschlichen Aufmarsches ist einzigartig in seiner Tendenz, die Divergenz durch eine konvergierende Integration zu überwinden.« Aber schon an gleicher Stelle weist er auf die Gefahr der Überbevölkerung hin, und so schwer es der menschlichen Spezies fallen dürfte, den uralten Trieb allen Lebens zu überwinden, jede sich bietende ökologische Nische randvoll mit der eigenen Art zu besetzen, so schwer dürfte es sein, die Neigung sinnvoll zu kanalisieren, um die Aufteilung des Lebensraumes in entsprechende Herrschaftsgebilde zu kämpfen. Sexualität und Aggression, bisher eine biologisch segensreiche Mitgift, stellen sich heute als die schlimmsten Gefährdungen der Menschheit dar, und von den herrschenden Lehren des 20. Jh.s wird wohl nicht zufällig allein die Psychoanalyse und der Marxismus, die Lehre von der menschlichen Sexualität und vom menschlichen Hunger, überleben.

[64] K. Jaspers: Vom Ursprung und Ziel der Geschichte, 202–203 meinte angesichts der globalen atomaren Drohung: »Wir können eine wunderliche Frage stellen. Unsere Geschichte dauert erst etwa sechstausend Jahre . . . Warum empfangen wir nicht längst Nachrichten durch Strahlungen aus dem Weltall? Mitteilungen von Vernunftwesen, die in der Technik unendlich weiter sind als wir? Vielleicht darum nicht, weil bisher alle hohe technische Entwicklung bis zu dem Punkte geführt hat, wo die Wesen durch die Atombombe die Selbstvernichtung ihres Planeten vollzogen? Sind ein Teil der novae wohl Endeffekte der technischen Vernunftwesen?« »Die Gefahr kann nur bewältigt werden, wenn sie bewußt gesehen, wenn ihre Drohung bewußt verhindert und unmöglich gemacht

Umso mehr stellt sich die drängende Frage, welche geistigen Überzeugungen, Werte und Inhalte den Menschen von innen her, ohne Not und ohne Zwang, freiwillig und in Einheit mit sich selbst dahin bestimmen können, seine Angst zu verlieren und die Ziele seines Handelns von dem Bestreben äußerer Herrschaft und Aneignung weg auf die innere geistige und kulturelle Differenzierung und Bereicherung seines Wesens zu verlegen. Eine solche Veränderung kann nur zutiefst religiöser Natur sein. Die Drohung mit dem Untergang der Menschheit allein bewirkt nichts, denn ein solcher Untergang ist an sich nur natürlich und enthält durchaus nicht Furchtbares. Der Planet Erde besteht seit 5 Mrd. Jahren, und er wird entsprechend dem wahrscheinlichen Alter der Sonne noch etwa 5 Mrd. Jahre lang Leben tragen können. Die Menschheit aber hat erst seit etwa 4 Mio. Jahren zu existieren begonnen, und ihre eigentliche »Geschichte« beginnt erst vor etwa 70–30000 Jahren mit dem Neandertaler–niemand wird im Ernst damit rechnen, daß unsere Spezies es auch nur noch einmal 4 Mio. Jahre lang auf diesem Globus aushalten wird. Es wird, zum Vergleich mit geologischen Zeiträumen, ca. zehnmal soviel Jahre dauern, bis die afrikanische Platte eine relativ kleine Bewegung durchführen und sich

wird. Das geschieht nur, wenn das Ethos des Menschen dazu ausreicht. Es ist nicht selber technisch zu machen, es muß der Mensch als solcher verläßlich werden in der Bewahrung und Wirksamkeit der von ihm geschaffenen Institutionen.« – Ähnlich meinte E. Fromm: Es geht um den Menschen, 207–211, es gelte vor allem die technischen und wissenschaftlichen Fortschritte im Dienste eines neuen Ethos zur Überwindung von Hunger und Armut zu nutzen und in Überwindung der paranoiden Kommunistenfurcht zu zeigen, daß man auch ohne Gewalt und Fanatismus, ohne Terror und die Vernichtung der Individualität in den Entwicklungsländern einen raschen wirtschaftlichen Aufschwung erzielen kann. »Was uns retten kann und was der Menschlichkeit noch helfen kann, ist eine Renaissance des Geistes des Humanismus, des Individualismus und der antikolonialistischen Tradition Amerikas.« (S. 209–210) »Die Abschreckungspolitik wird den Frieden nicht gewährleisten; sie wird höchstwahrscheinlich die Zivilisation vernichten und wird ganz gewiß die Demokratie zerstören, selbst wenn es ihr gelingen sollte, den Frieden zu erhalten.« (S. 207–208). Vgl.: Jaspers: Die Atombombe und die Zukunft des Menschen, 1958.

so weit gegen Europa schieben wird, daß das Mittelmeer verschwunden und Eurasien und Afrika zu einem Superkontinent miteinander verschmelzen.[65] Leben wird es dann gewiß auch noch auf Jahrmilliarden hin in so großer Fülle wie bisher geben, das Intermezzo der menschlichen Art aber wird dann längst vergessen sein. Als *physische* Gegebenheit ist der Untergang der Menschheit eine absolut sichere Naturtatsache, die so wenig furchtbar ist wie der Untergang der Dinosaurierier vor 65 Mio. Jahren; lediglich als *moralische* Möglichkeit, als etwas, das Menschen selbst bewerkstelligen könnten, ist der Untergang der Menschheit furchtbar: es wäre das erste Mal, daß Lebewesen, die die Natur auf unserem Planeten hervorgebracht hat, nicht von ihr selbst wieder zurückgenommen würden, sondern sich selbst vernichten würden.

Um die Proportionen zurecht zu rücken, muß man vor allem auch dem Gerede von der globalen Katastrophe ein Ende machen; es geht in der Tat nur um die Selbstvernichtung der Menschheit – von einer Vernichtung des Globus zu sprechen ist menschliche Selbstüberschätzung und eine Folge des anthropozentrischen Aberglaubens, das Ende der Menschheit sei auch das Ende der Welt. Selbst eine atomare Verseuchung der Erde durch den Menschen könnte in geologischen Zeiträumen nur für eine kurze Weile die Existenz höheren Lebens unmöglich machen, und sogar Explosionen, die den äußeren Erdmantel aufreißen und glutflüssiges Magma aus dem Erdinneren vulkanartig freisetzen würden, könnten nichts bewirken, was auch nur annähernd den geologischen Verheerungen gleichkäme, unter denen das Leben in der Urzeit entstanden ist. Wenn wir bescheiden genug sind, geht es nicht um die Rettung oder Zerstörung des Globus, sondern nur um eines: wie wir es lernen, als Menschen menschlich zu leben und zu tun, was die Religionen der Menschheit sich zum Ziel gesetzt haben: die Menschwerdung des Menschen zu ermöglichen.

[65] A. Brucker: Die Erde. Entstehung und Entwicklung der Kontinente und Ozeane, 142–144.

Die Frage, die sich uns besonders stellt, lautet natürlich, welch einen Beitrag zu dieser Frage über das Scheitern der Ethik hinaus vor allem die Religion des Christentums zu leisten vermag. Der christliche Bereich des Religiösen ist uns am ehesten zugänglich, und wir sind ihm schon von daher am meisten verpflichtet; zugleich aber stellt das Christentum allem Anschein nach eine Form von Religion dar, deren Verhältnis zum Krieg besonders widersprüchlich und problematisch ist, und so wird sich eine Untersuchung gerade des Christentums in seinem Verhältnis zum Krieg als grundsätzliches Beispiel für die Möglichkeiten der Religion angesichts der Kriegsproblematik insgesamt besonders eignen. Zudem verfügt das Christentum an sich über ein sehr breites Spektrum menschheitlicher Riten und Symbole, die über die Ohnmacht der religiösen Lehre hinaus zeigen können, wie die Religion nach Art einer kollektiven und universellen Psychotherapie des Menschheitswahnsinns des Krieges praktisch zu werden vermöchte, wenn sich die Religion in ihrem eigenen Lösungsansatz nur tief genug begreifen würde.

# 4. Teil: Den Krieg kann man machen, den Frieden aber kann man nicht machen – die Chance des Religiösen

Am Beispiel des Christentums, das sich selber gern als eine Religion des Friedens versteht, kann man in der Tat besonders gut die Schwierigkeiten und Fehler aufzeigen, mit denen die Religion bei ihrem Bemühen um die Befriedung des Menschen sich auseinandersetzen muß; zugleich läßt sich an den Mängeln und Grenzen des Christentums angesichts dieser Aufgabe prinzipiell auch aufzeigen, welche geistigen Voraussetzungen eine Religion mitbringen müßte, um dem Frieden dienlich zu sein. Wenn unsere Analyse zutrifft, daß der Krieg im wesentlichen der menschlichen Angst entstammt, und zwar einer Angst, die vom Bewußtsein und von der Freiheit des Menschen selbst ausgeht, so wird die Religion insgesamt daraufhin zu befragen sein, was sie praktisch zur Überwindung der Angst beitragen kann, und auch das Christentum wird an dieser Frage in aller Zukunft wesentlich zu messen sein.

## *I. Der Wolf im Schafspelz – oder: die »Fehler« des Christentums sind seine Symptome*

Man hat dem Christentum bzw. den christlichen Kirchen immer wieder vorgehalten, daß sie mit der Botschaft vom Frieden unlauter verführen, ja, seit den Tagen Konstantins offen daran Verrat übten.[1] Gern wird dabei, im Kontrast zur späteren Einstellung, an die Kriegsdienstverweigerung der

[1] Vgl. K.-H. Deschner: Abermals krähte der Hahn, 377–379; 504–523, wo eine erschreckende Menge an Material gesammelt ist, um den Eindruck der durchaus kriegerischen Natur des Christentums von der Konstantinischen Wende bis zur Neuzeit zu erhärten.

frühen Christen erinnert, und wenngleich die frühe Kirche auch nicht so sehr den Waffendienst, als vielmehr den Fahneneid auf den Kaiser als Gott für problematisch hielt[2], so ist der Vorwurf doch insgesamt nicht unberechtigt, daß das Christentum eben jenen Geist des Friedens bei sich selbst vermissen läßt, den es selber predigt. Ohne Zweifel ist das Christentum, kaum an die Macht gelangt, in der abendländi-

[2] Tertullian vor allem glaubte an einen unblutigen Umsturz des römischen Reiches durch das Christentum und hielt den Soldatendienst für unvereinbar mit dem Christentum. »Gibt es einen Krieg«, fragt er, »für welchen wir . . . nicht bereit wären, wir, die wir uns so gern töten lassen, wenn es nicht bei dieser unserer Lehre eher erlaubt wäre, sich töten zu lassen, als selbst zu töten«? TERTULLIAN: Apologetikum, 37; BKV Tertullian Bd. 2, 133. Vgl. DERS.: Vom Kranze des Soldaten, 11; BKV Tertullian Bd. 2, 252–253, wo Tertullian gegen den Kriegsdienst einwendet, man könne nicht einen menschlichen Fahneneid auf den göttlichen setzen, und rhetorisch mit Bezug auf Mt 26,52 fragt: »Wird es erlaubt sein, mit dem Schwerte zu hantieren, da der Herr den Ausspruch tut, ›wer sich des Schwertes bedient, werde durch das Schwert umkommen‹?« – Desgleichen antwortet Origenes auf das Verlangen des heidnischen Philosophen Celsus, die Christen sollten dem Kaiser militärisch beistehen, der Beistand der Frömmigkeit sei nützlicher als der des Krieges; er erinnert daran, daß selbst die heidnischen Priester sich nicht an Menschenblut beflecken dürften und vom Kriegsdienst befreit seien; die Christen kämpften gegen die Dämonen, welche die Kriege verursachten, aber sie enthielten sich der Kriege selbst. ORIGINES: Gegen Celsus, VIII 73; BKV Origines III 392. – CYPRIAN: An Donatus, 6 (BKV Cyprian I 45) sieht wie von einem hohen Berge aus die gesamte Welt als eine Art gewalttätigen Tollhauses. »Sieh nur, wie die Straßen von Wegelagerern versperrt, wie die Meere von Seeräubern besetzt und wie Kriege mit dem blutigen Greuel des Lagerlebens über alle Länder verbreitet sind! Es trieft die ganze Erde von gegenseitigem Blutvergießen; und begeht der einzelne einen Mord, so ist es ein Verbrechen; Tapferkeit aber nennt man es, wenn das Morden im Namen des Staates geschieht. Nicht Unschuld ist der Grund, der dem Frevel Straflosigkeit sichert, sondern die Größe der Grausamkeit.« – Erst Augustinus akzeptiert, wenngleich widerstrebend, die Lehre vom gerechten Krieg, mit der die römische Politik ihre Eroberungen als »Friedenspolitik« zu rechtfertigen suchte, und meint: Demnach dünkt der Krieg und die Erweiterung der Herrschaft durch Bezwingung von Völkern wohl den Bösen ein Glück, den Gutgesinnten dagegen eine Notwendigkeit. Nur weil es noch schlimmer wäre, wenn Ungerechte über die Gerechteren die Herrschaft erlangten, kann man selbst diese Notwendigkeit noch Glück heißen. AUGUSTINUS: Gottesstaat, IV 15; BKV Augustinus I 207. – Andere ähnliche Zitate bei F. M. STRATMANN: Weltkirche und Weltfriede, 141.

schen Geschichte vor keiner Gewaltanwendung zurückgescheut, wenn es galt, die eigene Lehre gegen die Ungläubigen durchzusetzen. Gewiß, man muß all die bedauerlichen Ereignisse: die Mission mit Feuer und Schwert, die Kreuzzüge, die Inquisition, die Ketzerverbrennungen, aus dem Geist der damaligen Zeit heraus verstehen und darf nicht spätere Vorstellungen von Humanität, Toleranz, Freiheit und Individualität unhistorisch als Wertmaßstab zur Beurteilung des Vergangenen verwenden; aber die Geschichte des Christentums ist insgesamt zu blutig, als daß sie nicht schon durch sich selbst den Glauben an eine besondere Friedfertigkeit des Christentums Lügen strafen müßte. Nur: woran liegt das?

Tatsächlich sind in keinem Teil der Erde blutigere Kriege geführt worden und von keinem Teil der Erde verheerendere Kriege ausgegangen als im und vom christlichen Abendland.[3] Die Verantworung des Christentums dafür bzw. die Schuld des Christentums daran wird man freilich nicht verstehen, solange man nur aufzählt, was z. B. allein schon in unserem Jahrhundert als Symptom kirchlichen Fehlverhaltens das Bild vervollständigen kann: die Gebete etwa, mit denen Franzosen und Deutsche im 1. Weltkrieg in die Schlacht geleitet

[3] Noch im Herbst 1966, mitten im Vietnam-Krieg, konnte man z. B. von den Laoten sagen, sie »seien viel zu träge und friedlich, um als Soldaten zu taugen«. – Sie »waren von Natur ein heiteres, sorgloses, verspieltes Volk. Sie schienen endgültig von der duldsamen Lehre Gautamas geprägt. Während im Gebirgsland der CIA und die Nordvietnamesen ihren Kleinkrieg ... austrugen und die *US-Air-Force* mit ungeheuren Bombenlasten sowie modernsten elektronischen Kniffen den Ho Tschi Minh-Pfad lahmzulegen suchte, feierte die Bevölkerung von Vientiane in aller Unbekümmertheit ihre buddhistischen Feste«. P. SCHOLL-LATOUR: Der Tod im Reisfeld, 122; 126. – Daß unter »westlichem« Einfluß noch nie ein friedliches Volk friedlich hat bleiben dürfen, ist eine furchtbare Bilanz europäischen und christlichen Einflusses in der Welt. – Das sogleich zur Hand liegende Gegenbeispiel scheint vielleicht *der japanische Militarismus* zwischen 1940–1945 zu sein; aber wahrscheinlich handelt es sich dabei nicht allein um eine Perversion des altjapanischen Bushido-Ideals, sondern eher um eine Folge des Grundzugs japanischen Wesens der Nachahmung des Erfolgreichsten, und am meisten erfolgreich schien damals der europäische Kolonialismus und Imperialismus zu sein.

wurden, oder das Läuten der Glocken am 1. Sept. 1939 beim Einmarsch der Nazi-Wehrmacht in Polen, oder den Segen des Feldgeistlichen beim Start der Enola Gay von den Marianen zum Abwurf der Bombe auf Hiroshima, – usw.[4] All dies beweist sehr wohl, daß die Kirche in manchen oder auch in vielen ihrer Vertreter wie ein Stück Holz im Wasser sich vom Sog der Zeit hat treiben lassen, – was sie nicht sollte, kein Zweifel; die Kirche müßte gewiß schon um ihrer selbst willen eine kritische Distanz zu den Ereignissen ihrer Zeit behalten, und man mag es ihr also zu Recht vorwerfen, wenn sie aus kleinlichen Motiven wie Angst, Ehrsucht, Machtgier oder Dummheit ihrer Aufgabe untreu wird bzw. immer wieder geworden ist. Aber in all diesen Fällen handelt es sich doch um ein bloßes Versagen, das die Kirche nicht in ihrer Substanz betrifft: man weiß innerhalb einer solchen Kirchenkritik immer noch sehr genau, was christlich richtig und falsch ist; man weiß vor allem, daß es eigentlich nur dies und das zu verbessern und konsequenter zu betreiben gilt – es genügen bei dieser Sicht der Dinge gewisse Reparaturarbeiten, es ist

[4] K.-H. Deschner: Abermals krähte der Hahn, 597 zitiert den amerikanischen Feldgeistlichen, der am 5. 8. 1945 auf der Südseeinsel Tinian zum Schutz der Besatzung des Atombombenflugzeugs betete: »Allmächtiger Vater, der Du die Gebete jener erhörst, die Dich lieben, wir bitten Dich, denen beizustehen, die sich in die Höhen Deines Himmels wagen und den Kampf zu unseren Feinden vortragen ... Wir werden im Vertrauen auf Dich weiter unseren Weg gehen.« – Gleichwohl kann man solche Gebete nicht schlechthin verwerfen, oder man müßte es den Menschen überhaupt untersagen, sich in Not an Gott zu wenden. Wer sollte es etwa den russischen Popen und Müttern zum Vorwurf machen, die 1942 an den Dorfausgängen ihre in den Krieg ziehenden Männer und Söhne segneten und Gott baten, er möge die zum größten Teil Todgeweihten schützen? Oder: als im April 1717 Ernst Freiherr von Petrasch im Krieg des Prinzen Eugen von Savoyen gegen die Türken einen wichtigen Nahrungsmitteltransport unter den Kanonen des besetzten Belgrad vorbeischaffen sollte, ließ er einen Jesuitensuperior an Bord der Santa Maria kommen, »und dort segnete er die ganze Welt, die Waffen, die Lebenden, alle Gebäude, ich mit dem Kreuz in der Hand, er mit einem demütigen Herzen antwortend, Tränen in den Augen« (franz. Zit. bei A. Lernet-Holenia: Prinz Eugen, 303).

kein völliger Umbau des gesamten Gebäudes nötig. Daß man indessen mit einer solchen Kritik der Einzelheiten nicht auskommen wird, beweist die Vielzahl und die Intensität der kritisierten Fakten selbst: eine solche Unzahl unchristlicher Kriege im christlichen Abendland und eine derartig hemmungslose Ausweitung der Kriegsmittel – da kann es sich nicht um bloße Einzelfehler und versehentliche, an sich bei einigem gutem Willen rasch zu beseitigende und für die Zukunft vermeidbare Irrtümer und Schwächen handeln.

Tatsächlich stellt sich das Problem denn auch sogleich anders dar, wenn man die Furchtbarkeit und Häufigkeit der Kriege im christlichen Abendland nicht als zufällig, sondern als *symptomatisch* für eine innere Krankheit des Christentums erachtet. Die Tatsache nicht endender Kriege im Abendland ist als Symptom, als Krisenindikator in sich selbst ein Hinweis auf eine innere Kriegsneigung des Christentums, und diese muß um so erstaunlicher und erschreckender anmuten, als den Worten nach das Christentum sich gerade für den Frieden ganz außerordentlich eingesetzt hat und doch wohl auch einsetzen möchte. Denn obwohl das Christentum in manchen Beispielen, wie z. B. in der Institution des »Gottesfriedens«, der treuga Dei im Mittelalter, einen wirklichen Erfolg bei seinen Friedensbemühungen aufzuweisen vermag, hat es, nach seinen Früchten beurteilt, insgesamt den Krieg eben nicht nur immer wieder nicht verhindert, sondern in jeder Form, in seinen Zielen ebenso wie in der Unbedenklichkeit der Wahl der Mittel, geistig toleriert und de facto totalisiert. Wieso dies, und zwar, wie zu unterstellen ist, *gegen* den erklärten Willen des Christentums geschah, geschehen konnte oder gar geschehen mußte, stellt das eigentliche Problem dar und verdient als solches näher untersucht zu werden. Eine Religion, die, wie das Christentum, so sehr im Widerspruch zu ihrer eigenen Lehre als ein Wolf im Schafspelz auftritt, muß irgend etwas in sich tragen, das auf pathologische Weise ihre eigenen Absichten ins Gegenteil verkehrt.

## *II. Die neurotische Umkehr von Ziel und Ergebnis christlicher Friedensbemühungen*

In der Tat ist dies denn der Vorwurf, den man dem Christentum über eine bloße Kritik einzelner Mängel hinaus wesentlich machen muß: daß es sich, jedenfalls in seiner bisherigen abendländischen Form, so widersprüchlich und zerrissen dargestellt hat, daß es im großen und ganzen in der Frage des Krieges geradewegs das Gegenteil von dem erreicht hat, was es erreichen wollte. Wenn man von einem Neurotiker sagt, daß er gerade mit seinem subjektiv guten Willen zum Frieden immer von neuem überhaupt erst die Widerstände und Gehässigkeiten provoziert, die er um alles in der Welt vermeiden möchte[5], so wird man auch dem Christentum mit einer gewissen Berechtigung vorhalten müssen, daß es selbst bisher seine Wahrheit gewissermaßen nur in einer neurotischen Zerrgestalt vertreten und gelebt hat. Nicht um bestimmte Entgleisungen oder um gewisse Fälle eines bedauerlichen Versagens namhafter Kirchenmänner kann es bei einer solchen Diagnose gehen; es kommt vielmehr darauf an, dem Christentum seine eigene neurotische Zerrform vor Augen zu halten und die Gründe zu untersuchen, die es dahin geführt haben. Man kann und sollte dem Christentum des Abendlandes um der Fairneß willen seinen subjektiven *Friedenswillen* nicht absprechen; seine *Friedfertigkeit* aber kann man ihm in Anbetracht seiner Wirkungsgeschichte nicht glauben, angefangen von der Schlacht Konstantins an der Milvischen Brükke bis hin zu dem Verbot der Kriegsdienstverweigerung in den Erklärungen von Papst Pius XII. in den 50er Jahren.[6] Die

[5] Zu der neurotischen Gegenfinalität von Hemmung und Haltung vgl. S. Freud: Neue Folge der Vorlesungen zur Einführung in die Psychoanalyse, XV 96; W. Schwidder: Hemmung, Haltung und Symptom, in: Fortschritte der Psychoanalyse, I 115–128; E. Drewermann: Das Tragische und das Christliche, 17–19.

[6] Zur Stellung bes. der kath. Kirche zur Wiederaufrüstung der Bundesrepublik nach 1950 vgl. K.-H. Deschner: Abermals krähte der Hahn, 584–596. Damals ging Papst Pius XII sogar so weit zu erklären, daß im Falle der

innere Unfähigkeit der christlichen Religion, die Menschen seines Glaubens zu befrieden, ist das eigentliche Problem, – an subjektiv gutem Willen, den Krieg einzudämmen oder zu überwinden, hat es historisch wohl selten gefehlt.

Abwehr eines ungerechten Angriffs »ein katholischer Bürger sich nicht auf sein Gewissen berufen kann, um den Kriegsdienst zu verweigern«. Herder-Korrespondenz, 4/1957. Es wäre indessen verfehlt, aus solchen Äußerungen, wie K.-H. Deschner es tut, auf einen militaristischen Geist der kath. Kirche schließen zu wollen. Wie Pius XII wirklich dachte, zeigt sich etwa in der Weihnachtsansprache von 1955 (Acta Apostolicae Sedis 48, 1956, 26–41), wo der Papst die schrecklichen Auswirkungen eines Atomkrieges wie folgt schildert: »Das ist das Schauspiel also, das sich dem entsetzten Blick als Folge ... (sc. eines Atomkrieges, d. V.) bieten würde: ganze Städte, auch die an Geschichte und Kunst reichsten und größten, vernichtet; eine schwarze Todeswolke über der pulverisierten Materie, die unzähligen Opfer mit verbrannten, verrenkten, zerstreuten Gliedern bedeckt, während andere im Todeskampf stöhnen. Inzwischen hindert das Gespenst der radioaktiven Wolke jede barmherzige Hilfe der Überlebenden und rückt unerbittlich vorwärts, um das übriggebliebene Leben zu vernichten. Es wird kein Siegesgeschrei geben, sondern nur die untröstliche Klage der Menschheit, die trostlos die durch den eigenen Wahnsinn erzeugte Katastrophe betrachtet.« (AAS 48, 1956; 38; Übersetzung nach Herderkorrespondenz, 1/1956, 180) Das eigentliche Problem in der Stellung der katholischen Kirche zum Krieg ist nicht ihr vermeintlicher Militarismus, sondern ihre Unfähigkeit, das Phänomen der Tragik anzuerkennen; sie verurteilt sich selber auf diese Weise dazu, die Welt in eindeutige Kategorien von Gut und Böse aufzuteilen und mithin oft genug das Unverantwortbare (z. B. den Atomkrieg) u. U. geradewegs zur Pflicht zu erheben oder das beim besten Willen Unvermeidliche als Schuld vorzurechnen. Vgl. E. Drewermann: Das Tragische und das Christliche, 36–40; 57–62. So konnte es dahin kommen, daß eines der wichtigsten Gesetze in der Geschichte der Bundesrepublik, das Recht auf Wehrdienstverweigerung aus Gewissensgründen, *gegen* das Gutachten von Pater J. Hirschmann (SJ) zustande kam, der als »Peritus« der katholischen Kirche im Bundestag befragt wurde und sich für die ausnahmslose Verpflichtung zum Wehrdienst aussprach. – Das Fehlen des Tragischen, ja insgesamt die »Verständnislosigkeit für Resignation und für die zwischen Ethik und Resignation spielenden Beziehungen ist die verhängnisvolle Schwäche des neuzeitlichen europäischen Denkens«, meinte mit Recht A. Schweitzer: Kultur und Ethik, 316. – Zur katholischen Erwiderung schon 1960 an Pater G. Gundlach und Pater J. Hirschmann, beides Jesuiten, vgl. R. Spaemann: Zur philosophisch-theologischen Diskussion um die Atombombe, in: Atomare Kampfmittel und christliche Ethik, 77–100, sowie E.-W. Böckenförde und R. Spaemann: Die Zerstörung der naturrechtlichen Kriegslehre, in: Atomare Kampfmittel und christliche Ethik, 161–196.

## III. Gewisse Gründe des biblischen Erbes

Betrachtet man die näheren Gründe dieser eigentümlichen Widersprüchlichkeit zwischen Willen und Wirkung im Christentum, so muß man die unangenehmste und theologisch heikelste Ursache dafür wohl zuerst nennen: das Erbe der Bibel.

Für die meisten christlichen Theologen kommt es fast einer Gotteslästerung gleich, wenn man die Bibel selber in die Kritik bestimmter geistiger Positionen miteinbezieht. Die Bibel, so heißt es, sei die norma normans, non normanda, der absolute und nicht weiter hinterfragbare Maßstab aller religiösen Wahrheit, und niemand könne sich als einen christlichen Theologen bezeichnen, der den Boden dieses Axioms verlasse. Besonders in der protestantischen Theologie wird man wohl leichterhand bereit sein, die Geschichte des Christentums kritisch zu betrachten, wenn man nur den Boden der Bibel nicht verläßt, als ob das Christentum nicht eben wesentlich auch die Wirkungsgeschichte der Bibel sei. In Wahrheit ist die ganze Aufregung fehl am Platze. Die Bibel, gerade wenn man sie als Gotteswort betrachtet, ist nicht nur in jedem ihrer Teile, sondern auch und wesentlich als ganze ein historisch bedingtes Menschenwort; insofern wäre es schon aus rein theologischen Gründen absurd (dogmatisch gesprochen: der reine Doketismus), wenn man nicht von vornherein damit rechnen wollte, daß die Bibel durch gerade diejenigen Begrenzungen *und Einseitigkeiten* geprägt sein wird, die den kulturellen Umkreis ihrer Entstehung kennzeichnen. Und daß dem so ist, läßt sich in der Frage des Krieges vor allem an zwei miteinander verflochtenen Punkten auf der Stelle zeigen: an der Fremdheit des biblischen Denkens gegenüber der äußeren Natur und an der vom Patriarchalismus geprägten Fremdheit und Unterdrückung der inneren Natur des Menschen.

## 1. *Die Anthropozentrik des biblischen Weltbildes und seine Fremdheit gegenüber der äußeren Natur*

Schon in einer anderen, heute sehr wichtigen Frage, in der Stellung des Christentums zur Problematik der »Umwelt«, zeigt sich mehr und mehr, daß das Christentum aufgrund seiner spezifisch semitischen, jüdischen Geistesart einen außerordentlich gewalttätigen und rücksichtslosen Charakter an sich trägt, indem das gesamte biblische Denken, im Christentum sogar noch verstärkt durch das Erbe der Griechen und Römer, rein anthropozentrisch allein die Beziehung zwischen Gott und Mensch in den Mittelpunkt seiner theologischen Betrachtung gerückt hat.[7] Die menschliche Geschichte und ihr Heil, nicht die Natur, ist das autochthone Feld biblischer Theologie. Hält man dem entgegen, wie weiträumig und großzügig andere, vor allem asiatische Religionen mit ihren Mythen und Riten den Menschen in die umgebende Natur einzubeziehen suchten, so ist *die Naturvergessenheit und die Anthropozentrik der Bibel* in ihrer Einseitigkeit besonders kraß ersichtlich, und es ist psychologisch keine Frage, daß in der Naturfremdheit des Christentums im Erbe der Bibel bereits einer der Hauptgründe auch für die innere Unfähigkeit zum Frieden liegt; die Gewalttätigkeit gegenüber der Natur ist gewissermaßen nur die Außenseite der Gewalttätigkeit gegen sich selbst, und die Verbindungen zwischen beiden Phänomenen sind außerordentlich eng.

Wir sagten schon, daß der Krieg sich paläoanthropologisch wohl aus der Jagd und dem Töten von Tieren entwickelt hat, und zwar nicht nur in technisch-praktischem, sondern vor

[7] Vgl. E. Drewermann: Der tödliche Fortschritt. Von der Zerstörung der Erde und des Menschen im Erbe des Christentums, 67–78. An der radikal anthropozentrischen Weltsicht ändert sich durch die »Christozentrik« des Neuen Testamentes natürlich nichts; im Gegenteil trägt gerade die Christologie in ihrer bisherigen Form wesentlich dazu bei, die Objektivität der Naturbetrachtung in Verwechslung existentieller Aussagen mit naturphilosophischen Folgerungen zu verfälschen.

allem in psychologischem Sinne. Der Krieg selber ist seiner psychologischen und historischen Herkunft nach eine Jagd auf Menschen, geführt ursprünglich mit denselben Waffen und Methoden, wie bei der Jagd auf Tiere, nur motiviert mit einem immer bunteren Arsenal von Gründen und Zielen. Die Reliefs der alten Ägypter[8], die Stelen der Assyrer[9] zeigen einhellig die Gleichwertigkeit im Erleben von Jagd und Krieg: es sind dieselben Bildgruppen und Motive, gleichgültig, ob der König im Kampfwagen auf Löwen oder auf Fremdvölker Jagd macht, – und der weidmännische Ruhm, die erlegte Strecke zu zählen, ist vollkommen identisch mit der Freude siegreicher Soldaten, die den Haufen der Leichen erlegter Feinde durchmustern.[10] Jeder Krieg besteht aus

[8] Vgl. z. B. K. Lange – M. Hirmer: Ägypten, Abb. XX, die Darstellung von Userhet, des Sekretärs des Königs Amenophis II., auf der Jagd; oder Abb. XXXIV, die Holztruhe Tutanchamuns, die auf dem Deckel den König bei der Jagd in der Wüste, auf den Längsseiten aber seinen Sieg über nubische Feinde zeigt. Der Deckel ist prachtvoll abgebildet bei I. E. S. Edwards: Tutanchamun, 76–77.

[9] G. Garbini: Alte Kulturen des Vorderen Orients, 47; zu Abb. 58; vgl. E. Drewermann: Strukturen des Bösen, Bd. 2, Abb. 8; 9; A. Parrot: Assur, 53–69; Abb. 62–76; W. Orthmann: Der Alte Orient, Abb. 202–205; 243–246. – M. Eliade: Geschichte der religiösen Ideen, I 44 meint, daß die Verfolgung und Tötung des Wildes das mythische Vorbild für Landeroberung und Staatsgründung überhaupt darstellt. Die Jagd ist bis heute der Lieblingssport der Herrscher geblieben: Die Gleichung von Jagd und Krieg geht so weit, daß die Mitglieder der indoeuropäischen Männerbünde und die Nomadenreiter Mittelasiens sich gegen die seßhaften Völker wie Raubtiere verhielten; viele Stämme trugen Namen von Raubtieren, und zur militärischen Initiation gehörte die Transformation in ein Raubtier.

[10] Man kann allgemein sagen: je größer die kriegerische Neigung, desto größer das Interesse an der Jagd. Auch hierfür sind die historischen Beispiele quer durch alle Zeiten und Kulturen zu sammeln. Von Alexander dem »Großen« z. B. wird berichtet, die Jagdgöttin Artemis habe bei seiner Geburt Hebammendienste geleistet (Plutarch: Alexander, 3; S. 266), so als sei er nur zum Jagen auf die Welt gekommen; vgl. E. Drewermann: Strukturen des Bösen, II 494. – Bei den Mongolen bildeten die großen Treibjagden »eine Vorübung für den Krieg. Sie wurden vom ›Meister der Jagden‹ geleitet . . . Es bestand der Brauch, daß der Daumen eines Knaben mit dem Fett des ersten von ihm getöteten Tieres eingerieben wurde, um aus ihm einen erfolgreichen Jäger zu

Schlachten, und er ist in sich selbst nichts anderes als ein unaufhörliches Schlachten.

Man mag aus metaphysischen oder ethischen Gründen den Unterschied zwischen Mensch und Tier noch so hoch veranschlagen, – ein höherstehendes Tier, etwa einen Hund oder einen Affen, zu töten, ist für einen sensiblen Menschen *gefühlsmäßig* von der Tötung eines Menschen nicht sehr weit entfernt. Das Erleben von Widerstand und Schmerz, das Sich-Aufbäumen und Zucken eines warmen Körpers, der Anblick von Blut und aufgerissenem Fleisch, das Hervor-

machen. Dschingis Khan selbst hat diese Zeremonie bei seinen Enkeln Halagu und Khubilaj vollzogen.« S. NEUMANN – G. MANDEL: Dschingis Khan und seine Zeit, 34. – Der Preußenkönig Friedrich-Wilhelm, dessen zwangsneurotischer Militarismus selbst unter seinesgleichen schon zur Karikatur geriet, kannte kein schöneres Vergnügen als die Jagd in den Wäldern von Wusterhausen. »Ungeheuere Mengen von Wild wurden erlegt. Im Januar 1729, zugegebenermaßen einer Spitzensaison, betrug die Gesamtbeute allein an Wildschweinen 3602 Stück, darunter ›300 von ungewöhnlicher Größe‹, und 450 an einem einzigen Tag erlegten.« E. SIMON: Friedrich der Große, 58. »Lediglich von Maria Theresia, der einsichtigen österreichischen Kaiserin (die allerdings sehr unter der Jagdleidenschaft ihres Vaters gelitten hatte), ist uns überliefert, daß sie eine ihr zu Ehren veranstaltete Wasserjagd verhindert hat: Schon wurden die Hirsche zur Belustigung der hohen Gesellschaft in die Donau gejagt und dort von degenbewehrten Schlächtern in Booten erwartet. Da erwirkte die Kaiserin in letzter Sekunde bei ihrem Gastgeber, daß keinem der Tiere ein Haar gekrümmt wurde.« R. L. SCHREIBER (Hrsg.): Rettet die Wildtiere, 13. – Wie grausam vor allem im 17. Jh. die Praktiken fürstlicher Jagd ausfielen, zeigen die Techniken der Beizjagd sowie des Prellens, bei dem Hasen und Füchse vor den Augen der verehrten Damenwelt in Netzen zu Tode geschleudert wurden. Immerhin fallen in diese Zeit auch erste Bestimmungen zur Einschränkung der Jagd. G. SCHREIBER: Der Krone Glanz und Last, 110–112. – Die archaische Austauschbarkeit von Mensch und Tier im Akt des Tötens zeigt sich z. B. bei SOPHOKLES: Aias, 50–74 (S. 10–11), wo Aias durch die Verblendung der Göttin Athene Hammel und Lämmer niedermetzelt statt des Odysseus und der verhaßten Söhne des Atreus. – Dieselbe Jagdleidenschaft konnten auch die Fürsten der neuen Welt entwickeln. Bei den Inkas z. B. war die Jagd zum Privileg der herrschenden Klasse geworden »Mehrere spanische Chronisten wissen als Augenzeugen von einer Treibjagd zu berichten, die im Jahre 1535 im Tal von Janja zu Ehren des Schattenherrschers Manco Capac veranstaltet wurde. 10000 indianische Treiber sollen sich daran beteiligt haben.« H. D. Disselhoff: Das Imperium der Inka, 201.

quellen der inneren Organe, das flehentliche Schreien in Schmerz und Todeskampf – all das ist, wie der physische Tod selbst, zwischen Mensch und Tier unterschiedlos gleich, und ebenso gleich ist das von der sinnlichen Wahrnehmung abhängige Erleben beim Schlachten eines Tieres wie beim Schlachten eines Menschen. Die Gleichsetzung, ja die Austauschbarkeit von Mensch und Tier in Jagd und Krieg war für das archaische Erleben sogar derart evident, daß man vielleicht eine Zeitlang den Kannibalismus wohl weniger gefürchtet haben mag als das (sakramentale) Essen bestimmter göttlicher Tiere, auf das wir sogleich noch eingehen werden. In zahlreichen Religionen war es in Theorie und Praxis jedenfalls völlig gleichgültig, ob bestimmte Tiere oder bestimmte Totemangehörige dieses Tieres geopfert wurden: wenn es galt, *Leben* den Göttern darzubieten, konnten Menschen die Tiere ebenso vertreten wie umgekehrt. So eng also ist für das ursprüngliche Erleben die Einheit von Mensch und Tier.

Von daher kann man die alte Regel nur bestätigen, daß, wer zu Tieren grausam ist, auch auf Menschen wenig Rücksicht nehmen wird, so wie umgekehrt ein wirklich guter Mensch die Tiere so weit als nur irgend möglich schonen wird. Archaisch ist die Identität, nicht die Unterscheidung von Mensch und Tier, und was man glaubt, den Tieren an Leid und Schmerz zufügen zu können, wird unmittelbar auch dem Menschen zugefügt werden.

Aber nun betrachte man daraufhin die Religion der Bibel.

Dem Abendland ist die Belanglosigkeit, mit der die Bibel die Tiere behandelt, so selbstverständlich, daß man überhaupt erst im Unterschied zu den gütigen und weisen Religionen des indischen Buddha, des iranischen Zarathustra oder des griechischen Pythagoras begreift, welch eine Einseitigkeit des Denkens diesbezüglich in der Bibel angelegt ist.[11] Man

[11] E. Drewermann: Der tödliche Fortschritt, 90–110. Daß das Christentum so weise Lehren wie den Pythagoreismus nicht nur nicht zu integrieren, sondern nur zu zerstören wußte, belastet es heute schwer. Was hätte man

kann ohne Mühe zeigen, daß für die Religionen der Bibel (Judentum, Christentum und Islam) so etwas wie Tierschutz oder Naturschutz weder in Theorie noch Praxis ein Anliegen war oder ist.[12] Im Gegenteil: in diesen Religionen kreist alles einzig und allein um den Menschen, – um seine Stellung zu Gott und um seine von Gott gegebenen Ansprüche und Aufträge gegenüber der Natur. Mensch und Natur sind in den biblischen Religionen einander von Grund auf fremd und feindlich, und die einzige Beziehung des Menschen zu seiner »Umwelt« besteht im Erbe des biblischen Denkens in der Ausbeutung der Natur zu menschlichen Zwecksetzungen.

In dieser Einstellung wurzeln aber nicht allein die schweren Probleme der gegenwärtigen Umweltkrise, sondern vor allem auch die Probleme des Krieges. Denn obwohl die Ausbeutung der Natur scheinbar zum Nutzen und Vorteil des Menschen betrieben wird, so richtet sich die geistige Haltung der rücksichtslosen Aneignung von Leben doch unmittelbar gegen den Menschen selbst. Man kann nicht die Heiligkeit des Lebens in all seinen Formen ständig mit Füßen treten, ohne zugleich die gefühlsmäßigen und ethischen Grundlagen zu zerstören, aus denen auch der Respekt vor dem menschlichen Leben erwächst.[13] Die Bedenkenlosigkeit und Rücksichtslosigkeit im Umgang mit den Tieren, die Zerstörung der Tötungshemmungen, der immer skrupellosere Triumph der Aneignung und Ausbeutung der Kreatur, kurz: die Unmenschlichkeit gegenüber den Tieren führt auf direktem Wege zu der Bestialität im Umgang auch mit den Menschen.

z. B. bei Empedokles über den Schutz der Tiere lernen können: Fr. 128; 130; 136–138. H. Diels: Fragmente der Vorsokratiker, 69–71.

[12] E. Drewermann: Der tödliche Fortschritt, 100–101.

[13] So in der Nachfolge A. Schopenhauers sehr richtig A. Schweitzer: Kultur und Ethik, 331: »Wahrhaft ethisch ist der Mensch nur, wenn er der Nötigung gehorcht, allem Leben, dem er beistehen kann, zu helfen, und sich scheut, irgend etwas Lebendigem Schaden zu tun. Er fragt nicht, inwiefern dieses oder jenes Leben als wertvoll Anteilnahme verdient, und auch nicht, ob und inwieweit es noch empfindungsfähig ist. Das Leben als solches ist ihm heilig.«

Insofern haben die biblischen Religionen einen schlimmen Fehler begangen, wenn sie einseitig die Sonderstellung des Menschen in der Natur betonten und so taten, als wenn der Mensch in bezug auf die Tiere alle Rechte besitze und sich »menschlich« allein gegenüber den Menschen verhalten müsse.[14] Im Gegenteil entsteht aus dieser anthropozentrischen Einseitigkeit das Paradox, daß gerade eine Religiösität, die es mit dem Menschen besonders gut zu meinen vorgibt, ganz besonders inhumane Wirkungen zeitigen muß. Der Mensch geht mit sich und seinesgleichen prinzipiell nicht anders um als mit der Natur draußen; auch er selbst ist ein Naturwesen, und eine Ideologie der Herrschaft des Menschen über die Natur ist und wird ipso facto eine Ideologie auch der Herrschaft des Menschen über den Menschen sein. Dieselben Rechtfertigungen, deren man sich bedient, um Tiere zu jedem beliebigen Zweck sich anzueignen und zu töten, lassen sich auch zur Begründung der Jagd des Menschen auf den Menschen geltend machen. Eine Religion, die, wie die Religionsformen der Bibel, den Menschen einseitig in den Mittelpunkt der Welt rückt und ihm alle Rechte gegenüber den Tieren zuspricht, bildet mithin in sich selber, ob sie es will oder nicht, die Grundlage auch der Rechtlosigkeit des Menschen gegenüber dem Menschen.

Man muß, um das zu belegen, nicht erst an die Selbstverständlichkeit erinnern, mit der im Altertum die Tiere, als man erst einmal ihre Arbeitskraft beim Ziehen und Heben mechanischer Lasten erkannt hatte, vor den Pflug und den Karren gespannt, dann aber, als die Projekte der Herrschenden sich immer grandioser und ehrgeiziger gestalteten, alsbald durch

[14] E. Drewermann: Der tödliche Fortschritt, 94–96. Vgl. A. Schopenhauer: Parerga und Paralipomena, § 177; Werke VI 393–401, wo Schopenhauer richtig fordert: »Die jüdische Ansicht der Thierwelt muß ihrer Immoralität wegen aus Europa vertrieben werden.« – Wie schwer der Islam sich tut, den Tierschutz apologetisch zum Anliegen der Religion Mohammeds zu erklären, dazu vgl. W. C. Smith: Der Islam in der Gegenwart, 120; 140–141.

die schneller anzuleitenden *sprechenden* Tiere, die im Kriege gefangenen Arbeitssklaven, ersetzt wurden; man braucht nur daran zu denken, daß mit der Ausrottung der Natur durch unsere abendländisch-christliche Zivilisation gerade in unserem Jahrhundert selbstredend auch die Naturvölker restlos und endgültig ausgerottet werden.[15] Natürlich wäre es ungerecht und schlechtweg falsch, zu unterstellen, eine Religion wie das Christentum wolle oder lehre geradewegs die Ausbeutung des Menschen durch den Menschen oder es rechtfertige dem Wort nach Krieg und Genozid; das Problem liegt vielmehr gerade darin, daß die einseitige Anthropozentrik des Christentums mit ihrer Rücksichtslosigkeit gegenüber der Kreatur im Namen des Menschen *gegen* den ausdrücklichen Willen des Christentums notwendig eine Haltung begünstigt und hervorbringt, die sich mit ihrer Wendung gegen die Natur unaufhaltsam auch gegen den Menschen selber richtet. Die Art, wie eine Religion über den Umgang des Menschen mit den Tieren denkt, ist das beste Kriterium zur Beurteilung seiner Menschlichkeit. Jede Lehre, die den Menschen nicht in die Natur einordnet, sondern gegen die Natur stellt, stellt durch sich selbst zugleich den Menschen gegen den Menschen. Ob sie es will oder nicht, wirkt sie auf diese Weise Krieg und Zerstörung, so viel sie auch verbal vom Frieden reden mag. In diesem Punkte hatte Schopenhauer und die indische Lehre der ahimsa, vom Nicht-Verletzen, völlig Recht: das Mitleid ist unteilbar.[16]

Angewandt auf das abendländische Christentum, liefert der Maßstab der Tierliebe in der Tat ein Bild, das gerade so

[15] S. o. S. 70–71, Anm. 34–36.

[16] A. SCHOPENHAUER: Die Welt als Wille und Vorstellung, Werke II 440, Anm. hat allenfalls geltend gemacht, daß die Steigerung des Bewußtseins bei den höheren Tieren und beim Menschen auch eine Steigerung des Schmerzempfindens mit sich bringt. »Dies bestimmt zugleich den Grad des Gebrauchs, den der Mensch ohne Unrecht von den Kräften der Thiere machen darf.« Aber das sind relative Grenzen innerhalb der absolut geltenden Ehrfurcht gegenüber allem Leben. Vgl. A. SCHOPENHAUER: Parerga und Paralipomena, II § 153, Werke VI 311–316.

erschreckend ausfällt, wie es sein muß, um das gräßliche Schauspiel nicht endender Kriege im christlichen Abendland verstehbar zu machen. Man zitiert gern den hl. Franziskus, um das Christentum von dem Vorwurf der Naturfeindlichkeit und der latenten Kriegsbereitschaft zu entlasten, und tatsächlich sprechen sich im »Sonnengesang« des hl. Franziskus Gefühle einer Weltbrüderschaft aus, wie man sie sonst in der christlichen Theologie vergeblich sucht; aber man würde die Gestalt des hl. Franziskus mißverstehen, wenn man in dem Heiligen von Assisi einen Freund der Tiere und der Kreaturen *um ihrer selbst willen* sehen wollte. In Wahrheit verehrte Franziskus die Kreaturen als Symbole und Adressaten Christi und seiner Botschaft, und im praktischen Umgang mit den Tieren konnte er genauso rücksichtslos sein wie alle guten Christenmenschen sonst.[17] Dem Christentum ging es nie um die Natur als solche.

[17] Vgl. H. Meyer: Der Mensch und das Tier, 107: »Selbst beim Heiligen Franziskus von Assisi oder beim Heiligen Antonius von Padua – sie werden immer wieder zitiert, um die enge Beziehung des Christentums zum Tier zu dokumentieren – wurden die Tiere nicht als eigenständige Lebewesen, sondern in ihrer medialen Funktion für Gottes Wirken interpretiert.« Als Beispiel: als Bruder Ginepro einst einem lebendigen Schwein im Wald einen Fuß abschnitt, um einem Kranken damit große Labsal zu verschaffen, beschwerte sich der Besitzer der Sau bei Franziskus, der die Übeltat der Besitzbeschädigung rügte, aber über das Tier kein Wort verlor. Ginepro gegenüber erklärte Franziskus sogar wahrhaft christlich, man brauche sich durchaus nicht aufzuregen, »sintemalen das Schwein mit dem amputierten Bein doch eher Gott gehörte als jenem«. Schließlich gelang es, den Besitzer des Schweins dahin zu bringen, daß er das Tier schlachtete und es in großer Rührung für den Tisch der Brüder nach S. Maria degli Angeli trug, um das Unrecht seines Vorwurfs wiedergutzumachen; Franziskus aber lobte die vorbildliche Einfalt seines Bruders Ginepro, »eine Einfalt, die dem Erleben des Tieres gegenüber als rücksichtslos sich erwiesen hatte«. H. Meyer: a.a.O., 107. – Bezeichnenderweise hatte Franziskus aus *symbolischen* Gründen z. B. Mitleid mit einem Lämmlein, das er aus einer Herde von Ziegen und Böcken loskaufte, weil es so sanftmütig unter den Ziegen seines Weges wandelte, wie unser Herr Jesus Christus zwischen den Hohenpriestern und Pharisäern. I. Gobry: Franz von Assisi, 143–144. Daran, daß die »Naturliebe« des hl. Franziskus »nur« eine symbolistische Christozentrik und damit nach wie vor eine radikale Anthropozentrik ist, ändern auch die in der Tat bemer-

Eben deshalb sind geistige Haltungen und Forderungen, die in anderen Religionen eine zentrale Stellung einnahmen, wie der Verzicht auf Fleischnahrung oder den Gebrauch von Lederwaren mit Rücksicht auf das Leben der Tiere, niemals im christlichen Abendland wirksam geworden. Womöglich sogar Tierhospitäler einzurichten oder vegetarisch zu leben, wie es in Indien üblich ist, galt dem Christentum stets als lächerlich und indiskutabel. Das Problem der frühen Kirche war höchstens, ob man heidnisches Opferfleisch essen bzw. die jüdischen Speisetabus einhalten müsse – um die Tiere selbst ging es den biblischen Religionen niemals.

Die Folge dieser Denkweise bilden heute die riesigen Schlachthöfe der Großstädte, die schwimmenden Fischmehlfabriken auf den Meeren, die Massentierhaltungen und die ungeheuerlichen Zahlen der Tierversuche für medizinische und militärische Forschungen und Erprobungen[18], deren mechanisierte und rationalisierte Form durchaus dem Stand der Kriegstechnik entspricht. Die Parallele zwischen Tiertötung und Krieg liegt durchaus auf der Hand: so wie die fernwirkenden Waffen dem Soldaten den Anblick von Leid und Tod ersparen und ihn gerade deshalb zu einem so furchtbaren Morden befähigen, tragen die sterilen Apparaturen der Schlachthöfe dazu bei, daß man beim Essen der vielerlei

kenswert feinfühligen und im christlichen Abendland äußerst seltenen Anweisungen nichts, man solle einen Baum nie ganz unten fällen, damit er noch Hoffnung habe, wieder zu sprossen, oder man solle die Raine um den Garten nicht umgraben, »damit zu ihrer Zeit das Grün der Kräuter und die Schönheit der Blumen den herrlichen Vater aller Dinge verkündigten«. Th. von Celano: Leben und Wunder des hl. Franziskus, II 165; übers. von E. Gram, Werl 1955, 390.

18 Nach den Schätzungen des Welttierschutzbundes werden jährlich auf der Welt ca. 200 Millionen Tiere allein bei Versuchen der Industrie getötet; die Dunkelziffer der Versuche auf militärischem Sektor ist gar nicht zu erfassen. E. Drewermann: Der tödliche Fortschritt, 109–110, Anm. 133. Wieviel mehr könnte man von der Schönheit, Weisheit und Majestät *lebender* Tiere für ein gesundes Leben lernen als von der Biochemie und Anatomie gequälter »biologischer Objekte«, deren jämmerliches Dasein an sich nur die Fehleinstellung des Menschen zu sich selbst und zur umgebenden Natur objektiviert!

Wurst- und Fleischwaren sich keinerlei Gedanken mehr über das Leid der massenweise verendenden Tiere zu machen braucht. Daß das Christentum die Ausbeutung der Tiere, in welcher Form auch immer, nicht nur nicht eingeschränkt oder gar verboten, sondern vielmehr ausdrücklich gutgeheißen und gerechtfertigt hat, zeugt zweifellos von einer besonders rücksichtslosen und gewalttätigen Einstellung gegenüber der Natur; daß aber eben diese Einstellung uns Abendländern völlig selbstverständlich, gottgewollt und naturgegeben vorkommt, zeigt überdeutlich, bis zu welchem Grade die Skrupellosigkeit und Gefühlsroheit des Christentums auf dem Boden der Bibel und der griechisch-römischen Antike gediehen ist. Wenn sich der Krieg zugleich mit der Jagd entwickelt hat, so wird man jedenfalls ganz sicher sagen können, daß die Menschheit erst dann wirklich friedfertig sein kann, wenn sie es fertigbringt, mit den Tieren als Geschöpf unter Geschöpfen zu leben und die Selbstverständlichkeit in der »Nutzung« und Ausbeutung der Tiere aufzugeben.

Ein wichtiger Beitrag des Christentums (und ebenso des Judentums und Islams) zum Frieden bestünde demnach in einer vollständigen Revision seiner Einstellung gegenüber der Natur. Aufrichtiges Mitleid mit den Kreaturen zu lernen, müßte die erste Forderung in allen drei biblischen Religionen sein, wenn es ernsthaft darum gehen soll, dem Frieden näherzukommen.[19]

[19] A. Schweitzer sah in diesem Punkte richtig, wenn er die hohlen gesetzgeberischen und moralistischen Versuche, den Frieden zu »machen«, kritisierte, weil sie auf keiner Evidenz des Gefühls aufruhten: »Eine Schrift mit Regeln, die bei Friedensschlüssen beobachtet werden sollen, damit dauernder Friede entstehe, ließ Kant unter dem Titel ›Zum ewigen Frieden‹ ausgehen. Er irrte. Regeln über Friedensschlüsse, mögen sie noch so gut gemeint und noch so gut formuliert sein, vermögen nichts. Nur das Denken, das die Gesinnung der Ehrfurcht vor dem Leben zur Macht bringt, ist fähig, den ewigen Frieden heraufzuführen.« A. Schweitzer: Kultur und Ethik, 368.

## 2. *Die Verstandeseinseitigkeit des biblischen Menschenbildes und seine Fremdheit gegenüber der inneren Natur*

Ein zweites Problemfeld ergibt sich wie von selbst aus der kosmologischen Anthropozentrik des christlichen Ansatzes, indem die Unterdrückung der äußeren Natur notwendig mit einer *Unterdrückung der inneren Natur* einhergeht. Die Zentrierung der Welt auf den Menschen als den vernunftbegabten Teil der Kreatur kann nämlich auch im Menschen selbst nur die rationalen Kräfte, Verstand und Willen, gelten lassen, wohingegen die Welt der Triebe, der Instinkte, des Unbewußten, des *Weiblichen* im Menschen als etwas Unvernünftiges, Tierisches bekämpft und niedergehalten werden muß. Auch diese *Einseitigkeit in der Psychologie und Anthropologie* wird von allen drei biblischen Religionen geteilt, im Christentum aber noch durch den Rationalismus des griechischen Denkens sowie durch die historisch bedingte Apologetik der eigenen Dogmen gegenüber den heidnischen Mythen verschärft. Was diese Verstandeseinseitigkeit, diese Fremdheit gegenüber der *inneren* Natur des Menschen psychologisch für die Frage des Krieges bedeutet, läßt sich in den folgenden vier Punkten aufzeigen:

a) in der Unterdrückung der menschlichen Aggression,
b) in dem Moralismus des Denkens bzw. in dem ethischen Mißverständnis des Religiösen,
c) in der Unterdrückung der Sexualität und der patriarchalischen Abwertung des Weiblichen, sowie
d) in der Unterdrückung der archetypischen Bilder des kollektiven Unbewußten.

### *a) Die Unterdrückung der menschlichen Aggression*

So wenig das Christentum mit der äußeren Natur anzufangen weiß, so wenig war und ist es imstande, sich auf die Welt der Triebe, auf das Unbewußte im Menschen einzulassen.

*Die Verdrängung des Triebhaften insgesamt*

Entsprechend dem Menschenbild der Bibel ist der Mensch ein Geschöpf, das unmittelbar aus der Hand Gottes hervorgegangen ist[20] – die Darwinsche Abstammungslehre bereitete der christlichen Theologie bezeichnenderweise fast 100 Jahre lang das größte Kopfzerbrechen, bis daß man schließlich immerhin einräumte, daß allenfalls der *Leib* des Menschen sich aus dem Tierreich entwickelt haben könnte; daß aber auch die *Seele* des Menschen in ihrer empirischen, psychologischen Gestalt sich aus der Tierreihe entwickelt haben sollte, schien und scheint immer noch mit der biblischen Schöpfungslehre schwer vereinbar.

[20] Man vergleiche zur Erhärtung dieser These nur die Zeitvorstellungen der Bibel mit den außerbiblischen Religionen: die *Inder* rechneten in Zeitzyklen der Welt von 4,32 Mio. Menschenjahren; H. v. Glasenapp: Die nichtchristlichen Religionen, 156–159; die *Mayas* Mittelamerikas, ein steinzeitliches Volk, das gerade erst anfing die Schriftkultur zu entdecken, errechnete auf einer Stele in Quiriguá ein Datum von über 90 Millionen Jahre, auf einer anderen eins, das über 300 Millionen Jahre vor dem angegebenen liegt. J. E. S. Thompson: Die Maya, 30; 263; Abbildungen der Stelen bei P. Ivanoff: Maya, 44–49. Demgegenüber projiziert die biblische Schöpfungsgeschichte sogar noch in der relativ späten Priesterschrift des Alten Testamentes einfach die menschlichen Zeitmaße in den Kosmos; die Welt beginnt mit dem Menschen und dreht sich um den Menschen; von der menschlichen Geschichte her versucht man die Naturgeschichte zu »verstehen«, und der israelitische Schöpfungsgedanke selbst ist zunächst nur eine Ausdehnung des Machtanspruches des Stammesgottes gegenüber den Göttern Kanaans. – H. Kühn: Das Erwachen der Menschheit, 168–169 meinte schon 1954 bezüglich der Evolutionslehre und der christlichen Theologie: »Mit diesem Gedanken, so schien es, war der Gottesbegriff selbst am tiefsten getroffen, und die Religion glaubte man in ihren Grundfesten erschüttert ... Europas Grundhaltung im Denken ist seit den Griechen die Stellung auf den Menschen, auf die Persönlichkeit, auf die Würde des Einzelnen. – Ostasien hat in diesen Fragen von Anfang an eine andere Stellung eingenommen ... Die Aufgabe des Menschen ist es, sich einzuordnen in die Erscheinung der Welt, seine Verpflichtung ist es, seinen bestimmten Standort und seine Stellung im Ganzen der Erde zu finden ... Hier hatte der Mensch sich immer als zutiefst verbunden mit dem Reich der Pflanzen und Tiere empfunden. – In Europa aber hatte der Mensch sich erlebt als abgelöst von der Welt, als Sondererscheinung, für die die übrige Welt geschaffen ist, und, in der Sprache der Religion ausgedrückt, als Ebenbild Gottes, als Offenbarung Gottes.«

Der Widerstand gegen die Abstammungslehre ergibt sich jedoch nicht einfach aus der Spannung zwischen dem Wortlaut des biblischen Schöpfungsberichtes und den Ergebnissen der Paläontologie; der eigentliche Streitpunkt liegt in der Verstandeseinseitigkeit des christlich-abendländischen Menschenbildes: ein Mensch, der in Jahrmillionen sich aus dem Tierreich entwickelt, kann unmöglich nur »vernünftig« und »gut« im moralischen und intellektuellen Sinne sein, und wenn ganze Teile seiner Psyche unbewußt sind, so läßt sich auch der philosophische Gedanke der menschlichen Freiheit nicht mehr in der weithin im Christentum verbreiteten undifferenzierten Abstraktheit der Schultheologie aufrecht erhalten. Psychoanalyse und Verhaltensforschung haben denn auch die Einseitigkeit des christlichen Menschenbildes ein für allemal zerstört, und ihre Erkenntnisse führen unweigerlich dazu, das Christentum gerade in seinen Einseitigkeiten und Verdrängungen in gewissem Sinne psychologisch an der Häufigkeit und Furchtbarkeit der Kriege im christlichen Abendland mitschuldig zu sprechen. Indem es die triebhaften, unbewußten Regungen der menschlichen Psyche verdrängte, verleugnete, ignorierte oder moralisch dirigierte, vermehrte das Christentum nämlich bei allem guten Willen, den man bei den Bemühungen um eine Befriedung des Menschen voraussetzen kann, in Wahrheit das Feld der Angst und der Schuldgefühle, aus denen ein Großteil der aggressiven Triebregungen sich speist. Der Frieden muß unter diesen Umständen zu einer Fata Morgana werden: er rückt um so weiter weg, je mehr man sich ihm in der Wüstenei moralischer Askese und rein verstandesmäßiger Lösungsversuche anzunähern glaubt.

In beiden großen Triebbereichen, im Umgang mit der menschlichen Aggression ebenso wie mit der menschlichen Sexualität, läßt sich das zeigen, wobei vor allem die Kluft zwischen der rohen Aggressivität des Alten Testamentes und den Forderungen der Bergpredigt besonders auffällt und den Zwiespalt des Christentums zwischen Triebunterdrückung und fanatischem Sadismus religionsgeschichtlich verständlich macht.

Merkwürdigerweise ist die *Aggression* dem Christentum, anders als die Sexualität, als Problem im eigentlichen Sinne nach der Konstantinischen Wende scheinbar gar nicht mehr bewußt geworden. Die Ursprünge des Christentums selbst sind offenbar viel zu kriegerisch, als daß die menschliche Aggression etwa als ein Hauptproblem hätte empfunden werden können, und offenbar setzt sich hier das patriarchalische *Erbe des Alten Testamentes* später in einer Art Dennochdurchsetzung des Gehemmten mit Gewalt fort.

*Das kriegerische Erbe der semitischen Religionen in der Bibel*

Im Vergleich zu anderen Religionen ist die Religiosität aller semitischen Stämme der Antike, inklusive der Kinder Israels, äußerst kriegerisch.[21] Die Ausrottung oder Vertreibung ganzer Völker als die rechte Art des *Heiligen Krieges* zu verstehen, den der Stammesgott zu dem kraß egoistischen Nutzen seiner selbst und seines eigenen Volkes gebietet[22], fällt dem Alten Testament selbst noch in der Zeit des deuteronomistischen Geschichtswerkes nicht schwer, und es mutet geradezu verwegen an, wenn manche Theologen, verzweifelt um Spuren einer friedlichen Gesinnung in der Bibel bemüht, heute Stellen des Alten Testamentes wie Jes 2,4 (»sie werden die Schwerter zu Pflugscharen schmieden«) und Ps 46,9–10 von dem Gott, der die Speere zerschlägt, zum Zeugnis eines

[21] Vgl. den berechtigten Vorwurf der Intoleranz und Gewalttätigkeit aller drei biblischen Religionen im Unterschied etwa zur indischen Religiösität bei S. RADHAKRISHNAN: Weltanschauung der Hindu, 10–11; 49–63. Ähnlich fragte A. Toynbee besorgt, ob »die fanatisch positiven judäischen Religionen unwiderruflich durch die belastende Erinnerung an die Intoleranz, die ihre Bekenntnisse Lügen gestraft hatte«, soweit diskreditiert worden seien, daß der Hohlraum des Religiösen jetzt durch neue Teufel, wie Nationalismus, Faschismus und Kommunismus gefüllt würde. A. TOYNBEE: Der Gang der Weltgeschichte, II 2, 398–399.

[22] Vgl. R. DE VAUX: Das Alte Testament und seine Lebensordnungen, II 70–81.

biblischen Pazifismus heranziehen wollen.[23] Keinem Studenten der Theologie im ersten Semester dürfte man eine solche Zitationsweise gestatten, – als ob nicht in Jes 2 unmittelbar nach der in Aussicht gestellten Beendigung des Krieges gesagt würde, wie das Alte Testament sich den Frieden Gottes auf Erden vorstellt: als Sieg *seines* Gottes über alle Heidengötzen und deren Völker; und nichts anderes bejubelt der Ps 46. Es ist müßig, den wenigen friedfertig klingenden Stellen des Alten Testamentes andere Passagen entgegenzustellen, in denen Gott der Herr sogar ausdrücklich gelobt wird als einer, »der meine Hände den Kampf lehrt und meine Fäuste den Krieg« (Ps 144,1), oder in denen man denjenigen selig preist, der die Säuglinge des Feindes packen und sie mit ihren

[23] Im Prinzip richtig urteilt J. Lasserre: Der Krieg und das Evangelium, 66–67, der die entsprechenden Stellen (Jes 2,4; 9,4; 11,6–10; 32, 17; Mi 4,1–5; Hos 2,20; Sach 9,10; Ps 72,3.14) fälschlich als »universalistische und pazifistische Strömung« heranzieht, aber doch bemerkt: »Es ist Tatsache, daß überall im AT das Menschenleben wenig wert ist und daß die Besten unter den Gläubigen hier keine Skrupel hatten, Blut zu vergießen. Immer wieder ist im AT die Rede von Krieg und Mord . . . Fast alle Gläubigen des AT sind Krieger.« Und: »Die Propheten haben ungestüm gegen die Einführung der im antiken Heidentum üblichen Praktiken in die israelitische Religion angekämpft . . . Aber ihre Proteste gegen die kultische Trunkenheit, die kultische Prostitution und die Opferung von Neugeborenen sind viel nachdrücklicher und hartnäckiger als die gegen den heiligen Krieg. Wenn der ›Herr der Heerscharen‹ auch kein bacchischer oder erotischer Gott war, so war er doch ein ›kriegerischer‹ Gott für Israel.« – Wenn F. M. Stratmann: Weltkirche und Weltfriede, 107–108 von dem erhabenen »Ethos und Telos« der Kriege im Alten Testament spricht, um erbittert die heutigen Kriegsrechtfertiger zu fragen, wo es denn heute (1924!) Kriege gäbe, die man als gottgegeben deklarieren könnte, so trägt er der Gefahr der Ideologisierung des Religiösen vom Altertum bis in die Gegenwart offensichtlich nicht genügend Rechnung: wieso gab es im Alten Testament ein »Recht« zu dem Rachegefühl gegen die Midianiter, wie es Num 31 in barbarischer Weise theologisch rechtfertigt? Richtig meinte A. Toynbee, die größte Bedrohung für die Fortexistenz der Menschheit sei nicht die Atombombe, sondern das Aufkommen einer modernen Religionskriegsmentalität zwischen Ost und West und der Rückfall in ein Denken der Intoleranz, das bereits zur Zeit der Vorderladergewehre gezeigt habe, daß geistige Konflikte sich nicht mit Waffen lösen ließen. A. Toynbee: Der Gang der Weltgeschichte, II 2, 413; 398.

Köpfen am Felsen zerschmettern wird (Ps 137,9), oder wo man den »Gottlosen« der Erde von Herzen wünscht, sie möchten zerfließen wie der Schleim der Schnecke, damit der Gerechte sich seiner Rache freuen und seine Füße im Blute der »Gottlosen« baden könne (Ps 58,9.11). Selbst der Psalm 110, den das Christentum so gern auf den Messiaskönig deutet, spricht davon, wie der Erwählte Gottes den besiegten Feinden in den Nacken tritt und Gericht unter den Heiden hält, »daß es voll wird von Leichen« und die Häupter der Erschlagenen weithin zerschmettert auf dem Schlachtfeld liegen (Ps 110,1.6). Auf *solche* kriegerische Weise ist das Volk der Bibel unter der Führung seines Gottes jahrhundertelang groß geworden, und es scheint in historischer Sicht, als sei es weder dem Christentum noch dem Islam gelungen, dieses außerordentlich kämpferische Erbe des Alten Testamentes nebst der Enge seines nationalegoistischen Horizontes wirklich abzustreifen.[24] Nicht zuletzt ist gerade das Spätjudentum

[24] Bibelstellen wie Num 31,17; Dtn. 20,13–18; Jos 8,22ff.; 10, 28.31; Ri 21,20; 1 Sam 15,3 u. a. sind in der Drastik ihrer Ausrottungsbefehle von einer durch nichts zu beschönigenden Unmenschlichkeit. Recht hat Lasserre, wenn er hier eine Verbindung zu den Verbrennungsöfen Hitlers zieht (J. Lasserre: Der Krieg und das Evangelium, 67), nur daß die biblische Denkweise auf dem Hintergrund der gemeinsamen semitischen Anschauung und Praxis gesehen werden muß, während die Ungeheuerlichkeit des Nationalsozialismus gerade darin liegt, daß ein Volk, das man für hochkultiviert halten mußte, zu Praktiken der Vorzeit mit den Mitteln des Industriezeitalters regredieren konnte. – Wie sehr die Haltung des *Islam* noch in der Gegenwart von der Idee des Dschihad, des Heiligen Krieges, geprägt ist, zeigen z. B. die traurigen Fälle blinder Raserei der Moslems in Indien, etwa die Tragödie von Haiderabad im Jahre 1948. »Es war für nach rückwärts schauende Moslems schmerzhaft, zu entdecken, daß weder Gott noch die Organisation der Vereinten Nationen gewillt ist, die alten Formen islamischer Leistung zu bewahren.« W. C. Smith: Der Islam in der Gegenwart, 263. Daß »kein Hindernis« bestehe, die einschlägigen Koranstellen über den Heiligen Krieg (s. o. S. 69, Anm. 32) »mit den Forderungen des heutigen internationalen Rechts in Einklang zu bringen«, wie L. Gardet: Der Islam, 54 meint, scheint angesichts der wilden Haßtiraden islamischer Politiker z. B. in der Israelfrage und der damit verbundenen Unterstützung des internationalen Terrorismus mehr als zweifelhaft. Vgl. den Appell von C. F. v. Weizsäcker: Islam und

in seiner apokalyptischen Literatur, die auch vom Neuen Testament aufgegriffen wird, im Kontrast zu seiner politischen Ohnmacht von einer außerordentlichen endzeitlichen Rachebegeisterung und Kriegswütigkeit, wie es etwa die Kriegsrolle von Qumran deutlich macht.

*Der religiöse Sinn der Bergpredigt und die christliche Erbsündenlehre*

Aber diese kriegerische Seite des biblischen Erbes existiert heute mehr im Untergrund, in den verdrängten Zonen der Psyche, als im Bewußtsein, und sie war vielleicht sogar weniger schädigend als die andere, völlig entgegengesetzte, von der Bergpredigt her bestimmte Seite der abendländischen Religiösität, die, in quasi neurotischer Verkehrung ihres eigentlichen Ziels, zu einer derartigen Verformung der christlichen Mentalität geführt hat, daß die Fanatismen, die Gewalttätigkeit, die Macht- und Herrschgier und die latente Kriegsbereitschaft des Christentums von daher allererst wirklich verständlich werden.

Gerade in den Lehren der Bergpredigt von dem Geist der Versöhnung und der Gewaltlosigkeit hat man immer wieder die eigentlich spezifischen Merkmale des Christlichen erblikken wollen, und in der Tat kann man sich fragen, ob nicht auf Erden sofort Friede herrschen würde, wenn man nur die Weisungen des Christentums mit den wunderbaren Worten Jesu aus Mt 5–7 ernsthaft befolgen würde. So besehen, scheint die Ursache für die endlose Kette von Krieg und Gewalt in der menschlichen Geschichte natürlich nicht im Christentum selbst, sondern gerade darin zu liegen, daß man dem Christentum *zu wenig* Folge leistet, und es muß demnach geradezu für absurd gelten, einer Religion mit solchen

Toleranz. Ein Appell an die politische und geistliche Führung in Iran, in: Der bedrohte Friede, 354–357, wo er, offenbar vergeblich, für die Freiheit der Bahai-Anhänger unter der Herrschaft Khomenis eintritt.

Lehren wie dem Christentum eine latente oder offene Kriegsbereitschaft unterstellen zu wollen. Und doch lassen die Fakten der Geschichte das Christentum psychologisch als *strukturell* kriegsbegünstigend und zum Frieden unfähig erscheinen, und der Grund dafür scheint eben in der Art zu liegen, wie es gerade die Bergpredigt zu leben versucht hat. Denn die Besonderheit des Christentums besteht nicht in dem Besitz solcher Lehren wie der Bergpredigt selbst, sondern in der einseitig moralisierenden Art, in der es diese ausgelegt hat, und in den daraus folgenden gefährlichen Verdrängungen der menschlichen Aggression.

Bereits der kurze Vergleich mit den Lehren der altchinesischen Weisheit (s. o. S. 111) hat gezeigt, daß die Bergpredigt vor allem darin groß und hoch zu schätzen ist, daß sie völlig autochthon und originär Erfahrungen der Geborgenheit und einer daraus erwachsenden Friedfertigkeit beschreibt, die im Grunde *allgemein* menschlich sind und von den großen religiösen Gestalten der Menschheitsgeschichte immer wieder unabhängig voneinander entdeckt und beschrieben wurden. Die Größe der Bergpredigt liegt nicht darin, daß hier etwas in sich Einzigartiges und Unvergleichliches gelehrt würde; im Gegenteil, man muß bei einem Vergleich vor allem mit den Lehren der alten Inder und Chinesen zugeben, daß dort viel breiter und ausführlicher gerade diejenigen Gedanken entfaltet worden sind, die in der Bergpredigt wie geschliffene Perlen in einzelnen Rätselworten aufleuchten. Ja, es scheint sogar, als ob man die Haltung der Bergpredigt überhaupt erst wirklich verstehen würde, wenn man die verkrampften asketischen Willensanstrengungen der christlichen Tugendlehre einmal vergißt und bei den Texten Laotses, Buddhas und ihrer Schüler auf lange Zeit hin seine Zuflucht nimmt; jedenfalls wird man erst dann den Schaden ermessen können, den eine zu äußerliche Interpretation der Bergpredigt der Sache des Friedens zugefügt hat.

Die Lehren der Bergpredigt zeigen eigentlich nur, wie man leben und sich verhalten kann, wenn die Angst des menschlichen Daseins durch ein tiefes religiöses Vertrauen überwunden ist.[25] Unabhängig von dem Hintergrund der Angst ver-

[25] J. Lasserre: Der Krieg und das Evangelium, 25–27 hat gewiß recht, wenn er hervorhebt, das Christentum der Bergpredigt fordere die Feindesliebe und kenne so etwas wie eine erlaubte Notwehr »überhaupt nicht« (S. 26); es wird ihm auch darin zuzustimmen sein, daß man an der Bergpredigt sich nicht mit der praktischen Unterscheidung M. Luthers zwischen den Aufgaben eines Staatsbürgers und eines Christen vorbeireden kann (a.a.O., 27–29), denn natürlich ist es völlig schizophren, die bürgerliche Existenz von der christlichen zu trennen, und der Protestantismus ist gerade aufgrund dieser Schizophrenie z. B. gegenüber dem Faschismus in verhängnisvoller Weise ausnutzbar geworden. Aber Lasserre abstrahiert, wie die meisten Schriftausleger, die Worte Jesu von der Erfahrung des Glaubens; er erwähnt und analysiert nicht die *Angst* mit ihrer verheerenden, destruktiven Eigendynamik, und so gleiten alle seine gut gemeinten theologischen Appelle für den Frieden trotz ihrer selten zu findenden Redlichkeit in das Niveau eines ethisierenden Moralismus ab: der »Angelismus« der Theologie (a.a.O., 88–91) wird nicht dadurch gemildert, daß Lasserre ganz richtig Christus zum Herrn auch der weltlichen Obrigkeit erklärt, im Gegenteil werden die konkreten Probleme, die dem Frieden entgegenstehen, lediglich durch einen abstrakten Sollensanspruch übersprungen. – Desgleichen bleibt das Bedauern nutzlos, wenn einer der ersten pazifistischen Theologen des 20. Jh.s in der katholischen Kirche, F. M. Stratmann, in der Bergpredigt eine Aufforderung sah, trotz aller Mißerfolge auf die Mittel des Geistes, statt auf Gewalt zu setzen, und dann feststellte: »Leider hat auf dem Gebiete der Politik noch kein Staat den Versuch mit der konsequenten Methode der evangelischen Gerechtigkeit und Liebe gemacht.« F. M. Stratmann: Weltkirche und Weltfriede, 115. Das große Verdienst dieses Autors war es, endlich den falschen Rechtfertigungen des »gerechten Krieges« und der Fülle abstrus exegesierter Bibelzitate zum Zwecke einer staatspolitisch einschmeichelnden Theologie der Staatsräson einen ersten Riegel vorgeschoben zu haben; aber das eigentliche Problem liegt darin, warum noch nie ein Staatsgebilde sich auf die »Methode« des Evangeliums eingelassen hat. Lediglich gegenüber dem pazifistischen Vernunftglauben von W. F. Foerster: Politische Ethik und politische Pädagogik, München 1918, S. 327ff., der die Macht des Staates allein auf Recht und Sittlichkeit gegründet sehen wollte, betonte Stratmann die Einsicht in die tiefe Zerrüttung, die in der Wurzel aller Völkerkonflikte, ja in der menschlichen Natur gelegen sei, und verlangte nach einer tieferen religiösen Motivierung der Friedenspflicht um des Gottesreiches willen, wie er sie besonders bei den pazifistischen Quäkern vertreten fand; Stratmann: a.a.O., 166ff.; aber er untersuchte nirgends die psychischen und existentiellen Schwierigkeiten auf dem Weg zum Frieden; was die Verwurzelung in Gott, was das »Reich Gottes« positiv über die Evidenz humanitären Mitleids hinaus vermag, wird auf

steht man nicht, auf welche Probleme und Verengungen des Lebens die Bergpredigt antworten will, und es wird vor allem nicht mehr deutlich, wie radikal von Gott her Christus denkt

diese Weise nicht wirklich deutlich, und die Unklarheit bleibt, wieso christlich gesehen zwar Gott den Frieden »schenkt«, aber der Mensch für den Frieden »verantwortlich« sein soll, wie z. B. PAPST JOHANNES PAUL II. mit deutlichem Bezug auf die Polenkrise noch am 21. 12. 1981 erklärte (WB, 22. 12. 81; Nr. 296, 134. Jg., S. 1) – Der übliche Stand in der »Auslegung« der Bergpredigt ist mustergültig wiedergegeben bei R. SCHNACKENBURG: Die sittliche Botschaft des Neuen Testamentes, 52–64, wo zunächst der »Radikalismus« betont wird, mit dem Jesus den »unverkürzten Gotteswillen« zur »Norm« erhebe und eine Ethik im Augenblick der einbrechenden Gottesherrschaft verkünde. Wörtlich: »Wenn sie (sc. die Forderungen der Bergpredigt, d. V.) sich an die Menschheit in der Zeit tiefer Erniedrigung und Kraftlosigkeit richteten, wären sie deprimierend. So aber verkündigt sie Jesus in der heilsgeschichtlichen Stunde, da Gott seine Herrschaft aufrichtet, und da sind sie notwendig, damit die Menschen den Großtaten Gottes mit der Großmut des Herzens antworten.« (A.a.O., 58) Dann folgt die Fülle der üblichen Vokabeln: gebieterisch, kompromißlos, konkret, radikal (S. 61), Reichs-Gottes-Predigt, eschatologischer Hintergrund usw. An keiner Stelle wird der Biblizismus dieser Worttiraden in Richtung der Frage überschritten, was es denn nun eigentlich besagen will, wenn Gott seine Herrschaft in einem Menschen aufrichtet; und da die »eschatologische Temperatur« der Bergpredigt, statt existentiell, rein geschichtlich beschrieben wird, ist auch nicht klar, wie man den Konsequenzen entgehen will, die bereits A. SCHWEITZER: Geschichte der Leben-Jesu-Forschung, II 620–630 gezogen hatte: daß Jesus sich in der Endzeiterwartung in historischem Sinne geirrt habe und wir folglich die sich realisierende Endvollendung, die Jesus übernatürlich erwartete, »nur als Resultat der sittlichen Arbeit begreifen können«. (S. 627) – Sehr viel beherzter hebt E. STAUFFER: Die Botschaft Jesu damals und heute, 119–146 das Gebot der Feindesliebe von den rabbinischen Ordensvorschriften ab und versucht, die Möglichkeit, ja die politische Notwendigkeit dieses Gebotes an historisch beeindruckenden Beispielen zu erhärten; aber auch er bleibt im rein Appellativen stecken, wenngleich er das »Gebot« der Feindesliebe immerhin durch keinerlei schriftgelehrten Kunstgriff abschwächt.

– Man muß freilich hinzufügen, daß die »Ethisierung« der religiösen Botschaft Jesu bereits in der »Berg«-predigt des Matthäus-Evangeliums selbst beginnt, wo die Predigt Jesu als von einem zweiten Moses von einem zweiten Sinai herab für das neue Gottesvolk, das wahre Israel gesprochen vorgestellt wird (vgl. Mt 5, 17.20) und die endzeitliche Sorge sich ausbreitet, daß wegen der »Gesetzesverachtung« »die Liebe in vielen erkalten« werde (Mt 24,12).

und spricht.[26] Die »Gebote« der Bergpredigt sind für ihn gerade keine Anweisungen zu einer Übermoral menschlichen Rechtverhaltens, sie beschreiben lediglich, welch eine Macht Gott in Menschen erlangen kann, die sich ihm anvertrauen und darüber die Angst mit ihren Sicherungsbedürfnissen nach Geld und Macht, Rechthaberei und mitleidloser Selbstdurchsetzung ein für allemal überwunden haben. Ohne die Gnade Gottes hingegen ist es dem Menschen nicht möglich, gut zu sein – diese wichtige Lehre der Kirche, die in dem Dogma von der »Erbsünde« formuliert wurde, bleibt auch theologisch unverständlich, solange man nicht von der Tiefenpsychologie lernt, wie total das menschliche Dasein an sich selbst erkranken muß, wenn es zutiefst von dem Gefühl der Gnadenlosigkeit geprägt ist.[27] Erst wenn man sieht, wie der Lebensaufbau eines Menschen im Felde der Angst, im Status fundamentaler Nicht-Akzeptiertheit sich neurotisch verformt und in die verzweifelten Formen der Überkompensation, des Gottähnlichkeitsstrebens, sich selber ausweicht, wird die tiefsinnige Lehre der Kirche verständlich, daß ein Mensch ohne das Vertrauen in die vorgängige und absolute Bejahung seines Daseins zu nichts Gutem fähig sei.

An der Entscheidungsstelle zwischen Angst und Glauben müßte infolgedessen auch die theologische Analyse der Kriegsproblematik einsetzen, und dann erst ließe sich glaubwürdig zeigen, welch eine Antwort auf die Menschheitsgeißel

[26] Es ist nach wie vor unbegreifbar, wieso ganz allgemein die Theologen, P. Tillich ausgenommen, nicht verstehen können oder wollen, daß die gesamte »Auslegung« des Glaubens ohne den Hintergrund der Angst nichts weiter sein kann als eine moralisierende Überanstrengung oder eine langweilige Redensart. Der Begriff der Angst allein erlaubt es, hermeneutisch richtig der Sünde nicht die Tugendlehre der Ethik, sondern die Notwendigkeit des Glaubens gegenüberzustellen. Vgl. S. Kierkegaard: Die Krankheit zum Tode, 77–78; E. Drewermann: Strukturen des Bösen, III 493; erst im Feld der Angst, an der Grenzzone zwischen Sein und Nichtsein zeigt es sich, ob ein Mensch »radikal« in Gott gehalten oder radikal von Gott getrennt ist.

[27] Vgl. E. Drewermann: Strukturen des Bösen, III 549–554; *ders.: Das Tragische und das Christliche, 43–49.*

des Krieges die Bergpredigt von Gott her bereit hält. Die christliche Theologie der Bergpredigt müßte daher bei der *Erbsündenlehre* beginnen und von sich her das Ergebnis bestätigen, das wir gerade am Beispiel des Krieges aufgezeigt haben: daß die Ethik völlig außerstande ist, die Notlage des menschlichen Daseins zu beseitigen.

*Die Analyse von Angst und Aggressivität in der jahwistischen Urgeschichte*

Als Ausgangspunkt einer solchen theologischen Besinnung muß vor allem der Text dienen, der in der Bibel seit jeher zur Begründung und Interpretation der Erbsündenlehre herangezogen wurde: die Erzählung der jahwistischen Urgeschichte.[28] Dieser alte Text am Anfang der Bibel enthält besonders in der Erzählung von Kain und Abel (Gen 4, 1–16) ein unübertreffliches Bild zum theologischen Verständnis der menschlichen Aggressivität und der Problematik des Krieges. Die Geschichte, in der das menschheitlich verbreitete Motiv der kämpfenden Brüder[29] aufgegriffen wird, schildert im Grunde, daß Menschen einander kriegerisch gegenübertreten müssen, wenn sie mit Gott zerfallen sind; sie beschreibt, wie Menschen, die von Gott getrennt sind, sich jenseits von Eden als Vertriebene, von Gott Verjagte fühlen müssen, denen das gesamte Dasein wie ein von ihrem Schöpfer auferlegter Fluch erscheint. Solche Menschen, die sich von der Wurzel her

[28] *Zur Auslegung von Gen 3,1–7, der sog. »Sündenfallerzählung«, vgl.* E. Drewermann: Strukturen des Bösen, I 53–78; III 228–263.

[29] E. Drewermann: Strukturen des Bösen, II 247–256; zur exegetischen Auslegung der Kain- und Abel-Erzählung, vgl. a.a.O., I 117–143; zur psychoanalytischen Deutung des Motivs der kämpfenden Brüder in Gen 4,1–16 vgl. a.a.O., II 257–294; zur existenzphilosophischen Auslegung der Stelle vgl. a.a.O., III 263–299. Zu dem nachfolgenden Abschnitt (Gen 4,17–24) vgl. E. Drewermann: Strukturen des Bösen, I 152–161; III 299–310. – M. Mitscherlich: Die Angst vor der Angst, in: Müssen wir hassen, 154–156 bietet eine gute Übersicht über den Umgang mit der Angst; vor allem schildert sie die Abwehr von Angst durch Leistung und beruflichen Erfolg – gerade das ist der Weg der »Kainiten«.

abgelehnt fühlen, meint der Jahwist, können nicht anders, als zu Mördern aneinander zu werden, und zwar nicht aus ursprünglichem, rein triebhaftem Haß, sondern durch eine völlige Verkehrung ihrer eigentlichen Absichten.

Ursprünglich geht das ganze Bestreben der von Gott vertriebenen Menschen, wie der Jahwist es schildert, dahin, durch *Opfer* die verlorene Anerkennung Gottes zurückzugewinnen. Kein Mensch kann, dieser Darstellung zufolge, in dem Gefühl leben, von Grund auf abgelehnt zu sein, er wird im Gegenteil alles tun, sich so akzeptabel wie nur irgend möglich zu machen. Aber wenn ein jeder Mensch nach einer absoluten Anerkennung strebt, so muß ihm jeder andere als Konkurrent, als Feind erscheinen, der gerade durch seine Qualitäten und Vorzüge, durch das, was eigentlich an ihm gut ist, zu einer Todesgefahr für ihn wird. Das ganze Dasein gilt dann der zwangsneurotischen Frage, wer beim Aufeinanderprall zweier Menschen der Überlegene oder Unterlegene sein wird. Erst infolge einer solchen absoluten, theologisch als Abfall von Gott zu deutenden Angst wird die »Hackordnung« einer jeden menschlichen Gruppe mörderisch: wenn jemand durch sein bloßes Dasein bereits einem anderen die Anerkennung entzieht, die man selber braucht, um leben zu können, so kann das Verhältnis zueinander sich in der Tat nur in einen mörderischen Konkurrenzkampf verwandeln. Ein Mensch, der außerhalb der Einheit mit Gott lebt, kann nicht friedfertig sein, – das ist die theologische Meinung der Geschichte von Kain und Abel.

Alle weiteren Probleme im Umgang mit der mörderischen Energie der menschlichen Aggressivität ergeben sich dann wie von selbst: um sich vor der Angriffslust der anderen zu schützen, muß man sich durch die Furchtbarkeit eigener Angriffsdrohungen zu schützen suchen.

Auch diese Logik der Angst beschreibt die jahwistische Urgeschichte meisterlich: der von Gott verfluchte und »bodenlos« gewordene Mörder Kain baut die erste Stadt (Gen 4,17); neben der Stadtkultur aber entsteht die Lebensweise der zeltbewohnenden Nomaden. Man könnte diese Angaben einfach für ein bemerkenswert korrektes Referat der menschlichen Kulturgeschichte halten, wenn nicht das theologische Hauptthema der jahwistischen Urgeschichte in der Verarbeitung der menschlichen Angst im Status der Gottesferne zu sehen wäre. Durch die Mordtat Kains wird das menschliche Zusammenleben von Furcht und Rache bestimmt, und es gäbe nur einen Weg, der Dialektik von Gewalt und Gegengewalt zu entrinnen: man müßte darauf vertrauen, daß der Schutz des menschlichen Lebens ganz und gar in den Händen Gottes liegt. Aber nachdem die Menschen durch die Verführung der Schlange aus lauter Angst Gott bereits die vorbehaltlose Güte gegenüber seiner Schöpfung nicht mehr glauben können, vermögen sie ihm noch viel weniger den Schutz ihres Lebens angesichts ihres Todfeindes, angesichts ihres Bruders, zu überlassen; aus Angst sind sie förmlich gezwungen, den Schutz ihrer bedrohten Existenz durch ein System von Drohung und Vergeltung selber zu gewährleisten. So singt denn Lamech, ein Nachfahre Kains, vor seinen Frauen, um sich ihrer Zuneigung zu versichern, das Lied seiner Rache, in dem er androht, sich selbst 70mal so gut zu schützen, als Gott es je zu tun vermöchte: mag Gott auch versprochen haben, er wolle Kain siebenfach rächen, wenn jemand ihn angreife (Gen 4,15), so wird doch er, Lamech, sich siebenundsiebzigfach rächen (Gen 4,23.24).

Für die kirchliche Theologie wäre es nach dem Vorbild dieser jahwistischen Erzählungen, die den Hintergrund der Erbsündenlehre bestimmen, sehr wichtig, die menschliche Feindseligkeit sowie das daraus entstehende Wechselspiel von Gewalt und Gegengewalt, ja die gesamte Psycho-Logik des Gleichgewichts des Schreckens zur »Friedenssicherung« aus der fundamentalen Angst des Menschen ohne Gott theologisch verständlich zu machen.[30] Nur so könnte das Christentum dann auch positiv aufzeigen, welch einen Beitrag der

[30] Vgl. E. Drewermann: Strukturen des Bösen, III 173.

Glaube zu einem wahren Frieden unter den Menschen zu leisten vermag. Nur im Konterfei der Angst des Menschen ohne Gott könnte die kirchliche Lehre in eigener Kompetenz aufweisen, wie allein aus einem tieferen Vertrauen in die absolute Bejahung und Geborgenheit der menschlichen Existenz in Gott die Fähigkeit wiedererwächst, gemäß dem Worte Jesu den Drohgesang Lamechs zu überwinden und, statt sich 77mal zu rächen, seinem Bruder 77mal zu vergeben (Mt 18,22).

Insbesondere erschiene auf dem Hintergrund einer solchen theologischen Analyse der Angst die Bergpredigt mit ihren Weisungen zur absoluten Gewaltlosigkeit und Versöhnungsbereitschaft wieder als das, was sie ist: als eine Absage an jede Art von ethischer oder politischer Pragmatik zugunsten einer rein religiösen Durcharbeitung der fundamentalen menschlichen Angst und ihrer Erlösung in einem tieferen Glauben an die Grundlagen des menschlichen Daseins. Im Grunde sind die Weisungen der Bergpredigt durchaus nicht anders zu verstehen als die zitierten Rätselworte etwa des Laotse oder des Tschuangtse; sie verwahren sich kraft des Religiösen gegen jede »ethische« oder politische Lösung der Problematik des menschlichen Daseins; sie entstammen der Erfahrung einer absoluten Einheit und Geborgenheit mit dem Urgrund aller Dinge, den Christus in der Bergpredigt seinen »Vater« nennt.[31]

*Die Notwendigkeit der Tiefenpsychologie für eine theologische Lehre von Sünde und Erlösung*

Von daher müßte es dem Christentum darum gehen, dem Menschen die Gründe seiner Angst bewußtzumachen und sie vom Glauben her zu überwinden. Schon allein aus diesem Grund bedürfte die Theologie unbedingt der Einsichten der Tiefenpsychologie in die Strukturen und Mechanismen des

[31] J. Jeremias: Abba, in: Abba. Studien zur neutestamentlichen Theologie und Zeitgeschichte, 15–80.

Unbewußten in seinen Erlebnis- und Verarbeitungsweisen von Angst und Aggression. Solange die Theologie das Unbewußte des Menschen nicht wirklich anerkennt, bleibt ihr nur die Wahl, die Triebe des Menschen entweder zu verdrängen oder zu verteufeln. Die menschliche Aggression muß dann, wie das gesamte Triebleben des Menschen, entweder als das »radikal Böse im Menschen« verstanden werden, wie es z. B. I. Kant im Erbe der protestantischen Theologie gesehen hat[32], oder aber man muß in ziemlicher Naivität die menschliche Aggression verleugnen und erklären, daß der Mensch eigentlich gut sei und sich nach Frieden sehne, wenn nur »die Politiker« auch endlich den Frieden miteinander vertraglich vereinbaren wollten.[33]

Die kirchliche Lehre könnte demgegenüber sehr wohl in Verwendung und in Übereinstimmung mit der psychoanalytischen Neurosenlehre ihr eigenes Konzept von der Ursünde des Menschen dahin erweitern, daß die Aggression des Menschen als Triebradikal mitsamt den instinktiven Mechanismen des Drohens, der Revierverteidigung und der Rangordnung in der Gruppe erst dann wirklich gefährlich und bösartig wird, wenn der Zusammenhalt menschlicher Gruppenbildung durch fundamentale Angst sowie durch das Gefühl eines radikalen Mangels und einer inneren wie äußeren Bedrohtheit konstituiert wird. Gerade anhand der jahwistischen Urgeschichte könnte die Theologie die Erbsündenlehre mit Hilfe der Tiefenpsychologie dahin ausgestalten, daß man den

[32] I. Kant: Idee zu einer allgemeinen Geschichte in weltbürgerlicher Absicht, XI 36–39; ders.: Anthropologie in pragmatischer Hinsicht, XII 676–679 faßte den Gegensatz von Gut und Böse, von Sittlichkeit und Sinnlichkeit im Menschen als eine Urtatsache auf.

[33] So appellierte dem Sinne nach Papst Paul VI. in der berühmten Rede vor der UNO am 4. Okt. 1965 an die Deligierten, den Frieden zu wagen, denn der Mensch sei an sich gut und wolle den Frieden. – Es heißt die eigene Erbsündenlehre verkennen, wenn man nicht bedenkt, was aus dem »an sich« guten Menschen im Bannkreis der Angst wird, und sich die Gegenfinalität aller ethisch noch so gut gemeinten Absichten im Felde der Angst nicht hinreichend verdeutlicht.

Menschen in der Ausweglosigkeit seiner Angst, in seiner angstgetriebenen Aggressivität und in den verzweifelten Ausbrüchen der Gewalt nicht länger verurteilt, sondern von innen her *versteht*. Und gerade darauf käme es an. Denn nur durch ein tieferes Verständnis seiner Unfreiheit und Not im Felde der Angst, nicht durch ethische Invektiven, wird man dem Menschen den Weg zu einer tieferen Form auch des Vertrauens und der Angstberuhigung im Glauben eröffnen können. Alle anderen Wege, die an der menschlichen Angst vorbeiführen, vermehren die menschliche Aggressivität eher als sie zu beruhigen.

Es ist gewiß wahr, als Theologe zu sagen, daß *die Gnade Gottes*, wie sie uns Christus gebracht hat, die Möglichkeit und die Verpflichtung zum Frieden auferlegt. Aber es wäre ein theologischer Kurzschluß, den an sich richtigen Zusammenhang von Gnade und Friede (bzw. von Gnadenlosigkeit und Krieg) ohne die Vermittlung der Tiefenpsychologie, mithin ohne Berücksichtigung der empirischen Erfahrungen im Felde der Gnadenlosigkeit und Angst, schlechtweg als fertiges Programm zur Lösung der Frage von Krieg und Frieden dekretieren zu wollen. Die Theologie würde, wenn sie weiterhin die Psychoanalyse der Angst im Unbewußten der menschlichen Psyche verleugnen wollte, sich selbst zu einer völligen Abstraktheit verurteilen, die es nicht erlaubt, die Problematik des Krieges wirklich zu verstehen.[34]

[34] Die kurzschlüssige Direktheit der »Friedensaktion«, die sich dann ergibt, läßt sich auch an den inzwischen üblich gewordenen alljährlichen Weihnachtsaufrufen der ehemaligen Familienministerin A. Huber verdeutlichen, den Kindern am besten kein *Kriegsspielzeug* zu schenken, damit sie nicht zu kriegerischen Gefühlen angestachelt würden. Gewiß muß man verhindern, daß die Phantasie der Kinder militaristisch und ideologisch verbildet wird, aber die Aggression ist ursprünglicher als der Krieg, und mit einem Panzerwagen zu spielen ist besser, als die Katze oder das Hamsterchen zu quälen. Eine zu strenge Unterdrückung der kindlichen Aggressionen kann eher schädlich sein, und das von manchen geforderte Verbot von Kriegsspielwaren für Kinder ist nicht weiser, als es ein Verbot der Grimmschen Märchen von »Hänsel und Gretel« oder von »Rotkäppchen« für Kinder sein würde. (Vgl. zu der notwendigen Aggressivität der

*Verständnis statt Verurteilung – selbst angesichts des Krieges*
Im praktischen Umgang mit der Angst erscheint vieles widersprüchlicher, paradoxer und auf jeden Fall erheblich schwieriger, als es im Rahmen einer famos-abstrakten Dekretentheologie vom ewigen Frieden Platz hat. In der Psychotherapie findet man vor allem immer wieder Gelegenheit zu sehen, daß es einen geraden Weg aus der Angst zum Frieden nicht gibt. Ein Mehr an Vertrauen und »Gnade«, ein bißchen weniger an Angst – und der erste Erfolg einer psychotherapeutischen Behandlung wird oft nicht sogleich in einer größeren Friedfertigkeit des Patienten, sondern, zugleich mit der wachsenden Ichstärke, gerade in einem Freisetzen seiner aggressiven Impulse bestehen. Mit dem erwachenden Selbstvertrauen regt sich zugleich der Wunsch, die bestehenden Konflikte und Auseinandersetzungen nicht immer wieder, wie bisher, nur durch Nachgeben und Rückzug vermeiden zu müssen; zahlreiche aus Angst verdrängte Konflikte aus Kindertagen müssen jetzt bewußtgemacht und durchgearbeitet werden; d. h., es geschieht gerade im Namen der »Gnade«, daß vielerlei verdrängte Aggressionen jetzt überhaupt zum ersten Mal zum Vorschein kommen.[35] Statt geradewegs zum Frieden voranzuschreiten, provoziert die »Gnade« einer vorurteilsfreien Akzeptation oft genug allererst die Ängste und Aggressionen, die bislang latent unter der Decke der Verdrängung schlummerten, und erst durch das Bewußtwerden

Kindermärchen z. B. B. BETTELHEIM: Kinder brauchen Märchen, 12–16.) – Wie irrsinnig es freilich auch möglich ist, Kinder zu erziehen, demonstrierte gerade am Beispiel des Kriegsspielzeugs für Kinder der Preußenkönig Friedrich Wilhelm, als er seinem Sohne Fritz ein Miniaturzeughaus beschaffen ließ, »das, genau dem unvergleichlichen Berliner Zeughaus nachgebildet, alle Arten von Waffen enthielt, die richtig funktionierten, obwohl sie für den Gebrauch von Kindern berechnet waren. An solchem Spielzeug mußte doch jedes Kind Freude haben, dem Vater jedenfalls gefiel es ungemein«. E. SIMON: Friedrich der Große, 56.

[35] Vgl. E. DREWERMANN: Von der Unmoral der Psychotherapie, oder: von der Notwendigkeit einer Suspension des Ethischen im Religiösen, in: Psychoanalyse und Moraltheologie. 1. Bd.: Angst und Schuld, 1982.

*und Ausagieren* der eingeklemmten Affekte werden die bisher verdrängten Aggressionen einer bewußten Steuerung und freien Entscheidung zugänglich.

Was also bereits der enge Umkreis einer individuellen Psychotherapie anzeigt, wird noch weit komplizierter bei den unterschiedlichen Völkern auf ihrem Weg zum Frieden ablaufen. Jedenfalls wird man erst von solchen Erfahrungen her verstehen, daß sogar Christus mit seiner Botschaft von der Gnade gerade nicht unmittelbar Frieden und Versöhnung stiftete, sondern, entgegen seinem Willen, bestimmte Formen von Haß, Feindschaft und Mordlust offenbar allererst provozieren und auf sich ziehen mußte. »Ich bin nicht gekommen«, sagte er schließlich, »um den Frieden zu bringen, sondern das Schwert« (Mt 10,34). Der Friede des Christentums liegt immer erst jenseits der Neurotizismen der Angst, der Aggressionsverdrängungen und deren Aufarbeitung; er ist, wenn überhaupt, ein Friede der Wahrheit, und er kommt immer erst nach der in gewissem Sinne notwendigen, von Gott vorweg vergebenen Zerstörungsarbeit des Kreuzes auf dem Weg zur inneren Selbsterkenntnis und zur inneren Wahrhaftigkeit. Anders wird man den Satz des hl. Paulus niemals verstehen, daß die Sünde immer größer werden mußte, um die Gnade noch überschwenglicher zu erweisen (Röm 5,20), und wer nicht bereit ist, gerade in der Frage des Krieges die zutiefst *tragische* Struktur der Erlösung anzuerkennen, verkürzt die Botschaft des Christentums ebenso, wie er die Problematik des menschlichen Daseins in der Angst und Angstbewältigung verkürzt.[36]

Von daher ergibt sich das Paradox, daß die Theologie, statt den Krieg rundum und a priori zu verurteilen, oft genug unter gegebenen Umständen sogar seine tragische Unausweichlichkeit anerkennen müßte, und zwar nicht aus äußeren, politisch-praktischen oder verantwortungsethischen, sondern

[36] R. Schneider: Verhüllter Tag, 157–162; ders.: Der Friede der Welt, 85–87; E. Drewermann: Das Tragische und das Christliche, 36–40; 57–62.

vornehmlich inneren Gründen eines tieferen Verständnisses der menschlichen Angst und ihrer Ausweglosigkeiten.

Das gilt vor allem von den Kriegen, die in der beschriebenen Weise (s. o. S. 82) als eine Art seelischer Selbstheilung geführt werden und im Grunde nicht den klassischen Zielsetzungen des Krieges, wie dem Schutz von Frauen und Kindern oder dem Erhalt der territorialen Integrität, dienen, sondern nur der Demonstration der eigenen Würde und dem Erhalt eines Rests an Selbstwertgefühl gelten. Gerade eine religiöse Beurteilung des Krieges müßte sich von einer bloß ethischen Verurteilung des Krieges freimachen können; sie müßte zwar anerkennen und betonen, daß der Mensch nicht aggressiv zu sein braucht, wenn sein Selbstwertgefühl im Glauben von Gott her gesichert ist, aber sie sollte auch zugestehen, daß der Weg dahin sehr lang sein kann und jedenfalls für jedes Volk und in jeder Generation im Prinzip nicht kürzer ausfallen wird als für das Volk Israel zwischen Moses und Christus. Zwischen der Alternative, den Krieg zu segnen oder zu verfluchen, sollte die Religion imstande sein, den Krieg in seinen konkreten Gründen transparent zu machen und durch ein *tieferes Verständnis* der menschlichen Tragödie von innen her zu überwinden.

Aber die kirchliche Dogmatik bedürfte, um sich in diesen zentralen Punkten ihrer Lehre von Sünde und Erlösung selber zu verstehen und einen wirklich befreienden und heilenden Beitrag zur Befriedung des Menschen zu leisten, unbedingt der Tiefenpsychologie; um vor allem die ständigen Gegenfinalitäten und Umkehrungen von gut gemeintem Ziel und tatsächlichem Ergebnis der menschlichen Friedensbemühungen tiefer zu verstehen und theologisch zu durchdringen, müßte sie die Neurosenlehre der Psychoanalyse von den Fehlverarbeitungen der Angst als eine Art von Phänomenologie der menschlichen Existenz ohne Gott in ihr Lehrsystem einbeziehen; solange sie hingegen in ihrer Verstandeseinseitigkeit selber der menschlichen Psyche äußerlich bleibt, veräußerlicht sie zugleich ihre eigene Lehre. Und eben hier liegt der springende Punkt. Indem das Christentum den Menschen systematisch auf Verstand und Willen verkürzt hat, kann es gar nicht anders sein, als daß das Christentum in der Diskussion um den Frieden seit Jahrhunderten rein moralisierend an seiner eigenen Lehre ebenso vorbeiredet wie an den Menschen, die es zum Frieden führen will. Ohne die Anerkennung des Unbewußten im Menschen, wissenschaftstheoretisch also ohne die Einbeziehung der Tiefenpsychologie in die theologische Lehre von Sünde und Erlösung, bleibt dem Christentum in der Tat nur übrig, so oberflächlich vom Frieden und seiner »Machbarkeit« zu reden, wie es zur Zeit offenbar auf allen Ebenen, vom Priester auf der Kanzel bis hin zu den bischöflichen und päpstlichen Verlautbarungen, für unerläßlich gilt. Auf diese Weise aber dient man nicht dem Frieden, sondern vermehrt die Aggressionen und ihre Verdrängungen.

### *b) Der Schaden eines ethischen Mißverständnisses der Bergpredigt*

Statt die Problematik der menschlichen Triebausstattung, die Neurotizismen der Angst und die Psychodynamik des Unbewußten, durchzuarbeiten, wird besonders in der aktuellen Friedensdiskussion mit der Oberflächlichkeit eines ethischen und politischen Verdrängungsoptimismus der Eindruck erweckt, als sei der Friede ein Werk des guten Willens und vernünftiger politischer Verträge. Statt sich theologisch auf die eigene Lehre von der Notwendigkeit der Gnade zu besinnen, schließt man sich bei einer solchen Oberflächenbetrachtung mit arger Selbstgefälligkeit dem Slogan vom »Friedenschaffen« an und tut so, als ob die zentrale Ursache des Krieges: *die Angst*, durch Akte des Willens zu beseitigen wäre. Statt den Frieden, wie es theologische Lehre und Praxis sein müßte, als Frucht der Gnade von innen her zu verstehen und reifen zu lassen, beugt man sich dem Außendruck der gesellschaftlich-kulturellen Erwartungen und tut so, als ob man durch Abrüstungsappelle und Friedensaufrufe – wohlgemerkt stets an *alle* Seiten, und also an keine Seite – auch nur annähernd wüßte, wie der Friede zu »machen« sei. Statt von der Psychotherapie zu lernen, wie unsäglich schwer es ist, auch nur einem einzigen Menschen zu einem größeren Frieden zunächst nach innen und schließlich auch nach außen zu verhelfen, setzt sich die Theologie in die Position eines Mannes, der ernstlich wüßte, wie auf der Stelle ganze Völker und Generationen zu befrieden wären. Um es klar zu sagen: ein solches Gebaren ist nicht nur vollkommen unnütz, es ist vor allem der Ausdruck eines puren Narzißmus, eine reine Selbstbefriedigung: am Ende hat man eben alles Richtige gesagt: man hat tatsächlich, ehe der Patient an Fieber starb, gesagt, er dürfe nicht so hitzige Phantasien haben, sein Puls müsse ruhiger schlagen und die Schweißausbrüche seiner Angst müsse er gefälligst unterlassen. Eine exzellente Therapie! Eine in Wahrheit äußerst schädliche Kurpfuscherei.

Der Friede, von dem die Bergpredigt (und das Neue Testament insgesamt) spricht, ist ein Friede, der aus der Einheit mit Gott wie selbstverständlich erwächst, so sagten wir; innerhalb dieser Einheit bedarf es durchaus keiner ethischen und politischen Gesetze und Regeln, – man kann allenfalls, wie Laotse, wie Buddha, wie Christus es tat, in paradoxen Wendungen die praktischen Folgen einer solchen Erfahrung beschreiben; außerhalb des Erlebens dieser absoluten, nur der religiösen Erfahrung zugänglichen Einheit mit Gott und mit sich selbst hingegen sind alle Gebote und Gesetze, so notwendig sie auch außerhalb des religiösen Standpunktes scheinen mögen, nur schädlich und verwirrend. Denn man kann das Verhältnis nicht umdrehen: man kann nicht den Frieden proklamieren und erzwingen wollen, um die Einheit mit Gott, wenn sie fehlt, von außen wiederherzustellen. Die alten taoistischen Weisen hatten in diesem Punkte ganz recht, wenn sie es sich versagten, die Friedensliebe zu »verkündigen«. Ein Mensch, der mit sich selbst zerrissen und im Widerspruch lebt, *kann* nach außen hin nicht friedfertig sein.

Macht man ihm seine Friedlosigkeit mit moralischen Ge- und Verboten zum Vorwurf, so erreicht man nur, daß seine innere Zerrissenheit noch weiter zunimmt. Jede aggressive Regung hat eine gewisse psychische Berechtigung; wenn man, statt den Sinn des Zorns zu verstehen, sich mit dem bloßen Willen gegen den eigenen Affekt stellt, so nimmt die innere Spannung nicht ab, sondern zu, und die kirchliche Verkündigung ist gerade darin am meisten schuldig, daß sie eben dies durch ein eklatantes, aber äußerst kennzeichnendes Mißverständnis ihres eigenen Anliegens erreicht hat.

Man muß sich klarmachen, daß jede wirklich religiöse Anschauung ebenso heilend in ihrer inneren Wahrheit wie zerstörerisch in ihrer äußerlichen Zerrform wirken muß. Wenn die kirchliche Lehre vom Frieden sich dem Studium der menschlichen Angst in den unbewußten Schichten der menschlichen Psyche verschließt, wenn die Theologie weiter bei ihrer Reduktion des Menschen auf Verstand und Willen stehenbleiben will, so läßt sich nicht vermeiden, daß sie ipso facto auch die Botschaft der Bergpredigt, ihrer eigenen Dogmatik zum Trotz, nach Art moralischer Gebote auffaßt und damit selber auf der Stelle eben die Neurotizismen begünstigt, die sie kraft der Gnade heilen müßte.

Der geistige Wirrwarr ist inzwischen so weit gediehen, daß sogar der leitende protestantische Bischof eines evangelischen Kirchentages im Jahre 1981 von der »Ethik der Bergpredigt« sprechen konnte, die den Krieg verbiete, und eine evangelische Denkschrift von den »gewaltigen moralischen Anstrengungen« redet, die auf dem Weg zum Frieden nötig seien.[37]

[37] *»Frieden wahren, fordern und erneuern«.* DIE FRIEDENSDENKSCHRIFT DER EVANGELISCHEN KIRCHE. Auszüge aus dem Wortlaut, FAZ, 6. Nov. 1981, Nr. 258, S. 7–8. In der Erklärung der evangelischen Kirche wird im Grunde nur das Dilemma des Ethischen formuliert: die Kirche muß »auch (sic!) den Waffenverzicht als eine christliche Handlungsweise erkennen« und für die Friedensbewegung »Achtung und Verständnis haben«, aber sie muß auch die Politik der Abschreckung »weiterhin als eine für Christen noch mögliche Handlungsweise anerkennen«. Zu deutsch: man dreht sich diplomatisch wie ein Tanzbär im Zirkus, und statt das Ethische

Als wenn es die Reformation nie gegeben hätte und als wenn es erlaubt wäre, die katholische Lehre vom Mitwirken an der Gnade auf eine rein pelagianische Weise mißzuverstehen, bekommt man es fertig, eine Botschaft, die nie Gesetz sein kann, als ein höheres Gesetz der Sittlichkeit auszugeben. In Wahrheit enthält die Bergpredigt, noch einmal sei es gesagt, weder Moral noch Ethik; sie beschreibt lediglich, wie Menschen sich verhalten können, die in Gott zu einem Vertrauen ohne Angst zurückgefunden haben. Aber ohne die Diagnose und Therapie der menschlichen Angst werden aus diesen tiefsinnigen Weisungen eines gelebten Vertrauens Anweisungen zu einer höheren Menschlichkeit, und dieses Mißverständnis im Prinzip ist ungleich furchtbarer und folgenschwerer als die notgedrungene, auf Kompromiß sinnende Abweichung von der inneren Evidenz des Religiösen unter

insgesamt durch das Religiöse zu überwinden, wird im Gegenteil noch erklärt, daß das »atomare Zeitalter . . . von uns außerordentliche moralische Anstrengungen« fordert. In Wahrheit weiß jeder Politiker, daß die Abschreckungspolitik ein »schwer erträgliches Provisorium« darstellt – man braucht für diese Einsicht wahrlich keine göttlichen Botschaften. Der Religion käme es zu, die Ursache des Krieges zu beseitigen, statt sich gleichfalls in der Aussichtslosigkeit der Aufzählung beklagenswerter Symptome und Aporien zu verwickeln. – Dasselbe gilt im Prinzip auch von der Erklärung der katholischen Kirche: *»Der Christ muß den Frieden durch eine Ordnung des Rechts sichern.«* Auch Gewaltabwehr ist Friedenspolitik. Vom Wert der Freiheit. Die Stellungnahme der deutschen Katholiken, FAZ, 17. Nov. 1981, Nr. 267, S. 6. Aus katholischer Sicht spielen naturrechtliche Erwägungen eine weit größere Rolle als in der protestantischen Erklärung; von daher sind die Akzente stärker auf die Auslegung des alten Wahlspruchs gerichtet: opus justitiae pax – der Friede ist das Ergebnis einer gerechten Weltordnung. Aber die »Gerechtigkeit« wird hier gleichfalls als eine rein moralische und rechtliche Angelegenheit verstanden. Die entscheidende Aufgabe, zu zeigen, wie die sittliche Gerechtigkeit aus der Beruhigung der Daseinsangst vor Gott hervorgeht, wird mit keinem Wort erwähnt. – Selbst C. F. v. Weizsäcker: Bedingungen des Friedens, 18–19 konnte 1964 davon sprechen, daß der Weltfriede »von uns eine außerordentliche moralische Anstrengung« fordert und daß die »alte Ethik der Nächstenliebe« an sich ausreichend sei. Das hindert nicht, daß gerade v. Weizsäcker den Krieg als Folge eines pathologischen Zustandes begreifen gelehrt hat: C. F. v. Weizsäcker: Friedlosigkeit als seelische Krankheit, in: Der bedrohte Friede, 153–177.

dem Druck pragmatischer Alltagsentscheidungen, wie wir sie schon in der Religion und Philosophie der alten Chinesen und in der Notverordnung vom gerechten Krieg angetroffen haben.

### *L. Tolstoi als Beispiel*

Der russische Dichter Leo Tolstoi mag als ein besonders klares und tragisches Beispiel dafür dienen, wie sich die Weisung der Bergpredigt zur Gewaltlosigkeit und zum Frieden augenblicklich in ihr Gegenteil verkehren muß, wenn sie von der religiösen Erfahrung der Angstberuhigung im Glauben abgetrennt und in eine Lehre moralischen Rechtverhaltens und ethischer Vernunft verwandelt wird.

Tolstoi, der zutiefst ein Mensch der Angst war[38], hat die Worte der Bergpredigt so ernst zu nehmen und in die Praxis zu übersetzen versucht, wie es die abschließenden Worte Jesu in Mt 7, 24–27 zu verlangen scheinen: »Jeder, der meine Worte hört und sie nicht tut, ist einem Toren zu vergleichen . . .« So erhob er insbesondere die unbedingte Gewaltlosigkeit zu einer seiner zentralen Forderungen im privaten wie im öffentlichen Leben.[39] Aber gerade die Größe Tolstois

[38] St. Zweig: Drei Dichter ihres Lebens, 165–172, schildert den verzweifelten Kampf Tolstois erst gegen den Tod, dann gegen die Todesfurcht. – Zum Erleben des Todes bei Tolstoi vgl. die Darstellung des Fürsten Andrej Nikolajewitsch Bolkonskij bei seiner Verwundung in der Schlacht von Borodino: N. Tolstoi: Krieg und Frieden, 10. Teil, 24. Kap.; S. 1055; vgl. a.a.O., 3. Teil, 16. Kap.; S. 375. Vgl. auch die Novelle: Drei Tode, in: N. Tolstoi: Sämtliche Erzählungen, I 598–600; und: Der Tod des Iwan Iljitsch, in: Sämtliche Erzählungen, II 603–674.

[39] Zu der religiösen und ethischen »Mission« Tolstois vgl. St. Zweig: Drei Dichter ihres Lebens, 198–220. – Ohne Zweifel geht die Todesfurcht Tolstois der sexuellen Selbstunterdrückung parallel, und man wird wohl sagen können, daß die »Bekehrung« Tolstois ebenso wie seine Hypochondrie und Melancholie einer massiven Strafangst für die sexuellen Ausschweifungen der ersten Lebenshälfte entstammen. – Zu der Ehetragödie Tolstois vgl. J. Lavrin: Lev Tolstoj in Selbstzeugnissen und Bilddokumenten, 129–146. – Wie sehr Tolstoi die Frauen verachtete, bezeugt auch seine Lieblingstochter Tatjana Tolstoi: Ein Leben mit meinem Vater, 156; 158. – Der plötzlich ausbrechende Pazifismus Tolstois lief im

zeigt zugleich die Enge und die Ausweglosigkeit jeder ethischen Interpretation des Religiösen: Tolstoi konnte noch so viel vom Frieden sprechen und schreiben, – je mehr er sich zur Treue gegenüber dem Evangelium anzuhalten suchte, desto weniger war es ihm möglich, auch nur im engsten Umkreis seines Lebens, mit seiner Frau, in ein friedliches Einvernehmen zu gelangen; im Gegenteil, vom Zeitpunkt der ethischen Bekehrung Tolstois an beginnt, parallel zu seinen immer unerbittlicher werdenden sittlichen Idealen von Pazifismus und Gewaltlosigkeit, ein häuslicher Ehekrieg, wie er in dieser Zähigkeit und ermüdenden Abnutzung seinesgleichen sucht. Es ist psychologisch nur zu deutlich, daß die ethischen Forderungen Tolstois nicht der Einheit und Friedfertigkeit seiner Persönlichkeit entsprangen, sondern, psychoanalytisch ausgedrückt, reine Dressate des Überichs ausdrückten und die verzweifelten Versuche einer Angstberuhigung durch moralischen Perfektionismus darstellten. Dementsprechend waren Tolstois Vorstellungen starr und unnachgiebig; sie taugten sehr zum Anklagen und Belehren, aber sie dienten weder dem Verständnis der eigenen noch einer anderen Person; ja, in gewissem Sinne hatte Tolstois Gattin mit ihren unausgesetzten Vorwürfen vollkommen recht, wenn sie ihren Gatten einen Heuchler nannte, denn Tolstoi liebte wohl den Frieden, und er verkündete auch den Frieden, aber gerade so kämpfte er in zwangsneurotischer Weise gegen sich selbst, und die Aggressionen, die er aus seinem Bewußtsein verdrängte, bewirkten als aggressive *Hal-*

Grunde auf eine Verdrängung des ausgesprochenen Sadismus hinaus, mit dem Tolstoi z. B. die Jagd genießen und sich »an der Qual des niedergerissenen, blutigen, mit brechenden Augen aufstarrenden Wilds« berauschen konnte. »›Ich empfinde ein wahrhaftes Wonnegefühl bei dem Leiden eines verendenden Tieres‹, gesteht er, als er einem Wolf mit wuchtigem Stockhieb den Schädel einschmettert, und bei diesem triumphierenden Aufschrei der Blutlust ahnt man erst alle die brutalen Instinkte, die er sein Leben lang (außer in den tollwütigen Jahren der Jugend) in sich niedergehalten hat.« St. Zweig: Drei Dichter ihres Lebens, 164.

*tungen* gerade das Gegenteil von dem, was er sich willentlich vorsetzte.

Gewiß verkörpert Tolstoi nicht *»das«* Christentum; aber es wäre sicherlich falsch, in dem Schicksal des großen russischen Dichters und Moralisten nur eine rein private Tragik sehen zu wollen. Vielmehr radikalisierte Tolstoi eine Haltung, die in abgeschwächter Form, d. h. kompromißbereiter und weniger konsequent, an sich auch von der offiziellen Theologie geteilt wird; insofern spiegelt sich in dem persönlichen Scheitern Tolstois durchaus ein Stück der Problematik wider, die sich notwendig einstellt, wenn man eine religiöse Wahrheit ins Ethische verschiebt. Eine solche Verlagerung des Religiösen ins Ethische bewirkt, daß Handlungsweisen, die von innen her wachsen müßten, mit dem Willen aufgezwungen werden; die Weisungen der Religion bewirken in ihrer ethischen Zerrform dann nicht mehr Freiheit, sondern Unfreiheit, nicht mehr Einheit, sondern Zerstörung, nicht mehr Heilung, sondern Zerrissenheit. Der Kampf gegen sich selbst, das *agere contra* des hl. Ignatius[40], steht jetzt im Vordergrund; die Askese, die Selbstunterdrückung beherrschen das Ich, und sie wirken durch die Verdrängung der aggressiven Kräfte von der Haltungsseite her absolut *fanatisierend.*

40 Zu des IGNATIUS »Exerzitien« ist unendlich viel geschrieben worden, und zwar so viel Ambivalentes, wie es der inneren Zerrissenheit dieses großen Heiligen der katholischen Kirche entsprach. Das ausdrückliche Ziel seiner »Übungen« lautet nun einmal: »Damit man sich selbst überwinde«, und wie radikal anthropozentrisch und logozentrisch die Theologie des Ignatius' ist, erkennt man unmittelbar an der feierlichen Erklärung zu den Übungen der ersten Woche der »Exerzitien«: »Der Mensch ist geschaffen, um Gott, unseren Herrn, zu loben, ihm Ehrfurcht zu erweisen und ihm zu dienen und dadurch sein Seelenheil zu erwirken. Die übrigen Dinge (sic!) auf Erden aber sind des Menschen wegen erschaffen (!), und zwar damit sie ihm bei der Verfolgung des Zieles, für das er geschaffen ist, behilflich seien. Hieraus folgt, daß der Mensch dieselben insoweit benutzen soll, als sie ihm zur Erreichung seines Zieles dienen, und daß er sich von ihnen insoweit trennen muß, als sie ihn daran hindern.« A. GUILLERMOU: Ignatius von Loyola in Selbstzeugnissen und Bilddokumenten, 78. – Gerade diese psychologisch ungeheuer gewalttätige Geisteshaltung hat die römisch-katholische Kirche tief geprägt.

Der *Fanatismus* bis hin zum *Terrorismus* aus Enttäuschung an der Undurchführbarkeit eines moralischen Idealismus ist demnach in der Tat die schlimmste Folge eines de facto zur bloßen Ethik degenerierten Christentums, gleichgültig, ob in kirchlich gebundener oder »säkularisierter« Form.

*Vom Fanatismus und Terrorismus im Namen eines ethischen Pazifismus*

Wir wissen bereits, daß zum Fanatismus eine hohe Identifikationsbereitschaft mit dem Überich sowie ein beträchtliches Quantum aggressiver Energie gehört (s. o., S. 68). Tiefenpsychologisch kann man an dieser Stelle noch einen Schritt weitergehen. Es ist vor allem die zunächst verdrängte oder unterdrückte Aggression, die sich später in der Fanatisierung des Religiösen entlädt.[41] Wenn die Religion in ihrer moralisie-

[41] Th. Reik: Dogma und Zwangsidee, 128, der den Fanatismus aus dem dogmatischen Zwangssystem des Religiösen abzuleiten suchte, verwies auf die Wiederkehr des verdrängten Sadismus in dem Glaubenszwang gegenüber anderen und fügte in einer Fußnote hinzu: »Es muß beachtet werden, daß der religiöse Zwang besondere Mischungen von sadistischer Triebbefriedigung und Reaktionsbildung schafft, die sich in der Sorge um das Seelenheil des Anderen äußert. Man kann nicht jeden nach seiner Façon selig werden lassen, weil es nur eine Façon, selig zu werden, gibt. – Wenn die gequälten Mohammedaner, Juden und Ketzer auf dem Scheiterhaufen brüllten, flatterten ihnen zu Häupten trostvoll die Fahnen der heiligen Inquisition mit der Aufschrift: ›*Misericordia et justitia*‹.« (Barmherzigkeit und Gerechtigkeit). A.a.O., S. 151, Anm. 97. – Als Anschauungsbeispiel taugt wohl bestens die Gestalt des »kill joy«, des »Freudentöters«, und calvinistischen Theokraten John Knox, den St. Zweig als den vielleicht vollendetsten Typus des religiösen Fanatikers bezeichnete, den die Geschichte kennt, ein Genie der Demagogie und Gewalttätigkeit, der »mit der ganzen Wildheit und Wut seiner rechthaberischen Seele den unbarmherzigen puritanischen Haß gegen alles Helle und Hellenische« richtet. »Immer«, meinte St. Zweig, »sind, die für Gott zu streiten vorgeben, die unfriedlichsten Menschen auf Erden; weil sie himmlische Botschaft zu vernehmen glauben, sind ihre Ohren taub für jedes Wort der Menschlichkeit«. St. Zweig: Maria Stuart, 71; 73. F. Heer: Die dritte Kraft, 169 verweist besonders auf die frauenfeindlichen Züge dieses großen Puritaners, macht aber an seinem Exempel die wesenhafte Intoleranz des Konfessionalismus wie des Nationalismus deutlich.

renden Veräußerlichung selber eine unterdrückende und aggressiv-gewalttätige Form angenommen hat, hält sie mit dem Machtanspruch des Überichs und seiner Dressate die Persönlichkeit des Einzelnen nieder; sie ist auf diese Weise imstande, jede Art von Triebunterdrückung zu fordern, und tatsächlich mag sie von daher imstande sein, auch die aggressiven Impulse von ihren unmittelbaren Äußerungsformen fernzuhalten. Aber damit ist das Problem der Aggression nicht gelöst. Solange sich die Aggression des Überichs gegen das Ich richtet, erzeugt sie eine *depressive*, schuldbeladene, ängstliche Persönlichkeit[42], oder sie bewirkt, bei größerer Ichstärke, ein innerlich stets rebellierendes, sich nur nach außen hin unterwerfendes *zwangsneurotisches* Ich.[43] Um an dieser inne-

[42] S. FREUD: Trauer und Melancholie, X 433–440, wo Freud das Problem und die Genese der Melancholie in den folgenden Schritten entwickelt: am Anfang steht eine vollkommen narzißtische Objektwahl; wird diese Objektbeziehung enttäuscht, so wird die freiwerdende Objektlibido ins Ich zurückgezogen; das Ich identifiziert sich mit dem – verlorenen – Objekt; daher verwandeln sich die ursprünglichen Fremdvorwürfe in Selbstvorwürfe; die narzißtische (orale) Identifikation ersetzt jetzt die Liebesbeziehung. »Wo die Disposition zur Zwangsneurose vorhanden ist, verleiht darum der Ambivalenzkonflikt der Trauer eine pathologische Gestaltung und zwingt sie, sich in der Form von Selbstvorwürfen, daß man den Verlust des Liebesobjekts selbst verschuldet, d. h. gewollt habe, zu äußern.« A.a.O., X 437. – Ausgedehnt auf die Bedürfnisse der Gruppe, entsteht der Fanatismus, wie E. Fromm treffend gesagt hat, aus dem »Gruppennarzißmus« und dem ihm entsprechenden »Mangel an wirklicher Befriedigung im Leben«. Das fanatische Gruppenerleben basiert auf einem totalen Minderwertigkeitsgefühl, das durch die Allmachtsgefühle der Gruppenidentifikation kompensiert wird: »Ich bin ein Teil der wundervollsten Gruppe der Welt. Ich, der ich in Wirklichkeit ein armseliger Wurm bin, werde zu einem Riesen dadurch, daß ich zu dieser Gruppe gehöre.« E. FROMM: Anatomie der menschlichen Aggressivität, 229. – Es ist kein Zweifel, daß die systematische Erzeugung von Minderwertigkeits- und (sexuellen) Schuldgefühlen noch immer besonders in der Klerikerausbildung der kath. Kirche das geeignete Mittel darstellt, um die Identifikationsbereitschaft mit der Mutter Kirche und dem missionarischen Glaubenseifer ihrer Sendboten zu erhöhen.

[43] S. Freud war gerade von dem zwanghaften Charakter religiöser Rituale so sehr überzeugt, daß er generell meinte: »Auch der Religionsbildung scheint die Unterdrückung, der Verzicht auf gewisse Triebregungen zugrunde zu liegen; es sind aber nicht wie bei der Neurose ausschließlich

ren Reibung sich nicht selbst zugrunde zu richten, muß es bald schon im Interesse der Religion liegen, für das Ich Ziele und Gegner zu finden, auf welche die unterdrückte Aggression gerichtet und zur Erreichung heiliger Aufträge wieder freigesetzt werden kann. Eben dies ist die Geburtsstunde des Fanatismus. Er tritt auf wie ein Akt der Befreiung, wie ein inneres Bedürfnis; in ihm schafft sich der neurotisierende Moralismus des Religiösen selber sein Ventil, und die Mitglieder solcher Religionen können jetzt nicht einmal mehr merken, daß sie von Gott künftig nur noch sprechen, um ihre verdrängten Aggressionen zu rationalisieren. Die Legitimation bzw. die Rationalisierung des religiösen Fanatismus fällt sogar äußerst leicht: nachdem durch die Verdrängung der

sexuelle Komponenten, sondern eigensüchtige, sozialschädliche Triebe, denen übrigens ein sexueller Beitrag meist nicht versagt ist. Das Schuldbewußtsein in der Folge der nicht erlöschenden Versuchung, die Erwartungsangst als Angst vor göttlichen Strafen sind uns ja auf religiösem Gebiete früher bekannt geworden als auf dem der Neurose.« S. FREUD: Zwangshandlungen und Religionsübungen, VII 137. – Es bleibt nach wie vor die Aufgabe des Christentums, in der Praxis zu zeigen, daß es mehr ist »als eine universelle Zwangsneurose« (a.a.O., VII 139), und der psychodynamische Maßstab dafür liegt darin, inwieweit das christliche Gottesbild selbst seine ambivalenten Züge verlieren darf bzw. inwieweit man endlich darauf verzichten kann, die unterdrückten Triebregungen, wie Eifersucht, Rachsucht, Zorn, Sadismus, Wollust u. a. m., auf die Gottheit zu projizieren und auf fanatische Weise gegen sich selbst und andere in Haß und Selbsthaß auszutoben. – *Strukturell* kann man zum Maßstab einer wahren Religion auch die Frage erheben, inwieweit der Gott einer bestimmten Religiösität »vom Kindheits-Ich oder vom Erwachsenen-Ich erlebt wird, d. h., inwieweit die Anerkennung der eigenen Person auf der Anpassung an die ungeprüften Normen des Überichs beruht oder wirklich dem eigenen Ich gilt. TH. A. HARRIS: Ich bin o.k., Du bist o.k., 252–253. Der Fanatismus kommt in der Sprache der Transaktionsanalyse zustande, wenn die Einstellung »Ich bin o.k.« voraussetzt, daß ich sage: »Du bist nicht o.k.«, also das eigene Elternich, das mich als »Sünder« anklagt, sich gegen das Kinderich des anderen richtet. – Die historischen Gründe dieser Umwertung im Christentum mögen in der frühen Kirche daran gelegen haben, daß »die Intransigenz der christlichen Märtyrer in die Intransigenz der christlichen Verfolger« überging. A. TOYNBEE: Der Gang der Weltgeschichte, II 1, 123. Aber woher kam die Verherrlichung des Martyriums wenn nicht aus »selbststrafenden, aggressiven und erotischen Komponenten«? K. MENNINGER: Selbstzerstörung, 163.

unbewußten Kräfte der menschlichen Psyche der Mensch selber nur noch als ein Wesen mit Verstand und Willen aufgefaßt wird, gilt fortan auch die Beziehung zu Gott, das Bekenntnis des Glaubens, als ein *Akt des Verstandes, befohlen vom Willen,* und im Dienste dieses Glaubens muß sich die verdrängte, nicht integrierte Aggressivität entladen.

Der rationale Schein des Religiösen, der sich in den biblischen Religionen, im Judentum, Christentum und Islam, vor allem in dem Mangel, ja in dem theologischen Mißtrauen gegenüber einer eigentlichen Mystik deutlich genug dokumentiert, macht die Religion selbst indessen nicht vernünftiger. Im Gegenteil: die Lehrsätze der Religion selbst bleiben nach wie vor für den Verstand unbeweisbar und zutiefst paradox, sie müssen aber nach dem Selbstverständnis der Religion nunmehr für verständige Sätze erklärt werden, und was ihnen an Überzeugungskraft für das Urteil des Verstandes abgeht, muß man mit Hilfe von äußerem Druck zu ergänzen trachten: wer sich einer solchen Religion nicht unterwirft, ist entweder noch nicht hinreichend belehrt, sprich: indoktriniert worden, oder aber er ist *bösen* Willens und muß *gezwungen* werden. Glaubenskriege nach außen und Inquisitionen im Inneren sind die unausbleibliche Folge der moralisierenden Verstandeseinseitigkeit des Religiösen.[44] Ja, das Ziel einer solchen Religion kann jetzt überhaupt nur noch im Äußeren gesucht werden: Propaganda und Macht werden zunehmend die unerläßlichen Pfeiler des »Religiösen«; entzieht man ihm diese, wie es z. B. dem Christentum

[44] »Die Botschaft *ich bin o.k. – du bist o.k.* wurde immer wieder verdreht bis zu der Anschauung *wir sind o.k. – du bist nicht o.k.* Unter dieser Sanktion wurden Juden verfolgt, Rassenfanatismus wurde moralisch *und gesetzlich gerechtfertigt, immer wieder kam es zu bestialisch geführten Religionskriegen, Hexen wurden verbrannt und Ketzer zu Tode gefoltert.«* Th. Harris: Ich bin o.k., Du bist o.k., 246–247. – Aber damit es zu dem Satz »Ich bin nicht o.k.« kommen kann, muß das Überich einer Religion bereits gegen ganze Teile der eigenen Psyche Front gemacht haben und selber sadistische Qualitäten besitzen, die das eigene Denken und Fühlen mit schweren Strafandrohungen unter Tabu stellen.

seit den Tagen der Aufklärung mehr und mehr widerfuhr, so muß eine solche »Religion« um ihre Existenz bangen, und der Verzicht auf die Möglichkeiten äußerer Machtausübung zur Ablenkung der aggressiven Impulse muß zu deren neuerlichem Rückstau mit den entsprechenden neurotischen Symptombildungen: Angst, Schuldgefühlen, Minderwertigkeitsgefühlen, masochistischen Reaktionsbildungen etc., beitragen.

Nicht die Befriedung, sondern die Neurotisierung (bzw. die sadistische Pervertierung) der menschlichen Aggression ist das Ergebnis einer solchen Religiösität.

Auf diese Weise wird der innere Widerspruch zwischen der theologischen Absicht zum Frieden und der historischen Wirklichkeit des Christentums bzgl. der Frage des Krieges, den wir vorhin konstatierten, bereits ein Stück weit psychologisch verständlich. Gerade die moralische Äußerlichkeit der christlichen »Friedensbotschaft«, weit entfernt, irgendeinen Krieg wirklich zu verhindern, schafft psychisch durch die Verdrängung und Rationalisierung der aggressiven Triebregungen im Gegenteil sogar die günstigsten Voraussetzungen zu einem schier unersättlichen Bedürfnis nach immer neuen Kriegen und kämpferischen Auseinandersetzungen, und an diesem Widerspruch krankt das Christentum zutiefst. Gerade die Worte der Bergpredigt, wenn sie ihres religiösen Erfahrungshintergrundes entkleidet und gegen ihren eigentlichen Sinn in moralische Ideale verwandelt werden, erwecken eben durch den Kampf gegen sich selbst, zu dem sie dann aufzurufen scheinen, ein latentes Verlangen nach Kampf gegen die eingebildeten oder wirklichen Repräsentanten des eigenen verdrängten Materials.

Vielleicht könnte mancher Leser meinen, die fanatisch-aggressive, gewalttätige Form des Religiösen sei ein Relikt des Mittelalters und existiere nicht mehr wirklich. Aber wie explosiv kriegerisch die christliche Friedensbotschaft als eine fanatisierende Moraldoktrin auch heute noch, wenngleich zumeist in säkularisierter Gestalt, wirken muß, zeigt sich in der Gegenwart besonders deutlich in dem Umschlag der pazifistischen Zielsetzungen in den radikalen Terror, wie er bei verschiedenen politischen Gruppen momentan zu beobachten ist.

Als z. B. die Serie von Attentaten der Roten Armee Fraktion vor ein paar Jahren mit der Entführung und Ermordung von H. M. Schleyer ihren Höhepunkt erreichte, fanden sich in der Öffentlichkeit nicht wenige Journalisten und Leitartikler, die vor allem dem Berliner Theologieprofessor Helmut Gollwitzer und dem ehemaligen Berliner Bürgermeister Pastor H. Albertz vorwarfen, sie begünstigten den Terror und erwiesen sich als geistige Sympathisanten der RAF. Der Vorwurf war in dieser Form zweifellos völlig haltlos, – nichts liegt den so Verleumdeten ferner als die Rechtfertigung von Gewalt; im Gegenteil war H. Gollwitzer zur Zeit der Wiederaufrüstung der Bundesrepublik sogar einer der ganz wenigen, die eindeutig im Namen des Christentums den Wehrdienst ablehnten.[45] Und dennoch besteht im Untergrund sehr

[45] Bereits 1959, mitten auf dem Höhepunkt der Diskussion um die deutsche Wiederbewaffnung, die von der kath. Kirche offiziös einheitlich befürwortet wurde – wer damals als kath. Theologe nicht für die Aufrüstung der Bundesrepublik Deutschland war, wurde peinlichen Verhören ausgesetzt, wie es mit seinem »sentire cum ecclesia« (seiner geistigen Einheit mit der Kirche) bestellt sei –, erklärte H. Gollwitzer in der Kommission der Evangelischen Studiengemeinschaft, die von Militärbischof Dr. H. Kunst gebildet worden war, zu den 11 dort aufgestellten Thesen, die den Weltfrieden zur Lebensbedingung des technischen Zeitalters erklärten (These 1), aber Wehrdienstverweigerung und Wehrdienst im Dilemma des modernen Krieges als komplementäres, christlich mögliches Handeln zu verstehen suchten (These 6), daß es evtl. möglich sei, als Soldat den Kriegsdienst zu bejahen, aber christlicherseits nur »mit der reservatio mentalis, sich an der Anwendung der Atomwaffen dann, wenn alle Bemühungen um die Friedenserhaltung umsonst gewesen sein sollten, nicht zu beteiligen oder sie gar zu sabotieren«. Die christliche Ethik müsse diesen Spielraum einer neuen Entscheidung offenhalten (bewußt formuliert gegen die These 9: »Wer A gesagt hat, muß damit rechnen, B sagen zu müssen«). H. Gollwitzer: Stellungnahmen zu den Thesen, in: G. Howe (Hrsg.): Atomzeitalter – Krieg und Frieden, 263–264. – Katholischerseits führte danach z. B. H. Schulte-Herbrüggen den modernen Krieg gerade nach den Kriterien der Lehre vom »gerechten« Krieg ethisch ad

wohl *eine innere Verbindung zwischen dem moralischen Pazifismus und dem militanten Terrorismus.* Wer hört, wie in öffentlichen Hearings und Diskussionen z. B. Heinrich Albertz die Möglichkeit des *Friedens jetzt* verkündet, in welcher moralischen Direktheit und Einfachheit er die Botschaft der Bergpredigt in politische Handlungsvorschriften übersetzt, mit welcher Leichtigkeit (und Leichtfertigkeit) er die Rezepte und Maßnahmen zu verordnen weiß, die uns sogleich dem Frieden näherbringen, der wird sich des Eindrucks nicht erwehren können, daß diese versimpelnde und moralisierende Veräußerung der *religiösen* Botschaft des Christentums eine außerordentliche Spannung in und zwischen denen hervorrufen muß, die sich derartigen Ausführungen anschließen. Der Eindruck herrscht (und soll auch wohl herrschen), daß die Mittel zum Frieden an sich bekannt und frei verfügbar seien und daß bei einigem guten Willen der Friede ohne weiteres »machbar« sei; wenn gleichwohl noch weitergerüstet und Kriegsvorbereitungen getroffen werden, so liegt das zufolge dieser Optik an dem mangelnden guten Willen bei ein paar wenigen Verantwortlichen.[46]

absurdum; H. SCHULTE-HERBRÜGGEN: Atomkrieg und christliche Ethik, in: Atomare Kampfmittel und christliche Ethik, 134–160; aber solche Lehren waren damals noch ein Wagestück für Katholiken in Deutschland.

[46] Es ist eine interessante und erschreckende Parallele darin zu sehen, wie Ende des 19. Jh.s die russische Bewegung der *narodniki,* der »Volksfreunde«, aus Idealismus in den Terrorismus abdriftete. D. TSCHIŽEWSKIJ: Rußland zwischen Ost und West. Russische Geistesgeschichte, II 98 meint von der Psychologie dieser vormarxistischen Terroristen: »Die Geschichte der revolutionären Bewegung im ganzen . . . beweist, wie diese Menschen voll von Opferbereitschaft waren; . . . Man sieht auch, daß diese energischen Menschen in einer andersgestalteten Gesellschaft eine aufbauende Rolle hätten spielen können, während sie im damaligen Rußland ihre Aufgabe nur in der Vernichtung und Zerstörung sahen. – Man darf wohl mit Recht vom Heldenmut und ethischen Enthusiasmus dieser Revolutionäre sprechen . . . Es gab unter ihnen zahlreiche Priesterkinder . . .« Eben dieser ethische Enthusiasmus einer säkularisierten Religiösität steht unausweichlich in der Gefahr des Terrorismus; aber es scheint, als müßten wir alle Fehler der Geschichte immer von neuem wiederholen.– A. Camus hat in seinem Drama »Die Gerechten« die Gedanken und Gefühle der Attentäter von 1905 mit ihren Widersprüchen

Auf diese Weise führt der ethische Optimismus zu einer Polarisierung zwischen den moralisch Guten und den moralisch Bösen; die Friedenssehnsucht, zum unbedingten sittlichen Befehl erhoben, verlangt einen absoluten Rigorismus des Urteils, und die faktische Enttäuschung über die Unbeweglichkeit der »gesellschaftlichen Zustände« oder des gesellschaftlichen Systems oder der vermeintlichen Unbelehrbarkeit einzelner führt alsbald zu dem Willen, mit dem nötigen Nachdruck die anscheinend mangelnde Friedensbereitschaft in der Allgemeinheit der Bevölkerung herbeizuzwingen. Der Mechanismus ist von diesem Augenblick an durchaus nicht anders als in der mittelalterlichen Inquisition: statt sich selbst und den anderen soweit verstehen zu lernen, daß die Gründe der Aggression sich von innen her auflösen, bringt die Moralisierung des Religiösen von vornherein die Kategorien des absolut Guten und des absolut Bösen mit sich, und die im Namen einer höheren Moralität verdrängten Aggressionen lauern jederzeit auf die Gelegenheit zum Ausbruch. Steht erst einmal fest, wer oder was als das absolut Böse gelten muß, so wird der Pazifismus der moralischen Verdrängung auf der Stelle auch nach außen hin so terroristisch, wie er es psychologisch von Anfang an war. Kein Beschwörungsappell vermag dann die Explosion der Gewalt mehr zu verhindern, und gerade die Gutwilligen und Gutgläubigen unter den Schülern einer Theologie vom Schlage des H. Albertz oder H. Goll-

und Rechtfertigungsversuchen meisterhaft beschrieben: Während der »gläubige« Kaliajew meint: Wir töten, »um eine Welt zu bauen, in der keiner mehr töten wird. Wir nehmen es auf uns, Verbrecher zu sein, damit die Erde endlich von Unschuldigen bewohnt wird« (A. Camus: Die Gerechten, in: Dramen, 196), erklärt der Nihilist Stephan: »Ich liebe nicht das Leben, sondern die Gerechtigkeit ... Ich bin gekommen, einen Menschen zu töten, nicht um ihn zu lieben ... Einer Rechtfertigung bedarf ich nicht«. (A.a.O., 195) Aus Liebe zu töten, heißt, sich selbst zu liquidieren, um durch die eigene Schuld das Verbrechen des eigenen Tuns zu sühnen; aber die »Volksfreunde« glauben sich zu dem Verbrechen des Attentats geradezu verpflichtet, um die Schuld zu sühnen, auf kosten des »Volkes« überhaupt so weit gebildet zu sein, daß sie zwischen Gut und Böse zu unterscheiden vermochten.

witzer stehen in der Gefahr, sehr bald schon nicht mehr zu verstehen, warum der Friede so schwer ist, nachdem man ihn als so leicht erreichbar geschildert hat. Der ethische Optimismus, bzw., dogmatisch gesprochen, der faktische Pelagianismus des christlichen Gehabes ist in sich selber terroristisch.

*Der Friede des Nicht-Machens*

Von daher gibt es eigentlich nur einen Weg, auf dem das Christentum eine gewisse Kraft zum Frieden erlangen könnte: es müßte, ähnlich wie der Taoismus, zu seinem religiösen Ursprung zurückkehren und sich weigern, die Grenzen des Religiösen in irgendeiner Weise in Richtung eines ethischen Pragmatismus zu überschreiten. Die Frage kann und darf nicht länger lauten, was man *machen* muß, um den Frieden herzustellen oder sicherzustellen; die Frage ist vielmehr, wie das Christentum seine ethische Fixierung auf das »Machbare« insgesamt aufgeben und endlich lernen kann, die Antwort auf die Frage rundum zu verweigern, was man für den Frieden »tun« muß.[46a] Wer den Frieden »machen« will, wirkt den Krieg, und wer aus der Ohnmacht des Religiösen auf die Macht und den Nutzen der Ethik schließen will, irrt groß: die Ethik kann, wie wir gesehen haben, nicht einmal die Mittel und Austragungsformen des Krieges begrenzen; die Gründe aber, aus denen heraus Kriege geführt werden, mag sie verbieten und verurteilen, – sie zu beseitigen vermag sie nicht; im Gegenteil: unter dem Vorwand, es besonders gut zu meinen, trägt der ethische Lösungsansatz erheblich zur Verschlimmerung der Kriegsproblematik bei.

Eben deshalb ist die Frage des Krieges so geeignet wie nur weniges sonst, um auf die absolute Notwendigkeit des Reli-

[46a] Als Vorbild dafür könnte Lk 12,14 dienen. Tatsächlich meinte schon 1959 E. Schlink: Die Atomfrage in der kirchlichen Verkündigung, in: G. Howe (Hrsg.): Atomzeitalter, Krieg und Frieden, 212, er könne sich vorstellen, »daß Jesus auf unsere Frage (sc. nach der Erlaubtheit atomarer Kampfmittel, d. V.), so wie sie heute meistens gestellt wird, überhaupt die Antwort verweigert« hätte. Aber Schlink geht es dann lediglich um die Verkündigung des Friedens Gottes, – das wiederum ist zu abstrakt.

giösen hinzuweisen. Der Krieg ist diejenige Konzentration des Bösen, angesichts der buchstäblich nichts zu »machen« ist; doch gerade im Scheitern des ethischen Standpunktes liegt die Möglichkeit, ja die Notwendigkeit, in der offensichtlichen Ohnmacht des Religiösen die einzige verbleibende Hoffnung zu erkennen. Die Religion, gerade wenn sie sich weigert, die allzu praktischen Fragen der Ethik zu beantworten, ist in der Tat die einzige verbleibende Instanz, die von sich her an die Wurzeln des Krieges heranreichen könnte; sie ist die einzige Sichtweise, in der die Frage: Was ist der Mensch?, bzw.: wer bin ich selber?, wichtiger ist als die Frage: was muß ich tun? Nur für die Religion ist die innere Wahrheit des Menschen, seine Wichtigkeit als Einzelner vorrangig vor der Richtigkeit des Handelns; allein der Religion geht es nicht um die äußere Korrektur, sondern um die innere Versöhnung des Menschen, nicht um seine Erziehung, sondern Erlösung, nicht um seine Verbesserung, sondern um seine Begnadigung. Nur die Religion ist imstande, dem Menschen so vorurteilsfrei, so verständnisvoll und so gütig zu begegnen, daß sie die Angst in der Tiefe des menschlichen Herzens beruhigen könnte, die immer wieder die Gründe zum Krieg liefert. Würde indessen auch die Religion sich weigern, selbst dort, wo sie am meisten und heute am brennendsten herausgefordert ist, in der Frage des Krieges, sich auf sich selber zu besinnen und statt ethischer Erklärungen allein dabei zu bleiben, den Menschen in seiner Angst zu verstehen, ihn gerade in seinen Verwirrungen anzunehmen und von innen her aus den Neurotizismen und Kunstaufbauten seiner Angstverarbeitungen, einschließlich des Krieges, zu befreien, so wäre in der Tat das einzige Mittel, die einzige Hoffnung verdorben, des Krieges jemals Herr zu werden. Nur das Nicht-Machen der Religion könnte den Frieden möglich machen. Aber wie weit ist das Christentum in seiner gegenwärtigen Gestalt davon entfernt?

### c) *Die Unterdrückung der Sexualität und die patriarchalische Erniedrigung der Frau im Christentum*

Ein drittes Problem aus der Fremdheit gegenüber der inneren Natur des Menschen und der moralisierenden Verleugnung des Unbewußten durch das Christentum entsteht im *sexuellen* Triebbereich. Gerade aus der Unterdrückung der Sexualität haben manche Autoren auf den latent militanten oder »faschistoiden« Charakter des Christentums schließen wollen[47], und es ist daher zu prüfen, was an diesen Vorwürfen berechtigt ist und was nicht.

*Krieg aus verdrängter Sexualität?*
Tatsächlich hat das Christentum, während es die Aggression in die »genehmigten« Kanäle der Kreuzzüge[48], der Inquisition

[47] Zu den Formen und Folgen der Sexualunterdrückung und Frauenfeindlichkeit des Christentums vgl. K.-H. DESCHNER: Abermals krähte der Hahn, 194–205.

[48] Die Kreuzzüge waren keinesfalls ein »Irrtum« des Mittelalters, sie waren sein konstituierender und integrierender Bestand. Vgl. A. TOYNBEE: Der Gang der Weltgeschichte, II 1, 243–258. »Der Beginn der Kreuzzüge 1096 erschien den Zeitgenossen als etwas Neues, nicht Vorhergesehenes, und auch für den Historiker ist der gewaltige Widerhall, den der Kreuzzugsaufruf Papst Urbans II. fand, beeindruckend. Dennoch verdankte die Kreuzzugbewegung ihr Entstehen nicht einer plötzlich um sich greifenden Stimmung, sondern hatte sich in den entscheidenden Elementen langsam entwickelt ... Vor allem in drei Bereichen bahnte sich die Auseinandersetzung mit dem Orient und mit Byzanz an: feudal-militärische Eroberungszüge in den Mittelmeerraum, Vordringen des oberitalienischen Kaufmanns in das östliche Mittelmeer, Ausbau spezieller militanter Elemente in der christlichen Ideologie im Interesse der Feudalherren.« M. ERBSTÖSSER: Die Kreuzzüge, 68. – Wie sehr die Gruppengesetze über den sozialen Zusammenschluß gegen einen inneren wie äußeren Gegner bei den Kreuzzügen wirksam waren, zeigen vor allem die furchtbaren Judenprogrome während des »Bauernkreuzzuges«, zu dem Peter von Amien aufrief. M. ERBSTÖSSER: a.a.O., 85–89. Es gehört zur Mentalität des Mittelalters, insbesondere des Peter von Amiens, eine Art sexueller Besessenheit, die man durchaus als pathologisch werten muß. G. R. TAYLOR: Kulturgeschichte der Sexualität, 47; 69. – Zur Psychologie der Kreuzzugsmentalität eines Bernhard von Clairvaux vgl. P. EICHER: Gottesfurcht und Menschenverachtung, in: H. v. STIETENCRON (Hrsg.): Angst und Gewalt, 123–136. – TH. REIK: Die Äquivalenz der Triebgegen-

oder der Religionskriege zu lenken vermochte oder sie in depressiven Schuldgefühlen abarbeitete, für die Sexualität »nur« das Ventil der Ehe offengelassen.[49] Die moralische

satzpaare, in: Der eigene und der fremde Gott, 216–263 deutete den Fanatismus und die sadistische Verfolgung der Glaubensgegner aus einer Umkehrung des Masochismus der Märtyrer; aber für ihn stand die Religion insgesamt als eine Ablegerin aus dem Ödipuskomplex in dem Verdacht grausamer Lustbefriedigung.

[49] Es gilt bis heute als Lehre der katholischen Kirche, daß sexuelle Lust nur in der Ehe »erlaubt« sei. So erklärte noch im Okt. 1980 die römische Bischofssynode, daß die menschliche Sexualität »ein menschliches und moralisches Gut nur innerhalb der Ehe« darstelle. H. J. Fischer: Die katholische Lehre über die Ehe, FAZ, 27. Okt. 80, S. 12. – Man macht sich dabei nur selten genügend klar, wie kulturabhängig die christliche Auffassung ist, die Eheschließung diene der Regelung sexueller Beziehungen zwischen den Partnern. Wie unterschiedlich man von der Ehe denken kann, zeigen z. B. die Eheschließungen, die in Afrika außerhalb des christlichen oder islamischen Einflusses zustandekommen; sie »dienen dazu, den Status der Nachkommen gesetzlich zu regeln, nicht jedoch zur Steuerung oder Legalisierung sexueller Beziehungen. Normalerweise besitzt jedes Kind in Afrika eine gewisse Rechtsstellung, so daß es ... illegitime Kinder in unserem Sinne nicht gibt«. »Obwohl bei einer Heirat normale Geschlechtsbeziehungen zwischen den Partnern vorausgesetzt werden, wurde dieser Bereich von jeher als Privatsache betrachtet und nicht im Vertrag erwähnt. Viele Eheleute begrüßten es sogar, wenn wenigstens eines der von der Frau geborenen Kinder von einem Mann außerhalb der Ehe gezeugt worden war.« – »Bereits kurz nach der Hochzeit kann eine Frau dem Ehemann den Geschlechtsverkehr verweigern, jedoch von anderen Männern Kinder haben – und dennoch bleibt die Ehe bestehen! Ungeachtet ihrer natürlichen Abstammung gelten alle diese Kinder rechtlich als Nachkommen des Ehemannes.« L. Leakey: Heirat und Verwandtschaft, in: E. Evans-Pritchard (Hrsg.): Bild der Völker, II 132. M. a. W.: die Heirat ist in Afrika vor allem eine Versorgungs- und Rechtsgemeinschaft für die Kinder, und es stellt, daran gemessen, eine ungeheuere Engführung dar, die Sexualität, wie es das Christentum tut, ausschließlich an die Ehe *und* die Kinderaufzucht zu binden. Tatsächlich spricht die Kulturgeschichte des Abendlandes denn auch nicht dafür, daß diese Regelung psychologisch sehr glücklich gewesen wäre: das Hauptmotiv, selbst in einer »unglücklichen« Ehe auszuhalten, sind auch in Europa nach wie vor die Kinder, nur daß Schuldgefühle, Angst und Eifersucht die »außerehelichen« Partnerbeziehungen sehr erschweren. Hinzukommt die Doppelmoral der Männer in patriarchalischen Gesellschaften mit den entsprechenden Einschränkungen der Frau. Schon 1908 meinte S. Freud, die mangelnde Befriedigung der Frau in der patriarchalischen Ehe könne wohl eine gewisse Zeit durch ein Kind

Zensur der sexuellen Triebregungen fiel deshalb ungemein viel strenger aus als die Unterdrückung der Aggression, und auch sie war z. T. historisch bedingt.

Im Ansatz folgte das Christentum eigentümlicherweise auch in seiner Sexualfeindlichkeit dem Vorbild des sexuell viel freizügigeren Alten Testamentes, das zwar kein moralisches, aber doch ein starkes religiöses Anliegen verfolgte, wenn es mit kämpferischem Rigorismus alle geschlechtlichen Beimischungen, wie sie die Mythen der Völker so sehr lieben, aus dem Begriff des Göttlichen zu entfernen suchte; ungewollt brachte der Kampf gegen den heidnischen Mythos schon das Alte Testament in ein zwiespältiges Verhältnis zur Sexualität.[50] Aber wiederum scheint es, als trage vor allem die *Ethisierung der Bergpredigt* die Schuld an der außerordentlichen sexuellen Verklemmtheit speziell des Christentums.

Auch die Worte Jesu in der Bergpredigt über die Ehe versteht man nur in der religiösen Alternative von Glauben und Angst. Ohne Zweifel hängt die Fähigkeit zur Liebe wesentlich davon ab, daß der Mensch die Angst der Gottes-

überbrückt werden, sie könne dann aber eigentlich nur durch die von der Kultur verbotenen Auswege ehelicher Untreue aufgefangen werden; »je strenger eine Frau erzogen ist«, schrieb Freud, »je ernsthafter sie sich der Kulturforderung unterworfen hat, desto mehr fürchtet sie . . . diesen Ausweg, und im Konflikt zwischen ihren Begierden und ihrem Pflichtgefühl sucht sie ihre Zuflucht wiederum – in der Neurose. Nichts schützt ihre Tugend so sicher, wie die Krankheit«. S. FREUD: Die »kulturelle« Sexualmoral und die moderne Nervösität, VII 158. Vgl. DERS.: Das Unbehagen in der Kultur, XIV 444–458. – Der Vorwurf, eine pathogene Sexualmoral zu lehren und zu gebieten, kann dem Christentum wohl nur schwer erspart werden.

50 Zum patriarchalischen Typus der israelitischen Ehe sowie zu den Bestimmungen über die Entlassung der Frau vgl. R. DE VAUX: Das Alte Testament und seine Lebensordnungen, I 55–60; 68–72. Die Abwehr der kanaanäischen Riten wird in der jahwistischen Urgeschichte (Gen 9,20–26) geradezu als ein Wesenskennzeichen Israels verstanden; zur Auslegung der Stelle von »Noahs Söhnen« (Gen 9,20–26) vgl. E. DREWERMANN: Strukturen des Bösen, I 231–261; II 430–476; zum Kampf des Alten Testamentes gegen die sakramentale Auffassung von der Ehe und gegen die Mutterreligionen vgl. G. R. TAYLOR: Kulturgeschichte der Sexualität, 190–191; 193–194.

ferne überwindet, die seine Liebe zerstört; alle Angst ist egozentrisch und überzieht den anderen mit den Projektionen eigener Erwartungen und Befürchtungen. Insofern verändert sich die Beziehung zwischen Menschen, besonders zwischen Mann und Frau, von Grund auf, je nachdem, ob jemand zentral vom Erleben der Angst bestimmt wird oder ob er sich, wie Christus es gelehrt hat, im letzten in Gott geborgen fühlt. Sehr zu Recht hat Christus, als er auf die Ehe und die Sexualität zu sprechen kam, daher gemeint, daß erst durch den Glauben die Verfallenheit an die Sexualität und das Zerwürfnis zwischen den Geschlechtern ein Ende finden könne: erst in Gott könnten Mann und Frau wieder miteinander leben wie am Schöpfungsmorgen, – ohne Angst, ohne Scham und ohne gegenseitige Erniedrigung.[51]

[51] Die Lehre von der »Sakramentalität« der Ehe, die in der kath. Kirche mit den Worten Jesu in Mk 10,1–12 begründet wird und mit der sich die Vorstellungen von der Unauflöslichkeit der Ehe sowie eine Fülle kirchenrechtlicher Folgerungen verbinden, besitzt ihre Grundlage ganz und gar in dem Rekurs auf die ursprüngliche Paradiesesordnung in Gen 2,18–25. Zum Verständnis dieses Textes vgl. E. Drewermann: Strukturen des Bösen, I 389–410 (Nachwort zur 3. Aufl., 1981); gerade in der Paradieserzählung des Jahwisten ist zu ersehen, daß hier einzig und allein das Wesen der Liebe zwischen Mann und Frau in der Geborgenheit mit Gott und im Einklang mit der umgebenden Natur beschrieben wird; alle soziologischen, rechtlichen und rituellen Fragen zur Institution der Ehe sind dem Text vollkommen fremd; es läßt sich aus dieser Stelle m. a. W. nicht folgern, daß es zum Wesen der Liebe gehöre, sich in Gestalt der monogamen Ehe (im Gegensatz zur Polyandrie oder Polygamie) oder der patriarchalischen Familienstruktur der Bibel und des Christentums zu organisieren; im Gegenteil ergibt sich in der jahwistischen Urgeschichte das patriarchalische Verhältnis der Über- und Unterordnung von Mann und Frau allererst aus dem Abfall der Menschen von Gott: Gen 3,16; vgl. dazu: E. Drewermann: Strukturen des Bösen, I 90–91; II 82; 213. – Die Sakramentalität der Ehe ließe sich bei einem theologisch tieferen Nachdenken über die Voraussetzungen des Sakramentenempfangs in der Überwindung der Daseinsangst des Menschen durch den Glauben sehr wohl mit einer kirchenrechtlichen und moraltheologischen Praxis verbinden, die eine Wiederverheiratung »Geschiedener« (d. h. kirchlich getrauter Eheleute, die gleichwohl aufgrund bitterer Erfahrungen ihre Ehe als nicht von Gott geschlossen betrachten) nicht ausschließen müßte. Vgl. E. Drewermann: Ehe – tiefenpsychologische Erkenntnisse für Dogmatik und

Zieht man diese sehr tiefen und wahren Erfahrungen des Religiösen hingegen wiederum ins Ethische, so verwandeln sie sich erneut in ein Prinzip neurotischer Verdrängungen. Es ist schwer, sich die komische Unnatur der christlichen Einstellung zur Sexualität auch nur annähernd bewußtzumachen, da man mit jedem Wort sogleich in ein Wespennest von Abwehrmechanismen, Rationalisierungen, perversen Verzerrungen, kurz: von allem möglichen trifft, das dem Verständnis des Problems nicht dienlich ist. Selbstverständlich werden vor allem Theologen gegen den Vorwurf der Sexualunterdrückung auf der Stelle voller Empörung eine Unzahl von Zitaten vorbringen, daß die christliche Religion durchaus nicht leibfeindlich, sondern »inkarnatorisch« sei und den »ganzen« Menschen erlösen wolle usw. Wie aber wollen sie dann widerlegen oder erklären, daß immer wieder unvoreingenommene Beobachter der abendländischen Lebensweise erschrocken und verwundert über die Sexualfeindlichkeit und Lasterhaftigkeit gerade des Menschentyps waren, den das Christentum in den 2000 Jahren seiner Geschichte hervorgebracht hat?

Als z. B. der Südseehäuptling Tuiavii auf Samoa versuchte, seine verwirrenden Erinnerungen an den »Papalagi«, den »Himmelsdurchbrecher«, den weißen Mann, zu ordnen, beschrieb er die Prüderie und Heuchelei der Christen mit Worten, die durch keine theoretischen Scheinargumente aus der Welt zu schaffen sind: »Der Papalagi«, schrieb er, »ist dauernd bemüht, sein Fleisch gut zu bedecken. ›Der Leib und seine Glieder sind Fleisch, und was oberhalb des Halses ist, das ist der wirkliche Mensch‹, also sagte mir ein Weißer, der großes Ansehen genoß und als sehr klug galt. Er meinte, nur das sei des Betrachtens wert, wo der Geist und alle guten und

Moraltheologie, Renovatio, 36. Jg. 1980, Heft 2, 53–68; Heft 3, 114–126; DERS.: Von der Not der in ihrer Ehe Scheiternden und dem Appell zur Treue. Das Problem der Ehescheidung und die kirchliche Moraltheologie, in: Diakonia, Wien 1982, Heft 1, 37–47; Heft 2. 112–117.

schlechten Gedanken ihren Aufenthalt haben. Der Kopf. Ihn, zur Not noch die Hände, läßt der Weiße gerne unbedeckt. Obwohl auch Kopf und Hand nichts sind als Fleisch und Knochen. Wer im übrigen sein Fleisch sehen läßt, erhebt keinen Anspruch auf rechte Gesittung ... Ein Mädchen, es mag noch so schön gewachsen sein, ... bedeckt seinen Leib, damit niemand ihn sehen kann oder Freude an seinem Anblick nimmt. Das Fleisch ist Sünde. Also sagt der Papalagi. Denn sein Geist ist groß nach seinem Denken. Der Arm, der sich zum Wurf im Sonnenlicht hebt, ist der Pfeil der Sünde. Die Brust, auf der die Welle des Luftnehmens wogt, ist ein Gehäuse der Sünde. Die Glieder, auf denen die Jungfrau uns eine Siva (einen Tanz, d. V.) schenkt, sind sündig. Und auch die Glieder, welche sich berühren, um Menschen zu machen zur Freude der großen Erde – sind Sünde. Alles ist Sünde, was Fleisch ist. Es lebt ein Gift in jeder Sehne, ein heimtückisches, das von Mensch zu Mensch springt. Wer das Fleisch nur anschaut, saugt Gift ein, ist verwundet, ist ebenso schlecht und verworfen als derjenige, welcher es zur Schau gibt. – Also verkündigen die heiligen Sittengesetze des weißen Mannes ... Weil nun die Leiber der Frauen und Mädchen so stark bedeckt sind, tragen die Männer und Jünglinge ein großes Verlangen, ihr Fleisch zu sehen; wie dies auch natürlich ist. Sie denken bei Tag und Nacht daran und sprechen viel von den Körperformen der Frauen und Mädchen und immer so, als ob das, was natürlich und schön ist, eine große Sünde sei und nur im dunkelsten Schatten geschehen dürfe. Wenn sie das Fleisch offen sehen lassen würden, möchten sie ihre Gedanken mehr an andere Dinge geben, und ihre Augen würden nicht schielen, und ihr Mund würde nicht lüsterne Worte sagen, wenn sie einem Mädchen begegnen.«[52]

Diese Worte schrieb Häuptling Tuiavii als Mahnung an seine »lieben Brüder«, sich von den Christen nur ja nicht im

[52] E. Scheurmann (Hrsg.): Der Papalagi. Die Reden des Südseehäuptlings Tuiavii aus Tiavea, 28–29.

Namen einer »besseren« Moral zur Unzucht verführen zu lassen, – sie sollten ihre Unbefangenheit, ihre Unschuld, ihr natürliches Empfinden für Anmut und Schönheit, ihre körperliche Zartheit und Poesie rein bewahren und sich vor der christlichen Verdrängungs-»keuschheit« in acht nehmen. Man sage nicht, wir hätten uns in diesem Punkt seit 1920, als Tuiavii seine Gedanken aufzeichnete, geändert. Der Südseehäuptling wußte noch nichts von den Neuentdeckungen des Sex-Tourismus für sein Heimatland, von der Marktlücke der »Peep-Show«-Industrie und anderen Errungenschaften, mit denen wir uns zur Zeit die christliche Erziehung abzuquälen suchen, – es ist hoffnungslos. Aber daß all dies auf eine moralische Angst speziell der Männer vor der Schönheit der Frau zurückgeht, hat der Häuptling richtig gesehen, und auch, daß damit eine enorme »Kopflastigkeit« des abendländischen Menschen verbunden ist, die wiederum nicht der Harmonie und dem seelischen Einklang dienen kann, sondern ein Denken gebären muß, das aus Zerrissenheit stammt und Zerrissenheit schafft.

Indem das Christentum für die Sexualität nie ein legitimes, nicht einmal ein rationalisiertes Ausbruchsobjekt gefunden hat, mußte die Unterdrückung der Sexualität unausweichlich zu einer außerordentlichen Vermehrung der Angst führen, zu einem erheblichen Anstieg des Schuldgefühls, zu extremen Formen des Selbstmißtrauens und des Selbsthasses, zu einer weitgehenden Verleumdung selbst der unschuldigsten sexuellen Regungen, ja schließlich zur Gegenbesetzung der körperlichen Liebe insgesamt durch Gefühle von Ekel und Haß. Es kann kein Zweifel sein, daß aus einer solchen Verdrängung der Sexualität im Christentum sich in der Tat reaktiv starke aggressive sadomasochistische Impulse ergeben mußten, indem der Haß selber die libidinösen Strebungen zu kanalisieren hatte. Daß dem so war, läßt sich für das Christentum historisch vor allem im Hexenwahn in der Zeit von 1400–1700 belegen, der für drei Jahrhunderte mit seiner Sexualangst die Länder des abendländischen Christentums gefangen hielt[53]; gerade dieses Faktum unterstreicht jedenfalls wie kein anderes, daß ein Zusammenhang zwischen Sexualverdrän-

[53] Zum Zusammenhang von Sexualunterdrückung, Hexenwahn und Inquisition vgl. G. R. Taylor: Kulturgeschichte der Sexualität, 93–111. – Die Kirche hatte noch 785 auf der Synode von Paderborn das Hexenwesen als Aberglauben bezeichnet, und die Synode von Trier schloß sich noch 1310 dieser Auffassung an; aber Papst Gregor IX. (1227–1241) gab als erster den Befehl zur Hexenverfolgung, die durch Papst Innozenz VIII. (1484–1492) in der Bulle »Summis desiderantes affectibus« vom 5. Dez. 1484 ihre offizielle Begründung erhielt und schließlich mehr Opfer forderte als alle europäischen Kriege bis 1914. Vgl. K.-H. Deschner: Abermals krähte der Hahn, 485–492. – Das Bild der »Hexe« entstammt, psychoanalytisch gesehen, ganz und gar den Vorstellungen des Ödipuskomplexes: die »Hexe« ist die böse Mutter, die den Sohn verrät, indem sie mit dem »Teufel«, dem Vater, schläft. Das kirchliche Gegenbild der Hexe, die Jungfrau Maria, ist demgegenüber die »reine« Mutter, während die »Hexe« herzlos, grausam, zerstörerisch und kinderfressend (oral-sadistisch) ist. Die Vorstellungen, daß Hexen auf »Besen« oder auf »Böcken« durch die Luft »reiten«, entstammen deutlich genug unterdrückten Sexualphantasien. Wie sich die unterdrückte Sexualität in den blanken Sadismus entlud, davon legt die Einrichtung der Folter und die lüstern-barbarische Form der Verhöre durch die Inquisitoren ein schreckliches Zeugnis ab, wobei vor allem der 1487 unter Innozenz VIII. entstandene *Malleus malicarum* (Der »Hexenhammer«) auf lange Zeit eine besonders unheilvolle Rolle spielte. Zu den Einzelheiten der Tortur und ihren sexualsadistischen Praktiken vgl. M. Bauer (Hrsg.): W. G. Soldan — H. Heppe: Geschichte der Hexenprozesse, I 339–366; zur Entwicklung des Hexenglaubens im Mittelalter bis zum 13. Jh a.a.O., I 85–125. Zur Herleitung des Hexenglaubens aus dem Ödipuskomplex vgl. S. Freud: Eine Teufelsneurose im siebzehnten Jahrhundert, XIII 317–353. Zum Gegensatz der Königin des Hexensabbats und der Madonna, der Himmelskönigin, sowie zur Verdrängung der älteren Mutterreligion vgl. G. Zacharias: Satanskult und Schwarze Messe, 83–91. – Material zum Hexenglauben quer durch die abendländische Geschichte enthält E. Nielsen (Hrsg.): Die Hexe von Endor. Die merkwürdigsten Fälle aus dem Gebiet des Übersinnlichen von 1200 vor bis 1800 nach Christus; bes. S. 164–165, der berühmte Fall der Ursulinerinnen von Loudun im Jahre 1716, zeigt all die traurigen Merkmale sexueller Psychopathologie infolge kirchlicher Unterdrückung. – Die konkreten Vorstellungen über »Hexen« ergeben sich hingegen nicht allein aus sexuellen Verdrängungen, sondern vor allem aus den oral-sadistischen Phantasien während der Stillzeit, die in vielen Kulturen sehr lang ist; P. Parin, F. Morgenthaler, G. Parin-Matthèy: Fürchte deinen Nächsten wie dich selbst, 306–309 z. B. untersuchen unter diesem Aspekt die Hexenangst der afrikanischen Agnis. – Zum Hexenwahn der Puritaner Nordamerikas vgl. R. Cartier: In die neue Welt, 382–394.

gung und Sadismus im Christentum tatsächlich bestehen muß. Der Bogen des Amor ist geschnitzt aus der Keule des Herakles, und verbietet man das Pfeilgift der Liebe, so bleibt offenbar nur die Gewalttätigkeit der »Helden« übrig.

Dennoch melden sich erhebliche Zweifel, ob es wirklich die Sexualunterdrückung an sich ist oder nicht ein anderer, wenngleich damit zusammenhängender Faktor, der eine Disposition zu sadistischen Neigungen bis hin zum Krieg im Christentum seit eh und je begünstigt hat.

Man vergleiche zu dieser Frage etwa die Religion des Islam mit der des Christentums.

Der Islam hat mit dem Christentum Jahrhunderte des Krieges gemein, und noch heute ist die alttestamentliche Idee des Heiligen Krieges, des Dschihad, im Islam von einer bedrückenden, mittelalterlich wirkenden Aktualität: in puncto Aggression ist der Islam dem Christentum in seiner heutigen Mentalität weit überlegen. Bestünde nun das Theorem zu Recht, daß Aggressivität ipso facto aus verdrängter Sexualität geboren würde, so könnte man nur schließen, daß die islamische Moral noch ungemein viel prüder sein müsse als die christliche. Aber das Gegenteil ist augenscheinlich richtig. Wie es in jeder ausgeprägt patriarchalischen Gesellschaftsordnung zu sein pflegt[54], erfreuen sich die Männer im

[54] Die Hochschätzung der *weiblichen* Jungfräulichkeit ist offenbar abhängig von dem System der Verwandtschaftsbeziehungen, je nachdem ob das Patriarchat oder das Matriarchat vorherrscht. So meint *L. Séjourné:* Altamerikanische Kulturen, 163, »daß in den Gebieten, in welchen die Frau den Vorrang hatte, der gesellschaftliche Wert der Jungfräulichkeit gleich Null war. Die Tatsache, daß in Mexiko, wo die Gesellschaft patriarchalisch ausgerichtet war, das Ideal eines jungen Mädchens ebensogut aus einem europäischen Kloster hätte stammen können, macht es wahrscheinlich, daß dieser Wert mit dem System der Verwandtschaftsbeziehungen zusammenhängt«. Die Jungfräulichkeit spielt in mutterrechtlichen Kulturen hingegen so gut wie keine Rolle, ja der Verlust der Jungfräulichkeit gilt oft geradezu als eine Heiratsbedingung, wobei die Defloration auch von bestimmten Stellvertretern des Mannes oder der eigenen Mutter vorgenommen werden kann; a.a.O., 144; 163; die Frauen genießen in mutterrechtlichen Gesellschaften sexuell offenbar ebenso viele Freiheiten, wie sie die Männer sich im Patriarchat zu verschaffen wissen; a.a.O., 145–146.

Islam so ziemlich aller nur denkbaren sexuellen Rechte; unterdrückt wird nicht die Sexualität der kriegführenden Männer, sondern die der weitgehend rechtlos gestellten Frauen. Während das Christentum *jede* Art von sexueller Lust, für die Männer ebenso wie für die Frauen, ausschließlich auf die Ehe, und auch hier möglichst auf den Zweck der Kinderzeugung, einzugrenzen suchte, besaß das Alte Testament ebenso wie der Islam durch die Institution der Polygamie weit liberalere Vorstellungen, die den mönchischen Keuschheitsidealen der Christen vollkommen widersprachen. Wenn die Unterdrückung der Sexualität den Grund für die kriegerische Aggressivität einer Kultur darstellen würde, so hätten sich die Kinder Israels ebenso wie die islamischen Kulturen demnach eher durch große Friedfertigkeit, und jedenfalls nicht durch unablässige »Heilige Kriege« auszeichnen müssen. Die sexuelle Askese des recht kriegerischen Christen-

Interessant ist, daß auch *Abtreibung* und Prostitution in matriarchalischen Gesellschaften anscheinend anders bewertet werden als in patriarchalischen Gesellschaften, – ein Faktum, das in der Diskussion um den Paragraphen 218 nicht zu Unrecht von den Frauenrechtsbewegungen ins Feld geführt wurde. So erklärten in Panama z. B. die jungverheirateten Frauen bzgl. der Abtreibung, daß »die Alten die Kinder zur Welt bringen sollten; sie selbst wollten nicht so beschäftigt sein, daß ihnen das Vergnügen verlorengeht, und ... nicht ihre Brüste verunstalten, die ihr ganzer Stolz und wirklich sehr schön sind ...«; zit. a.a.O., 146. Natürlich müssen solche Vorstellungen der kirchlichen Moraltheologie ganz ungeheuerlich vorkommen; aber sie zwingen doch zum Nachdenken darüber, inwieweit es ein Recht gibt, bestimmte sozialabhängige Normen mit dem Willen Gottes zu identifizieren und als für alle Welt verbindlich zu erklären. – Der Islam hat eigentlich, gemessen an früheren Zuständen, die Lage der Frauen in gewissem Sinne sogar verbessert; das hindert nicht, daß seine extrem patriarchalischen Anschauungen die Frau zu einem Wesen zweiter Klasse erniedrigen. D. STEWART: Islam, 60–61. – M. DALY: Jenseits von Gottvater, Sohn und Co., 135–136 zitiert z. B., wie im Bürgerkrieg im heutigen Bangladesh Frauen und Mädchen von westpakistanischen Soldaten zu Hunderten vergewaltigt und dann, als geschändet, von ihren Angehörigen im Stich gelassen wurden; zu Recht erinnert sie an die Bestimmungen im AT (Num 31,17–18.31–35; Dtn 21,14) und an die Praxis von Ri 19,24, wo Frauen einfach als Kriegsbeute betrachtet werden (s. o. S. 80, Anm. 49), und stellt die Vergewaltigung der Frau wohl zu Recht in unmittelbaren Zusammenhang zum Krieg.

tums hingegen ist mit den Lehren des *Buddhismus* sehr verwandt, aus dessen Klöstern sie sich historisch sogar herleiten dürfte; der Buddhismus aber darf als die friedlichste der großen Menschheitsreligionen gelten, *trotz* seiner sexuellen Askese. Es kann daher durchaus nicht die Unterdrückung der Sexualität an sich sein, die zum Krieg bereit macht, so wenig wie die seit Ende der 60er Jahre propagierte sexuelle Permissivität die westeuropäische Bevölkerung automatisch friedliebender gemacht haben dürfte.

*Die patriarchalische Unterdrückung des Weiblichen und die Einseitigkeit des Verstandes*

Aber was im Zusammenhang mit der sexuellen Frage sehr viel stärker ins Gewicht fällt, ist *die unterschiedliche Stellung der Frau* in allen drei biblischen Religionen. So sehr sich Judentum und Islam auch in ihrer Sexualmoral von den engen Anschauungen des Christentums unterscheiden mögen, so stimmen alle drei doch in dem patriarchalischen Grundzug überein, die Rolle der Frau entschieden unter die des Mannes zu stellen. Nicht die Unterdrückung der Sexualität, wohl aber die Unterdrückung der Frau in einer reinen Männergesellschaft also könnte in der Tat zur Begünstigung von Kriegen beitragen.

Wir haben schon gesehen, daß die Frau an sich wohl kaum für friedfertiger gelten kann als der Mann, indem die Gestalt der Großen Göttin selbst, neben ihren gütigen und gewährenden Zügen, auch äußerst verschlingende und grausame Eigenschaften an sich trägt (s. o., S. 40). Aber das hindert nicht, daß die Mentalität einer matriarchalischen Gesellschaft sich von einem patriarchalisch organisierten Gemeinwesen auf charakteristische Weise unterscheidet. Wenn es nach dem Zeugnis der Prähistorie viele Jahrhunderttausende lang das Vorrecht und die Pflicht der Männer war, Leben zu töten[55],

[55] L. Tiger – R. Fox: Das Herrentier, 121–122 argumentieren so: »Wir wissen . . ., daß der Sexualdimorphismus in den politischen und Fortpflanzungsprozessen der Primaten verwurzelt ist: Die dominierenden

und die Aufgabe der Frauen, Leben zu gebären, dann bietet eine reine Männergesellschaft tatsächlich wohl die schlechteste Voraussetzung zur Friedfertigkeit und zu einer solchen

Männchen ... herrschen durch ihre offenkundige Stärke und durch ein ritualisiertes Droh- und Imponierverhalten; sie gewähren Schutz und schaffen Ordnung ...; aber sie schließen sich auch in Bündnissen zusammen, um ihre Macht wirksamer auszuüben ... Im Verlauf der Evolution des Menschen wurde dieses Grundmuster durch die komplexen Verhaltensweisen des Jägerdaseins bereichert ... – Eine der wichtigsten Auswirkungen des Jägerlebens war die Vertiefung der Kluft zwischen Männern und Frauen in bezug auf das Verhalten. Die Männer gingen auf die Jagd, die Frauen nicht. Dies ... ließ die bereits bestehenden Geschlechtsunterschiede noch stärker hervortreten ... Wenn wir uns daran erinnern, daß sich die Größe des Gehirns in diesem frühen Jägerstadium verdoppelt ..., dann können wir ermessen, daß die Selektionsverfahren, die hier wirksam wurden, in der Tat gewaltig gewesen sein müssen. Aus der alten Bindungsstruktur der Primaten wurde die neue, eindrucksvolle Struktur des kooperativen Jagens. Daraus erwuchs unsere Fähigkeit, auf den relativ schwachen Bindungen, die zwischen Männern existieren, so großartige und anspruchsvolle Strukturen wie etwa Weltreiche, Raumfahrtprogramme, Industrieunternehmen, Bewässerungssysteme oder die mittelalterliche Kirche zu errichten.« Von daher kommt es, daß Politik als »Männersache« erscheint, mit ihrem Imponiergehabe, ihren Phrasen, ihren Protokollvorschriften, ihrer Angst, als schwach zu erscheinen, ihren Eitelkeiten, ihren absonderlichen Ehrbegriffen, ihrer Bereitschaft zu Kampf und Krieg, ihrer Zurschaustellung männlicher Größe und Selbsterhöhung. Die Frauen mögen all dies mit Langeweile und Zynismus beobachten. »Aber dieses männliche Getue hat seine unbezweifelbare Bedeutung für die Evolutionsgeschichte, für die Geschichte der Fortpflanzung, des Nestbaus, der selektiven Partnerwahl, der Revierverteidigung, des Nachkommensschutzes, der Ritualisierung der Aggression. Diese Selektionsmechanismen haben auf das Verhalten der Männer einer jeden Art eingewirkt und jene extravaganten, aber effektiven Resultate gezeitigt, die dem männlichen Ich so teuer zu sein scheinen und der weiblichen Vernünftigkeit so banal vorkommen.« – L. MUMFORD: Die Stadt, I 12–13; 16–17; 28–30 sieht im Mann die Werkzeuge und Waffen, die der Bewegung und Muskelkraft dienen, verobjektiviert – Geräte zum Hauen, Hacken, Spalten, Zerlegen, kurz, zu jeder Art von aggressiver Tätigkeit. »Knochen und Muskeln des Mannes beherrschen seinen Beitrag zur Technik; selbst sein schlaffer Penis ist vom sexuellen Standpunkt aus nutzlos, bis er knochenhart ist ... Bei der Frau hingegen sind die weichen inneren Organe Mittelpunkt des Lebens. Arme und Beine dienen ihr weniger zur Fortbewegung als zum Halten und Umschlingen ...; ihre besondere sexuelle Tätigkeit aber findet in Öffnungen und Höhlungen statt: in Mund und Vulva, in Scheide und Brust und in ihrem Schoß. Daher sind ihre Geräte Krüge, Häuser, Schalen, Höhlen.«

Lehre der ahimsa, des Nicht-Verletzens, wie z. B. die Inder sie pflegten. Zudem markiert die Unterdrückung der Frau keineswegs nur eine bestimmte Form der sozialen Rollen- und Aufgabenzuweisung, sondern in ihr spricht sich zugleich aus, daß auch psychologisch bestimmte menschliche Eigenschaften abgewehrt und abgewertet werden.

Die Frage ist schwer zu beantworten, welche Eigenschaften das Wesen einer Frau ausmachen, ja, ob es solche Eigenschaften überhaupt in einer gewissen Konstanz gibt[56]; aber es

[56] Die kulturanthropologischen Schulen, vor allem die Forschungen von M. Mead (Mann und Frau. Das Verhalten der Geschlechter in einer sich wandelnden Welt, 1949), mußten den Eindruck hinterlassen, als wenn es so etwas wie ein Wesen *des* Mannes und *der* Frau nicht gebe. Aber so variabel die sozialen Rollenzuweisungen für Mann und Frau in den verschiedensten Kulturen auch divergieren mögen, so hat die jahrtausendealte Arbeitsteilung zwischen Mann und Frau in Jagd und Kinderaufzucht doch zu gewissen konstanten Merkmalen geführt, die im Extrem auf die Pole von Töten und Gebären, von Krieg und Frieden zulaufen. G. R. Taylor: Kulturgeschichte der Sexualität, 71–73 stellt einander den Typos des Paternisten und des Maternisten gegenüber, die er durch die folgenden Punkte gekennzeichnet findet:

| *Paternist* | *Maternist* |
|---|---|
| 1) Sexuelle Intoleranz | 1) Sexuell duldsame Haltung |
| 2) Freiheitseinschränkung für Frauen | 2) Freiheit für Frauen |
| 3) Frauen gelten als minderwertig und sündig | 3) Hohe Stellung der Frau |
| 4) Keuschheit mehr geschätzt als Wohlergehen | 4) Wohlergehen mehr geschätzt als Keuschheit |
| 5) Autorität in der Politik | 5) Demokratie in der Politik |
| 6) Konservativ, gegen Neuerung | 6) Fortschrittlich, revolutionär |
| 7) Mißtrauen gegen Forschung | 7) Kein Mißtrauen gegen Forschung |
| 8) Hemmung, Furcht vor Spontaneität | 8) Spontaneität, freie Äußerung |
| 9) Furcht vor Homosexualität | 9) Tiefe Furcht vor Blutschande |
| 10) Geschlechtliche Unterschiede übertrieben (Kleidung) | 10) Sexuelle Unterschiede verkleinert |
| 11) Askese, Furcht vor Vergnügen | 11) Genußfroh |
| 12) Vater-Religion | 12) Mutter-Religion. |

Beide Typen leitet G. R. Taylor vom Ödipuskomplex ab: der Paternist entsteht aus der Identifikation des Kindes mit dem Vater, der Maternist aus der Identifikation mit der Mutter (deshalb Punkt 9), aber da der

Ödipuskomplex selbst ein im Grunde patriarchalisches Gebilde darstellt und, anders als FREUD glaubte, keineswegs eine gesellschaftliche Konstante bildet (B. MALINOWSKI: Geschlecht und Verdrängung in primitiven Gesellschaften, 163), bezieht sich die Gegenüberstellung von games paternistischen und maternistischen Typen eigentlich nur auf mögliche Spielarten innerhalb patriarchalischer Gesellschaftsformen. – Von psychologischen und genetischen Erwägungen her ist L. SZONDI: Triebpathologie, I 113 darauf gekommen, in jedem Menschen eine innere Dialektik von »männlichen« und »weiblichen« Triebstrebungen anzunehmen, die er als Dur- und Mollstrebungen bezeichnet. Die Dur- oder maskuline (M-) Skala des Trieblebens besteht nach Szondi aus folgenden Reaktionen:

1) Die Strebungen nach Aggression, die männliche Aktivität, das Draufgängerische des Mannes, evtl. mit Menschheitsliebe, aber ohne Personenliebe.

2) Die unbewußte Stauungstendenz von groben Affekten, wie Wut, Haß, Zorn und Rache mit Geltungsdrang.

3) Die Strebung, Objekte der Welt seinem Ich einzuverleiben, die Wertobjekte der Welt zu haben, zu besitzen.

4) Der Drang, nach den Wertobjekten der Welt auf die Suche zu gehen und sie zu erwerben nach Abtrennung vom alten Objekt.

Die weichen und warmen Moll-Strebungen der femininen (F-)Skala umfassen die folgenden Reaktionen:

1) Der Drang, Liebe und Zärtlichkeit einer Person zu geben und zu nehmen mit Hingabe, Personenliebe.

2) Der Wunsch, alles gutzumachen und sich zu verbergen.

3) Die Strebung, sich Ichideale aufzubauen, in diesen Ichidealen völlig aufzugehen, sich aber eben durch diese Ichideale geistig auszudehnen, ohne dagegen Stellung zu nehmen.

4) Die Anklammerungstendenz, also die orale Strebung mit treuem Kleben am Objekt.

Wohlgemerkt ist nach Szondi in einem jeden Menschen die Dialektik der Dur- und Mollstrebungen angelegt; aber die Proportionen der verschiedenen Ansprüche sind im allgemeinen bei Mann und Frau verschieden. Die Kombination und das Zusammenspiel der verschiedenen Triebstrebungen zeigt deutlich den aggressiv-kriegerischen Zug der Dur-Strebungen und den eher zum Ausgleich und Bewahren neigenden Zug der Moll-Strebungen. – Von der chinesischen Philosophie und Religionsgeschichte her sieht S. COLEGRAVE: Yin und Yang, 118 die maskuline politische Philosophie im Konfuzianismus, die feminine Denkweise im Taoismus verwirklicht. Nach den maskulinen Vorstellungen sollte die Gesellschaft hierarchisch strukturiert sein und durch rigorose Kontrolle und Disziplin aufrechterhalten werden. Die feminine Haltung befürwortet unvoreingenommen Passivität, sie vertraut der grundlegenden Einheit und Harmonie aller Teile der Schöpfung sowie der Fähigkeit des Menschen, spontan zu erkennen, was für ihn richtig ist. Der oben erwähnte »Moralismus« auch des Christentums (s. o. 215) ist nur eine Spielform der Unterdrückung des Weiblichen, wie sie im alten China dem Konfuzianismus eigentümlich war. (COLEGRAVE, a.a.O., 94–95) Insgesamt stellt S. COLEGRAVE:

scheint doch einigermaßen sicher zu sein, daß im patriarchalischen Lebensstil gerade diejenigen Eigenschaften, die schon bei der Organisation der Jagd von überragender Bedeutung gewesen sein müssen, vornehmlich gefördert werden und Tugenden wie Tapferkeit, Stärke, Gewandtheit, Kameradschaft, Mut, Willen, Verstand, Durchsetzungsvermögen, u.a.m. besonders hoch im Kurs stehen. Demgegenüber werden andere z. T. unterschiedliche, z. T. entgegengesetzte Eigenschaften eine untergeordnete Beachtung erlangen, wie Fürsorglichkeit, Güte, Verständnis, Einfühlsamkeit, Wärme u. a. Mit der Überwertigkeit des Vaterbildes ist psychologisch gegeben, daß menschliche Anerkennung und Akzeptation vorwiegend an Leistung und Tüchtigkeit gebunden sind und nicht vorbehaltlos aufgrund der bloßen Existenz verliehen werden. Diese Einstellung fördert naturgemäß von den menschlichen Fähigkeiten einseitig die Kräfte des Willens und Verstandes auf Kosten von Gemüt und Gefühl: das Tun und der äußere Erfolg werden wichtiger als die innere Übereinstimmung mit sich selbst und mit der Wahrheit des eigenen Daseins; der äußere Besitz, das »Haben«, das Geld ist wichti-

a.a.O., 82 die folgende Tabelle von Yin und Yang, weiblich und männlich auf:

| *Yin* | *Yang* | *Yin* | *Yang* |
|---|---|---|---|
| Beziehung | Individualisierung | Ernährendes | Befruchtendes |
| Raum | Zeit | Einheit | Polarität |
| Gemeinschaft | Hierarchie/ Ordnung | Akausalität | Kausalität |
| Nicht-Urteilen | Urteilen | Spontaneität | Planung |
| Absichtslosigkeit | Absicht | Ganzheit | Differenzierung |

Zu der Entgegensetzung von Männlich und Weiblich vgl. C. G. Jung: Psychologische Typen, VI 506–510, Definitionen; ders.: Die Beziehungen zwischen dem Ich und dem Unbewußten, VII 207–232; ders.: Die psychologischen Aspekte des Mutterarchetypus, IX, 1. Teil, 89–123. – Zur Suche des männlichen Bewußtseins nach der anima vgl. E. Drewermann – I. Neuhaus: Der goldene Vogel, Anm. 46.

ger als das »Sein«[57]; die Leistungsbewertung schafft unvermeidlich ein Feld lateraler Konkurrenz, und der Übersprung zur offenen Konfrontation mag in patriarchalischen, männerorientierten Gesellschaften tatsächlich weitaus leichter fallen als in weiblich bestimmten Sozietäten. Auf jeden Fall ist die

[57] E. Fromm: Haben oder Sein, 107–126 hat die Kategorien des Habens und des Seins in schematischer Übersicht einander gegenübergestellt:

| *Haben* | *Sein* |
|---|---|
| ich bin, was ich habe | ich bin ich selbst |
| Konkurrenz, Geschäftigkeit | Einfühlung, tätige Selbstentfaltung |
| Haften an Dingen | Haften an Erlebnissen |
| Überwertigkeit von Namen (Begriffen, Zahlen) | Gemeinsames Erleben |
| Anale Fixiertheit | Teilen und Abgeben |
| »Sicherheit« im Besitz | Sicherheit im eigenen Sein |
| Antagonismus | Solidarität |
| Vergnügen | Freude |
| Gesetz und Gehorsam | Wesensauftrag und Einswerdung |
| Angst vor dem Sterben | Bejahung des Lebens |
| Vergangenheit und Zukunft | Hier und Jetzt |

Im Vergleich mit den Definitionen des Männlichen und Weiblichen in Anm. 56 ist zu ersehen, daß die Haltung des Habens eher als männlich, die des Seins eher als weiblich zu bezeichnen ist. Von daher ist es zwar wohlgemeint, aber sehr unglaubhaft, wenn E. Fromm die Haltung des Seins und die Preisgabe des Habens bereits als ein Hauptthema im Alten Testament wiederfinden will und dies mit dem Exodus-Motiv der Abraham-Erzählung und der Berufung des Moses begründet: für das patriarchalische Israel ging es ganz extrem, entgegen Fromms Deutungen, um den *Besitz* des Landes, des Gesetzes, der Bundeslade, ja sogar der Erwählung. An anderer Stelle hat E. Fromm selber ganz richtig den Zusammenhang des Patriarchalismus mit dem Prinzip des Habens am Beginn der neuen Stadtgesellschaft hervorgehoben, »zu deren Wesen das Prinzip der Kontrolle gehört: das Prinzip der Herrschaft über die Natur, über die Sklaven, über Frauen und Kinder. Der neue patriarchalische Mensch ›macht‹ die Erde im buchstäblichen Sinne. Seine Technik stellt nicht nur eine Modifikation der natürlichen Prozesse dar, sondern sie bedeutet deren Beherrschung und Kontrolle durch den Menschen, was zur Erzeugung neuer Produkte führt . . . Die Menschen selbst gerieten unter die Kontrolle derer, die die Arbeit in der Gemeinschaft organisierten, und von nun an mußten die Führer Macht über die haben, die sie kontrollierten«. *E. Fromm:* Anatomie der menschlichen Destruktivität, 188. – Gerade so hat es die Bibel als Erbschaft dem abendländischen Christentum in die Wiege gelegt.

direkte Austragung von Konflikten mit Hilfe von Waffen und in der Absicht zu töten, mithin das ganze Terrain von Jagd und Krieg als Handwerk seit vielen Jahrzehntausenden, vielleicht seit über eine Million Jahren, so sehr an den Mann gebunden, ja es hat sich sogar die äußere Gestalt von Mann und Frau bereits biologisch so sehr in Richtung von Muskelarbeit und Kinderaufzucht differenziert, daß in der Tat einer Männergesellschaft der Krieg näherliegen wird als einer matriarchalischen Gemeinschaft, – jedoch, noch einmal sei es gesagt, nicht, weil die Frauen psychologisch friedfertiger wären als die Männer, sondern weil die *Austragung* von Kriegen, die aus der einander ergänzenden Psychologie von Mann *und* Frau entstehen, vorwiegend, ja ausschließlich bis in die Gegenwart hinein eine reine Männersache war: die Männer müssen, zugespitzt gesagt, die Kriege führen, die den Frauen gelten – zu ihrem Schutz und ihrer Bewunderung.

Setzt man nun voraus, daß die semitischen Kulturen, ebenso wie die indogermanischen, in ihrem Ursprung patriarchalisch verfaßt waren, so ist nach dem Gesagten deutlich, daß das Christentum in seinen biblischen wie in seinen kulturellen Wurzeln auch von sich her soziologisch wie psychologisch nicht anders als patriarchalisch verfaßt sein konnte. Damit aber gehört es religionspsychologisch in einen Umkreis, der eine gewisse Ausrichtung auf den äußeren Erfolg und eine latente Kriegsbereitschaft a priori nicht verleugnen kann. Nimmt man die Unterdrückung der Frau als Bewertungsmaßstab, so könnte jedenfalls sehr wohl verstehbar werden, warum alle drei biblischen Religionen derart kriegerische Züge an sich tragen, während z. B. die indischen Religionen (Hinduismus, Buddhismus, Jainismus) zwar streng asketische, aber auch sehr »mütterliche«, sanfte und friedfertige Merkmale besitzen.

Hinzu kommt, daß die patriarchalische Unterdrückung der Frau bzw. der weiblichen Seite der menschlichen Psyche stets mit einer gewissen Abneigung und Scheu gegenüber den emotionalen Möglichkeiten und Werten des persönlichen und öffentlichen Lebens einhergeht. Vor allem die demonstrative Verachtung der irrationalen Schichten im Menschen, die Fremdheit gegenüber dem Unbewußten, die wir vorhin schon beklagt haben, bestimmt regelmäßig das psychische Klima patriarchalischer Gemeinschaften.

Auch dazu hat ein so unbefangener Beobachter wie der Südsee-Häuptling Tuiavii seine Anmerkungen gemacht und vor allem auf die latente Aggressivität der abendländischen Verstandeseinseitigkeit hingewiesen. »Schon den Kindern«, schrieb er, werden »so viele Gedanken in den Kopf geschoben, als nur hineingehen wollen. Sie müssen zwangsweise jeden Tag ihr Quantum Gedankenmatten (sc. Bücher, d. V.) zernagen. Nur die Gesundesten stoßen diese Gedanken ab oder lassen sie durch ihren Geist fallen wie durch ein Netz. Die meisten aber überladen ihren Kopf mit so vielen Gedanken, daß kein Raum mehr darin ist und kein Licht mehr hineinfällt. Man nennt dies: ›den Geist bilden‹ und den bleibenden Zustand solcher Wirrnis ›Bildung‹, die allgemein verbreitet ist. – Bildung heißt: seinen Kopf bis zum äußersten Rande mit Wissen füllen. Der Gebildete weiß die Länge der Palme, das Gewicht der Kokosnuß, die Namen aller seiner großen Häuptlinge und die Zeit ihrer Kriege. Er weiß die Größe des Mondes, der Sterne und aller Länder. Er kennt jeden Fluß beim Namen, jedes Tier und jede Pflanze. Er weiß alles, alles. Stelle einem Gebildeten eine Frage, er schießt dir die Antwort entgegen, noch ehe du deinen Mund schließt. Sein Kopf ist immer mit Munition geladen, ist immer schußbereit. Jeder Europäer gibt die schönste Zeit seines Lebens daran, seinen Kopf zum schnellsten Feuerrohr zu machen. Wer sich ausschließen will, wird gezwungen. Jeder Papalagi muß wissen, muß denken ... Der Papalagi beweist uns durch sich selbst, daß das Denken (sc. in der abendländischen Zerrform, d. V.) eine schwere Krankheit ist und den Wert eines Menschen um vieles kleiner macht.«[58] Eine solche Art

[58] E. Scheurmann: Der Papalagi. Die Reden des Südseehäuptlings Tuiavii aus Tiavea, 110–111.

des Intellektualismus, des rationalen Aberglaubens, der Verstandeseinseitigkeit zerreißt den Menschen mit sich selbst; ein solcher Intellekt wird nicht erst kriegerisch, wenn er Kriegsgerät erfindet und auf Krieg sinnt, er ist in sich selber, wie Tuiavii richtig sah, durch und durch »munitionsgeladen«.

Aber was eigentlich noch schlimmer ist: auch die *Frömmigkeit* einer patriarchalischen Religionsform wird *dementsprechend* zu einer Art von Vernunftreligion tendieren, aus der die Riten, die Bilder, das Sakramentale, Mystische und Mythische nach und nach verbannt und durch klare moralische Gesetze und Anweisungen ersetzt werden müssen.

In dieser Entwicklung zeigen die drei biblischen Religionen in der historischen Reihenfolge ihres Auftretens sogar einen außerordentlichen »Fortschritt«: nachdem das Alte Testament mit seinem Kampf gegen die kanaanäische Mythologie, mit seinem Bilderverbot und der zunehmenden Gesetzesfrömmigkeit in der Zeit nach dem babylonischen Exil den Anfang gemacht hatte, versuchte das Christentum zunächst eine Synthese aus Judentum, mittelmeerischem – weitgehend mythischem – Gedankengut und hellenistischer Rationalität, aber die Spannungen innerhalb dieser religiösen Klammer waren zu stark, als daß das Christentum im Abendland seine Einheit darüber hätte bewahren können: vor allem der Protestantismus versuchte mit einer gewissen Berechtigung den katholischen Synkretismus wieder von seinen »heidnischen« Beimengungen zu reinigen und nur noch das reine, bilderlose »Wort« Gottes übrig zu lassen[59]; der Islam hingegen, als die

[59] Der Protestantismus ist religionsgeschichtlich eine Reaktion gegen den zunehmend materinistischen Charakter der katholischen Kirche der Renaissance-Zeit und entstammte, vor allem im Calvinismus, einer extremen Vateridentifizierung mit allem, was psychologisch dazu gehört: die Gefahr des Fanatismus, die Sexualunterdrückung, die Erniedrigung der Frau, die Last ständiger Schuldgefühle und Höllenängste etc. Vgl. G. R. Taylor: Kulturgeschichte der Sexualität, 131–135. Zur Psychologie des Bilderverbotes und seiner Herkunft aus dem Ödipuskomplex vgl. E. Drewermann: Strukturen des Bösen, II 451–460, zur Geschichte von

letzte der großen biblischen Religionen, begann schon im 7. Jh. dort, wo der Protestantismus im 16. Jh. einsetzte: bei der Entmythologisierung des Christentums; er wurde die einzige wirklich mythenfreie, vollkommen rationale Religion, die sich vor allem im Mittelalter ohne Mühe die Gedanken der griechischen Philosophie anzueignen wußte. Das patriarchalische Gottesbild selber reduzierte sich auf Allmacht, Intellekt und gesetzgeberischen Willen, – ein weltüberlegener Gott, den mit weiblichen Gefühlen zu verehren fast als etwas Peinliches, jedenfalls Unwürdiges erscheinen mußte. Diese gefährliche Verzerrung des Religiösen ins Ethisch-Rationale scheint sehr stark mit dem patriarchalischen Grundzug der biblischen Religionen zusammenzuhängen.

*Das patriarchalische Ensemble innerer und äußerer Gewalt*

Insofern schließt sich nun der Kreis, und man sieht, daß alle bisher genannten Einseitigkeiten der biblischen Religion(en) letztlich in sich zusammenhängen und sich gegenseitig bedingen: die Fremdheit gegenüber der äußeren Natur korrespondiert mit der Fremdheit gegenüber der inneren Natur; diese ist identisch mit der Verdrängung des Unbewußten und umfaßt die Unterdrückung der weiblichen Sexualität, die ihrerseits zumindest indirekt ein Anwachsen männlicher Aggressivität und einseitiger Rationalität bedingt; das wiederum bringt eine soziale Rollenverteilung mit sich, die den Mann in einer Weise bevorzugt, daß daraus erneut die Abwehr der Tiefenschichten der menschlichen Seele und die fortschrei-

Noahs Söhnen, Gen 9,20–27. – Zum religionspsychologischen Unterschied von Katholizismus und Protestantismus als einer Mutter- bzw. Vaterreligion vgl. E. Fromm: Das Christusdogma, in: Das Christusdogma und andere Essays, 87. Vgl. R. von Ranke-Graves: Die weiße Göttin, 572–574. – Zur Thematik der *islamischen Mystik,* die in Gestalt des *Sufismus* sich trotz allem in der islamischen Frömmigkeit einen bedeutenden Platz verschaffen konnte, vgl. A. Schimmel (Übers.): Gärten der Erkenntnis, Köln-Düsseldorf 1982; I. Shah: Das Geheimnis der Derwische. Geschichten der Sufimeister, Freiburg 1982.

tende Zerstörung auch der äußeren Natur hervorgehen. Das gesamte Arrangement im Verhältnis des Menschen zur Natur, zu sich selbst und untereinander gründet dabei in einer Form latenter struktureller Gewalt: der theologischen Lehre von der Herrschaft des männlichen Gottes über die Welt entspricht psychologisch die Herrschaft des Verstandes über die Triebe, der Vernunft über die Gefühle, und diese manifestiert sich soziologisch in der Herrschaft des Mannes über die Frau; die Arbeit des Mannes aber zeigt sich in Technik und Krieg – in der Arbeit an der Natur wie am Menschen, und beide, Technik und Krieg, steigern sich innerhalb dieses Weltbildes: *ökologisch* bis an die Grenze der endgültigen Zerstörung der Umwelt durch den Menschen und *politisch* bis zur Zerstörung des Menschen durch den Menschen, – eine Form von Gottesebenbildlichkeit der puren Machtausübung, die dem eigentlichen Bild des Schöpfergottes geradezu entgegenwirkt, ja in Wahrheit auf eine bloße Selbstanbetung, auf eine Vergötzung von Geld und Macht hinausläuft.

»Sprich einem Europäer vom Gott der Liebe«, schrieb Tuiavii, dessen Bericht wie ein fortlaufender Kommentar zu allem anmutet, was am Christentum zu beklagen ist, »er (der Europäer, d. V.) verzieht sein Gesicht und lächelt. Lächelt über die Einfalt deines Denkens. Reich ihm aber ein blankes, rundes Stück Metall oder ein großes, schweres Papier – alsogleich leuchten seine Augen, und viel Speichel tritt auf seine Lippen. Geld ist seine Liebe, Geld ist seine Gottheit. Sie alle (die Weißen) denken daran, auch wenn sie schlafen ... Es gibt viele, die haben ihre Freude hingegeben um Geld, ihr Lachen, ihre Ehre, ihr Gewissen, ihr Glück, ja Weib und Kind. Fast alle geben ihre Gesundheit dafür hin. Um das runde Metall und das schwere Papier ... Wenn du ihn (den Papalagi, d. V.) fragst: ›Was willst du mit deinem vielen Geld machen? Du kannst hier auf Erden doch nicht viel mehr als dich kleiden, deinen Hunger und Durst stillen?‹ – so weiß er dir nichts zu antworten, oder er sagt: ›Ich will noch mehr Geld machen. Immer mehr und noch mehr.‹ Und du erkennst bald, daß das Geld ihn krank gemacht hat, daß alle seine Sinne vom Gelde besessen sind«.[60] »Der Papalagi glaubt freilich, ... er sei stark wie der große Geist. Und tausend und tausend Hände tun davon nichts anderes vom Sonnenaufgang bis zum Untergang als Dinge bereiten. Menschendinge, deren Zweck wir nicht kennen, und deren Schönheit wir nicht wissen. Und auf immer mehr und immer neue Dinge sinnt der Papalagi. Seine Hände fiebern, sein Gesicht wird grau wie Asche und sein Rücken gebogen; aber er leuchtet in Glück, wenn ihm ein neues Ding gelingt. Und sogleich wollen alle das neue Ding haben, und sie beten es an, stellen es vor sich hin und besingen das Ding in ihrer Sprache ... Weil er des großen Geistes Dinge zertrümmert, wo er hinkommt, will er das, was er tötet, wieder lebendig machen aus eigener Kraft, und damit macht er sich selber glauben, er selbst sei der große Geist, weil er die vielen Dinge macht.«[61] »Wo die vielen Hütten der Papalagi stehen, welche Stellen sie Städte nennen, ist ... das Land so öde wie eine flache Hand, und darum auch ward der Papalagi irre und spielt den großen Geist, damit er vergessen kann, was er nicht hat. Weil er so arm ist und sein Land so traurig, greift er nach den Dingen, sammelt sie, wie der Narr welke Blätter sammelt, und überfüllt seine Hütte damit. Es ist eine große Armut, wenn der Mensch viele Dinge braucht; denn er beweist damit, daß er arm ist an Dingen des großen Geistes. Der Papalagi ist arm, denn er ist besessen auf das Ding.«[62]

Treffender kann man die Maßlosigkeit des christlich-abendländischen Herrschaftsanspruchs, seine praktische, immanente Gottlosigkeit, die Verdinglichung des Menschen, den Fetischcharakter der Ware, die grenzenlose Zerstörung der Natur und die wahnsinnige Gewalttätigkeit des abendländischen Menschenbildes nicht beschreiben. Gleichwohl ist es

[60] E. Scheurmann: Der Papalagi, 47.
[61] A.a.O., 55.
[62] A.a.O., 56–57.

gerade diese Form der psychologischen, soziologischen und ökologischen Gewaltherrschaft, die das Christentum in seiner bisherigen abendländischen Gestalt zutiefst geprägt hat. Indem es die Einseitigkeiten der jüdischen alttestamentlichen Grundeinstellung ungeprüft übernahm, konnte es seinen Siegeszug im Abendland von vornherein nur unter Voraussetzungen beginnen, die seinen subjektiv womöglich recht großen Willen zum Frieden notwendig ins Gegenteil verkehren mußten. Ja, man kann sagen, daß das Christentum unter den bewußtseinseinseitigen Voraussetzungen seiner Grundeinstellung notgedrungen selber dazu beitragen mußte, daß nicht nur die Botschaft vom Frieden, sondern die Welt der religiösen Erfahrung überhaupt von den psychischen Grundlagen getrennt und in ein System der psyschischen Entfremdung, der institutionalisierten Unterdrückung verwandelt wurde. Gerade durch die christliche Art, vom Frieden zu sprechen, mußte auf diese Weise ein Menschentyp entstehen, wie er technisch zivilisierter und psychisch barbarischer zugleich schwer vorstellbar ist.

Aus dem Gesagten ergibt sich natürlich damit wie von selbst die Frage, was denn das Christentum, wenn es so steht, von sich aus überhaupt noch tun kann, um seiner eigenen Absicht, dem Frieden, wenigstens ein Stück weit näher zu kommen?

### *d) Vom Geist des Tales – oder: die Erlösung der verwunschenen Jungfrau*

Trifft die gestellte Diagnose zu, so liegt der zu treffende Therapievorschlag rein logisch gleich zur Hand: es müßte innerhalb der patriarchalischen Einseitigkeiten darum gehen, die weibliche Seite der menschlichen Psyche, das Unbewußte, religiös tiefer zu integrieren, und das stimmt in der Tat. Um von seinem männlich geprägten Rationalismus loszukommen, müßte die Religion des Christentums als erstes eine Haltung in sich aufnehmen, die aufs Wort dem entspricht, was der *Taoismus* als den »Geist des Weibes« oder als den »Geist des Tales«[63] bezeichnete: es müßte auf alles männliche Machen-Wollen verzichten und in die Wahrheit und Unmittelbarkeit eines einfachen Seindürfens ohne Angst zurückfinden. Das Gebot der Stunde läge in einer Abkehr von der patriarchalisch-männlichen Ideologie der Machbarkeit und der moralisierenden Verkürzung des Menschen; sie bestünde in einer tieferen Erinnerung an die religiösen Kräfte des Gemüthaften, Weiblichen, Unbewußten im Menschen.

### *Der männliche Irrweg: die Änderung der äußeren Strukturen*

Aber gerade an dieser Stelle ist es besonders typisch und sinnenfällig, wie man in den christlichen Kirchen zur Zeit die Unterdrückung des Weiblichen ernstlich zu erkennen beginnt und doch zugleich aufgrund der patriarchalisch-rationalen Äußerlichkeit der gesamten Grundeinstellung zu Lösungsvorschlägen tendiert, die am Ende sich erneut weiter von ihrem Ziel entfernen müssen denn je.

Seit geraumer Zeit werden sowohl im Protestantismus als auch im Katholizismus Stimmen laut, die vor den Gefahren warnen, die in den einseitigen patriarchalischen Strukturen der Kirche, in ihrer den Mann bevorzugenden Verfassung, in ihrem ethisch-pragmatischen Selbstverständnis, ja sogar in ihren theologischen Gottesvorstellungen angelegt sind.[64]

[63] Lin Yutang (Hrsg.): Laotse, Nr. 28, S. 111: »Wer sich des Männlichen bewußt ist, / Sich aber an das Weibliche hält, /Wird zur Schlucht der Welt. / Da er die Schlucht der Welt ist, hat er den Urcharakter, der nicht zerschnitten ist, / Und kehrt wieder zur (Unschuld des) Kleinkindes zurück ... Wer mit Ehre und Glanz vertraut ist, / Sich aber an das Dunkel hält, /Wird zum Tal der Welt. / Da er das Tal der Welt ist, / Hat er eine ewige Macht, die immer ausreicht, / Und kehrt wieder zur natürlichen Unversehrtheit ungeschnitzten Holzes zurück.« – Vgl. a.a.O., Nr. 6, S. 52: »Der Geist des Tales stirbt nie. / Er heißt das ›Geheimnisvoll Weibliche‹. /Die Pforte des Geheimnisvoll-Weiblichen / Ist die Wurzel von Himmel und Erde. / Beständig, beständig / Scheint es zu verharren. / Schöpfe daraus / Und es dient dir mit Leichtigkeit.«

[64] Vor allem M. Daly: Jenseits von Gottvater, Sohn und Co., 27–60 hat, in ständiger Auseinandersetzung mit der Theologie P. Tillichs, als der für sie humansten Form des patriarchalischen Denkens, den gesamten bibel-

Aber statt die Diskussion in die Innenseite der Problematik zu führen und die *psychischen* und *theologischen* Folgen des christlichen (und biblischen) Patriarchalismus zu erörtern, legt man zumeist den größten Wert auf die *äußeren* Symptome und versucht, denselben mit kirchenpolitischen Reform-

theologischen Ansatz der Vaterreligion des Christentums zu sprengen versucht und gefordert, daß »Gott seine Göttlichkeit in der neuen Frauen-Identität« ausspräche (a.a.O., 57) und die Theologie endlich davon Abstand nähme, in ihrem Bild von Gott die Herrschaft des Mannes zu hypostasieren. Es genügt demgegenüber sicher nicht, in der mittlerweile üblich gewordenen Entschuldigungsapologetik darauf hinzuweisen, daß das Wort für die »Barmherzigkeit« Gottes im AT den Plural des hebräischen Wortes für »Mutterschoß« (rḥm) darstelle und etymologisch soviel wie »Mütterlichkeit« bedeute und auch sonst, wie z. B. in Hos 11,1–4; Jes 54,6; Ps 27,10, Bedürfnisse und Aussagen, die psychologisch eigentlich der Mutter gelten, auf Gott übertragen werden; denn es ist eine psychologische Notwendigkeit *aller* Religion, daß in ihr die Sehnsüchte des Menschen nach Schutz, Akzeptation und Halt, die psychogenetisch zuerst an der Mutter gelebt werden, später in ihrer Absolutheit auf »Gott« bezogen werden (E. Drewermann: Strukturen des Bösen, II 42), – und das Problem liegt gerade darin, wie wenig »mütterlich« die Religion der Bibel ihrer psychischen Struktur nach ist. Man sollte diesen Tatbestand ruhig in vollem Umfang eingestehen, statt ihn mit Scheinargumenten zu verewigen. Das gilt auch dann, wenn man M. Daly von einer erstaunlichen Unbelesenheit (und also Unbefangenheit) in Fragen der Exegese, Dogmatik und Religionsgeschichte nicht freisprechen kann; so z. B. wenn sie in Gen 2; 3 (der jahwistischen Erzählung von Paradies und Sündenfall) dem offenbar nicht auszurottenden Vorurteil folgt, »dieser Mythos« habe »eine sehr bösartige Vorstellung von der Beziehung zwischen Mann und Frau und von der ›Natur‹ der Frauen entworfen«; M. Daly: Jenseits von Gottvater, Sohn und Co., 61. Das Gegenteil ist richtig; vgl. E. Drewermann: Strukturen des Bösen, I 389–413: Von dem Geschenk des Lebens oder: das Welt- und Menschenbild der Paradieserzählung des Jahwisten (Nachw. zur 3. Aufl., 1981). – Vgl. ferner M. Daly: Der qualitative Sprung über die patriarchale Religion, in: Frauenoffensive, 9/1978, 2–13, wo sie u. a. das Priestertum der Frau als in sich »eigenständig und echt«, nicht als Imitation zu interpretieren sucht; C. Halkes: Über die feministische Theologie zu einem neuen Menschenbild, in: Evangelischer Pressedienst – Dokumentation 25 (1978), 16–21, fordert, mit Nachdruck, daß die »feministische Theologie« »keine weibliche Theologie« bleibe, »sondern . . . zu einer neuen Konzeption der Theologie beitragen« solle, »an der zur gegebenen Zeit Frauen und Männer teilhaben« (S. 20); auch hier herrschen indessen die anscheinend unvermeidlichen Mißverständnisse von Gen 3,1–7 (S. 17; 20).

vorschlägen beizukommen: die Stellung der Frau müsse in der Kirche der Rolle des Mannes gleichgestellt werden; die bisherige Rollenverteilung entspreche nicht dem Prinzip der Rechtsgleichheit aller Menschen vor ihrem Schöpfer; auch der Frau müsse mithin der Zugang zum Amt des Priesters oder Pastors gewährt werden; auch die Frau müsse leitende Positionen in der Kirche innehaben dürfen; viele Tätigkeitsgebiete, die bisher recht und schlecht von Männern wahrgenommen wurden (z. B. Beratungsdienste, Krankenseelsorge, pädagogische Aufgaben, u.v.a.m.), müßten als eigentliche Domänen der Frau wiederentdeckt werden, – etc. Gemäß diesen (an sich sehr berechtigten) Forderungen gilt das Bemühen vor allem einer Veränderung der äußeren Kirchenstruktur, und wie stets bei Strukturdebatten wogt auch jetzt wieder der Streit zwischen »Traditionalisten« und »Progressisten« hin und her. Dabei läßt sich das Ergebnis dieser kirchenpolitischen Debatten schon voraussehen: wenn man irgendwo einen Standpunkt der Institution ohne augenblickliche Strafe offen in Frage stellen kann, so weist eine solche Diskussion durch sich selbst bereits auf die Schwäche der Institution hin[65], und der Umstand, daß überhaupt diskutiert werden kann, ist weit wichtiger als die einzelnen (Schein-)Argumente, die etwa die Gegner oder die Befürworter einer feministischen Theologie in der Bibel bzw. in der kirchlichen Tradition zusammenklauben mögen. Aber wenn die Diskussion in der bisherigen Weise äußerlich bliebe, so würde (wieder einmal) nur ein weiterer Block aus dem äußeren Mauerwerk der Kirche gerissen, ohne daß von innen her eine Geistesart geweckt würde, die aus sich selbst heraus nach außen zu drängen und sich ein neues institutionelles Gefüge zu schaf-

[65] E. Drewermann: Von der Unmoral der Psychotherapie – oder von der Notwendigkeit einer Suspension des Ethischen im Religiösen, in: Psychoanalyse und Moraltheologie. Bd. 1: Angst und Schuld, 1982; zum Begriff und zur Funktion der Institution mit ihren Denkhemmungen und Reflexionstabus vgl. A. Gehlen: Mensch und Institutionen (1969), in: Anthropologische Forschung, 73–76.

fen vermöchte. Am Ende vermögen Frauen in Männerrollen nach dem Beispiel der ägyptischen Hatschepsut, der russischen Zarin Katharina II. oder, wenngleich wesentlich weiser und gütiger, nach dem Beispiel der Kaiserin Maria Theresia[66] »männlicher« aufzutreten als der Durchschnitt der »Männer«, und das eigentliche Problem besteht nicht in dem Gefälle von Macht und Ohnmacht zwischen Mann und Frau innerhalb der innerkirchlichen *Soziologie,* sondern in der *intrapsychischen* Unterdrückung des weiblichen Anteils seelischer Möglichkeiten mitsamt den daraus resultierenden Einseitigkeiten und Neurotizismen des Denkens, Fühlens und Handelns. An diesen Herd innerkirchlicher Pathologie kommt man mit Maßnahmen äußerer Strukturreformen so wenig heran, wie eine bloße Verhaltenstherapie eine Neurose zu heilen vermag: man kann mit Maßnahmen von außen (vielleicht) den Austragungsort der Krankheit, die Stelle und Ausdrucksweise der Symptomatik verschieben, die wirkliche Krankheit aber wird dadurch nicht geheilt.

[66] So urteilte Friedrich II, der große Gegenspieler Maria Theresias, in seinen Testamenten über die habsburgisch-lothringische Kaiserin: »Diese Frau, die man als einen *großen Mann* ansehen könnte, hat die schwankende Monarchie ihrer Väter gefestigt.« Zit. bei H. Valloton: Maria Theresia, 300. – Im 2. Schlesischen Krieg, als Friedrich II. sich durch die Warschauer Union zwischen England, Österreich, Holland und Sachsen vom 8. 1. 1745 sowie durch die Wahl von Erzherzog Franz, dem Gemahl Maria Theresias, zum Deutschen Kaiser tödlich in die Enge getrieben sah, nahm er sich selbst Maria Theresia zum Vorbild, wie sie der Bedrohung Wiens beim französisch-bayrischen Einfall 1741 standgehalten hatte: »Eine Frau, die Königin von Ungarn, weigerte sich zu verzweifeln, als der Feind vor den Toren Wiens stand und ihre besten Provinzen verloren waren – sollten wir weniger Tapferkeit besitzen?« E. Simon: Friedrich der Große, 295. – Als ein anderes Beispiel mag Maria Stuart gelten, die, im Gegensatz zu ihrer Halbschwester und Rivalin Elisabeth, ein ausgeprägt frauliches Wesen besaß; gleichwohl wünschte sie sich mitunter, ein Mann zu sein, liebte das Jagen und Reiten, und sie besaß, wie der Papst einmal von ihr sagte, »das Herz eines Mannes im Körper einer Frau«. St. Zweig: Maria Stuart, 79; 84; 85; 97.

*Die psychische Integration des Weiblichen*

Um die eigentliche Krankheit des Christentums oder, besser, der Kirchen, die es verkörpern, anzugehen, müßte man *psychologisch* dem Christentum vorhalten, daß es sich innerlich selber untreu geworden ist, indem es die weiblichen Empfindungen der menschlichen Psyche mit System über Jahrhunderte hin durch eine patriarchalische Verstandeseinseitigkeit ausgeschaltet hat. Das Christentum mag an der Oberfläche so erscheinen, als ob es heuchlerisch nach innen und machtlüstern nach außen sei, und schon dies mag man ihm vorwerfen; aber das wahre Problem des Christentums liegt in der offenbaren Gefühlskälte, in der intellektuellen Starre, in der grauen und knöchernen Maschinerie seiner Verwaltung, die in der Tat nur den männlichen Instinkt der Macht übrig läßt, und auch diesen nur in gewissermaßen degeneriertem Zustand, ohne Leidenschaft und Liebe, ohne Mut und Lust zum Abenteuer, ohne Schwung und irgendeinen Funken hochherziger Begeisterung.[67] Daß das Christentum in seiner gegenwärtigen Form viel von der Liebe redet, aber die Liebe als Gefühl geradezu fürchtet, daß es von der Freiheit spricht, aber die Leidenschaft des Subjektiven, diese weiblichste aller Einstellungen, wie ein Krebsübel bekämpft, daß es beansprucht, eine ganze Welt mit seiner Botschaft erlösen zu wollen, aber in Wahrheit nur noch mühselig seinen Bestand verwaltet, indem es die geistige Führungskraft, die Macht über die Herzen, längst aufgegeben hat, – wenn *dies* die Symptome der Verdrängung oder Unterdrückung der Frau in der Kirche sind, dann in der Tat muß man der »Mutter« Kirche die Unterdrückung des Weiblichen als ihren Hauptfehler vorwerfen. Dann muß man der Kirche nicht als

[67] Es scheint ein psychologisches Gesetz zu sein, daß es keinen Don Quijotte gibt ohne eine Dulcinea. Wie fatal demgegenüber die qualend-asketische Idealbildung des Christentums mit ihren aggressiven und sexuellen Verdrängungen wirken muß, zeigt an der Gestalt und Marienmystik des hl. *Bernhard von Clairvaux* P. EICHER: Gottesfurcht und Menschenverachtung, in: H. v. Stietencron (Hrsg.): Angst und Gewalt, 123–136.

Schuld anlasten, daß sie hier Waffen gesegnet und dort Kriege gerechtfertigt hat; dann liegt die wahre Schuld darin, daß die christlichen Kirchen so sind, wie sie sind: aufgrund ihrer Herzenseinseitigkeit und -enge menschlich schlechthin unfähig zum Frieden. Die Schuld des Christentums an der von Kriegen durchzogenen, blutigen Geschichte des Abendlandes liegt dann nicht darin, daß es den Frieden nicht gewollt hätte, sie liegt darin, ihn nur gewollt und nie erlebt, ihn nur gedacht und nie gefühlt, ihn nur gepredigt und nicht erfahren zu haben. Daß es einen Menschentyp hervorgebracht, gefördert und zur Reife gebracht hat, der in seiner inneren Verfassung selbst dann, wenn er den Frieden will, nur Krieg um sich verbreiten kann, dies ist die eigentliche Schuld des Christentums, und *sie* muß man verstehen, um das wirkliche Problem vor sich zu sehen. Es geht nicht darum, (den) Frieden zu »machen«; es geht darum, wie der Typ des Christenmenschen bzw. des abendländischen Menschen sich dahin wandeln könnte, zum Frieden, also zur Einheit mit sich selber, wieder fähig zu werden.

Oder, wenn man es in der Sprache der griechischen Mythologie ausdrückt: als Agamemnon in den trojanischen Krieg zog, beleidigte er auf der Jagd nach einem Hirschkälbchen die Göttin Artemis; in der Windstille, welche die Schiffe der Griechen festhielt, weissagte der Seher Kalchas, nur wenn Agamemnon seine erstgeborene Tochter Iphigenie opferte, werde die Göttin sich versöhnen lassen. Tatsächlich entführte Odysseus das Mädchen mit der Lüge, sie werde in Aulis mit Achilles vermählt werden. Aber gerade als das Kind geschlachtet werden sollte, vertauschte Artemis das Mädchen mit einer Hindin und entrückte Iphigenie nach der Taurischen Halbinsel, um den Barbaren als Priesterin zu dienen. Das Alte Testament, fast noch patriarchalischer als die Griechen, hat in der Geschichte von Abraham (Gen 22,1–14) die weiblichen Personen dieser Mythe konsequent durch männliche Gestalten ersetzt; aber das Problem ist das gleiche geblieben: man kann im Krieg nur erfolgreich sein, wenn man bereit ist, sich mit der Göttin der Jagd zu verbünden und ihr das Liebste zu opfern, was man besitzt; nur wer die »Jungfrau«, das Symbol seiner Seele, fähig ist, verhüllten Auges zu schlachten und die Liebe zu töten, wird mit günstigen Winden in den Kampf segeln. Wie erlöst man die Griechen von der Grausamkeit des Willens eines Agamemnon und dem verschlagenen Intellekt eines »vielsinnenden« Odysseus, oder, theologischer, wie erlöst man die Religionen der Bibel von ihrem Abrahamskomplex, von ihrer seelenlosen Männlichkeit?

*H. Ibsen's »Peer Gynt« als Schlüsselfigur für die Aufspaltung von Traum und Wirklichkeit und für die Aufspaltung des Bildes der Frau in Hure und Madonna*

Um diese Frage zu beantworten, kann uns in gewissem Sinne ein Drama von Henrik Ibsen ein Stück weiterhelfen, das in seiner Symbolsprache die nötige religiöse Weite und Tiefe besitzt und die ewigen Bilder der Religion auf eine höchst aufschlußreiche Weise neu interpretiert. Der Grund, auf ein solches Bühnenstück einzugehen, liegt vor allem darin, daß in der Neuzeit die Stelle des Gefühls, die im Christentum von der Religion seit langem entleert wurde, zunehmend mehr von der Kunst, der Bühne, eingenommen worden ist, und wenn man nach möglichen Therapievorschlägen für die Krankheit des abendländischen Menschentyps Ausschau halten will, wird man seit langem wohl nicht so sehr auf die Mahnrufe des Christentums selbst hören dürfen, als vielmehr auf die Warnungen, die von der Kunst ausgehen. Speziell was das Problem der Angst vor der Frau und des übersteigerten Willens zur Männlichkeit angeht, so findet sich jedenfalls wohl kaum eine bessere Beschreibung und ehrlichere Auflösung dieser Frage als in Henrik Ibsens Drama »Peer Gynt«.[68] Es sei darum hier kurz skizziert, weil es im Grunde alles enthält, was zu diesem Thema psychologisch und religiös von

[68] H. Ibsen: Peer Gynt. Ein dramatisches Gedicht, Christiania 1867; aus dem Norwegischen übertragen und mit Nachw. vers. v. H. Stock; Stuttgart (reclam 2309) 1953.

der Psychologie einer einseitig männlich bestimmten Persönlichkeit und ihrer geheimen, ja verzweifelten Sehnsucht nach dem Weiblichen her zu sagen ist.

Peer Gynts zentrales Problem ist die ambivalente Einstellung gegenüber der Frau – schon deshalb ist diese Dramengestalt als Verkörperung der psychologischen Problematik, die das christliche Menschenbild heraufbeschworen hat, überaus geeignet. Peers Mutter, so schildert es Ibsen, hält ihren Jungen als ihr Ein und Alles; er ist nach dem Tod ihres Mannes der einzige Inhalt ihres Lebens, ihre Hoffnung, ihre Liebe – und ihre Enttäuschung. Denn so sehr der junge Peer die Mutter liebt, so sehr fühlt er sich auch von ihr überfordert. Im Grunde soll Peer der Mutter nur das Haus bestellen und für das Vieh sorgen, er aber glaubt unbedingt, ein Kaiser sein zu müssen, ehe er der Liebe seiner Mutter würdig ist. Seine großmannssüchtigen Träume entspringen und dienen einer abgrundtiefen Verachtung seiner selbst; sie zwingen ihn, die eigene Wirklichkeit immer mehr zu fliehen und sich in die Lüge, in den Größenwahn hineinzusteigern. Aber ähnlich zwiespältig wie Peer Gynt ist auch die Mutter selbst: sie verehrt ihren Jungen wie einen Abgott, aber sie verflucht ihn seiner Untätigkeit wegen; sie ist es, die ihm das Märchenersinnen und Träumen in die Wiege gelegt hat, aber zugleich haßt sie sein unnütz-verträumtes Ersatzleben; sie möchte sein Glück in der Liebe fördern, aber sie steht Peers Entwicklung selbst am meisten im Wege.

Ibsens Drama beginnt mit Peers Erzählung, wie er, auf der Jagd nach einem Bock, von dem Tier weggetragen und in einen See gestürzt worden sei, der ihm sein Spiegelbild zurückwarf, – psychoanalytisch ein Motiv der Triebverdrängung und des Triebdurchbruchs, ein Bild also, das die innere Zwiespältigkeit Peers thematisch vorweg verdeutlicht. Diese zeigt sich denn auch alsbald vor allem im sexuellen Bereich. Peer, der von allen gemiedene, sucht sich selbst als einen Teufelskerl hinzustellen, ohne daß seine Imponierversuche indessen bei den von ihm umworbenen Mädchen verfangen würden. Mit Gewalt entführt und verführt er schließlich Ingrid, die Tochter der Haegstad Bauern, aber er selbst erlebt seine eigene Triebhaftigkeit so zwiespältig und schuldbeladen, daß er die mißbrauchte Geliebte am anderen Morgen wieder fortjagt, weil sie sich ihm *nicht* verweigert hat.

Die Gestalt der Frau polarisiert sich für Peer mithin in dem Bild der engelreinen Unschuld und der niedrigen Wollust, und die Liebe existiert für ihn in ihrer patriarchalischen Zerrgestalt entweder nur als Vergewaltigung und Unterwerfung oder als anbetender Verzicht. Nach Ingrids Entführung verlangt Peer umgekehrt wie im Kontrast nach der reinen Solvejg; aber seine Trennung von Lust und Liebe liefert ihn in Wahrheit vollends dem Fluch aus, den die verstoßene Ingrid gegen ihn richtet: es erscheinen Peer die Töchter Trolls, Abkömmlinge eines Reiches schweinisch quiekender Tiermenschen, Liebende einer verzweifelten Lust, deren Wahlspruch nicht so lautet, wie er den Menschen gegeben ist: »Mensch, sei du selbst«, sondern, nach der Regel der Trolls: »Sei dir selbst genug«.[69] Das Wort »genug« ist es, was Mensch und Troll von einander trennt, und Peer, dem es in seinem ganzen Lebensaufbau nur um sich selber geht, verrät tatsächlich zunächst eine große Begabung und Neigung, wenn schon nicht im Reiche der Menschen, so doch wenigstens im Reiche der Trolls zum Herrscher aufzusteigen. Erst als die Trolls versuchen, ihn zu verstümmeln und einäugig zu machen, gelingt es ihm, diesen tierhaften Monstren zu entfliehen.

Aber die Flucht Peers ist ein zielloses Umherirren nach sich selbst. Zum ersten Mal erscheint ihm jetzt der *Große Krumme*, der einzige, der auf die Frage: »Wer bist du?«, antworten kann: »Ich selbst«.[70] Dieser »Ich selbst«, der, wie es heißt, ohne Gewalt durch die Zeit siegreich ist, zwingt Peer zu einem *Umweg*: auf sein Flehn hin verläßt die unschuldige Solvejg alles, was sie hat, ihre Angehörigen, ihre Habe, und

[69] 2. Akt, S. 39.
[70] 2. Akt, S. 45.

schließt sich Peer an; aber ihr Selbstopfer erreicht den Irrenden nicht: gerade in dem Moment, da Peer sich am Ziel seiner Wünsche wähnt, tritt ihm die Tochter Trolls mit dem Sohn entgegen, den sie von Peer empfangen hat, und droht, ihn künftig nicht mehr in Ruhe zu lassen: seine Gespräche mit Solvejg werde sie belauern, seine Zärtlichkeiten werde sie wie ein böser Spuk mit ihrem schweinischen Gegrunze verderben; – Peer muß zu einer langen »Arbeit« fort, bei der auch Solvejg ihm nicht helfen kann; das einzige, was sie zu tun vermag, besteht darin, auf seine Wiederkehr zu *warten,* wenn irgend es eine Wiederkehr jemals geben wird.

Die »Arbeit« Peers, sein Schritt vom Traum zur Wirklichkeit, beginnt indessen mit dem Tod der Mutter. Peer erzählt der Sterbenden auf dem Sterbebett die gleichen Geschichten von der Schlittenfahrt über dem Eis und dem königlichen Schloß, mit dem einst sie selbst ihr Kind zu beruhigen und gegen die Angst zu schützen suchte: erst indem die Mutter stirbt, kann Peer die Welt seiner Kindheit wiederholen und verlassen. Aber er tritt nach dem Tod seiner Mutter in die Realität der Erwachsenenwelt hinein, ohne innerlich anders zu sein, – nach wie vor träumt er den machtbesessenen, narzißtischen Traum seines Kaisertums, nur jetzt mit den Mitteln des Geldes. Der »Realist« Peer entdeckt die Welt als käuflich: Ehre, Religion, Macht – alles ist zu haben für den, der genügend Geld besitzt. Eine solche männliche Welt des Besitzes, der Macht und des Geldes ist in Wahrheit eine Wüste, und Peer hat bald schon Mühe, sich in seiner neuen Rolle als ein liebeheischender Prophet der »wilden Tiere« und der »Affen« in der Wüstenei seines Lebens zu erwehren: die Welt der Trolls in anderer Gestalt kehrt nunmehr in der äußeren Welt auf bizarre Weise wieder; aber Peer, inmitten seiner Einsamkeit und Sinnlosigkeit, träumt noch immer unverändert von seiner unvergleichlichen Größe. In der Verkarstung seines Ichs will er durchaus als ein religiöser Verkünder geliebt werden. Es dauert lange, bis er merkt, daß selbst das schöne Beduinenmädchen Anitra, dem er sich mit all seiner Habe zu Füßen legt, wohl seine Edelsteine, nicht aber ihn selber liebt.

Niederlagen sind für Peer jedoch stets nur der Ansporn zu noch wilderen Phantasien. Wenn schon nicht als ein Prophet, so wird er sich als Forscher und Historiker einen Namen machen. So steht er denn in einer nächsten Stufe seiner inneren Entwicklung dem ewigen Rätselwesen des Göttlichen, der ägyptischen Sphinx, halb Frau, halb Löwe, gegenüber, und wirklich erkennt er in ihr die Sprache des »Krummen« wieder: es stellt sich für Peer erneut die Lebensfrage, wer er selber ist und wofür er geliebt werden könnte; aber alles, was er in diesem entscheidenden Augenblick vernimmt, ist nur das Echo seiner eigenen Fragen und Redereien; die Sphinx, der Große Krumme, kommt ihm vor wie ein alter Bekannter, – es gibt für Peer keine Geheimnisse. Sein *alter ego* mit dem sinnreichen Namen »Begriffenfeldt« erklärt ihn deshalb geradewegs für einen Kaiser der Exegeten[71], nur daß unmittelbar danach sich der ganze verstandeseinseitige, machtbesessene Traum von Peer, dem Kaiser, dem Exegetenmeister, als das erweist, was er in Wahrheit ist: als purer Wahnsinn. Auf der Stelle nämlich befindet Peer sich jetzt in einem Irrenhaus; noch ein letztes Mal entkommt er mit knapper Mühe sich selbst, dem eigenen wahnsinnigen Gefängnis seines Männlichkeitsstrebens, aber seine Zeit läuft ab. Als Goldgräber und Pelzjäger erleidet Peer buchstäblich »Schiffbruch«; erstmals tritt der Tod an ihn heran, und die Frage, was es mit seinem Leben auf sich hat, verdichtet sich immer drohender. In einem treffenden Vergleich kommt ihm sein Leben vor wie eine Zwiebel, die aus vielen Schalen besteht, ohne einen Kern zu besitzen, – alles ist zu spät. Sein wahres Kaisertum, erkennt er jetzt, wäre das Haus gewesen, in dem Solvejg noch immer auf ihn wartet, aber gerade ihre Gegenwart scheint jetzt verloren und vertan.

[71] 4. Akt, S. 99.

Die Welt mutet Peer nunmehr an als eine spätherbstliche Heidelandschaft, und alle Dinge beginnen mit ihm zu reden: die verwelkten Blätter erinnern ihn an die Lebensmöglichkeiten und Einsichten, die er nie hat reifen lassen; die Winde spielen ihm die Lieder vor, die er in sich niedergezwungen hat, bis sie sich in Gift verwandelten; die Tautropfen zeigen ihm das Eis der ungeweinten, zu Grauen erstarrten Tränen; und die geknickten Halme enthüllen ihm die Zerstörungsarbeit seiner Zweifel und Maßlosigkeiten, deren sie ihn am Jüngsten Tag anklagen werden.[72] Aber was eigentlich ist Peers Sünde? Der *»Knopfgießer«*, der ihn auf der Heide trifft, erklärt es ihm: zu einer Sünde im eigentlichen Sinne gehörte ein gewisses Maß an Ernst und Kraft; Peer aber hat nie wirklich gelebt. Peer gehört weder in die Hölle, noch taugt er für den Himmel; seine gerechte Strafe ist es, *umgeschmolzen* zu werden: er war wie ein Knopf ohne Öse – er hat nie sich an irgend etwas wirklich festgemacht; er, dem es nur und immer um sich selber ging, – war niemals wirklich; es kommt auf ihn buchstäblich nicht mehr an. Schlimmer noch, die Vision der Trolls taucht wieder auf: im Grunde müßte Peer Gynt in seiner Selbstgenügsamkeit sich gerade jetzt in der Bilanz seines gesamten Lebens als einen wahren Troll erkennen, nur daß er es, Gott sei Dank, nie ganz dahin gebracht hat, völlig unreflektiert mit der Dumpfheit eines Tieres seinen Egoismus auszuleben. Doch, wenn kein Troll, wer ist Peer dann? Um mit sich ins reine zu kommen, trägt ihm der »Knopfgießer« auf, bei einem Pfarrer zu beichten; aber der »Pfarrer«, den er trifft, ist der Teufel in der Rolle eines Photographen; – bei mitleidloser Betrachtung, so wird man dieses Symbol deuten können, gehörte Peer auf immer verstoßen, denn im Grunde ist *seine* Sünde die schlimmste: ein *niemand* zu sein und das Leben mit allem Tun und Träumen verträumt und vertan und die Erde unnütz zertrampelt zu haben.

[72] 5. Akt., S. 129.

Wer also ist Peer Gynt *gewesen?* Immer beharrlicher stellt sich diese Frage. Am Ende weiß nur die ewig wartende Solvejg darauf eine Antwort, und sie allein vermag Peer vor dem »Knopfgießer« zu retten. Es ist wahr: so wie Gottes Geist Peer Gynt gedacht hat, ist dieser für sich selber nie gewesen; aber das heißt nicht, daß er ein Nichts und Niemand war; was er sein sollte und wirklich war, das war er in Solvejgs Glauben, Hoffen und Lieben.[73] In all seinen männlichen Unternehmungen, auf dem Weg zu seinem Kaisertum, kam Peer nur immer weiter von sich weg; aber das einzige, was ihn retten kann, sind am Ende nicht die Taten seiner vermeintlichen Größe, sondern allein die Worte einer Liebe, die nicht müde wurde, auf ihn zu warten bis zu seiner eigenen endgültigen Ermüdung, bis zu seinem Tod. Peer Gynt, der sein Leben lang vor seiner Mutter floh, kehrt am Ende der dramatischen Odyssee seines Lebens nach Hause zurück; aus den Überforderungen seiner selbst wird das Erbarmen der mütterlichen Solvejg, und aus seiner Flucht vor der fordernd-einengenden Mutter kommt er zur Ruhe in der absoluten Güte und Geduld der vorbehaltlosen Gnade einer wahrhaft mütterlichen Frau. Das Bild dieser *ewigen* Mutter steht am Ende des Irrwegs männlicher Großmannssucht als der letzte Ort einer religiösen Erfahrung inneren Friedens. – *Das* also kann es heißen, die Rolle der Frau *religiös* wiederzuentdekken, und ähnlich müßte es auch dem Christentum zur Lehre gereichen.

Ibsen wollte mit seinem Seelendrama »Peer Gynt« gewiß nicht einen bestimmten Menschentyp, schon gar nicht etwa nur einen spezifisch christlichen, charakterisieren; dennoch ist Peers Gestalt für die gegenwärtige Problematik des Christentums außerordentlich lehrreich. Denn in der immanenten Psychologie, die sich aus dem Zentralproblem: der Verdrängung bzw. der Unterdrückung der Frau ergibt, ist die Thematik des »Peer Gynt« für jedes patriarchalische System charak-

[73] 5. Akt., S. 149.

teristisch, und die Konflikte, die Ibsens Anti-Held auf seinem labyrinthischen Weg zu sich selber durchleidet, ergeben sich folgerichtig aus eben der Geisteshaltung, die das abendländische Christentum selbst heraufbeschworen hat. Vor allem und zentral ist dabei die *Ambivalenz gegenüber der mütterlichen Frau* zu nennen, – sie kennzeichnet das Christentum so sehr, daß S. Freud in der Religiösität, die ihm im Wien der Jahrhundertwende begegnete, insgesamt nur eine Folge des Ödipuskomplexes zu erkennen vermochte. Durch zwei Merkmale ist diese Einstellung näherhin gekennzeichnet, die es verdienen, religionspsychologisch kurz beleuchtet zu werden:

- durch die Aufspaltung von Traum und Wirklichkeit, und
- durch die Aufspaltung des Bildes der Frau in die Gestalt der Hure oder der Madonna.

*Die Aufspaltung von Traum und Wirklichkeit,* die sich in »Peer Gynt« so überdeutlich manifestiert, findet im Christentum ihr Pendant in der Entgegensetzung einer weltfremden religiösen Innerlichkeit und einer völlig atheistischen, rein pragmatischen Äußerlichkeit der Weltgestaltung: zwischen beiden Bereichen ist dem Christentum nie eine andere als nur äußere Vermittlung gelungen.[74] Wie der Gott des Alten Testamentes über die Welt im äußeren Sinne herrscht, so versuchte das Christentum in der mittelalterlichen Zwei-Reiche-Lehre die Welt zu beherrschen. Aber die mittelalterliche Synthese auf der Basis bloßer Gewalt war in sich viel zu heterogen, um die Wirklichkeit geistig zu durchdringen, und so erreichte das Christentum nur, daß es selbst, um nicht dem Diesseits zu verfallen, schließlich als Jenseitsträumerei in Verruf geriet. Dieser Prozeß der Desintegration, der sich

[74] So beschrieb G. W. F. Hegel vor allem den Katholizismus als eine Form des Bewußtseins im »Reich des Sohnes«, in dem Gott und Welt, Kirche und Staat einander noch unversöhnt gegenüberstanden; G. W. F. HEGEL: Vorlesungen über die Philosophie der Geschichte, 512–513; 527–529; 544–549; vgl. E. DREWERMANN: Strukturen des Bösen, III 71–74.

geistesgeschichtlich über Jahrhunderte hinzieht und sich immer mehr gegen das Christentum selbst richtet, setzt psychologisch ein falsches, angstdurchtöntes Verhältnis zu sich selbst voraus, und diese Grundeinstellung ist es zentral, die sich in »Peer Gynt« exemplarisch ausspricht.

Ibsens Schlüsselfigur des modernen patriarchalisch gefärbten Bewußtseins sehnt sich zutiefst danach, geliebt zu werden; aber die einzige Liebe, die Peer erfahren hat, tritt an ihn mit dem Charakter des (Über-)Anspruchs und der internalisierten (Über-)Forderung heran. Wohl wird Peer Gynt von seiner Mutter geliebt wie ein kleines, abhängiges Kind, aber eigentlich nur zu dem Zweck, um sie an Vaters Statt zu ernähren und zu unterhalten. Die Liebe, die Peer von seiner Mutter erfährt, ist nie bedingungslos, stets konditioniert; sie ist teils erstickend, teils verstoßend. Darum erzeugt sie eine abgrundtiefe Angst, ein nicht endendes Gefühl der Minderwertigkeit und, reaktiv dazu, maßlose Ansprüche an sich selbst.

Ein solches im Grunde ödipales Syndrom wird man in der Psychotherapie einzelner Patienten de facto immer wieder antreffen; aber was die Darstellung Ibsens so aufregend macht, ist gerade der Umstand, daß sie für die Kennzeichnung des modernen Bewußtseins innerhalb der patriarchalischen Kultur des christlich-abendländischen Menschenbildes nicht typischer sein könnte. Der geistige Ort, an dem der Mensch sich vorurteilsfrei angenommen fühlen sollte, wäre der Bereich der Religion. Das Christentum hingegen, die »Mutter Kirche«, kann nicht davon freigesprochen werden, daß sie in der Länge ihrer Geschichte, wie Peers Mutter, mehr Angst als Geborgenheit, mehr moralisierende Forderung als Glaube, mehr bedingte als unbedingte Annahme verbreitet und gepredigt hat. Die Frage, was zu tun ist, war dem Christentum stets weit wichtiger als die Frage, was jemand für ein Mensch ist, welche Gefühle ihn prägen und aus welch einer Wahrheit er lebt; die äußere Übereinstimmung mit den Forderungen des Allgemeinen erschien ihm durchweg als viel wichtiger als die weit entscheidendere, religiös ungleich wichtigere Frage nach der Übereinstimmung der Person des Einzelnen mit sich selbst. Auf diese Weise mußte selbst der religiöse Erfahrungsraum des Mütterlichen, Gnadenhaften, Göttlichen sich in ein Terrain der fordernden Liebe nach Art von Peer Gynts Mutter verwandeln; statt den Einzelnen mit sich selbst zu versöhnen und damit die unerläßliche Voraussetzung für die Versöhnung auch mit den anderen zu schaffen, hält eine solche Religiösität mit ihrer moralisierenden und verstandesorientierten Einseitigkeit sogar den zentralen Ort der Selbstfindung dirigistisch besetzt. Sie vereitelt damit, was sie selber dem Wort und Anspruch nach will: sie vermittelt nicht die »Gnade Gottes«, sondern sie verpflichtet den Menschen im Namen einer nie erfahrenen »Gnade« zu einer Lebensform, die aufgrund der nicht bearbeiteten Ängste seelisch durch sich selbst neurotisierend und in jeder Hinsicht schädigend wirken muß.[75] Die eigentliche Aufgabe der Religion bestünde demgegenüber darin, *mitten im Leben* die Gestalt der »Mutter« zu verkörpern, als welche Solvejg dem verlorenen Peer Gynt am Ende seines Lebens erscheint: als die entscheidende Stelle einer vorbehaltlosen Annahme, eines begütigenden, geduldigen, mittragenden Verstehens, das in unermüdlichem Warten gegen allen Augenschein die »Heimkehr« für möglich hält.

Gemessen an diesem Urbild des Religiösen, erscheint die christliche »Mutter Kirche« mit ihrer Männerherrschaft eher selbst als eine Verkörperung des Peer Gyntschen Bestrebens, zu werden wie Gott und in Rastlosigkeit alle Möglichkeiten

[75] Der Widerspruch ist eigentlich in dem Kontrast zwischen dem Christentum als einer individuellen Entscheidungsreligion und einer kollektiven Volksreligion gelegen; die »Forderungen« des Christentums setzen Erfahrungen voraus, die in ihrer Einsamkeit und Unmittelbarkeit gerade nicht zustande kommen, wenn man – entgegen der dogmatischen Theorie – de facto eben nicht durch Entscheidung, sondern durch Geburt und Erziehung zu einem »Christen« wird. E. Drewermann: Das Tragische und das Christliche, 52–56.

zu vertun, um noch irgend etwas anderes hören zu können als die eigene Stimme, als die Logik der eigenen Vernunft. Der Zustand der heutigen »Theologie«, vor allem der Exegese, hat wohl an keiner Stelle in der modernen Literatur ein Portrait gefunden, das sie in ihrer herrisch-absurden Begriffsgläubigkeit und historisierenden Veräußerlichung so treffend kennzeichnet, wie die Szene, da Peer Gynt die ägyptische Sphinx sein eigenes Echo reden läßt. Seit dem Altertum singen die Säulen des Memnon, wenn die Wärme der aufgehenden Sonne die Last der Steinblöcke weitet, – aber ein Peer Gynt vernimmt nicht die Sprache der stummen Steine, er bildet sich ein, den »Großen Krummen« längst zu kennen, – die männliche Vernunft duldet keine Geheimnisse. Das »Weibliche« hingegen – das hieße Phantasie, Traum, Innerlichkeit, Wärme, Poesie, Empfinden. Wo all das im Christentum geblieben ist, muß man sich fragen, und wie man glauben will, ohne dieses »Weibliche« irgendeinen Menschen auf Erden dem Frieden näher zu bringen.[76] Nicht was für den Frieden zu »machen« ist, sondern wie der Mensch beschaffen ist, den das Christentum in zwei Jahrtausenden durch sein ständiges »Machen« »gemacht« hat, sollte eine christliche Theologie des Friedens sich als erstes zum Problem vorlegen. Sie würde dann sehr bescheiden werden, denn die Antwort auf die Frage sieht sehr schlimm aus.

Ein zweiter, ebenfalls äußerst signifikanter Übelstand der gegenwärtigen Mentalität des Christentums ergibt sich gleichermaßen aus der Ambivalenz gegenüber der Frau: *die*

[76] Der Schwund des Religiösen an Innerlichkeit, Gefühlstiefe, Erfahrungsnähe und interpretativer Kraft zur Deutung und Durchdringung des gegenwärtigen Erlebens zeigt sich besonders erschreckend in dem Rückgang, ja in der Belanglosigkeit einer eigentlich religiösen Dichtung in Prosa und Lyrik, jedenfalls im deutschen Sprachraum. »Die Kluft, die heute Christentum und Dichtung trennt«, meinte R. VON RANKE-GRAVES: Die weiße Göttin, 512, »ist tatsächlich die gleiche, die Judentum und Aschtarothkult nach der postexilischen religiösen Erneuerung trennte ... Es ist mittlerweile unmöglich geworden, die einst identischen Funktionen von Priester und Dichter zu vereinen«.

*zwangsneurotische Aufspaltung des Weiblichen in die Rolle der Madonna und der Dirne.* Auch dies läßt sich in »Peer Gynt« mustergültig beobachten und präzisiert zusätzlich das allgemeine Problem der Sexualfeindlichkeit des Christentums.

Ibsens Dramenheld kann die Frau eigentlich nur als unberührbare mütterliche Heilige oder – sit venia verbo – als verkommene, entmenschlichte »Sau« betrachten; auch die dazwischen vermittelnde Gestalt der »Anitra« ist nichts weiter als ein schönes, geldgieriges und zur Liebe unfähiges Flittchen, das durch seine Untreue dem Mann seine Mühen übel lohnt. Es fällt nicht schwer, in dieser *zwangsneurotischen Alternative* der Frauengestalt von Mutter und Dirne das gleiche sexuelle Dilemma wiederzuerkennen, das die christlichen Kirchen wesentlich bestimmt hat.[77] Vor allem die klerikale Führungsschicht der *katholischen* Kirche scheint von den ödipalen Ambivalenzen gegenüber der Frau zutiefst geprägt zu sein, und sie wiederum beeinflußt seit Jahrhunderten maßgeblich die Vorstellungen kirchlicher Sexualethik[78],

[77] Zum Zwiespalt von Madonna und Dirne im Gefolge einer ödipalen Mutterfixierung und der entsprechenden Rettungsphantasien vgl. S. Freud: Beiträge zur Psychologie des Liebeslebens, VIII 72–77; zum Zusammenhang der Ambivalenzgefühle von Haß und Liebe mit zwangsneurotischen Charakterstrukturen vgl. ders.: Bemerkungen über einen Fall von Zwangsneurose, VII 454–459.

[78] H. Mynarek: Eros und Klerus, 66–67 verweist – trotz aller Anfeindungen leider zu Recht – auf die Neurosen, Phobien, Schuldgefühle und Verdrängungen, die von der zölibatären Ideologie ausgehen. Es »hat sich nichts wesentlich geändert, seit der zwölfte Pius deklarierte, ›daß der Hauptzweck der Ehe die Zeugung und Erziehung der Nachkommen sei‹, ›daß die Ehe als natürliche Einrichtung nach dem Willen des Schöpfers nicht die persönliche Vollendung der Gatten zum ersten und innersten Zweck hat, sondern die Zeugung und Heranbildung neuen Lebens ... Das gilt für jede Ehe ...‹« Wie lange, muß man sich fragen, will die Kirche eigentlich an dieser Lehre festhalten, die in den alten Fruchtbarkeitsreligionen und agrarischen Gegenden noch einen gewissen Sinn haben mochte, aber in der Industriegesellschaft angesichts des furchtbaren Problems der Überbevölkerung zum blanken Widersinn gerät? – Zu den vielfachen Erniedrigungen des Geschlechtslebens und der Frau durch die Keuschheitsforderung der »Mutter Kirche« vgl. H. Mynarek: a.a.O., 155. –

so als ob allein die Ehe die Libido »erlauben« könnte und nicht vielmehr umgekehrt die Ehe lediglich einen Teilbereich der sexuellen Energie in sich aufnehmen und meist sogar nach kurzer Zeit schon wieder abgeben würde. Über das Dilemma der katholischen Kirche in allen Fragen, die der Sexualität gelten, ist so viel geschrieben worden, daß sich hier weitere Hinweise erübrigen; aber es ist doch festzuhalten, daß die psychische Einstellung des patriarchalischen Erbes der Kirche die Frau gar nicht anders als in der genannten Zwiespältigkeit erscheinen lassen *kann*. Für den Umgang mit der menschlichen Sexualität wird von seiten des Christentums wohl erst dann eine Lösung in Sicht kommen, wenn das Christentum seinen historischen Verzweiflungskampf gegen die innere Natur des Menschen, gegen das Unbewußte insgesamt, gegen das Weibliche der menschlichen Psyche insbesondere aufgeben könnte.

*Insofern*, im Sinne eines Symbols, hängt in der Tat eine gewisse Bereitschaft zum Krieg auch von der Sexualunterdrückung innerhalb einer Gesellschaft ab: die Einstellung zur Frau, zum Weiblichen insgesamt, entscheidet mit über die innere Harmonie eines Menschen, und jeder psychische Mißklang im Inneren hinterläßt spürbar seine sozialen und politischen Folgen draußen.

K. G. Rey: Das Mutterbild des Priesters, 133–135 konnte ganz im Sinne Freuds eigentlich nur bestätigen, daß, um ein zölibatärer Priester zu werden, der »Sohn . . . libidinös an die religiöse Mutter gebunden sein« muß; vor allem die »Bewahrungserziehung«, das Verbot freundschaftlicher Beziehung, das Tabu der Geschlechtlichkeit und die entsprechende Prüderie hält er für geradezu unerläßlich zur Heranbildung eines Klerikers (a.a.O., 129–133). Aus diesen Kreisen, die legitimerweise ein einheitliches Erleben von Sexualität und Liebe, von Trieb und Gefühl nicht haben können, stammen seit Jahrhunderten die maßgeblichen Moralvorstellungen der kath. Kirche. Als einziges zur Entlastung der kath. Kirche läßt sich diesbezüglich geltend machen, daß die Angst vor der Frau zunehmend einen Grundzug der Neuzeit zu bilden scheint und an der Frauenfeindlichkeit *Kants, Schopenhauers* und *Nietzsches* oder *S. Kierkegaards* gewiß nicht der Katholizismus die Schuld trägt. Vgl. *K. Stern:* Flucht vor dem Weib – zur Pathologie des Zeitgeistes, Salzburg 1968.

### d) *Die Suche nach der verlorenen Frau – ein archetypisches Symbol der Erlösung*

Mit dem Thema »Peer Gynts« von der Suche nach der verlorenen »Frau« ist indessen bereits ein Stoff angesprochen, der noch tiefer im Unbewußten angesiedelt ist als die Verdrängung bestimmter aggressiver und sexueller Triebstrebungen. Während die Triebverdrängungen auf der symbolischen Ebene des *Schattens*, des Doppelgängers, repräsentiert werden, gehört das Motiv von der Heimführung der verwunschenen oder verbannten Frau der archetypischen Symbolik des kollektiven Unbewußten an (s. o., S. 242) und beschreibt dort den gefahrvollen Weg zur Rettung der anima, zur Befreiung der Seele.[79] Und nun ist es wiederum äußerst wichtig und kennzeichnend, wie zwiespältig die christliche Religion auf dieses zentrale Symbol ihrer eigenen Verkündigung reagiert hat.

*Inhaltlich*, objektiv, kreisen auch die Erlösungsvorstellungen des Christentums, jedenfalls in der katholischen Dogmatik, wesentlich um gerade das Motiv von der Suche nach der erlösungsbedürftigen Frau, und rechtverstanden wäre es wie ein Therapievorschlag, den die Kirche sich selbst dogmatisch vorhält, wenn sie berichtet, wie der Sohn des (Himmels-) Königs in die Unterwelt hinabsteigt, um dort eine Frau zu erlösen, die als Stellvertreterin der gefallenen Menschheit ihrer Befreiung harrt, ehe sie von ihrem Retter an den Thron

[79] E. Neumann: Die psychologischen Stadien der weiblichen Entwicklung, in: Zur Psychologie des Weiblichen, 46–49 meint, daß die Beziehungen zwischen Mann und Frau sich soweit individualisiert hätten, daß – »im Gegensatz zur kollektiven Patriarchal-Ehe, die letztlich zwischen Sippen und Familien geschlossen wird« – jetzt auch das Durcharbeiten der kollektiven Gestaltungen von animus und anima unerläßlich sei. »Hier endet die Psychologie des Patriarchats, und es beginnt die Psychologie der Begegnung, der Selbst-Hingabe und der Individuation.« Der Weg der Heimholung der anima ist ausführlich dargestellt bei E. Neumann: Zu Mozarts Zauberflöte, in: Zur Psychologie des Weiblichen, 103–142. Am Beispiel der Grals-Sage ist dieser Prozeß tiefenpsychologisch aus der Sicht des Mannes dargestellt bei R. A. Johnson: Der Mann – Die Frau, 15–103.

(zurück-)geholt wird.[80] Die Verbindung von Christologie und Mariologie, die sich dogmatisch in diesen Lehren ausspricht, könnte an sich auf geradezu klassische Weise zeigen, was in der Kunst des »Nicht-Machens« geschehen müßte, um die männlichen mit den verdrängten weiblichen Teilen der menschlichen Psyche, um das Bewußtsein mit dem Unbewußten in dem Symbol der Heiligen Hochzeit wieder miteinander zu verschmelzen und damit die entscheidende Bewegung zur Befriedung und Versöhnung des Menschen mit sich selber zu vollziehen. Dabei teilt das Christentum dieses zentrale dogmatische Motiv von der Erlösung der verwunschenen Prinzessin mit den uralten Märchen und Mythen der Völker, und es könnte von daher, statt weiterhin zerstörerisch an seiner Exklusivität zu hängen, gerade in der Universalität seiner Erlösungssymbolik in den archetypischen Bildern des kollektiven Unbewußten sich den sogenannten »heidnischen« Religionen tief verbunden fühlen und von ihnen lernen.

*Das Zeugnis der Mythen, Märchen und Legenden*

Liest man z. B. so wunderbare Geschichten wie das Grimmsche Märchen vom *»Goldenen Vogel«*[81], so kann man in tiefenpsychologischer Betrachtung in allen Stadien verfolgen, welche Schwierigkeiten es kostet, die Einseitigkeit der Bewußtseinseinstellung allmählich zu überwinden. Das Grimmsche Märchen erzählt von einem König, der entdeckt, daß ihm ein goldener Vogel Nacht für Nacht einen goldenen Apfel von seinem Baum stiehlt; er schickt seine Söhne aus, den »Vogel« aus einem fernen Schloß zu holen, aber nur dem Jüngsten gelingt die Lösung dieser Aufgabe, weil er, der scheinbar dümmste von allen, die Stimme des Unbewußten,

[80] E. Drewermann: Die Frage nach Maria im religionswissenschaftlichen Horizont, in: Zeitschrift für Missions- und Religionswissenschaft, Aachen, 1982, Heft 2, 66. Jg., 96–117.

[81] E. Drewermann – I. Neuhaus: Der goldene Vogel, 1982.

symbolisiert in dem sprechenden »Fuchs«, nicht wie seine hochmütigen Brüder verachtet. Der Weg, den er unter der Anweisung des »Fuchses«, seines inneren »Instinktes«, seines Wesensgewissens, gehen muß, lehrt ihn schrittweise, sich der Vorurteile des Verstandes zu entschlagen und den Hochmut des Ichs nach und nach abzubauen, ehe er Geist und Trieb, dargestellt in Vogel und Pferd, in der Liebe zu der erlösten Jungfrau zurückführen kann. Die mit zutiefst religiösen Erfahrungen durchsetzte Erzählung des Grimmschen Märchens gipfelt darin, daß man die »Jungfrau« nur erlangen kann, wenn man von allem »Machenwollen« Abstand nimmt und die Nutzlosigkeit der Ichanstrengungen begreifen lernt: die »Jungfrau« soll dem Königssohn nur gehören, wenn er einen Berg abträgt, der vor dem Fenster des königlichen Schlosses liegt; aber so sehr der Prinz sich auch bemüht, – er vermag es nicht. Der »Fuchs« indessen fordert den Königssohn auf, *gar nichts zu tun* und Vertrauen zu haben – und über Nacht ist der Berg verschwunden.

Eine ähnliche Erfahrung macht der biblische *Tobias:* während sein so rechtlich denkender Vater erblindet und die fromme Sarah an ihrem Liebesglück verzweifelt, macht Tobias, eigentlich beauftragt, ein entliehenes Kapital zurückzuholen, sich unter dem Geleit des Engels »Gott-heilt« (Rapha-El) auf den Weg in das ferne Ekbatana; aber während er unterwegs ist, ändert der »Engel« den Zweck seiner Reise: Tobias soll die dämonisch heimgesuchte Sarah erlösen und die Liebe lernen, das Geld werde inzwischen schon der Engel selbst einholen. Wiederum ist das »Nicht-Machen« die Art, die zu erlösende »Frau«, die verlorene »Seele« zurückzugewinnen, und nur ein vertieftes Vertrauen gegen die Angst vermag den Weg dahin zu öffnen. Weder Macht noch Geld, weder die eigene Leistung noch die äußere Geltung, – allein die göttliche Stimme in der Tiefe der menschlichen Psyche kann zufolge derartiger Menschheitserzählungen die »Frau« am Ende der Welt erlösen, und um ans Ziel zu gelangen, muß man auf die Wertschätzung der äußeren Realität und ihre vordergründige machtpolitische Gestaltung gerade immer mehr verzichten. Allein im Abstieg zum Unbewußten, zur Welt der »Mütter«, könnte das Christentum seine Verstandeseinseitigkeit, die Verdrängung der »Frau«, überwinden. Es würde in der Einheit mit den tieferen Schichten der menschlichen Psyche sich zugleich mit der Weisheit der Märchen und der Mythen der Menschheit vereinigen und in sich selbst befriedeter der Welt der Völker gegenübertreten.

*Der Rationalismus der christlichen Dogmatik und seine historischen Ursachen*

Aber so wichtig es auf dem Weg zur Befriedung des Menschen wäre, diese großartige, von der katholischen Dogmatik her sogar absolut gebotene Chance der christlichen Religion so intensiv wie möglich zu nutzen, so sehr steht der Realisierung dieser Aufgabe der patriarchalische Grundzug des Christentums – wenigstens in seiner bisherigen Ausformung – entgegen. Der Rationalismus, die männliche Bewußtseinseinseitigkeit sowie die moralisierende Verformung des Religiösen verhindern von vornherein, daß der Erlösungsweg, den die katholische Dogmatik sich selber in den Symbolen der eigenen Dogmatik vorzeichnet, auch wirklich beschritten wird.

Unglücklicherweise stellt sich daneben sogar noch ein weiterer spezifisch christlicher Hinderungsgrund einer Integration der Tiefenschichten des kollektiven Unbewußten im Christentum entschieden in den Weg, und dieser Grund, der nicht psychologischer, sondern religionsgeschichtlicher Natur ist, verhindert vollends ein inneres Verständnis der dogmatischen Erlösungssymbolik; er entstammt zum einen der prinzipiellen, mit der patriarchalischen Mentalität zusammenhängenden Mythenfeindlichkeit des Alten Testamentes und der griechischen Philosophie, über die wir gesprochen haben, er wird aber vervollständigt und radikalisiert durch die historisch bedingte Selbstverteidigung der christlichen Dogmatik in den ersten drei Jahrhunderten gegenüber der heidnischen

Mythologie. Vor allem der letztere Punkt hat die frühe Kirche von Anfang an auf eine äußerst einseitige, psychologisch gefährliche Bahn gebracht, auf der sie in der Auslegung ihrer selbst immer mehr die Grundlage ihrer eigenen Ablehnung in der Neuzeit schuf.

Die Mythenfeindlichkeit schon des Alten Testamentes sowie die Rationalität des Griechentums hat von vornherein das abendländische Christentum auch im Umgang mit den archetypischen Bildern des kollektiven Unbewußten in eine merkwürdige Widersprüchlichkeit zu sich selbst getrieben: während es über das alttestamentliche Erbe hinaus eine Vielzahl von Glaubenssymbolen in sich aufnahm, die es mit den Religionen der mediterranen Kulturen, ja, mit den religiösen Symbolen aller großen Religionen (mit Ausnahme der extrem antimythischen Religionen von Judentum und Islam) gemein hat, mußte es entsprechend der theologischen Mythenfeindlichkeit des Alten Testamentes und der philosophischen Aufklärung der Griechen zugleich mit größtem Nachdruck betonen, daß diese Bilder rein historisch vermittelt und gewiß nicht in der menschlichen Psyche fundiert seien.[82] Durch die Übernahme dieser patriarchalischen Verstandeseinseitigkeit löste es sich selbst von seinen eigenen Wurzeln, und die daraus folgende Verleugnung des kollektiven Unbewußten sowie der Welt der archetypischen Bilder ist (über die Mißachtung der Frau sowie die Unterdrückung der menschlichen Antriebe hinaus) wohl der Hauptgrund für die innere Zerrissenheit des Christentums und mithin auch für seine Ohnmacht in dem Bemühen um die Befriedung des Menschen.

Statt nämlich die eigenen Glaubenssymbole, Sakramente und Riten gerade von den unbewußten Sehnsüchten, Ängsten und Urszenen der menschlichen Psyche her zu verstehen, setzte das Christentum alles daran, seine Glaubensinhalte

[82] Vgl. E. Drewermann: Strukturen des Bösen, III 514–533 (Exkurs: Die Mythenfeindlichkeit des Christentums, der Widerstreit der Konfessionen und die innere Zerrissenheit des Menschen).

und religiösen Handlungen theologisch vom *Verstand* her zu begründen. Um sich nicht nach Art der »Heiden«, wie man meinte, an das Unbewußte zu verlieren, wollte man, religionspsychologisch betrachtet, die bewußten Ichkräfte: Verstand und Willen, soweit stärken, daß die Individualität, das individuelle Bewußtsein gegenüber den archetypischen Bildern und den andrängenden Triebregungen des Es eine gewisse Eigenständigkeit und Freiheit aufbauen konnte. Was dem Christentum auf diese Weise gelang, stellt religionsgeschichtlich gewiß einen gewaltigen geistigen Fortschritt dar, indem diese neue Religion die projizierte Gestalt der antiken Mythologie in ihrer äußeren Form zerstörte und deren Bedeutung *innerlich* suchte. Die Götter sollten nicht länger mehr als objektive Mächte verehrt werden, sondern sie wurden von den frühchristlichen Apologeten im Erbe bereits der griechischen Aufklärung als Mächte der menschlichen Psyche verstanden. Gleichwohl blieb die Art der christlichen Verinnerlichung in sich inkonsequent und zwiespältig, und man erkennt die inneren Widersprüche, die das Christentum sich durch seine Mythenfeindlichkeit auflud, schon bei einer kurzen geistesgeschichtlichen Rückschau.

Was uns soeben als eine große Chance des Christentums erschien: seine tiefe Verwurzelung in den archetypischen Bildern des Unbewußten, hat die frühe Kirche eigentümlicherweise geradezu mit Schrecken erfüllt. Tatsächlich hat die frühe Kirche schon sehr bald gemerkt, daß ihre Anschauungen in den Hauptpunkten mit den mythischen Vorstellungen der antiken Welt von dem sterbenden und auferstehenden Gottessohn, von der jungfräulichen Geburt des Erlösers, von der Dreifaltigkeit der Gottheit u.a.m. bis in die Details hinein übereinstimmten, und zu allem Überfluß hielten die heidnischen Philosophen dem Christentum diese Ähnlichkeiten sogar ausdrücklich immer wieder vor. Von daher schien es förmlich das Gebot der Stunde zu sein, sich von den heidnischen Mythen so weit als möglich abzusetzen. Das psychologische Verständnis des Mythos wurde somit nicht, wie an sich nötig und möglich, zur Integration der mythischen Inhalte genutzt, sondern es wurde zu einer Waffe, mit der man den Mythos überhaupt zu zerstören, zu diffamieren und zu diskreditieren trachtete. Leichthin nahm man dabei in Kauf, daß dieses Vorgehen zugleich auch die mythenbildenden Kräfte im Menschen selbst buchstäblich »verteufeln« mußte. Der Preis, mit dem das Christentum den Nachweis seiner historischen Einmaligkeit erkaufte, bestand in einem abgrundtiefen Mißtrauen gegenüber dem Unbewußten im Menschen. Als »christlich« galten allein Verstand und Wille, als unchristlich hingegen alles, was die Mythen der »Heiden« geformt hatte: vornean die Tiefenkräfte, das Unbewußte der menschlichen Psyche. Die christlichen Glaubenssymbole *mußten* theologisch daher ausschließlich *historisch* – durch die Person und Verkündigung Christi – begründet werden; ihre psychologischen Verankerungen hingegen mußten systematisch geleugnet werden.

Die religionspsychologische Stellung des Christentums erfuhr auf diese Weise eine ganz bizarre Wendung, deren Gefahr der mythengesättigten Zeit der antiken Welt noch verborgen bleiben mochte, im Verlauf der Jahrhunderte aber sich immer verhängnisvoller auswachsen mußte. Die Entdekkung konnte nicht ausbleiben, daß die religiösen Lehren des Christentums weder in der Historie noch mit den Mitteln der Verstandeslogik zu begründen sind, und spätestens seit der Aufklärungsphilosophie begann ebenso unausweichlich wie konsequent die Verstandeseinseitigkeit des Christentums, im Geiste der Neuzeit endlich zu ihrer Eigenständigkeit erwacht, sich gegen das Christentum selbst, ja, gegen jede Form von Religion zu richten: die Vernunft selber proklamierte nunmehr den Atheismus, und von dem religiösen Anspruch des Christentums selbst blieb fortan nur noch übrig, was innerhalb der reduzierten Anthropologie des Christentums plausibel zu machen war: die Ethik.

Auf diese Weise dreht sich seit etwa zwei Jahrhunderten alles im Kreise, und der circulus vitiosus des Christentums in seiner polemischen Einstellung gegenüber den unbewußten Triebkräften des Menschen ist vollständig. Gerade die Frage von Krieg und Frieden ist das eindringlichste Beispiel, um das notwendige *Scheitern* der Ethik in ihrem Kampf gegen das Böse im Menschen zu demonstrieren und auf eine paradoxe Weise die Unentbehrlichkeit des Religiösen unter Beweis zu stellen; der religiöse Standpunkt des Christentums betont zudem – mit vielen anderen Religionen –, daß der ethische Optimismus eine Illusion und Irrlehre darstellt und der Mensch ohne göttliche Hilfe nicht gut sein kann; wie zur Bestätigung dieser Lehre ist die ungelöste und mit ethischen Mitteln völlig unlösbare Frage des Krieges sogar geradezu wie ein letzter Notruf nach einer vertieften Form des Religiösen, aber sie trifft im christlichen Abendland auf eine Form von Religiösität, die sich durch ihre vielfältige Isolation von den Tiefenschichten der menschlichen Psyche in einem so zerrissenen, widersprüchlichen, oberflächlichen und ohnmächtigen Zustand befindet, daß man ehrlicherweise ihren faktischen Beitrag zur Befriedung des Menschen in der Tat auf den Umfang der Sonntagspredigten und Gelegenheitsansprachen kirchlicher Würdenträger beschränken muß. In seiner psychologischen Wirkung ist das Christentum durchaus so eingeengt, wie es sich soziologisch nach außen hin darstellt: es besitzt keine integrative Kraft, es ist nicht die Klammer bzw. der Konzentrationspunkt des Ganzen, – es ist ein »vernünftig« verwalteter Teilbereich unter anderen, in der Psyche wie in der Gesellschaft[83], und selbst wenn dieser Teilbereich sich

[83] Vgl. J. Schwermer: Was sagt die Psychologie zur Glaubenssituation des heutigen Menschen, in: Theologie und Glaube, 2/1979, 69. Jg., 158–170, wo in Auseinandersetzung mit der Soziologie von N. Luhmann (Funktion der Religion, Frankfurt 1977) vor allem auf die funktionale Differenzierung in der modernen Gesellschaft hingewiesen und der Religion die Aufgabe zuerteilt wird, den Kontingenzüberschuß aufzufangen, den jedes Einzelsystem hervorrufen muß. Eben diese Aufgabe aber kann

in seiner jetzigen Gestalt zum Ganzen aufwerfen wollte, so würde er gewiß mehr Schaden als Nutzen, mehr Neurotisches als Heilendes, mehr Zwanghaft-Depressives als Befreiendes bewirken, – schon deshalb wird man es ihm nicht erlauben.

## *IV. Ein Geschehen jenseits des Machbaren – das Ritual der Versöhnung als menschheitliches Psychodrama*

Und dennoch gibt es in der Frage des Krieges keine andere Lösung als eine religiöse, und wir sind deshalb förmlich gezwungen, die Religion (des Christentums) trotz ihres faktisch desolaten Zustandes noch ein letztes Mal nach ihren eigentlichen Möglichkeiten zu befragen. Wir müssen ihre Auskünfte mindestens probeweise, sei es zunächst sogar gegen alle Wahrscheinlichkeit, beim Worte nehmen und beharrlich weiterfragen, wie denn die Religion selbst ihren Beitrag zur Befriedung des Menschen versteht. Wie kann vor allem das Christentum, wenigstens seiner Idee nach, gegen die Angst, die den Menschen individuell wie kollektiv immer

die Religion nicht leisten, wenn sie selber zu einem Teilsystem wird. Man muß sich die gegenwärtige Lage in ihrem historischen Werdegang nur einmal verdeutlichen: seit 1648, dem Ende des Dreißigjährigen Krieges, steht fest, daß die Kirchen nicht länger ein Ort der Toleranz und zwischenmenschlichen Verständigung, sondern eher ein Ort der Intoleranz und eines Gruppenfanatismus sind, der nur durch staatliche Gewalt im Zaume gehalten werden kann. 150 Jahre später, in der französischen Revolution, wurde die Folge aus diesem Tatbestand gezogen, indem zum ersten Mal die Kirche in den Staat, der Glaube in die Vernunft, die Religion in die Politik »aufgehoben« wurde. Vgl. A. DE TOCQUEVILLE: Der alte Staat und die Revolution, 151–158. Seither verwalten die Kirchen eigentlich nur noch sich selbst; was sie von dem Status einer Sekte unterscheidet, ist nur ihre zahlenmäßige Größe. Wie wenig speziell die kath. Kirche dazu bereit ist, auch nur ein weniges von ihren Sonderauffassungen zu lockern, wenn sie noch ein Stück staatlicher Macht in Händen hält, zeigt sich z. B. in Italien, wo die vatikanische Politik immer noch mit Erfolg die Möglichkeit einer Wiederverheiratung Geschiedener mit staatlichem Zwang selbst bei Nicht-Katholiken zu verhindern weiß.

wieder in den Krieg treibt, das Vertrauen in den Beistand und in die Geborgenheit des Göttlichen nach Art einer fundamentalen, menschheitlichen Psychotherapie befriedend und versöhnend genug vermitteln, um dem Frieden näherzukommen?

Das Christentum, wenn man es religiös beim Wort nimmt, hat auf diese Frage jenseits des Machbaren und jenseits des nur Lehrbaren wie die meisten Religionen der Menschheit letztlich nur noch mit dem Hinweis auf die *Sakramente* geantwortet, und in der Tat müßte gerade in der Sakramentenlehre, in diesem für das moderne Denken Allerunwahrscheinlichsten, wenn irgend überhaupt der Schlüssel zum Verständnis der Möglichkeiten einer religiösen Befriedung des Menschen gelegen sein: denn nur die Symbolik der Sakramente ist so archaisch wie der Krieg und so geistig wie der Friede. Man brauchte sich z. B. nur an die Erfahrungen des Dritten Reiches zu erinnern, wie ohnmächtig die Stimme der »Vernunft« damals inmitten des kollektiven Massenwahns gewesen ist, um sogleich zu verstehen, daß gegen den Sog der Massenpsychologie, gegen die psychotische Symbolik der kollektiven Angst mit ihren regressiven Ideen und Mythologien[84] nur religiöse Symbole vermenschlichend wirken können. Das zentrale Sakrament des Christentums, die Handlung, in der es selber sich am tiefsten ausspricht und zugleich seine eigentliche Antwort auf das Problem der menschlichen Feindseligkeit und Bosheit zu geben versucht, ist indessen *das Sakrament der Eucharistie*. Nirgendwo besser als hier müßte sich daher der Idee nach verfolgen lassen, auf welche Weise das Christentum der Versöhnung der Menschheit dienen will und dienen könnte. Im Symbol des Abendmahles lebt objektiv noch eine Ahnung, ein Modell davon fort, auf welchem Wege und durch welche Elemente eine religiöse Befriedung des Menschen vorstellbar ist; eine

[84] E. Drewermann: Kirche in der zweiten Hälfte unseres Jahrhunderts, in: Paderborner Studien, 1981, 1/2, 58–63.

Beschäftigung mit diesem Sakrament dürfte daher mehr als alles andere zeigen, was die Religion zum Frieden beitragen kann.

### 1. *Das Sakrament der Eucharistie und seine psychischen Möglichkeiten*

Das Sakrament der Eucharistie ist, in sich genommen, in der Tat auf vorzügliche Weise befähigt und dazu bestimmt, drei Probleme auf einmal zu lösen, die in der Frage des Krieges die größte Rolle spielen; es kann

1) die menschlichen Aggressionen auf wirkungsvolle Weise *ritualisieren;*
2) die fundamentalen Schuldgefühle und Ängste der Aggressivität *kupieren* und
3) das Triebziel der Aggression *sublimieren.*

Alle drei Punkte seien in ihrem Beitragswert zur Lösung der Kriegsproblematik religionsgeschichtlich und tiefenpsychologisch in gebotener Kürze erläutert, um zu zeigen, welch eine menschheitliche, gemeinsame Sprache die Symbole auch des Christentums besitzen, wenn man sie im Dienste des Friedens und der Wahrheit von der Anmaßung abendländischer Exklusivität befreit.

#### *a) Die Ritualisierung der menschlichen Aggressivität*

Ein außerordentlich wichtiger Beitrag der Religion zur Lösung des Kriegsproblems liegt in der *Ritualisierung der menschlichen Aggressivität.*

Jeder Trieb, die Sexualität ebenso wie die Aggression, existiert ja nicht im Abstrakten, sondern er äußert sich auf bestimmte angeborene auslösende Außenreize hin und reagiert sich nach Maßgabe bestimmter Verhaltensmuster ab[1];

[1] Zum Begriff des angeborenen auslösenden Mechanismus in der Verhaltenspsychologie vgl. P. LEYHAUSEN: Biologie von Ausdruck und Eindruck, in: K. Lorenz – P. Leyhausen: Antriebe tierischen und menschlichen Verhaltens, 373–380.

gleichzeitig aber ist der Trieb auch ein endogenes, periodisch auftretendes Bedürfnis[2], und wenn man die Gefahr »wilder«, kulturell zerstörerischer Triebentladungen vermeiden will, so kommt es folglich darauf an, *künstlich* Szenen zu schaffen, in denen bestimmte Triebe *spielerisch* ausagiert werden können.

### *Der Unterschied von sportlichem und religiösem Ritual*

Eben deshalb sahen manche Verhaltensforscher in den modernen Sportveranstaltungen (Fußball, Boxen, Catchen etc.) mit ihren nach Hunderttausenden zu zählenden Zuschauerkulissen erlaubte und nützliche Ventile der menschlichen Aggression, und sie schlugen vor, derartige Gelegenheiten u. U. noch zu fördern und zu verbessern.[3] Der Gedanke

[2] Vgl. die Definition bei S. FREUD: Drei Abhandlungen zur Sexualtheorie, V 67: »Unter einem ›Trieb‹ können wir zunächst nichts anderes verstehen als die psychische Repräsentation einer kontinuierlich fließenden, innersomatischen Reizquelle, zum Unterschied vom ›Reiz‹, der durch vereinzelte und von außen kommende Erregungen hergestellt wird.«

[3] K. LORENZ: Das sogenannte Böse, 359–363 wies vor allem auf das Phänomen der kollektiven *Begeisterung* hin, in der er die intraspezifische Aggression in Gestalt einer sozialen Verteidigungsreaktion, und zwar ohne eine sublimierte Ausdrucksform, wirksam sah; die Reizsituation der Begeisterung sei optimal gegeben 1) durch eine Bedrohung sozialer Belange (Familie, Nation, Sportverein etc.), wobei die Feindattrappen demagogisch und beliebig austauschbar seien; 2) durch eine möglichst mitreißende Führerfigur; 3) durch eine möglichst große Zahl von Mit-Hingerissenen; die Gefühlsqualität des *heiligen Schauers,* der dem Begeisterten über den Rücken läuft und auch die Außenseite der Arme umfaßt, ist der Verhaltensweise eines Schimpansenmannes homolog, der mit Mut sich für die Verteidigung seiner Familie einsetzt. »Auch er schiebt das Kinn vor, strafft seinen Körper und hebt die Ellbogen ab, auch ihm sträuben sich die Haare, was eine gewaltige und sicher einschüchternd wirkende Vergrößerung der Körperkonturen bei Ansicht von vorn bewirkt. Die Innenrotation der Arme zielt ganz offensichtlich darauf ab, ihre am längsten behaarte Seite nach außen zu kehren, um so zu diesem Effekt beizutragen. Die ganze Kombination von Körperstellung und Haaresträuben dient also genau wie bei der buckel-machenden Katze einem ›Bluff‹, nämlich der Aufgabe, das Tier größer und gefährlicher erscheinen zu lassen, als es tatsächlich ist. Unser ›heiliger Schauer‹ aber ist nichts anderes als das Sträuben unseres nur mehr in Spuren vorhandenen Pelzes.« – L. TIGER – R. FOX: Das Herrentier, 226–227 verweisen auf den Zusammenhang von Spiel und Sport mit

selbst ist sicher nicht verkehrt, aber welch eine armselige Auskunft, ja Ausflucht stellt diese Hoffnung dar, gemessen an dem reichen Erbe und den unerhörten verschütteten Möglichkeiten der Religion mit ihren zahlreichen rituellen Szenen der Aggressionsverarbeitung.

Man vergleiche etwa das rituelle Ballspiel der mittelamerikanischen Indianer mit dem modernen Fußballspiel.

Für die Mayas, Azteken, Mixteken, Zapoteken u. a. bedeutete der kultische Ballspielplatz ein Abbild des Himmels[4], der »Ball« stellte die Sonne dar, und der Kampf der streitenden Parteien wogte auf Leben und Tod zwischen den Mächten des Lichtes und der Finsternis hin und her[5]; nicht nur die Existenz der Verliererpartei, die Existenz des ganzen Volkes hing mittelbar von dem Ausgang dieses »Spieles« ab.[6] Inmit-

der Jagd, indem die meisten Geschicklichkeitsspiele mehr oder weniger echte Jagdsituationen simulieren. I. Eibl-Eibesfeldt: Krieg und Frieden, 130–137, der (z. B. gegen A. Plack) mit guten, auch hirnphysiologischen Gründen die Primärtriebtheorie der Aggression verficht (man kann Wutanfälle durch elektrische Reizung der Wutzentren im Schläfenlappen provozieren), weist auf den Katharsis-Effekt vieler Kampfsportarten hin, in denen freilich die Aggression nicht nur abgeleitet, sondern auch geübt wird. »Ihre Pflege trainiert langfristig die Aggression und sorgt gleichzeitig für eine Katharsis innerhalb der Gruppe als Kurzzeiteffekt. Wir wissen allerdings, daß Ventilsitten in Form von Spielen, Wettgesängen und dgl. mehr auch in den friedfertigen Kulturen anzutreffen sind« (a.a.O., 132).

4 Zum Ballspiel der mittelamerikanischen Indianer vgl. W. Krickeberg: Altmexikanische Kulturen, 159; 253; K. Helfrich: Menschenopfer und Tötungsrituale im Kult der Maya, 141–145.

5 Besonders E. Seler: Über die natürlichen Grundlagen mexikanischer Mythen, in: Gesammelte Abhandlungen zur amerikanischen Sprach- und Altertumskunde, III 305–351 deutete das Ballspiel als kriegerisches Wettspiel zwischen Sonne und Mond. Vgl. ders.: Mythus und Religion der alten Mexikaner, in: Gesammelte Abhandlungen, IV 98–156, wo Seler auf den Zusammenhang des Gottes Quetzalcoatl zu Mond, Sonne und Morgenstern hinweist.

6 P. Ivanoff: Maya, 106–113 beschreibt die Schädelmauer (tzompantli) in Chichén Itzá, die mit menschlichen Schädeln geschmückt ist, die auf Pfähle gespießt sind. Die Flachreliefs der Ostterrasse des Ballspielplatzes von Chichén Itzá lassen keinen Zweifel, daß die sieben Spieler der Verlierermannschaft das Leben einbüßten: der Ball selbst ist mit einem menschlichen Schädel dekoriert, zwischen dessen Kinnbacken zwei Voluten hervorkommen, die das Zeichen »Tod« (miquiztli) bedeuten; damit wird im

ten einer Welt kämpferischer Gegensätze stellte das »Spiel« auf dem Ballspielplatz der Götter das beste Abbild der »Natur« dar – eine vollendete Mischung aus festgelegten Gesetzen und unvorhersehbaren Ergebnissen.[7] Die Spieler waren im Moment ihres Auftritts Repräsentanten, Priester, Protagonisten der Weltordnung. Die »Aggressionen«, die sich im rituellen Ballspiel entluden, waren in bestimmte Regeln eingebunden und dienten dem Abbild und Erhalt einer ewigen Ordnung. Das Spiel belehrte den Einzelnen, daß er (nur) ein Teil dieser ewigen Ordnung war: eine verschwindende Welle im Ozean mit der Winzigkeit seines körperlichen Daseins, und doch mit seinem Geist teilhaftig einer möglichen Umwandlung ins Licht; auf seiner Brust ruhte der göttliche Schmetterling eines wiedergeborenen Lebens[8]; beide Ebenen

Kalender der Tag bezeichnet, der den Sonnenfesten und Tezcatlipoca, dem toltekischen Kriegsgott, günstig war. Auf der mittleren Szene hält der Mannschaftsführer »in seiner rechten Hand das Feuersteinmesser für die Menschenopfer und in seiner linken den Kopf des Anführers der gegnerischen Mannschaft, die das Spiel verloren hat. Der Enthauptete kniet, und aus seinem Hals schießen sieben Schlangen hervor. Die mittlere Schlange hat die Gestalt einer üppigen Pflanze, die Blüten und Früchte trägt. Sieben Spieler, sieben Schlangen ... Diese Zahl ist kein beliebiger Einfall des Künstlers. Sie soll an die Göttin Chicomecóatl (Sieben Schlang*e*, nicht Schlang*en*, d. V.) erinnern. Außerdem ist die Sieben die symbolische Zahl für den Mais, und schließlich nimmt sie in der Zahlenreihe des Zauberkalenders zwischen der Eins und der Dreizehn eine besondere, nämlich die mittlere Stelle ein. Die Mitte ist im Denken der Maya wiederum mit dem Menschenherzen und dem Herzen der Ähre identisch. All diese symbolischen Verknüpfungen lassen mit Sicherheit darauf schließen, daß es im Ballspiel eine rituelle Beziehung zwischen Fruchtbarkeit und Enthauptung gab«.

[7] M. Eigen – R. Winkler: Das Spiel, 12–13 deuten die Evolution als ein *Spiel*, dessen Elemente sich aus Zufall und Regel zusammensetzen. Mit dieser These richten sich die Autoren gegen die einseitige Betonung des Zufalls besonders bei J. Monod: Zufall und Notwendigkeit, 204–219.

[8] L. Séjourné: Altamerikanische Kulturen, 296: »Die Botschaft Quetzalcoatls scheint ... keineswegs eine göttliche Offenbarung zu enthalten, sondern aus einer Vision hervorzugehen, für die der Mensch zugleich Geist und Materie ist. Das Denken der Nahua sieht in der Materie den Ausgangspunkt der objektiven Ordnung und hält sie trotz ihrer Trägheit und Vergänglichkeit für fähig, dem Determinismus, dem sie unterworfen ist, zu entrinnen; der Mythos von Quetzalcoatl versinnbildlicht den

der materiellen und der geistigen Realität gingen ineinander über und vermischten sich zur Gestaltung der wirklichen Welt, – das Ballspiel der Götter lebte in der zauberischen Vieldeutigkeit einer Symbolik, die den Menschen mit der äußeren Natur ebenso verband wie mit den Tiefenschichten seiner Psyche und den tiefsten Fragen der menschlichen Existenz. Das Ballspiel der Götter war eine kultische Anweisung, wie das eigene Leben auf göttliche Weise zu spielen sei.

Und nun das Fußballspiel unserer modernen Stadien! Es dient zweifellos in hohem Maße der Abreaktion aggressiver Impulse; aber die Welt, mit der es verbindet, ist nicht die Ordnung und Weisheit der Natur, sondern die Welt des *business* und *marketing*; nicht innere Sammlung, sondern äußere Ablenkung, nicht Sinndeutung des Lebens, sondern nervenzermürbende Abstumpfung jedweder Denkarbeit ist das Ziel derartiger Veranstaltungen. Es ist, wie wenn von der religiösen Zwecksetzung der kultischen Feiern und Spiele überhaupt nur noch äußerlich der »Sport« und das »Theater« übriggeblieben wären, – ähnlich wie die Griechen die Kulte von Olympia und Epidauros zu bloßen Showveranstaltungen degenerieren ließen, – »Brot und Spiele« statt der Mysterien einer inneren Verwandlung.

In einer solch oberflächlichen Weise werden Aggressionen zwar nach außen entladen, aber nicht wirklich aufgearbeitet;

Versuch, die schöpferische Kraft, die ihr innewohnt, zu befreien.« (Vgl. a.a.O., 280) – Zur Mythe von Quetzalcoatl vgl. E. SELER: Die Sage von Quetzalcouatl und den Tolteken in den in neuerer Zeit bekannt gewordenen Quellen, in: Gesammelte Abhandlungen, V 178–196. – Die berühmten toltekischen Atlanten von Tollan (vgl. die Abbildung bei B. CICHY: Baukunst der alten Hochkulturen, 93), die vielleicht das menschengestaltige Bild des kriegerischen Morgensterngottes versinnbilden, in den Quetzalcoatl sich verwandelte, als er sich am Golf von Tabasco verbrannte, tragen auf ihrer Brust das Bild des göttlichen Schmetterlings, der schon in Teotihuacan als ein Feuersymbol auf die Sonne verweist (W. KRICKEBERG: Altmexikanische Kulturen, 213; 329; 413–414); es blieb dem unvergleichlichen E. VON DÄNIKEN vorbehalten, in dem göttlichen Schmetterling auf der Brust der Atlanten von Tollan ein Armaturenbrett von Raumfahrern beim Start zu agnoszieren.

im Gegenteil, die Veräußerlichung des Rituellen trägt von sich aus noch zusätzlich zur Desintegration der Triebe bei.

Vor allem nämlich fördern die modernen Massenveranstaltungen gerade nicht das Bewußtsein des Einzelnen, wie es für eine Erziehung zum Frieden unerläßlich wäre[9], sondern sie lassen es im Rausch des Kollektiven versinken. Neben der Desintegration der Triebe durch Veräußerlichung führt die Zerstörung der Personalität durch ekstatische Massenerlebnisse, statt zu einer Beruhigung, eher noch zu einer weiteren dramatischen Verschärfung der Gefahr, die von den menschlichen Aggressionen ausgeht, und was ursprünglich den Triebbedürfnissen als Ventil dienen könnte und sollte, erhöht unter diesen Umständen viel eher noch den Druck im Kessel der menschlichen Psyche: die Masse ist stets roh und aggres-

[9] So meinte schon 1937 warnend C. G. JUNG: Nachwort zu »Aufsätze zur Zeitgeschichte«, X 259–261: »Der Mensch hat tatsächlich Grund genug, jene nicht persönlichen Mächte zu fürchten, die im Unbewußten wohnen. Wir befinden uns in Unbewußtheit über jene Kräfte, weil sie niemals oder wenigstens fast niemals in unserem persönlichen Handeln und unter gewöhnlichen Umständen in Erscheinung treten. Wenn aber andererseits Menschen sich anhäufen und einen Mob bilden, dann werden die Dynamismen des Kollektivmenschen entfesselt – Bestien oder Dämonen, welche in jedem Einzelnen schlafend liegen, bis er zur Partikel einer Masse wird. Der Mensch in der Masse sinkt unbewußt auf ein niedrigeres moralisches und intellektuelles Niveau . . .« »Es ist sicherlich eine gute Sache, Vernunft und gesunden Menschenverstand zu predigen, aber was wollen Sie machen, wenn Sie ein Irrenhaus oder eine kollektiv ergriffene Masse zum Zuhörer haben?« »Aber da jedermann blindlings davon überzeugt ist, daß er nichts ist als sein sehr bescheidenes und unwichtiges Bewußtsein, welches ordentlich seine Pflichten erfüllt und einen mäßigen Lebensunterhalt verdient, merkt niemand, daß diese ganze, rational organisierte Masse, die man Staat oder Nation nennt, angetrieben wird von einer anscheinend unpersönlichen, unsichtbaren, aber furchtbaren Macht«, die jeder auf das Nachbarvolk projiziert, »und so wird es zu einer heiligen Pflicht, die größten Kanonen und das giftigste Gas zu haben«. Vgl. *ders.: Theoretische Überlegungen zum Wesen des Psychischen, VIII 239, wo Jung auf die dumpfe Unbewußtheit des Massenmenschen hinweist und hinzufügt: »Der Massenmensch . . . hat das Vorrecht, an seinen großen politischen und sozialen Katastrophen, in die alle Welt verwickelt wird, jeweils völlig unschuldig zu sein«; gerade deshalb ist er so gefährlich.*

sionsbereit.[10] Demgegenüber müßte die Ritualbildung der Religion, und vornehmlich ein so wichtiges Sakrament wie die christliche *Eucharistie*, weit über die armseligen Möglichkeiten sportlicher oder ästhetischer Massenveranstaltungen hinaus, das Problem der menschlichen Aggressivität an sich von der Wurzel her beseitigen helfen.

Was die Eucharistiefeier der christlichen Kirchen angeht, so geht sie nachweislich und wie mit Absicht historisch und psychologisch gerade in die Erlebnisschichten zurück, die an die Wurzeln auch der menschlichen Aggression rühren und mit ihr genetisch auf das engste verbunden sind. Man muß diesen Wurzeln der christlichen Ritualisierung menschlicher Aggressivität in Gestalt der Eucharistie nur nachgehen, um die enorme Wirkungsbreite und Vielschichtigkeit dieses Sakramentes zur Befriedung der menschlichen Aggression in einer tiefen Übereinstimmung mit dem menschheitlichen Erbe der Religion zu begreifen.

### *Der historische Ursprung der christlichen Eucharistie*

*Historisch* gesehen ist die Vorstellung der christlichen Eucharistie von dem Gott, der auf die Erde kommt und sich töten läßt, um durch sein Fleisch und Blut zur Speise der Menschen

[10] *Scharfsinnigerweise hat bereits* G. LE BON: Psychologie der Massen, 36 den Sadismus der Massenpsyche aus der archaischen Jagdgesellschaft abgeleitet; er fragte sich, woher die häufigsten verbrecherischen Handlungen der Masse stammen, und antwortete: »Nur weil die Triebe zerstörerischer Wildheit Überreste aus der Urzeit sind, die in jedem von uns schlummern. Für den einzelnen wäre es zu gefährlich, diese Triebe zu befriedigen, während ihm sein Untertauchen in einer unverantwortlichen Masse, durch die ihm Straflosigkeit gesichert ist, völlige Freiheit der Triebbefriedigung gewährt. Da wir diese Zerstörungstriebe gewöhnlich nicht an unseren Mitmenschen ausüben können, so beschränken wir uns darauf, sie an Tieren auszulassen. Derselben Quelle entspringen die Jagdleidenschaften und die Grausamkeit der Massen. Die Masse, die ein wehrloses Opfer langsam zu Tode quält, gibt den Beweis feiger Grausamkeit; für den Philosophen aber ist sie in hohem Maße mit der Grausamkeit der Jäger verwandt, die dutzendweise zusammenkommen, um mit Vergnügen zu sehen, daß ihre Hunde einem unglücklichen Hirsch den Bauch aufreißen.«

zu werden, außerordentlich alt und beginnt mit Sicherheit schon in der Zeit der frühen Jäger.

Wir sahen bereits, daß die menschliche Aggressivität sich wohl konform zur Institution der Jagd entfaltet hat. Unter den ersten Jagdobjekten aber waren immer wieder Tiere, deren Kraft und Lebenskunst die frühen Menschen so beeindruckten, daß sie in ihnen göttliche Wesen erblickten. Insbesondere diejenigen Tiere, die mit ihren Fellen, Knochen und ihrem Fleisch als unentbehrliche Nahrungs- und Werkstofflieferanten galten, wie der Bär für die sibirischen Ostjaken oder der Büffel für die nordamerikanischen Plains-Indianer, genossen kultische Verehrung[11], und ihre Tötung selbst war ein kultischer Akt, der von Bitt- und Sühnegebeten begleitet war. Mitunter konnten bestimmte Tiere sogar kultisch gehegt werden[12], ehe sie in einem eigenen Opferritus getötet und verzehrt wurden; ja, es spricht manches dafür, daß in der kultischen Tierhege die ersten Anfänge zur Zähmung von Wildtieren überhaupt zu erblicken sind, – eine Kunst, die

[11] B. Johnston: Und Manitu erschuf die Welt, 73–74 berichtet, daß z. B. die Ojibwa-Indianer Gebete hatten, »die man beim Tod eines Tierwesens sprach oder dachte, Gebete, die Kummer und Achtsamkeit ausdrückten und mit denen man um Vergebung bat«. So bat etwa ein Jäger für einen erlegten Hirschen:
»Ich war bedürftig, / Ich habe dir Schönheit, Anmut und Leben genommen. / Ich habe deine Seele von ihrem weltlichen Leib gesondert. / Nie mehr wirst du in Freiheit laufen, / Weil ich bedürftig war. // Ich war bedürftig. / Im Leben hast du deinesgleichen in Güte gedient. / Mit deinem Leben will ich meinen Brüdern dienen. / Ohne dich muß ich hungern und werde schwach. / Ohne dich bin ich hilflos, nichts. / Ich war bedürftig. / Gib mir Kraft durch dein Fleisch. / Gib mir deine Hülle als Schutz. / Gib mir deine Knochen für meine Arbeit, / Und mir wird es an nichts fehlen.« – Die Tiere waren für die Ojibwas die älteren Brüder des Menschen, und entsprechend wurden sie verehrt.

[12] Zur kultischen Tierhege vgl. A. Gehlen: Urmensch und Spätkultur, 184–193, der die kultische Verehrung der Tiere aus der Ambivalenz ableitet, daß die Tiere teils als Nahrung, teils als Daseiendes in seinem Selbstwert erfahren wurden. Vermutlich dürfte die gesamte Tierzucht kultischen Ursprüngen entstammen, wobei die praktische Magie der kultischen Tierhege eine sekundäre Nützlichkeit schuf, die den Naturzweck zum eigenen Zweck (Ernährung und Fortpflanzung) erhob.

nach dem Rückgang der letzten Vereisung für die frühen Pflanzer geradezu lebenswichtig werden sollte.

Aus manchen Mythen noch lebender Naturvölker lassen sich dabei die Vorstellungen in etwa rekonstruieren, mit denen die Tiergötter und ihr göttliches Mahl betrachtet wurden.[13]

Die ostjakischen Wogulen z. B. sahen in dem Bären den Sohn des Himmelsgottes Torem, der sich aus Gehorsam gegen den Willen seines Vaters in den Tod gibt; sein Tod aber war nur der Beginn seiner Auferstehung und Himmelfahrt: aus den Krallen seiner Tatzen, die man am Flußufer beisetzte, entstand die Gestalt des geopferten Tieres in dem Sternbild des Großen Bären am Nachthimmel neu.[14] Durch seinen Tod und seine Auferstehung wurde der Bär somit zum Vorbild einer Deutung auch des menschlichen Lebens. Die Menschen selbst galten als bärenhaft: auch sie müssen sterben; aber indem sie das Fleisch des geopferten Tiergottes essen, nehmen sie selber schon jetzt an dem Leben und der Auferstehung des göttlichen Tieres und mithin an seiner Unsterblichkeit teil. So wie der Gestorbene im Akt des Essens in ein neues Leben eingeht und in gewisser Weise dadurch im Leben der Kultgemeinde unsterblich wird, so macht auch umgekehrt der unsterblich Gewordene selbst die Essenden eines ewigen Lebens teilhaftig.

[13] Vgl. E. Drewermann: Strukturen des Bösen, II 198–202; bes. J. G. *Frazer:* hat eindrucksvolle Belege über das Ritual und die Schuldgefühle beim Jagen bestimmter Tiere gesammelt; vgl. z. B. zum Bärenkult J. G. Frazer: Der goldene Zweig, 736–737.

[14] Zum Bärenkult der sibirischen Ostjaken vgl. das Märchen von der Mos-Frau bei J. Gulya: Sibirische Märchen, I 26–36. – Sehr verwandte Vorstellungen fanden sich auch bei den nordamerikanischen Naskapi-Indianern der Subarktis, in deren Vorstellung jede Tierart unter dem Schutz des Herrn der Tiere stand, der jede sinnlose Tiertötung bestrafte. Die Riten der Hochachtung, Dankbarkeit und Versöhnung des Geistes des getöteten Bären, sein Mahl und sein Begräbnis schildert H. Läng: Kulturgeschichte der Indianer Nordamerikas, 99–100. – Zu den Vorstellungen des Bärenkultes und den Identifikationsverhältnissen zwischen Mensch und Tier vgl. A. Friedrich: Die Forschung über das frühzeitliche Jägertum, in: Peudeuma, Bd. II (1941–1943), 20–43.

Ohne Zweifel bilden diese rituellen Mahlzeiten der eiszeitlichen Jägervölker das früheste noch greifbare Vorstadium auch des christlichen Abendmahles, und bereits rein historisch gibt sich die christliche Eucharistie damit als ein wahres Ursakrament zu erkennen. Die Anfänge des Bärenkultes liegen etwa 40000 Jahre zurück[15], und die Wurzeln derartiger religiöser Vorstellungen dürften mit Sicherheit sogar noch weit älter sein als die Art des homo sapiens selbst, aus der die heutigen Menschenrassen hervorgegangen sind; die Zeit des Neandertalers ist die früheste noch belegbare Quelle des christlichen Hauptsakramentes, und selbst die Vorstellungen des Neandertalers dürften ihrerseits bereits durch den unbezweifelbaren Kannibalismus schon des homo erectus vorgeprägt gewesen sein (s. o. S. 51). Derart urtümlich und ursprünglich ist der Versuch des Christentums, nach dem Vorbild uralter Menschheitstradition die menschliche Aggression rituell zu integrieren und dem Leben dienstbar zu machen.

Seine besondere Gestalt aber hat die christliche Eucharistie nicht von den eiszeitlichen Jägern, sondern durch die Vorstellungen und Riten der frühen Pflanzerkulturen empfangen, und noch einmal müssen wir diesen Anschauungen nachge-

[15] Zum Bärenkult des Neandertalers vgl. G. Constable: Die Neandertaler, 115–120. Der deutsche Archäologe E. Bächler entdeckte durch Ausgrabungen von 1917–1923 im Drachenloch in den Schweizer Alpen das berühmteste Zeugnis des Bärenkultes der Neandertaler: eine quadratische Kiste aus Steinen mit einer massiven Deckplatte, in der sieben Bärenschädel lagen, deren Schnauze auf den Höhleneingang ausgerichtet waren. In der Höhle selbst fanden sich sechs weitere Schädel in Nischen der Felswand; bei »einem dieser Schädel hatte man durch die Öffnung des Wangenbeins einen Beinknochen gesteckt«. – In Südfrankreich bei Regourdon fand man eine rechteckige Grube mit einer tonnenschweren Deckplatte, die die Knochen von über 20 Höhlenbären barg. – 1970 fand R. Solecki, dem auch die wichtigen Ausgrabungen in Shanidar im Irak zu verdanken sind, in einer Höhle im Libanon Beweise für eine Hirschzeremonie: vor 50000 Jahren zerstückelten hier einige Neandertaler einen Damhirsch, legten das Fleisch auf ein Bett aus Steinen und besprengten es mit rotem Ocker, offenbar als Symbol des Blutes, um das getötete Tier ins Leben zurückzurufen.

hen, weil sie die früheste Entstehung ebenso wie die ersten Zähmungsversuche der menschlichen Aggression begleiten.

Für gewöhnlich versucht die christliche Dogmatik, die Wurzeln des Altarssakramentes in der jüdischen Passahfeier und in der Theologie des Exodus zu finden.[16] In der Exegese

[16] Es gilt in der katholischen Kirche als definiertes Dogma, daß Christus, bevor er litt, die hl. Eucharistie eingesetzt habe; DENZ. 844; 2045; J. BRINKTRINE: Die Lehre von den heiligen Sakramenten der katholischen Kirche, I 240–244. Nach den Synoptikern hat Christus das Abendmahl an das Passahmahl angeschlossen. H. LIETZMANN: Messe und Herrenmahl, 252ff. meinte dagegen, das vorpaulinische Abendmahl sei lediglich die Fortsetzung der Tischgemeinschaft Jesu mit seinen Jüngern gewesen. – Das Passahfest war ursprünglich ein Frühlingsfest der Wanderhirten beim Weidewechsel, das am 15. Nisan, dem ersten Frühlingsvollmond, gefeiert wurde und dem Zweck diente, einen in der Nacht umgehenden Wüstendämon mit Blut abzuwehren; in dieser Form hat sich der Ritus noch heute bei den arabischen Beduinen erhalten: »Wann und wo immer der Beduine in ein neues Zelt oder Haus einzieht, die einmal Ort eines Unglücks waren, schlachtet er auf der Schwelle ein Schaf und beschmiert Pfosten und Türsturz mit Blut. Die Braut, die er heimführt, muß durch das Blut eines frisch geschlachteten Schafes das neue Heim betreten. In Mekka, dem Geburtsort Mohammeds, muß jeder Pilger beim Opferfest . . . eins oder mehrere Tiere opfern und durch das Blut der Tiere schreiten.« E. E. VARDIMAN: Nomaden, 63. Zur Verbindung des Passahritus mit der israelitischen Exodus-Tradition vgl. M. NOTH: Das zweite Buch Mose, 65–80, der im Passahritus »eigentlich ein Erstgeburtsopfer« sieht (Ex 13,2.12–15; 34,19.20; Dtn 15,19), wie es im NT in Lk 2,21–24 geschildert wird. Einem ganz anderen Vorstellungskreise gehört *das Ritual des Gottessens* an, das gerade nicht apotropäisch, sondern oral-aufnehmend ist und nicht der Abwehr, sondern der Identifikation mit einem göttlichen Wesen gilt (aber s. u. Anm. 19). Der Ritus des »Brotbrechens« (Act 2,42) bedeutete für die frühen Christen »die Reaktualisierung der Gegenwart Christi und infolgedessen des Reiches, das er errichtet hatte; andererseits war der Ritus eine Antizipation des messianischen Mahls am Ende der Zeiten. Aber die Worte Jesu lassen eine noch tiefere Bedeutung erkennen: die Notwendigkeit seines freiwilligen Opfers, um den ›neuen Bund‹, das Fundament des Neuen Israel, zu schaffen. Dies impliziert die Überzeugung, daß neues religiöses Leben nur durch den Opfertod hindurch erscheint; die Auffassung ist . . . archaisch und überall verbreitet«. M. ELIADE: Geschichte der religiösen Ideen, II 292. Der zugrundeliegende Mythos, »in dem die einsetzende Fruchtbarkeit der Natur und ihre alljährige Erneuerung mit dem Erdenbesuch des Gottessohnes, seiner Ermordung und Auferstehung verbunden ist, gehört zu den meistverbreiteten und beständigsten Mythen«. »Die Riten, in denen dieser Mythos fixiert und wiederholt wird, haben ihre Lebendigkeit seit dem Beginn des

des Neuen Testamentes spielt es nach wie vor eine große Rolle, ob Jesus in historischem Sinne aus Anlaß der Passahfeier die Deuteworte über das Brot und die Formel über den Segensbecher auf sein Leiden und Sterben hin verstanden hat oder ob es eine solche Passahfeier Jesu vielleicht gar nicht gegeben hat.[17] Aber gesetzt selbst, diese Frage ließe sich

Ackerbaus bis auf den heutigen Tag beibehalten.« Die allgemeine Form dieses Mythos lautet, daß nächst dem Gott oder den Schöpfergöttern »erst die neue Vereinigung von Himmel und Erde Fruchtbarkeit« hervorbringt. »Aus dieser Hierogamie entstehen der Sohn oder die Söhne Gottvaters. Die Mutter ist die Erde oder eine Sterbliche, die sich später in die Große Mutter verwandelt. Der Gottessohn wird getötet, zerrissen, und sein Leib wird zur Nahrung. Die verstreuten Glieder werden zusammengefügt, der Gottessohn steht auf von den Toten, besucht das Totenreich und fährt mit seiner Mutter in den Himmel auf. Die Wiederholung von Passion und Opfer des Gottessohnes, der Mord, die Zerreißung und der Verzehr des Leibes des Stellvertreters sind die Garantie für Erntefülle, Fruchtbarkeit und Erneuerung und in den stärker spirituell orientierten Religionen die Teilnahme an der göttlichen Weltgeschichte und die Erlösungsgarantie.« J. Kott: Gott-Essen, 209–210. Besonders die Forschungen von A. E. Jensen: Die getötete Gottheit, 81–111 haben gezeigt, daß dieses Mythem wahrhaft menschheitlich verbreitet war und ist.

17 Vor allem der liberale Protestantismus leugnet mit guten Gründen die historische Einsetzung des Abendmahls durch Jesus und sieht darin eher die Fortsetzung der Mahlgemeinschaften, die Jesus mit Zöllnern und Sündern als Zeichen der anbrechenden Gottesherrschaft hielt; so H. Lietzmann: Messe und Herrenmahl, 252ff.; sogar die Arnoldshainer Thesen, die aus zehnjährigen Beratungen lutherischer, reformierter und unierter Theologen hervorgingen, schließen sich in etwa dieser Meinung an; vgl. Lutherischer Rundblick 1958, S. 139; anders urteilen z. B. J. Jeremias: Die Abendmahlsworte Jesu, 100; P. Neuenzeit: Das Herrenmahl, 70–76. Wichtiger als derartige Rekonstruktionsversuche der geschichtlichen Entwicklung der christlichen Eucharistie ist indessen die Feststellung, daß die dogmatischen Ansichten zum Abendmahl den *Archetyp des Gottessens* aufgreifen; C. G. Jung: Das Wandlungssymbol in der Messe, XI 270–275; 290–298. Es geht hier wohlgemerkt nicht um die These, daß die dogmatischen Lehren des Christentums zur Eucharistie etwa aus bestimmten historischen Einflüssen der Antike in historischem Sinne *entstanden* seien; wohl aber gilt es zu sehen, daß die christlichen Vorstellungen in sich selber archetypisch sind und zahlreiche außerchristliche Parallelen besitzen. – Zur Entwicklung des jüdischen Passah und seiner Theologie vgl. F. E. Wilms: Freude vor Gott. Kult und Fest in Israel, 309–325.

eindeutig bejahen, – wozu historisch gewiß keine Grundlage besteht –, so hat man dabei doch noch lange nicht vor Augen, was die christliche Dogmatik mit dem Sakrament der Eucharistie bezeichnet: daß der Sohn Gottes sein Fleisch in der Gestalt des Brotes und sein Blut in der Gestalt des Weines opfert, um über den Tod hinaus seinen Gläubigen gegenwärtig zu sein und ihnen an seinem Tod und seiner Auferstehung Anteil zu geben. Dieser für das Christentum entscheidende Gedanke hat mit der jüdischen Passahfeier nicht das mindeste zu tun; er wird in dieser Form historisch auch gewiß nicht auf eine besondere Stiftung Jesu zurückgehen; wohl aber war das Ritual des »Gottessens« offenbar in Umformung der älteren Riten der eiszeitlichen Jägerkulturen in den antiken Ackerbaukulturen des Mittelmeerraumes seit Jahrtausenden als ein archetypischer Gedanke weitverbreitet und brauchte von der frühen Kirche nur zur Deutung auch der eigenen Glaubenserfahrungen aufgegriffen und aktualisiert zu werden. In den Religionen der frühen Ackerbauern galt die Frucht der Felder als das Kind von Vater Himmel und Mutter Erde, und das Ernten des Korns, das Zerstampfen der Weinreben, galt als ein Töten des göttlichen Kindes, das sich, wie die göttlichen Tiere der Eiszeit, den Menschen zur Speise gab.

Der Korngott Osiris[18] oder der Weingott Dionysos[19] z. B.

[18] Die Osirismythe nach Plutarch bietet G. Roeder: Urkunden zur Religion des Alten Ägypten, 15–21. Zum Osiriskult vgl. H. Kees: Totenglauben und Jenseitsvorstellungen der Alten Ägypter, 132–159. Aus dem Gestirnkult von Heliopolis entwickelte sich in der jüngeren ägyptischen Religion die Gleichsetzung des Osiris mit dem Monde; dem Sonnengott Re gehörte das Tageslicht, Osiris die Nacht; aber die Osirislehre dehnte sich gegen die Sonnenlehre aus und erhob Osiris zum Allherrn. Noch stärker wirksam wurde die Gleichsetzung des getöteten Osiris, der dem Mythos nach aus dem Wasser gerettet wird, mit den jährlichen Überschwemmungen des Nils: Osiris ist als chthonischer Gott Quelle alles Wachstums; auch der angenehme Nordwind geht aus der Höhle des Osiris hervor. »Diese für die Hoffnungen des ägyptischen Totenglaubens so wichtigen Ausdeutungen haben Osiris in den Augen der Neuzeit meist zu einem Naturgott gemacht, der sich im Sterben und Wiederaufsprießen der Vegetation offenbart, eine Gottesgestalt, die man mit Attis und Adonis zusammengestellt hat ... nicht zufällig sehen wir die großen

Feiern des Osiris, die sein Begräbnis umrahmen, ans Ende des letzten Monats der Überschwemmungsjahreszeit gesetzt, also als Einleitung zur Jahreszeit des ›Hervorgehens‹ der Saat.« (KEES: a.a.O., 147) Hier liegt auch die im ganzen Alten Testament nicht belegbare Verbindung zwischen dem *Sterben des Gottkönigs* und dem Beginn seiner *Weltherrschaft:* als König der Unterwelt wirkt Osiris den Segen der Überschwemmung des Nils, »genau wie man seine Thronbesteigung als Wiederkehr des ersten Hervorgehens der Sonne aus dem Urgewässer feierte«. (KEES: a.a.O., 147) Zum Sakrament der ersten Früchte, das aus der Tötung des Korngeistes entsteht sowie zur Verwandtschaft des Osiris mit Adonis und Attis vgl. *J. G. Frazer:* Der goldene Zweig, 523–562; 697–710. – Der Osirismythos »legt denselben Nachdruck auf den Tod und die Auferstehung, wie er auch im Christentum sich zeigen sollte, und er enthält auch etwas von der Verbindung von Menschlichem und Göttlichem«. M. J. VERMASEREN: Religionen im Wettstreit mit dem Christentum, in: A. Toynbee (Hrsg.): Auf diesen Felsen, 235. – Vor allem der (gemessen am Adoniskult ungleich rohere) Kult des phrygischen *Attis* hat in Rom einen solchen Anklang gefunden, daß auch die Christen die Passion Christi auf den 25. März, den Tag der Frühlingsäquinoktien, verlegten; J. G. FRAZER: Der goldene Zweig 524–526. Im Attiskult scheint auch die theologische Einheit von sakramentalem Mahl, (Blut-)Taufe und Wiedergeburt im Sterben und Auferstehen des Gottes begründet zu sein; FRAZER: a.a.O., 512. – Zu den Analogien des christlichen Festzyklus mit den heidnischen Feiern von Isis und Osiris (am 6. Januar findet die Göttin Isis den wiedererscheinenden Osiris wieder; der Februar ist ihr Reinigungsmonat; das Osterfest begeht den Frühling und trägt selbst den Namen der Liebesgöttin Astarte, – usw.) vgl. schon F. CREUZER: Symbolik und Mythologie der alten Völker, IV, 601–611. – Wie wenig es hier darauf ankommt, *historische* Zusammenhänge zu konstruieren, wie sehr vielmehr die geistige und psychische Verwandtschaft der archetypischen Grundüberzeugung zu beachten ist, zeigt die außerordentliche Ähnlichkeit des christlichen Ritus des Gottessens mit dem aztekischen Ritual des Teoqualo; vgl. dazu E. SELER (Übers.): Einige Kapitel aus dem Geschichtswerk des Fray Bernardino de Sahagun, 258–264; J. G. FRAZER: Der goldene Zweig, 710–714; A. E. JENSEN: Die getötete Gottheit, 105–108; C. G. JUNG: Das Wandlungssymbol in der Messe, XI 243–246. Immer wieder kommt dabei auch die Verbindung des getöteten (und zerstückelten) Gottes mit dem Mond zum Ausdruck, dessen drei Tage, da er (als Neumond) im Grab ruht, eine auffallende Ähnlichkeit zum Credo der frühen Kirche von der Auferstehung Christi am dritten Tage (1 Kor 14,4) aufweisen. Zum Leiden des Messias auf dem Hintergrund der alten Fruchtbarkeitskulte vgl. schon A. DREWS: Die Christusmythe, 30–51.

19 Zu der mystischen Opferzeremonie der Dionysosreligion und ihrer Verwandtschaft mit dem christlichen Abendland vgl. K. KERÉNYI: Dionysos. Urbild des unzerstörbaren Lebens, 191–210. Interessanterweise ergibt sich auf diese Weise doch eine gewisse Beziehung zum jüdischen Passah: es scheint den Texten von Ras Schamra zufolge ein semitisches Dionysosfest gegeben zu haben, bei dem ein Böcklein (bei den Griechen in sieben

bildeten in ihrem Sterben nicht nur in materiellem, sondern vor allem in mystisch-religiösem Sinne die Grundlage des menschlichen Lebens. In ihrem Sterben und in ihrer Auferstehung verdichtete sich das Leben der Vegetation, das sich immer wieder aus dem Tod erneuerte und durch sich selbst die Idee und Hoffnung ewigen Lebens nahelegte und erfüllte. In der Weltsicht der alten Mythen war das Leben selbst ein Sakrament. Wenn man das Korn der Felder aß, nahm man das

Teile) zerrissen und (bei den Griechen nicht bezeugt) in seiner Milch gekocht wurde. »Das zum Gott gewordene Zicklein vereinigt sich mit ihr wieder, wie es Dionysos mit seiner göttlichen Mutter tat. Er stieg im Mythos zu ihr in die Unterwelt hinunter. In der Fassung, in der wir die Geschichte der Unterweltsfahrt des Gottes kennen, heißt die Mutter Semele, für die Orphiker war sie Persephone, die Tochter des Rhea. Als das würdigste Holz zu einer Statue der Rhea, die – wie wir wissen – das zerstückelte Dionysos-Kind wieder zusammensetzt, erschien den Argonauten ein gigantischer Weinstock: aus ihm wurde ihr Kultbild geschnitzt«. K. Kerényi: a.a.O., 205–206. Von daher versteht man den abwehrenden Sinn des Gebotes aus Ex 23,19; 34,26; Dtn 14,21 das Passahlamm *nicht* zu zerteilen und nicht in seiner Mutter Milch zu kochen. Das christliche Abendmahl knüpft mithin gerade an die vom jüdischen Passahmahl *verleugneten* Inhalte der Fruchtbarkeitsreligion wieder an. – Die Symbolik des Weinstocks oder des Baumes des Attis lebt in der christlichen Kreuzesvorstellung mit der archaischen Vorstellung von Tod und Auferstehung, Taufe und Unsterblichkeit weiter; M. Eliade: Geschichte der religiösen Ideen, 244; 246; 339–343; E. Drewermann: Die Symbolik von Baum und Kreuz in religionsgeschichtlicher und tiefenpsychologischer Betrachtung, 17–21. Spezifisch »christlich« ist an diesen Vorstellungen einzig die Tatsache, daß »das Christentum einen sakramentalen Wert der Sexualität nie gekannt« hat (Eliade: a.a.O., II 244), mit der Folge, daß die archaische Symbolik sich in den »Schwarzen Messen« des Mittelalters und der Neuzeit im Untergrund fortsetzte (s. u. S. 333, Anm. 62). – Zum Dionysoskult und dem Ritual des Gottessens und der Verwandtschaft zum christlichen Abendmahl vgl. J. Kott: Gottessen, 211–234, wo ein Vergleich des Pentheus-Mythos in den »Bakchen« des Euripides mit der christlichen Eucharistie versucht wird. Indem es dort die *Mutter* ist, die rasend ihren eigenen Sohn zerreißt und tötet, versteht man auch den immer wieder gegen die Christen erhobenen Vorwurf, sie brächten bei der Eucharistie Kinderopfer dar und verzehrten sie. Pentheus, der »Leidensmann«, dürfte im Ursprung kretisch-minoischer Religiösität entstammen; K. Kerényi: Die Bacchantinnen des Euripides, in: Auf Spuren des Mythos, 277–284; M. Eliade: Geschichte der religiösen Ideen, I 332–336.

ewige Leben des Korngottes zu sich, und wenn man das Blut der Reben trank, so trat man selbst in den ekstatischen Bereich ein, in dem die Grenzen der irdischen Existenz in Raum und Zeit sich in die Ewigkeit hinein öffneten. Das Leben der Vegetation in ihren zentralen Symbolen und sakramentalen Verdichtungen war das Vorbild dessen, was auch der Mensch für sich zu hoffen wagen durfte und wonach er sein Leben in Tod und Auferstehung deuten und verstehen konnte.

Diese urtümliche sakramentale Einheit des Menschen mit dem Gott, der durch seinen Tod zur Grundlage des Lebens wird, setzt sich von den eiszeitlichen Jägern her bei den Pflanzern ungebrochen bis ins Christentum fort. Die Übereinstimmung der christlichen Vorstellung mit diesen archaischen Anschauungen wird noch dadurch bestätigt, daß das Sakrament der Eucharistie, wiederum in Übereinstimmung mit den Religionen der Menschheit, nach uraltem Vorbild auf das engste mit dem Sakrament *der Taufe*, also mit dem Symbol für Tod und Auferstehung zusammenhängt.

Bereits für die frühen *Jäger* ergab sich die Zugehörigkeit des Einzelnen zu bestimmten göttlichen Tieren durch die totemistischen Verwandtschaftsbeziehungen. Wer einem bestimmten Clan zugehörte, verkörperte damit zugleich auch das Wesen des Totemtieres dieses Clans.[20] Bei den *Pflanzern* scheint die Verbindung mit dem sterbenden Gott der Lebensmittel und des Lebenssakramentes durch einen taufähnlichen Ritus hergestellt worden zu sein. Auf der Molukkeninsel Ceram z. B., wo sich der Glaube an die sterbende Gottheit Hainuwele bis heute lebendig erhalten hat, wird jedes Neugeborene noch heute rituell auf die gleiche Art behandelt, wie die Palm- und Mondgöttin Hainuwele selber zur Welt kam: der Ritus der Geburt macht jedes Kind zu einer kleinen

[20] Zur mystischen, traumhaften Partizipation des Einzelnen an seinem Totem in einer Art Verschmelzung, ja Identität beider Wesen vgl. L. LÉVY-BRUHL: Die geistige Welt der Primitiven, 100–103.

Hainuwele[21], und wie die Göttin der Kokospalme der indonesischen Mythologie zufolge beim großen Maro-Tanz getötet und gegessen wurde, dann aber als Mond am Himmel erschien, so ist auch der Mensch dazu bestimmt, in seinem Tod in das Reich der Unterweltgöttin Saténe einzutreten, der Totenrichterin der jenseitigen Welt.[22] Ganz entsprechend wird auch heute noch ein Christ getauft auf den Tod des Herrn, den er in der Eucharistie begeht; und wie die Gottheit im Tod das Leben schafft, so empfängt der gläubige Christ durch Taufe und Eucharistie ein Unterpfand auch seiner eigenen Auferstehung und Unsterblichkeit. – Ähnliches ließe sich von den griechischen Mysterienkulten in Eleusis sagen[23], deren Einfluß auf die christliche Eucharistiefeier auch religionsgeschichtlich außer Frage stehen dürfte.

*Ausagieren und Integrieren statt Verdrängen*

Fragen wir uns, welch eine Lösung im Umgang mit der menschlichen Aggression von dem Sakrament der Eucharistie als dem zentralen Symbol des Christentums vor diesem Hintergrund zu erhoffen ist, so läßt sich bereits als erstes sagen, daß die Eucharistie *an sich* religionspsychologisch dazu bestimmt ist, die aggressiven Impulse im Menschen gerade nicht nach Art einer moralischen Radikalkur zu verbieten oder zu verdrängen, sondern *anzunehmen*, zu *integrieren* und als Teil einer sinnvollen Ordnung zu *interpretieren*. So wie das Leben in sich selber heilig ist und sich als Einheit von Geburt und Tod erneuert, so ist auch die menschliche Aggressivität in den sakramentalen Riten der Völker, vornehmlich aber in den eucharistischen Opfermahlfeiern, in sich etwas Heiliges, Be-

[21] A. E. Jensen: Die getötete Gottheit, 46–55; E. Drewermann: Strukturen des Bösen, II 597–613.

[22] A. E. Jensen: a.a.O., 50.

[23] Zu den Mysterien von Eleusis vgl. J. G. Frazer: Der goldene Zweig, 572–581; A. E. Jensen: Die getötete Gottheit, 87–98; M. Eliade: Geschichte der religiösen Ideen, I 268–278, wo erneut besonders die Einheit von Tod und Leben, Initiation (Taufe) und Unsterblichkeit hervorgehoben wird.

rechtigtes, ja Notwendiges, das dem Erhalt des Daseins dient und darin sein Maß und sein Ziel findet. Nicht die Illusion eines Lebens ohne Zerstörung ist die eigentliche religiöse Verheißung solcher Riten[24], sondern daß der notwendige Anteil an menschlicher Zerstörungsarbeit in sich selber nicht zerstörerisch sein muß, wenn er geheiligt und zum Leben zugelassen wird. Statt, wie die immer wieder vergeblichen ethischen Anweisungen, die menschliche Aggression als etwas Ängstigendes, Gefährliches und Schädliches mit Verstand und Willen niederzuhalten und zu bekämpfen, liegt der Religion gerade an der Heiligung, der Einbeziehung des aggressiven Potentials der menschlichen Psyche in und durch bestimmte heilige Handlungen. Immer wieder muß die Gottheit in diesen die menschliche Aggression rituell neutralisierenden Handlungen getötet werden, aber selbst das Töten erweist sich letztlich als ein Dienst an der Gottheit: es dient

[24] In der katholischen Dogmatik gilt es als sententia communis bzw. als definiertes Dogma, aufgrund außernatürlicher gewöhnlicher Gnadengaben seien die Menschen am Anfang, im Paradies, von Krankheit und Tod befreit gewesen und in einen solchen Zustand würden sie kraft der Erlösung Christi wieder erhoben; J. Brinktrine: Die Lehre von der Schöpfung, 292; 294. Diese im Grunde hochmythologische Lehre ist unsinnig, solange sie, wie es zumeist geschieht, äußerlich naturhaft verstanden wird: sie steht dann nicht nur im Widerspruch zu den biologischen Gesetzen, nach denen Krankheit und Tod das unvermeidliche Los aller mehrzelligen Organismen sind, – sie führt auch zu einer äußerst schädlichen Anspruchshaltung gegenüber der Natur, die in säkularisierter Form mit medizinischen Mitteln den Tod wie einen Gegner des Lebens, des Menschen zu verdrängen sucht. Die Urzeiterzählungen der Völker von einem leidlosen, paradiesischen Zustand am Anfang der Welt beschreiben jedoch im Gegenteil ein Leben, das mit dem Tod als einem natürlichen Schicksal innerlich versöhnt ist; vgl. E. Drewermann: Strukturen des Bösen, I 378–389, Nachtrag zur 3. Aufl. 1981: Von dem Geschenk des Lebens oder: das Welt- und Menschenbild der Paradieserzählung des Jahwisten. – Im Neuen Testament hat vor allem Röm 5,21 zu der Annahme verleitet, der »Tod« sei als physisches Schicksal durch die Sünde über den Menschen gekommen; so O. Kuss: Der Römerbrief, 241–275; in Wirklichkeit ist mit »Tod« nicht das physische Sterben und somit eine objektive Verschlechterung der Welt, sondern das Unleben der Gottesferne inmitten einer Weltsicht der Angst und inneren Zerrissenheit gemeint.

ihrer Verewigung, und ihr Leid ist unerläßlich, »um gerade so in die Herrlichkeit einzugehen«.

Daher besitzt die Religion des Christentums zusammen mit den uralten Riten der Völker eine tiefe Weisheit darin, daß sie, wie diese, den Tod des Herrn immer von neuem im Meßopfer der katholischen Kirche *wiederholt.* Wenn der Gott selbst getötet werden will, um Leben zu ermöglichen, so findet die Aggression im Ritus ihren heiligenden Ort und ihren integrativen Stellenwert; innerhalb des rituell erlaubten Bereiches kann sie sich in jedem Fall so weit erschöpfen und abarbeiten, daß sie ihre explosive Gefährlichkeit verliert.

Die erste Antwort der Religion im Umgang mit der Aggression ist also eine Art ritueller Rollen- und Aufgabenzuweisung der menschlichen Aggressivität und somit *indirekt* ihre Begrenzung. Man versteht psychologisch innerhalb dieses Denkens, warum in der Tat scheinbar so »wilde« Völker wie die Kopfjäger und Kannibalen Neuguineas[25] oder des

[25] Vgl. A. FALK-RØNNE: Meine Freunde – die Kannibalen, 87, der von den Eingeborenen Neuguineas meint, er erkenne »nicht nur das Spannende ihres Alltags«, sondern auch »ihre ruhige Zufriedenheit, freie, unabhängige Menschen zu sein«. Das hindert nicht, daß uns nach europäischen Vorstellungen eine Welt grauenhaft vorkommen muß, in der Kopfjagd und Kannibalismus noch 1957 an der Kasuarküste 78 Menschen das Leben kosteten (a.a.O., 32–33), wo den Kopf eines Feindes erbeutet zu haben, die Voraussetzung zum Abschluß einer Ehe darstellt (S. 75; 201), wo man einen Mann, der von einem bösen Geist besessen ist, tötet und seine Eingeweide ißt, um seiner Seele zu helfen (121), oder wo ein Sohn das Gehirn seines Vaters verzehrt, um ihm zu helfen, ins Totenreich einzugehen (205). – F. STEINBAUER: Tarabo, in: H. Harrer (Hrsg.): Unter Papuas, 67–68 warnt denn auch zu Recht vor der Verlogenheit des Bildes vom edlen Wilden und meint: »Das Ethos der Stämme im Tarabo-Gebiet wurzelt in dem Prinzip der Stärke und im rigorosen Ausspielen von Macht. Allein von da aus wird verständlich, wie bedrückend und angsterfüllt das gesamte Lebensgefühl der Stammesangehörigen war . . . Es war bis zum Ende hin eine Kultur des wechselseitigen Terrors und der Unbarmherzigkeit. Das sollte man bei aller Erhabenheit und Naturverbundenheit urzeitlicher Gemeinschaften nie vergessen . . . Man muß die verstümmelten Hände jener Frauen gesehen haben, die sich beim Tod eines jeden Angehörigen ein Fingerglied abhacken müssen; man muß die Ruhelosigkeit jener Männer erfahren haben, die Nacht für Nacht Wachen aufstellten, weil sie nie vor grausamen Überfällen sicher waren . . . Und

Amazonasbeckens[26] zur Überraschung vieler abendländischer Beobachter mit ihren Vorurteilen von der Wildheit der »Primitivvölker« für objektiv friedlicher, freudiger und gütiger gelten müssen als der Menschentyp des in sich zerquälten und zerrissenen Abendländers, der, in Abkehr von der eigenen sakramentalen Weisheit des Christentums, gegen seine aggressiven (und sexuellen) Triebe ankämpft, nur um sich immer aussichtsloser daran zu verlieren.

Die »Lösung« der Religion, wenn man das Christentum in seiner Dogmatik, statt in seinem faktischen Erscheinungsbild, ernst nimmt, besteht in einem Gleichmaß, das jeder ethischen Kontrolle unendlich überlegen ist: sie umgeht die Gefahr unvorhergesehener, »wilder« Triebdurchbrüche durch die *Erlaubnis* einer ritualisierten, mithin durch sich selbst *begrenzten* Ausagierung und Gewährung. Sie unterstellt damit, daß die menschlichen Triebe *an sich* nicht böse sind, und wenn man es vermeidet, sie angstvoll zu unterdrük-

man sollte das Los jener vielen Frauen einmal bedenken, die kaum mehr galten als die Haustiere ...« – Trotzdem läßt die Angst vor äußeren Feinden und Verfolgern, realen wie eingebildeten, immer noch einen gewissen Spielraum der Flucht, des Angriffs und der Magie offen, während die inneren Ängste und Verfolger unserer Neurotiker schier unentrinnbar sind. Es ist die Frage, was von beiden grausamer ist. – [26] Vgl. P. Baumann – E. Patzelt: Erinnerungen eines Kopfjägers, 142–144. Vor allem C. Lévi-Strauss: Traurige Tropen, 354–364 hat darauf hingewiesen, daß es stets nur bestimmte Züge einer Gesellschaft sind, die auf Angehörige einer anderen Gesellschaft barbarisch wirken. So stellt er der Anthropophagie der »Wilden« die »Anthropoemie« (von griechisch emein: erbrechen) unserer Kulturen gegenüber, die der bösen Geister nicht Herr werden, indem sie andere Menschen verzehren, sondern indem sie den »Schuldigen« aus der sozialen Gemeinschaft ausstoßen. Die nordamerikanischen Plainsindianer z. B., die auch Kannibalismus praktizierten, bestraften einen Schuldigen, indem sie sein Eigentum (Zelt und Pferde) zerstörten und ihn somit um so mehr vom Stamm abhängig machten; die »Polizei« hatte die kollektive Wiedergutmachung des Schadens zu organisieren, den der Schuldige durch seine Bestrafung erlitten hatte; es wäre diesen Stämmen absurd und unmenschlich vorgekommen, den Schuldigen zu bestrafen, indem man ihn von seinen sozialen Bedingungen abschneidet.

ken und zu verdrängen, so könnten sie entsprechend dieser weitherzigen und vertrauensvollen Einstellung sehr wohl dem Leben dienen, statt dem Tode. Keine Psychotherapie jedenfalls kann weiser sein als dieses uralte Prinzip der religiösen Sakramente; und erst wenn die religiöse Heiligung des menschlichen Daseins mißlingt, beginnt das Dilemma des Ethischen und die Ohnmacht des Religiösen, von dem wir gesprochen haben.

### *b) Das Prinzip der Vergebung und die Unschuld des Daseins*

Ein zweites ist in diesem *sakramentalen* Versuch zur Steuerung der menschlichen Aggressivität bereits enthalten: *das Prinzip der Vergebung und der neu geschenkten Unschuld.*

#### *Das urtümliche Schuldgefühl des Tötenmüssens*

Gerade in dem Weltbild der Mythen ist das Töten, wie wir sahen, stets mit dem Erleben von Schuld verknüpft (s. o. S. 21). Es ist der *böse* Seth, der den guten Osiris tötet[27], das böse Wildschwein, das den schönen Adonis[28] ermordet, der dunkle Hades, der die blühende Persephone raubt[29], usw. In all diesen Mythemen ist das Tötenmüssen (Ur-)Schuld, und eine gewisse Tragik durchzieht von daher notgedrungen das mythische Weltbild. Wenn das Dasein selber sich nur durch den Tod erhalten kann, so ist zu leben niemals reine Freude. Wenn bei den japanischen Ainus der göttliche Bär an einen Pfahl gebunden und getötet wurde, so weinten und klagten die Frauen, die das Jungtier großgezogen hatten[30]; wenn auf

[27] Zur Gestalt des »bösen« Seth vgl. H. KEES: Totenglauben und Jenseitsvorstellungen der Alten Ägypter, 140–142. Seth ist der Beherrscher der Wüste und der Finsternis, unter dem Sonne wie Mond, aber auch das Kulturland zu leiden haben. – Zu anderen Brüderkampfmythen vgl. E. DREWERMANN: Strukturen des Bösen, II 247–256.

[28] Zum Adonis-Mythos vgl. die Gründonnerstags-Meditation von K. KERÉNYI: Der entschwebende Adonis, in: Auf Spuren des Mythos, 226–232.

[29] Zur Geschichte von Hades und Persephone vgl. K. KERÉNYI: Die Mythologie der Griechen, I 182–196.

[30] J. G. FRAZER: Der goldene Zweig, 736–737; E. DREWERMANN: Strukturen des Bösen, II 199.

den Feldern im Libanon das Korn geschnitten wurde, weinten die Erntearbeiter und sangen ihr Trauerlied auf den sterbenden Gott: »ai lanu« – weh uns.[31] Schon die sinnliche Evidenz, möchte man meinen, legt einem sensiblen Menschen eine derartige Trauer nahe: was man zerstören muß, ist, wie alle Geschöpfe der Kreatur, von einem solchen Wert und einer solchen Schönheit, daß man sich selber nur als niedrig und gemein empfinden kann, wenn man es tötet.

Aber bliebe es allein bei dieser Feststellung, so müßte man das Dasein selber und die Naturgesetze ethisch dafür anklagen und schuldig sprechen, daß sie das Sterben und das Töten in ihre Ordnung aufgenommen haben; aus einem solchen Gefühl urtümlicher Schuld müßte sogleich der moralische Kampf gegen die menschliche Tötungsneigung, ja, gegen die Ordnung der Welt insgesamt beginnen: man müßte danach trachten, *besser* zu sein, als man geschaffen ist, und der Zweifel an der Rechtmäßigkeit der vorgegebenen Ordnung könnte nur dazu führen, die Ordnung der Welt insgesamt durch eine vermeintlich höhere Ordnung zu ersetzen.[32] Aber gerade durch einen solchen Versuch, wie er in der neuzeitlichen Philosophie oft genug vorgeschlagen wurde, müßten die Schuldgefühle nur noch zunehmen, und die menschliche Aggression fiele noch mehr aus allem Maß und aller Ordnung: sie müßte leben und dürfte nicht leben – das Ende wäre schlimmer als der Anfang.

Von daher kann man ermessen, wie wichtig der Versuch der Religion ist, gerade in diesem kardinalen Punkt der Ethik zuwiderzuhandeln und die menschliche Aggression nach Art einer urtümlichen und weisen Psychotherapie bis in ihre Wurzeln hinein nicht zu verdammen, sondern paradoxerweise für schuldfrei zu erklären. Gerade das Sakrament der Eucharistie wurde von jeher als ein Akt vollkommener Ver-

[31] J. G. Frazer: Der goldene Zweig, 438; 541–542; 570–571; 759–760; E. Drewermann: Strukturen des Bösen, II 597–598.

[32] Vgl. E. Drewermann: Der tödliche Fortschritt, 88–89; 111–112.

gebung verstanden, und das ist es in der Tat, wenn man sich näherhin vor Augen hält, auf eine welche Art von Schuldgefühl es im Leben jedes einzelnen ontogenetisch zu antworten versucht.

*Die orale Ambivalenz und das depressive Schulderleben*
Während die frühe Psychoanalyse S. Freuds durch die Behandlung von vorwiegend *hysterischen* Patienten zu der Theorie gedrängt wurde, der Ursprung des Schuldgefühls liege im Ödipuskomplex begründet, also in einer unglückseligen, aber gesetzmäßigen Verschränkung von sexuellen und aggressiven Triebregungen auf der phallisch-genitalen Entwicklungsstufe der psychischen Energie[33], so wies bereits die Beschäftigung mit *zwangsneurotischen* Charakteren mit ihren anal-sadistischen Konflikten auf ein früheres Stadium in der Entstehung der Schuldgefühle hin.[34] Vollends ergab die Behandlung von *Depressiven,* daß die frühesten Formen des Schuldgefühls in den *oral-sadistischen* Konflikten der frühen Kindheit zu suchen sind.[35] Derselbe Konflikt, den phylogenetisch die frühen Jägerkulturen durchlitten: daß sie töten mußten, was sie am meisten liebten und verehrten, – findet psychogenetisch sein Pendant in der Individualentwicklung, indem das kindliche Erleben die Nahrungsaufnahme vom Beginn des Zahnens an mit den lebhaftesten Zerstückelungs- und Zerstörungsphantasien bzgl. der weiblichen Brüste be-

[33] S. Freud: Bruchstück einer Hysterie-Analyse (Dora), V 215–224, wo Freud die Hysterie aus einer überstarken Vaterfixierung, verbunden mit einer latenten oder manifesten Triebzielinversion und der damit gekoppelten Eifersucht gegenüber dem eigenen Geschlecht (der Mutter) erklärt; vgl. ders.: Vorlesungen zur Einführung in die Psychoanalyse, XI 355–356, wo Freud in der Hysterie zwar keine Regression, aber eine Verdrängung der inzestuösen Libidofixierung erblickt.

[34] S. Freud: Vorlesungen zur Einführung in die Psychoanalyse, XI 356–357, wo die Zwangsneurose als »Regression der Libido auf die Vorstufe der sadistisch-analen Organisation« gedeutet wird.

[35] K. Abraham: Versuch einer Entwicklungsgeschichte der Libido, in: Psychoanalytische Studien, 138–151 hat als erster die Melancholie aus dem oralen Sadismus abgeleitet.

legt.[36] Vollends die Entwöhnung erscheint dem Säugling, wie zahlreiche Untersuchungen depressiver Schuldgefühle zeigen, als eine verdiente Bestrafung für seine orale Maßlosigkeit und Gier.

Wohl auf diesem Erfahrungshintergrund berichten die Mythen der Völker mit großem tiefenpsychologischen Recht immer wieder davon, daß die erste Sünde, ganz wie es auch die jahwistische Urgeschichte in Gen 3,1–7 schildert, in dem Essen von einem verbotenen Baum bestanden habe. Der »Baum« ist für die Tiefenpsychologie ein Symbol der Mutter, und das Bild vom »Paradies«, aus dem die Menschen am Anfang der Welt vertrieben werden, verdichtet dementsprechend Erinnerungen an die Zeit der Dualunion von Mutter und Kind in den ersten Lebensmonaten.[37] Diese paradiesische Einheit durch ein unerlaubtes Essen zerstört zu haben, bildet psychoanalytisch die erste Schulderfahrung am Anfang eines jeden Menschenlebens.

Die Bedeutung dieses oralen Schulderlebens wird religionspsychologisch aber erst im vollen Umfang verständlich, wenn man bedenkt, daß die individuelle Mutter in der Biographie des einzelnen nur der erste Träger des *Archetyps* der Mutter ist, indem sie die instinktiven Bedürfnisse nach Halt und Geborgenheit, nach vorbehaltloser Annahme und Bejahung auf sich lenkt, die in einem absoluten Sinne die Grundlage der menschlichen Existenz bestimmen und im Erwachsenenleben den Kern der religiösen Sehnsucht und Verheißung ausmachen.[38] Die Gefühlsambivalenz des Kindes auf

[36] Zum Erleben des oralen Schuldgefühls bei den frühen Jägern (dem »Tiertöterskrupulantismus«, s. o., S. 21, Anm. 6) und den entsprechenden Schuldgefühlen in der Individualentwicklung vgl. E. Drewermann: Strukturen des Bösen, II 178–202.

[37] Zu der oralen und phallischen Psychologie der Baumsymbolik vgl. E. Drewermann: Die Symbolik von Baum und Kreuz in religionsgeschichtlicher und tiefenpsychologischer Betrachtung, 13–17; ders.: Strukturen des Bösen, II 52–69; 104–108.

[38] C. G. Jung: Die psychologischen Aspekte des Mutterarchetypus, IX, 1. Teil, 89–123; E. Drewermann: Ehe – tiefenpsychologische Erkenntnisse für Dogmatik und Moraltheologie, in: Renovatio, 3/1980, 116–119.

der oral-sadistischen Stufe der Psychogenese nimmt somit eine Frage vorweg, die das Leben auch späterhin ständig begleiten wird: ob man entgegen dem quälenden Schatten des Schuldgefühls die eigene Existenz von Grund auf akzeptieren kann und als in sich berechtigt voraussetzen darf, oder ob man im Gegenteil aus lauter Angst sich zutiefst abgelehnt und überzählig fühlen muß. Die *depressive* Schulderfahrung, die sich zentral aus den Ambivalenzen der Oralität speist, besteht gerade darin, das gesamte Dasein, schon einfach deshalb, weil man essen, sich kleiden und räumlich einen bestimmten Platz einnehmen muß, für schuldig zu sprechen. Der Depressive erlebt es bereits als nicht wiedergutzumachende Schuld, überhaupt auf der Welt zu sein und also unausgesetzt anderen Dinge stehlen und wegnehmen zu müssen, die diese selbst zum Leben benötigen würden. All seine Lebensenergie kann der Depressive folglich nur darin setzen, nach Möglichkeit den Schaden einzuschränken oder abzubüßen, den er bereits durch die Tatsache seiner bloßen Existenz den anderen zufügt.[39]

Das Leben als ständige Abarbeitung der Schuld, überhaupt auf der Welt zu sein, – dieses zutiefst depressive Gefühl reflektieren die Völkermythen ebenso wie die jahwistische Erzählung der biblischen Urgeschichte von der Vertreibung aus dem Paradies; die christliche Erbsündenlehre, die bewußt auf die jahwistische Sündenfallgeschichte zurückgeht, hat diese tiefste Infragestellung der menschlichen Existenz durch das Gefühl einer fundamentalen Daseinsschuld denn auch an zentraler Stelle ihrer Dogmatik aufgegriffen; aber gerade in dem Symbol des Heiligen Mahls hat sie zugleich eine Antwort auf das orale Schulderleben zu finden versucht, die ebenso menschheitlich ist, wie diese Infragestellung selbst.

[39] E. Drewermann: Sünde und Neurose, in: Münchener theologische Zeitschrift, 1/1980, 39–44; Neudruck in: Psychoanalyse und Moraltheologie, 1. Bd.: Angst und Schuld, 1982.

*Der Freispruch von der Schuld des Daseins im Sakrament des Gottessens*

Bereits in der Urkirche haben die Väter immer wieder auf die Parallelität von Sündenfall und Eucharistie hingewiesen und den Baum im Paradies mit dem Baum der Unsterblichkeit in den Tagen der Endzeit verglichen.[40] Ohne daß sie um die tiefenpsychologischen Beziehungen der oralen Schulderfahrung wissen konnten, haben sie damit äußerlich ganz richtig geahnt, was das Sakrament der Eucharistie besagen kann und will. Gerade auf dem Hintergrund der oralen Schuldgefühle möchte die Eucharistiefeier in ihrer oralen Symbolsprache das menschliche Dasein *von Grund auf,* vom Erleben der Nahrungsaufnahme her, von jeder Schuld *freisprechen* und aus der Angst erlösen, die es wider Willen immer tiefer in das Dilemma der aggressiven Triebregungen verstricken muß. Wenn der orale Kannibalismus die tiefste Schulderfahrung darstellt, – nun, so scheint dieses Sakrament sagen zu wollen, so *erlauben wir* doch von Gott her den Kannibalismus; wenn der Mensch am tiefsten dadurch verwirrt und erschüttert wird, daß er töten muß, was er am meisten liebt, nun, so *erlauben wir* ihm doch von Gott her, zu töten, wovon er lebt. Es ist, als versuche das Sakrament der Eucharistie, ganz entsprechend der paulinischen Logik, die gesamte Schulderfahrung des Menschen bis zu einem Maximum hin aufzustauen, zu radikalisieren und zusammenzufassen, um sie als ganze erlösen und wegnehmen zu können. Das Schuldgefühl des Depressiven ergibt sich aus dem Empfinden, nur rauben und stehlen zu können, wessen er zum Leben bedarf; das Sakrament der Eucharistie aber will ihm, entgegen seiner Angst, von Gott her versichern, daß ihm sein Dasein von Grund auf *geschenkt* ist und daß ihm freiwillig *gegeben* wird, was er sich gewaltsam anzueignen meint.

[40] So vergleicht Origines: Vom Gebet, II 10.11 (BKV, Origines, Bd. 1, S. 102–103) das »tägliche Brot« der Vater-unser-Bitte mit der Eucharistie und dem Baum des Lebens im Paradies.

Die Eucharistie ist somit – weit tiefer und radikaler als das Sakrament der »Buße«, das es nur mit einzelnen Verfehlungen des menschlichen Willens zu tun hat, eine Lossprechung des ganzen Daseins bis in die Wurzeln des Unbewußten hinein; es ist ein umfassender Versuch, nach Art eines Psychodramas im *Ausagieren* des an sich Zerstörenden zu *heilen*; es ist wie ein Versuch, das ewig Schuldige, das ewig Verbotene bewußt *zu machen* und *zu tun*, um es *im Tun* als unschuldig zu akzeptieren. Die Eucharistie ist wie ein verzweifeltes, äußerstes Bemühen der Religion, dem Menschen zu sagen, was psychologisch eine Mutter ihrem Kind in der Depression gerade nicht mehr überzeugend zu sagen vermag: daß seine Schuldgefühle unbegründet sind, daß es, entgegen seinem Schuldgefühl, kein Mörder ist und daß es aufhören kann, sich als Kannibale zu fühlen und als Kannibale zu leben, nur weil es, um zu leben, *essen* muß; der Gott, den man im Sakrament zu töten meint, wird leben, – er gibt sich selber hin, – es ist des Gottes eigenes Opfer, nicht ein Mord, was da geschieht.

Die »Logik« dieses Sakramentes des Gottessens gegen das urtümliche orale Schuldgefühl erinnert lebhaft an die alte indische Legende, wonach der Buddha in einer seiner früheren Existenzen als ein Hase zur Welt kam; und um es den Menschen zu ersparen, daß sie durch seinen Tod Schuld auf sich lüden, opferte der Buddha sich selbst in der Gestalt des Hasen und sprang von sich aus freiwillig ins Feuer.[41] – Ein solches Verfahren, das Schuldgefühl des Menschen an seiner tiefsten Stelle, an dem oralen Ursprung der Aggression, zu fassen und vom Prinzip her zu unterlaufen, stellt die christliche Eucharistiefeier in dem jahrtausendealten Erbe der Religionsgeschichte dar.

[41] E. Lüders: Buddhistische Märchen aus dem alten Indien, Nr. 53, S. 333–337.

*Die absolute Differenz zwischen einer ethischen und einer religiösen Antwort auf die menschliche Aggressivität*

Die religiöse Antwort auf die Problematik der menschlichen Aggression weicht mithin von den Lösungsvorschlägen der Ethik erneut diametral ab. Nicht allein, daß die Religion die menschliche Aggression selbst, statt sie zu unterdrücken, rituell provoziert, rechtfertigt und in dieser Rechtfertigung (ein-)ordnet, – sie sucht in einem zweiten Schritt sogar das Schuldgefühl selbst aufzulösen, das die Aggression begleitet. In einen schärferen Gegensatz zur Ethik kann die Religion sich überhaupt nicht stellen, als indem sie sakramental segnet, was die Ethik am meisten verurteilt, und indem sie zu beseitigen sucht, was die Ethik gerade verlangt: daß der Mensch sich seiner Gier und seiner Roheit *schäme* und für *schuldig* fühle. Die Religion – nicht nur das Christentum, wohlgemerkt, *die* Religion, wenn man sie in ihren dogmatischen Lehren betrachtet – scheint von dem Wissen getragen zu sein, daß man im Menschen nichts erreicht, wenn man mit Verstand und Willen, mit Schamgefühl und Schuldgefühl das »Tier« im Menschen unterdrücken will; sie ist – unendlich mutiger und weiser als jede Art von Ethik – vertrauensvoll genug, daran zu glauben, daß der Mensch von sich aus nichts Böses in sich trägt, *wenn* seine Triebe und Reaktionsbereitschaften sich nicht durch den Zerrspiegel der Angst ins Maßlose vergrößern. Statt den Menschen moralisch unter die Knute zu nehmen, versucht die Religion, den Menschen von der Angst und dem Gefühl der Daseinsschuld innerlich zu erlösen und darin auch der menschlichen Aggressivität einen Freiraum zu ermöglichen, in dem sie aus den neurotischen Verdrängungen und gewalttätigen Reaktionsbildungen herausgeführt wird.

Wenn man den ethischen und den religiösen Versuch im Umgang mit der menschlichen Aggression an dieser Stelle miteinander vergleicht, so kann man die Differenz vielleicht ganz gut mit der unterschiedlichen Art vergleichen, wie im vergangenen Jahrhundert in Nordamerika die Weißen und die Indianer ihre Pferde zu zähmen versuchten. Die Weißen gingen mit den Tieren nicht anders um als mit sich selbst: sie gaben sich alle Mühe, die Tiere einzuschüchtern und mit Gewalt in die Knie zu zwingen; der »Gehorsam« ihrer Pferde bestand schließlich allein in dem Reflex der Angst und in der Entfremdung von den eigenen angeborenen Instinkten.[42] Die Indianer hingegen näherten sich den Pferden, indem sie selber sich wie Pferde bewegten und die Tiere nach Pferdeart »beschnupperten« oder sie in einen gefahrvollen Sumpf trieben, aus dem sie die Hilflosen »retteten«.[43] Die Zähmungsmethode der Weißen richtete die Pferde dazu ab, ihre natürlichen Regungen zu verlieren, und dementsprechend waren ihre Pferde psychisch gebrochen, ohne eigenes Orientierungs- und Ahnungsvermögen, ohne Temperament und Leidenschaft und ohne innere Anhänglichkeit und Treue; die Indianerpferde hingegen zeichneten sich durch einen staunenswerten Scharfsinn, durch ein hervorragendes Wahrnehmungsvermögen und durch eine außerordentliche Aufopferungsbereitschaft für ihren Reiter aus, den sie als Freund und Retter kannten. Die Weißen betrachteten die Pferde als »wilde« Bestien, die man überwältigen müsse; die Indianer betrachteten sie als ihre Verwandten und ihre Brüder.

[42] H. J. STAMMEL: Indianer Lexikon, 170–172 (Artikel: Pferderennen).

[43] R. B. HILL: Hanta Yo, 251; 338. – Ein ähnliches Beispiel benutzte Dschuang Dsi, um den Einwand des weiblichen Denkens gegenüber dem männlichen Herrschaftsanspruch und dem ethischen Ordnungswillen der Konfuzianer zu kennzeichnen. »Eines Tages erschien Poh Loh und sagte: ›Ich verstehe mit Pferden umzugehen.‹ Also brandmarkte er sie, stutzte ihre Mähne und beschlug sie; er gab ihnen Zaumzeug, band sie fest, fesselte ihre Füße und stellte sie in Ställe, mit dem Ergebnis, daß zwei oder drei von zehn starben. Dann ließ er sie hungern und dursten, traben und galoppieren; er striegelte sie und prügelte sie, und sie vegetierten zwischen der Schande des geschmückten Zaumzeuges und der Angst vor der knotigen Peitsche, bis mehr als die Hälfte von ihnen starben . . . Jene, die das Reich regieren, machen denselben Fehler.« Zit. bei S. COLEGRAVE: Yin und Yang, 118; vgl. demgegenüber DSCHUANG DSI: Südliches Blütenland, XXIV 3, S. 252–253, wo der Weg zum Frieden beschrieben wird als ein sanfter Weg: »Die Regierung der Welt unterscheidet sich in nichts vom Pferdehüten. Man muß einfach fernhalten, was den Pferden schaden kann. Nichts weiter.« (Vgl. auch DSCHUANG DSI: Südliches Blütenland, IX, S. 108).

Im Bilde gesprochen, stellt sich ganz analog die Frage, wie man mit den menschlichen Trieben umgeht: man kann die menschlichen Triebregungen voller Angst und Mißtrauen niederhalten und beherrschen wollen; dann muß man in der Tat im Rahmen der *Ethik* den Menschen streng an die Kandarre nehmen und zu einem ständigen Kampf gegen sich selbst auffordern, immer gewärtig, daß das »Tier« im Menschen, wenn das Maß der Unterdrückung gar zu arg wird, die Gelegenheit sucht, seinen ohnmächtigen »Reiter« abzuwerfen; *oder* man »wählt« eine Einstellung, wie sie die *Religion* vorzeichnet: man stellt sich freundschaftlich und akzeptierend dem vermeintlich so »Gefährlichen« im Menschen gegenüber, in der Zuversicht und Hoffnung, daß es an sich im Menschen nichts Verkehrtes gibt, wenn man nur einen Raum der vorbehaltlosen Bejahung und eine Zone der inneren Angstfreiheit eröffnen kann. *Die Ethik* kann ihres Sieges eigentlich nur gewiß sein, wenn das »Tier« so entkräftet und ausgezehrt ist, daß es zu nichts mehr taugt – zu Bösem nicht mehr, und zu Gutem nicht mehr. Die *Religion* hingegen möchte das Leben riskieren, sie glaubt (christlich gesehen in Form der Erbsündenlehre ebenso wie in der Lehre von der Menschwerdung und Erlösung), daß der Mensch nur gut sein kann kraft einer vorgängigen und absoluten Gnade, und ihre Zeichen, ihre Sakramente sind wie ein einziges Bemühen, in den archetypischen Bildern der Tiefenschichten der menschlichen Psyche und im Erbe der jahrtausendealten Erfahrungen der Religionsgeschichte ein solches unbedingtes Lebendürfen und Bejahtsein von den Grundlagen des Daseins her sinnlich und geistig erfahrbar zu machen, – bis zu dem Punkt, daß ein Mensch, statt sein gesamtes Dasein als Schuld zu empfinden, am Ende dankbar dafür werden kann zu leben: das Gottessen wird dann wortwörtlich zur *»Eucharistie«*, zur *Danksagung* für das Geschenk des Daseins selbst. – Allein aus der Vergebung und der Dankbarkeit, aus der Erfahrung der Gnade hoffen die Religionen auf die Beendigung des Wechselkreises von Aggression und Angst.

### c) *Die Sublimation der menschlichen Aggressivität und die Vergeistigung des Menschen*

Deshalb setzt die Religion im Umgang mit der menschlichen Aggressivität als drittes auf ein weiteres sehr feines Kunstmittel: statt die menschliche Aggression mit ethischen Direktiven zurückzuschneiden, aufzustauen oder einzumauern, versucht die Religion zumindest in ihren symbolischen Lehren, die menschlichen Triebenergien, und dabei besonders die Aggression, in ihrer Dynamik zu bejahen und zu bestätigen; lediglich in ihrer Zielsetzung versucht sie, die Triebregungen zu *verwandeln*, zu *sublimieren*, und dieser letzte Beitrag der Religion zur Lösung der Kriegsproblematik ist eigentlich der wichtigste und heute wohl auch der am meisten problematische.

Bisher haben wir gesehen, daß die Religion in dem Ritus des Gottessens, in dem Sakrament der Eucharistie, zwei Formen gefunden hat, die menschliche Aggression zu *integrieren* und zu *zähmen*. Indem die Feier des göttlichen Mahles zeigt, wie die zerstörerischen Kräfte der menschlichen Aggression dem Dienst der Lebenserhaltung dienen und der Tod selbst im Ritual des Gottessens in ein größeres Leben eintreten kann, verliert die Aggression als erstes ihre isolierte Wildheit, – sie empfängt ihr Maß und ihre Ordnung; und indem das Gottessen den Gedanken des göttlichen Selbstopfers aufgreift und darstellt, versucht es, dem Menschen die Last des Schuldgefühls für seine aggressiven Antriebe zu nehmen und ihm die neurotischen Verdrängungen und Gegenbesetzungen zu ersparen. In beiden Formen stärkt die Religion das Vertrauen zu sich selbst und die Dankbarkeit des Menschen für die Tatsache des Daseins ingesamt. Sowohl als *Bild des unsterblichen Lebens* wie als *Opfer der Versöhnung* dient die Eucharistie mithin der Bestätigung und Beruhigung des Menschen und fördert die Heilung seiner Psyche von der abgründigen Angst des Daseins im Hintergrund all der unheilvollen Ausbrüche seiner mühsam unterdrückten Aggressivität. Dieses Ziel zu erreichen, bedeutet in sich bereits sehr viel, und dennoch ist es nicht genug.

Natürlich ist und war sich die Religion bewußt, daß sie ein überaus gefährliches Spiel treibt, wenn sie die menschliche Aggression auf die beschriebene Weise *durch ein rituelles Spiel,* durch ein therapeutisches Psychodrama archetypischer Grundgestalten zu kupieren sucht. Die Ritualisierung der innerartlichen Aggression in Krieg, Kopfjagd und Kannibalismus vermag zwar die Angst zu beruhigen und den Zusammenhalt der eigenen Gruppe wirkungsvoll zu stärken, aber wir sagten schon, daß damit der Faktor kollektiver Gewalt an sich noch nicht aufgelöst, sondern in größeren organisierten Verbänden eigentlich überhaupt erst ermöglicht wird (s. o. S. 53). Durch ein solches Verfahren allein läßt sich die Kriegsgefahr selbst noch nicht überwinden, sie wird lediglich vom eigenen Stammesverband abgewendet und nach außen verschoben. Bliebe es bei diesem Niveau der Bearbeitung der menschlichen Aggressivität, so könnte die Aufgabe der Religion tatsächlich nur in dem zu suchen sein, was man sie in allen alten Gesellschaften, bis ins christliche Mittelalter hinein, denn auch tun sieht: den Krieg zu heiligen bzw. als Heiligen Gotteskrieg auszurufen und, wie in den Kreuzzügen, daran mitzuwirken, daß die Alpha-Leute der Gruppe: Häuptlinge, Päpste, Kaiser, Fürsten und Herzöge, der Gruppe ihre »richtigen« Gegner zuweisen. Die religiöse Annahme und Vergebung der menschlichen Aggression müßte bei diesem Stand der Dinge ein sehr zwiespältiges Aussehen bewahren.

Aber die Religion hat gerade in dem Symbol des Gottessens einen dritten wichtigen, letztlich entscheidenden Beitrag zur Lösung der menschlichen Aggression gefunden, indem sie dem Gedanken der Integration und der Vergebung *die Idee der Sublimation bzw. der Wandlung* hinzufügte.

*Symbolische Verwandlung statt äußerer Veränderung*

Anders als die Ethik, versucht die Religion nicht, den Menschen in seinem Tun und Denken zu *ändern,* – sie ist im Gegenteil, wenn sie sich selber recht versteht, von der Aussichtslosigkeit solcher Bemühungen zutiefst überzeugt, und gerade die Problematik des Krieges macht in ihrer ethischen Unlösbarkeit durch sich selber offenkundig, wie recht die Religion mit dieser Haltung hat. Statt einer Änderung des Menschen in seinem Tun und Verhalten, gilt das religiöse Bemühen deshalb einer inneren *Verwandlung* des Menschen in seinem Sein, und ihr zentrales Symbol ist daher im Ritual des Gottessens seit altersher die *Wandlung* der Gaben, die *Vergeistigung* der äußeren Zeichen von Brot und Wein zu einer inneren göttlichen Wirklichkeit; die unmittelbare Triebregung des Essens mitsamt ihren oral-sadistischen, kannibalistischen Implikationen soll umgewandelt werden in einen Akt geistiger Verschmelzung, in eine unio mystica von Gott und Mensch, Bewußtsein und Unbewußtem, Männlichem und Weiblichen, Seelischem und Leiblichem, in eine Geburt des wahren Menschen.

Die Voraussetzung einer solchen Sublimation und Konsekration bietet die Offenheit eines jeden archetypischen Symbols, das von vornherein das Roheste wie das Feinste, das Äußerlichste wie das Innerlichste, das Niedrigste wie das Höchste umfassen und bedeuten kann und in seiner Breite die gesamte Spannung und Entwicklungsmöglichkeit der menschlichen Psyche umschließt.[44] In der religiösen Verwen-

[44] So meinte E. JONES: Die Empfängnis der Jungfrau Maria durch das Ohr, in: S. Freud (Hrsg.): Jahrbuch der Psychoanalyse, VI 202: »gerade durch solche extreme Gegensätze (sc. der psychischen Symbolik, d. V.) werden stets die größten psychologischen Effekte erreicht.« – Sehr treffend bemerkte A. TOYNBEE: Krieg und Kultur, 28–31 von der möglichen Sublimation der menschlichen Aggressivität durch Religion: »Es bleibt abzuwarten, ... ob doch das Christentum ... noch die Macht hat, die Seele des abendländischen Menschen aus den Klauen eines scheußlichen und zerstörerischen Heidentums zu befreien. Die ›soldatischen Tugenden‹ sind ... in Blut und Eisen gefaßte Edelsteine ... Und es schlägt

dung der archetypischen Symbolik besonders des Gottessens herrscht *von Anfang an* die Tendenz einer inneren Vergeistigung, und die Religion scheint geradezu eine Vorliebe zu besitzen, mit ihrer Arbeit regelmäßig an der sinnlichsten und rohesten Außenseite zu beginnen, um gerade an ihr den Versuch der Vergeistigung, der Heiligung des ganzen Menschen zu wagen und zu bewähren. Der Kontrast zwischen Ausdruck und Inhalt nebst der erstaunlichen geistigen Vertiefung im Inneren erzeugt dabei die notwendige energetische Spannung jeder religiösen Symbolik und verleiht ihr den eigentümlichen Reiz und den unauslotbaren Reichtum an Inhalt und Deutungsmöglichkeit.[45]

Man kennt, um noch einmal ein Beispiel aus der aztekischen Religion zu wählen, etwa die Vorstellung, daß die Sonne, das Herz des Weltalls, der Gott Tonatiuh, sich in der Nacht so sehr erschöpft, daß er des Blutes von Menschenopfern bedarf, um sich alltäglich im Morgenrot zu erneuern[46];

aller Erfahrung ins Gesicht, wenn man den Schluß zieht, daß die einzige Stelle, an der man diese wertvollen Dinge überhaupt finden könnte, das Schlachthaus wäre, in dem sie zufällig zum erstenmal von Menschen gesehen worden sind. Wir geben zu, daß diese grausame Einrichtung (sc. der Krieg, d. V.) in der Vergangenheit ein Betätigungsfeld für die Träger der ›soldatischen Tugenden‹ geboten hat. Doch sind wir sicher, daß in Zukunft der ›ritterliche‹ Krieg entweder in einen Militarismus ohne jede Spur von Tugend oder Schönheit ausarten oder in eine *Militia Christi* verklärt werden wird, in der der materielle Krieg der Menschen untereinander in einen geistigen Kampf aller im Dienste Gottes gegen die Mächte des Bösen vereinigten Menschen umgewandelt sein wird.«

45 Vgl. C. G. Jung: Psychologische Typen, Definitionen, VI 515; zum Verständnis der psychischen Symbolik bei C. G. Jung im Unterschied zu S. Freud vgl. E. Drewermann: Strukturen des Bösen, 1. Bd., S. XXXVI–XLV; Vorrede zur 1. Aufl.

46 W. Krickeberg: Altmexikanische Kulturen, 104–105; 168–169; 198. – So sieht man den Sonnengott im Codex Borbonicus, S. 6 mit Wurfspeeren bewaffnet, begleitet vom Mond als Tezcatlipoca; K. A. Nowotny: Codex Borbonicus, 16. Auf S. 16 des Codex Borbonicus sieht man in einer besonders eindrucksvollen Darstellung die Sonne im Erdrachen versinken; sie wird von dem Gott Xolotl getragen, »der wie die als Totenbegleiter geopferten Hunde einen Pfeil im Maul stecken hat.« K. A. Nowotny: a.a.O., 17. – Die berühmteste Darstellung des aztekischen Sonnengottes bietet der große Kalenderstein von Tenochtitlan, der Tonatiuh im Mittel-

nach aztekischem Glauben opferten die Götter sich für den Erhalt der Welt, und um die Götter am Leben zu erhalten, mußten die Menschen ihrerseits sich opfern[47] – ein heiligblutiger Austausch von Gabe und Gegengabe, ein Opferzyklus welterhaltender Gerechtigkeit, der jeden Morgen von neuem verlangte, daß die Priester auf den Tempeln Mexikos mit einem Steinmesser den Gefangenen die Brüste öffneten und die Herzen herausrissen. Dieses schauerliche Ritual des Herzopfers[48] erfüllte die Spanier bei ihrer Ankunft mit Erbit-

punkt der vier vorangegegangenen Weltalter und im Zentrum des Zeichens »rollende Bewegung« des jetzigen Äons zeigt, wie er mit Adlerfängen Menschenherzen umfangen hält, an deren Stümpfen noch die abgeschnittenen Adern erscheinen, und seine Zunge als Opfermesser herausstreckt. P. J. Schmidt: Der Sonnenstein der Azteken, 7–9.

[47] W. Krickeberg: Altmexikanische Kulturen, 217–241.

[48] Die Azteken übernahmen das Herzopfer von den Tolteken, aber sie entwickelten es zu einer wahren Orgie von Blut, die neben dem Sonnengott auch anderen Gottheiten geweiht war. Bei der Konsekration des Haupttempels durch den König Ahuitzotl im Jahre 1487 sollen in vier Tagen 20000 (andere sagen 80000) Menschen geopfert worden sein. N. Davies: Die Azteken, 214–215. Wie das Herzopfer vollstreckt wurde, beschreibt Sahagun z. B. in der Darstellung des »kleinen Herrenfestes« (Tecuilhuitontli), an dem eine Frau als Abbild der Göttin Uixtociuatl, der Göttin der Salzsieder, geopfert wurde; nach einer Reihe von Gefangenen, die gewissermaßen als ihr Bett geopfert werden, »legt man sie auf den Opferstein, man legt sie mit der Brust nach oben, man hält sie an den Armen und Beinen fest und zieht sie stramm. Die Brust biegt man ordentlich heraus, hinten biegt man sie mit Gewalt (nach unten), und den Kopf zieht man ihr stramm und nähert ihn der Erde und drückt (gleichzeitig) den Hals zu mit der Stoßwaffe eines Schwertfisches, die mit Zacken oder Stacheln besetzt ist, auf beiden Seiten mit Stacheln besetzt ist. Und der Schlächter (Opferpriester) steht gerade da, er reckt sich in die Höhe, darauf schneidet er ihr die Brust auf. Und nachdem der Brustkorb geöffnet ist, strömt das Blut in vollen Strömen hervor, weithin fließt es, wie ein sprudelnder Quell, wie ein Regenschauer, wie im Topfe siedendes Wasser. Und nachdem das so (geschehen), reißt er ihr das Herz heraus und legt es in eine grüne Schale, die man Edelsteinschale nennt. Und während dies geschieht, werden laut (die Muschelhörner) geblasen. Und nachdem das so (geschehen), trägt man den Leib (von der Höhe des Tempels) hinunter und ebenso das Herz der Uixtociuatl, das mit einer kostbaren Decke zugedeckt ist. Und all das geschah im ersten Morgengrauen«. E. Seler (Übers.): Einige Kapitel aus dem Geschichtswerk des Fray Bernardino de Sahagun, 135–136. – Eine Abbildung des Herzopfers bietet der Codex Nuttall, S. 81, der die Opferung des »Herrn Neun Olin«

terung und Schrecken und bewies ihnen förmlich, daß sie geradezu die Pflicht hatten, die teuflische Kultur der Indios mit Feuer und Schwert auszurotten.[49] Tatsächlich aber konnte die gräßliche und blutrünstige Außenseite des Herzopfers auch sehr tiefsinnig gedeutet werden; denn es ging den Azteken eigentlich um die Verwandlung des menschlichen Herzens ins Licht. Wie der Gott Quetzalcoatl, der Priesterkönig von Tollan, nach der Vertreibung aus seiner paradiesischen Residenz sich am Golf von Tabasco verbrannt hatte, um als Morgenstern am Himmel zu erscheinen[50], so sollten die Menschen das Geheimnis der Gefiederten Schlange, *das Mysterium der Einheit von Himmel und Erde*[51], der aus der Finsternis aufleuchtenden Bewußtwerdung, der »Herzöffnung«, selbst an sich erfahren. Das grausige äußere Geschehen war

zeigt, der als Knabe dem Sonnengott geweiht und an seinem 52. Geburtstag im Jahre »11 Tod« (= 1048) mit seiner Zustimmung geopfert wurde. Vgl. I. Nicholson: Mexikanische Mythologie, 15. – Die archaische Beziehung solcher Opfervorstellungen zu der Herz-Jesu-Frömmigkeit der katholischen Kirche oder der Verehrung des »Herzens-Mariä« sind (trotz der üblichen theologischen Apologetik) gewiß nicht zu übersehen. – Zum Herzopfer-Ritual vgl. K. Helfrich: Menschenopfer und Tötungsrituale im Kult der Maya, 119–125.

49 Vgl. H. Homann (Hrsg.): H. Cortes: Die Eroberung Mexikos, 39–40; 95–97.

50 E. Seler (Übers.): Einige Kapitel aus dem Geschichtswerk des Fray Bernardino de Sahagun, 291–292 erzählt nur, wie Quetzalcoatl nach seiner Flucht aus Tollan auf einer Schlangenbahre auf dem Wasser des Meeres davongetragen wurde. W. Krickeberg: Märchen der Azteken und Inkaperuaner, Maya und Muisca, 61 schildert hingegen die Selbstverbrennung Quetzalcoatls nach den Anales de Quauhtitlan, wie Quetzalcoatl sich in den Morgenstern verwandelt.

51 Besonders die zentrale Gottheit der Tolteken und Azteken, Quetzalcoatl, war »eine Art Sinnbild für die Rangordnung der Materie innerhalb der Schöpfung, eine Leiter mit dem Menschen im Zentrum, die hinab bis ins Tierreich, ins Wasser und ins Mineralreich und hinauf zu den Planeten, der Sonne und dem Schöpfergott reichte«. »Er ist die Seele, die sich zum Himmel schwingt, und er ist die Materie, die als Schlange zur Erde hinabsteigt.« – Als Sohn der Coatlicue und der Sonne verdichtet sich in ihm die Materie zu Geist in der Gestalt eines barmherzigen, liebenden Gottes. I. Nicholson: Mexikanische Mythologie, 82–85.

selber nur ein Symbol der inneren *Verwandlung des menschlichen Herzens ins Licht.*[52]

*Die allmähliche Verinnerlichung als Achse der Religionsgeschichte*

Zwischen der Außen- und der Innenseite, zwischen rituellem Symbol und angedeuteter Bedeutung klafft im aztekischen Opfer wie in den meisten archaischen Kulturen noch eine unendlich scheinende Kluft, und man hat den Eindruck, als sei die äußere Darstellung um so weiter von dem an sich gemeinten geistigen Inhalt entfernt, je mehr letzterer sich selbst unbewußt bleibt und nur erst in der äußersten Projektion von sich selber eine ahnunghafte Kenntnis seiner Wahrheit besitzt. Im Verlauf der Religionsgeschichte aber läßt sich zeigen, daß die äußere Ausdrucksform des sakramentalen Geschehens regelmäßig auf immer sublimere Weise ihren

[52] Das Herzopfer selbst war an die Läuterung eines reinen Jünglings gebunden, der als Verkörperung Tezcatlipocas lernen mußte, Flöte zu spielen und Schilfrohr und Blumen für die Opferungen zu sammeln, ehe er mit vier Jungfrauen vermählt wurde, die nach vier Göttinnen benannt waren. Fünf Tage bevor er geopfert wurde, verehrte man ihn mit Tänzen und Fastenzeremonien wie einen Gott. »Schließlich wurde der Jüngling in ein baldachingeschmücktes Kanu gebracht und segelte in Begleitung seiner vier Frauen bis zu einem kleinen Hügel. Dort verließen die Frauen das Schiff, und er wurde von seinen acht Dienern zu einem kleinen, schmucklosen Tempel geleitet. Auf jeder der Tempelstufen zerbrach er eine der Flöten, die er während seines glück- und verehrungsvollen Vorbereitungsjahres gespielt hatte. Auf der höchsten Tempelplattform standen die Priester schon zu seiner Opferung bereit.« Der Sinn dieses Brauches liegt offenbar darin, daß erst die Pflege des Schönen dazu fähig macht, sich freiwillig im Opfer hinzugeben. »Der Mensch muß lernen, Gott zu ehren durch materielle Dinge, durch schöne Kleider, Musik und Tanz, bevor er würdig ist, die Sinne nacheinander zu zerbrechen und das Leben zu verlieren, um es zu gewinnen.« »Nach dem Nahua-Glauben werden die Menschen mit einem physischen Herzen und einem physischen Gesicht geboren und müssen sich um ein ›vergöttlichtes‹ Herz und ein ›wahres‹ Gesicht bemühen«, in dem Innen und Außen in einem festen dauerhaften Zentrum zusammenkommen. I. NICHOLSON: Mexikanische Mythologie, 74–75. – Gerade die Einübung der Freude als Vorbereitung auf das Opfer unterscheidet sich vornehm von der Direktheit der »Kreuzesnachfolge« in der christlichen Erziehung.

Charakter als *Symbol* verinnerlicht und sich damit auch in ihrer realen Ausdrucksgestalt vergeistigt.

Die erste Stufe auf diesem Wege zeichnet sich im Sakrament des Gottessens wohl bereits in der Ersetzung der Menschenopfer durch die Tieropfer ab. Denn so sehr wir früher betont haben, daß die Götter ursprünglich Tiergestalten besaßen und Mensch und Tier im Opfer als austauschbar galten (s. o. S. 188), so lag ein Moment beginnender Humanität doch bereits darin, daß von einem bestimmten Zeitpunkt an die Menschenopfer regelmäßig durch Tieropfer vertreten wurden, – offenbar zur Schonung der jetzt »wertvolleren« Menschen. Noch einen Schritt weiter gingen die Pflanzerkulturen, wenn sie die Tieropfer durch die unblutigen Nahrungsopfer ersetzten. Auch hier ging das Verhältnis zunächst hin und her: die Gottheit wurde nunmehr wesentlich in den Feldfrüchten erfahrbar, und das Sterben und Aufkeimen der Vegetation konnte und mußte immer noch durch Menschenopfer versinnbildet werden, wie es z. B. im aztekischen Scheinkampf und Pfeilopfer der Fall war.[53] Aber es konnte auch umgekehrt das Sterben der Vegetation das Menschenopfer vertreten, so daß die Menschen in dem Opfer des Getreides oder Weines, in dem die Gottheit lebte, stellvertretend sich selbst anschauen und erkennen sollten. Jahrhunderte vor dem Christentum z. B. fand die Feier der Wiederkehr der Persephone in Eleusis ihren Höhepunkt in dem Symbol einer geschnittenen Ähre, die der Priester den Gläubigen als Frucht der Heiligen Hochzeit zeigte: ähnlich wie die geraubte Göttin Persephone aus dem Totenreich des Hades zurückkehrte, so sollten die Menschen beim Anblick der Ähre in das Geheimnis der Unsterblichkeit jenseits des Todes eingeführt werden[54] – ein Bild, dem noch heute in der

[53] Zum aztekischen Pfeilopfer vgl. W. Krickeberg: Altamerikanische Kulturen, 242–243. Eine Abbildung des Scheinkampfes zeigt der Codex Nuttall, S. 83–84. Vgl. E. Drewermann: Die Symbolik von Baum und Kreuz, 8–9.

[54] K. Kerényi: Das göttliche Mädchen, 73.

katholischen Meßfeier die Elevation der Hostie unmittelbar vor dem Empfang der heiligen Kommunion entspricht. Und ähnlich wird vom Buddha überliefert, er habe in einer seiner Predigten den Schülern schweigend nur eine Lotusblüte gezeigt.[55]

Das Christentum hat in Richtung einer solchen Verinnerlichung zweifellos einen weiteren entscheidenden Schritt getan, indem es ausdrücklich all die blutigen »Opfer von Böcken und Stieren« in dem einen Opfer Christi zusammengefaßt sah, das in der Eucharistie sein *unblutiges* Zeichen finden sollte.[56] Der wesentliche Inhalt der Meßfeier besteht in der katholischen Kirche darin, daß die Gaben von Brot und Wein substantiell, objektiv, in den Leib und das Blut Christi *verwandelt* werden. Zwar geht in der protestantischen Kirche die Auslegung des Abendmahls mehr dahin, den subjektiven Faktor bei der Wandlung der Gestalten zu betonen: die Gegenwart Christi sei nur dem Gläubigen real – ein Widerspruch, auf den wir noch einmal zu sprechen kommen werden (s. u. S. 354); aber hier wie dort ist die eigentliche Aussagetendenz die gleiche, und sie ähnelt religionspsychologisch sehr der Predigt des Buddha und dem Mysterium von Eleusis: aus dem sinnlichen Menschen soll ein innerlicher Mensch werden[57]; statt das Wesentliche im äußeren Geschehen zu erblicken, soll das Äußere vielmehr als Symbol des wesentlich geistigen Inhaltes aufgefaßt werden (vgl. Joh 6,26). Die Dinge sollen jetzt nur noch als bildhafte Spiegel des eigenen Inneren verstanden werden; und indem das Göttliche anhand des äußerlich Sichtbaren *geistig* angeschaut wird, soll der Mensch selbst vergeistigt werden und zum Bewußtsein seiner eigenen göttlichen Natur gelangen.

[55] K. Kerényi: Das göttliche Mädchen, 77–80.

[56] Hebr 9,11–20.

[57] So sah G. W. F. Hegel: Vorlesungen über die Philosophie der Geschichte, 512; 557 besonders in der reformatorischen Abendmahlslehre den Ausdruck der Überzeugung von der Göttlichkeit der Welt (der Hostie) in der Innerlichkeit des Glaubens; vgl. Ders.: Vorlesungen über die Philosophie der Religion, II 338–340.

Zugleich mit dieser Umwandlung der inneren Einstellung wird auch die Härte des äußeren Schicksals insgesamt gemildet: das Leid, der Schmerz, das Unrecht, der Tod, gegen die der Mensch immer wieder am heftigsten ankämpft, verwandeln sich in ihrem Wesen, wenn man sie innerlich annimmt und aufhört, sich gegen sie wie gegen etwas Fremdes zu wehren; gerade aus den bejahten Einschränkungen und Belastungen des äußeren, materiellen Lebens kann ein innerlich vertieftes und reicheres Leben erwachsen.[58] Die innere Zerrissenheit im Kampf gegen ein vermeintlich unmenschliches Schicksal fände so ihr Ende; das Leben wäre mit sich selbst versöhnt und mit dem Schicksal einverstanden.

### *d) Die innere Überwindung des Krieges durch die Religion*

Damit ist das eigentliche Prinzip einer religiösen Befriedung und Versöhnung des Menschen hinlänglich beschrieben, und man darf sagen: gelänge eine solche innere Verwandlung, wie sie die christliche Eucharistiefeier beabsichtigt und dogmatisch lehrt, so könnte in der Tat das Problem der menschlichen Aggression in vielerlei Hinsicht als lösbar erscheinen. Die Sublimation der menschlichen Aggression, wie sie seit Urzeittagen religiös versucht wird, könnte durch sich selbst, wenn wir es rückblickend systematisieren, sechs ganz entscheidende Wandlungen bewirken, die der Frage des Krieges ein gänzlich anderes Gepräge geben würden. Der Krieg wäre dann wirklich mit *geistigen* Mitteln zu überwinden; er selbst erschiene als etwas Ungeistiges oder, besser, als eine bloße Vorstufe des Geistes, als etwas an sich Überholtes; zum ersten Mal könnten wir aus dem Kriegsalptraum geistigen Wahnsinns aufwachen und an dem »Heilmittel der Unsterblichkeit« geistig gesunden.

[58] Die Umwandlung des Leids in einer tieferen Weltsicht beschreibt, wohl im Erbe uralter Erfahrungen der Sonnenmythologie, das berühmte Märchen der Brüder Grimm von der »Frau Holle« (KHM 24). Vgl. E. Drewermann – I. Neuhaus: Frau Holle. Grimms Märchen tiefenpsychologisch gedeutet, Bd. 3, 1982.

In geraffter Form lassen sich die folgenden sechs Aspekte besonders hervorheben.

*Die Vergeistigung der Form von Konfliktaustragung und Konfliktlösung*

Die Vergeistigung des Menschen, die das Symbol der Wandlung beabsichtigt und ausdrückt, ist nicht nur das einzige Mittel zur Überwindung des Krieges, sie ist diese Überwindung selbst.

Von einem geistigen Standpunkt aus ist es absurd, sein Recht, oder was man dafür hält, in der Überlegenheit äußerer Macht und Gewalt zu suchen. Geistig gibt es nur einen Weg, sein Recht zu finden und zu erhalten: die Argumentation, mithin die Überzeugung des »Gegners« durch wechselseitigen Austausch der Rechtsansprüche mit der Bereitwilligkeit zur gegenseitigen Begrenzung und in der Fähigkeit zum Kompromiß. Von einem geistigen Standpunkt aus ist das Recht eine Funktion der Wahrheit, nicht der Gewalt, und der äußere Kampf mit Waffen zur Durchsetzung eines Rechtsanspruches erscheint geistig so kraftverzehrend und sinnlos, wie das Herumlaufen einer japanischen Tanzmaus als Suchverhalten einer sich mit aller Vorsicht anschleichenden Katze vorkommen muß. Die »Sprache« der Waffen kann geistig nur als eine äußere Anfangsform des eigentlichen Sprechens erscheinen; und das Ziel der physischen Niederringung des Gegners im Krieg ist geistig zu ersetzen durch das Ziel einer freien Übereinkunft auf der Basis der Anerkennung der fremden wie der eigenen Interessen; die Demonstration der Drohgebärden zur Einschüchterung des Gegners schließlich, mithin die endlose Bemühung der Rüstungs- und Kriegsvorbereitung, könnte ersetzt werden durch ein vertieftes Nachdenken über die Möglichkeiten, dem anderen innerlich den eigenen Standpunkt plausibel zu machen; aus dem Streben nach äußerer Überlegenheit würde somit das Bemühen um geistige Führung. Die Verinnerlichung, die Sublimation der menschlichen Aggression würde *den Sinn* der Aggression in der inneren Annäherung, nicht in dem äußeren Angriff sehen.

Nur eine solche geistige Verwandlung des Äußeren in ein Symbol des innerlich Gemeinten, nur eine erwachende Fähigkeit, das äußere Tun als Ausdruck des Inneren zu sehen und auszusprechen, schafft die Voraussetzung, um auch den Krieg von innen heraus als etwas *nur* Äußeres, Ungeistiges, Rohes überwinden zu können. Der Krieg, sagten wir eingangs, ist in sich selber die Veräußerlichung des Menschen schlechthin (s. o. S. 15); um ihn zu überwinden, wird es daher kein anderes Mittel geben, als die Äußerlichkeit des Denkens selber zu durchbrechen und den Krieg als ein Symbol geistiger Auseinandersetzungen und Konflikte soweit transparent zu machen, daß seine rohe Außengestalt aufgelöst werden kann. Es muß deutlich werden, worum Menschen *geistig* kämpfen, wenn sie sich um Ländereien und Machtinteressen raufen; man muß sehen, was sie *geistig* wollen, meinen und vertreten, wenn sie gegeneinander Krieg führen, nur dann wird der Kampf der Ideologien, der Religionen, der Kulturen, des unterschiedlichen Geistes der Völker nicht mehr auf dem Schlachtfeld ausgetragen werden müssen; erst dann wird man verhindern können, daß Jagd und Krieg immer wieder die ersten Formen sind, einander kennen und achten zu lernen, und der geistige Austausch, der Reichtum eines gemeinsamen Zusammenlebens, kann die kannibalistische Form der Aneignung durch Töten und Einverleiben auf lebendige, einander befruchtende, ergänzende Weise ersetzen.

Das Motiv der *Verwandlung*, dessen die Religion sich wesentlich anhand des kannibalistischen Rituals des Gottessens bedient, ist von daher ein zentrales Modell und eine äußerst wichtige Einübungsform, um das archaische Erbe der Kriegsbereitschaft im Menschen innerlich aufzuarbeiten. Indem die Religion sich gerade der archetypischen Bilder der menschlichen Psyche bedient, um sie in der Breite ihrer Möglichkeiten zu vergeistigen und mit menschlichem Inhalt zu erfüllen, ist sie tiefenpsychologisch in der Tat wie nichts sonst geeignet, um die archaische Hypothek der Phylogenese in dem furchtbaren Erbe des Krieges und der immer wieder durchbrechenden Tötungsneigungen abzutragen.

*Die innere Begründung der Selbstachtung*

Zu einem solchen geistigen Standpunkt, zu einer solchen Sublimation der aggressiven Tendenzen gehört aber eine beträchtliche Selbstsicherheit und Ichstärke. Die Verschiebung der Aggression von außen nach innen muß, wenn sie rein *moralisch* erzwungen wird, lediglich zu einem Krieg im Inneren, zu einer Vermehrung vor allem der depressiven und zwangsneurotischen Konflikte führen. Was hingegen die Religion in dem Motiv der *Verwandlung* zu tun vermag, ist etwas anderes: indem sie die rohe Außenseite der menschlichen Aggression vergeistigt, macht sie aus dem Krieg selber ein symbolisches Geschehen, dessen Sinn in einem *geistigen* Ziel besteht: in dem Anspruch des Rechts bzw. der Wahrheit. Der Rechtsanspruch nach außen ist psychologisch selbst zumeist nur ein Ausdruck des Anspruchs auf innere Wertschätzung und Anerkennung: ein Hauptgrund, weswegen immer wieder Kriege ausbrechen, besteht, wie wir gesehen haben, in dem Gefühl der Demütigung, Mißachtung und nationalen Schande – der Wertlosigkeit des militärisch Schwachen oder Unterlegenen im Angesicht des Stärkeren. Gegenüber diesem archaischen Empfinden ist es geistig aber wiederum die Frage, was für eine Selbstachtung sich denn darauf gründen soll, den anderen *physisch* erniedrigen oder töten zu können. Die Überlegenheit der Gewalt ist geistig erneut nur ein *Symbol* für den Wunsch nach *innerer* Anerkennung und Achtung: würde und wäre sie gegeben, – die meisten Kriege brauchten nicht mehr stattzufinden.

Die Religion geht nun in ihren archaischen Bildern gerade davon aus, daß diese Anerkennung und Achtung in einer absoluten Weise geistig vorgegeben ist; ihre Sakramente, besonders die Riten des Gottessens, wollen gerade sagen, daß ein jeder Mensch von Gott her Grund hat, sich in seiner Existenz vorbehaltlos als gewollt und bejaht zu fühlen. Statt die Selbstachtung sich erkämpfen zu müssen, kann und darf sie religiös begründet und vorausgesetzt werden, und das Ziel der Selbstachtung, um dessentwillen der Krieg so oft unerläßlich schien und scheint, macht, innerlich verstanden, den Krieg auf dem Hintergrund einer religiösen Selbstvergewisserung schlechterdings überflüssig: man braucht den Krieg nicht mehr, wenn vermittels der Religion das Gefühl für den eigenen Wert erst einmal stark genug gewachsen ist.

Eine solche *Ichstärke* als Funktion des Glaubens ist psychologisch das genaue Gegenstück zu der depressiven Verinnerlichung des Krieges unter dem Zwang des Ethischen: die Depression verliert das Ziel des Kampfes (die Selbstachtung) aus den Augen und verewigt im eigenen Inneren durch Wendung gegen sich selbst nur die Mittel zur Erreichung dieses Ziels (den Kampf, die Zerstörungsarbeit); die religiös begründete Selbstachtung und -anerkennung hingegen wurzelt so sehr in der Gewißheit des erreichten Ziels, daß sie der Mittel, es zu erreichen, schließlich vollkommen entbehren kann. Innere Freiheit und Festigkeit sind die psychologisch wirksamsten Instrumente der Kriegsvermeidung; die Religion aber, wenn sie sich nicht selbst an die Ethik verliert, besteht gerade darin, die absolute Selbstachtung eines jeden einzelnen von Gott her zu ermöglichen und zu bestätigen, und ihre Wirksamkeit läßt sich gerade daran am besten erkennen, inwieweit sie in ihren Riten fähig ist, ein solches Gefühl der Selbstachtung und Anerkennung glaubwürdig zu vermitteln.

*Die Verinnerlichung des Leids und der Wegfall der Rache*

Für die eigene Wertschätzung bedeutet im archaischen Erleben jede Verletzung, jedes Leid, eine schwere narzißtische Kränkung, die auf Rache und Vergeltung sinnt.

Das Motiv der *Verwandlung*, der inneren Vergeistigung, trägt wesentlich dazu bei, auch die Psychologie der Rache, die immer wieder zum Krieg drängt (s. o. S. 82f.), vom Kern her aufzulösen. Gerade das Symbol eines Gottes, der zur Erlösung und für das Leben der Menschen stirbt, zeigt, wie das äußerlich nur Schmerzhafte, wie das von außen scheinbar sinnlose, oft geradezu mutwillig zugefügte Leid, wenn es innerlich angenommen wird, sich in ein *Opfer* verwandeln kann, welches das eigene Leben, statt es von außen her einzuengen, in Wahrheit bereichern und innerlich vertiefen kann. Das Gefühl der *Versöhnung mit dem erlittenen Leid* ersetzt dann das Bedürfnis, den Kampf gegen das Leid, nachdem man es schon nicht hat verhindern können, wenigstens nachträglich durch die Schädigung des Gegners fortsetzen zu können. Die im Sakrament des Gottessens erfahrene geistige Umwandlung von Tod in Leben, von Leid in Glück, von Zerstörung in Reichtum kann zweifellos eine der tiefsten Quellen des Friedens darstellen und dazu beitragen, das archaische Handlungsschema des »alten Menschen« von Verwundung und Vergeltung, von Aktion und Reaktion, von Gewalt und Gegengewalt wirksam in eine größere Freiheit aufzuheben.

*Die Beruhigung der Angst*

Die wichtigste Folge der geistigen »Verwandlung« aber ist die Überwindung der Angst durch ein tieferes Vertrauen, und sie ist die Voraussetzung von allem. Gerade darauf richtet sich denn auch das Bemühen der Religion, wie man die Angst an der Wurzel der menschlichen Existenz überwinden kann. Das Symbol dazu ist das Bild eines Gottes, der im Opfer seines Lebens Leben wirkt und den Tod überwindet. Das Ritual des sterbenden Gottes, wenn es tief genug mitempfunden wird, bildet die tiefste nur denkbare Versicherung, daß das, was äußerlich am meisten zu fürchten ist: der physische Tod, geistig seinen Schrecken verlieren kann, – das Leben selbst braucht nicht mehr furchtbar zu sein, nur weil es physisch unfehlbar im Tode endet. Indem die Feier des Gottessens ein ewiges Leben über den Tod hinaus verheißt und gewährleistet, gibt es letztlich nichts mehr, wovor man tödlich Angst haben müßte; also gibt es auch nichts mehr, wogegen man *absolut* und wesentlich kämpfen müßte.

Zudem wird diese Versicherung des Lebens gegen die Todesangst im Bild des sterbenden Gottes nicht abstrakt, als Idee oder Ideal, ausgesprochen, sondern sie wird an die Person gebunden, der das höchste religiöse Interesse gilt. Das Sakrament des Gottessens verlangt und ermöglicht geradezu, daß man sich zutiefst mit der Angst, dem Leid und dem Tod der göttlichen Person *identifiziert*[59], und damit schwindet zugleich auch die eigene Angst, das Gefühl der Verlassenheit, der Nichtigkeit, der Ohnmacht in der Verbundenheit einer tieferen Liebe: er, den man am meisten liebt, weil er das Leben ist, ist auch gestorben.

Erst mit der Überwindung der Angst in einer solchen Identifikation mit dem, der den Tod überwindet, entsteht von der Wurzel her die innere Freiheit zum Frieden. Die Ichstärke der Selbstachtung und das Vertrauen einer unverlierbaren Gültigkeit des eigenen Lebens angesichts des Todes machen es von innen heraus möglich, auch nach außen hin großzügig zu sein und sich und den anderen leben zu lassen. Der Krieg als Kampf ums Dasein, die Instrumentalisierung des Todes gegen die jederzeit mögliche Todesdrohung, kann die Berechtigung und Notwendigkeit verlieren, wenn das Leben als in sich selbst bestätigt, anerkannt und *unvergänglich* in Erscheinung tritt. Das Sakrament des Gottessens ist, so gesehen, wirklich ein Sakrament der Aussöhnung, indem es mit dem schlimmsten Angstgegner, dem Tod, versöhnt.

Damit ist die Antwort der Religion an die Quelle des Übels gelangt: an die ewige Angst des Menschen angesichts der Vergänglichkeit und Ausgesetztheit des menschlichen Da-

[59] Sehr richtig hat S. Freud: Massenpsychologie und Ich-Analyse, XIII 115–121 auf den Faktor der kollektiven Identifizierung hingewiesen, der psychoanalytisch mit den oralen Introjektionsvorgängen der Melancholie zusammenhängt. S. Freud: Trauer und Melancholie, X 427–446. S. o. S. 306; Anm. 35.

seins, und ihr Lösungsvorschlag muß in einer inneren Vergeistigung bestehen, weil die tiefsten Ursachen der Angst gerade aus den Kräften des Geistes, aus der vorausschauenden Vernunft und dem unendlichen Spiel von Möglichkeiten im Bewußtsein, hervorgehen. Die menschliche Spezies scheint insgesamt nur die Wahl zu besitzen, entweder die Todesangst des Daseins in immer neuen Kriegen bis zum wirklichen Tod, bis zur Selbstvernichtung auszutoben, oder aber auf die Angst, die vom Geist her über den Menschen fällt, mit Hilfe der Religion geistig zu antworten.[60] Wenn wir den Krieg als

[60] A. Camus: Der Mensch in der Revolte, 17–27 hat geradezu verzweifelt die Menschheit dazu aufgerufen, angesichts eines absurden Schicksals eine »Solidarität außerhalb des Heiligen« zu bilden und gemeinsam gegen den gemeinsamen Feind aller: gegen den Tod, zu revoltieren. »Ich rebelliere, also sind wir«, meinte Camus, und fügte (mit deutlicher Adresse an J. P. Sartres Rechtfertigung der Revolution) hinzu: »statt zu töten und zu sterben, um das Sein hervorzubringen, das wir nicht sind, müssen wir leben und leben lassen, um zu schaffen, was wir sind«. (A.a.O., 271) »Die weder in Gott noch in der Geschichte ihren Frieden finden, verurteilen sich dazu, für die zu leben, welche, wie sie, nicht leben können: die Gedemütigten ... Diese unerhörte Großmut ist der Revolte eigen, die ohne zu zögern, ihre Kraft der Liebe gibt und unverzüglich die Ungerechtigkeit abweist. Ihre Ehre ist, nichts zu berechnen, alles an das jetzige Leben und ihre lebenden Brüder zu verteilen ... Die wahre Großzügigkeit der Zukunft gegenüber besteht darin, in der Gegenwart alles zu geben.« (A.a.O., 327) Aber wie soll das geschehen? Camus appelliert an die Wertevidenz des Lebens und der Schönheit im »mittelmeerischen Denken«, an die Fähigkeit, sich in der Natur von der menschlichen Geschichte und ihren Barbareien zu erholen; aber die Natur selbst ist grausam; zu ihr gehört der Tod. Camus hat recht, wenn er dem Christentum seine Naturfeindschaft vorwirft. »In ihr (sc. der Ideologie des deutschen Idealismus, d. V.) vollenden sich zwanzig Jahrhunderte vergeblichen Kampfes gegen die Natur im Namen eines geschichtlichen Gottes zuerst und einer vergöttlichten Geschichte darauf. Das Christentum konnte zweifellos seinen katholischen Charakter nur dadurch gewinnen, daß es, was es nur immer konnte, an griechischem Denken in sich aufnahm. Aber als die Kirche ihr mittelmeerisches Erbe zerstreute, legte sie das Gewicht auf die Geschichte zum Nachteil der Natur, ließ sie das Gotische über das Romanische obenaus schwingen und forderte, indem sie eine Grenze in sich selbst zerstörte, immer stärker die zeitliche Macht und die geschichtliche Dynamik. Die Natur, die aufhört, Gegenstand der Betrachtung und Bewunderung zu sein, kann nur noch der Stoff für eine Tat sein, die nach ihrer Umwandlung strebt.« (A.a.O., 322) Aber abgese-

Symptom des Wahnsinnszustandes des menschlichen Bewußtseins bewertet haben (s. o. S. 104), dann gibt es gegen diesen Wahnsinn wirklich nur die Religion zur Heilung und Genesung aus der Angst des Daseins, und ihr Symbol ist der Sieg des Lebens über den Tod im Sakrament des Gottessens, im Ritual der geistigen Verwandlung.

### *Die Integration des Weiblichen und die Aussöhnung mit sich selbst*

Nächst dem Sieg über die Angst zeigt das Mahl des Eucharistiesakramentes zugleich einen Weg, wie der weibliche Anteil der menschlichen Psyche integriert werden kann. Der Krieg ist und war, wie wir gesehen haben, bislang eine Angelegenheit der Männer, und er entstammt z. T. einer Überwertigkeit männlicher »Tugenden« in einer Gesellschaft: der »Nur-Mann« ist in seiner Aggressivität stets kriegsgefährlich. Um so wichtiger ist es, den männlichen Anteil der Psyche mit den weiblichen Strebungen zu verschmelzen, und der Sinn der sakramentalen Symbolik des Gottessens besteht im Christentum denn auch u. a. gerade in einer solchen Synthese des Männlichen und des Weiblichen, des Bewußtseins und des Unbewußten.

Bereits der orale Akt des Essens selbst bedeutet *objektal* eine Verschmelzung mit der Mutter[61], inklusive all der Ge-

hen davon, daß das Griechentum ebenso wie das Christentum in ihrer Anthropozentrik von vornherein zu einem unbefangenen Verhältnis zur Natur außerstande waren, setzt Camus im Grunde gerade in seinem Aufruf zu einem gemeinsamen Kampf gegen die Absurdität des Todes die christliche Anthropozentrik und Naturfeindschaft fort; vgl. E. DREWERMANN: Der tödliche Fortschritt, 88–89. Erst eine Menschheit, die aus einer tieferen religiösen Sinnvermittlung den Tod akzeptieren und die Angst davor überwinden könnte, wäre zum Frieden fähig und könnte in Versöhnung mit dem Schicksal der Natur darauf verzichten, den Tod als Waffe im Kampf ums Leben zu instrumentalisieren.

[61] Zur Kennzeichnung der oralen Erlebnisqualitäten vgl. L. SZONDI: Triebpathologie, I 182: Es ist ein »Drang, mit Mund und Hand an Brust und Leib der Mutter fest und fast unabtrennbar – wie an einem Lebensbaum – zu hängen und sich dort *anzuklammern,* die Mutter und all ihre späteren

fühlsqualitäten, die damit verbunden sind: der Erlaubnis, sich wie ein Kind vorbehaltlos akzeptiert zu fühlen, der Empfindung von Geborgenheit, Schutz, Halt und Wärme etc.; das Göttliche erscheint im Sakrament des Mahles selbst als etwas Weibliches, mit dem der Mensch verschmilzt, und umgekehrt: im Sakrament des Mahles wird die Erfahrung des Weiblichen selbst archetypisch als eine letzte metaphysische Gegebenheit des Daseins glaubhaft präsent. Nur von daher versteht man die Bedeutung des Mahles als eines Zeichens der Versöhnung, Befriedung und Wegzehr – als eines Mittels der Unsterblichkeit.

Auf einer tieferen, *subjektalen* Ebene bedeutet der Akt des Essens zugleich eine Verschmelzung mit dem weiblichen Archetypus in der eigenen Psyche. Die Gaben von Brot und Wein symbolisieren selbst die weiblichen und die männlichen Anteile der menschlichen Psyche, sie stehen für Materie und Geist, und ihre Zuordnung entspricht tiefenpsychologisch dem Mysterium der Heiligen Hochzeit, der Vereinigung der Seele[62]; so wie Sonne und Mond in der ägyptischen Mytholo-

Ersatzobjekte nur für sich selbst allein für die Ewigkeit zu *sichern*, der Drang, im Schoß der Mutter sich zu verkriechen und diese Schoßgeborgenheit zu verewigen, *Der Drang, von der Mutter bedingungslos im Urvertrauen so angenommen zu werden, wie man eben ist*, von ihr in allen Eigenschaften – ob gut oder bös – restlos völlig bestätigt zu werden, der Drang der Liebenden, mit Händen und Mund nach einander zu greifen ...« – Zu der »inzestuösen« Symbolik der regressiven Mutterleibsphantasien im Zusammenhang von Lebensbaum, Eucharistie und Kreuz vgl. E. Drewermann: Die Symbolik vom Baum und Kreuz, 17–21.

62 C. G. Jung: Das Wandlungssymbol in der Messe, XI 241: »Insofern die dargebrachte Gabe der Opfernde selber ist, ... besteht eine mystische Einheit aller Teile des Opferaktes ... Überdies umfaßt der mystische Leib Christi auch beide Geschlechter, die durch Wein und Brot dargestellt sind. So bedeuten die beiden Substanzen – der Wein das Männliche, das Brot das Weibliche – auch die *Androgynie* des mystischen Christus.« Der Wein kann zugleich als Symbol des Geistes, das Brot als Symbol der Materie verstanden werden (a.a.O., 240). – An *dieser religionspsychologischen Bedeutung* der Eucharistie könnte und sollte die theologische Begründung für die Möglichkeit, ja sogar für die Notwendigkeit des *Priestertums der Frau* ansetzen. Wie abgespalten und dadurch verzerrt das Motiv der Heiligen Hochzeit in der Eucharistiefeier der katholischen

gie im Symbol des Apis-Stieres übereinander abgebildet wurden, so hält der Priester während der katholischen Meßfeier die Hostie über den Kelch zum Zeichen der Vereinigung des Männlichen mit dem Weiblichen.[63] Was durch keine gesell-

Kirche hingegen gelebt werden mußte, zeigen vor allem die Schwarzen Messen, die oft genug auf entblößten Frauenleibern gefeiert wurden und in denen Menstrualblut und Sperma vermischt oder geradewegs koitale Praktiken geübt wurden; auch das Herzopfer und die Schlachtung von Kindern gehörten zu den häufigen Anklagen gegen das Hexenwesen; vgl. die Aussagen über die Messen des Abbé Guibourg und seiner Genossen, die ihr Unwesen sogar in der Nähe von Ludwig XIV. ausübten; G. Zacharias: Satanskult und Schwarze Messe, 108 ff. – Als einziges psychologisches Argument *gegen* ein Priestertum der Frau könnte allenfalls geltend gemacht werden, daß der Priester wesentlich in Funktion eines *Opfers* tätig ist und die Aufgabe des Tötens aus dem Erbe von Jagd und Krieg grundsätzlich eine männliche Tätigkeit darstellt; aber der Tod ist eben nur die eine Seite der Eucharistie, die andere ist die der Wiedergeburt, und beide Aspekte sind gleichermaßen wesentlich. Keine patriarchalische Einseitigkeit in der Theologie kann daran etwas ändern. – Zum Wiedergeburtsmotiv als Einheit von Tod und Leben in Verbindung mit dem Motiv der Heiligen Hochzeit vgl. M. Raphael: Wiedergeburtsmagie in der Altsteinzeit, 141–153; 190, der vor allem auf den Einfluß der paläolithischen Fruchtbarkeitssymbole von nach oben und nach unten gerichtetem Dreieck (als männlichen und weiblichen Symbolen) auf die Kreuzesdarstellungen im Christentum hinweist. – Zur Forderung der »Androgynie« und der Kritik in der Frauenrechtsbewegung vgl. F. und C. Wesley: Die Psychologie der Geschlechter, 24–25.

63 G. Kolpaktchy: Ägyptisches Totenbuch, 30–32 verweist auf die »Synarchie« von Sonne und Mond, von denen der feuchte, kalte Mond »durch das Unklare, Ungewisse, Unbeständige charakterisiert« ist; »der Mond regiert das Keimen, die Schwangerschaft, die affektive Zone; er begünstigt die Anpassung, die Verwandlungen. Er regiert die Kräfte des Werdens und diejenigen der Differenzierung. Alles dies entspricht dem ›weiblichen‹ Prinzip. – Die Sonne . . . ist trocken und warm; sie regiert den objektiven, unpersönlichen Verstand, als ein Prinzip der Integration; sie fixiert und macht alles starr und unbeweglich, was in ihr Kräftefeld eintritt; sie ist ein Prinzip der kosmischen Ordnung und der unparteiischen Gerechtigkeit; ontologisch ausgedrückt, ist sie das Sein, als Gegensatz zum Werden. Alles dies charakterisiert das ›männliche‹ Prinzip. – Vom geistigen Standpunkt aus gesehen befinden sich die beiden Lichter je an der Spitze des Heeres oder eines Kräftefeldes, und die Wechselwirkung der beiden Prinzipien . . . bewirkt das ›Auf- und Niedersteigen der goldenen Eimer‹.« Osiris schließt in dieser Weise die Sonne *und* den Mond in sich; seine »Glieder« sind die Planeten und das ganze All, seine Wiedererweckung ist die Wiederherstellung des ursprünglichen Gleich-

schafts- oder kirchenpolitische Maßnahme zu erzwingen ist, setzt das Sakrament des Gottessens damit als gegenwärtig: die Einheit mit der verlorenen anima. Die Angst vor sich selbst kann damit versiegen, und aus dem inneren Gleichgewicht der Seele entsteht ein Gefühl der Harmonie, das in sich selbst weltweit und offen ist, weil es nichts und niemanden mehr auszuschließen braucht.

*Das Mahl als Zeichen einer universellen Verbrüderung gegen den Tod*

Als letztes muß es der Religion darum gehen, ihre eigene Symbolik und Dogmatik universell zur Grundlage des Lebens *aller* Menschen und nicht nur einer einzelnen Glaubensgemeinschaft, zu erheben.

Ein Hauptproblem der Befriedung des Menschen besteht in der ständigen Aufspaltung der Menschheit in vermeintlich Friedenswillige und angeblich Kriegslüsterne. Inmitten einer Welt feindlicher Parteiungen scheint sich keine Partei den Frieden leisten zu können, solange noch irgendein Teil der menschlichen Gemeinschaft den Krieg für möglich hält. Der Frieden, wenn er wirklich ist, kann nur universell und weltweit sein, oder er ist gar nicht. Die Frage stellte sich daher vor allem innerhalb des ethischen Konfliktes zwischen dem Standpunkt der Verantwortungs- und Gesinnungsethik immer wieder, wie man dahin gelangen kann, den Frieden als allgemein menschlich zu begründen. Auch auf diese Frage versucht die Religion mit dem Symbol des Gottessens eine mögliche Antwort zu geben, indem sie den *Archetyp des Mahles* aufgreift.

gewichtes beider Prinzipien, ähnlich wie es die Christen in Eph 3,14–19; Kol 1,18–20 von Christus aussagten. – Von Ägypten strahlten derartige esoterische Vorstellungen nach Osten bis China und nach Westen bis Gallien aus, wo sie sich mit druidischen und christlichen Vorstellungen in der Vision vom heiligen Gral vermischten; der Kelch ist ein Symbol des Mondes; »die Hostie stellt über dem Kelch das Sonnenprinzip dar«, entsprechend der ägyptischen Anschauung vom Apis-Stier mit der Sonnenscheibe zwischen den »Hörnern« der Mondsichel. –

Wenn es zutrifft, daß ein entscheidender Kriegsgrund im »Territorialismus« liegt (s. o. S. 57), so ist der umkämpfte Raum, das zu verteidigende Revier, vor allem als *Nahrungsraum* von Bedeutung, und in gewissem Sinne kann man daher auch sagen, daß der Krieg fast immer auch ein Kampf gegen die drohende oder bereits vorhandene Gefahr des Hungers ist. Das Sakrament der Eucharistie greift nun gerade das Motiv des Hungers, des Essens auf, um das Trennende in etwas Verbindendes umzuwandeln. Historisch kann die Religion sich dabei zweifellos an das Vorbild der frühen Jäger anlehnen, für die das Jagen zusammen mit dem *gemeinsamen* Teilen und Verzehren der erlegten Jagdbeute einen wesentlichen gemeinschaftsstiftenden Faktor innerhalb der eigenen Jagdgemeinschaft (darstellte.). Aber aus dem jahrtausendealten Erbe der Steinzeit ist ein Archetyp entstanden, dessen psychologische Bedeutung weit über seine historische Entstehung hinausreicht und der als eine psychische Erlebnisbereitschaft in allen Menschen angelegt ist. Indem die Religion den *Archetypus des Mahles* sich sakramental zu eigen macht, gewinnt sie ipso facto eine Energie, die auf eine universelle Verbrüderung *aller* Menschen hingeordnet ist. Während das einzelne Mahl nur eine bestimmte Gruppe miteinander verbindet, ist der Archetypus des Mahles, eben weil er in allen Menschen lebt, durch sich selber darauf angelegt, alle Menschen an einem Tisch zu versammeln. Die Erfahrung der gemeinsamen Bedrohung durch den Tod, die sonst die Menschen trennt, die gemeinsame Not und Hilfsbedürftigkeit, die im Felde der Angst die Menschen auseinandertreibt und ineinander widerstreitende Kampfatome verwandelt, führt in dem Zeichen des Mahles, in der Gemeinsamkeit des Brotbrechens, des Teilens und Essens, die Menschen zusammen. Während die Gruppenbildung im Felde der Angst, wie wir gesehen haben (s. o. S. 63), immer wieder voraussetzt, daß ein gemeinsamer Gegner definiert und gefunden wird, gegen den sich die Gruppe in Jagd und Krieg zusammenschließt, so erscheint im Sakrament des Mahles der Hunger, der Tod selber als ein solcher gemeinsamer Feind, gegen den sich *alle* Menschen verbrüdern können, statt im Kampf gegeneinander aus Hunger und Tod Waffen zur wechselseitigen Vernichtung zu machen.[64]

Aber damit eine universelle Vereinigung gegen den Tod möglich ist, muß ein gemeinsames Vereinigungssymbol die Menschheit zu einem gemeinsamen Tun zusammenführen, und eben dazu dient das Sakrament des Gottessens. In ihm ist der getötete Gott gewissermaßen das Jagdopfer aller. Es mag von der religiösen Symbolik her noch ein weiter Weg sein, um aus dem Geist des gemeinsamen Mahles auch de facto die

[64] Die Todesangst ist in den frühen Kulturen als Grundmotiv des Handelns noch klar erkennbar. Aus Angst werden die ersten Städte gegründet mit dem Versprechen, Schutz, Sicherheit und Frieden zu bieten; aber kaum verkünden die Herrscher, wie etwa König Hammurabi: »Ich habe dem Krieg ein Ende gemacht. Ich habe die Wohlfahrt des Landes gefördert. Ich habe nicht zugelassen, daß irgend jemand sie erschrecke«, da richtet sich der Schutz im Inneren bereits als Aggression nach außen und schafft nur eine neue Spirale der Eskalation von Terror und Gewalt, ein Kreislauf, der bis heute andauert und mit der fortschreitenden Verstädterung sogar noch zunimmt. L. MUMFORD: Die Stadt, I 58–63. – Aber auch die Herrscher der frühen Dynastien und die großen Eroberer standen in ihrem Handeln unter dem Zentralmotiv der Angst. Von dem Ersten Kaiser von China, Ch'in Shih-huang-ti, der 246 v. Chr. mit 13 Jahren als König Cheng den Ch'in-Thron bestieg und von 230–221 ein Land nach dem anderen eroberte, ein einheitliches Recht einführte, einen zentralisierten Staat errichtete und bis 210 v. Chr. als Alleinherrscher regierte, ist bekannt, daß er an ständiger Angst vor dem Tode litt und verschiedene Expeditionen aussandte, um ein Elixier der Unsterblichkeit zu finden. Man hat den Eindruck, als habe die ungeheuere Konzentration der Macht in der einzigen verschlossenen und einsamen Person Ch'in Shih-huang-ti's nur der Abwehr einer quasi paranoischen Angst vor angeblichen und wirklichen Feinden gedient. Massenmorde, Razzien und ein gefühlloser, despotischer Legalismus kennzeichneten den Ersten Kaiser von China, dessen gewaltiges Mausoleum auf 14000 Quadratmetern eine ganze Armee von 7000 lebensgroßen Soldaten beherbergte, die den Kaiser noch im Tode schützen sollten. A. COTTERELL: Der Erste Kaiser von China, 145; 156–157. – Eine ähnliche paranoische Angst findet sich in der Biographie Alexander des Großen. Vgl. E. DREWERMANN: Strukturen des Bösen, II 488–495. – Wir »verdanken« den großen Reichsgründern nicht nur das »Recht«, die »Verwaltung« und das »Staatswesen«, sondern auch die Angst und die verinnerte Gewalt, die ihnen zugrunde liegen.

gemeinsamen Güter dieser Erde sozial so zu verteilen, daß sie allen Menschen zugute kommen, und zugleich in der Beseitigung des schreienden sozialen Unrechts einen der wichtigsten Gründe des modernen Krieges zu beseitigen; aber erst auf dem Hintergrund einer universellen Symbolik der Einheit entstehen die Motive und Fähigkeiten eines universellen Fühlens menschheitlicher Zusammengehörigkeit, Gemeinsamkeit und Verantwortung. Nach dem offensichtlichen Scheitern der ethischen Vernunft scheint in dieser religiösen Möglichkeit jedenfalls die einzige noch verbleibende Chance zum Überleben zu liegen. Wenn der Krieg das ist, als was wir ihn bisher kennengelernt haben: eine Perversion der menschlichen Vernunft unter dem Diktat archaischer Ängste und Antriebe, die ihre Maßlosigkeit und objektive Unvernunft sogar erst von seiten der sich entwickelnden menschlichen Vernunft erlangen, – dann gibt es für das Problem des Krieges keinen aufgeklärten »vernünftigen« Ausweg, sondern nur eine Lösung, die ebenso geistig wie archaisch ist, ebenso triebhaft wie sublim, ebenso sinnlich wie mystisch, und eben so sind die großen Symbole und Riten der Religion: sie vermitteln eine Überzeugung von Sinn und Geborgenheit, in der die Angst des Bewußtseins sich beruhigt, und zugleich formen sie Urszenen zur sozialen Abreaktion der sonst zerstörerischen Triebenergien, – ein kollektives Psychodrama, in dem Trieb und Vernunft nach Beseitigung der Angst in eine fruchtbare Synthese, statt, wie im Feld der Angst, in einem circulus vitiosus zusammengeschlossen werden. Nicht eine einseitig »vernünftige«, nur eine integrale Antwort auf die menschliche Zerrissenheit ist möglich, und die Religion wäre gerade in der unschätzbaren Weisheit ihrer Symbole und Riten zu eben der menschheitlichen Psychotherapie an der Krankheit des menschlichen Daseins berufen, von welcher der Krieg eines der schlimmsten und wichtigsten Symptome ist.

## 2. *Die faktischen Aufgaben und Möglichkeiten des Christentums*

Damit ist im Wesentlichen umschrieben, was die Religion und insbesondere das Christentum zur Lösung der Kriegsproblematik beitragen könnte und müßte. Eine tiefere Antwort ist vom Selbstverständnis der Religionen her jedenfalls nicht möglich, – die Riten und die Sakramente bilden die wichtigsten und die dichtesten Stellen, an denen die religiöse Wahrheit praktisch wird; mehr als in diesen Sakramenten ist religiös nicht zu bewirken.

Aber können die Sakramente, kann ein solches Ritual wie das Gottessen in den Religionen der Menschheit wirklich zum Frieden wirken? Die Sakramente, das haben diese religionspsychologischen Ausführungen gezeigt, müßten zum Frieden wirken, wenn die Religion wirklich wäre; aber nach unserer eigenen Diagnose ist die Religion in Gestalt des Christentums nicht wirklich; statt die Triebenergien des Es zu sublimieren, ist sie von ihren Quellen viel zu weit entfernt, als daß sie ihren eigenen Symbolen Glauben schenken könnte; und so kann sie aufgrund ihrer eigenen Ohnmacht den Frieden nicht befördern, ja, so muß sie aufgrund ihrer eigenen Zerrgestalt sogar die Sache des Krieges wider ihren Willen unterstützen. Und hieran entzünden sich alle Zweifel und Kritiken.

Mancher Leser wird ja bei den letzten Seiten vielleicht längst ungeduldig geworden sein. Glaubt denn der Autor wirklich, wird er sich gefragt haben, daß es statt der ethischen und politischen Lösungswege, die, zugegeben, ihre Schwierigkeiten haben und noch nie erfolgreich waren, nunmehr eine mystische Auflösung der geschichtlichen Misere der menschlichen Spezies gäbe? Zeigt er, statt eines Ausweges, nicht lediglich neue und alte Irrwege ins Phantastische? Das Christentum feiert das Altarssakrament seit 2000 Jahren, und diese 2000 Jahre waren zum größten Teil unwissend, blutig und roh, – was also will man jetzt plötzlich für Hoffnungen auf ein so archaisches und »irrationales« Ritual wie das Sakrament des Gottessens setzen?

### *a) Die Religion als Gegentraum der Angst*

Tatsächlich sollten und konnten die letzten Seiten nicht beschreiben, was man zur Befriedung des Menschen *machen* muß – es ist nichts zu »machen«, davon sind wir ausgegangen. Wir konnten auch nicht die Hoffnung erwecken, als ob die Religion auf die unlösbare Frage nach der Überwindung des Krieges ein besseres Rezept bereithielte als die praktische Vernunft des Menschen sonst. Wohl aber haben wir den Auftrag der Religion darin gesehen, daß sie entsprechend ihrem Selbstverständnis die Angst beruhigt, die den Menschen hindert, zu tun, was er vernünftigerweise tun sollte. Die Religion kann den Menschen nicht ändern, aber sie kann ihn von dem angstgetriebenen Wahnsinnszustand der Vernunft befreien und in sein Maß und Wesen zurückführen. Gegen den Alptraum der Angst kann die Religion einen Traum des Vertrauens setzen, und eben als die Symbole und Szenen eines solchen Gegentraumes der Angst haben wir die Riten des Gottessens in ihrer vergebenden und vergeistigenden Kraft in die Diskussion eingeführt.

#### *Mehr als ein »Prinzip Hoffnung«*

Die Religion als »Traum« – auch diese Formel ist heute mißverständlich. Sie hat sich zumeist eingebürgert, um den utopischen Charakter des Religiösen im Sinne E. Blochs hervorzuheben[65], so als enthalte die Religion, wenn schon

[65] E. Bloch: Das Prinzip Hoffnung, I 86–128 versuchte in bewußter Gegnerschaft zur Psychoanalyse den Traum als Phantasie einer speziellen Weltverbesserung, als antizipierendes Bewußtsein zu interpretieren, wobei er zentrale Begriffe der Psychoanalyse, wie den Begriff des Archetypus, des Unbewußten und der Regression freilich auf eine Weise ausdeutete, die das Anliegen C. G. Jungs beharrlich – fast möchte man meinen mit Absicht – mißverstand. Zudem beachtete E. Bloch offenbar die »Regression zu primitiver aggressiver Tagträumerei« so gut wie gar nicht, von der A. Mitscherlich: Die Idee des Friedens und die menschliche

keine »realistische« »Alternative« zu dem bestehenden Fiasko der »Realpolitik«, so doch immerhin die »Vision« einer besseren Zukunft. Daran ist manches Richtige (s. o. S. 128). Tatsächlich gehört ein gewisses »eschatologisches« Element unbedingt zur Theologie der Symbolik des Gottessens: die Bilder der Einheit von Göttlichem und Menschlichem, von Bewußtsein und Unbewußtem, sind tiefenpsychologisch u. a. auch ein Zeichen für die Herausbildung des eigentlichen Menschen, religiös gesprochen: für die »Ankunft« bzw. die »Wiederkunft« des »Menschensohnes«.[66] Mit Recht hat die frühe Kirche deshalb in der Eucharistiefeier eine Verheißung auf das Kommen der Gottesherrschaft gesehen.[67] Aber wenn der Begriff des »Eschatologischen« sich auf das »Prinzip Hoffnung« wider alle Hoffnung reduziert, ist damit bei einiger Redlichkeit nur gerade so viel gewonnen, daß der Glaube an eine prinzipielle Möglichkeit des Friedens trotz aller bitteren Erfahrungen und Enttäuschungen an der geschichtlichen Wirklichkeit nicht ganz erlischt. Das ist mehr als nichts, aber weniger als notwendig: die eschatologische »Option« für den Frieden bleibt in der Gefahr, als politischer Dilettantismus mehr Schaden als Nutzen zu wirken, und als bloßer Anspruch an die Wirklichkeit unterscheidet die eschatologische »Vision« sich nicht wesentlich von einem ethischen Postulat oder Ideal, es sei denn, daß man aus der

Aggressivität, 119 mit großem Recht und Nachdruck spricht. Wenn schon E. Bloch die Träume der Nacht von den Tagträumen her verstehen will – ein psychoanalytisch ganz unsinniges Vorgehen –, so hätten gerade die »Tagträume«, z. B. der Filmindustrie, ihn von dem außerordentlich gefährlichen aggressiven Potential dieser »Träume« überzeugt haben können.

66 Zum Begriff des Menschensohnes, des Gottessohnes oder des Urmenschen als eines religionspsychologischen Symbols des *Selbst* vgl. C. G. Jung: Das Wandlungssymbol der Messe, XI 299; *ders.:* Psychologische Deutung des Trinitätsdogmas, XI 170–171.

67 Vor allem der Einsetzungsbericht in Mk 14,22–25 trägt einen solchen deutlich eschatologischen Zug, den Mt 26, 26–29 noch durch die Hinzufügung von der »Sündenvergebung« (aus Mc 1,4) ergänzt. Vgl. R. Schnackenburg: Gottes Herrschaft und Reich, 173–180.

»Vision« selbst ersehen könnte, wie die Ängste zu beruhigen sind, durch welche die Sehnsucht nach dem Frieden immer wieder durchkreuzt und in ihr Gegenteil verwandelt wird.

*Die Macht der Großen Träume*

Die Religion als »Traum« ist jedoch keineswegs nur ohnmächtige »Hoffnung« oder wohlmeinender Wunsch; sie ist für die gesamte Menschheit das, was Träume auch sonst im Leben eines einzelnen bedeuten können: sie sind das Gegenbild seiner bewußten Icheinstellung; sie zeigen ihm, was er in sich verdrängt hat und was ihn um so mehr vom Unbewußten her bestimmt; sie knüpfen an die frühesten Erinnerungen der seelischen Entwicklung an, verbinden sie symbolisch mit der Gegenwart, deuten die aktuelle Problematik von den Einflüssen, Erlebnisweisen und Vorstellungen der Kindheit her, sie machen auf die Ansätze zu einer Lösung der Konflikte aufmerksam, kurz, sie bilden ein Verfahren autonomer Selbstheilung der Psyche aufgrund der unbewußt gestellten Diagnose. Geradeso verdichten die großen Riten und Dogmen der Religion das archaische Erleben der Tiefenschichten der menschlichen Psyche: sie greifen die Erlebnisreste der Vorzeit auf und bilden sie in ewige, sinndeutende Symbole der Gegenwart um; sie sind sensibel genug, die unbewußten kindlichen Wünsche und Sehnsüchte nach Akzeptation und Vergebung, nach Daseinsberechtigung und Anerkennung, nach einem *absoluten* unangreifbaren Platz im Dasein aufzunehmen, und sie sind stark genug, um die irrsinnigen, seit den Kindertagen der Menschheit aufgehäuften Ängste im Hintergrund der männlich-erwachsenen Scheintüchtigkeit unserer ruinösen Wirklichkeit zu formulieren und im gleichen Moment zu beruhigen. Die großen religiösen Träume der Menschheit sind solche Versammlungen in den heilenden Mittelpunkt der Welt[68], Rückbesinnungen auf ein verlorenes

[68] Zu dem Symbol des heilenden Weltmittelpunktes vgl. die Visionen des Schamanen Schwarzer Hirsch: Ich rufe mein Volk, 30–54; E. Drewer-

Zentrum des menschlichen Lebens, an dem, wie im Baum des Paradieses, Himmel und Erde sich berühren und das menschliche Herz seine Ordnung empfängt.

Die großen Riten der Religion sind wie nach außen gestellte Aufführungen solcher Großen Träume; sie vollziehen die Großen Visionen der Menschheit nach Art eines in sich vollendeten Psychodramas, und ihre Protagonisten, die Priester, vermögen gerade so viel, als sie selber aus der Macht der Traumvisionen leben.

*Von der Wirkung der Sakramente aus dem Vollzug*

Man sagt dogmatisch von den Sakramenten der katholischen Kirche, daß sie einfach dadurch wirken, daß sie geschehen[69] – eine dogmatische Lehre, die für ein aufgeklärtes Denken auf paradoxe Weise nur die faktische Nutzlosigkeit der kirchlichen Riten zu rationalisieren scheint. Aber in Wahrheit hat die alte Dogmatik völlig recht: die sakramentalen Riten fordern die Mitwirkenden, die Kultgemeinde, dazu auf, die Großen Heilträume der Menschheit mitzuträumen; es gibt keine Absicht, keinen Zweck, der hinter diesen Riten liegen würde; sie sind in sich so autonom, wie die Traumbilder, denen sie entstammen, und *indem sie aufgeführt werden*, verfügen sie an sich über die gleiche heilende, klärende, beruhigende Kraft wie die Traumbilder selbst. Die Sakramente und Dogmen der Religion eignen sich miserabel dazu, um in einem »eschatologischen« »Vorgriff« der »Hoffnung« »kritisch« die faktischen Strukturen und Praktiken der politischen und gesellschaftlichen Wirklichkeit zu »transzendieren«[70] – sie sind kein Verfahren treuherziger Besserwisserei,

MANN: Strukturen des Bösen, 1. Bd., Nachwort zur 3. Aufl. 1981: Von dem Geschenk des Lebens oder: das Welt- und Menschenbild der Paradieserzählung des Jahwisten, 369–374; 378–381.

[69] J. BRINKTRINE: Die Lehre von den heiligen Sakramenten der katholischen Kirche, I 108–115.

[70] So forderte J. MOLTMANN: Theologie der Hoffnung, 298–299, »die Christenheit« solle »nach dem Willen dessen, dem sie glaubt und auf den sie hofft« sowohl den Kult der Subjektivität, wie den Kult der Mitmensch-

lichkeit, wie auch den Kult der Institution durchbrechen; sie müsse dazu »nichts geringeres unternehmen, als aus diesen ihren sozial fixierten Rollen ausbrechen« und den Exodus aus der babylonischen Gefangenschaft der Institutionen wagen. »Nur wo ihr Widerstand sie als eine nicht-assimilierbare und nicht-arrivierbare Gruppe zeigt, kann sie dieser Gesellschaft ihre eigene Hoffnung vermitteln.« Das ist zweifellos wahr; aber Moltmann zeigt nicht, was die »Subjektivität« mit der »Interpersonalität« der Gemeinde im Gegenüber und Widerspruch zur »Gesellschaft« verbinden könnte; dazu bedürfte er einer Symbolik, die sowohl dem Erleben der Subjektivität des Einzelnen wie der Kollektivität der Gruppe zugänglich und gemeinsam ist. – Sehr vorsichtig drückte sich katholischerseits K. Rahner: Weltgeschichte und Heilsgeschichte, in: Schriften zur Theologie, V 131–132 aus: »Das Christentum kennt keine Geschichte, die aus ihrer inneren Dynamik heraus sich in das Reich Gottes selbst hinein entwickelt.« Rahner sprach von der »Tragik«, die »allem Endlichen« immanent sei und meinte sogar: »Das Christentum bestreitet, daß sich die Weltgeschichte auf den ewigen Frieden hin entwickelt, wenn dies auch nicht heißt, daß der Krieg, der immer sein wird (sic!), gerade mit Hellebarden oder Atombomben ausgetragen werden müsse. Das Christentum weiß, daß jeder Fortschritt in der Profangeschichte auch ein Schritt zur Möglichkeit größerer Gefährdungen und tödlicher Abstürze ist. Die Geschichte wird nie die Stätte des ewigen Friedens und des schattenlosen Lichtes sein, sondern das Land des Todes und der Finsternis, wenn dieses Dasein gemessen wird an dem absoluten Anspruch des Menschen, den zu stellen Gott dem Menschen die Möglichkeit, ja sogar die unausweichliche Pflicht stellt.« Aber diese Transzendierung und »Depotenzierung« der Weltgeschichte durch die Heilsgeschichte verfügt nicht über wirksame *Bilder,* die durch sich selbst in den Tiefenschichten der Psyche die Bedingungen des menschlichen Handelns verändern könnten.– Selbst ein so brauchbares theologisches Geschichtskonzept wie das von M. Seckler: Das Heil in der Geschichte, 227, in dem nach thomistischem Vorbild die Geschichte als ein »heterogen geschlossener Kreis«, als ein sinndarstellendes, nicht nur sinnerstrebendes Geschehen verstanden wird, bleibt letztlich abstrakt und leer, weil es weder den Anfang noch das Ende mit entsprechenden archetypischen Bildern zu beschreiben weiß. Die Schwierigkeit hat K. Rahner: Theologische Prinzipien der Hermeneutik eschatologischer Aussagen, in: Schriften zur Theologie, IV 414–419 gesehen, aber nicht gelöst, als er alle eschatologischen Bilder zu bloßen zeitbedingten Aussagemitteln der Gegenwart in die Zukunft hinein entwertete und vor der Apokalytik oder Gnostik bei falscher Auslegung der eschatologischen Bilder warnte. Die Konkretheit der archetypischen rituellen Bilder liegt gerade in der Mitte zwischen ohnmächtiger Abstraktheit und einengender Festlegung. Rahner wurde hier in gewissem Sinne zum Opfer seines eigenen erkenntnistheoretischen Vermittlungsversuches zwischen scholastischem Denken und idealistischer Dialektik, indem er die Lehre von der species intelligibilis (also von den Erkenntnisbildern, die die Spontaneität der menschlichen Geistigkeit – der intellectus agens – aus dem sinnlichen Erinnerungsnachbild – der und verwendet man sie in kirchlichen Grußbotschaften und professoralen Mahnschreiben weiterhin in dieser Weise, so wird man die Religion nur immer noch ein bißchen mehr um ihren letzten Kredit bringen. Aber als Bilder der Selbstheilung von dem Alptraum der menschlichen Geschichte sind diese ewigen Symbole der Integration, Versöhnung und des Friedens durch sich selber so wirksam wie ein Psychodrama: ihre Aufführung selbst reinigt, wenn sie »im Glauben«, d. h. vertrauensvoll, innerlich offen, *unbewußt* und tief genug vollzogen wird. In diesen Bildern innerer Erlösung geht es nicht darum, dem Bewußtsein einer Gesellschaft oder ihrer politischen Führung »prophetisch« entgegenzuhalten, wie die Welt mit verständigen Mitteln in Ordnung zu bringen sei; es geht vielmehr um eine Psychotherapie kraft des Religiösen gegenüber dem Wahnsinnszustand des menschlichen Bewußtseins im Falle des Krieges, und dieser Weg der Religion bewirkt und heilt gerade so viel, wie man selber in diesen Bildern von dem eigenen Erleben wiederfindet.

### *b) Statt »Aufklärung« dramatische Verdichtung*

Daß ein solcher religiöser Lösungsweg für jedwede politische Pragmatik zunächst absurd anmuten muß, ist selbstverständlich, aber eigentlich kein Einwand; es ist im Gegenteil nur ein typisches Symptom gerade des Krankheitszustandes, den es zu heilen gilt.

Selbst die Auskünfte vieler Psychoanalytiker sind an dieser Stelle merkwürdig inkonsequent. Sie wissen genau, daß die

species sensibilis expressa bzw. dem phantasma – durch die »illuminatio« formt und der menschlichen Erkenntnisfähigkeit – dem intellectus possibilis – vorstellt, um sie in Gestalt der species intelligibilis expressa bzw. dem verbum cordis zur Grundlage des Begriffs und des Urteils zu erheben) einseitig dynamisierte und den intellectus agens als eine reine Transzendenz, als bloßen Aus- und Vorgriff auf das Unendliche, als excessus ad esse, interpretierte, ohne den Formen der Endlichkeit noch ein Eigenrecht und einen Eigenwert zuzuerkennen. K. Rahner: Geist in Welt, 313–331.

Triebfedern des Krieges tief im Unbewußten liegen und sich in Jahrtausenden entwickelt haben; sie betonen zu Recht, daß mit gutem Willen allein des Problems nicht Herr zu werden ist; gleichwohl appellieren sie unbekümmert an die menschliche Vernunft und verkünden als »Hoffnung«, daß die menschliche Vernunft, die zum Bau von Atombomben und elektronisch gesteuerten Trägerraketen imstande ist, auch vernünftig genug sein wird, um sich mit vernünftigen Mitteln: durch Selbsterkenntnis und psychoanalytische Ursachenforschung, selber wirksam zu kontrollieren und das heute einzig Vernünftige zu tun: auf den Krieg als Mittel der Politik zu verzichten.[71] Aber eine solche sich rational präsen-

[71] Im Grunde begibt sich hier die Psychoanalyse atheistischer Provenienz in die unauflösliche Aporie, mit rationalen Prozessen Probleme lösen zu wollen, die in sich selbst nur begrenzt rational verstehbar sind. Die Gegnerschaft S. FREUDS gegenüber der Religion, so berechtigt und notwendig sie aufgrund der Verstandeseinseitigkeit abendländischer Religiösität und der geradezu institutionalisierten Identifikation des »Glaubens« mit einem bedingungslosen Überich- und Kirchengehorsam auch gewesen sein mag, erweist sich diesbezüglich heute zunehmend als eine unerträgliche Verkürzung psychoanalytischer Einsichten und Möglichkeiten. – A. MITSCHERLICH: Die Idee des Friedens und die menschliche Aggressivität, 99–104 hat z. B. in seinen außerordentlich bedenkenswerten, klugen und gütigen »Thesen über Grausamkeit« richtig hervorgehoben, daß bisher in der menschlichen Geschichte die Grausamkeit stets stärker war als jede Kultur, daß die Weisheit eines Buddha, Laotse oder Jesus niemals angenommen wurde, daß es keine Lösung von Außen, z. B. durch eine »richtige« Gesellschaftsordnung, gibt, weil die aggressiven Konflikte in der Psyche des Menschen selber liegen und daß es keinen Sinn hat, kraft einer höheren Autorität die Aggressionen moralisch zu verbieten; Mitscherlich sieht das Bild des Gekreuzigten als gültiges Mahnmal der Geschichte an, als Symbol der nicht verlöschenden Lust, einander zu foltern und zu quälen, der diejenigen am ehesten unterliegen, die vorgeben, diese Lust gar nicht zu kennen und deshalb nur »nicht wissen, was sie tun« (Lk 23,34); aber das Bild des Kreuzes besitzt in sich selbst, der religiösen Archetypik beraubt, keinerlei erlösende Kraft mehr; es ist für Mitscherlich ein bloßer Hinweis auf die stets vorhandene Seite des Bösen im Menschen. Mitscherlich ist viel zu redlich, um nicht zu wissen, daß eine »Moral« alter Prägung mit ihren »praktischen« Einteilungen in Gut und Böse angesichts des gestellten Problems des Krieges versagen muß; aber das einzige, was ihm zu fordern übrigbleibt, ist eine Moral, die auf eine »Erweiterung unserer Selbstwahrnehmung« drängt: Tugenden, die

unerreichbar sind, sagt er, verwüsten, und alle großen Vernichtungskämpfe wurden im Namen irgendeiner Tugend gutgeheißen; es gelte daher, »die Lust an der Zerstörung innerlich voll erlebbar« zu machen, um sich dann von ihr zu befreien. Dem ist aufs Wort zuzustimmen. Aber wie soll die Lust an der Zerstörung ohne Schaden erlebbar werden, wenn man sich gegenüber einer religiösen Symbolik verweigert, die durch sich selbst den Sadismus zu überwinden vermöchte? Auch A. Mitscherlich wird aus seinen therapeutischen Sitzungen um die Ohnmacht der Vernunft hinlänglich wissen, um zu sehen, wie wenig die Bewußtmachung latenter Triebregungen allein schon die Lust an ihrer Ausagierung hindert, wie stark die Macht der alten Fixierungen, die Gewohnheiten des Wiederholungszwangs, wie schwer die Forderungen des Verzichts angesichts der Realität erfüllbar sind und welch ein Hang zum Masochismus, welch eine Lust am Untergang im Menschen stecken kann. Die symbolische Umlenkung und Umwandlung der Triebbedürfnisse ist daher noch weit wichtiger als ihre zweifelsohne unerläßliche Bewußtmachung; den Schlüssel dazu aber besitzt allein die Religion. – Anders hat E. FROMM: Psychoanalyse und Religion, 125–131 auf den Wert des Ritus in der Religion hingewiesen und dabei (gegen S. FREUD) betont, daß die religiösen Riten durchaus nicht nur irrationale Zwangshandlungen zur Verdrängung bestimmter Triebregungen sein müssen, sondern daß sie als völlig rationaler Ausdruck des Unbewußten verstanden werden können; aber in »Anatomie der menschlichen Destruktivität«, 262–264 weiß auch Fromm zur Einheit des Menschen nichts anderes vorzuschlagen, als »seine Vernunft und seine Liebe voll« zu entwickeln (263); FROMM erkennt zwar den sittlichen Wert der religiösen Visionen an (vgl.: Die prophetische Auffassung vom Frieden, in: Das Christusdogma und andere Essays, 169–177), aber er glaubt nicht an die konkreten Ausdrucksformen einer bestimmten gelebten Religion, und so bleibt er bei einer Vernunftreligion Kantischer Prägung stehen, die ungleich weiser und toleranter, aber nicht weniger ohnmächtig ist als die des Begründers des Deutschen Idealismus. – Am einfachsten macht sich die Arbeit H. E. RICHTER: Alle redeten vom Frieden, 237–250: indem er die Frage nach dem Frieden ohne jeden anthropologischen, soziologischen, historischen und philosophischen Aspekt erörtert, reduziert sich ihm das Problem des Krieges auf eine Frage der kollektiven Verführung zur Angst durch die Politiker. Richter zeichnet die Gefahren des bloßen Fortbestehens der gegenwärtigen politischen Denkweisen völlig korrekt; aber sein Appell an die »Öffentlichkeitsarbeit« der Friedensbewegungen und an die Bewußtseinsveränderung von unten vertritt eben das Dogma der Machbarkeit des Friedens, von dem auch die Regierenden, wenngleich mit anderen Mitteln, sich überzeugt geben. Am Ende kommt nur dabei heraus, daß auch H. E. Richter für Disengagement, einseitige, sogar vollständige (!) Abrüstung, Neutralismus, eine zivile Verteidigungspolitik und ein striktes Defensivkonzept in der Militärpolitik eintritt; von den eigentlichen Hintergründen der Kriegsproblematik wird nicht ein einziger erwähnt.

tierende, scheinbar wissenschaftlich begründete Hoffnung auf die menschliche Vernunft ist so nichtig, wie wenn man einen schweren Zwangsneurotiker von seinen Sadismen und Zwängen heilen wollte, indem man ihm ein Lehrbuch über anankastische Ängste und Phobien in die Hand gibt, – man wird lediglich erreichen, daß die Konfusion noch zunimmt. Eine bloße »Aufklärungstherapie« vermehrt zwar das Wissen, aber beruhigt nicht die Angst, sie erklärt zwar die Ursachen, aber verwandelt nicht die Gefühle, sie erweitert zwar das Bewußtsein, aber unterdrückt nur noch mehr das Unbewußte. Die einzige Heilmöglichkeit besteht darin, sich die *Träume* des Kranken erzählen zu lassen, die Szenen der Vergangenheit anhand der Traumsymbole so oft als nötig und so intensiv wie möglich *dramatisch* zu wiederholen und die gelösten Affekte und frei gewordenen Einsichten auf die heutige Wirklichkeit zu beziehen.[72] Die Therapie des kriegerischen Wahnsinnszustandes der menschlichen Geschichte gelingt, analog dazu, nur durch eine Sprache, die zwischen Bewußtsein und Unbewußtem *symbolisch*, traumhaft vermittelt, und über eine solche menschheitliche Symbolsprache verfügt einzig die Religion in ihren Dogmen, Riten und Sakramenten. Die Religion ist das einzige wirkliche Heilmittel des Krieges, und zwar nicht durch »Forderungen«, die

[72] Eben darin bestand das Verdienst von J. L. MORENO: Gruppenpsychotherapie und Psychodrama, Stuttgart 1959, daß er ein Verfahren fand, die traumatischen Szenen von einst (Familienkonstellationen der Kindheit, unverarbeitete oder fehlverarbeitete Konflikte mit den engsten Angehörigen, aktuelle Wiederholungszwänge etc.) im Spiel mit wechselnden Rollen durchzuarbeiten und das erlernte neurotische Verhalten durch adäquate Reaktionen zu ersetzen. – Vgl. auch M. MITSCHERLICH: Das Theater der Seele. Über das Wiederholen und die Auflösung unbewußter Konflikte, in: Müssen wir hassen?, 97–121. – Auf den Wert des Rituals zur Sozifizierung des Menschen hat E. H. ERIKSON: Gandhis Wahrheit, 506–521 hingewiesen, indem er an die Beschwichtigungsgesten im Tierreich erinnert und als wesentliches Mittel zum Frieden die Erweiterung der Identität des Menschen betrachtet: man kann nur Krieg führen, wenn man, anders als die Tiere, die biologische Einheit der menschlichen Spezies verleugnet. Die Friedensbewegungen sieht er als »Kampf um die antizipatorische Entwicklung umgreifenderer Identitäten.« (S. 518).

sich für die Zeitgeschichte *aus* der Religion ergeben würden, sondern durch den Vollzug der Religion, durch die Intensivierung des Religiösen selbst. Wenn es eine Hoffnung gegen den Krieg gibt, so liegt sie nicht in einem größeren Fortschritt der Vernunft und ihrer verbesserten technisch-praktischen Möglichkeiten, sondern in einer vertieften Fähigkeit, die Sprache des Unbewußten in ihren großen archetypischen Ausdrucksgestalten, in den Riten und Sakramenten des Religiösen, wieder neu verstehen zu lernen und sich ihnen tiefer hinzugeben.

Insofern ist die Skepsis, ja der Spott, mit denen man die salbungsvollen oder atemlos »aktuellen« Erklärungen der Kirchen zum Frieden in breiten Teilen der Öffentlichkeit zur Kenntnis nimmt, ebenso berechtigt wie unberechtigt: berechtigt, weil die Religion sich selber an die Aktualitätsbedürfnisse der Zeit prostituiert, wenn sie sich vermißt, mehr »Machbares« zu wissen als die kompetenten »Macher« und berufsmäßigen Weltverbesserer; unberechtigt aber, weil man die Einseitigkeit der rationalen Bewußtseinseinstellung nur verschlimmert, wenn man den »mystischen« Weg der Religion zur Befriedung des Menschen selbst als lächerlich empfindet oder lächerlich macht. Innerhalb des rationalen Standpunktes müssen die Lehren und Riten der Religion natürlich als unwirksam erscheinen; aber diese Unwirksamkeit liegt nicht in den Sakramenten selbst begründet, sondern in der Isoliertheit des Bewußtseins von den tieferen Strebungen des Unbewußten. Eben deshalb kann man an Gedanken zum »Ewigen Frieden« so viel Vernünftiges und in sich Logisches postulieren, als man will[73], – man wird am Ende nur wieder in

[73] Vgl. I. KANT: Zum ewigen Frieden, XI 191–251, wo Kant vor allem die »Einhelligkeit der Politik mit der Moral« verlangte und die berühmte transzendentale Formel des öffentlichen Gesetzes in dem Gedanken der *Publizität* aufgestellt hat: »Alle auf das Recht anderer Menschen bezogene Handlungen, deren Maxime sich nicht mit der Publizität verträgt, sind unrecht.« »Denn eine Maxime, die ich nicht darf laut werden lassen, ohne dadurch meine eigene Absicht zugleich zu vereiteln, die durchaus verheimlicht werden muß, wenn sie gelingen soll, und zu der ich mich nicht

die Nutzlosigkeit der alten Vorwürfe zurückfallen, daß die Menschheit geistig zu wenig fortgeschritten, intellektuell zu wenig gebildet, zu denkfaul, inert und insgesamt zu beschränkt sei, um friedfertig zu werden. Man mag dann sogar, wie vor 200 Jahren I. Kant, der Religion die Schuld an der »Unmündigkeit« des »unaufgeklärten« Volkes geben[74], aber man sucht die Lösung für den Wahnsinn des Krieges dann endgültig in der falschen Richtung: in einer noch größeren Trennung des Verstandes von den unbewußten Schichten der menschlichen Psyche.

### 3. *Die psychische Entfremdung des Christentums vom Unbewußten und ihre Folgen*

In Wirklichkeit besteht das eigentliche Problem in eben dieser unheilvollen Zerspaltenheit des Menschen zwischen Vernunft und Glauben, Verstand und Gefühl, Bewußtsein und Unbewußtem, und man sollte der Religion nicht vorwerfen, daß sie überhaupt eine Vielzahl »irrationaler« Lehren und

öffentlich bekennen darf, ohne daß dadurch unausbleiblich der Widerstand aller gegen meinen Vorsatz gereizt werde, kann diese notwendige und allgemeine, mithin a priori einzusehende, Gegenbearbeitung aller gegen mich nirgend wovon anders, als von der Ungerechtigkeit her haben, womit sie jedermann bedroht.« (A.a.O., XI 245) Ein Ende der Geheimdiplomatie, ein Ende der Lügen und Doppelzüngigkeiten, ein Ende der Winkelzüge und allgemeinen Volksverdummungen der politischen Propaganda – welch eine Utopie!

[74] I. Kant: Beantwortung der Frage: Was ist Aufklärung, XI 59: »Daß die Menschen, wie die Sachen jetzt stehen, im ganzen genommen, schon im Stande wären, oder darin auch nur gesetzt werden könnten, in Religionsdingen sich ihres eigenen Verstandes ohne Leitung eines anderen sicher und gut zu bedienen, daran fehlt noch sehr viel. Allein, daß jetzt ihnen doch das Feld geöffnet wird, sich dahin frei zu bearbeiten, und die Hindernisse der allgemeinen Aufklärung, oder des Ausganges aus ihrer selbst verschuldeten Unmündigkeit, allmählich weniger werden, davon haben wir doch deutliche Anzeigen.« So mochte man zur Zeit des aufgeklärten Absolutismus Friedrichs II. in bezug zur Religion, aber auch bzgl. aller Fragen von öffentlichem Belang denken; nur, was ist aus diesen Hoffnungen im Zeitalter totalitärer Regime und den Möglichkeiten der Massendemagogie geworden?

Gebräuche in sich birgt, sondern daß sie in der Gestalt des Christentums die Verwurzelung ihrer archetypischen Bilder im Unbewußten auf eine geradezu schizophrene Weise verleugnet hat. Die objektive Unwirksamkeit der Dogmen und sakramentalen Symbole ergibt sich im Christentum gerade aus der Verstandeseinseitigkeit, mit der diese Religionsform die Mythenfeindlichkeit des Judentums, die Rationalität der griechischen Philosophie und die patriarchalische Ablehnung der gemüthaften, weiblichen Schichten der menschlichen Psyche in sich aufgenommen hat. Wer ernsthaft am Zentrum der Problematik eine Wandlung zugunsten einer höheren Friedfertigkeit herbeiführen will, darf sich deshalb nicht selbst noch in der Burg einer aufklärerischen Vernunftgläubigkeit gegen das Christentum bzw. gegen die Symbole des Religiösen verschanzen; er muß im Gegenteil darauf hinwirken, daß das Christentum selber seine »irrationalen«, in den Tiefenschichten der Psyche verankerten Lehrsätze und Riten gegen den Druck der Verstandeskritik wieder ernstnimmt und sich auf den religiösen Ursprung seiner eigenen Bilder im Unbewußten zurückbesinnt.

Momentan drängt die bürgerliche Gesellschaft mit Macht auf »rationale« Entscheidungshilfen seitens der Religion; sie verlangt eine religiöse Absicherung und Absegnung bestimmter »Grundwerte«, ohne zu bedenken, daß die *Evidenz* der »Werte« tief im Unbewußten liegt und daß ein Mensch, der nicht aus den Tiefenschichten seiner Psyche lebt, zu einem entsprechenden *Wertgefühl* gar nicht fähig ist.[75] Die einseitig rationale Gestaltung und Prägung des öffentlichen Lebens erlaubt im Grunde keine wirklich religiöse Antwort,

[75] M. Scheler: Vom Ewigen im Menschen, 79–83; 304–306, wies gegenüber der Begründung der Moral aus dem abstrakten Sollensanspruch des Sittengesetzes bei I. Kant darauf hin, daß man den »Begriff des Wertes keineswegs auf den Begriff des Sollens oder der Norm . . . zurückführen« kann und daß gerade umgekehrt »alles Sollen auf zuvor gegebene Werte« gegründet ist, die im Akt des Wertfühlens mit der darin gegebenen Evidenz erfaßt werden.

so sehr die Öffentlichkeit unter der Last der eigenen Konflikte und Symptome auch nach einer solchen Lösung verbal zu verlangen vorgibt; im Gegenteil, die Religion wird gerade durch die ständige Frage nach ethischen »Maßstäben« und rational begründbaren »Werten« aus ihrem Wesen verdrängt, – sie muß immerzu auf eine Weise wirksam werden, die sie immer unwirklicher und unwirksamer werden läßt.[76]

[76] So warf M. HEIDEGGER: Nietzsches Wort »Gott ist tot«, in: Holzwege, 202–214 dem Christentum und der abendländischen Geistesgeschichte vor, mit dem ständigen Reden von Werten geradewegs den Nihilismus selbst vorbereitet zu haben, den F. NIETZSCHE mit seiner Lehre vom wertsetzenden Willen zur Macht habe überwinden wollen. Alle Werte seien nur gesichtspunkthafte Bedingungen der Erhaltung und Steigerung des Lebens, aber die einzelnen Gesichtspunkte selbst hingen ab von der Notwendigkeit der Wertsetzung durch den Willen zur Macht. Indem sogar die christliche Theologie Gott zum summum bonum erklärt habe, sei es selbst zum Ursprung des Nihilismus geworden. »An die Stelle der geschwundenen Autorität Gottes und des Lehramtes der Kirche tritt die Autorität des Gewissens, drängt sich die Autorität der Vernunft. Gegen diese erhebt sich der soziale Instinkt. Die Weltflucht ins Übersinnliche wird ersetzt durch den historischen Fortschritt. Das jenseitige Ziel einer ewigen Seligkeit wandelt sich um in das irdische Glück der Meisten. Die Pflege des Kultus der Religion wird abgelöst durch die Begeisterung für das Schaffen einer Kultur oder für die Ausbreitung der Zivilisation. Das Schöpferische, vormals das Eigene des biblischen Gottes, wird zur Auszeichnung des menschlichen Tuns. Dessen Schaffen geht zuletzt in das Geschäft über.« »Die Metaphysik ist der Geschichtsraum, worin zum Geschick wird, daß die übersinnliche Welt, die Ideen, Gott, das Sittengesetz, die Vernunftautorität, der Fortschritt, das Glück der Meisten, die Kultur, die Zivilisation ihre bauende Kraft einbüßen und nichtig werden. Wir nennen diesen Wesenszerfall des Übersinnlichen seine Verwesung. Der Unglaube im Sinne des Abfalls von der christlichen Glaubenslehre ist daher niemals das Wesen und der Grund, sondern stets nur eine Folge des Nihilismus; denn es könnte sein, daß das Christentum selbst eine Folge und Ausformung des Nihilismus darstellt.« (A.a.O., 203; 204) Aber woher kommt das Abgleiten der Religion in die Ethik, die Ersetzung Gottes durch den höchsten Wert? Nach HEIDEGGER liegt es an der Seinsvergessenheit der abendländischen Metaphysik, an der wachsenden Verfallenheit an die kategorialen Bewandtniszusammenhänge des Seienden. Aber worauf F. NIETZSCHE eigentlich hingewiesen hat, ist vor allem der Verlust der äußeren Natur im Christentum und die Verfälschung der inneren Natur des Menschen; im Grunde decken sich an dieser Stelle der Vorwurf Heideggers und Nietzsches gegenüber dem Christentum. Die Frage stellt sich dann jedoch vor allem, wie der Mensch die religiöse

Die einzige Rettung der Religion bestünde darin, sich derartigen Anfragen schlechtweg zu entziehen, so wie Christus einmal die Bitte, in eine bestimmte Erbangelegenheit einzugreifen, einfach zurückgewiesen hat (Lk 12,14), um in der Nichtauskunft über das »Machbare« die Möglichkeit der religiösen Sprache von der Richtigkeit des Seins zu bewahren. Statt sich immer tiefer in die Händel der Äußerlichkeiten verstricken zu lassen, kann die Religion weder sich selbst noch der Sache des Friedens einen tieferen Dienst erweisen, als indem sie sich von innen her aus den Kräften des Unbewußten erneuert. Nur so wird sie imstande sein, bzgl. des Krieges ihre drei Hauptaufgaben zu erfüllen:

1) mit sich selber und der Welt ringsum Frieden zu schließen,
2) den Einzelnen zum Frieden mit sich selbst und anderen zu führen

und

3) eine Antwort der Wahrheit auf die Frage des Krieges zu finden.

Zusammenfassend seien diese drei Punkte abschließend und programmatisch gekennzeichnet, weil sich in ihnen die zentrale Krankheit des Christentums ebenso wie seine mögliche Heilung noch einmal deutlich an ihrem Hauptpunkt zeigt: in der Stellung des Religiösen zum Unbewußten.

*a) Der Unfriede des Christentums mit sich selbst und den nichtchristlichen Religionen*

Die fortschreitende Abtrennung von den unbewußten Antrieben und Bildern der menschlichen Psyche hat das Christentum, so sagten wir, bislang nicht nur zum Frieden untauglich gemacht, sondern sogar dazu geführt, daß diese

Fähigkeit zurückgewinnen kann, jenseits der Willkür eigener Entwürfe »Heiliges« wieder zu erfahren. Von daher trifft Heideggers Kritik das eigentliche Anliegen M. Schelers und seiner Wertphilosophie nur sehr begrenzt; denn Scheler ging es gerade um ein Wertfühlen, das den »Wert« ursprünglich, vor allem Sollen, erfaßt und daher auch Gott bzw. das »Heilige« nicht als Gesetzgeber, sondern als den »Herrn« des Seins erfährt. M. SCHELER: Vom Ewigen im Menschen, 302.

große abendländische Religionsform nach innen wie nach außen hin zerstörerisch, gewalttätig und ihrer ganzen Art nach als ein Prinzip endloser Streitereien, Mißverständnisse und unlösbarer Widersprüche aufgetreten ist.

*Die konfessionelle Zerrissenheit des Christentums gerade am Beispiel der Eucharistie*

Nach innen hin zeigt sich das Christentum aufgrund seiner Mißachtung bzw. infolge seiner geradezu polemischen Stellung gegenüber dem Unbewußten des näheren in einander gegensätzliche Konfessionen zerrissen, und es ist nicht allein die Geschichte des 30jährigen Krieges, die den militanten Charakter seiner inneren Zerspaltenheit verrät, – es ist vor allem die völlige Verkehrung von religiösen Symbolen des Heils und des Friedens in theologische Streit- und Trennungspunkte, die den friedlosen und in sich uneinigen Zustand der christlichen Religionsform in ihrer bisherigen Geschichte wie in der Gegenwart manifest macht.

In der sog. ökumenischen »Bewegung« gibt man sich offenbar noch immer der Illusion hin, als ob es zur Überwindung der Glaubensspaltungen genüge, eine gemeinsame Bibelübersetzung zu erstellen, die Anzahl der gemeinsamen Kirchenlieder zu erhöhen und diplomatische Noten zur Erklärung gewisser Mißhelligkeiten aus der Zeit des 16. Jh.s auszutauschen. Man scheint nach wie vor nicht fähig oder willens zu begreifen, daß die Glaubensspaltung vor allem zwischen der römisch-katholischen Kirche und den Kirchen der Reformation nicht ein einfaches »Versagen« des Christentums darstellt, das sich heute mit einigem guten Willen wieder aufarbeiten ließe[77], sondern nur die geradezu notwen-

[77] Kardinal A. Bea: Die Charakterisierung der aktuellen Situation, in: A. Kardinal Bea – W. A. Visser 't Hooft: Friede zwischen den Christen, 75 meinte z. B. bei seinem Besuch im ökumenischen Zentrum in Genf am 18. 2. 1966 auf Anfrage, es gehe in der ökumenischen Bewegung darum, »die traurige Vergangenheit in der Vergessenheit zu begraben und sich in Zukunft zu bemühen, der christlichen Berufung zu entsprechen, vor allem, was die Liebe der einen zu den anderen angeht. Dieser Wille muß

dige Konsequenz aus der gemeinsamen feindlichen Einstellung gegenüber dem Unbewußten bildet, deren fatale Wirkungsgeschichte offenbar so lange nicht abgeschlossen sein kann, als diese Einstellung selbst andauert. Die Glaubensspaltung der Reformation läßt sich zu Recht als ein deutliches Symptom der inneren Unversöhntheit und Friedlosigkeit des Christentums deuten, aber der Grund dieser Unversöhntheit liegt darin, daß der christliche Glaube sich in der beschriebenen Weise (s. o. S. 277) von den Quellen des Unbewußten im Verlaufe der Jahrhunderte immer mehr entfernt hat.

Zum Beleg dieser These mag und muß paradoxerweise noch einmal gerade das Sakrament der Eucharistie dienen. Wie nichts sonst dazu bestimmt, die Einheit aller Menschen zu begründen und darzustellen, steht absurderweise ausgerechnet dieses Sakrament im Mittelpunkt nicht endender kontroverstheologischer Debatten, ja, es ist zum Hauptpunkt der Kirchenspaltung selbst geworden. Der Streit geht dabei bezeichnenderweise um das *Wirklichkeitsverständnis* der Eucharistie.

Protestanten wie Katholiken glauben gleichermaßen an die Gegenwart Christi in der Feier des Abendmahls. Aber von welcher Art ist diese Gegenwart? Nach lutherischer Meinung hören Brot und Wein auch nach der Wiederholung der Abendmahlsworte Jesu nicht auf, Brot und Wein zu sein, aber sie *sind* zugleich Christi Leib und Blut; nach der Lehre

allmählich alle Mitglieder und alle Schichten ... ergreifen ... Vielleicht ... wird man sich daran erinnern, daß Papst Johannes XXIII. in seiner Enzyklika über den Frieden gesagt hat, daß der Friede nicht dauerhaft sein kann, wenn er nur auf dem Gleichgewicht der Kräfte, auf der Furcht oder auf bloßen Verträgen beruht und nicht auf gegenseitigem Vertrauen. Etwas Ähnliches gilt für das Gebiet der Ökumene. Wenn der Wille bestanden hätte, um jeden Preis die Liebe zu erhalten, wäre es nicht zur Trennung gekommen, und so ist auch der erste und wichtigste Schritt zur Einheit die gegenseitige, tätige Liebe«. – Das ist ebenso richtig im Ziel, wie unwirksam, weil falsch in der Erfassung des Problems: die Glaubensspaltung ist und war keine bedauerliche Lieblosigkeit, sondern die konsequente Folge der inneren Zerrissenheit des Christentums in seiner Einstellung zur inneren und äußeren Natur.

Zwinglis hingegen *bedeuten* sie das Fleisch und das Blut des Herrn; nach katholischer Auffassung wiederum bestehen nach den Wandlungsworten des Priesters in der hl. Messe Brot und Wein nur noch dem äußeren Anschein nach akzidentell fort, – sie *sind* in Wirklichkeit, *substantiell*, der Leib und das Blut Christi.

In allen drei Interpretationen geht es darum, die Realität eines kultischen Geschehens zu erfassen; alle drei Deutungen erfassen dabei ohne Zweifel etwas Richtiges und Wichtiges, aber alle drei bekämpfen sich seit Jahrhunderten gegenseitig, weil keine von ihnen in ihrer rationalen Gestalt die tiefenpsychologische Wirklichkeit eines rituellen Geschehens wiederzugeben vermag.

Würde man, statt von starren Verstandeskategorien, von der Erlebnisweise des Unbewußten ausgehen, so würde man bereits in den individuellen Träumen immer wieder wie selbstverständlich und ohne jeden Beigeschmack des Wunderbaren und Unfaßlichen auf *das Thema der Verwandlung* stoßen: ein und dieselbe Person ändert ihr Äußeres, wird von einem Tier zu einem Menschen oder umgekehrt, wird plötzlich durch eine scheinbar ganz andere Person vertauscht u. a. m., oder es sind umgekehrt in einer einzelnen Person plötzlich eine Vielzahl anderer Gestalten verborgen.[78] Das gleiche Phänomen zeigt sich in der Psychologie der neurotischen Übertragung: ein und dieselbe Person kann als Ehemann, Vater, Mutter, Kind, Bruder, Jugendfreund, als Ichideal, als negatives Ich, kurz, als alles mögliche *zugleich* und ineins auftreten[79], so sehr, daß man wohl sagen kann, daß die *Identität* einer Person ein ungleich viel größeres »Wunder« darstellt als das Erleben der symbolischen *Verwandlung einer Person oder Sache*.

[78] Hier liegt das Problem der »Korporativperson«, die bei der Exegese vor allem des Alten Testamentes eine solche Rolle gespielt hat. Vgl. E. Drewermann: Strukturen des Bösen, 1. Bd. S. XXVIII.

[79] Zur Psychologie der Übertragung in der Ehe vgl. E. Drewermann: Ehe – tiefenpsychologische Erkenntnisse für Dogmatik und Moraltheologie, in: Renovatio, 2/1980, 57–68.

Dementsprechend erzählen die Märchen und die Mythen der Völker denn auch immer wieder davon, wie sich ein Bär in einen Königssohn[80] oder ein Soldat in einen Bären verwandelt[81], wie dieselbe Frau dem einen wunderschön, dem anderen aber häßlich und kümmerlich erscheinen mag, wie etwas Lebendiges versteinert und etwas Versteinertes wieder lebendig wird[82], und was der Wandlungskünste mehr sind. Je nach der Intensität des Erlebens muß man es dabei für völlig korrekt halten, eine solche Wandlung als eine Änderung in der *Substanz* zu interpretieren; es ist aber auch nicht falsch zu sagen, daß etwa der eigene Ehemann, wenn er per Projektion sich in den »Vater« oder in einen »Bären« verwandelt, deswegen doch nicht aufhört, zu sein, was er ist, und man kann deshalb genauso legitim sagen, daß der jeweilige Partner zu einem bestimmten Zeitpunkt nur etwas anderes *bedeute* als noch eben zuvor. In den Träumen und Märchen ebenso wie im rituellen Geschehen schafft die Bedeutung das Sein, und insofern stellen die verschiedenen Deutungen der christlichen Abendmahlslehre an sich berechtigte Teilsaspekte des Mysteriums der Wandlung dar.

Die katholische Dogmatik hat bislang gegen eine solche Gleichwertigkeit der konfessionell verschiedenen Interpretationen geltend gemacht, daß die protestantischen Deutungen zu subjektiv seien und die »Realpräsenz« Christi nach den Wandlungsworten des Priesters nicht genügend berücksichtigten. Sie wollte damit ganz richtig hervorheben, daß es nicht im subjektiven Ermessen des einzelnen steht, was in der Meßfeier wirklich geschieht, sondern daß das Geschehen der Wandlung objektiven Charakter besitzt. Aber die katholische Dogmatik wußte natürlich auch, daß diese Objektivität der Gegenwart Christi in der Messe nicht von derselben Art sein kann, wie der Kelch oder die Kerzen auf dem Altar, und

80 So z. B. in dem Grimmschen Märchen von »Schneeweißchen und Rosenrot« (KHM 161).

81 So z. B. in dem Grimmschen Märchen »Der Bärenhäuter« (KHM 101).

82 Vgl. das Grimmsche Märchen von »Dornröschen« (KHM 50).

das eigentliche Problem beginnt gerade dort, wo die Formel von der Gleichheit der Akzidenzen (von Brot und Wein) bei einer Wandlung der Substanz (in den Leib und das Blut Christi) endet: wieso ein ritueller Akt eine objektive Realität schaffen kann, die vom individuellen Subjekt unabhängig ist.

An dieser Stelle muß die katholische Dogmatik in der bisherigen Form versagen, weil sie in ihrer Isolation vom Unbewußten das Phänomen der rituellen Wandlung selbst nicht zu verstehen vermag. In Wahrheit könnte gerade die katholische Lehre von der Objektivität der Wandlung tiefenpsychologisch gut begründet werden, indem das Ritual nicht nur symbolisch bestimmte *Bedeutungen* vermittelt, wie es der Theorie Zwinglis oder Calvins entspräche, sondern Wirklichkeiten *schafft*, die für das subjektive Erleben, für den Gläubigen, keinen Unterschied mehr zwischen Sein und Erscheinen zulassen: das Stück Holz *ist* im Ritus als Fetisch der Gott; nur ein Außenstehender könnte die Feststellung treffen, die etwa der Formel Luthers entspräche, daß der Gegenstand noch derselbe ist, während er doch zugleich auch die Gegenwart des Gottes *für den Gläubigen ist.* Ja, man kann eigentlich nicht einmal sagen, daß der Ritus eine neue Wirklichkeit *schafft*; genaugenommen stiftet er nur die Bedingungen, unter denen eine bestimmte Wirklichkeit gefunden und erlebt wird. Das Ritual des Gottessens ist in sich selber ein archetypisches Geschehen; als *Archetyp* verkörpert es eine Wirklichkeit, die in der Tat dem subjektiven Bewußtsein *objektiv* vorgegeben ist[83]; es verhält sich als *Gesetz* des Unbewußten so zu der objektiven Realität des sakramentalen Geschehens, wie die Verstandeskategorien des transzendentalen Subjekts bei I. Kant sich zur objektiven Realität des physikalischen Geschehens in Raum und Zeit verhalten: sie

[83] C. G. Jung: Theoretische Überlegungen zum Wesen des Psychischen, VIII 265 drängte sehr darauf, daß die Psyche »keineswegs ein aus Willkürlichkeiten und Zufälligkeiten bestehendes Chaos, sondern eine objektive Realität« ist, deren Qualitäten ebenso objektiv sind wie die Quantitäten und deren Verhältnisse in der Physik.

sind die Bedingung der Möglichkeit für die Objektivität dieser Wirklichkeit.[84]

*Insofern* geschieht es völlig zu Recht, wenn die katholische Dogmatik das sakramentale Geschehen der Eucharistie (sowie aller anderen Sakramente) für objektiv erklärt. Aber indem sie sich selber durch ihre Verstandeseinseitigkeit der eigenen Grundlagen im Unbewußten beraubte, konnte es nicht ausbleiben, daß man protestantischerseits ihre Lehren des Heidentums verdächtigte, ihnen einen »magischen« Wandlungsbegriff unterstellte und *kritisch* die unzähligen Parallelen des Gottessens in außerchristlichen Religionen gegen den Katholizismus mit seinen Vorstellungen von Priestertum, Kult, Sakrament, Meßopfer u. a. geltend machte, um desto deutlicher einen vermeintlich spezifisch »christlichen« Glauben gegen die »Objektivität« des katholischen Denkens stellen zu können. Aus dem Sakrament der Einheit aller Glaubenden wurde somit ein Zankapfel aller Glaubenden, und statt seine Zuflucht nach wie vor in kirchenrechtlichen Fragen der »Interkommunion« zu suchen, käme es vielmehr seit langem darauf an, zu begreifen, daß die Glaubensspaltung der Christen nur polarisiert, was psychologisch in der abendländischen Form des Christentums von seinem Ursprung her zutiefst verankert ist: die *Trennung* des Unbewußten, Archetypischen, Kollektiven vom Subjektiven, Individuellen, Bewußten, die Aufspaltung von Gefühl und Denken, die Isolation von Bild und Wort, von Traum und Wirklichkeit, mithin das Unvermögen, sich selbst in seinen eigenen religiösen Lehren und Symbolen zu verstehen. Deutlicher kann das Christentum seine objektive Unfähigkeit zum

[84] C. G. Jung: Die psychologischen Aspekte des Mutterarchetypus, IX 1. Teil, 92–94 erläuterte den Begriff des Archetypus so, daß es sich hier um ein Apriori aller menschlichen Tätigkeiten handle, wie die Dispositionen, welche die Instinkthandlungen beim Tier ermöglichen; wie es nach Kant keine Metaphysik jenseits des menschlichen Vermögens geben könne, so auch »keine Empirie, die nicht schon durch ein Apriori der Erkenntnisstruktur eingefangen und beschränkt wäre«.

Frieden bei subjektiv womöglich bestem Willen jedenfalls nicht unter Beweis stellen als durch seine Zerrissenheit und innere Feindschaft in gerade dem Sakrament, das den theologischen Erklärungen nach die zentrale Antwort auf die Friedlosigkeit des Menschen und der menschlichen Geschichte enthalten sollte.

*Die Feindschaft des Christentums gegenüber den nichtchristlichen Religionen*

Wie um die Sache erst vollends ins Absurde zu treiben, sieht man die christlichen Kirchen jedoch keinesfalls bemüht, eine Lösung ihrer Konflikte dort zu suchen, wo sie einzig liegen kann: in dem, was archetypisch *alle* Menschen miteinander verbindet, sondern man erhält eine weitere Probe ihres eigenen Niederganges gerade durch den Fleiß, mit dem die christlichen Kirchen um des gemeinsamen Konsenses wegen sich gegenseitig auf das Minimalprogramm des größten gemeinsamen Nenners ihrer Überzeugungen festzulegen bemühen und damit im Grunde ihre Feindseligkeit gegenüber den anderen Religionen und ihre Isolation von den eigenen psychischen Ursprüngen noch verstärken.

Vor allem der Katholizismus erlebt seit Jahrzehnten unter dem Druck der protestantischen Kritik einen unerhörten Verlust an religiöser Tiefe, und der Prozeß der inneren Erosion wird sich solange fortsetzen, als die katholische Dogmatik nicht den Mut findet, das Zeugnis der außerchristlichen Religionen und die Begründung der Tiefenpsychologie als Bestätigung ihrer eigenen Wahrheit zu werten und zu würdigen. Statt sich immer von neuem gegenseitig mit der gleichen Krankheit (der Verstandeseinseitigkeit) zu infizieren, sollten die christlichen Konfessionen bemerken, daß sie zu sich selbst in ihrer gemeinsamen Wahrheit erst dann werden finden können, wenn sie *gemeinsam* im Kontakt vor allem mit den außerbiblischen Religionen der Menschheit wieder die unbewußten Quellen jeder wahren Religiösität für sich selbst zurückgewinnen lernen. Erst wenn das Christentum seine Dogmen und Riten als universale und integrale Symbole verstehen lernt, die in den Tiefenschichten der Psyche des Menschen zu allen Zeiten und Zonen archetypisch angelegt sind, wird es zur Einheit mit sich selbst gelangen. Nur in der Versöhnung der christlichen Religion mit dem Unbewußten der menschlichen Psyche werden die christlichen Konfessionen ihre eigene bedingte Wahrheit relativieren, ihre notwendigen Entgegensetzungen verstehen und sich selbst aus ihrem gemeinsamen Ursprung von Grund auf erneuern können.

Die *Erneuerung aus der Bibel* hingegen, die immer wieder in der ökumenischen »Bewegung« und in den kirchlichen Aufrufen zu einer Theologie des Friedens beschworen wird, kann allem Anschein nach nur stets die gleichen psychologischen und theologischen Einseitigkeiten, Mißverständnisse und Zerspaltungen zutage fördern. Die Ökumene wird solange scheitern, als sie in ihrer innerchristlichen Enge verharrt und sich nicht selbst als eine menschheitliche Aufgabe begreift.

Die Einheit und Versöhnung der Christen ist vor allem eine Versöhnung des Christentums mit den Grundlagen der Religion im Unbewußten der menschlichen Psyche; nur wenn das Christentum in sich selbst menschlicher wird, indem es seine eigenen menschheitlichen Grundlagen begreift, wird es im Inneren mit sich friedlicher leben und auch nach außen hin zur Befriedung des Menschen und der Menschheit seinen Beitrag leisten können.

Beharrt das Christentum hingegen nach wie vor auf seiner Trennung vom Unbewußten, so muß sich seine Unmenschlichkeit, seine Zerrissenheit im Inneren, auch sogleich nach außen gewalttätig und zerstörerisch auswirken.

Der Kampf gegen das Heidentum, der mit der Mythenfeindlichkeit der frühen Kirche begann, hat es bisher stets so erscheinen lassen, als ob das Christentum förmlich die Pflicht habe, die Religionen und Kulturen fremder Völker, statt von ihnen zu lernen, mit Stumpf und Stil auszurotten.[85] Daß es in dieser Form der Schwert- und Blutmission nur seine eigene Inhumanität und Wurzellosigkeit dokumentierte und ver-

[85] Selbst in der Lehre K. Rahners vom anonymen Christentum bleibt immer noch ein Rest von Vorzugsdenken über die Wichtigkeit der eigenen Rolle zurück. Rahner meinte in seinen damals sehr umstrittenen Thesen: ». . . wenn es wahr ist, daß der Mensch, der Objekt (sic!) des missionarischen Bemühens der Kirche wird, schon im voraus dazu ein Mensch ist oder sein kann, der sich auf sein Heil zubewegt und es unter Umständen findet, ohne daß er von der Verkündigung der Kirche erreicht wird, wenn es gleichzeitig wahr ist, daß dieses Heil, das ihn so erreicht, das Heil Christi ist, weil es ein anderes Heil nicht gibt, dann muß man nicht nur ein anonymer Theist, sondern auch ein anonymer Christ sein können.« K. Rahner: Das Christentum und die nichtchristlichen Religionen, in: Schriften zur Theologie, V 155. Natürlich hängt diese ganze gewundene Argumentation, so wohlgemeint sie ist, an der theologischen Prämisse (oder Konstruktion), daß alles Heil *christliches* Heil ist, aber was dann »christlich« ist, erweist sich an seiner unverkürzten Menschlichkeit; also ist diese der Maßstab des Christlichen, nicht umgekehrt, – nur dann wird es »anonyme« Christen geben können, und es sollte dann auch möglich sein, daß dieselbe Argumentationsstruktur mit dem gleichen Recht auch von einem Buddhisten oder Hindu zur Apologie seiner Religionsform geltend gemacht wird. Wenn Rahner weiter schreibt, die Kirche solle sich »heute nicht so sehr als die exklusive Gemeinschaft der Heilsanwärter betrachten, sondern vielmehr als den geschichtlich greifbaren Vortrupp . . . dessen, was der Christ als verborgene Wirklichkeit auch außerhalb der Sichtbarkeit der Kirche gegeben erhofft« (a.a.O., 156), so ist auch dieser These völlig zuzustimmen, nur, daß zu wenig zum Ausdruck kommt, daß die Kirche ein »Vortrupp« lediglich in bestimmten Wahrheiten sein kann, während sie historisch gerade deshalb andere Wahrheiten nicht leben konnte, die jedoch in bestimmten außerchristlichen Religionen gelebt werden: deren bedarf das Christentum daher zu seiner eigenen Ergänzung. Zudem ist die Denkweise Rahners gerade in diesen außerordentlich schwierigen Fragen von einer verhängnisvollen Abstraktheit: die Kirche, sagt er, sei nicht mehr »die homogene Charakterisierung einer in sich homogenen Kultur« (a.a.O., 157), – richtig! Aber es gibt in der Kirchengeschichte, soweit dem Autor bekannt, nicht ein einziges Beispiel, daß die Botschaft des Christentums eine von der eigenen Kulturform abweichende Gesellschaftsstruktur, wo irgend sie die Macht besaß, etwa nicht mit ihrer Auffassung von »Sittlichkeit« und »Göttlichkeit« vernichtet hätte. (Vgl. z. B. A. Rieger: Mission und Menschenrechte, in: Evangelium in indianischen Kulturen, 84–86) – R. Schneider: Las Casas vor Karl V., 3. Kap. (S. 108–161) z. B. hat als Beispiel dazu den ergreifenden Dialog nachgestaltet, in dem Padre Las Casas vor dem Kaiser Karl V. das Recht der Indios gegenüber der Meinung des rechtsgelehrten Dr. Sepulveda zu verteidigen sucht, es gelte zunächst, die »Festigkeit des

breitete, zeigt sich bis weit in die Geschichte der Kolonialzeit hinein. Es ist eine Art der »Mission«, die in allen drei biblischen Religionen außerordentlich tief verankert ist und unbedingt die Basis politischer, wirtschaftlicher und kultureller Macht voraussetzt, ehe in ihr von »Gott« die Rede sein kann. Die eigenen Gottesvorstellungen werden dabei so apodiktisch absolut gesetzt, daß der »Besitz« der eigenen »Wahrheit« keinerlei Lernfähigkeit für den Reichtum anderer Religionen zuläßt; die bloße Andersartigkeit einer fremden Kultur, die z. B. matriarchalisch, polyandrisch oder polygam strukturiert ist, widerspricht bei dieser Einstellung ipso facto der »Wahrheit« »Gottes«, einfach weil eine solche Gesellschaftsordnung der Bibel nicht bekannt war oder schon dort unter Verdikt gestellt wurde.[86] Natürlich muß ein Gottes-

irdischen«, staatlichen, »Gefüges« zu sichern, um dann »das Heil der Seelen zu suchen« (a.a.O., 129); das Problem, das auch Las Casas nur unzureichend sehen konnte, bestand darin, daß man zwar die einheitliche Anwendung spanischer Gesetze auch für Indios – zur Not! – durchsetzen konnte, nicht aber, daß die Spanier, die Christen, die Formen »der abscheulichen Abgötterei« (a.a.O., 148) tolerierten, von der sie die »Seelen« der Indios gerade im Namen des Christentums meinten »retten« zu müssen. »Niemals«, läßt R. Schneider einen spanischen Hauptmann in der Zeugenvernehmung erklären, »sagen die Indios die Wahrheit, niemals halten sie Treue; es ist kein Laster denkbar, mit dem sie nicht behaftet sind; sie verkaufen ihre Weiber und mißbrauchen Töchter und Schwestern; Dinge, von denen ein Mann sich zu sprechen scheut, sind bei ihnen offener Brauch ... Unter solchem Gezücht ist das Schwert der rechte Besen« (a.a.O., 149). Fray Bernardino de Sahagun war einer der ganz wenigen, der es in der Geschichte des Christentums als ein menschliches, also christliches Anliegen verstand, den Indios zuzuhören und ihre Ansichten, Überlieferungen, Bräuche, Riten und Lebensweisen zu *verstehen,* statt sie zu verurteilen. Sahaguns Schriften wurden 300 Jahre lang im Archiv verwahrt, ehe sie wiederentdeckt wurden nicht von Theologen, sondern Ethnologen und Amerikanisten. Daß heute die »säkularisierte« Wissenschaft menschlicher ist als der Glaube des Christentums jemals zu sein sich erlaubt hat – das bildet die eigentliche Schuld des Christentums am Unfrieden der Welt. – Zur Ausrottung des »Götzendienstes« unter den südamerikanischen Inkas nicht allein im Namen Gottes, sondern vor allem im Namen des Goldes vgl. L. u. Th. Engl (Hrsg.): Die Eroberung Perus in Augenzeugenberichten, 400–406.

[86] Die christliche Afrika-Mission z. B. scheitert heute nach wie vor wesentlich an der unterschiedlichen Auffassung von der Ehe in Europa und

glauben, der sich nur durch die Verwüstung fremder Kulturen und durch die Eroberung fremder Länder verbreiten läßt, als eine bloße Ideologie der Herrschaft und Entfremdung, nicht als ein Dokument religiöser Wahrheit empfunden werden, und allein schon der kriegerisch-gewalttätige Exklusivitätsanspruch, die fanatisierende Absolutheitsideologie und die intransigente Lernunfähigkeit muß, je länger, je mehr, den Eindruck verstärken, daß man eine solche »Religion« ohne jeden Schaden eines Tages durch ein rein staatliches Regiment ersetzen könne, ja vernünftigerweise so schnell wie möglich ersetzen müsse.[87]

Schwarz-Afrika (s. o., S. 233, Anm. 49), ganz so als ob es eine Verpflichtung des Christentums sei, einen Mann dahinzubringen, daß er zwei von seinen drei Frauen unversorgt und entehrt auf die Straße schickt, um schließlich in der kirchlich geschlossenen Einehe die Gelegenheit zu finden, an sich selbst und anderen die größere Liebe und Menschlichkeit Christi zu erfahren und zu üben.

[87] Die Forderung, die G. W. F. Hegel: Vorlesungen über die Philosophie der Religion, II 343–344 erhob, die Religion des Christentums in die substantielle Vernünftigkeit des Staates aufzuheben, hat ihren Grund in der Erfahrung des aufgeklärten Absolutismus Preußens, daß nicht länger die dogmatische Intoleranz des Christentums, sondern eher die Notwendigkeit der geschichtlichen Pragmatik und »Vernunft« das Sozialwesen menschlich zu ordnen imstande sei. – Vgl. auch die bittere Analyse über die Austauschbarkeit von Religion und Macht in der kath. Kirche, die F. M. Dostojewski: Tagebuch eines Schriftstellers, 290–291; 512; 546–548 anstellt; vgl. ders.: Der Idiot, 528–530. – Ohne den jahrhundertelangen Zynismus der Bourbonen-Herrschaft im katholischen Frankreich z. B. wäre die französische Revolution als Grundlage und Idee einer neuen Humanität gar nicht denkbar gewesen. Was die »Moral« der neuzeitlichen Forderungen nach Toleranz und Gleichstellung vor dem Gesetz anbetrifft, so entspringt sie in der staatlichen Praxis freilich nicht der Menschenliebe, sondern sie ergibt sich zumeist aus recht handfesten Zwängen der Macht. Die religiöse Toleranz des »aufgeklärten« Preußens z. B. ist »zu nicht geringerem Teil Gebot des wachsenden Heeres« gewesen, das seinerseits auf einem unnachgiebigen Zwang und Großmachtwillen« beruhte. R. Schneider: Die Hohenzollern, 92–95. – Eine gewisse Hoffnung sah K. Jaspers: Vom Ursprung und Ziel der Geschichte, 217–218 darin, daß die Religion als kirchlicher Glaube schon durch die allgemeine Fähigkeit, zu lesen, neue Möglichkeiten »für einen freien, in der Ausgesagtheit schwebenden Glauben ohne Lähmung von Ernst und Unbedingtheit« gewinnen könne, der den »Einzelnen, wie er unmittelbar zu Gott lebt«, wiederentdecken würde.

Wie die Religion des Christentums aufgrund ihrer inneren Zerrissenheit auf Menschen sogenannter »Primitivkulturen« gewirkt hat, können noch einmal die Worte des schon mehrfach zitierten Samoaners Tuiavii zeigen, der, selber von der Friedensbotschaft des Christentums zutiefst überzeugt, dem weißen Mann seine »Frömmigkeit« und sein Bekenntnis zu Gott nicht glauben konnte, weil es nur mit dem Kopf und nur mit Worten gesprochen werde. »Keine Mühe ließ sich der weiße Mann verdrießen«, schrieb er, »uns das Evangelium zu bringen ... Für diese Mühe ... wollen wir ihm dankbar sein ... Der Missionar des Papalagi lehrte uns als erster, was Gott sei, und er führte uns von unseren alten Göttern fort, die er irre Götzen nannte, weil sie den wahren Gott nicht in sich hatten. So hörten wir denn auf, die Sterne der Nacht anzubeten, die Kraft des Feuers und des Windes und wandten uns seinem großen Gotte zu, dem großen Gotte im Himmel. – Das Erste, was Gott tat, war, daß er uns durch den Papalagi alle Feuerrohre und Waffen nehmen ließ, damit wir friedlich untereinander lebten als gute Christen ... Aber wir dürfen und wollen uns nicht täuschen über den Papalagi, damit er uns nicht mit in seine Finsternis hineinzieht. Er hat uns Gottes Wort gebracht. Ja. Aber er selbst hat Gottes Wort und seine Lehre nicht verstanden. Er hat sie mit dem Munde und seinem Kopfe verstanden, aber nicht mit seinem Leibe. Das Licht ist nicht in ihn eingedrungen, ... das man auch Liebe nennen kann. – Er fühlt zwar diese Falschheit zwischen seinem Worte und Leibe nicht mehr. Aber du kannst es daran erkennen, daß kein Papalagi mehr das Wort Gottes aussprechen kann aus seinem Herzen. Er verzieht das Gesicht dabei, als sei er müde oder als ginge ihn dieses Wort nichts an. Alle Weißen geben sich zwar den Namen Gotteskinder und lassen sich ihren Glauben von den weltlichen Häuptlingen auf Matten (sc. Taufurkunden, d. V.) geschrieben bestätigen. Aber Gott ist ihnen dennoch fremd ... Die Gottessprecher erfüllen ihre Rede nicht mit Gott, sie sprechen wie die Wellen, die aufs Riff schlagen – keiner hört sie mehr und wenn sie auch ununterbrochen tosen ... Der Papalagi hält das Licht nur in ausgestreckter Hand, um anderen zu leuchten, er selber, sein Leib steht in der Finsternis, und sein Herz ist weit von Gott, obwohl sein Mund Gott ruft ... Der Papalagi besinnt sich selten auf Gott. Erst wenn ein Sturm ihn packt oder seine Lebensflamme erlöschen will, denkt er daran, daß es Mächte gibt, die über ihm sind und höhere Häuptlinge als er selber. Am Tage stört ihn Gott und hält ihn nur ab von seinen seltsamen Genüssen und Freuden. Er weiß, daß sie Gott nie gefallen können, und er weiß auch, daß, wenn Gottes Licht wirklich in ihm wäre, er sich in den Sand werfen müßte vor Scham. Denn nichts als Haß und Gier und Feindschaft erfüllt ihn. Sein Herz ist ein großer, spitzer Haken geworden, ein Haken, nur für den Raub bestimmt ... der Papalagi hat heute mehr Götzen, als wir je gehabt haben, wenn dies ein Götze ist, was wir neben Gott anbeten und verehren und als Liebstes in unserem Herzen tragen. Gott ist nicht das Liebste im Herzen des Papalagi ... Ich sage dies aus meinem Denken, daß der Papalagi uns das Evangelium gebracht hat als eine Art Tauschware, um dafür unsere Früchte und den größten und schönsten Teil unseres Landes an sich zu nehmen. Mit schallender Zunge und stolzem Wort nahm er (der Papalagi, d. V.) uns die Waffen ... Und nun? ... Europa ermordet sich. Der Papalagi ist rasend geworden. Einer tötet den anderen. Alles ist Blut und Schrekken und Verderben. Der Papalagi gesteht endlich: ich habe keinen Gott mehr ... Laßt uns fortan unsere Hände vorstrecken, wenn er (der Papalagi, d. V.) uns naht, und ihm zurufen: Schweige mit deiner lauten Stimme, deine Worte sind uns Brandungslärm und Palmenrauschen, aber nicht mehr, solange du selbst nicht ein frohes, starkes Gesicht und blanke Augen trägst, solange das Gottesbild nicht aus dir strahlt wie eine Sonne.«[88]

Daß das Christentum in seiner abendländischen Form zu

[88] E. Scheurmann (Hrsg.): Der Papalagi, 114–118.

einem wachen Glauben aus *ganzem* Herzen und *ganzer* Seele infolge seiner inneren Abspaltungen und Verdrängungen unfähig ist, daß es darum Gott im Munde führt, aber etwas ganz anderes unter dem Namen Gottes bewirken muß, daß es in seiner Freudelosigkeit und inneren Zerquältheit auch zum Frieden außerstande ist, ja, daß es an Gott gar nicht wirklich glaubt, sondern nur voller Gier nach allem möglichen greift, um seine eigene Herzensleere vergessen zu machen – man möchte bei den Worten dieses Südseehäuptlings, die stellvertretend für tausend andere stehen, wirklich glauben, die Worte Jesu im Matthäus-Evangelium seien nicht nur an die Schriftgelehrten und Pharisäer ergangen, sondern an die Spätform seiner eigenen Kirche: »Wehe euch, ... ihr Heuchler, daß ihr Meer und Land durchzieht, um einen einzigen zum Glaubensnachfolger zu machen; und wenn er es geworden ist, macht ihr einen Sohn der Hölle aus ihm, zweifach schlimmer, als ihr seid« (Mt 23,15). An der Seite des Christentums hat kein Naturvolk auch nur seine physische Existenz erhalten können, geschweige seine innere Identität. Was also redet man im Christentum vom Frieden?

Im Grunde richtet sich jedoch eine derartige Abtrennung des Religiösen von den unbewußten Schichten der menschlichen Psyche nicht allein gegen den eigentlichen Auftrag des Christentums, sie ist nicht nur wesenhaft zerstörerisch und gottlos, schließlich wird sie auch dazu führen, das Christentum nach dem endgültigen Verlust seiner politischen Macht bereits rein religionsgeschichtlich auf die Bedeutungslosigkeit einer bloßen Sekte zurückzudrängen. Die Bevölkerungsexplosion vor allem in den Ländern der Dritten Welt verlangt heute geradezu gebieterisch danach, einen Glauben zu formulieren und zu leben, in dem die gesamte Menschheit ihre geistige Einheit finden kann. Es sollte daher die vorrangige Aufgabe *aller* Religionen sein, ihre gemeinsamen Symbole, Riten und Überzeugungen nicht länger als etwas Trennendes, sondern endlich als etwas über Zeit und Raum hinweg Verbindendes zu verstehen. Die Menschheit von morgen wird religiös in etwa nur so fühlen und denken können, wie es Stefan Andres in seinem Roman »Wir sind Utopia« den Ex-Priester Paco in seiner ehemaligen Klosterzelle träumen läßt[89]: daß die Religionen, statt sich zu verdächtigen und

[89] St. Andres: Wir sind Utopia, 36–40; es ist der Traum einer Insel, auf der die Christen und Heiden sich wohl gegenseitig neckten »mit dem, was man am anderen nicht verstand, doch durften die christlichen und heidnischen Priester und Gelehrten zu diesen Verschiedenheiten in Glauben und Kult und in mancherlei sittlichen Anschauungen nicht öffentlich oder gar in apologetischen Büchern Stellung nehmen. Denn man sah ja, daß die Früchte des inneren und äußeren Lebens bei Christen und Heiden dieselben waren ... Denn das Heidentum bewegte sich fromm in jenem Bereich, der dem Christentum in dieser Ausgeprägtheit von jeher versagt geblieben war, in jenem Bereich nämlich, wo die Natur sündlos ganz im Göttlichen liegt und das Göttliche in der Natur unantastbar erscheint und in den Göttern seine Unaussprechlichkeit aufhebt und sich den Sinnen darstellt, ohne sich in dogmatischen Formen dem Verstande preiszugeben. Die Christen auf der Insel aber sagten, sie hätten statt der Götter Maria und die Heiligen und außerdem: die Dreifaltigkeit sei ja schließlich in Vater, Sohn und Geist dem Menschen begegnet, und in diesem Geheimnis ließen sich alle menschlichen Ordnungen und Lebensformen durchaus im Göttlichen spiegeln, ja aus ihm herleiten und heiligen. Heiden und Christen wetteiferten so in ihrem Gotterkennen, wiewohl das eine die Gottesbilder aus der Schöpfung, das andere sie aus dem Buch, der Sehnsucht des einsamen Herzens und dem Geist der Geschichte empfangen hatte. Da man sich aber gegenseitig eifrig beobachtete, kam es, daß die Christen in ihrem Glauben vieles von den Heiden hatten und die Heiden umgekehrt von den Christen; und das mehr im Waagerechten verlaufende heidnische Denken und das senkrecht in die Unendlichkeit aufsteigende der Christen kreuzte sich wie die Fäden am Webstuhl. Das Gotteskleid, das sie auf diese Weise woben, trug die Muster sehnsuchtsvollen Friedens und demütiger Güte«. (A.a.O., 38–39) – Die »Ökumene« des Christentums müßte vor allem in der Bereitschaft zu einem solchen integralen und komplementären Denken bestehen, und gerade davon kann de facto keine Rede sein. – E. Fromm: Das Christusdogma, in: Das Christusdogma und andere Essays, 87 meinte sehr richtig von den christlichen Konfessionen: »Der Katholizismus bedeutete die verhüllte Rückkehr zur Religion der großen Mutter, als deren Besieger Jahwe auf den Plan getreten war. Erst der Protestantismus greift wieder auf den Vater-Gott zurück«; wenn dem so ist, besteht die Aufgabe des Christentums nicht nur in der Vereinigung der mann-weiblichen Gegensätze, – es ist vor allem die Aufgabe des Katholizismus, die eigene Verwandtschaft mit der »mütterlichen« Welt der Mythen und der archaischen Riten, mit dem Unbewußten im Menschen *gegenüber* dem Protestantismus hervorzuheben und in einem gemeinsamen Austausch mit den außerbiblischen Religionen zu leben.

anzufeinden, sich gegenseitig befruchten, ergänzen und als Teile einer universellen Harmonie im Umkreis ein und derselben menschlichen Psyche betrachten.

Speziell das Christentum sollte seine Dogmen und Riten im Einklang mit dem Zeugnis der Menschheitsreligionen als Erfahrungen eines Weges zur eigenen Vermenschlichung verstehen, an dessen Ende eine Lebensform steht, die von allen Menschen gewünscht und geteilt werden kann. Alle Religionen sind als kulturgeschichtlich bedingte Variationen eines archetypischen Materials zu betrachten, das in jedem Menschen lebendig ist und leben möchte; eine Religion, die wahrhaft »katholisch« und menschheitlich sein will, muß in sich selbst die ihr äußerlich fremd anmutenden Stoffe der »fremden« Religionen wiederzuerkennen suchen und sie zur eigenen Bereicherung und Vertiefung benutzen. So wie C. G. Jung meinte, man könne einen individuellen Traum oder die Visionen einer Psychose nur verstehen, wenn man das Material der Mythen und Märchen der Völker weltweit zur Kommentierung und Komplettierung (zur »Amplifikation«) heranziehe[90], so bedarf die christliche Religion, um sich selber »richtig«, also menschheitlich zu verstehen, unbedingt einer Ergänzung und Auslegung ihrer selbst durch das weltweite Zeugnis der Religionsgeschichte, der Ethnologie und der Archäologie. Nur als integrale und universelle Symbole sind die Dogmen und Riten des Christentums, was sie sein wollen: Bilder der Erlösung, die den Menschen durch die Gnade Gottes mit sich selbst und darin mit allem, was irgend menschlich ist, versöhnen können und sollen.

[90] Zum Begriff und zum interpretativen Gebrauch der Amplifikationsmethode vgl. C. G. Jung: Über die Psychologie des Unbewußten, VII 88.

### *b) Der Unfriede des Einzelnen mit sich selbst oder: die Lehre vom Kampfhahn*

Durch seine Entfremdung von den unbewußten Schichten der menschlichen Psyche läuft das Christentum indessen Gefahr und Verdacht, eine bloße Religion des Überichs zu werden bzw. längst zu sein. Sein Ziel scheint dann nicht darauf gerichtet, den Einzelnen kraft des Gefühls einer absoluten Berechtigung und Akzeptation in Gott zu einer tieferen Einheit mit sich selbst zu führen, sondern sein Programm scheint im Gegenteil darin zu bestehen, das individuelle Bewußtsein um jeden Preis an gewisse Lehrsätze, Riten und Regeln anzupassen. Indem die Dogmen der Religion, wenn sie vom Unbewußten isoliert gesehen werden, im Menschen selber keine Grundlage besitzen, verwandelt sich die religiöse Botschaft notgedrungen in eine gefühlskalte, heterogene bzw. heteronome Doktrin, die lediglich durch den Anspruch innerer (und äußerer) Gewalt Gehorsam und Unterwerfung verlangen kann.[91] Die psychologische Basis einer solchen

[91] So bereits I. KANT: Die Religion innerhalb der Grenzen der bloßen Vernunft, VIII, 842; DERS.: Grundlegung der Metaphysik der Sitten, VII 77–78. Die philosophische Kritik an der Heteronomie der Religion (des Christentums) wird ergänzt durch die soziologische Kritik der *Entfremdung* bei K. MARX sowie durch die psychoanalytische Betrachtung des christlichen Gottesbildes als eines *zwangsneurotischen Überichs* bei S. FREUD. Gerade *diese* Lehren sind es, bezeichnenderweise, die innerhalb wie außerhalb Europas seit langem den nachhaltigsten Eindruck hinterlassen. Was eigentlich, muß man sich fragen, will das Christentum zu seiner Selbst-Desavouierung noch beitragen, als einfach so zu bleiben, wie es seit Jahrhunderten sich präsentiert: als geistig unredlich und unglaubwürdig, gesellschaftlich verlogen, als mit seiner Machtgier ständig auf der falschen Seite und als psychologisch repressiv und pathogen, kurz, als ein Gebilde, das auf allen Ebenen: des eigenen Denkens, des eigenen Fühlens und des eigenen Handelns erstickend, unterdrückend und verfälschend wirkt? – Das einzige verbleibende Argument *für* die Religion scheint darin zu bestehen, daß sie trotz allem nötig ist. D. BELL: Die Zukunft der westlichen Welt, 188–194 hat zu Recht darauf hingewiesen, daß die Religion in der westlichen Gesellschaft zwei Funktionen besaß: mit Hilfe symbolischer Riten, wie der Eucharistie, »die Pforten des Dämonischen« zu bewachen und durch symbolische Formen zu entschärfen, und zum anderen die Gegenwart auf der Grundlage der Vergangen-

Religion liegt in den Schuldgefühlen, die seitens eines drakonischen Überichs erweckt werden können; eine Vielzahl von Denktabus und Denkhemmungen, von Einschüchterungen und Strafen muß eine solche Religionsform vor der Kritik eines wurzellos gewordenen Verstandes schützen; und um das Maß der Unterdrückung, der Icheinschränkungen und der Demütigungen möglichst noch zu steigern, muß geradewegs ein Bedürfnis entstehen, besonders im Umgang mit der Welt der Triebregungen, vornehmlich des Sexualtriebes, den Einzelnen so streng wie möglich zu dirigieren und zu kontrollieren: die Strenge des Überichs selbst verlangt nach einer möglichst repressiven Form der Es-Einschränkungen.[92]

Der Sinn einer solchen Überich-Religion besteht fortan in dem Kampf des Ichs gegen sich selbst, und nicht das individuelle Lebensglück, die Entfaltung der eigenen Persönlichkeit,

heit zu beurteilen und auf diese Weise die innere Kontinuität zu bewahren; indem in der Mitte des 19. Jahrhunderts bereits die Kultur anstelle der Religion die Beziehung zum Dämonischen (besser: zum Unbewußten) übernommen habe, meint Bell, drohe der westlichen Kultur die Gefahr des Faust: eine nie zu stillende, vergangenheitslose »Suche nach neuen Interessen, neuem Zeitvertreib, neuen Sensationen, neuen Abenteuern, neuen Genüssen, neuen Revolutionen, neuen Freuden, neuen Schrecken – und nach abermals Neuem«. (A.a.O., 194) Religion ist nicht, wie E. Durkheim meinte, ein *Merkmal* von Gesellschaft, sie »ist ein konstitutiver Bestandteil menschlichen Bewußtseins: als kognitive Suche nach der Struktur der ›allgemeinen Ordnung‹ menschlicher Existenz, als emotionales Bedürfnis, Rituale zu entwickeln und sie zu heiligen; als Urbedürfnis nach Beziehung zu anderen Menschen oder zu einem Ensemble von Sinngehalten, das dem Selbst eine transzendentale Antwort gibt; schließlich als existentielles Bedürfnis nach Konfrontation mit Leid und Tod«. (A.a.O., 202) Insofern ist die Geistesgeschichte der Religion im Abendland ein außerordentlich gefährlicher Weg in eine wachsende Zerrissenheit, Irreligiösität und Ruhelosigkeit, die sich mit Glück und Frieden großer Menschengruppen schlecht verträgt.

92 Das Überich selbst entsteht aus der Introjektion der Liebe und des Hasses von Vater und Mutter sowie der auf sie projizierten Gefühlsregungen; insofern ist das Überich selbst eine Instanz, in der ursprüngliche Energien des Es auf dem Boden des Ichs verselbständigt werden und sich fortan mit der Heftigkeit von Triebregungen gegen das Ich wie gegen das Es richten; je drakonischer daher das Überich, desto stärker die Triebunterdrückung. Vgl. S. Freud: Der Untergang des Ödipuskomplexes, XIII 399.

die Integration der unbewußten Schichten der Psyche wird von einer derartigen Religion gefördert, sondern es werden die integrativen Symbole des Religiösen nunmehr desintegrativ, rein vom Bewußtsein her *gegen* die Möglichkeiten der Selbstentfaltung gerichtet. Das Geschehen der Erlösung, nicht zuletzt das Sakrament der Eucharistie, verwandelt sich damit im Namen des »Kreuzes« und »Opfers« Christi in einen grausamen Zwang zu nicht endenden Selbstopfern und Selbstschikanen[93]; Perfektion und Sündenreinheit werden jetzt die Vorbedingungen der Einheit mit Gott, und aus den Symbolen der Gnade und Vergebung werden jetzt Schreckinstrumente moralischen Zwangs, deren Grausamkeit lediglich auf ungeistige und unverstandene Weise innerlich reproduziert, was an Quälereien und monströsen Opfern in den Kulten der »Primitiven« äußerlich praktiziert wurde.[94] Selbst die »Forderung« des Friedens kann in einem solchen Kontext verinnerter Grausamkeiten nur als ein Mittel des Unfriedens, des inneren Zwangs, der Angstverbreitung und des Schuldgefühls wirken.

In einer wahren Gestalt der Religion, deren Bilder und Symbole aus der Tiefe des Unbewußten erwüchsen und deren Inhalte den Einzelnen in seinen Ängsten und Hoffnungen

[93] Vgl. E. DREWERMANN: Die Symbolik von Baum und Kreuz in religionsgeschichtlicher und tiefenpsychologischer Betrachtung, 22–26.

[94] Das Anschauungsmaterial der Psychotherapie zu den Folgen der Beichtpraxis und des Kommunionempfangs in der kath. Kirche dürfte diesbezüglich besonders instruktiv sein, waren doch die Gewissensprüfungen im »Bußgericht« der Beichte über die Vollständigkeit des Bekenntnisses, die rechte Art der Reue, die Ernsthaftigkeit des guten Vorsatzes sowie die »Genugtuung« der Buße prinzipiell von einer unheilvollen Angst besetzt, insofern es immer wieder, statt um eine verständnisvolle Klärung der Motive, um eine vorschnelle Beurteilung der »Fakten« ging, und dies mit dem Anspruch, für alle Ewigkeit über Himmel und Hölle – womöglich im Leben eines 10jährigen Kindes! – zu entscheiden. Daß die Beichte alten Stils durch einfache Inflation der Gewohnheit sowie durch die Praxis der »Bußandachten« außer Kurs gesetzt worden ist, hat die innere Einstellung der Kirche in ihrer Gesetzlichkeit selbst im Grunde nicht geändert, sondern aus ihr nur einen Vampir ohne Zähne gemacht.

wirklich meinen würden, dürfte die Botschaft vom Frieden hingegen gerade nicht als Anspruch, als Ideal, als Postulat, als Gottesbefehl o. ä. verstanden werden; sie müßte allein aus der Kraft und der Ichstärke des Einzelnen erwachsen. Der Friede ergibt sich entweder aus der Versöhntheit mit der eigenen Person, oder er ist nicht.

Eben deswegen haben wir die Aufgabe der Religion darin gesehen, besonders mittels ihrer Riten zuallererst die Voraussetzung dafür zu schaffen, daß der Einzelne sich selbst in den Tiefenschichten seiner Person wiederfinden und mit sich einiger zusammenwachsen kann. Wenn wir dabei die religiösen Riten von der Psychotherapie her nach Art eines Psychodramas interpretiert haben (s. o. S. 344), so deshalb, weil die Religion in der gegenwärtigen Gestalt des Christentums schon seit langem aufgehört hat, durch sich selber als etwas seelisch Heilendes und Heilsames zu wirken. Das umgreifende Verstehensorgan psychischer Not und seelischer Heilung ist heute nicht mehr die Theologie, sondern die Tiefenpsychologie, und nach Abtrennung des Religiösen von den Tiefenschichten des Unbewußten erscheint die Psychoanalyse – trotz ihrer oft atheistisch klingenden Theoriebildungen – als der einzige noch verbleibende Zugang, um die eigentlichen Möglichkeiten und Aufgaben des Religiösen wiederzuentdecken und wiederzugewinnen.

Gewiß kann man gegen dieses Psychotherapiemodell des religiösen Beitrags zur Sache des Friedens vor der Hand gleich einwenden, daß es weder heute noch in absehbarer Zukunft eine Psychotherapieform, gleich ob religiös oder profan, geben wird, die einen Alexander den »Großen«[95],

[95] Zu dem ausgeprägten, von der Mutter noch unterstützten Haß Alexanders des Großen auf seinen Vater, den König Philipp von Mazedonien, vgl. PLUTARCH: Alexander, IV cap. 9., S. 272; E. DREWERMANN: Strukturen des Bösen, II 488–489; gleichwohl wurde das Vorbild Philipps für seinen Sohn zum absoluten Maßstab und zum geheimen Stachel all seiner Eroberungen.

einen Friedrich den »Großen«[96] oder Adolf Hitler[97] von seinem Vaterhaß, seinem Selbsthaß, seinem Minderwertigkeitsgefühl, seiner paranoischen Angst, seinem Macht- und Rachebedürfnis, kurz, von seiner Kriegswütigkeit und Kriegsgefährlichkeit heilen könnte. Aber man kann doch dagegenhalten, daß derart exzentrische Charaktere ihre neurotische Ansteckungsgefahr in einem Volk verlieren müssen, dessen Mitglieder in den archetypischen Bildern einer intakten Religion gegen den Sog der kollektiven Angst hinreichend gefestigt sind.[98] Einen anderen Ansatzpunkt gibt es jedenfalls gar nicht, als mit der »Therapie« des Religiösen bei sich selbst und jedem einzelnen zu beginnen. Die Religion stellt den einzigen kollektiven Therapievorschlag zur Befriedung des Menschen dar, aber auch dieser Vorschlag hat nur Aussicht

[96] Man sehe einmal ab von der furchtbaren Szene, als Friedrichs Freund, der Leutnant Hans Hermann von Katte, am 6. 11. 1730 vor Friedrichs Augen hingerichtet wurde, oder von den unendlichen Demütigungen, Verdächtigungen und despotischen Bestrafungen durch König Friedrich Wilhelm. Vor allem ist der verzweifelte Wille Friedrichs deutlich, trotz allem des Vaters Gunst zu erringen. Todesangst, Vaterhaß, Schuldgefühl, Identifikation mit dem Vater, der Wille zur Überbietung des Vaters als Konkurrenten – kurz, alle Momente des Ödipuskomplexes zeigt ein Traum Friedrichs, der im Laufe der Jahre in Abwandlungen ein paarmal wiederkehrte: »Ihm träumte, er sähe seinen Vater mit Soldaten auf sich zukommen, die ihn in Arrest nehmen sollten; für welches Verbrechen? – ›Weil Er seinen Vater nicht genug geliebt hat.‹ Dann verwandelte sich die Szene. Wieder stand plötzlich sein Vater vor ihm. ›Habe ich es recht gemacht!‹ fragte der Träumer, und Friedrich Wilhelm erwiderte: ›Ja.‹ ›Wohl, dann bin ich zufrieden, Euer Beifall gilt mir mehr als der der ganzen Welt.‹« E. Simon: Friedrich der Große, 326–327.

[97] Alois Hitler war eigentlich keine sadistische oder tyrannische Persönlichkeit; er wurde zum ödipalen Gegner seines Sohnes vor allem durch die übertrieben verwöhnende Zärtlichkeit, mit der Klara Hitler ihren Sohn Adolf großzog; vgl. die Analyse der Persönlichkeit A. Hitlers bei E. Fromm: Anatomie der menschlichen Destruktivität, 415–445.

[98] Die Faszination der durch und durch neurotischen Persönlichkeit A. Hitlers z. B. auf die Massenpsychologie des Dritten Reiches beruhte ohne Zweifel auf dem, was J. Fest in seiner Hitler-Biographie »die große Angst« genannt hat, die in ihrer Verzweiflung noch einen Trost in dem kollektiven Versprechen heroischer Größe und explosiver Gewalt erblickte; J. Fest: Hitler, 138; 143; 148–149; 1041.

auf Erfolg und Bestand, wenn der Einzelne kraft des Religiösen zu seiner eigenen Identität und Festigkeit geführt wird.

Insofern läßt sich eigentlich auch von seiten des Christentums nur wiederholen, was im Gedankenkreis des Taoismus der chinesische Weise Liä Dsi als den einzigen, als den wahrhaft religiösen Weg zum Frieden in einem Bild beschrieb. »Gi Siau Dsi richtete für den König Süan vom Hause Dschou einen Kampfhahn zu. Nach zehn Tagen fragte der König: ›Kann der Hahn schon kämpfen?‹ Er sprach: ›Noch nicht, er geht noch auf jeden Laut und Schatten los.‹ Nach aber zehn Tagen fragte er wieder. Er sprach: ›Noch nicht, er blickt noch heftig und strotzt vor Kraft.‹ Nach aber zehn Tagen fragte er wieder. Er sprach: ›Nun geht es. Wenn andere Hähne krähen, so macht das keinen Eindruck mehr auf ihn.‹ Der Hahn war anzusehen wie aus Holz. Sein Wesen war vollkommen. Fremde Hähne wagten nicht, mit ihm anzubinden, sie kehrten um und liefen weg.«[99] Friede wird sein, wenn ein jeder sein Wesen vollkommen lebt; einem Menschen, der in sich gesammelt ist, kann man von außen nichts mehr anhaben. Solche Menschen kann man wirklich senden »wie Schafe mitten unter Wölfen« (Mt 10,16; Lk 10,3).

### *c) Die Antwort der Wahrheit oder: die Lehre der Stufen*

Was aber ist, wenn die »Wölfe« zubeißen und die Friedfertigkeit die Gewalt geradezu provoziert (s. o. S. 131)? Im Sinne der Religion gibt es darauf nur die Antwort, die Christus bei seiner Gefangennahme dem Petrus gab: »Stecke dein Schwert in die Scheide!« (Mt 26,52). Wenn nicht einmal Er sich hat verteidigen lassen, so darf und kann es für einen Christen an sich keinen Wert, kein Gut geben, das mit Waffengewalt zu verteidigen wäre, und stünde es ihm auch noch so hoch. Keine Lehre vom »gerechten« Krieg kommt an diesem Tatbestand vorbei.

[99] Liä Dsi: Quellender Urgrund, II 20; S. 70.

Und doch sollte nach dem Gesagten die Religion sich davor hüten, den »Pazifismus« zur Doktrin zu machen. Ihrer Grundhaltung zufolge sollte sie von der Wahrheit des Einzelnen und seiner Situation ausgehen und nicht von einem Ideal oder Idol, – nicht einmal dem der Gewaltlosigkeit. Selbst das »Beispiel« Christi kann ein Deckmantel der Feigheit und Herzlosigkeit sein, und umgekehrt kann die Gewalt dem Anliegen Christi u. U. näher stehen als die äußere Korrektheit des Pazifismus. Graham Greene, der in seinen Romanen zunehmend über das Verhältnis von Staat und Kirche, Religion und Politik nachgedacht hat, schrieb in seiner pessimistischen Erzählung »Die Stunde der Komödianten« angesichts des Elends im »christlichen« Mittelamerika: »Die Kirche ist in der Welt, sie nimmt Anteil an den Leiden auf der Welt, und wenn Christus auch den Jünger zurechtwies, der dem Diener des Hohepriesters das Ohr abschlug, so wenden sich unsere Herzen doch in Mitgefühl denen zu, die durch die Leiden anderer zur Gewalt veranlaßt werden. Die Kirche lehnt die Gewalt ab, aber schärfer noch verwirft sie die Gleichgültigkeit. Gewalt kann der Ausdruck von Liebe sein, Gleichgültigkeit niemals. Jene ist die Unvollkommenheit der Liebe, doch diese die Vollkommenheit des Egoismus. In den Tagen der Angst, der Zweifel und der Verwirrung empfahl ein Apostel in seiner Einfachheit und Anhänglichkeit eine politische Lösung. Er hatte unrecht, aber ich möchte lieber mit dem heiligen Thomas unrecht, als mit den Kalten und Feigen recht haben.«[100]

Wichtiger und grundlegender als die Frage nach Gewalt oder Gewaltlosigkeit, nach Krieg oder Nichtkrieg ist die Frage nach den wahren Motiven des eigenen Handelns und, ineins damit, die Frage nach der Wahrheit der eigenen Person. Und hier entscheidet nicht der Wunsch oder das Gebot des Friedens, sondern das, was man wirklich ist, was man empfindet, wofür man Verantwortung trägt. »Satyagraha«,

[100] G. Greene: Die Stunde der Komödianten, 261–262.

»die Stärke, die aus der Wahrheit ... geboren ist«[101], nannte deshalb der einzige wirklich friedfertige politische Führer des 20. Jhdt.s, Mahatma Gandhi, sein »Programm« der Gewaltlosigkeit und hob besonders hervor, worauf wir in allen Ausführungen den größten Wert gelegt haben: daß es nicht möglich ist, friedfertig und gewaltlos zu sein, solange der Zustand der Angst noch andauert; die Angst zwingt dazu, immer neue äußere Gewaltmaßnahmen zur Selbstsicherung gegen die vermeintlich äußeren Gründe der Angst zu suchen, aber man unterliegt dabei einer ständigen Selbsttäuschung: die Gründe der Angst werden auf diese Weise nur vermehrt. »Gewalt«, meinte deshalb Gandhi, »heißt nicht Freisein von Furcht, sondern nur das Finden von Mitteln, die Ursache der Furcht zu bekämpfen. Die Gewaltlosigkeit kennt keine Ursache für Furcht. Der Anhänger der Gewaltlosigkeit muß die Fähigkeit der Bereitschaft zum letzten Opfer kultivieren, um von Furcht frei zu sein. Er macht sich keine Sorge um sein Land, seinen Besitz oder sein eigenes Leben. Wer nicht alle Furcht überwunden hat, kann *ahimsa* (die Kunst des Nicht-Verletzens, d. V.) nicht vollkommen ausüben. Der Anhänger von *ahimsa* kennt nur eine Furcht – nämlich die Furcht Gottes. Wer seine Zuflucht zu Gott nimmt, hat die Idee, daß der *atman* (die individuelle Seele, d. V.) den Körper übersteigt; sobald man um einen unvergänglichen *atman* weiß, legt man die Liebe zum sterblichen Körper ab. Training in Gewaltlosigkeit ist darum dem Training in Gewalttätigkeit diametral entgegengesetzt. Gewalt ist nötig zum Schutze von äußeren Dingen, Gewaltlosigkeit ist nötig zum Schutz des *atman*, zum Schutz seiner Ehre.«[102] Besser sollte man viel-

[101] M. GANDHI: Freiheit ohne Gewalt, 26.

[102] A.a.O., 150. – Ähnlich meint J. KRISHNAMURTI: Jenseits der Gewalt, 20: »Solange der Geist nicht absolut frei ist von Angst, bringt jede Form des Handelns noch mehr Übel, noch mehr Elend und Verwirrung«; und weiter: »Die Wandlung der Gesellschaft ist nicht so wichtig; sie wird sich natürlich und zwangsläufig ergeben, wenn der Mensch die innere Wandlung vollzogen hat.« (A.a.O., 30) – Eine welch eiserne Disziplin der Angstfreiheit die gewaltlose Demonstration voraussetzt, zeigte vor allem

leicht übersetzen: zum Schutz seines eigentlichen Selbst, seiner wahren Würde; aber auch so ist deutlich, was Gandhi meint: man muß kraft des Religiösen im Vertrauen auf Gott der Angst enthoben sein, um friedfertig sein und handeln zu können; man muß ein innerlicher, geistiger, ein »seelenvoller« Mensch geworden sein, um die Bedrohungen der äußeren Existenz als nicht mehr wesentlich anzusehen, und man muß der unveräußerlichen Bedeutung und Größe des eigenen Daseins von Gott her sicher genug sein, um auf die Staffagen der Scheingröße von Macht, Besitz und Erfolg verzichten zu können. Es ist dasselbe, was wir vorhin sagten: Nur ein wirklich religiöser Mensch kann zum Frieden fähig sein, und die Einsichten und Wirkungen von allem wahrhaft Religiösen sind allerorts die gleichen.

Aber auch diese Feststellungen stehen noch in der Gefahr, zu ideell und zu abstrakt zu sein. Wer ist das schon: ein wirklich religiöser Mensch? Sehr richtig hat deshalb ein anderer großer homo religiosus des modernen Indien, Ramakrishna, die absolute Erkenntnis des Religiösen an die Relativität des Weges gebunden. »An einem heiligen Badeplatz gibt es zahlreiche Treppen (Ghâts), die zum Wasser herabführen«, sagte er. »So gibt es auch viele Ghâts zum Wasser des Ewigen«.[103] Was in der Frage des Religiösen schlechthin gilt, wird um so mehr in der besonderen Problematik von Krieg und Frieden gelten: ein jeder muß so handeln und zunächst so akzeptiert werden, wie er sich je nach der Stufe seiner geistigen und seelischen Entwicklung selbst empfindet. Jemand, der innerlich noch voller Angst und deshalb ein Mann des Krieges ist, darf gerade im Namen der Religion nicht zum Frieden gezwungen werden; und umgekehrt: es ist im Namen der Religion nichts mehr zu verwerfen als das Egalité-Prinzip der französischen Revolution, nach dem ein jeder »Bürger«

der große Treck am 11. 3. 1930 200 Meilen hinunter ans Arabische Meer, wo Gandhi einige Salzkörner aus dem Indischen Ozean auflesen sollte. E. H. Erikson: Gandhis Wahrheit, 529–534.

[103] Ramakrishna, in: H. v. Glasenapp (Hrsg.): Indische Geisteswelt, 293.

zur »allgemeinen« Wehrpflicht verurteilt, d.h. »berufen« werden kann. Die Religion, gleich welcher Provenienz, müßte als oberste und einzige Regel gegenüber der staatlichen Autorität fordern, daß in der Frage von Krieg und Frieden ein jeder das Recht und die Pflicht hat so zu handeln, wie es seiner inneren Art zum Zeitpunkt seiner Entscheidung entspricht.

Auch in diesem Punkt des *satyagraha,* des Handelns aus der Wahrheit des eigenen Seins, hätte das Christentum ein letztes Mal Grund, von der Religiösität der Inder zu lernen. Im Hinduismus gilt seit altersher, daß die Weltordnung dem Menschen verschiedene Pflichten auferlegt, die sich nach bestimmten Stufen, entsprechend dem Kastengefüge, einteilen lassen. Danach gibt es Heilige und Brahmanen, denen der Krieg wesensmäßig fernliegt, aber auch die Kshatriya, die Krieger, deren Pflicht es ist, im Notfall zu kämpfen, wenn die Umstände es erfordern.[104] Die hinduistische Stufenordnung behauptet nicht, daß Brahmanentum und Kriegertum, die religiöse und die ethisch-politische Antwort auf die Drohung des Krieges einander gleichwertig seien; im Gegenteil, nach ihrer Einteilung ist das Wesen des Brahmanen dem Krieger absolut überlegen; aber um ein Brahmane, ein von Gott erfüllter Mensch zu werden, muß man sich nach hinduistischer Lehre bereits in einer vergangenen Existenz genügend geläutert haben[105], – man kann nicht das Kunststück Münch-

[104] S. Nikhilananda: Der Hinduismus, 78: »Der Hinduismus betont die relative Natur des Dharma und anerkennt nicht ein absolutes Gut oder Böse . . . Das Gebot des Nichttötens kann daher keine universale Gültigkeit haben, zumindest nicht im augenblicklichen Entwicklungsstadium der Menschheit.« »Ein Soldat zieht sein Schwert, um Gesetz und Recht zu schützen, während ein Heiliger sein Leben hingibt für den gleichen Zweck.«

[105] S. Nikhilananda: Der Hinduismus, 65–78 erklärte die Kastenordnung als ein Gesetz geistiger Ökonomie, als eine komplementäre Schichtung jeder Gesellschaft in Menschen der Erkenntnis und des Denkens (Priester), der Tat und des Mutes (Krieger), des Erwerbsinnes und Besitzstrebens (Bauern) sowie der Beschaffung körperlicher Bedürfnisbefriedigungen (Arbeiter). Ein jeder muß seinem Wesen folgen, aber gerade dadurch läutert sich sein Wesen zu Höherem.

hausens nachahmen und mit dem moralischen Willen seinen eigenen Charakter wählen, um sich am eigenen Haarschopf aus dem Sumpf zu ziehen.[106] Man kann daher nicht verlangen, daß jedermann innerlich ein Priester sei, aber man kann einen jeden in dem Bestreben fördern und unterstützen, nach der Vertiefung seines Wesens in Gott zu streben und sein Dasein zu läutern.

Nun haben jedoch, wird man im abendländischen Sinne einwenden, die Hindus unendlich viel Zeit; nach ihren Vorstellungen bewegt sich der Mensch in endlosen Kreisläufen der Zeit innerhalb des Gesetzes der Vergeltung allen Tuns; uns aber brennt das Problem des Krieges auf den Nägeln, wir haben scheinbar keine Zeit mehr, nicht einmal die zur Läuterung. Und doch: nicht einmal das darf religiös entscheidend sein. Selbst angesichts der Katastrophe bleibt nur die Macht der Sanftmut, des Verständnisses und der Geduld. Genügt sie nicht, so ist die Apokalypse eben nicht vermeidbar.

[106] Diese sprichwörtliche Unmöglichkeit erzählt G. A. BÜRGER: Münchhausens wunderbare Reisen und Abenteuer, 58–59: als er mit dem Pferde über einen Morast setzen wollte, der ihm anfänglich nicht so breit vorkam, als er ihn fand, da er mitten im Sprunge war, wendete er, in der Luft schwebend sich wieder um, nahm aber alsbald, zum Ufer zurückgekehrt, einen neuen Anlauf und fiel doch bis zum Hals in den Morast. »Hier«, erzählt er, »hätte ich unfehlbar umkommen müssen, wenn nicht die Stärke meines eigenen Armes mich an meinem eigenen Haarzopfe, samt dem Pferde, welches ich fest zwischen meinen Schenkeln schloß, wieder herausgezogen hätte«. Nun, wir sind, trotz langen Schwebens in der Luft, keinesfalls zu einer Umkehr an das alte Ufer imstande und haben uns vielmehr so »reingeritten«, daß wir uns jedenfalls nicht mehr mit einem Kraftakt herausziehen werden.

Es gibt eine kleine taoistische Anekdote, mit der wir schließen möchten, weil sie jenseits des zu Machenden und des zu Erwartenden gleichwohl eine Art Hoffnung in das Unwahrscheinliche setzt. Der Zen-Buddhismus hat schon vor Jahrhunderten die Kunst verstanden, das Bogenschießen vom Kriegerischen weg zu einem Symbol zu sublimieren, wie man in das Zentrum des eigenen Ich zielen lernt[107]; wäre es da nicht denkbar, daß man eines Tages gerade seinen bestgerüsteten, seinen gefährlichsten Feind, ähnlich wie die Jäger der Eiszeit die göttlichen Tiere, zu schätzen und zu lieben begönne, eben weil er als Krieger genau so ist wie man selbst? Wäre

[107] Auf ähnliche Weise versuchten die tantrischen Übungen des Hinduismus die sexuellen Triebregungen zu läutern, indem man sie nicht verdrängte, sondern als etwas Heiliges üben lernte und in der Frau eine Verkörperung heiliger, göttlicher Kräfte erblickte. Vgl. am Beispiel der sexuellen Läuterung RAMAKRISHNAS die Darstellung bei S. NIKHILANANDA: Der Hinduismus, 157–161. Vgl. aber dagegen die skeptische Beurteilung bei R. VON RANKE-GRAVES: Die weiße Göttin, 583–584. – Auch in der Auseinandersetzung mit den aggressiven Triebstrebungen wird man nicht durch Verdrängung, sondern nur durch ein gewisses Gewährenlassen und eine allmählich reifende Vergeistigung die gefährlichen Leidenschaften als etwas Ungefährliches, Selbstverständliches und Bereicherndes erfahren. Sehr schön schildert in ihrer Indianersaga R. B. HILL: Hanta Yo, 814–815 die Läuterung eines jungen Kriegers zu einem friedliebenden Priester. Denn, so sagt der Schamane Wanapin dort zu dem heranwachsenden Ahbleza, »Friede bedeutet Treue zu sich selbst. Jeder Friede, ob zwischen zwei Personen oder zwei Stämmen, spiegelt die Treue wider, die man sich selbst gegenüber einhält. Und Treue zu sich selbst bedeutet Einheit von Gedanke, Rede und Tat ... Es gibt Frieden, aber nur in der Seele des einzelnen. Frieden bedeutet Friede mit sich selbst und nichts anderes. – Der Mensch kommt auf die Erde mit einem sichtbaren Körper und einem wetteifernden Geist – denk an das Kind, den Jugendlichen –, und so sucht er diesem Geist in seinen frühen Jahreszeiten gerecht zu werden; das Volk erkennt in dessen Eifer bei Wettbewerben, Kämpfen, Überfällen und kriegerischen Unternehmen den Versuch, sich selbst, seinem kriegerischen Geist treu zu sein. – Aber der langsam wachsende Geist sucht dann nach Ruhe. Und so nimmt eben dieser, stets sich selbst treue Krieger, die Forderungen eines sich erweiternden Geistes hin. Das Volk nennt dies Wachstum, Reife, Weisheit; ein weiser Mann, sagen sie, ist einer, der seinem geistigen Wachstum die Treue hält, ist ein standfest in sich ruhender Mann.«

es nicht denkbar, daß der Gott der Zeit einmal damit innehielte, seine eigenen Kinder zu fressen? Auf eine solche Hoffnung jenseits aller Hoffnung verweist die Geschichte Liä Dsi's von den »Beiden Schützen«; die wir als Zusammenfassung des Gesagten wiedergeben wollen. Sie lautet:

»Gan Ying war ein tüchtiger Bogenschütze der alten Zeit. Spannte er den Bogen, so brachen die Tiere zusammen und die Vögel fielen herunter. Sein Schüler, namens Fe We, der bei ihm das Schießen gelernt hatte, übertraf an Geschicklichkeit noch seinen Meister. Gi Tschang wiederum wollte das Schießen bei Fe We lernen.

Fe We sprach: ›Du mußt erst lernen, nicht zu blinzeln. Danach erst kann vom Schießen die Rede sein.‹ Gi Tschang ging heim und legte sich unter den Webstuhl seines Weibes und verfolgte mit dem Auge die auf- und niedergehenden Rahmen. Nach zwei Jahren hatte er es so weit gebracht, daß er nicht blinzelte, ob auch eine Ahle mit der Spitze ihm ins Auge fiel. Das sagte er Fe We.

Fe We sprach: ›Das ist's noch nicht. Nun mußt du sehen lernen, daß du Kleines groß siehst und Unsichtbares deutlich. Dann sag mir's.‹ Gi Tschang hing nun an einem Haar eine Laus im Fenster auf. Nach der blickte er innen vom Zimmer aus. Nach zehn Tagen wurde sie allmählich größer. Nach drei Jahren sah er sie wohl so groß wie ein Wagenrad, so daß er andere Dinge alle so groß wie Berge sah. Da nahm er einen Bogen aus Horn von Yän und einen Pfeil aus Rohr von Scho und schoß nach ihr. Er durchbohrte das Herz der Laus, ohne daß das Haar abriß. Das sagte er Fe We. Fe We machte einen Luftsprung, schlug sich auf den Leib und sprach: ›Du hast's erreicht.‹

Da nun Gi Tschang die Kunst des Fe We innehatte, überschlug er, daß nunmehr auf der ganzen Welt nur noch ein einziger Mensch es mit ihm aufnehmen könne. Und er gedachte den Fe We zu töten. Sie trafen sich im Walde, und die beiden Männer schossen aufeinander. Auf halbem Wege trafen sich die Spitzen der Pfeile, und sie fielen zur Erde, ohne den Staub zu erregen. Fe We's Pfeile waren zuerst alle. Gi Tschang hatte noch einen Pfeil, den schoß er ab. Fe We aber parierte ihn mit der Spitze eines Dornes, ohne ihn zu fehlen.

Darauf brachen die beiden in Tränen aus, ließen ihre Bogen fallen und warfen sich auf offener Straße voreinander nieder und schlossen einen Bund als Vater und Sohn. Sie schnitten sich in den Arm und schworen, daß sie ihre Kunst niemand verraten wollten.«[108]

[108] Liä Dsi: Quellender Urgrund, V 15; S. 114–115.

# Bibliographie

*(zitiert stets nach der letztgenannten Ausgabe)*

## *I. Anthropologie*

### *1. Paläontologie und biologische Anthropologie*


A. Brucker: Die Erde. Entstehung und Entwicklung der Kontinente und Ozeane, München 1966.

W. B. Cannon: The Wisdom of the Body, New York 1932.

G. Constable: The Neanderthals, New York 1972; dt.: Die Neandertaler; übers. v. Ch. u. H. Wiemken; bearb. v. K. Lorenzen u. J. Volbeding; Hamburg (rororo life 67) 1977.

C. S. Coon: The Story of Man, 1954; dt.: Die Geschichte des Menschen; übers. v. M. zur Nedden Pferdekamp; Köln–Berlin 1970.

R. Dart: The Predatory Transition from Ape to Man, 1953.

M. Eigen – E. Winkler: Das Spiel. Naturgesetze steuern den Zufall; München–Zürich, 1975.

A. Gehlen: Urmensch und Spätkultur. Philosophische Ergebnisse und Aussagen, Frankfurt–Bonn ²(neu bearb.) 1964.

A. Friedrich: Die Forschung über das frühzeitliche Jägertum, in: Paideuma, Bd. II (1941–43), 20–43; Neudruck in: C. A. Schmitz (Hrsg.): Religions-Ethnologie, Frankfurt 1964, 196–218.

J. Huxley: Evolution in Action, London 1953; dt.: Entfaltung des Lebens; übers. v. J. u. Th. A. Kunst; Frankfurt (Fischer Tb. 61) 1954.

H. Klaatsch: Das Werden der Menschheit, Leipzig 1936.

H. Kühn: Das Erwachen der Menschheit; Frankfurt (Fischer Tb. 53) 1954.

G. Kurth: Rassengenese, in: G. Heberer, G. Kurth, I. Schwidetzky-Roesing (Hrsg.): Anthropologie, Frankfurt (Fischer Lexikon 15) 1959, 167–184.

G. Kurth: Rassengeschichte, in: G. Heberer, G. Kuth, I. Schwidetzky-Roesing (Hrsg.): Anthropologie, Frankfurt (Fischer Lexikon 15) 1959, 184–279.

R. E. Leakey – R. Lewin: Origins, London 1977; dt.: Wie der Mensch zum Menschen wurde. Neue Erkenntnisse über den Ursprung und die Zukunft des Menschen; übers. v. A. Sussdorff; Hamburg 1978.

R. E. Leakey – R. Lewin: People of the Lake. Mankind and Its Beginnings, New York 1979; dt.: Die Menschen vom See. Neueste Entdeckungen zur Vorgeschichte der Menschheit; übers. v. A. Sussdorf; München 1980.
R. E. Leakey: The Making of Mankind, London 1981; dt.: Die Suche nach dem Menschen. Wie wir wurden, was wir sind; übers. v. F. W. Gutbrod; Frankfurt 1981.
A. Leroi-Gourhan: Préhistoire de l'art occidental, in der Reihe: L'art et les grandes civilisations – collection créée et dirigée par Lucien Mazenod, Paris 1971; dt.: Prähistorische Kunst. Die Ursprünge der Kunst in Europa. Reihe: Große Epochen der Weltkunst. Ars antiqua; übers. v. W. Seipel; Freiburg–Basel–Wien 1971.
J. Monod: Le hasard et la nécessité, Paris 1970; dt.: Zufall und Notwendigkeit. Philosophische Fragen der modernen Biologie; übers. v. F. Griese; Vorrede v. M. Eigen; München 1971.
T. Prideaux: Cro-Magnon-Man, New York 1973; dt.: Der Cro-Magnon-Mensch; übers. v. G. Lickteig; bearb. v. J. Volbeding; Hamburg (rororo life 68) 1977.
R. L. Schreiber (Hrsg.): Rettet die Wildtiere, Stuttgart 1980.
J. Szilvássy (unter Mitarbeit v. G. Kentner): Anthropologie. Entwicklung des Menschen. Rassen des Menschen. Führer durch die Anthropologische Schausammlung der anthropologischen Abteilung des Naturhistorischen Museum Wien, Saal 16–17; Veröffentlichungen aus dem Naturhistorischen Museum; Wien 1978.
J. S. Weiner: The Natural History of Man, London 1971; dt.: Entstehungsgeschichte des Menschen; übers. v. K. Saller, revidiert v. J. Querner u. G. Spitzer; Wiesbaden (Reihe: Die Enzyklopädie der Natur, Bd. 19) 1972.
H. Wendt: Ich suchte Adam. Die Entdeckung des Menschen; Rastatt 1953; Neue durchges. u. erw. Ausgabe: Hamburg (rororo 707–709) 1965.
E. White – D. Brown: The First Men, New York 1973; dt.: Die ersten Menschen; übers. v. L. K. v. Nostiz; bearb. v. K. Lorenzen u. J. Volbeding; Hamburg (rororo life 66) 1977.
W. Wickler – U. Seibt: Das Prinzip Eigennutz. Ursachen und Konsequenzen sozialen Verhaltens; Hamburg 1977.

2. *Verhaltensforschung*

R. Ardrey: The Territorial Imperative, 1966; dt.: Adam und sein Revier. Der Mensch im Zwang des Territoriums; übers. v.

I. Winger; Wien–München–Zürich 1966; Neudruck: München (dtv 881) 1972.

R. Bilz: Über die menschliche Schuld-Angst. Erörterungen über die Tat und das Motiv-Objekt (1958), in: Paläoanthropologie. Der neue Mensch in der Sicht einer Verhaltensforschung, Frankfurt 1971, 351–369.

R. Bilz: Das Syndrom unserer Daseins-Angst (Existenz-Angst). Erörterungen über die Misère unseres In-der-Welt-Seins (1969), in: Paläoanthropologie. Der neue Mensch in der Sicht einer Verhaltensforschung; Frankfurt 1971, 427–464.

I. Eibl-Eibesfeldt: Liebe und Hass. Zur Naturgeschichte elementarer Verhaltensweisen; München–Zürich 1970.

I. Eibl-Eibesfeldt: Krieg und Frieden aus der Sicht der Verhaltensforschung; München–Zürich 1973.

I. Eibl-Eibesfeldt: Der vorprogrammierte Mensch. Das Ererbte als bestimmender Faktor im menschlichen Verhalten; Wien-Zürich-München 1973.

I. Eibl-Eibesfeldt: Menschenforschung auf neuen Wegen. Die naturwissenschaftliche Betrachtung kultureller Verhaltensweisen; Wien–München–Zürich 1976.

W. Fiedler: Die Meerkatzen und ihre Verwandten, in: B. Grzimek (Hrsg.): Grzimeks Tierleben in 13 Bden.; Bd. 10: Säugetiere I; Zürich 1970; Neudruck: München (dtv) 1979, 379–440; in Zusammenarbeit mit J. Itani, M. Kawai, I. De Vore, S. L. Washburn.

B. Flad-Schnorrenberg: Schimpansen auf der Fleischjagd; FAZ 31. 1. 73.

B. Flad-Schnorrenberg: Krieg und Kannibalismus unter Schimpansen, in: FAZ, 30. 5. 79.

J. van Lawick-Goodall: In the Shadow of Man, London 1971; dt.: Wilde Schimpansen. 10 Jahre Verhaltensforschung am Gombe-Strom; übers. v. M. W. Rien; Hamburg 1971; Neudruck: Hamburg (rororo 6920) 1975.

J. van Lawick-Goodall: Life and Death at Gombe, in: National Geographic Magazine, May 1979, 592–621.

P. Leyhausen: Biologie von Ausdruck und Eindruck (1967), in: K. Lorenz – P. Leyhausen: Antriebe tierischen und menschlichen Verhaltens. Gesammelte Abhandlungen, München 1968, 297–407.

K. Lorenz: Das sogenannte Böse. Zur Naturgeschichte der Aggression; Wien 1963.

D. Morris: The Naked Ape, London 1967; dt.: Der nackte Affe; übers. v. F. Bolle; Zürich 1968.

D. Morris: The Human Zoo, London 1969; dt.: Der Menschen-Zoo; übers. v. F. Bolle; Zürich 1969.
P. Overhage: Der Affe in dir. Vom tierischen zum menschlichen Verhalten; Frankfurt 1972.
Th. Schultze-Westrum: Biologie des Friedens. Auf dem Weg zu solidarischem Verhalten; München 1974.
G. Teleki: The omnivorous chimpanzee, in: Scientific American, Jan. 1973, New York, 33–42.
L. Tiger – R. Fox: The imperial animal, 1971; dt.: Das Herrentier. Steinzeitjäger im Spätkapitalismus; eingef. v. K. Lorenz; übers. v. S. Schmitz; Wien 1973.
N. Tinbergen: Von Krieg und Frieden bei Tier und Mensch, in: G. Altner (Hrsg.): Kreatur Mensch. Moderne Wissenschaft auf der Suche nach dem Humanum; München 1969; Neudruck: München (dtv 892) 1973, 324–354.
W. Wickler: Stammesgeschichte und Ritualisierung. Zur Entstehung tierischer und menschlicher Verhaltensmuster, München 1970; Neudruck: München (dtv wr 4166) 1975.
W. Wickler: Biologie der Zehn Gebote; München 1971; Neuauflage: München (Serie Piper 72) 1975.

*3. Tiefenpsychologie*

K. Abraham: Versuch einer Entwicklungsgeschichte der Libido aufgrund der Psychoanalyse seelischer Störungen (1924), in: Psychoanalytische Studien zur Charakterbildung und andere Schriften, hrsg. v. J. Cremerius; Frankfurt 1969, 113–183.
J. Baechler: Les Suicides, Paris 1975; dt.: Tod durch eigene Hand. Eine wissenschaftliche Untersuchung über den Selbstmord; übers. v. Ch. Seeger; Frankfurt–Berlin–Wien 1981.
B. Bettelheim: The Uses of Enchantment, New York 1975; dt.: Kinder brauchen Märchen; übers. v. L. Mickel u. B. Weitbrecht; Stuttgart 1977.
E. Drewermann – I. Neuhaus: Der goldene Vogel (Reihe: Grimms Märchen tiefenpsychologisch gedeutet), Olten-Freiburg 1982.
E. Drewermann – I. Neuhaus: Frau Holle (Reihe: Grimms Märchen tiefenpsychologisch gedeutet), Olten–Freiburg 1982.
E. H. Erikson: Young Man Luther. A Study in Psychoanalysis and History, 1958; dt.: Der junge Mann Luther. Eine psychoanalytische und historische Studie; übers. v. J. Schiche; Hamburg (rororo 6733–34) 1970.
E. H. Erikson: Gandhi's Truth, 1969; dt.: Gandhis Wahrheit. Über die Ursprünge der militanten Gewaltlosigkeit; übers. v. J. Behrens; Frankfurt 1971; Neudruck: Frankfurt (stw 265) 1978.

S. Freud: Drei Abhandlungen zur Sexualtheorie (1905), Werke V, London 1942, 27–145.
S. Freud: Bruchstücke einer Hysterie-Analyse (»Dora«) (1905), in: Werke V, London 1942, 161–286.
S. Freud: Zwangshandlungen und Religionsübungen (1907), in: Werke VII, London 1941, 127–139.
S. Freud: Die ›kulturelle‹ Sexualmoral und die moderne Nervösität (1908), in: Werke VII, London 1941, 141–167.
S. Freud: Bemerkungen über einen Fall von Zwangsneurose (Der sogenannte »Rattenmann«) (1909), in: Werke VII, London 1941, 378–463.
S. Freud: Beiträge zur Psychologie des Liebeslebens (1910), in: Werke VIII, London 1945, 65–91.
S. Freud: Totem und Tabu (1912), in: Werke IX; London 1944.
S. Freud: Zeitgemäßes über Krieg und Tod (1915), in: Werke X, London 1946, 323–355.
S. Freud: Trauer und Melancholie (1910), in: Werke X, London 1946, 427–446.
S. Freud: Vorlesungen zur Einführung in die Psychoanalyse (1917), in: Werke XI, London 1944.
S. Freud: Massenpsychologie und Ich-Analyse (1921), in: Werke XIII, London 1940, 71–161.
S. Freud: Eine Teufelsneurose im siebzehnten Jahrhundert (1923), in: Werke XIII, London 1940, 317–353.
S. Freud: Der Untergang des Ödipuskomplexes (1924), in: Werke XIII, London 1940, 393–402.
S. Freud: Dostojewski und die Vatertötung (1928), in: Werke XIV, London 1948, 397–418.
S. Freud: Das Unbehagen in der Kultur (1930), in: Werke XIV, London 1948, 419–506.
S. Freud: Neue Folge der Vorlesungen zur Einführung in die Psychoanalyse (1932), in: Werke XV, London 1944.
E. Fromm: Die Entwicklung des Christusdogmas. Eine psychoanalytische Studie zur sozialpsychologischen Funktion der Religion (1930); in: The Dogma of Christ and other Essays on Religion, Psychology and Culture, New York 1955; dt.: Das Christusdogma und andere Essays; übers. v. C. Dietlmeier; überarb. v. R. Funk; Stuttgart 1981, 9–87.
E. Fromm: Die prophetische Auffassung vom Frieden (1960), in: The Dogma of Christ and other Essays on Religion, Psychology and Culture, New York 1955; dt.: Das Christusdogma und andere Essays; übers. v. C. Dietlmeier; überarb. v. R. Funk; Stuttgart 1981, 169–177.

E. Fromm: Psychoanalysis and Religion; dt.: Psychoanalyse und Religion; übers. v. E. Rotten; Zürich 1966.
E. Fromm: May Man Prevail? An Inquiry into the Facts and Fictions of Foreign Policy, New York 1961; dt.: Es geht um den Menschen. Tatsachen und Illusionen in der Außenpolitik; übers. v. L. u. E. Mickel; Stuttgart 1981.
E. Fromm: The Anatomy of Human Destructiveness, New York-Chicago-San Francisco 1973; dt.: Anatomie der menschlichen Destruktivität; übers. v. L. u. E. Mickel; Stuttgart 1974; Neudruck: Hamburg (rororo 7052) 1977.
E. Fromm: To Have or to Be; New York, Hagerstown, San Francisco, London 1976; dt.: Haben oder Sein. Die seelischen Grundlagen einer neuen Gesellschaft; übers. v. B. Stein; Stuttgart 1976; Neudruck: Stuttgart (dtv 1490) 1979.
E. Jones: Die Empfängnis der Jungfrau Maria durch das Ohr. Ein Beitrag zu der Beziehung zwischen Kunst und Religion, in: Jahrbuch der Psychoanalyse, hrsg. v. S. Freud, VI. Bd., Leipzig–Wien 1914, 135–204.
C. G. Jung: Psychologische Typen (1921); Werke Bd. VI: Psychologische Typen; Olten–Freiburg 1960.
C. G. Jung: Über die Psychologie des Unbewußten (1943); in: Ges. Werke Bd. VII: Zwei Schriften über Analytische Psychologie, Olten–Freiburg 1964, 1–130.
C. G. Jung: Die Beziehungen zwischen dem Ich und dem Unbewußten (1928); Werke Bd. VII: Zwei Schriften über Analytische Psychologie; Olten–Freiburg 1964; 131–264.
C. G. Jung: Theoretische Überlegungen zum Wesen des Psychischen (1946 unter dem Titel: Der Geist der Psychologie); in: Ges. Werke VIII: Die Dynamik des Unbewußten; Olten–Freiburg 1967, 185–267.
C. G. Jung: Die psychologischen Aspekte des Mutterarchetypus (1939); Werke Bd. IX, 1. Teil: Die Archetypen und das kollektive Unbewußte; Olten–Freiburg 1976, 89–123.
C. G. Jung: Nachwort zu »Aufsätze zur Zeitgeschichte« (1946); Ges. Werke X: Zivilisation im Übergang, Olten–Freiburg 1974, 255–273.
C. G. Jung: Versuch einer psychologischen Deutung des Trinitätsdogmas (1942); Werke Bd. XI: Zur Psychologie westlicher und östlicher Religion; Olten–Freiburg 1963, 119–218.
C. G. Jung: Das Wandlungssymbol in der Messe (1942); Ges. Werke XI: Zur Psychologie westlicher und östlicher Religion; Olten–Freiburg 1963, 219–323.
Th. A. Harris: I'm o.k. – you're o.k.: a practical guide to transactio-

nal analysis, New York 1967; dt.: Ich bin o.k. – Du bist o.k. Wie wir uns selbst besser verstehen und unsere Einstellung zu anderen verändern können. – Eine Einführung in die Transaktionsanalyse; übers. v. I. Brender; Hamburg 1973; Neudruck: Hamburg (rororo 6916) 1975.

K. Menninger: Man against Himself, 1938; dt.: Selbstzerstörung. Psychoanalyse des Selbstmords; übers. v. H. Weller; Frankfurt 1974; Neudruck: Frankfurt (st 249) 1978.

A. Mitscherlich: Die Idee des Friedens und die menschliche Aggressivität. Vier Versuche; Frankfurt 1969.

M. Mitscherlich: Das Theater der Seele. Über das Wiederholen und die Auflösung unbewußter Konflikte (1968), in: Müssen wir hassen? Über den Konflikt zwischen innerer und äußerer Realität; München 1972; Neu: München (dtv 1147) 1976, 97–121.

M. Mitscherlich: Die Angst vor der Angst. Eine psychoanalytische Untersuchung über den Umgang mit dem Erleben unbewußter Gefahr, in: Müssen wir hassen? Über den Konflikt zwischen innerer und äußerer Realität; München 1972; Neudruck: München (dtv 1147) 1976, 122–156.

E. Neumann: Die psychologischen Stadien der weiblichen Entwicklung (1951), in: Zur Psychologie des Weiblichen (Tel Aviv 1952), Zürich; Neudruck: München (Kindler Tb. 2051) o. J., 9–57.

A. Plack: Die Gesellschaft und das Böse, München ²1968.

W. Reich: The Mass Psychology of Fascism, 1933; dt.: Die Massenpsychologie des Faschismus; Köln–Berlin 1971; Neudruck: Frankfurt (Fischer Tb. 6754) 1974.

Th. Reik: Die Äquivalenz der Triebgegensatzpaare, in: Der eigene und der fremde Gott. Zur Psychoanalyse der religiösen Entwicklung, Wien 1923; Neudruck: Frankfurt 1972, mit einem Vorwort zur Neuausgabe von A. Mitscherlich; Taschenbuchausgabe: Frankfurt (s. tb. 221) 1975, 213–230.

Th. Reik: Dogma und Zwangsidee. Eine psychoanalytische Studie zur Entwicklung der Religion (1927); Neudruck, eingel. v. Y. Spiegel u. J. Scharfenberg; Berlin–Köln–Mainz (Urban Tb. 601) 1973.

H. E. Richter: Alle redeten vom Frieden. Versuch einer paradoxen Intervention; Hamburg 1981.

W. Schwidder: Hemmung, Haltung und Symptom (1961), in: Fortschritte der Psychoanalyse. Internationales Jahrbuch zur Weiterentwicklung der Psychoanalyse, Bd. I, Göttingen 1964, 115–128.

L. Szondi: Triebpathologie, 1. Bd.: Elemente der exakten Triebpsychologie und Triebpsychiatrie, Bern 1952.

F. Wesley – C. Wesley: Sex-Role Psychology, New York 1976; dt.: Die Psychologie der Geschlechter; übers. u. bearb. v. F. Wesley u. A.-K. Miessner; Frankfurt 1978; Neudruck: Frankfurt (Fischer Tb. 6728) 1981.
G. Zacharias: Satanskult und Schwarze Messe. Ein Beitrag zur Phänomenologie der Religion; Wiesbaden–München 1964.

*4. Gruppendynamik und Sozialpsychologie*

R. Battegay: Der Mensch in der Gruppe; Bd. 1: Sozialpsychologische und dynamische Aspekte; Bern–Stuttgart ²verb. 1968; Bd. 2: Allgemeine und spezielle gruppenpsychotherapeutische Aspekte, Bern–Stuttgart ¹1967.
A. Gehlen: Mensch und Institutionen (1969), in: Anthropologische Forschung. Zur Selbstbegegnung und Selbstentdeckung des Menschen; Hamburg (rde 138) 1961, 69–77.
H. Harlfinger: Analytisch orientierte Gruppenarbeit mit Ärzten, in: H. G. Preuss (Hrsg.): Analytische Gruppenpsychotherapie. Grundlagen und Praxis; München–Wien–Berlin 1966, 231–242.
A. Heigl-Evers: Die Gruppe unter soziodynamischem und antriebspsychologischem Aspekt, in: H. G. Preuss (Hrsg.): Analytische Gruppenpsychotherapie. Grundlagen und Praxis; München–Wien–Berlin 1966, 44–72.
P. R. Hofstätter: Gruppendynamik. Die Kritik der Massenpsychologie; Hamburg (rde 38) 1957.
G. C. Homans: The Human Group, New York 1950; dt.: Theorie der sozialen Gruppe; übers. v. R. Gruner; Köln–Opladen 1960.
R. A. Johnson: He! A contribution to understanding masculine psychology, 1974; She! A contribution to understanding feminine psychology, 1976; dt.: Der Mann. Die Frau. Auf dem Weg zu ihrem Selbst; übers. v. L. Köllner; Olten–Freiburg 1981.
L. Leakey: Heirat und Verwandtschaft, in: E. Evans-Pritchard (Hrsg.): Bild der Völker. Die Brockhaus Völkerkunde in zehn Bänden; Bd. 2: Afrika zwischen Sahara und Sambesi. Südliches Afrika und Madagaskar; Wiesbaden 1974, 132–135.
G. Le Bon: Psychologie des foules, Paris 1895; dt.: Psychologie der Massen; mit einer Einführung v. H. Dingeldey; Stuttgart (Kröner Tb. 99) 1973.
L. Lévy-Bruhl: La mentalité primitive, Paris 1922; dt.: Die geistige Welt der Primitiven; übers. unter Weglassung der Kapitel X u. XI v. M. Hamburger; München 1927.
N. Luhmann: Funktion der Religion; Frankfurt 1977.

B. Malinowski: Sex and Repression in Savage Society, London 1927; dt.: Geschlecht und Verdrängung in primitiven Gesellschaften, Hamburg (rde 139–140) 1962; übers. v. H. Seinfeld.
M. Mead: Male and Female; dt.: Mann und Weib. Das Verhältnis der Geschlechter in einer sich wandelnden Welt; übers. v. A. Holler; gek. Ausg.; (1949); Hamburg (rde 69–70) 1958.
J. L. Moreno: Gruppenpsychotherapie und Psychodrama, Stuttgart 1959.

## *II. Geschichte und Religionsgeschichte*

*Allgemeines*

E. Bacon: Brücke zum Osten. Neues aus dem alten Afghanistan, in: E. Bacon (Hrsg.): Versunkene Kulturen. Rätsel und Geheimnis früher Kulturen; übers. ins Deutsche v. E. Ehm; München–Zürich 1963, 251–277.
M. Brion: La résurrection des villes mortes, Paris 1959; dt.: Die frühen Kulturen der Welt; übers. v. K. H. Bergner u. E. Heller; bearb. u. hrsg. v. K. Gutbrod; Köln 1964.
B. Cichy: Baukunst der alten Hochkulturen. Anfänge und erste Blütezeiten der Baukunst (Bd. III der Reihe: Baukunst der Welt, hrsg. v. B. Cichy); Essen 1965.
F. Creuzer: Symbolik und Mythologie der alten Völker, besonders der Griechen; 4 Bde., Leipzig–Darmstadt [2](völlig umgearb.) 1819–21.
M. Eliade: Le chamanisme et les techniques archaiques de l'exstase, Paris 1951; dt.: Schamanismus und archaische Ekstasetechnik; übers. v. I. Köck; Zürich 1957; Neudruck: Frankfurt (sv stw 126) 1975.
M. Eliade: Histoire des croyances et des idées religieuses. I.: De l'âge de la pierre aux mystères d'Éleusis, Paris 1976; II.: De Gautama Bouddha au triomphe du christianisme, Paris 1978; dt.: Geschichte der religiösen Ideen. 1. Bd.: Von der Steinzeit bis zu den Mysterien von Eleusis; übers. v. E. Dorlap; Freiburg–Basel–Wien 1978; 2. Bd.: Von Gautama Buddha bis zu den Anfängen des Christentums; übers. v. A. Müller-Lissner u. W. Müller; Freiburg–Basel–Wien 1979.
J. G. Frazer: Der goldene Zweig, Leipzig 1928.
H. v. Glasenapp: Die nichtchristlichen Religionen; verf. u. hrsg. v. H. v. Glasenapp; Frankfurt (Fischer Lexikon 1) 1957.
A. E. Jensen: Die getötete Gottheit. Weltbild einer frühen Kultur, Stuttgart–Berlin–Köln–Mainz (Urban Tb. 90) 1966.

E. Neumann: Die Große Mutter. Eine Phänomenologie der weiblichen Gestaltungen des Unbewußten; Zürich 1956; Neudruck: Olten–Freiburg [5]1981.
R. von Ranke-Graves: Die weiße Göttin. Sprache des Mythos (engl. 1948); übers. ins Deutsche von Th. Lindquist unter Mitarbeit v. L. Wilkens; Berlin 1981.
E. Richards: Prähistorische Völkerwanderungen, in: E. Evans-Pritchard (Hrsg.): Bild der Völker. Die Brockhaus Völkerkunde in 10 Bänden; Bd. 10: Der schöpferische Mensch. Die Zukunft der Menschheit; Wiesbaden 1974, 162–166.
M. Raphael: Wiedergeburtsmagie in der Altsteinzeit. Zur Geschichte der Religion und religiöser Symbole; hrsg. v. Sh. Chesney u. I. Hirschfeld; Frankfurt (Fischer Tb. 3600) 1979.
Ch. Spiel: Menschen essen Menschen. Die Welt der Kannibalen; München–Gütersloh–Wien 1972.
E. Volhard: Kannibalismus; Stuttgart 1939.

*1. Archäologie und Religionsgeschichte*

*a) Ägypten und Naher Osten*

M. A. Beek: Geschiedenis van Israel van Abraham tot Bar Kochba, Zeist 1957; dt.: Geschichte Israels. Von Abraham bis Bar Kochba; übers. v. W. Hirsch; Stuttgart (Urban Tb. 47) 1961.
I. E. S. Edwards: Tutankhamun: His Tomb and its Treasures, New York 1976; dt.: Tutanchamun. Das Grab und seine Schätze; übers. u. mit Nachw. vers. v. J. Rehork; Bergisch Gladbach 1978.
A. Erman: Ägypten und ägyptisches Leben im Altertum (1923). Neu bearb. v. H. Ranke; mit einem Vorw. zur Sonderausgabe v. A. Eggebrecht; Hildesheim 1981.
R. Frye: The Heritage of Persia, London; dt.: Persien bis zum Einbruch des Islam; übers. v. P. Baudisch; Essen (Magnus Kulturgeschichte) 1975.
G. Garbini: The Ancient World, London-New York 1967; dt.: Alte Kulturen des Vorderen Orients. Architektur, Wandmalerei, Plastik, Keramik, Metallarbeiten, Siegel; übers. aus dem Engl. v. S. Lücke; Gütersloh 1968.
H. Gaube: Nomaden und Bauern, in: Land des Baal. Syrien – Forum der Völker und Kulturen, Red. von K. Kohlmeyer – E. Strommenger; Mainz a. Rhein 1982, 293–297
H. Gese: Die Religionen Altsyriens, in: H. Gese, M. Höfner, K. Rudolph: Die Religionen Altsyriens, Altarabiens und der Mandäer (Die Religionen der Menschheit, hrsg. v. Ch. M. Schröder, Bd. 10,2); Stuttgart–Berlin–Köln–Mainz 1970, 3–232.

J. Gray: Near Eastern Mythology, London 1969; dt.: Mythologie des Nahen Ostens; übers. v. J. Schlechta; Wiesbaden o. J.

J. Hicks: The Persians, New York 1975; dt.: Die Perser; übers. v. H. Fliessbach; bearb. v. J. Volbeding; Hamburg (rororo life 83) 1978.

Flavius Josephus: Der jüdische Krieg (bellum Judaicum; ca. 75–79 n. Chr.); übers. u. eingel. v. H. Endrös; 2 Bde., München (GGTb. 1642–1645) 1965–1966.

H. Kees: Totemglauben und Jenseitsvorstellungen der alten Ägypter. Grundlagen und Entwicklung bis zum Ende des Mittleren Reiches; Berlin O. [3]1977.

G. Kolpaktchy: Ägyptisches Totenbuch; übers. u. komm. v. G. Kolpaktchy; Bern–München–Wien 1970.

K. Lange – M. Hirmer: Ägypten. Architektur. Plastik. Malerei in drei Jahrtausenden. Mit Beiträgen von E. Otto u. Chr. Desroches-Noblecourt; Aufnahmen v. M. Hirmer; München 1967; Neudruck: München–Zürich 1978.

J. Mellaart: Çatal Hüyük. A Neolithic Town in Anatolia, London 1967; dt.: Çatal Hüyük. Stadt aus der Steinzeit; übers. v. J. Rehork; Bergisch Gladbach 1967.

G. Roeder: Urkunden zur Religion des Alten Ägyptens; übers. u. eingel. v. G. Roeder (1914), Düsseldorf–Köln 1978.

E. E. Vardiman: Nomaden. Schöpfer einer neuen Kultur im Vorderen Orient; bearb. v. W. Roggersdorf; Wien–Düsseldorf 1977.

M. J. Vermaseren: Der Todeskampf des Heidentums. Religionen im Wettstreit mit dem Christentum, in: A. Toynbee (Ed.): The Crucible of Christianity, London 1969; dt.: Auf diesen Felsen; übers. v. A. Welti; Wien–München 1970, 235–260.

B. van de Walle: Die Mythologie der Ägypter, in: P. Grimal (Hrsg.): Mythologies, Paris 1963; dt.: Mythen der Völker, 3 Bde., Frankfurt (Fischer Tb. 789, 799, 805) 1967; 1. Bd., 35–83; übers. v. L. Völker.

Y. Yadin: Masada. Herod's Fortress and the Zealots' Last Stand; transl. by M. Pearlman; London 1966; dt.: Masada. Der letzte Kampf um die Festung des Herodes; übers. aus dem Engl. v. E. u. A. Eggebrecht; Hamburg 1967.

*b) Mesopotamien*

E. Cassin, J. Bottéro, J. Vercoutter: Die Altorientalischen Reiche, 3 Bde. (Fischer Weltgeschichte, 2; 3; 4), Frankfurt 1975–1967.

D. O. Edzard: Die Mythologie der Sumerer und Akkader, in: H. W. Haussig (Hrsg.): Wörterbuch der Mythologie, 2 Bde.; Bd. 1: Götter und Mythen im Vorderen Orient; Stuttgart 1965, 17–139.

Das Gilgamesch-Epos; aus dem Akkadischen übers. u. mit Anmerkungen vers. v. A. Schott; durchges. u. erg. v. W. v. Soden; Stuttgart (reclam 7235–7235a) 1958.
S. N. Kramer: Cradle of Civilization, New York 1967; dt.: Mesopotamien. Frühe Staaten an Euphrat und Tigris; übers. v. H. Kuschel; bearb. v. J. Volbeding; eingel. v. W. Helck; Hamburg (rororo life 22) 1971.
W. Orthmann: Der alte Orient; Frankfurt–Berlin–Wien (Propyläen Kunstgeschichte, Bd. 14) 1975.
A. Parrot: Assur. Die mesopotamische Kunst vom XIII vorchristlichen Jahrhundert bis zum Tode Alexanders des Großen; München [2](erw.) 1972 (Reihe: Universum der Kunst).
H. W. F. Saggs: The Greatness that was Babylon, London 1962; dt.: Mesopotamien. Assyrer–Babylonier–Sumerer; übers. v. W. Wagmuth; Zürich 1966.
H. Schmökel: Ur, Assur und Babylon. Drei Jahrtausende im Zweistromland; Stuttgart–Zürich–Salzburg 1955.
H. Schmökel: Das Land Sumer. Die Wiederentdeckung der ersten Hochkultur der Menschheit, Stuttgart–Berlin–Köln–Mainz (Urban Tb. 13) 1955.
H. Uhlig: Die Sumerer. Volk am Anfang der Geschichte, München 1976; Neudruck: München (Goldmann Tb. 11301) 1981.

*c) Kreta, Griechenland, Phönikien, Rom*

E. Borneman: Das Patriarchat. Ursprung und Zukunft unseres Gesellschaftssystems, Frankfurt 1975; Neudruck: Frankfurt (Fischer Tb. 3416) 1979, mit einem Nachw. zur Taschenbuchausgabe.
G. J. Caesar: Der gallische Krieg; (Commentarii de bello Gallico; ca. 50 v. Chr.); übers. u. erl. v. C. Woyte; Stuttgart (reclam 1012–15) 1951.
M. A. Edey: Die Seefahrer; aus dem Engl. übers. v. P. Mortzfeld; Time-Life-International; Nederland 1974.
M. A. Edey: The lost World of the Aegean, New York 1975; dt.: Die verlorene Welt der Ägäis; übers. v. Chr. Wiemken; bearb. v. J. Volbeding; Hamburg (rororo life 81) 1978.
V. Engelhardt: Die geistige Kultur der Antike; Stuttgart (erw. Neuausgabe) 1956 (reclam 8034–41).
Homer: Ilias; übers. v. R. Hampe; Stuttgart 1979.
Homer: Odyssee; übers. in Prosa von W. Schadewaldt; Hamburg (rk 29–30) 1958.
K. Kerényi – C. G. Jung: Das göttliche Mädchen. Die Hauptgestalt der Mysterien von Eleusis in mythologischer und psychologi-

scher Beleuchtung, Amsterdam–Leipzig 1941; Albae Vigiliae VIII–IX.

K. Kerényi: Die Mythologie der Griechen; 2 Bde.; 1. Bd.: Die Götter- und Menschheitsgeschichten; 2. Bd.: Die Heroen-Geschichten; München 1958; Neu: München (dtv 1345–1346 1966.

K. Kerényi: Die Geburt der Helena (1939), in: Humanistische Seelenforschung; Werke in Einzelausgaben, hrsg. v. K. Kerényi, Bd. 1; München–Wien 1966, 52–67.

K. Kerényi: Der entschwebende Adonis (1956), in: Auf Spuren des Mythos; Werke in Einzelausgaben, hrsg. v. K. Kerényi, Bd. 2; München–Wien 1967; 226–232.

K. Kerényi: Die Bacchantinnen des Euripides (1960), in: Auf Spuren des Mythos; Werke in Einzelausgaben, hrsg. v. K. Kerényi, Bd. 2, München–Wien 1967, 277–284.

K. Kerényi: Dionysos. Urbild des unzerstörbaren Lebens; Werke in Einzelausgaben, hrsg. v. M. Kerényi, Bd. VIII, München-Wien 1976.

J. Kott: The Eating of the Gods. An Interpretation of Greek Tragedy, New York 1973; dt.: Gott-Essen. Interpretationen griechischer Tragödien; übers. aus dem Polnischen v. P. Lachmann; München–Zürich 1975.

Titus Livius (59 v. – 17. n. Chr.): Römische Geschichte (Ab urbe condita); übertr. u. ausgew. v. J. Feix; 2 Bde., München (GGTb. 675; 831) 1. Bd. [4]1971; 2. Bd. [2]1972.

S. Marinatos: Kreta, Thera und das mykenische Hellas, mit Aufnahmen von M. Hirmer; München [3]1976.

S. Moscati: The Phoenicians, London; dt.: Die Phöniker. Von 1200 vor Chr. bis zum Untergang Karthagos; übers. aus dem Italien. v. R. Schott; Essen (Magnus Kulturgeschichte) 1975.

Plutarch: Alexander – Caesar, in: Lebensbeschreibungen (Bioi paralleloi) (ca. 90 n. Chr.); übers. v. J. F. Kaltwasser; bearb. v. H. Floerke; rev. u. mit biogr. Anhang versehen v. L. Kröner; eingel. v. O. Seel; Gesamtausgabe in 6 Bden.; München (GGTb 1430–1441) 1964; Bd. 4, 264–409.

R. v. Ranke-Graves: The Greek Myths, 1955; dt.: Griechische Mythologie. Quellen und Deutung; übers. v. H. Seinfeld; 2 Bde.; Hamburg (rde 113–114; 115–116) 1960.

F. Schachermeyer: Die minoische Kultur des alten Kreta; Stuttgart 1964.

Sophokles: Aias (ca. 450–440 v. Chr.); in: Sophokles: Die Tragödien; übers. v. K. W. F. Solger (Berlin 1908); mit einem Nachw. v. W. Schadewaldt und Anmerkungen v. K. Ries; München (Winkler); Neudruck: München (dtv 6071) 1977, 7–50.

Vergil: Aeneis (29–19 v. Chr.); unter Verwendung der Übertragung von L. Neuffers übers. u. hrsg. v. W. Plankl unter Mitwirkung von K. Vretska; Stuttgart (reclam 221–224) 1976.

*d) Mittel- und Südamerika*

H. Cortés: Die Eroberung Mexikos. Eigenhändige Berichte an Kaiser Karl V. 1520–1524. Neu hrsg. u. bearb. v. H. Homann; Tübingen–Basel 1975.

N. Davies: The Aztecs. A History, London 1973; dt.: Die Azteken. Meister der Staatskunst – Schöpfer hoher Kultur; übers. v. S. Kull; Düsseldorf–Wien 1974; Neudruck: Hamburg (rororo 6950) 1976.

H. D. Disselhoff: Das Imperium der Inka und die indianischen Frühkulturen der Andenländer, Berlin (erw. u. verb. Neuaufl.) 1974.

L. u. Th. Engl: Die Eroberung Perus in Augenzeugenberichten; hrsg. u. eingel. v. L. u. Th. Engl; München (dtv 1100) 1975.

K. Helfrich: Menschenopfer und Tötungsrituale im Kult der Maya; Berlin 1973 (Monumenta Americana, hrsg. v. G. Kutscher, Bd. IX).

P. Ivanoff: Grandi Monumenti, Città Maya; Milano 1970; dt.: Maya. Monumente großer Kulturen; mit einem Vorw. v. M. A. Asturias; übers. v. A. Giachi; Luxembourg 1974.

W. Krickeberg: Märchen der Azteken und Inkaperuaner, Maya und Muisca; hrsg. u. übertr. v. W. Krickeberg (1928), Düsseldorf-Köln 1968.

W. Krickeberg: Altmexikanische Kulturen. Anhang: G. Kutscher: Zur Kunst Altmexikos; Berlin 1975.

M. León-Portilla u. R. Heuer (Hrsg.): Rückkehr der Götter. Die Aufzeichnungen der Azteken über den Untergang ihres Reiches; Leipzig 1964.

I. Nicholson: Mexican and Central American Mythology, London 1967; dt.: Mexikanische Mythologie; übers. v. U. Buhle; Wiesbaden 1967.

K. A. Nowotny (Komm.): Codex Barbonicus. Bibliothèque de l'assemblée nationale – Paris (Y 120). Vollst. Faksimile-Ausgabe des Codex im Originalformat. Kommentar v. K. A. Nowotny: Herkunft und Inhalt des Codex Borbonicus; Graz 1974.

Codex Nuttall. British Museum London. Reprint: A. G. Miller: The Codex Nuttall. A picture manuscript from ancient Mexico, edited by Zelia Nuttall, New York 1975 (Dover Publication).

K. Ross: Codex Mendoza. Aztekische Handschrift; Fribourg 1978.

Fray Bernardino de Sahagun (ca. 1550 n. Chr.): Historia general de las cosas de la Nueva España; daraus dt.: E. Seler: Einige Kapitel aus dem Geschichtswerk des Fray Bernadino de Sahagun, aus dem Aztekischen übers. v. E. Seler; hrsg. v. C. Seler-Sachs; Stuttgart 1927.

P. J. Schmidt: Der Sonnenstein der Azteken; Hamburg 1974 (Wegweiser zur Völkerkunde, Heft 6; im Selbstverlag des Hamburgischen Museums für Völkerkunde).

L. Séjourné: Altamerikanische Kulturen; aus dem Franz. übers. v. M. u. Ch. Schneider; Frankfurt (Fischer Weltgeschichte 21) 1971.

E. Seler: Über die natürlichen Grundlagen mexikanischer Mythen (1907), in: Gesammelte Abhandlungen zur amerikanischen Sprach- und Altertumskunde, Bd. III, 305–351; Berlin 1908; Neudruck: Graz 1960.

E. Seler: Mythus und Religion der alten Mexikaner (1920), in: Ges. Abh., Bd. IV, 3–167; Berlin 1923; Neudruck: Graz 1961.

E. Seler: Die Sage von Quetzalcouatl und den Tolteken in den in neuerer Zeit bekannt gewordenen Quellen (1908), in: Ges. Abhandlungen, Bd. V, Berlin 1915, 178–196; Neudruck: Graz 1961.

J. E. S. Thompson: The Rise and Fall of Maya Civilization, Oklahoma 1954; dt.: Die Maya. Aufstieg und Niedergang einer Indianerkultur; übers. v. L. Voelker unter Mitarbeit v. G. Kutscher; Essen (Magnus Kulturgeschichte) 1975.

*e) Indien und Tibet*

A. T. Embree – F. Wilhelm: Indien. Geschichte des Subkontinents von der Induskultur bis zum Beginn der englischen Herrschaft; Frankfurt (Fischer Weltgeschichte 17) 1967.

H. v. Glasenapp: Der Jainismus, eine indische Erlösungslehre, Berlin 1925.

Dalai Lama: My Land and my People, New York 1962; dt.: Mein Leben und mein Volk. Die Tragödie Tibets; übers. v. M. Steininger; München–Zürich 1962.

E. Lüders: Buddhistische Märchen aus dem alten Indien; ausgew. u. übertr. v. E. Lüders; Nachw. v. H. Lüders; Düsseldorf–Köln 1961.

H. Oldenberg: Buddha. Sein Leben, seine Lehre, seine Gemeinde (1881); hrsg. u. komm. v. H. v. Glasenapp; München (GGTb. 708–709) 1961.

K. Schmidt (Übers. u. Komm.): Buddhas Reden. Majjhimanikaya. Die Sammlung der mittleren Texte des buddhistischen Pali-Kanons. In kritischer, kommentierter Neuübertragung v. K. Schmidt; Hamburg (rk 87–88) 1961.

R. Thapar-P. Spear: A History of India, Harmondsworth; dt.:

Indien. Von den Anfängen bis zum Kolonialismus; übers. v. L. Voelker; Essen (Magnus Kulturgeschichte) 1975.

M. Wheeler: Early India and Pakistan, London 1959; dt.: Alt-Indien und Pakistan bis zur Zeit des Königs Ashoka; hrsg. v. G. Daniel, Cambridge; übers. v. G. Pfeiffer; Köln (Du Mont) o. J.

H. Zimmer: Myths and Symbols in Indian Art and Civilization, New York 1946; dt.: Indische Mythen und Symbole; übers. v. E. W. Eschmann; [1]1951; Neuausgabe: Düsseldorf–Köln 1972.

*f) China und Sibirien*

H. Brinker-R. Goepper: Kunstschätze aus China. 5000 v. Chr. bis 900 n. Chr. Neuere archäologische Funde aus der Volksrepublik China; Zürich 1980.

S. Colegrave: The Spirit of the Valley, 1979; dt.: Yin und Yang. Die Kräfte des Weiblichen und des Männlichen – Spannung und Ausgleich zwischen den beiden Polen des Seins; Bern–München 1980.

A. Cotterell: The First Emperor of China – The greatest tomb find of our time, London 1981; dt.: Der Erste Kaiser von China. Mit einer Einf. v. Yang Chen Ching; übers. v. F. W. Gutbrod; Frankfurt 1981.

Dschuang Dsi: Südliches Blütenland; aus dem Chines. übertr. u. erl. v. R. Wilhelm; Köln–Düsseldorf 1972.

E. Feifel: Geschichte der chinesischen Literatur. Mit Berücksichtigung ihres geistesgeschichtlichen Hintergrundes. Dargestellt nach Nagasawa Kikuya: Shina Gakujutsu Bungeishi; Darmstadt [2](neu bearb. u. erw.) 1959.

J. Gulya: Sibirische Märchen; I. Bd.: Wogulen und Ostjaken; übers. aus dem Ungarischen v. R. Futaky; Düsseldorf–Köln 1968.

Kungfutse: Gespräche (Lun Yü); aus dem Chines. verdeutscht und erl. v. R. Wilhelm; Düsseldorf–Köln 1955.

Laotse: Tao te king. Das Buch des Alten vom Sinn und Leben; aus dem Chines. übertragen und erl. v. R. Wilhelm (1910), Köln–Düsseldorf 1957.

Liä Dsi: Das wahre Buch vom quellenden Urgrund. Die Lehren der Philosophen Liä Yü Kou und Yang Dschou (ca. 350 v. Chr.); übers. v. R. Wilhelm; Köln–Düsseldorf 1972.

Lin Yutang (Ed.): The Wisdom of Laotse, New York 1948; dt.: Laotse; übers. v. G. Coudenhove; Frankfurt (Fischer Tb. 89) 1955.

Lin Yutang (Ed.): The Wisdom of Confucius, New York 1938; dt.:

Konfuzius; übers. v. G. Coudenhove; Frankfurt (Fischer Tb. 154) 1957.
E. H. Schafer: Ancient China, New York 1967; dt.: China; übers. v. Ch. u. H. Wiemken; bearb. v. J. Volbeding; Hamburg (rororo life 25) 1971.
R. Wilhelm (Übers.): Frühling und Herbst des Lü Bu We; aus dem Chines. übertr. u. hrsg. v. R. Wilhelm; eingel. v. W. Bauer; Köln–Düsseldorf 1971; Neuausgabe 1979.

*2. Völkerkunde*

*a) Nordamerika*

B. Johnston: Ojibway Heritage, Toronto 1976; dt.: Und Manitu erschuf die Welt. Mythen und Visionen der Ojibwa; übers. v. J. Eggert; Düsseldorf–Köln 1979.
R. B. Hill: Hanta Yo, New York 1979; dt.: Hanta Yo. Eine Indianer-Saga; übers. ins Deutsche nach der amerik. Übers. aus der Dakotahsprache v. K. H. Hansen; Hamburg 1980.
H. Läng: Kulturgeschichte der Indianer Nordamerikas; Olten-Freiburg 1981.
Schwarzer Hirsch (Black Elk): Black Elk speaks, ed. by J. Neihardt, New York 1932; dt.: Ich rufe mein Volk. Leben Visionen und Vermächtnis des letzten großen Sehers der Ogalalla-Sioux; übers. v. S. Lang; Olten–Freiburg 1965.
H. J. Stammel: Solange Gras wächst und Wasser fließt, Stuttgart 1976; Neudruck unter dem Titel: Die Sioux. Amerika und seine Indianerpolitik; München (dtv 1497) 1979.
H. J. Stammel: Die Indianer. Die Geschichte eines untergegangenen Volkes; Gütersloh 1977; Neudruck: München (GGTb. 11212) 1979.
H. J. Stammel: Indianer-Lexikon. Gütersloh 1977; Neudruck: München (GGTb. 11216) 1979.

*b) Südamerika*

P. Baumann – E. Patzelt: Erinnerungen eines Kopfjägers. Moquimbo erzählt von Leben, Traum und Magie im Amazonas-Regenwald, Frankfurt 1978; Neudruck: Frankfurt (Fischer Tb. 3053) 1981.
J. Elick: Die Campa des Gran Pajonal – Peru, in: E. Evans-Pritchard (Hrsg.): Bild der Völker. Die Brockhaus Völkerkunde in zehn Bänden; Bd. 5: Südamerika östlich der Anden – Die Andenländer; Wiesbaden 1974, 174–183.
C. Lévi-Strauss: Tristes Tropiques, Paris 1955; dt.: Traurige Tropen. Indianer in Brasilien; übers. v. S. Heintz; Köln–Berlin 1970.

K. Müller – I. Thörner: »Mit der Straße kommt der Tod« – Woher aber kommt die Straße? Ein Lehrbeispiel für Berichterstattung über ethnische Minderheiten, in: M. Münzel (Hrsg.): Die indianische Verweigerung. Lateinamerikas Ureinwohner zwischen Ausrottung und Selbstbestimmung; Hamburg (ra 4274) 1978, 46–71.

K. A. Nowotny: Amerika, in: H. A. Bernatzik (Hrsg.): Neue Große Völkerkunde. Völker und Kulturen der Erde in Wort und Bild, Einsiedeln 1974, 699–894.

*c) Neuguinea, Südsee und Australien*

P. Bogner: In der Steinzeit geboren. Eine Papuafrau erzählt; Olten 1982.

A. Falk-Rønne: Kannibalernes ny Guinea; dt.: Meine Freunde – die Kannibalen. Steinzeit im zwanzigsten Jahrhundert; übertr. v. F. Waschnitius; Graz 1974; Neudruck: Frankfurt–Berlin–Wien (Ullstein 33001) 1979.

R. A. Gould: Die Eingeborenen der Gibson-Wüste Australiens, in: E. Evans-Pritchard (Hrsg.): Bild der Völker. Die Brockhaus Völkerkunde in zehn Bänden; Bd. 1: Australien und Ozeanien; Polynesien und Mikronesien; Wiesbaden 1974, 48–53.

D. Mc Knight: Die Ureinwohner im Norden Australiens, in: E. Evans-Pritchard (Hrsg.): Bild der Völker. Die Brockhaus Völkerkunde in zehn Bänden. Bd. 1: Australien und Melanesien, Polynesien und Mikronesien; Wiesbaden 1974, 40–47.

K. F. Koch: Die Jalé im Hochland Neuguineas, in: E. Evans-Pritchard (Hrsg.): Bild der Völker. Die Brockhaus Völkerkunde in 10 Bänden; 1. Bd.: Australien und Melanesien, Polynesien und Mikronesien, Wiesbaden 1974, 80–87.

A. Löffler (Hrsg.): Märchen aus Australien. Traumzeitmythen und -geschichten der australischen Aborigines, Düsseldorf–Köln 1981.

Der Papalagi. Die Reden des Südsee-Häuptlings Tuiavii aus Tiavea. Eingef. v. E. Scheurmann, Buchenbach 1920; erw. Neudruck: Zürich 1977.

A. G. L. Shaw: Die ausgestorbenen Ureinwohner Australiens, in: E. Evans-Pritchard (Hrsg.): Bild der Völker. Die Brockhaus Völkerkunde in zehn Bänden. Bd. 1: Australien und Ozeanien, Polynesien und Mikronesien; Wiesbaden 1974, 54–57.

F. Steinbauer: Tarabo, in: H. Harrer (Hrsg.): Unter Papuas. Mensch und Kultur seit ihrer Steinzeit; Innsbruck 1976; Neudruck: Frankfurt (Fischer Tb. 3508) 1978, 58–68.

*d) Afrika*

E. Beuchelt, W. Ziehr: Schwarze Königreiche. Völker und Kulturen Westafrikas; Frankfurt 1979.

P. Parin – F. Morgenthaler – G. Parin-Matthèy: Fürchte deinen Nächsten wie dich selbst. Psychoanalyse und Gesellschaft am Modell der Agni in Westafrika; Frankfurt 1971; Neudruck: Frankfurt (stw 235) 1978.

W. Vycichl: Die Mythologie der Berber, in: H. W. Haussig (Hrsg.): Wörterbuch der Mythologie, 2. Bde.; 2. Bd.: Götter und Mythen im Alten Europa; Stuttgart 1973, 553–704.

*3. Islam*

L. Gardet: Connaitre l'Islam, Paris 1958; dt.: Der Islam; übers. v. H. Bauer; Aschaffenburg 1961 (Reihe: Der Christ in der Welt. Eine Enzyklopädie, hrsg. v. J. Hirschmann, XVII. Reihe: Die nichtchristlichen Religionen, Bd. 4).

Der Koran. Das heilige Buch des Islam. Nach der Übertragung v. L. Ullmann neu bearb. u. erl. v. L. Winter; München (GGTb. 521–522) 1960.

A. Schimmel: Gärten der Erkenntnis. Texte aus der islamischen Mystik. Ausgew. u. übertr. v. A. Schimmel; Düsseldorf–Köln (Diederichs Gelbe Reihe 37) 1982.

W. C. Smith: Islam in Modern History, Princeton 1957; dt.: Der Islam in der Gegenwart; übers. v. H. Stiehl; Frankfurt (Fischer Tb. 498) 1963.

D. Stewart: Early Islam, New York 1967; dt.: Islam. Die mohammedanische Staatenwelt; übers. v. Chr. u. H. Wiemken; bearb. v. J. Volbeding; Hamburg (rororo life 29) 1972.

*4. Hinduismus*

M. Gandhi: Freiheit ohne Gewalt. Eingel., übers. u. hrsg. v. K. Klostermeier; Köln 1968.

J. Krishnamurti: Beyond Violence, London 1973; dt.: Jenseits der Gewalt; übers. v. S. Schaup; Frankfurt (Fischer Tb. 3382) 1979.

S. Nikhilananda: Hinduism: Its Meaning for the Liberation of the Spirit, 1958; dt. Der Hinduismus. Seine Bedeutung für die Befreiung des Geistes; übers. v. L. Voelker; Frankfurt (Ullstein Tb. 291) 1960 (Weltperspektiven, hrsg. v. R. N. Anshen, Bd. IV).

S. Radhakrishnan: A Hindu View of Life, London; dt.: Weltanschauung der Hindu; übers. v. R. Jockel; Baden-Baden 1961.

Ramakrishna: Sayings of Sri Ramakrishna, Mylapore, Madras 1949;

ausgew. u. übers. in: H. v. Glasenapp: Indische Geisteswelt. Eine Auswahl von Texten in deutscher Übersetzung. Eingel. u. hrsg. v. H. v. Glasenapp; 2 Bde; 1. Bd.: Glaube und Weisheit der Hindus; 2. Bd.: Weltliche Dichtung, Wissenschaft und Staatskunst der Hindus; Baden-Baden o. J.; 1. Bd. 291–293.

### 5. *Geschichtsdarstellungen und Biographien (vgl. IV. Belletristik)*

E. Baschet: 1918. Vom Krieg zum Frieden. Eine historische Foto-Reportage; Kehl am Rhein (Sonderdruck, Swan Verlag) o. J.

G. Bibby: Four Thousand Years Ago, New York 1961; dt.: Zu Abrahams Zeiten. Mensch und Kultur vor 4000 Jahren; übers. v. K. U. v. Hutten; Hamburg 1964; Neudruck unter dem Titel: Als Troja brannte und Babylon fiel. Das mythische Zeitalter unserer Kultur; Hamburg (rororo 6784) 1972.

H. Brunswig: Feuersturm über Hamburg. Die Luftangriffe auf Hamburg im Zweiten Weltkrieg und ihre Folgen, Stuttgart [4]1981.

R. Cartier: L'Europe à la conquête de l'Amérique, Paris 1956; dt.: In die neue Welt. Wie die Europäer Nordamerika besiedelten; übers. v. H. v. Winter u. M. v. Winter; München 1958; überarb. u. erg. Neuausgabe 1978; Neudruck: München (dtv 1756) 1982.

R. Cartier: La seconde guerre mondiale, Paris 1965; dt.: Der Zweite Weltkrieg; übers. v. M. Harries-Kester, W. D. Bach, W. Thaler unter Beratung von H. G. Dalms, H. Weiß u. W. Kneip; München 1967; Neudruck: München–Zürich 1977.

R. Cartier: Histoire mondiale de l'Après-Guerre, 1970; dt.: Mächte und Männer unserer Zeit; übers. v. W. Thaler unter Beratung v. L. Ziegenbalg; München 1971; Neudruck unter dem Titel: Nach dem Zweiten Weltkrieg. Die internationale Politik von 1945 bis heute; München–Zürich 1980; mit einem zus. Kapitel von Ch. Zeile.

M. Erbstösser: Die Kreuzzüge. Eine Kulturgeschichte; Leipzig 1977; [2](überarb.) 1980.

J. Fest: Hitler. Eine Biographie; Frankfurt–Berlin–Wien 1973.

F. Heer: Die Dritte Kraft. Der europäische Humanismus zwischen den Fronten des konfessionellen Zeitalters; Frankfurt 1959.

W. Hofer: Der Nationalsozialismus. Dokumente 1933–1945, hrsg. u. dargestellt von W. Hofer; Frankfurt (Fischer Tb. 172) 1957.

J. Keegan: The Face of Battle, London 1974; dt.: Das Antlitz des Krieges; übers. v. H. Kusterer; Düsseldorf–Wien 1978.

S. Neumann – G. Mandel: Dschingis Khan und seine Zeit; Verona 1968; übers. aus dem Italien. v. E. Schindel; Wiesbaden o. J.

A. el Sadat: In Search of Identity, 1977; dt.: Unterwegs zur Gerech-

tigkeit. Die Geschichte meines Lebens; übers. v. J. Eidlitz; München–Wien–Zürich–Innsbruck 1977; Neudruck: München (GGTb. 11238) 1979.
P. Scholl-Latour: Der Tod im Reisfeld. Dreißig Jahre Krieg in Indochina, Stuttgart 1979; Neudruck: Frankfurt–Berlin–Wien (Ullstein Tb. 33022) 1981.
G. Schreiber: Der Krone Glanz und Last. Geschichten zur Geschichte; Wien–Heidelberg 1978.
E. Simon: The Making of Frederik the Great, London 1963; dt.: Friedrich der Große. Das Werden eines Königs; übers. v. E. M. Krauss; Tübingen 1963.
A. Speer: Erinnerungen, Frankfurt–Berlin–Wien 1969; Neudruck: Frankfurt–Berlin–Wien (Ullstein Tb. 3026) 1975.
A. J. Toynbee: War and Civilization. From: A Study of History, selected by A. V. Fowler, Oxford 1950; dt.: Krieg und Kultur. Der Militarismus im Leben der Völker; übers. v. H. Mattutat; Frankfurt (Fischer Tb. 235) 1958.
A. Toynbee: A Study of History, 12 Vol., Oxford 1934–1961; Abridgement of volumes I–VI by D. C. Somervell, London; dt.: Der Gang der Weltgeschichte, übers. v. J. v. Kempski; 2 Bde.: 1. Bd.: Aufstieg und Verfall der Kulturen; 2. Bd.: Kulturen im Übergang; Stuttgart–Zürich–Wien 1952; Neudruck: München (dtv wr 4 Bde., 4035–38) 1970.
A. J. Toynbee: Mankind and Mother Earth. A narrative History of the World, Oxford 1976; dt.: Menschheit und Mutter Erde. Die Geschichte der großen Zivilisationen; übers. v. K. Berisch; Düsseldorf 1979.
F. Trippett: The First Horsemen, New York 1974; dt.: Die ersten Reitervölker; übers. v. J. Abel; bearb. v. J. Volbeding, Hamburg (rororo life 77) 1978.
H. Valloton: Maria Theresia. Die Frau, die ein Weltreich regierte; aus dem Franz. übers. v. U. Leippe; Hamburg 1968; Neudruck: München 1978; Taschenbuch: Frankfurt (Fischer Tb. 5028) 1981.
H. G. Wells: A short history of the world, London 1926; dt.: Die Geschichte unserer Welt; übers. v. O. Mandl, H. M. Reiff, E. Redtenbacher u. M. Züllig; hrsg. v. O. Mandl, Nachw. v. R. Italiaander; Berlin–Wien–Leipzig 1953; Neudruck: Frankfurt (Fischer Tb. 294) 1959.
P. Young (Hrsg.): Der Große Atlas zum II. Weltkrieg. Mit 247 Karten v. R. Natkiel u. 262 Dokumentarfotos; London 1973; übers. v. D. M. Schneider; bearb. v. Chr. Zentner; München [3](völlig neu überarb.) 1975.

K. Zentner: Illustrierte Geschichte des Zweiten Weltkrieges, München 1963.
Ch. Zentner: Die Kriege der Nachkriegszeit. Eine illustrierte Geschichte militärischer Konflikte seit 1945; München 1969.
Ch. Zentner: Illustrierte Geschichte des Ersten Weltkriegs; München 1980.

*6. Kultur- und Sozialgeschichte*

P. Anderson: Passages from Antiquity to Feudalism, London 1974; dt.: Von der Antike zum Feudalismus. Spuren der Übergangsgesellschaft; übers. v. A. Schweikhart; Frankfurt (sv 922) 1978.
R. J. Braidwood: The Earliest Village Communities, in: Journal of world-history, Vol. 1, p. 278–310, Paris 1953.
J. J. Bachofen: Das Mutterrecht. Eine Untersuchung über die Gynaikokratie der alten Welt nach ihrer religiösen und rechtlichen Natur; Stuttgart 1861; Neuausgabe hrsg. v. K. Meuli (Ges. Werke, 10 Bde., Bd. 2/3) Basel [3]1948, 2 Bde.
P. Knauth: The Metalsmiths, New York 1973; dt.: Die Entdeckung des Metalls; übers. v. J. Abel; bearb. v. J. Volbeding; Hamburg (rororo life 72) 1977.
W. I. Lenin: Der Imperialismus als höchstes Stadium des Kapitalismus (1917), Frankfurt a. M. (Verl. Marxistische Blätter) 1970.
W. I. Lenin: Der ›Radikalismus‹, die Kinderkrankheit im Kommunismus; Werke, ins Deutsche übertr. nach der 4. russ. Ausgabe, Berlin 1955–1964, 40 Bde., Bd. 10, 54–64; Abdruck in: W. I. Lenin: Theorie, Ökonomie, Politik. Ausgew. Texte u. Werke, hrsg. u. erl. v. I. Fetscher; Stuttgart (Kröner Tb. 455) 1974, 346–358.
J. N. Leonard: The First Farmers, New York 1973; dt.: Die ersten Ackerbauern; übers. v. R. Hermstein; bearb. v. K. Lorenzen u. J. Volbeding; Hamburg (rororo sachbuch 71) 1977.
H. Meyer: Der Mensch und das Tier. Anthropologische und kultursoziologische Aspekte, München 1975.
L. Mumford: The City in History, 1961; dt.: Die Stadt. Geschichte und Ausblick; übers. v. H. Lindemann; Köln–Berlin 1963; Neudruck: München (dtv wr 2 Bde., 4326) 1979.
E. Nielsen (Hrsg.): Das Unerkannte auf seinem Weg durch die Jahrtausende. Die merkwürdigsten der guten Glaubens erzählten Fälle aus dem Gebiet des Übersinnlichen im Wortlaut der ersten Berichte. Ohne Deutungsversuche, Ebenhausen 1922; Neudruck unter dem Titel: Die Hexe von Endor. Die merkwürdigsten Fälle aus dem Gebiet des Übersinnlichen von 1200 vor bis 1800 nach Christus; München (dtv 1335) 1978.

W. G. Soldan – H. Heppe: Geschichte der Hexenprozesse (1879). Neu bearb. u. hrsg. v. M. Bauer, 2 Bde., Berlin $^{3}$1911; Neudruck: Hanau (Müller u. Kiepenheuer) o. J.

G. R. Taylor: Sex in History, London 1953; dt.: Wandlungen der Sexualität, Düsseldorf–Köln 1957; vom Autor erg. überarb. Fassung unter dem Titel: Kulturgeschichte der Sexualität. Mit einer Einleitung von A. Mitscherlich; Frankfurt 1970; Neudruck: Frankfurt (Fischer Tb. 1839) 1977.

A. de Tocqueville: L'Ancien Régime et la Révolution, Paris 1856; dt.: Der alte Staat und die Revolution; übers. v. Th. Oelckers, durchges. v. R. Volhard; mit einem Nachw. u. Anmerkungen hrsg. v. J. P. Mayer; Hamburg 1969; Neudruck: München (dtv 6090) 1978.

M. Weber: Die sozialen Gründe des Untergangs der antiken Kultur, in: Gesammelte Aufsätze zur Sozial- und Wirtschaftsgeschichte, hrsg. v. M. Weber, 1924, 289–311; Abdruck in: M. Weber: Soziologie. Weltgeschichtliche Analysen. Politik; hrsg. u. erl. v. J. Winckelmann; eingel. v. E. Baumgarten; Stuttgart (Kröner Tb. 229) $^{4}$(durchges. u. verb.) 1968, 1–26.

M. Weber: Der Beruf zur Politik; Erstdruck: Politik als Beruf. Geistige Arbeit als Beruf. Vier Vorträge vor dem Freistudentischen Bund. Zweiter Vortrag. 1919; $^{2}$1926, 50–67; $^{4}$1964; Abdruck in: M. Weber: Soziologie. Weltgeschichtliche Analysen. Politik; mit einer Einl. v. E. Baumgarten; hrsg. u. erl. v. J. Winckelmann; (Kröner Tb. 229) Stuttgart $^{4}$(erneut durchges. u. verb.) 1968, 167–185.

*7. Militärtechnisches*

U. Albrecht, D. Ernst, P. Lock, H. Wulf: Rüstung und Unterentwicklung. Iran, Indien, Griechenland, Türkei. Die verschärfte Militarisierung. Mit einem Vorw. v. O. Kreye; Hamburg (ra 4004) 1976.

A. Béhar: Zusammenfassender Bericht über die Bombardierung ziviler Objekte in Nordvietnam, in: B. Russel-J. P. Sartre: Das Vietnam-Tribunal oder Amerika vor Gericht; aus dem Französ. u. Amerikan. übers. v. S. Reisner; Hamburg (ra 1091) 1968, 75–93.

M. Brzoska, P. Lock, H. Sellin: Rüstungsjahrbuch 1980–1981. Weltweite Militärausgaben, Rüstungsvergleich, Waffenhandel, eurostrategische Waffen, Atomwaffen, hrsg. v. Stockholm International Peace Research Institut (SIPRI), gek. Fassung; Hamburg (ra 4735) 1980.

C. v. Clausewitz: Vom Kriege. Hinterlassenes Werk. Ungekürzter Text nach der Erstauflage (1832–1834); Frankfurt–Berlin–Wien (Ullstein Tb. 35051) 1981.

F. Fanon: Les damnés de la terre, Paris 1961; dt.: Die Verdammten dieser Erde; Vorw. v. J. P. Sartre; übers. v. T. König; Hamburg (ra 1209–1210) 1969.

D. M. Harmsen: Physikalische Grundlagen. Der Mechanismus einer Kernexplosion, ihre Größe und relative Sauberkeit, in: F. Demming, D.-M. Harmsen – K.-F. Saur (Hrsg.): Kernexplosionen und ihre Wirkungen; eingel. v. C. F. v. Weizsäcker; Frankfurt (Fischer Tb. 386) 1961, 21–43.

R. Jungk: Heller als tausend Sonnen. Das Schicksal der Atomforscher; Bern–Stuttgart–Wien 1956.

F. M. Kaplan: Kommt die Neutronenbombe?, in: Bild der Wissenschaft, 4/1978, 65–71.

P. Koch: Wahnsinn Rüstung, Hamburg 1981.

H.-D. Scharring: Biologische Auswirkungen radioaktiver Strahlung, in: F. Demming, D.-M. Harmsen, K.-F. Saur (Hrsg.): Kernexplosionen und ihre Wirkungen; eingel. v. C. F. v. Weizsäcker; Frankfurt (Fischer Tb. 386) 1961, 169–191.

Ph. Sonntag: Wie der Mensch zum Strahlenopfer wurde, in: Bild der Wissenschaft, 4/1978, 52–64.

UNO-Studie Kernwaffen. Deutschsprachige Fassung des vollst. Berichts des Generalsekretärs der Vereinten Nationen: General and Complete Disarmament: Comprehensive Study on Nuclear Weapons. Report of the Secretary-General 1980; übers. v. D.-L. Baehren, J. Kuhlmann, S. Petrelli u. M. Schönborn; München 1982.

J. P. Vigier: Technischer Bericht über die Art und Anwendung der Explosivkugelbombe, in: B. Russel – J. P. Sartre: Das Vietnam-Tribunal oder Amerika vor Gericht; aus dem Französ. u. Amerikan. übers. v. S. Reisner; Hamburg (ra 1091) 1968, 93–97.

## *III. Philosophie und Theologie*

### *1. Geschichtsphilosophie und Philosophiegeschichte*

D. Bell: The Cultural Contradictions of Capitalism, New York 1976; dt.: Die Zukunft der westlichen Welt. Kultur und Technologie im Widerstreit; Frankfurt 1976; Neudruck: Frankfurt (Fischer Tb. 3411) 1979.

E. Bloch: Das Prinzip Hoffnung (geschrieben 1938–1947 in den USA; durchges. 1953–1959); Frankfurt 1959; Neudruck: Frankfurt (stw 3), 3 Bde., 1974.

A. Camus: L'Homme révolté, Paris 1951; dt.: Der Mensch in der Revolte. Essays; übers. v. J. Streller; neubearb. v. G. Schlocker unter Mitarbeit v. F. Bondy; Hamburg 1953.

H. Diels: Die Fragmente der Vorsokratiker; nach der v. W. Kranz hrsg. 8. Aufl.; eingel. v. G. Plamböck (rk 10) 1957.

K. Jaspers: Vom Ursprung und Ziel der Geschichte, München 1949; Neudruck: Frankfurt (Fischer Tb. 91) 1955.

K. Jaspers: Die Atombombe und die Zukunft des Menschen, München 1958.

G. W. F. Hegel: Phänomenologie des Geistes (1807); hrsg. v. J. Hoffmeister 1937; Philos. Bibl. 114; Hamburg [6]1952.

G. W. F. Hegel: Vorlesungen über die Philosophie der Geschichte; Text nach der Ausgabe v. F. Brunstäd; eingef. v. Th. Litt; Stuttgart (reclam 4881–85) 1961.

G. W. F. Hegel: Vorlesungen über die Philosophie der Religion (Vorlesungen von 1821, 1824, 1827 und 1831); Einf. v. Ph. Marheineke; hrsg. v. H. Glockner, in: Sämtliche Werke in zwanzig Bden.; Bd. 15–16; Stuttgart–Bad Cannstatt [4]1965.

I. Kant: Zur Idee einer allgemeinen Geschichte in weltbürgerlicher Absicht, 1784; Werke in 12 Bänden, hrsg. v. W. Weischedel; Frankfurt (sv) 1968, Bd. 11, 31–50.

Platon: Symposion, in: Sämtliche Werke in 6 Bänden; in der Übers. v. F. Schleiermacher mit der Stephanusnumerierung hrsg. v. W. F. Otto, E. Grassi, G. Plamböck; Hamburg (rk 1; 14; 27; 39; 47; 54) 1957–1959; Bd. 2, 1957, 203–250.

Platon: Politeia, in: Sämtliche Werke in 6 Bänden; in der Übers. v. F. Schleiermacher mit der Stephanusnumerierung hrsg. v. W. F. Otto, E. Grassi, G. Plamböck; Hamburg (rk 1;14; 27; 39; 47; 54) 1957–1959; Bd. 3, 1958, 67–310.

O. Spengler: Der Untergang des Abendlandes. Umrisse einer Morphologie der Weltgeschichte, 2 Bde.,; 1. Bd.: Gestalt und Wirklichkeit; 2. Bd.: Welthistorische Perspektiven; München 1923; Neudruck: München (dtv 838–839) 1972; mit einem Nachw. v. A. M. Koktanek.

D. Tschižewskij: Rußland zwischen Ost und West. Russische Geistesgeschichte; 2 Bde.; Hamburg (rde 84; 122) 1961.

St. Zweig: Zeit und Welt; zusammengestellt v. K. Beck; Frankfurt (Fischer Tb. 2287) 1981, 148–164: Geschichtsschreibung von morgen (Vortrag, aus: Zeit und Welt. Ges. Aufsätze und Vorträge 1904–1940, Stockholm 1943).

E.-W. Böckenförde – R. Spaemann: Die Zerstörung der naturrechtlichen Kriegslehre. Erwiderung an P. Gustav Gundlach, S. J.; in: Atomare Kampfmittel und christliche Ethik. Diskussionsbeiträge deutscher Katholiken; München 1960, 161–196.

A. Camus: Die Guillotine. Betrachtungen zur Todesstrafe (Réflexions sur la Peine Capitale), in: Fragen der Zeit. Von A. Camus ausgew. u. zusammengestellte Beiträge aus: Actuelles I–III, Discours de Suède, Réflexions sur la Peine Capitale; übers. v. G. G. Meister; Hamburg 1960, 114–181.

E. Drewermann: Ehe – tiefenpsychologische Erkenntnisse für Dogmatik und Moraltheologie, in: Renovatio, 36. Jg. 1980, Heft 2, 53–68; Heft 3, 114–126.

E. Drewermann: Von der Not der in ihrer Ehe Scheiternden und dem Appell zur Treue. Das Problem der Ehescheidung und die kirchliche Moraltheologie, in: Diakonia, Wien 1982, Heft 1, 37–47; Heft 2, 112–117.

E. Drewermann: Das Tragische und das Christliche. Von der Anerkennung des Tragischen oder: gegen eine gewisse Art von Pelagianismus im Christentum; Schwerte 1981; Veröffentlichungen der Kath. Akad. Schwerte, Nr. 5; hrsg. v. G. Krems; Neudruck in: Psychoanalyse und Moraltheologie; 2 Bde., Mainz 1982–1983; 1. Bd.: Angst und Schuld, S. 19–78.

E. Drewermann: Von der Unmoral der Psychotherapie – oder von der Notwendigkeit einer Suspension des Ethischen im Religiösen; in: Psychoanalyse und Moraltheologie, 2 Bde., Mainz 1982–83; 1. Bd.: Angst und Schuld, S. 79–104.

P. Eicher: Gottesfurcht und Menschenverachtung, in: H. v. Stietencron (Hrsg.): Angst und Gewalt. Ihre Präsenz und ihre Bewältigung in den Religionen; Düsseldorf 1979, 111–136.

A. Einstein: Mein Weltbild; hrsg. v. C. Seelig; Amsterdam [1]1934; neue vom Verf. durchges. u. wesentl. erw. Aufl., Frankfurt–Berlin (Ullstein Tb. 65) 1972.

Erasmus von Rotterdam: Institutio principis christiani – Die Erziehung des christlichen Fürsten (1515); übers., eingel. u. komm. v. G. Christian, in: Ausgew. Schriften. Ausgabe in 8 Bden., lat. u. dt., hrsg. v. W. Welzig, Bd. 5, Darmstadt 1968, 111–357.

Erasmus von Rotterdam: Querela pacis undique gentium ejectae profligataeque – Die Klage des Friedens, der von allen Völkern verstoßen und vernichtet wurde (1516); übers. eingel. u. komm. v. G. Christian, in: Ausgew. Schriften. Ausgabe in 8 Bden., lat. u. dt., hrsg. v. W. Welzig, Bd. 5, Darmstadt 1968, 359–451.

H. J. Fischer: Die katholische Lehre über die Ehe, FAZ, 27. Okt. 1980, S. 12.

W. F. Foerster: Politische Ethik und politische Pädagogik, München 1918.

H. Gollwitzer: Die Christen und die Atomwaffen (Theologische Existenz heute, Neue Folge 61), München 1957.

H. Gollwitzer: Stellungnahmen zu den Thesen, in: G. Howe (Hrsg.): Atomzeitalter – Krieg und Frieden, Witten-Berlin 1959; Neudruck: Frankfurt–Berlin (Ullstein Tb. 614) 1959, 246–266.

G. Gundlach: Die Lehre Pius' XII. vom modernen Krieg, in: Stimmen der Zeit, 4/1959, 1–14, Freiburg 1958–1959, 164. Bd.

G. W. F. Hegel: Grundlinien der Philosophie des Rechts, Berlin 1821, hrsg. v. J. Hoffmeister, [4]1955; Philos. Bibl. Bd. 124a; Hamburg 1962.

M. Heidegger: Nietzsches Wort »Gott ist tot«, in: Holzwege; Frankfurt 1950, 193–247.

I. Kant: Beantwortung der Frage: was ist Aufklärung, 1784, in der Berlinischen Monatszeitschrift; Werke in 12 Bänden, hrsg. v. W. Weischedel; Frankfurt (sv) 1968; Bd. XI, 51–61.

I. Kant: Grundlegung zur Metaphysik der Sitten, Riga 1785 (A); 1786 (B); Werke in 12 Bänden, hrsg. v. W. Weischedel; Frankfurt (sv) 1968, Bd. VII, 7–102.

I. Kant: Die Religion innerhalb der Grenzen der bloßen Vernunft, Königsberg 1793 (A); 1794 (B); Werke in 12 Bänden, hrsg. v. W. Weischedel; Frankfurt (sv) 1968, Bd. VIII, 645–879.

I. Kant: Zum ewigen Frieden. Ein philosophischer Entwurf, Königsberg 1795 (A); 1796 (B); Werke in 12 Bänden, hrsg. v. W. Weischedel; Frankfurt (sv) 1968; Bd. XI, 191–251.

I. Kant: Die Metaphysik der Sitten. Erstes Blatt: Die Metaphysik der Sitten; zweites Blatt: Metaphysische Anfangsgründe der Rechtslehre; Königsberg 1797 (A); 1798 (B); Werke in 12 Bänden, hrsg. v. W. Weischedel; Frankfurt (sv) 1968, Bd. VIII, 305–634.

I. Kant: Anthropologie in pragmatischer Hinsicht abgefaßt, Königsberg 1798 (A); 1800 (B); Werke in 12 Bänden, hrsg. v. W. Weischedel; Frankfurt (sv) 1968, Bd. XII, 395–690.

J. Lasserre: La Guerre et l'Évangile, Paris 1953; dt.: Der Krieg und das Evangelium; übers. v. G. Markhoff u. W. Dignarth: München 1956.

J. Mausbach: Katholische Moraltheologie, 3 Bde., Münster [6]1930; 3. Bd.: Die spezielle Moral, 2. Teil: Der irdische Pflichtenkreis, 71–75.

A. Ottaviani: Institutiones Juris publici ecclesiastici, 2 Bde., Rom [3]1947 (deutsche Teilübersetzung Herder-Korrespondenz, Jg. 3, S. 122 ff.).

Papst Paul VI.: Über den Fortschritt der Völker. Die Entwicklungsenzyklika Papst Paul VI. Populorum Progressio. Mit einem Kommentar sowie einer Einführung v. H. Krauss; Freiburg–Basel–Wien (Herder Tb. 286) 1967.

A. Rieger: Mission und Menschenrechte, in: Weltmission heute zum Thema: Evangelium in indianischen Kulturen. Ökumenischer Ausschuß für Indianerfragen. Referate und Ergebnisse einer Arbeitstagung im März 1979 in Dorfweil/Ts., erg. durch geschichtliche und grundsätzliche Abhandlungen sowie Fallbeispiele und Dokumentationen; Hamburg 1980, 79–86.

J. P. Sartre: L'être et le néant. Essai d'ontologie phénoménologique, Paris 1943; dt.: Das Sein und das Nichts. Versuch einer phänomenologischen Ontologie; übers. v. J. Streller, K. A. Ott u. A. Wagner; Hamburg 1962.

M. Scheler: Vom Ewigen im Menschen (1920); Ges. Werke, Bd. 5; hrsg. v. M. Scheler, Bern–München [5]1968.

U. Scheuner: Krieg und Kriegswaffen im heutigen Völkerrecht, in: G. Howe (Hrsg.): Atomzeitalter – Krieg und Frieden; Witten-Berlin 1959; Neudruck: Frankfurt–Berlin (Ullstein Tb. 614) 1963, 71–102.

E. Schlink: Die Atomfrage in der kirchlichen Verkündigung, in: G. Howe (Hrsg.): Atomzeitalter – Krieg und Frieden, Witten-Berlin 1959; Neudruck: Frankfurt–Berlin (Ullstein Tb. 614) 1963, 202–224.

A. Schweitzer: Kultur und Ethik. Unter Einschluß von: Verfall und Wiederaufbau der Kultur; München 1960.

R. Schneider: Der Friede der Welt; Wiesbaden 1956.

A. Schopenhauer: Die Welt als Wille und Vorstellung ([1]1818; [2]1844; [3]1859); in: A. Schopenhauer: Sämtliche Werke in 7 Bänden, nach der ersten von J. Frauenstädt besorgten Gesamtausgabe bearb. u. hrsg. v. A. Hübscher, Bd. 2 u. 3; Wiesbaden 1965.

A. Schopenhauer: Zur Rechtslehre und Politik, in: Parerga und Paralipomena, 2. Bde., Frankfurt 1850; in: A. Schopenhauer: Sämtliche Werke in 7 Bänden, nach der ersten v. J. Frauenstädt besorgten Gesamtausgabe bearb. u. hrsg. v. A. Hübscher, Bd. 5–6; Wiesbaden [2]1946–1947; Bd. 2, Werke Bd. VI 256–283.

A. Schopenhauer: Nachträge zur Lehre vom Leiden der Welt, in: Parerga und Paralipomena, 2 Bde.; Frankfurt 1850; in: A. Schopenhauer: Sämtliche Werke in 7 Bänden, nach der ersten v. J. Frauenstädt besorgten Gesamtausgabe bearb. u. hrsg. v. A. Hübscher, Bde. 5–6; Wiesbaden [2]1946–47; Bd. 2, Werke VI 301–324.

A. Schopenhauer: Über Religion, in: Parerga und Paralipomena,

2 Bde., Frankfurt 1850; in: A. Schopenhauer: Sämtliche Werke in 7 Bänden, nach der ersten v. J. Frauenstädt besorgten Gesamtausgabe bearb. u. hrsg. v. A. Hübscher, Bde. 5–6; Wiesbaden [2]1946–47; Bd. 2, Werke Bd. VI 343–419.

H. Schulte-Herbrüggen: Atomkrieg und christliche Ethik, in: Atomare Kampfmittel und christliche Ethik. Diskussionsbeiträge deutscher Katholiken, München 1960, 134–160.

M. Sperber: Sieben Fragen zur Gewalt. Leben in dieser Zeit; Wien 1972; Neudruck: München (dtv 1351) 1978.

R. Spaemann: Zur philosophisch-theologischen Diskussion um die Atombombe, in: Atomare Kampfmittel und christliche Ethik. Diskussionsbeiträge deutscher Katholiken; München 1960, 77–100.

F. M. Stratmann: Weltkirche und Weltfriede. Katholische Gedanken zum Kriegs- und Friedensproblem; Augsburg 1924.

C. F. v. Weizsäcker: Bedingungen des Friedens. Mit einer Laudatio von G. Picht anläßlich der Verleihung des Friedenspreises des deutschen Buchhandels 1963 an C. F. v. Weizsäcker; Göttingen 1964.

C. F. v. Weizsäcker: Friedlosigkeit als seeliche Krankheit (1967), in: Der bedrohte Friede. Politische Aufsätze 1945–81; München–Wien [2]1981, 153–177.

C. F. von Weizsäcker: Islam und Toleranz. Ein Appell an die politische und geistliche Toleranz (1979), in: Der bedrohte Friede. Politische Aufsätze 1945–1981; München–Wien [2]1981, 354–357.

C. F. v. Weizsäcker: Einleitung zu: F. Demming – D. M. Harmsen, K.-F. Saur (Hrsg.): Kernexplosionen und ihre Wirkungen; Frankfurt (Fischer Tb. 386) 1961, 7–16.

C. F. v. Weizsäcker: Militärische Tatsachen und Möglichkeiten, in: G. Howe (Hrsg.): Atomzeitalter – Krieg und Frieden; Frankfurt–Berlin (Ullstein Tb. 614) 1963, 22–54.

E. Wilkens: Theologisches Gespräch über die nuklearen Waffen, in: G. Howe (Hrsg.): Atomzeitalter – Krieg und Frieden; Witten-Berlin 1959; Neudruck: Frankfurt–Berlin (Ullstein Tb. 614) 1963.

### 3. *Kirchengeschichte, Geschichtstheologie, Bibelexegese, Dogmatik, Kircheninternes*

A. Augustinus: De civitate Dei (413–426); dt.: Des hl. Kirchenvaters Aurelius Augustinus 22 Bücher über den Gottesstaat; aus dem Lat. übers. v. A. Schröder; in: Augustinus' ausgew. Schriften, Bd. I u. II.; Kempten–München 1911; 1914 (BKV Bd. 15/16); eingel. v. J. N. Espenberger.

A. Kardinal Bea – W. A. Visser't Hooft: Friede zwischen den Christen; eingef. v. J. G. M. Willebrands; Freiburg–Basel–Wien (Herder Tb. 269) 1966.

J. Brinktrine: Die Lehre von den heiligen Sakramenten der katholischen Kirche, 2 Bde., Paderborn 1961–62.

Th. von Celano: Leben und Wunder des heiligen Franziskus; übers. v. E. Gram; 2 Bde., Werl 1955.

Caecilius Cyprianus: An Donatus (ca. 245); aus dem Latein. übers. u. eingel. v. J. Baer; in: Des heiligen Kirchenvaters Caecilius Cyprianus Traktate in 2 Bden.; Kempten–München 1918; 1928 (BKV Bd. 34; 60); Bd. I 33–55.

M. Daly: Beyond God the Father: toward a philosophy of women's liberation, Boston 1973; dt.: Jenseits von Gottvater, Sohn & Co. Aufbruch zu einer Philosophie der Frauenbefreiung; übers. v. B. Henninges u. M. Reppekus; München 1978.

M. Daly: Der qualitative Sprung über die patriarchale Religion, in: Frauenoffensive, 9/1978, 2–13.

K.-H. Deschner: Abermals krähte der Hahn. Eine Demaskierung des Christentums von den Evangelisten bis zu den Faschisten, Stuttgart 1962; Neudruck: Reinbek bei Hamburg (rororo 6788) 1972.

E. Drewermann: Strukturen des Bösen. Die jahwistische Urgeschichte in exegetischer, psychoanalytischer und philosophischer Sicht. 1. Bd.: Die jahwistische Urgeschichte in exegetischer Sicht, Paderborn [1]1977; [2]1979, erw. durch ein Vorwort: Zur Ergänzungsbedürftigkeit der historisch-kritischen Exegese; [3]1981, erg. durch ein Nachwort: Von dem Geschenk des Lebens oder: das Welt- und Menschenbild der Paradieserzählung des Jahwisten (Gn 2, 4b–25), S. 356–413.

2. Bd.: Die jahwistische Urgeschichte in psychoanalytischer Sicht, Paderborn [1]1977; [2]1980 erw. durch ein Vorw.: Tiefenpsychologie als anthropologische Wissenschaft; [3]1981: Neudruck der 2. Aufl.

3. Bd.: Die jahwistische Urgeschichte in philosophischer Sicht, Paderborn [1]1978; [2]1980, erw. durch ein Vorw.: Das Ende des ethischen Optimismus; [3]1982: Neudruck der 2. Aufl.

E. Drewermann: Die Symbolik von Baum und Kreuz in religionsgeschichtlicher und tiefenpsychologischer Betrachtung, unter besonderer Berücksichtigung der mittelamerikanischen Bilderhandschriften, Schwerte 1979; Veröffentlichungen der Kath. Akad. Schwerte, Nr. 2; hrsg. v. G. Krems.

E. Drewermann: Kirche in der zweiten Hälfte unseres Jahrhunderts, in: Paderborner Studien, 1981, 1/2, 58–63.

E. Drewermann: Der tödliche Fortschritt. Von der Zerstörung der Erde und des Menschen im Erbe des Christentums; Regensburg (Reihe: engagement) $^{2}$1982.

E. Drewermann: Die Frage nach Maria im religionswissenschaftlichen Horizont. Die scheinbare »Grundlosigkeit« der Mariologie, in: Zeitschrift für Missionswissenschaft und Religionswissenschaft, Aachen, 66. Jg., 2/1982, 96–117.

A. Drews: Die Christusmythe; Jena $^{4}$(verb. u. erw.) 1910.

A. Guillermou: St. Ignace de Loyala et la Compagnie de Jésus, Paris 1960; dt.: Ignatius von Loyola in Selbstzeugnissen und Bilddokumenten; übers. v. H. Finé; Hamburg (rm 74) 1962.

I. Gobry: Franz von Assisi in Selbstzeugnissen und Bilddokumenten; übers. aus dem Franz. von O. v. Nostiz; Hamburg (rm 16) 1958.

C. Halkes: Über die feministische Theologie zu einem neuen Menschenbild, in: Evangelischer Pressedienst – Dokumentation 25 (1978), 16–21.

J. Jeremias: Die Abendmahlsworte Jesu, Göttingen 1935; $^{4}$1967.

J. Jeremias: Abba, in: Abba. Studien zur neutestamentlichen Theologie und Zeitgeschichte; Göttingen 1966, 15–67.

O. Keel: Die Welt der altorientalischen Bildsymbolik und das Alte Testament. Am Beispiel der Psalmen; Zürich–Einsiedeln–Köln 1972.

S. Kierkegaard: Die Krankheit zum Tode. Eine christliche psychologische Entwicklung zur Erbauung und Erweckung, von Anti-Climacus; Kopenhagen 1849; übers. ins Deutsche von L. Richter, in: Kierkegaards Werke in 5 Bänden, in neuer Übertragung und mit Kommentar versehen von L. Richter, Hamburg (rk 71; 81; 89; 113; 147) 1960–64; Bd. 4, 1962.

H. Kühner: Lexikon der Päpste von Petrus bis Johannes XXIII.; neu bearb. Ausg. Frankfurt (Fischer Tb. 315) 1960.

O. Kuss: Der Römerbrief. Übersetzt und erklärt v. O. Kuss. 1. Lieferung: Röm 1,1–6,11; 2. Lieferung: Röm 6,11–8,19; Regensburg 1957; 1963.

H. Lietzmann: Messe und Herrenmahl. Arbeiten zur Kirchengeschichte 8; Bonn 1926.

J. Moltmann: Theologie der Hoffnung. Untersuchungen zur Begründung und zu den Konsequenzen einer christlichen Eschatologie; München $^{1}$1964 (Beiträge zur evangelischen Theologie, hrsg. v. E. Wolf, Bd. 38); dritte um ein Gespräch mit E. Bloch und um ein Bibelstellenregister erw. Aufl. 1965.

H. Mynarek: Eros und Klerus. Vom Elend des Zölibats; Wien–Düsseldorf 1978; Neudruck: München-Zürich (Knaur Tb. 3628) 1980.
P. Neuenzeit: Das Herrenmahl. Studien zur paulinischen Eucharistieauffassung (StANT 1); München 1960.
Origines: Vom Gebet (ca. 233–234 n. Chr.); in: Des Origines ausgewählte Schriften in 3 Bden.; aus dem Griech. übers. v. P. Koetschau; Bd. 1: Des Origines Schriften vom Gebet und Ermahnung zum Martyrium; München (BKV 48) 1926, 1–148.
Origines: Gegen Celsus (ca. 248 n. Chr.); aus dem Griech. übers. u. eingel. v. P. Koetschau; in: Des Origines ausgew. Schriften in 3 Bdn.; Bd. II u. III, Kempten–München 1926–1927 (BKV Bd. 52–53).
K. Rahner: Geist in Welt. Zur Metaphysik der endlichen Erkenntnis bei Thomas von Aquin (1939); zweite im Auftrag des Verfassers überarbeitete und ergänzte Aufl. v. J. B. Metz; München 1957.
K. Rahner: Das Christentum und die nichtchristlichen Religionen: Pluralismus, Toleranz und Christenheit (1961), in: Schriften zur Theologie, Bd. V; Zürich–Köln 1962, 136–158.
K. Rahner: Theologische Prinzipien der Hermeneutik eschatologischer Aussagen, in: Schriften zur Theologie, Bd. IV, Zürich–Köln 1962, 401–428.
K. Rahner: Weltgeschichte und Heilsgeschichte, in: Schriften zur Theologie, Bd. V, Zürich–Köln 1962, 115–135.
H. Reuter: Das II. Vatikanische Konzil. Vorgeschichte – Verlauf – Ergebnisse, dargestellt nach Dokumenten und Berichten v. H. Reuter; Köln ²(verb.) 1966.
K. G. Rey: Das Mutterbild des Priesters. Zur Psychologie des Priesterberufes; Zürich–Köln–Einsiedeln 1969.
R. Schnackenburg: Die sittliche Botschaft des Neuen Testamentes. Handbuch der Moraltheologie, hrsg. v. M. Reding, Bd. VI; München ²(verm. u. verb.) 1962.
M. Seckler: Das Heil in der Geschichte. Geschichtstheologisches Denken bei Thomas von Aquin; München 1964.
A. Schweitzer: Geschichte der Leben-Jesu-Forschung (1913; 1906 unter dem Titel: Von Reimarus zu Wrede); Neudruck: München–Hamburg (Siebenstern Tb. 77–80) 1966, 2 Bde.
J. Schwermer: Was sagt die Psychologie zur Glaubenssituation des heutigen Menschen, in: Theologie und Glaube, 2/1979, 69. Jg., 158–170.
E. Stauffer: Die Botschaft Jesu damals und heute; Bern–München (Dalp Tb. 333) 1959.

W. von den Steinen – M. Kirschstein (Übers.): Franz von Assisi: Die Werke. Sonnengesang, Testament, Ordensregel, Briefe. Die Blümlein; Hamburg (rk 34) 1958.

Tertullian: Apologetikum (198 n. Chr.); in: Tertullians apologetische dogmatische und montanistische Schriften; übers. u. mit Einl. vers. v. K. A. H. Kellner, durchges. v. G. Esser; 2 Bde., Kempten–München 1912; 1915 (BKV Bd. 7; 24); Bd. II 33–182.

Tertullian: Vom Kranze des Soldaten (211 n. Chr.); in: Tertullians apologetische, dogmatische und montanistische Schriften; übers. u. mit Einl. vers. v. K. A. H. Kellner, durchges. v. G. Esser; 2 Bde., Kempten–München 1912; 1915 (BKV Bd. 7; 24); Bd. II 230–263.

R. de Vaux: Les Institutions de l'Ancien Testament, Paris 1958–60; dt.: Das Alte Testament und seine Lebensordnungen, 2 Bde.; übers. v. L. Hollerbach; Freiburg–Basel–Wien ²1964.

F.-E. Wilms: Freude vor Gott. Kult und Fest in Israel; Regensburg 1981.

## *IV. Belletristik und Kunst: Dichtung, dichterische Biographien, Malerei, Musik*

### *1. Dichtung*

St. Andres: Wir sind Utopia. Novelle; München 1951.

G. A. Bürger: Wunderbare Reisen zu Wasser und zu Lande. Feldzüge und lustige Abenteuer des Freiherrn von Münchhausen, wie er dieselben bei der Flasche im Zirkel seiner Freunde zu erzählen pflegt, 1788; Neudruck: Wiesbaden (Löwitz-Verl.) o. J.: mit einem Nachw. von W. Stubbe.

A. Camus: Les Justes, Paris 1950; dt.: Die Gerechten; übers. v. G. Meister; in: A. Camus: Dramen; Hamburg 1959, 187–234.

Duca di Centigloria: Ich fraß die weiße Chinesin. Ein Menschenfresser-Roman; übers. v. R. Palm; Hamburg 1967; Neudruck: Hamburg (rororo 4394) 1979.

F. M. Dostojewski: Der Idiot (1868); übers. v. K. Brauner; München (GGTb. 361–362) 1958.

F. M. Dostojewski: Tagebuch eines Schriftstellers (1873; 1876; 1877; 1888); übers. v. E. K. Rahsin; München 1963.

G. Greene: The Comedians, 1966; dt.: Die Stunde der Komödianten; übers. v. H. Spiel; Hamburg–Wien 1966; Neudruck: Hamburg (rororo 1189) 1969.

H. Ibsen: Peer Gynt. Ein dramatisches Gedicht, Christiania 1867; aus dem Norweg. übertr. u. mit Nachw. vers. v. H. Stock; Stuttgart (reclam 2309) 1953.

E. Jünger: In Stahlgewittern (1920); Stuttgart [27]1981.

H. Kipphardt: In der Sache J. Robert Oppenheimer. Schauspiel; Frankfurt a. M. (sv 64) 1964.

E. Köppen: Heeresbericht, Berlin 1930; Neudruck: Kronberg 1976; Taschenbuchausgabe: Hamburg (rororo 4318) 1979; mit einem Nachwort v. M. Gollbach.

E. M. Remarque: Im Westen nichts Neues, Berlin 1929; Neudruck: Köln–Marienburg 1979; Taschenbuchausgabe: Frankfurt–Berlin–Wien (Ullstein Tb. 56) o. J.

R. Schneider: Die Hohenzollern (1933); Frankfurt (Fischer Tb. 242) 1958.

R. Schneider: Las Casas vor Karl V. Szenen aus der Konquistadorenzeit (1938); Neudruck: Frankfurt–Berlin (Ullstein Tb. 9) 1962.

R. Schneider: Verhüllter Tag. Bekenntnis eines Lebens; Köln 1959; Neudruck: Basel–Freiburg–Wien (Herder Tb. 42) 1961.

L. N. Tolstoj: Drei Tode (1859), übers. v. A. Eliasberg, in: Sämtliche Erzählungen in drei Bänden, hrsg. v. G. Drohla, Frankfurt a. M. 1961, 1. Bd. 585–602.

L. N. Tolstoj: Krieg und Frieden. Historischer Roman (1864–69), übers. v. M. Kegel; Zürich 1974.

L. N. Tolstoj: Der Tod des Iwan Iljitsch (1886), übers. v. R. Kassner, in: Sämtliche Erzählungen in 3 Bänden, hrsg. v. G. Drohla, Frankfurt a. M. 1961, 2. Bd., 603–674.

T. H. White: The Once and Future King, London 1976; dt.: Der König auf Camelot; übers. v. R. Rocholl u. H. C. Artmann; 4 Bücher in 2 Bden., Stuttgart 1980.

T. H. White: The Book of Merlyn. The Unpublished Conclusion for »The Once and Future King«; dt.: Das Buch Merlin. Das bisher unveröffentlichte fünfte Buch von »Der König auf Camelot«; übers. v. J. Brender; nebst: F. Hetmann: Merlin. Porträt eines Zauberers; ders.: Über T. H. White; Düsseldorf–Köln 1980.

*2. Biographien*

A. Lernet-Holenia: Prinz Eugen. Der Retter von Wien; Hamburg–Wien 1961; Neudruck: Bergisch Gladbach (Bastei–Lübbe 61049) 1979.

J. Lavrin: Leo Tolstoj in Selbstzeugnissen und Bilddokumenten; aus dem Engl. übers. v. R.-D. Keil; Hamburg (rm 57) 1961.

Tatjana Tolstoi: Avec Leon Tolstoi. Souvenirs; Paris 1975; dt.: Ein Leben mit meinem Vater. Erinnerungen an Leo Tolstoi; übers. v. A. Lallemand-Rietkötter; Köln 1978; Neudruck: München–Zürich (Knaur Tb. 721) 1980.

St. Zweig: Drei Dichter ihres Lebens. Casanova. Stendhal. Tolstoi (1928), Frankfurt 1951; Neudruck: Frankfurt (Fischer Tb. 2290) 1981, 151–255.

St. Zweig: Maria Stuart (1935); Frankfurt 1951; Neudruck: Frankfurt (Fischer Tb. 1714) 1959.

St. Zweig: Triumph und Tragik des Erasmus von Rotterdam (1934), Frankfurt 1950.

### *3. Malerei und Musik*

O. Dix: Der Krieg (1929–1932) vierteilig, Staatl. Kunstsammlungen Dresden; Abb. in: E. Keuerleber: Dix; Galerie der Stadt Stuttgart; St. Gallen 1972, S. 40–41; vgl. a.a.O., S. 30: Der Schützengraben (1920–1923).

F. Goya: Der Koloß (um 1809), Madrid, Museo del Prado; Abb. in: R. Negri: Francisco Goya (Bastei: Galerie der großen Maler Nr. 4).

B. Hinz: Die Malerei im deutschen Faschismus. Kunst und Konterrevolution; München 1974; Neudruck: Frankfurt (Fischer Tb. 1853) 1977.

P. Lecaldano: F. Goya: Die Schrecken des Krieges; Mailand 1975; aus dem Italien. übers. v. U. Knöller-Seyffarth u. H. Werner; München 1976; Vorw. v. R. Hagelstange.

H. Renner: Reclams Konzertführer. Orchestermusik; Stuttgart (reclam 7720–31) [8](neu bearb.) 1967.

# Vier Reden gegen den Krieg am Golf

## *I. Der wirkliche Feind aller ist der Krieg (Aufruf vom 13. 1. 1991)*

Die Szenerie mutet gespenstisch an. Da steuert die Regierung des Irak ebenso wie die US-Administration seit Monaten auf einen Krieg zu, und es erhebt sich weit und breit kaum eine Stimme von Einfluß, um dem drohenden Ausbruch der Gewalt entgegenzutreten. Im Gegenteil, fast anerkennend, als handle es sich um ein Pokerspiel, ist zu hören, es gelte jetzt, die Nerven zu behalten. Der amerikanische Präsident lehnt jeden Kompromiß und jedes Verhandeln als „ein falsches Signal" ab. Will man seinen Worten Glauben schenken, so geht es für ihn nicht um Geld und Öl, sondern darum, ein moralisches Exempel zu statuieren und der Welt zu zeigen, daß Aggression sich nicht lohnt. Saddam Hussein ist für ihn ein zweiter Hitler, die Annektion Kuwaits „die größte Herausforderung seit dem 2. Weltkrieg". Einen „Krieg bis zum endgültigen Sieg" verkündet dementsprechend Verteidigungsminister R. Cheney; ein zweites Vietnam werde es nicht geben. „Fürchterliche Konsequenzen", „Schwimmen im eigenen Blut", „tausendfache Vergeltung" – das sind die Drohungen, mit denen die USA, der Irak und im Hintergrund Israel in Aussicht stellen, was wir vielleicht in wenigen Tagen bereits als schreckliche Wirklichkeit erleben werden. Einige Millionen Soldaten, hochgerüstet mit allem, was die Waffenarsenale zu bieten haben, stehen einander gegenüber, bereit, sich gegenseitig mit Napalm zu verbrennen, mit Giftgas zu verätzen, mit Viren und Bakterien in den sicheren Tod zu schicken – 400 Atombomben halten allen Ernstes die Amerikaner für einen möglichen Einsatz bereit. Nein, dies wird kein zweites Vietnam, schon deshalb nicht, weil damals die Militärs immer wieder auf die Meinung der Weltöffentlichkeit und die Stimmung der Politiker Rücksicht nehmen mußten – sie durften z.B. nicht, was sie leichthin gekonnt hätten, die Reisterrassen im Norden zerstören. Diesmal dürfen und werden sie alles zerstören, was zu zerstören sie für militärisch erforderlich halten.

In dieser Situation, schreibt die *Washington Post*, seien 63 % der US-Bürger notfalls für einen Krieg, falls Kuwait nicht bis zum 15.1. geräumt sei; allerdings, wenn ein Krieg 1.000 US-Soldaten das Leben kosten würde, so wären es nur noch 44 %, und nur 35 % bejahen einen Krieg, der mehr als 10.000 Amerikaner das Leben kosten würde. Doch trotz der absoluten Luftüberlegenheit der US-Luftstreitkräfte am Golf kann ein Krieg auch auf amerikanischer Seite durchaus noch weit mehr Opfer fordern, und selbst wenn nicht, – was ist mit den vielen Zehntausenden arabischer Frauen und Kinder, die dieser Krieg aller Wahrscheinlichkeit nach vernichten wird? Sind sie keine Menschen? Sind die Erklärungen der Menschenrechte für sie nicht geschrieben? Offenbar ist unsere Form von Ethik immer noch steinzeitlich genug, daß sie jenseits der Grenzen der eigenen Gruppenzugehörigkeit keine Menschen mehr wahrnimmt. „Kuwait muß geräumt werden" – ja; aber muß auch das Sabah-Regime zurückkehren? Und warum nicht in Ruhe die Wirtschaftsblockade aufrechterhalten, selbst wenn sie 12, 15 oder 20 Monate dauern müßte? Man müßte nur warten. Doch George Bush kann nicht warten. Er steht nun unter dem Zugzwang seiner großsprecherischen Phrasen von kompromißloser Härte und ultimativer Drohung. Er hat bis jetzt nicht ein einziges Mal in dieser Krise das Gespräch gesucht. „Mit Verbrechern redet man nicht." Basta. Als ob ein Krieg dem Verbrechen der Kuwait-Besetzung nicht noch ein tausendfach größeres Verbrechen hinzufügen würde!

Und wir Deutsche? In über 20 Jahren war es nicht möglich, in der BRD Geld für die Linderung der Not der palästinensischen Flüchtlinge aufzutreiben. Jetzt aber, wo es gilt, unsere Solidarität mit den USA unter Beweis zu stellen, haben wir im Handumdrehen drei bis vier Milliarden DM zur Verfügung. Eine Lösung der Golfkrise wäre bei einem ernsten Willen, den Krieg zu vermeiden, auch jetzt noch nicht unmöglich. Zu Recht fragt die arabische Welt, warum es trotz zahlreicher UNO-Resolutionen nicht möglich war, Israel zur Räumung der Westbank und des Gaza-Streifens zu bewegen. Für die Räumung Kuwaits müßte im Gegenzug endlich eine internationale Nahost-Konferenz einberufen werden, der internationale Waffenhandel in der Region müßte kontrolliert werden; eine wirksame Abrüstung einschließlich der Atomwaffen Israels müßte das Ziel sein. In jedem Falle müßte verhandelt werden. Doch dazu müßte man das Veto der USA und den Einspruch Israels außer Kraft setzen.

Entscheidend aber ist dieses: Selbst am Ende des 2. Jahrtausends nach Christus erscheint uns der Krieg immer noch nicht als der Inbegriff aller denkbaren Verbrechen, sondern nach wie vor als eine Möglichkeit der Fortführung der Politik mit anderen Mitteln. Man solle für den Frieden beten, sagen die Führer der Kirchen, doch so billig kommen sie nicht davon. Sie hätten die Pflicht, Mut zu beweisen und entsprechend ihrer eigenen Lehre einen Krieg zu ächten, von dem man eines ganz sicher weiß: er wird weit mehr Zivilisten töten als Soldaten an der Front, er wird zwischen Kämpfenden und Nichtkämpfenden keinen Unterschied machen, er wird den einfachsten moralischen Bedingungen eines „sittlich erlaubten Krieges", wenn es ihn je gab, auf zynische Weise Hohn sprechen, er wird Folgen haben, die politisch niemand kalkulieren kann, – er wird das einzige „Signal" sein, das mit aller Sicherheit menschlich absolut falsch ist. Mit Saddam Hussein ließe sich fertig werden. Mit unserer kriegslüsternen Machtgier und Rechthaberei offenbar nicht. Ein unsinniger und unnötiger Krieg ist in sich selber zutiefst unmoralisch.

## *II. Rede vom 15. 1. 91*

Buchstäblich in der letzten Stunde sind wir zusammengekommen, um zu protestieren gegen den Krieg am Golf und zu demonstrieren für den Frieden. Wir wollen diesen Krieg nicht am Golf, und wir wollen überhaupt keinen Krieg. Diesmal nicht und niemals mehr. Wir wollen desgleichen nicht mehr hören, daß der Weg in den Krieg, der in weniger als zwölf Stunden grausame Wirklichkeit werden kann, unvermeidlich sei, wo es eine ganze Reihe Möglichkeiten noch gibt, ihn zu verhindern. Vor allem müssen wir es ablehnen zu hören, daß der irakische Diktator Saddam Hussein als der allein Schuldige an der Konfrontationspolitik der letzten fünf Monate zu betrachten sei. Reden können wir nur als Teil der westlichen Welt. Aber dabei müssen wir uns auseinandersetzen mit einer Gesprächsform der Gesprächsverweigerung, die von der US-Administration seit dem 2. August des vergangenen Jahres darauf beharrt hat, keine Kompromisse zuzulassen und keine ernsthaften

Verhandlungen zu erlauben. Wir stehen jetzt vor der Forderung der amerikanischen GI's gegenüber dem Verteidigungsminister Cheney „let's get the job done" – Laßt uns die Sache hinter uns bringen. Wir aber sagen, die Sache haben wir vor uns, vor uns kann nur die Hoffnung auf Frieden liegen, nicht auf Krieg. In den Vereinigten Staaten gibt es ein Spiel für Jugendliche. Es setzt sich der eine in diesen Wagen und der andere in den anderen Wagen und man rast mit wachsender Geschwindigkeit auf einander zu. Derjenige, der als erster ausweicht, gilt als ein „wimp" oder ein „chicken", ein Feigling oder ein Hühnchen. Das Hühnchenfahren als ein Mittel der Politik zu betrachten, ist eines amerikanischen Präsidenten unwürdig.

Es ist uns dabei klar, daß eine Reihe von Leitartiklern in den Zeitungen und eine Reihe von Parlamentariern uns, die wir hier sind, wohl bescheinigen, subjektiv ganz guten Willens zu sein, objektiv aber legt man uns förmlich zur Last, die falsche Seite zu unterstützen, indem wir die richtige schwächen, ja wir seien wieder mal nur die nützlichen Idioten, als welche Pazifisten durch das 20. Jahrhundert geistern. Und deshalb erklären wir: So einfach werdet ihr uns nicht los, denn das, was wir sagen wollen hat ein objektives Recht. Es lautet, daß Menschlichkeit nicht teilbar ist.

Die primitivste Regel des sogenannten gerechten Krieges, wenn es ihn denn je gegeben hätte in der Geschichte der Menschheit, müßte lauten, daß zumindest eine Trennung stattfände zwischen den wirklich Kriegführenden und den nicht kriegführenden Zivilisten. Eine solche Trennung, wie sie von der Haager Landkriegsordnung verlangt wird, wie sie das Völkerrecht fordert, ist im modernen Krieg eine absolute Illusion. Wenn ein Krieg ausbricht, wird weit mehr als die Hälfte der Betroffenen Frauen und Kinder sein, unversorgt von jeder medizinischen Fürsorge. Was es an Menschenleben kosten wird, wenn aus den Schächten der Bomber Hunderttausende von Tonnen Sprengbomben und Napalm herunterregnen werden, wenn man versuchen wird, Menschen zu töten mit Tabun und Gelbkreuz, mit bakteriologischen Waffen wie Cholera, Pest und Botulinus, als wenn man sie vernichten könnte wie Schädlinge, landstrichsweise – dann ist dies kein Krieg, dann ist dies Mord, gleichgültig, auf welcher Seite es geschehen wird. Darum sagen wir und erklären: Kein Krieg im 20. Jahrhundert läßt sich mit noch so hoch gesetzten ethischen Rechtfertigungen führen.

Jeder Krieg, der heute geführt wird, ist die Summierung all der Verbrechen, die Menschen über Menschen bringen können. Er hat keine Rechtfertigung, und er hebt kein Verbrechen auf. Selbst also wer den Übergriff des Irak nach Kuwait, eine Aggression gegen geltendes Recht, als ein Verbrechen bezeichnet, legitimiert damit nicht den Krieg, der uns bevorsteht, wenn die amerikanische Politik denn in letzter Stunde nicht noch gestoppt wird.

Tatsächlich müssen wir beobachten, daß allein die psychologische Kriegführung in den zurückliegenden Monaten dazu geführt hat, Saddam Hussein als das personifizierte Böse vorzustellen. Um einen Krieg mit moralischer Entschlossenheit führen zu können, läuft die Feindpropaganda allemal darauf hinaus, den Gegner als das Übel überhaupt vorzustellen. Je erfolgreicher diese Propaganda aber ist, desto weniger Chancen gibt es noch zu einem wirklichen Gespräch mit der Aussicht tatsächlicher Verständigung. Den politisch Denkenden ist klar, daß die Probleme, die sich in der Person Saddam Husseins heute zusammenziehen, lange vor ihm bestanden haben und lange nach ihm in der Region weiterbestehen werden.

Ich nenne als erstes das Grenzproblem Kuwaits selber. Als der Irak 1924 entstand, als Mandat des Völkerbundes, gehörte Kuwait zum Gouvernement Basra und ist 1932, bis zur Selbständigkeit des Iraks, stets als zugehörig zum Irak betrachtet worden. Es blieb eine Kolonie Großbritanniens zur Ausbeutung der Erdöllager. Als Kuwait 1961 schließlich aufhörte, eine britische Kolonie zu sein, begann sogleich der Anspruch des Irak auf dieses Gebiet. Läßt sich unter diesen Umständen nicht verstehen, warum man in der arabischen Welt, glaubt, mit dem Aufmarsch am Golf heute eine Fortführung des Neokolonialismus vor sich zu sehen? Läßt sich vor allem nicht begreifen, warum Zweifel erlaubt sind daran, daß das größte Geschenk der Natur an die arabische Nation, wenn es sie je geben sollte, der Rohstoff Erdöl, allen Arabern und großen Teilen der Dritten Welt gehört statt einigen wenigen Monarchien und Scheichtümern? Richtig ist, daß Saddam Hussein sich diese Perspektiven allzu spät hat einfallen lassen und daß der Zynismus seiner Regierung alles andere als menschlich genannt werden kann. Aber wenn denn im November des vergangenen Jahres Hussein in diese Richtung zu sprechen begann, warum mußte George Bush in diesem Augenblick die 200.000 bereits hinübertransportierten GI's um das Doppelte, auf über 400.000 vermehren, statt die beginnenden Gesprächsfäden zusammenzuziehen und den Diktator beim Wort zu nehmen. Es ist weit und breit kein anderer Ausweg mehr zu sehen, als genau das, was Saddam Hussein vorschlägt: ein „linkage", eine Verbindung, der Kuwaitfrage mit der Palästinenserfrage. 240 Resolutionen der UNO zur Räumung der Westbank, des Gazastreifens, der Golanhöhen und Südlibanons, sowie zur Etablierung eines eigenen Palästinenserstaates, bei Wahrung der legitimen Sicherheitsinteressen des Staates Israel, wurden durch das Veto der Vereinigten Staaten und durch den Einspruch Israels bis heute boykottiert. Es scheint fast, wie wenn man die Verständigung mit dem Irak mehr fürchten würde als den Krieg.

Da hören wir, daß Saddam Hussein mit seiner Militärmaschinerie vernichtet werden müsse, weil er in zwei, drei Jahren in Besitz von Atomwaffen oder noch schlimmeren Massenvernichtungswaffen sein könnte. Daher müssen wir heute abend unsere Politiker, und vor allem die US-Administration selber fragen, was sie denn überhaupt am Golf will. Den Rückzug des Irak aus Kuwait oder die Zerschlagung der wirtschaftlichen und militärischen Macht des Irak mit Hunderttausenden von Toten bei der Zivilbevölkerung. Was ist das Kriegsziel, um das es gehen soll? Es ist bis heute nicht definiert.

Selbst wenn Saddam Hussein das wäre, wofür George Bush ihn erklärt, eine Ratte, dann weiß jedes Kind im Alter von zwölf Jahren, daß man keine Ratte in die Ecke treiben kann, ohne ihr einen Ausweg zu lassen, oder sie wird angreifen mit dem Mut der Verzweiflung. Genau das ist es, was wir jetzt vor uns haben. Eine Politik des massiven Gesichtsverlustes des Gegners ist psychologisch das Schlimmste, was in der Konfrontation der Völker heute möglich wäre. Man kennt Araber nicht in ihrem Stolz, wenn man sie in dieser Form versucht zu erniedrigen.

Es ist das erste Mal nach 1945, daß die Politik der Abschrekkung, auf die wir so stolz waren im NATO-Bündnis, als endgültig gescheitert betrachtet werden muß. Ich höre sagen, daß ein Krieg am Golf immer noch zu betrachten sei als eine Sicherung vor einer Zukunft, die schlimmer sein könne, wenn wir nicht die Lehre aus dem Jahre 1938 ziehen würden: Saddam Hussein als ein zweiter Hitler! Ich möchte heute fragen, woran wir wirklich glauben, und ich spreche hier als christlicher Theologe. Wollen wir wirklich daran glauben, daß das Böse stets nur besiegt werden kann durch die Akkumulation des größeren Bösen? Mahatma Gandhi hat einmal gesagt: Es hat im westlichen Abendland ein Christentum niemals gegeben, sonst hätte es dort niemals einen Krieg gegeben. Wahr ist, daß wir gerade dabei sind zu bemerken, daß international gesehen unterlassene Hilfeleistung selbst wirtschaftlich außerordentlich teuer werden kann. 60 Milliarden Mark sind bereits jetzt beim Aufmarsch von über 500.000 alliierten Soldaten gebraucht und eingesetzt worden. Mit diesen 60 Milliarden Mark hätte man in den vergangenen 40 Jahren über 1,5 Millionen palästinensische Flüchtlinge aus den Lagern holen können und den Dauerherd und Sprengstoff der Hauptkonflikte im Nahen Osten ein für alle mal entschärfen können. Ich stehe deshalb nicht an zu sagen, die Vernunft einer Politik von morgen steht geschrieben in der Bergpredigt: Reagiert auf das Böse nicht (Mt 5,39), laßt euch von der Diktatur des Gegners nicht das Gesetz des Handelns aufzwingen. Beantwortet Aggression nicht mit Gegengewalt, sondern durch Überwindung mit Maßnahmen, die dem Frieden dienen.

Solche Maßnahmen sind in der Region heute möglich. Dazu würde gehören eine Kontrolle des Waffenhandels seit mehr als 20 Jahren. Dazu muß unbedingt und sofort die Einberufung einer internationalen Nahostkonferenz gehören. Was soll es denn, möchte ich fragen, wenn die Amerikaner versichern, eine solche Konferenz werde und könne immer noch einberufen werden *nach* einem Krieg, warum denn nicht *vor* einem Krieg?

Feststellen muß man, daß nach einem Krieg, gleich wie er ausgehen sollte, ob er drei Tage dauern sollte oder drei Monate, kein Problem in der Region in der Weise mehr lösbar ist, wie es heute noch einer vernünftigen Lösung zugänglich sein könnte. Darum fordern wir mit aller Entschiedenheit: Gespräche statt Krieg, Politik statt Konfrontation und kein Blut für Öl.

Was wir vor uns sehen, kann die Weichenstellung für die Politik im kommenden Jahrhundert bestimmen. Es scheint der Auftakt zu sein für einen Kampf um die Ressourcen der Ersten Welt gegen die Dritte Welt. Und man kann nur sagen, wehret den Anfängen. Nach der Entspannung zwischen Ost und West darf nicht der Krieg wieder auferstehen, indem er schrecklicher als vorher menschenfressend wird. Längst steht es zur Debatte, und es hätte längst geschehen müssen: eine unbedingte und absolute Ächtung aller Atomwaffen, eine Beseitigung aller biologischen und chemischen „Kampfwaffen". Wir selber hier im Westen müssen dessen geständig sein, daß es eine inhumane Lüge war, jemals gesagt zu haben, daß Pest und Cholera etwas anderes sind als Menscheitsgeißel. Sie sind und waren niemals Waffen. Wir aber haben die Welt gelehrt, sie dahin zu verwandeln. Gase, die sich in der Lunge von Menschen in Salzsäure zersetzen, sind keine Kampfmittel, sondern nichts weiter als biologisch durchgeführter Terror. Dies hätte man wissen können seit Verdun 1917. Das Völkerrecht, nähme man es beim Worte, hätte den Krieg tausendmal geächtet und die Menschen aller Völker verlangen nichts sehnsüchtiger als den Frieden. Auch die Frauen und Kinder im Irak.

Darum will ich hier das Wort eines Mannes zitieren, der lungenkrank in einem Basler Sanatorium 1947 starb. Der Dichter Wolfgang Borchert schrieb es als das letzte seiner Vermächtnisse an eine Welt von morgen an die Welt von heute, die wir haben:

Mann an der Werkbank, wenn sie dir sagen, du sollst statt Rohre und Kochtöpfe Granaten und Kanonen herstellen, sag nein! – Wissenschaftler im Labor, wenn sie dir befehlen, du sollst den neuen Tod erfinden gegen das alte Leben, sag nein! – Mann auf der Kanzel, wenn sie dir sagen, du sollst den Krieg rechtfertigen und den Mord heiligsprechen, sag nein! – Und Mütter der Welt, wenn sie euch sagen, ihr sollt Kinder gebären, Mädchen als Krankenschwestern in den Spitälern, Jungen als Soldaten für neue Schlachten, sagt nein, Mütter der Welt! Denn wenn ihr nicht nein sagt, werden die Menschen sich selber ihre Apokalypse bereiten und es wird unter einem gelbschwefeligen Himmel in menschenleeren wüstenähnlichen betonklotzigen Städten die letzte Frage des letzten Tieres Mensch: Warum! ungehört in den Blutlachen verhallen.

Wir haben keine andere Wahl mehr, als die zwischen dem Leben und der Zukunft oder dem Krieg und der Inhumanität eines unausgesetzten Wahnsinns. Ein Krieg ist der Abstieg der Kultur bis zurück in die Steinzeit. Wir Menschen haben die Pflicht, zumindest das zu tun, was jedes Tier an unserer Seite zu tun vermag: Schützt wenigstens die Kinder vor dem tausendfachen Tod.

Seit der Nacht vom 16. auf den 17. Januar steht der Nahe Osten in Flammen, und der Schock darüber ist tief. Er hinterläßt eine Welle der Erschütterung auf mindestens drei Ebenen, und jede davon stellt uns vor furchtbare Fragen.

Zuende ist auf der *politischen* Ebene das Selbstvertrauen in unsere Gesellschaftsordnung. Denn feststeht: sie verhindert keinen Krieg, sie ermöglicht ihn. Über 30 Jahre lang hat man uns erklärt, daß wir eine starke Armee aufbauen müßten, um durch glaubwürdige Abschreckung den Frieden zu sichern. Jetzt wissen wir, was all die Zeit über die verborgene Wahrheit war: man kann militärisch nur glaubwürdig drohen, wenn man den Krieg als eine Möglichkeit des Handelns nicht gänzlich moralisch ausschließt. Die Amerikaner wollten auf die „Option" des Krieges nicht „verzichten", und wir haben sie nicht wirksam daran gehindert. Jetzt zeigt man uns wie in einem Videospiel die hochtechnisierte Tötungsfabrik, die im 24-Stunden-Takt 18.000 Tonnen Bomben und Raketen auf Baghdad regnen läßt. Anders als im Vietnam-Krieg zeigt man uns nicht das Grauen und das Leid eines Bombardements doppelt so schlimm wie auf Dresden; man zeigt uns Soldaten, die soeben voller Stolz ihren „Job" getan haben und die selber kaum sehen dürfen, was sie soeben angerichtet haben, sonst könnten sie es selbst kaum tun. Und schon erklärt uns General Schwarzkopf, diese Bombardements würden wohl noch zwei Wochen so weitergehen, – nichts mehr ist übrig von der Großsprecherei eines „chirurgischen Schlages? Doch wenn erst einmal der Irak und Kuwait in Schutt und Asche liegen, wenn George Bush in wenigen Wochen durch die Ruinen verbombter Städte gehen wird, vorbei an den verwesenden Leiben Hunderttausender von Toten, durch die Spitäler mit Tausenden napalmversengter Frauen, Soldaten und Kinder, durch die Lager mit Millionen arabischer Flüchtlinge, wird er auch dann noch sagen: „Wir hatten keine andere Wahl?" In keinem Augenblick mehr ist der Krieg eine mögliche Wahl. Darum gilt es zu fordern, von unseren westlichen Verbündeten dringlich zu fordern: Hört auf mit dem Krieg! Stellt die Bombardements ein! Fangt nicht damit an, die Stellungen der 500.000 irakischen Soldaten mit dem völkerrechtlich geächteten „Kampfmittel" Napalm zu überschütten. Tut, was ihr noch vor einer Woche hättet tun können und müssen: Verhandelt, statt turnusgemäß den Tod zu befehlen. Demütigt nicht euren Gegner, verteufelt nicht euren Feind, redet mit ihm und verhandelt. Ihr verliert nicht euer Gesicht durch eine neue Denkpause. Jeder Tote am Golf ist ein getöteter Mensch zuviel.

Aber Saddam Hussein ist ein blutiger Diktator. Ja! Er hat Kuwait überfallen. Ja! Er hatte den Plan, Atomwaffen zu bauen, und er bedroht Israel mit Giftgasangriffen. Das alles ist wahr. Aber: Was für eine politische Kultur will man erwarten in einer Region, die jahrhundertelang von den Türken des osmanischen Reiches beherrscht und dann von den Briten als Erdölkolonie ausgebeutet wurde? Es hat in Irak nie etwas anderes gegeben als Diktatoren. Das Öl in Kuwait gehört nicht Saddam Hussein. Richtig. Es gehört aber auch nicht allein den Kuwaitis, und am allerwenigsten gehört es uns. Es gehört der ganzen arabischen Nation. Es ist, wie alle Rohstoffe in den Ländern der „Dritten Welt", vier- und fünfmal zu billig bezahlt, wenn diese Staaten jemals den Anschluß an uns, die sogenannten „Vorbildländer", gewinnen sollen; die „Erpressung" durch ein Preisdiktat von „Diktatoren" der „Dritten Welt" werden wir noch oft erleben. Ein militärischer Krieg ist keine Antwort auf den Wirtschaftskrieg, der uns weltweit bevorsteht. Was für einen Schaden hätte es gemacht, den Irak nach seinem Stellvertreterkrieg gegen die persischen Fundamentalisten zu entschulden und ihm den Griff nach Kuwait zu ersparen? Wir hätten nur ein weniges der Summen gebraucht, die uns jetzt der Krieg kosten wird.

Den Profit von all dem hat einzig die Rüstungsindustrie. Jahrelang verkauften wir unsere veralteten Waffen in die Länder der „Dritten Welt"; wir erzählten ihnen wie in der Reklame eines Versandhauskataloges, daß sie die größten und die stärksten sind, wenn sie nur all unsere Raketen, Panzer und Flugzeuge kaufen. Doch sobald sie beginnen, so zu denken, wie wir es ihnen versprechen, da erklären wir ihnen, daß wir selber natürlich nach wie vor die größten und die stärksten sind, weil wir noch über ganz andere Waffen verfügen. Was ein Tarnkappenbomber ist und wie die AWACS-Elektronik funktioniert und wie entscheidend der Aufklärungssatellit ist, den die Amerikaner am 16. November 1990 bereits gestartet haben – woher sollten denn die Irakis das wissen? Wenn man sie wirklich hätte „abschrecken" wollen, warum hat man ihre Generäle nicht in die Wüste von Nevada eingeladen und es ihnen vorgeführt? Aber wieder: welche Lehre soll daraus hervorgehen, daß wir militärisch heute die Stärksten sind? Wirkliche Größe besteht nicht mehr darin, im Krieg zu siegen, sondern den Krieg zu besiegen. Eine Gesellschaftsordnung, die das nicht vermag, desavouiert sich selber.

Und Israel! Es konnten und können Juden und Araber, wie die Geschichte gezeigt hat, im „Heiligen Land“ friedlich zusammenleben; aber nicht zusammenleben können Israelis und Palästinenser, wenn beide einen Staat auf demselben Territorium beanspruchen. Der Staat Israel bedarf gesicherter und unantastbarer Grenzen. Aber es gibt auch das Lebensrecht der Palästinenser. Auch sie brauchen einen eigenen Staat. Zwanzigmal haben die Europäer eine internationale Nahostkonferenz gefordert. Jetzt ist sie unumgänglich. Es war Ben Gurion, der gesagt hat, der Zionismus ist widerlegt durch die Tränen eines einzigen arabischen Kindes. Wer dem Staat Israel gut will, der darf über Saddam Hussein nicht vergessen, welch ein großes und stolzes Volk selbst inmitten von Massenelend und Armut die Araber sind, die Söhne Hagars, der Nebenfrau Abrahams.

Wir aber haben im Nahen Osten zu lange nur Erdöl und Macht gesehen und gewollt. Der Krieg um Kuwait ist das Ende einer Politik, die sich vielleicht für die Herrscherhäuser, nicht aber für die arabischen Massen interessiert hat. Am Ende unserer Sicherheitsphilosophie, am Ende unserer Wirtschaftsethik, am Ende unserer internationalen Ordnungsvorstellungen wissen wir nur eins: der Krieg am Golf widerlegt alles, was wir als richtig und berechtigt ansehen mochten, und nichts mehr kann und darf so bleiben wie bisher. Dies ist der Schock des Politischen.

Schlimmer noch ist der Schock auf der Ebene des Moralischen. „Was sage ich meinen Kindern in der Schule?“, fragte mich dieser Tage eine Lehrerin. „Daß wir als Erwachsene uns schämen müssen vor unseren Kindern“, gab ich zur Antwort. Wie denn? Wenn zwei Jungen sich auf dem Pausenhof prügeln, werden wir dann nicht als Eltern, als Lehrer, dazwischengehen und ihnen sagen: „Hört auf, euch zu schlagen. Worum geht es? Erklärt einander mit Worten, was ihr für richtig haltet. Wer sich prügelt, bringt sich selbst um das Recht, das er hat.“ Wenn aber ein Junge 18 Jahre alt ist, wie soll er dann lernen, es sei nötig, das Töten von Menschen zu trainieren? Was sind wir für Erwachsene, die ihren Kindern eine Welt zumuten, in der Menschen massenweise Menschen töten! Was sind wir für

Pädagogen und Erzieher, die sich für einverstanden erklären mit dem Bankrott ihrer eigenen humanitären Wertsetzungen! Wie vermeiden wir das Grauen, das ein Kind vor den nächststehenden Erwachsenen überkommen muß, wenn es erst einmal merkt, daß diese Erwachsenen all das wirklich tun, was in der Zeitung steht – und es sind nicht mehr die Sagen des klassischen Altertums oder die Kriege der Gotenkönige um das Antike Rom, sondern es ist die pure Realität: es gibt Tötungsmaschinen, die fahren so sicher und lautlos in die Luftschächte eines Hochhauses wie eine Ringelnatter in die Bauten einer Maus, es gibt Mittel, in wenigen Minuten ganze Stadtviertel in Schutt und Asche zu legen, und es gibt all diese Mittel nicht nur, man wendet sie an, man tut alles das wirklich! Es ist in diesen Tagen die absolute, die unerläßliche Pflicht all derer, die eine moralische Kompetenz zur Führung der Völker beanspruchen, den Krieg ohne Wenn und Aber zu ächten und ihn bedingungslos zu brandmarken als ein nicht wiedergutzumachendes Verbrechen an der Menschheit. Es genügt keinesfalls, wenn der Papst beispielsweise George Bush und Saddam Hussein zum Frieden mahnt, oder wenn Bischof Kruse am Vorabend vor dem Ausbruch des Golfkriegs erklärt, er wisse jetzt dazu noch nichts zu sagen, es könne morgen schon alles ganz anders sein. Es wäre, es ist die Pflicht beider Kirchen, die Lehre vom „gerechten Krieg" zu verwerfen oder, besser, in logischer Konsequenz dieser Lehre endgültig zu sagen, daß es einen solchen „gerechten Krieg" niemals gegeben hat noch jemals geben wird. Es mag sein, daß es Augenblicke gibt, in denen der Haß ein letztes Mittel ist, seine menschliche Würde zu wahren und man den „Krieg" erklärt wie die Juden beim Aufstand im KZ von Treblinka; aber eine Kriegserklärung wie die des amerikanischen Präsidenten am 15. Januar 1991 – eine Kriegserklärung mit gutem und ruhigen Gewissen, das darf es nie wiedergeben.

Und es darf auch keine Moral der absoluten Schuldzuweisungen geben, wonach wir die apokalyptischen Kriege der Engel im Himmel gegen die Teufel der Unterwelt führen. Wir sind nur Menschen, und selbst Saddam Hussein ist kein Teufel. Aber er ist ein zweiter Hitler? Selbst wenn! Wie anders hätten wir Deutsche im Dritten Reich handeln müssen, wenn unsere moralischen Führer, unsere Philosophen und Kirchenmänner, erklärt hätten, was das Gebot jeder Menschlichkeit ist: Ächtet den Krieg! Die Zeugen Jehovas, eine kleine Sekte, hat das gekonnt; die beiden Großkirchen hatten den Mut nicht dazu. Sie paktieren zu sehr mit den Mächtigen; sie haben Angst vor den Konsequenzen ihrer eigenen Ideale; sie nennen lieber die Millionen ihrer eigenen Gläubigen, wie im Hirtenbrief der katholischen Bischöfe Deutschlands vom 6. 1. 91, „schwach und hilflos", statt sie auszurüsten mit moralischer Kraft und Entschlossenheit und eindeutig nein zu sagen zum Krieg.

Am schlimmsten aber wirkt der religiöse Schock. Was sind wir für Menschen, wenn wir 2.000 Jahre nach Christus immer noch die einfachsten Worte Jesu für nicht maßgebend erklären, wie: „Reagiert nicht auf das Böse"; laßt m.a.W. euch nicht vom Bösen das Gesetz eures Handelns diktieren. Es ist eine haltlose Ausrede, zu sagen, das habe Jesus nur dem Einzelnen, nicht den Staatsmännern, gesagt. Eben dies ist unsere Schizophrenie, daß wir glauben, wir könnten hier Politiker und dort Menschen, hier Soldat und dort Familienvater sein. Entweder wir sind Menschen, oder wir sind schlimmer als die Tiere, – zerrissen, zerstört und wahnsinnig vor Angst. Es gibt in diesen Tagen viele Gründe, Angst zu haben: Angst vor einer Bombardierung Israels, Angst vor einem Brand der Ölquellen, Angst vor einem Zusammenbruch der politischen Ordnung im Nahen Osten. Doch am schlimmsten wäre es, wir stünden am Ende da und fühlten uns darin bestätigt, gerade so gehandelt zu haben, wie wir gerade handeln. Denn: solange wir so handeln, machen wir Gott zum Götzen unserer Ideologien und Rechtfertigungsbedürfnisse, gebrauchen wir die Worte der Bibel lediglich zum Alibi und treiben wir mit den Symbolen der Religion ein eitles Spiel. Gott, wenn es ihn gibt, ist ein Gott aller Menschen oder der Gott keines Menschen. Keiner der großen Religionsstifter, weder Moses noch Jesus noch Mohammed, wollten eine neue Religion, sie alle wollten die Religion Abrahams wiederherstellen und uns im Namen Gottes zu Kindern Abrahams machen. Zu Abraham sprach Gott: „Geh vor mir her, und sei ganz." Nur eine Religion des ganzen Menschen ist eine Religion, die Adonai, die der Vater Jesu, die Allah und sein Prophet gewollt hat. Kein Krieg verträgt sich mit dem Bilde dieses Gottes.

Wenn es in diesen schlimmen Tagen eine kleine Hoffnung gibt, so sind es die Hunderttausende oft jugendlicher Demonstranten, die nicht aufhören zu rufen: „Schluß mit dem Krieg." Wenn jemand 1956 bei der Errichtung der Bundeswehr den Wehrdienst verweigerte, so stand er unter 1.000 Leuten allein da; damals konnten die Ostermärsche für den Frieden aus 10 bis 20 Frauen und Männern pro Großstadt bestehen. Diejenigen, die heute auf die Straße gehen, spüren trotz all der rechtfertigenden Erklärungen der Politiker und Kommentatoren, daß der Krieg am Golf dem Verbrechen Saddam Husseins nur eine Vielzahl neuer unermeßlicher Verbrechen hinzufügt. Die Kirchen haben ihre Gläubigen aufgefordert zu beten. Doch es ist uns nicht gestattet, in den Winkeln der Gotteshäuser die Beruhigung unserer Angst und die Entlastung von unseren Schuldgefühlen zu suchen, solange wir nicht auf den Marktplätzen und Straßen lauthals rufen: Stoppt den Krieg am Golf! Und: Schluß mit dem Krieg! Die beste Art zu beten ist in diesen Tagen der Protest gegen den Krieg und die Demonstration für den Frieden.

### *IV. Rede vom 18. 1. 1991*

Heute haben wir Krieg. Wir stehen heute hier, um wieder und wieder zu sagen: Beendet die Bombardements über Kuwait und Irak. 18.000 Tonnen Bomben in einem Tag über Baghdad. Das ist das Doppelte der Angriffskapazität auf Dresden. Jeder, der über 50 Jahre alt ist und hier steht kann aus der Erinnerung der Kindertage wissen, was es bedeutet, wenn Straßenzüge in Flammen stehen, wenn ein Feuersturm unter 2.000 angreifenden Bombern Hamburg vernichtet oder Köln vernichtet. Das ist das Gesicht des modernen Krieges, und ihm wohnen wir bei. Es ist eine Täuschung zu glauben, daß der Anfang des Krieges identisch sei mit seinem Ende. Die Ausschaltung der elektronischen Leitsysteme, die Punktbombardierung der Langstreckenraketen des Irak, die Ausschaltung seiner Giftgasfabriken oder geplanten atomaren Waffenschmiede sind das Vorspiel zu dem, wovon ich sage, daß wir es in spätestens ein paar Wochen erleben werden. Es wird Napalm regnen entlang den Schützenstellungen der irakischen Soldaten über 500.000 Menschen. Die Leitsysteme, die Sichtsysteme verfügen über eine optische Aufklärung bis zu 30 cm genau am Boden. Napalm ist keine Waffe, sondern seit über 30 Jahren vom Völkerrecht geächtet. Es hat eine Zündtemperatur, die das Brandmittel im eigenen Feuer hochtreibt an dem Körper der Menschen. Die Amerikaner aus den B 52 Bombern haben ihre Erfahrungen bei der Bombardierung von Pleiku, bei der Bombardierung ganzer Teile von Südvietnam. Sie wissen, was sie anrichten. Darum sagen wir den GI's in den amerikanischen Bombern, in den französischen Mirages, in den britischen Tornados: was ihr da macht, ist kein Job, dies ist befohlenes Töten von Menschen, und das ist das Problem. Wir sagen, nach spätestens zwei Tagen habt ihr inzwischen gezeigt, was ihr könnt, kein Mensch zweifelt an der absoluten Luftüberlegenheit der alliierten Bomberflotte am Golf, niemand hat davor gezweifelt. Also könnt ihr ohne Gesichtsverlust die Angriffe einstellen und zu dem zurückkehren, was ihr vor vier Tagen hättet tun sollen: zu verhandeln ohne Demütigung.

Vor allem fordern wir in dieser Stunde, daß die Politiker aufhören, in den Parlamenten Europas den Einsatz der gesamten Vernichtungskapazität von über 500.000 alliierten Soldaten aus 27 Herren Ländern als unausweichlich zu rechtfertigen. Das, was jetzt geschieht, war nicht unausweichlich. Die europäischen Länder haben zwanzigmal die Einsetzung einer internationalen Nahostkonferenz zur Lösung des Palästinenserproblems gefordert. Der Vorschlag ist regelmäßig am Veto der Vereinigten Staaten gescheitert. Am 15. 1. ist der einzige Ausweg aus dem drohenden Krieg, aus dem Massaker an Tausenden von Menschen gescheitert am Veto der USA und der Briten. Das war nicht unausweichlich. Wenn es aber nicht unausweichlich war, dann tragen wir die Schuld, die wir es gesehen haben. Über fünf Monate lang haben wir gesehen, wie die Welt auf diesen Krieg zudriftete. Und wir haben so getan, wie wenn die Mechanik der Drohung selber den Frieden gebären würde, wären wir nur stark und mutig. Was wir in diesen Tagen hier erleben, ist der Zusammenbruch der gesamten NATO-Philosophie. Je stärker unsere Armee, desto sicherer der Frieden. Noch vor vier Tagen konnten wir hören, daß eine starke Armada am Golf den Krieg unwahrscheinlich und den Frieden sicher macht. Genau das ist nicht der Fall. Günstig für den Frieden ist nicht eine starke Armee, sondern überhaupt keine Armee. Es ist zum ersten Mal seit der Wiederbewaffnung Deutschlands 1956, daß alle jungen Leute im Alter von 18 Jahren sich fragen müssen, was man ihnen gesagt hat und was man ihnen noch sagen wird. „Greift zu den Waffen, um den Frieden zu retten und den Krieg zu vermeiden." Genau das stimmt nicht, sondern wer A sagt, indem er Soldat wird, der muß B sagen, wenn er eingezogen wird zum Kriegsdienst. Also entsteht für viele, die heute bei der Bundeswehr sind und den Fahneneid geleistet haben, eine völlig neue Situation. Es ist möglich, einen Eid zu widerrufen durch bessere Einsicht. Es kann sein, daß wenn jemand gerufen wird zum Kriegsdienst, er völlig rechtlos dastünde als Deserteur. Wir können nur sagen all denen, die am Rande stehen, die nicht selber betroffen sind: habt Verständnis für die Leute, die mit 18, 20 oder 25 Jahren womöglich in den schwersten Gewissensnöten ihres Lebens stehen, helft denen und hört auf, sie Feiglinge zu nennen.

Das Böse im 20. Jahrhundert hat vor allem ein einziges Gesicht, es ist grau, langweilig und trainiert in der Anpassung. Viel mutiger als mitzumachen, indem man in 15.000 Metern Höhe Kaffee trinkt und die Bombenschächten in den B 52 über dem Irak öffnet, ist es, nein zu sagen und womöglich die Mißachtung der eigenen Umgebung zu riskieren. Auch als amerikanischer Soldat. Ich begreife nicht, warum wir mutig nur das nennen sollen und dürfen, was wir in Tausenden von Jahren gelernt haben in den Schlachtöfen der Geschichte. Zivilcourage ist der beste Mut, und der lautet heute: Nein zum Krieg, zu jedem Krieg.

Ich höre sagen, der Angriff auf den Irak habe stattfinden müssen, um die Waffenschmieden des unverantwortlichen Aggressors und internationalen Terroristen vom Format Saddam Husseins auszuschalten. Seine Giftgasfabriken, seine atomaren Aufbereitungsanlagen. Wie gehen, frage ich, wir denn mit Menschen um? 80 % der Waffen, über die der internationale Terrorist Saddam Hussein heute verfügt, sind von den drei ständigen Mitgliedern des UNO-Sicherheitsrates geliefert worden: Rot-China, Sowjetunion und Frankreich. Soll uns dies für diplomatische Vernunft gelten? Erst verdienen wir daran, ein Schwein zu mästen, dann wird es uns zu wild, dann verdienen wir daran, es abzuschlachten, und nennen dies dann noch moralische Verantwortung? Es ist absurd, was wir da treiben. Vor allem gilt es, zu begreifen, daß selbst die Ausschaltung der Giftgasfabriken Saddam Husseins, geliefert wesentlich von Deutschen, keinen Krieg notwendig gemacht hätte. Wir haben gesehen, wie in Libyen die Anlagen der Imhausen-AG vernichtet werden konnten und außer Kraft gesetzt wurden. Auch ohne Krieg. Es haben 1981 die Israelis gezeigt, wie man bei Bagdhad die irakischen Atomanlagen mit einem einzigen präzisen Schlag vernichten kann. Auch ohne Krieg. Die Atomwaffen aber wurden vorbereitet von den Franzosen. Das Problem ist nicht Saddam Hussein. In ihm kumulieren all die Fehler aus den letzten 40 Jahren in Nahost, wo wir nichts gesehen haben als Öl und Macht statt Menschen mitten in der Verzweiflung über zwei Millionen Palästinenser am Rande des Abgrundes, gespeichert mit einem jahrzentelangen Haß. Also haben wir kein Recht am Ende, den Stab zu brechen über das, was wir selber angerichtet haben.

Ich höre schließlich, der Einmarsch in Kuwait sei ein Piratenstück, geboren aus der Raubgier Saddam Husseins, der in Höhe von etwa 60 Milliarden Dollar den Konkurs seiner Kassen verhindern wollte. 60 Milliarden Dollar fordert allein der Aufmarsch heute am Golf, und der Krieg wird das vielfache davon verlangen. Also hätte man auch ohne Krieg Finanzprobleme finanziell statt militärisch lösen können bei einigermaßen gutem Willen zur Entschuldung. Dies aber müssen wir heute sagen: es gibt keine Entschuldigung für den Krieg, er ist nichts weiter als der tausendfach befohlene Mord.

Immer wieder wird uns gesagt, daß wir womöglich Angst hätten vor dem Krieg. Es ist wahr, wir haben weiß Gott Angst. Wir haben Angst vor den Folgen eines internationalen Chaos, das im Nahen Osten ausbrechen könnte. Wir haben Angst vor den Umweltzerstörungen. Weit schlimmer aber als die Angst vor den Folgen ist das Grauen vor den Menschen in bezug auf das, was ein Mensch dem anderen zufügen kann. Angst mag man haben, getötet zu werden. Das wirklich moralische Problem dieser Stunde aber ist das Problem jedes Krieges, daß Menschen befohlenermaßen andere Menschen töten müssen. Dies möchte ich, daß endlich eine Generation heranwächst, die aufhören muß, als 18jährige Jungen sich dafür zu schämen, daß wir Menschen sind und keine Tiere, diese führen keine Kriege. Was wir erleben in der Rüstungsindustrie und in der Art der Kriegsführung der US-Army ist das fabrikmäßige Töten, pünktlich befohlen im Einsatztakt eines maschinenartigen, fabrikähnlichen Programms, präzise, genau und furchtbar. Kein Mensch mehr hat das Recht, den Krieg zu verkünden, er ist ein für alle Mal am Ende, er ist keine Möglichkeit des politischen Handelns im 20. Jahrhundert. Es gibt für ihn keine moralische Rechtfertigung mehr.

Also frage ich in dieser Stunde auch, wo die moralischen

Führer des Volkes geblieben sind, vornehmlich unsere eigenen Kirchen. Sie haben uns aufgefordert in diesen Tagen zu beten. Das mag gut und recht sein. Aber sie haben dabei gesagt, zwar wollten wir keinen Krieg, aber es gebe Situationen, in denen er vielleicht nicht vermeidbar sei; wir aber seien schwach und hilflos. Ich sage: Wir sind überhaupt nicht schwach und hilflos. Wenn wir nur wollen, und wenn wir uns zu Hunderttausenden zusammentun und wenn wir immer wieder sagen, wir wollen keinen Krieg, sind wir überaus stark, denn wir sind das einzige, was die Regierenden noch fürchten werden. Also bringen wir ihnen diese Furcht bei vor unserem Friedenswillen. Was aber fehlt, ist ein entschiedenes Nein gegenüber dem Krieg. 2.000 Jahre haben Theologen darüber nachgedacht, ob es einen gerechten Krieg gibt oder ob es keinen gerechten Krieg gibt. Immer waren sie auf der Seite der Herrschenden mit dem Ausweg, daß vielleicht doch ein gerechter Krieg sein könne, mutmaßlich der, der gerade erklärt wird. Ich sage, es hat nie einen gerechten Krieg gegeben, und es wird auch keinen gerechten Krieg geben. Jeder Krieg ist die Summierung und Zusammenfassung aller Inhumanitäten, Grausamkeiten und Verbrechen, die Menschen jemals über Menschen bringen können. Also wollen wir nicht hören, wie auch seine Heiligkeit, der Papst, sich zurückzieht zum Gebet in den vatikanischen Gemächern. Wir wollen hören, wie er sagt: Nein zum Krieg. Die gleiche Kirche, die sich getraut, im Intimleben der Individuen jedes Detail festzulegen, ob es Sünde ist oder ob es erlaubt ist, ob man dafür in die Hölle kommt oder in den Himmel kommt, die wird das tausendfache Morden doch wohl noch mit Nein und mit Ächtung zu belegen wagen! Gott jedenfalls verleiht uns nicht den Seelentrost, daß wir zu ihm beten, lediglich weil wir zu faul waren, aufzustehen zum Widerstand. Vermutlich wird Gott eines Tages uns sagen: Wenn ihr kommen wollt zu beten, dann nicht in meine Kirchen, dann geht in die Banken und Geldinstitute, die die Kriege finanzieren, da geht und betet an den einzig wahren Gott, an den ihr glaubt, den unsichtbaren Regenten aller Dinge dieser Welt, schaut euch sein blutüberströmtes Maul an und wie er eure Frau und Kinder schändet und erwürgt, den betet an, den ewigen Moloch Geld.

Also können wir nur sagen in Zusammenfassung aller Gefühle, deren wir fähig sind und aller Gedanken, derer wir mächtig sind: ein Krieg ist das Ende jeder Menschlichkeit, und es gibt aus dem Krieg kein zurück mehr in die Menschlichkeit. Es ist nicht wahr, was sich Ernst Jünger ausdachte, daß man aus dem Krieg als dem Stahlgewitter der Seele zurückkehrt als ein Held. Wer gelernt hat, auf Befehl Menschen zu töten, ist ein seelisch gebrochener Mensch und wird von seinen Schuldgefühlen, wenn er sensibel ist, nie wieder gesunden. Jede Zivilisation basiert auf Regeln des Zusammenlebens, die im Krieg zerstört werden. Darum ist dies heute meine Hoffnung, daß wir Bewohner der Großstädte, im Jahre 2010 dreiviertel der gesamten Menschheit, einfach durch die Urbanität des Zusammenlebens vollkommen kriegsunfähig werden. Heute schon wären die amerikanischen GI's zu dem, was sie da tun im Herabregnen der Bomben, vollkommen außerstande, wenn sie es tun müßten vis-à-vis zu den Menschen, die sie vernichten. Ab sofort und endgültig ist es nicht mehr möglich, einfach seinem Job nachzugehen, einfach sein Geld zu verdienen oder wie Helmut Kohl dieser Tage sagte: Weiter seine Pflicht zu tun. Die Pflicht als erstes heute ist, der Menschheit von morgen zu sagen: Schluß mit dem Krieg, nie wieder Krieg, unter keinem Umstand. Schlimmer womöglich als der Krieg, dessen Zeugen wir gerade werden, könnte es sein, wenn vielleicht in ein paar Monaten nach der Niederringung des Irak diejenigen obsiegen würden, die es immer schon gewußt haben, wie man stark ist, wie man draufhält, wie man sich durchsetzt und wie man den militärisch-industriellen Komplex weiterfüttert bis zum Bersten der Umwelt und der Menschen; diesen muß das Handwerk gelegt werden, indem wir sagen: wir haben nicht aus Angst uns hier versammelt. Wir wollen das Ende dieses Krieges und jedes Krieges aus einer sittlichen Forderung. Wir haben keine Angst, aber wir machen denen Angst, die erst auf uns hören, wenn wir uns versammeln zu Hunderttausenden. Der Pazifismus ist eine ungeheure Macht, denn er kommt aus der Sicherheit und Stabilität des Herzens und keine Kraft auf dieser Welt ist größer als die Sanftmut. Sie taut die Eisberge ab und nasse Füße bekommen nur diejenigen, die ewig weiter glauben, übers Eis zu gehen, selbst bis es bricht.